O Império por Escrito

FORMAS DE TRANSMISSÃO DA
CULTURA LETRADA NO MUNDO IBÉRICO
(SÉC. XVI-XIX)

O Império por Escrito

Formas de transmissão da cultura letrada no mundo ibérico (séc. XVI-XIX)

Leila Mezan Algranti
Ana Paula Torres Megiani
(orgs.)

alameda

Copyright © 2009 Leila Mezan Algranti e Ana Paula Torres Megiani

Edição: Joana Monteleone
Editora Assistente: Marília Chaves
Projeto gráfico e diagramação: Pedro Henrique de Oliveira
Assistente de Produção: Vitor Rodrigo Donofrio Arruda
Revisão: Flávia Yacubian
Capa: Pedro Henrique de Oliveira
Imagem da Capa: *Enciclopédia ou dicionário raciocinado das ciências das artes e dos ofícios por uma sociedade de letrados.*

CIP-BRASIL. CATALOGAÇÃO-NA-FONTE
SINDICATO NACIONAL DOS EDITORES DE LIVROS, RJ
G752

O império por escrito / Leila Mezan Algranti, Ana Paula Torres Megiani, organizadores. - São Paulo : Alameda , 2009.

Inclui bibliografia
ISBN 978-85-7939-006-7

1. História geral - Congressos. 2. História moderna - Congressos. 3. Historiografia - Congressos. I. Algranti, Leila Mezan. II. Megiani, Ana Paula Torres II. Título: formas da transmissão da cultura letrada pelo no Mundo Ibérico

09-0915.	CDD: 930 CDU: 94(100)".../05"
09-1089.	CDD: 981.03 CDU: 94(81)"1500/1822"

14.05.09   21.05.09 011463

[2009]
Todos os direitos dessa edição reservados à
ALAMEDA CASA EDITORIAL
Rua Conselheiro Ramalho, 694 - Bela Vista
CEP 01325-000 - São Paulo - SP
Tel. (11) 3012-2400
www.alamedaeditorial.com.br

Sumário

Apresentação — 9

PARTE I — 19
Cultura Letrada: vida de corte, instituições e poder

1. A articulação da monarquia espanhola através do sistema de cortes: conselhos territoriais e cortes vice-reinais — 21
José Martínez Millán

2. As casas das rainhas da monarquia espanhola. Formação das Ordenanças (1504-1621) — 45
Félix Labrador Arroyo

3. Teoria e prática na definição da jurisdição e da práxis inquisitorial portuguesa: da 'prova' como objeto de análise — 73
Bruno Feitler

4. Estatutos, visitas, memórias e atas: a "construção da norma" nos Recolhimentos de Órfãs administrados pelas Misericórdias no século XVIII — 95
Luciana Gandelman

5. Interpretações de Francisco Suárez na *Apologia pro paulistis* (1684) — 111
Carlos Alberto de M. R. Zeron

6. A desavença: ideias políticas nas 'Cartas' de Sá de Miranda — 127
Sérgio Alcides Pereira do Amaral

7. Mulheres dos governadores: alguns encômios na segunda metade do século XVIII — 149
Laura de Mello e Souza

PARTE II
Suportes, circulação e colecionismo
163

1. Memória e conhecimento do mundo: coleções de objetos, impressos e manuscritos nas livrarias de Portugal e Espanha (sécs. XV-XVII)
Ana Paula Torres Megiani
165

2. Gazetas manuscritas da Biblioteca Pública de Évora: notícias de história
Tiago C. P. dos Reis Miranda
187

3. Folhetos em ordem na coleção Barbosa Machado
Rodrigo Bentes Monteiro
201

4. Entre as fazendas da loja e os trastes da casa: os livros de agentes mercantis em São Paulo setecentista
Maria Aparecida de Menezes Borrego
229

5. Os ânimos e a posse de livros em Minas Gerais (1750-1808)
Álvaro de Araújo Antunes
255

6. A livraria de Manuel Inácio da Silva Alvarenga: representante das Luzes na América portuguesa?
Gustavo Henrique Tuna
265

7. O "Livro para nele se fazer memória de todas as obras que entrarem na Real Biblioteca"
Lúcia Maria Bastos P. Neves
277

8. Ser erudito em colônias as práticas de investigação histórica nas academias baianas (1724-1759)
Iris Kantor
297

PARTE III   311
Traduções culturais e transmissões de saberes

1. Os rapazes do Congo: discursos em torno de uma experiência colonial (1480-1580)   313
Isabel dos Guimarães Sá

2. Crucifixos centro-africanos: um estudo sobre traduções simbólicas   333
Marina de Mello e Souza

3. Os usos da língua tupi nos séculos XVI e XVII   355
Andrea Daher

4. Ares e azares da aventura ultramarina: matéria médica, saberes endógenos e transmissão nos circuitos do Atlântico luso-afro-americano   375
Maria Cristina Cortez Wissenbach

5. O cauim e o pão da terra: a criação de um *horizonte comestível* na América portuguesa   395
Rubens Leonardo Panegassi

6. "Bebida dos deuses": técnicas de fabricação e utilidades do chocolate no império português (séculos XVI-XIX)   403
Leila Mezan Algranti

7. Sobre reis, livros e cozinheiros: notas para uma pequena história dos tratados de cozinha em português   427
Joana Monteleone

PARTE IV 439
Usos da escrita e formas de contestação política

1. O percurso das *Trovas* de Bandarra: circulação letrada de um profeta iletrado
Luís Filipe Silvério Lima — 441

2. Leituras de um vassalo rebelde: o Portugal Restaurado e o imaginário político do levante emboaba
Adriana Romeiro — 453

3. A *Gazeta de Pernambuco*: algumas questões sobre a circulação de notícias no fim do século XVIII
Vera Lucia Amaral Ferlini — 471

4. Cultura escribal e o movimento sedicioso de 1798: *A Pecia*
Marcello Moreira — 495

5. Do destino das almas dos Índios
Evergton Sales Souza — 505

6. Libertinagens e livros libertinos no mundo luso-brasileiro (1740-1802)
Luiz Carlos Villalta — 523

7. *A Gazeta do Rio de Janeiro* e o impacto na circulação de ideias no Império luso-brasileiro (1808-1821)
Juliana Gesuelli Meirelles — 565

8. A memória do Império no Brasil e a construção do Império na África: Continuidades e rupturas
Ana Lúcia Lana Nemi — 585

Apresentação

Este livro reúne um conjunto de ensaios que procuram destacar a importância e os significados da comunicação escrita no mundo ibérico moderno, em especial no império português. O que pretendemos é despertar e sensibilizar os leitores e leitoras para a relevância da coexistência de diversos circuitos e variados níveis de comunicação nos impérios coloniais da época moderna, presentes tanto no âmbito oficial das relações de poder da monarquia, quanto em dimensões coevas ou alternativas a ele. Nesses circuitos, além dos impressos, registros *manuscritos* de todo tipo (cartas, regulamentos, crônicas, gramáticas) desempenharam um papel fundamental na transmissão de ideias, valores, normas, costumes e saberes entre as metrópoles e suas colônias, bem como entre as diferentes possessões ultramarinas que integravam tais impérios coloniais. Por outro lado, esses escritos possuíam também uma *materialidade* que os inseria no universo dos artefatos e das relações entre indivíduos e objetos, semelhantes às existentes na ampla variedade de objetos de uso religioso, doméstico ou científico que cruzaram os mares ao longo da expansão marítima europeia. As formas de utilização desses artefatos, bem como seus aspectos físicos foram também descritos e transmitidos por meio da palavra escrita, como será possível observar em alguns dos capítulos do livro.

O que nos propusemos, portanto, foi refletir acerca das formas de construção de culturas integradas e multifacetadas na dimensão imperial, tanto nos espaços das *Conquistas* como nas próprias *Cortes* ibéricas, entre os séculos XVI e XIX, a partir do estudo de suas manifestações letradas. Trata-se de uma problemática que tem sensibilizado os historiadores da cultura na Época Moderna, momento no qual a palavra escrita começou a se firmar como meio de comunicação sobre o oral e o visual, ganhando intensidade e multiplicando-se, quer pelo uso da imprensa, quer através de oficinas de copistas profissionais e amadores.

Os ensaios presentes nesta obra foram apresentados no Colóquio Internacional *Escrita, Memória e Vida Material: formas de transmissão da cultura letrada no império português*, ocorrido em outubro de 2006 na USP, promovido pelo Projeto Temático Fapesp: Dimensões do Império Português, sediado na Cátedra Jaime Cortesão (FFL-CH/ USP), consistindo, assim, no alargamento e continuidade do debate em curso no Núcleo de Cultura do mesmo Projeto.

Os autores e autoras dos ensaios atenderam a duas expectativas essenciais do Colóquio: 1- mapear as diversas dimensões dos usos da palavra escrita por parte dos agentes históricos envolvidos na colonização e administração do império (membros da corte, clérigos, letrados, representantes da Coroa e seus súditos ou subordinados). 2- comentar os meios ou suportes dessa cultura letrada – livros, gazetas, panfletos, crônicas, cartas, livros de razão, receituários – que permitiam a comunicação no interior do império, isto é, a transmissão de saberes e práticas políticas, econômicas e culturais.

Nesse sentido, consideramos importante destacar que os estudos aqui apresentados lidam com várias camadas sobrepostas de relações de comunicação e memórias que se desenvolveram e mesclaram de modo intenso ao longo de séculos. Observa-se, por exemplo, no início do livro que a tradicional oralidade *medieval* se manteve presente em ambientes cortesãos europeus, cujas práticas de etiqueta e poesia das elites manifestaram-se em consonância aos gestos e ações marcados pela presença física do emissor; os estudos passam em seguida pela intensificação da circulação de relações manuscritas, imprescindíveis nos modos de governar à distância, entre funcionários das Coroas e os colonos, ou entre representantes das diversas ordens religiosas distribuídas nos recônditos territórios ocupados pela religião católica em comunicação com seus principais; dessa forma chega-se até a formação de ricas coleções de volumes impressos e manuscritos de uso de letrados nas regiões de conquistas e que incomodaram ou abalaram as instituições estabelecidas.

Para efeito de uma aproximação mais efetiva com as problemáticas mencionadas acima, os ensaios foram organizados a partir de quatro eixos temáticos que compõem as partes do livro. A primeira delas, *Cultura letrada: vida de corte, instituições e poder* compreende textos sobre diferentes usos da cultura escrita e possui como elemento comum, a dinâmica das relações de poder em ambientes letrados. O estudioso espanhol Jose Martinez Millán esmiúça em seu artigo as vicissitudes que levaram o monarca Filipe II a transformar a dinâmica de comunicação entre a Coroa e os Conselhos do reino e vice-reinos, passando da consulta oral – confessional – para a manuscrita, com vistas à maior eficácia da governança. Felix Labrador Arroyo investe sobre as casas das rainhas de Espanha nos séculos XVI e XVII e as modificações de vinculação dos funcionários a novos cargos e funções, sobretudo as Ordenanças, temática ainda pouco conhecida entre nós. Bruno Feitler reflete sobre a função da *prova* na "dialética entre regra e prática no direito inquisitorial", preocupado em compreender as tensões entre a norma institucional e os mecanismos práticos do registro dos processos inquisitoriais.

Ainda numa perspectiva institucional, Luciana Gandelman analisa a intersecção entre memória, regra escrita e oralidade no estabelecimento das normas dos recolhimentos femininos de órfãs da Misericórdia, no Brasil do século XVIII, enquanto Carlos Alberto Zeron esmiúça um manuscrito jesuítico, *Apologia pro paulistis*, que se tornou a base de uma polêmica envolvendo os padres António Vieira e João Antônio Andreoni acerca da escravidão indígena.

Os estudos de Sérgio Alcides e Laura de Mello e Souza completam esta primeira unidade abordando a dimensão poética da escrita de letrados vinculados ao poder em diferentes momentos da história de Portugal e Brasil; o primeiro estuda as cartas/poemas de Sá de Miranda exilado da corte, dirigidas ao seu irmão Mem de Sá enquanto este se preparava para a carreira diplomática; o segundo trata de poemas encomiásticos compostos em homenagem às mulheres dos governadores do Brasil durante a segunda metade do século XVIII, analisando a escrita cortesã como mecanismo de vinculação pessoal entre poetas e representantes da Coroa na América, tomando a mulher/esposa como objeto da apologia.

A segunda parte, *Suportes, circulação e colecionismo* reúne trabalhos que abordam conjuntos de escritos, sejam eles impressos ou manuscritos, além de gravuras e mapas que circularam e foram objetos de coleções. Reunidos por uma pessoa, ou por uma instituição entre os séculos XVI a XIX, esses estudos permitem aprofundar a reflexão acerca de modos de fixar, circular e colecionar saberes e relações pessoais por escrito, aqui tomados também como objetos no seu sentido material. No primeiro artigo, Ana Paula Megiani trata de uma época em que a ideia da coleção especializada não existia (séculos XVI e XVII), quando escrita e imagem, forma e conteúdo, encontravam-se reunidas em um mesmo conjunto. Nas *câmaras de maravilhas* e *gabinetes de curiosidades* da Alta Idade Moderna objetos exóticos, animais empalhados, pinturas, gravuras, impressos e manuscritos ocupavam o mesmo espaço como forma de apreensão do conhecimento do mundo. Homens como Manoel Severim de Faria em Portugal e Jerônimo de Mascarenhas na Espanha, ambos contemporâneos da União Ibérica, estão entre esses possuidores de livrarias privadas, representantes de um tipo de letrado nos moldes do Renascimento, e que desapareceria com o surgimento dos métodos classificatórios e científicos que se difundiram a partir da segunda metade do século XVII.

Outra expressão de acumulação e circulação de saberes, notícias e conhecimento, nesse caso não em sua forma material, foi a *Gazeta Manuscrita de Évora* estudada por Tiago C. P. dos Reis Miranda. Periódico noticioso que circulou em Portugal de forma manuscrita entre os anos 1729 e 1754, esta preciosa compilação vem sendo editada por um grupo de pesquisadores portugueses. Em seu artigo o historiador aporta a significativa contribuição acerca da problemática da história e da memória através da *Gazeta*, além de refletir sobre os mecanismos de circulação e reprodução desse tipo de escrita periódica. Dialogando com os dois trabalhos anteriores, temos o estudo de Rodrigo Bentes Monteiro que trata da coleção de documentos de Diogo Barbosa Machado, oriunda da Real Biblioteca de Portugal e atualmente parte do acervo da Biblioteca Nacional do Rio de Janeiro. Realizadas em séculos diferentes e ordenadas segundo critério cronológico pelo erudito português na primeira metade do século XVIII, durante o período em que pertenceu à Real Academia de História fundada por d. João V, o artigo analisa as práticas e estratégias de organização e formação dos volumes de folhetos de príncipes, princesas, varões e cavaleiros que compõem o valioso conjunto de impressos.

Em seguida passamos a uma série de estudos sobre conjuntos e coleções de livros formados ou sediados no Brasil. O primeiro deles, de Maria Aparecida de Menezes Borrego, analisa a presença de livros impressos e manuscritos entre os bens materiais arrolados nos inventários de mercadores paulistas, no decorrer do século XVIII. Como se sabe, além de catecismos e livros de reza, também gramáticas, farmacopeias e tratados médicos eram frequentes nos róis de bens dos habitantes da América portuguesa, e sua análise indica uma série de características acerca das formas de aquisição de saberes e conhecimento na capitania de São Paulo. Álvaro Antunes, por sua vez, investiga 79 livrarias encontradas em inventários de testamentos de Minas Gerais entre 1750 e 1808, ou seja, período tocado pelas *Luzes* setecentistas. Por se tratar de um volume bastante maior do que aquele encontrado em São Paulo, mas não menos importante do ponto de vista da história da cultura, Antunes pôde realizar cruzamentos entre os métodos quantitativo/estatístico e qualitativo, estabelecendo relações entre *status* social, posse de bens e posse de livros. Percebe, assim, complementaridades e oposições relevantes tal como a ausência de vinculação entre maior número de livros e a detenção de altas patentes de oficiais representantes da Coroa.

O trabalho de Gustavo Henrique Tuna apresenta a composição da biblioteca particular do poeta árcade mineiro Manuel Inácio da Silva Alvarenga (1749-1814). Acusado de conspirar contra a Coroa portuguesa em 1794, o erudito teve sua livraria vasculhada devido à acusação de difundir ideias ilustradas. O autor discute no ensaio em que medida a livraria de Silva Alvarenga – um das maiores da América portuguesa e incorporada após sua morte à Biblioteca Real – coaduna-se aos ideários ilustrados em desenvolvimento no Brasil em fins do século XVIII e início do século XIX, buscando compará-la a outros acervos particulares do mesmo período.

Lúcia Bastos Pereira das Neves debruça-se sobre um códice conservado na Divisão de Manuscritos da Biblioteca Nacional do Rio de Janeiro datado do início de 1817 até 1824, no qual foram registradas obras incorporadas ao acervo da instituição. Diante de uma relação de mais de mil títulos da qual constam os nomes de seus doadores, a historiadora analisa os mecanismos de doação e de propina que possibilitaram a formação do acervo. Procede ainda seu inventário e examina o conjunto dos livros e impressos mencionados, identificando os personagens que serviram de *mecenas* para a Real Biblioteca. Desse modo, ao considerar livros e impressos como indícios de distinção para aqueles que detinham o privilégio do saber e da escrita em uma sociedade ainda profundamente marcada pela oralidade, o estudo reflete acerca do papel que a instituição desempenhou para as elites no período.

Dando continuidade à discussão sobre a posse de livros e a constituição de bibliotecas na América portuguesa, o artigo de Iris Kantor aborda a questão sob outro prisma. Trata-se de investigar como os eruditos ou acadêmicos concebiam o uso de bibliotecas e arquivos disponíveis na Colônia para produzirem seus objetos de estudo de acordo com as normas e a metodologia da escrita histórica então em voga. Isto é, uma historiografia baseada em pressupostos que exigiam a classificação de documentos e valorizava as fontes primárias. Além de analisar como os acadêmicos do Brasil dialogaram com a tradição herdada dos portugueses, e europeus em geral, e redefiniram o cânon factual e cronológico da história luso-americana no século XVIII, a autora discute a formação e o destino de algumas importantes bibliotecas eclesiásticas coloniais, tais como aquelas dos colégios de Pernambuco e da Bahia, após a expulsão dos jesuítas. Está demonstrado nesse estudo que o material disponível nesses e em outros acervos serviu de importante suporte aos membros das Academias brasílicas no seu empenho em construir uma interpretação própria da história luso-americana.

Na terceira parte do livro *Traduções culturais e transmissão de saberes,* os textos abordam a questão dos contatos e intercâmbios entre povos de culturas distintas, a partir da análise de manuscritos e impressos produzidos entre os séculos XV e XIX, que circularam entre áreas geográficas distantes como a Europa e a Ásia, ou a América e a África.

Os primeiros três ensaios enfocam os contatos entre os portugueses e os povos da África ou da América, com destaque para o universo da vida material e da linguagem. Isabel dos Guimarães Sá e Marina de Mello e Souza discutem a importância dos artefatos e dos sentidos que veiculavam no processo de colonização do Congo, tendo por base textos que relatam esses contatos. Em "Os Rapazes do Congo", Isabel Sá destaca como as coisas e os artefatos comunicam ideias, conferem qualidade a seus possuidores e são portadores de significados, ampliando o intercâmbio proporcionado pela linguagem falada. Fica evidente em seu estudo, que nas instruções escritas e nos presentes que os portugueses levaram ao rei do Congo, afirmavam-se os símbolos da dominação e da cristandade, nem sempre captados dessa forma pelos africanos. Marina de Mello e Souza, ao tratar da mesma missão portuguesa à África, debruça-se especialmente sobre os significados da adoção dos ritos do catolicismo por parte dos congoleses, como por exemplo, a veneração da cruz. Seu ensaio reflete sobre o estabelecimento dos ritos cristãos no Congo e os sentidos que os africanos, ou povos locais, lhes atribuíam. Os artefatos estudados são os *nkangi kiditu* – crucifixos de metal usados nos séculos XVI e XVII como insígnias de poder e também para curar doentes. Contudo, tratava-se, como mostra a autora, de objetos mágico-religiosos muito antigos na cultura desses povos, indicativo de que incorporaram o novo símbolo católico a partir de elementos oferecidos pela sua própria cultura. Numa análise semelhante de tradução cultural, Andréa Daher no ensaio intitulado "Os usos da língua tupi nos séculos XVI e XVII" analisa o trabalho linguístico catequético dos missionários franceses na América portuguesa. A conversão dos gentios se expressa nos relatos dos missionários que transcreveram os discursos proferidos pelos índios, em sua própria língua, sobre seu desejo de conversão. A autora destaca como o empreendimento catequético na língua tupi serviu, de um lado, às exigências teológico – políticas da colonização e, de outro lado, à reflexão sobre a hierarquia linguística das línguas nacionais.

O trabalho de Maria Cristina C. Wissenbach inaugura o debate sobre a transmissão de conhecimentos e saberes por meio de textos escritos. Tem como referência as narrativas de viagens, bem como tratados de medicina prática relacionados às doenças e à adaptação dos brancos aos costumes tropicais. Analisa, assim, não apenas as instruções e informações necessárias para a sobrevivência dos conquistadores, mas também a importância e os significados desses manuais para a apropriação dos saberes locais por parte dos portugueses. Suas reflexões sobre a forma como as informações foram sendo transmitidas e apropriadas estabelecem um diálogo estimulante com os três textos finais desta parte do livro que tratam da alimentação e das técnicas culinárias no Brasil, entre os séculos XVI e XIX. O primeiro deles, o ensaio de Rubens Leonardo, introduz a questão da alimentação no âmbito dos contatos interculturais que ocorreram com a chegada dos portugueses à América. Destaca sua importância nos rituais cotidianos das sociedades, os quais caracterizam a singularidade de diferentes grupos sociais, atento, portanto, aos significados da alimentação na construção de identidades, mas também de diferenças. A mandioca transformada em "pão da terra" foi o exemplo escolhido para o autor refletir sobre as incorporações alimentares realizadas pelos colonizadores e compreender seus significados na colonização e nas trocas culturais que se processaram na América portuguesa. Leila Mezan Algranti, por sua vez, investiga o processo de divulgação das primitivas receitas indígenas de chocolate por meio da palavra escrita na Península Ibérica, procurando compreender suas formas de apropriação e transformação por parte de médicos e cientistas europeus. A autora discute os atributos da bebida, as formas de confeccioná-la e consumi-la em diferentes contextos na Europa e na América, entre o século XVII e o século XVIII. Por fim, o texto de Joana Monteleone trata da história da edição dos livros de cozinha (produção e recepção), esclarecendo como os escritos culinários, além de informarem o que possivelmente se comia, nos permitem conhecer aspectos das relações políticas ou econômicas do período nos quais foram publicados. Com base num amplo conjunto de livros de receitas e, a partir das metáforas presentes nos títulos das receitas, questões como identidade nacional e transmissão de conhecimentos se apresentam aos leitores e leitoras.

A quarta e última parte do livro, *Usos da escrita e formas de contestação política* dedica-se ao estudo da circulação de informações e ideias consideradas sediciosas, heréticas ou libertinas no império luso-brasileiro, a partir de vários tipos de manuscritos e impressos, como gazetas, poesias, panfletos e livros. Os textos abordam, ainda, a questão da produção, divulgação e recepção de notícias, bem como de proposições políticas contra a administração portuguesa na América.

Os dois textos iniciais dessa parte do livro percorrem, por caminhos diversos, alguns usos de escritos que serviram à ideologia da Restauração portuguesa em contextos diferentes do império luso. Luis Filipe Silvério Lima analisa o percurso oral e escrito das *Trovas* do Bandarra e sua estruturação no século XVII, atento às versões e aos usos das profecias. Tidas como manifestações em sonho ou revelações em sonhos a um homem rústico, sua intenção é chegar o mais próximo possível da *performance* oral de seu autor, evidenciando circuitos concorrentes de transmissão das *Trovas*: oral, manuscrito e impresso. Adriana Romeiro, por sua vez, aborda o imaginário político da Guerra dos Emboabas, a partir de obras que influenciaram o discurso de legitimação desse movimento, especialmente um dos livros de posse de Manuel Nunes Viana, líder do levante: "História da Restauração Portuguesa" de autoria do conde de Ericeira. A historiadora revela como o partido emboaba soube explorar o discurso político da aclamação e da restauração portuguesas, transformando o movimento dos emboabas numa espécie de "Restauração das Minas" no imaginário político da região.

Os ensaios de Vera Lúcia do Amaral Ferlini e Marcelo Moreira tratam da questão da produção e circulação de notícias e informações na região Nordeste do Brasil no século XVIII, introduzindo o aspecto contestador e sedicioso de certos manuscritos. No primeiro texto, a autora transcreve e apresenta uma gazeta manuscrita produzida em Pernambuco, destacando suas semelhanças com os periódicos manuscritos que circulavam em Portugal e o teor contestatório e crítico contra a administração, especialmente os abusos políticos do capitão-mor. Procede assim, à divulgação e análise de um documento ímpar no gênero. O segundo artigo centra-se na prática produtora de manuscritos na principal cidade da América portuguesa no contexto do movimento sedicioso de 1798, revelando os mecanismos usados pelos participantes para divulgarem os escritos políticos importados ilegalmente e que serviam de base aos seus ideais. Trata-se de mapear e elucidar um circuito de comunicação fantástico, o qual abrangia desde a tradução de livros e sua reprodução manuscrita, até as formas de sua propagação. Um processo, enfim, que constata a integração entre a comunicação escrita e a oral na Bahia do fim do século XVIII.

No âmbito da circulação da palavra impressa e das ideias consideradas sediciosas, heréticas e libertinas, Evergton Sales de Souza e Luiz Carlos Villalta exploram o universo dos livros e da censura literária. No texto intitulado "Do destino das almas dos índios", Souza comenta as mudanças no paradigma da teologia portuguesa entre o século XVII e o século XVIII, a partir da discussão das ideias contidas em duas obras com visões antagônicas sobre a salvação dos gentios. Um debate intenso e importante na época moderna sobre duas formas distintas de conceber a religião e o homem, ambas vinculadas ao tridentismo. "Libertinagens e livros libertinos no mundo luso-brasileiro" traz uma reflexão sobre os diferentes significados do termo libertino. Com base em documentos inquisitoriais, envolvendo personagens dos dois lados do Atlântico, o autor apresenta não apenas as práticas de indivíduos acusados de libertinagem e suas possíveis leituras, mas especialmente as proposições contra a Igreja, a política e a moral registradas por escrito, as quais indicam os amplos sentidos assumidos no século XVIII por essas palavras.

De forma um tanto inevitável no percurso deste livro e encerrando não só essa parte, mas o conjunto dos ensaios, o nascimento da imprensa no Brasil e a construção da memória do ultramar português ganham destaque. O ensaio de Juliana Gesuelli Meirelles debruça-se sobre o processo de comunicação e as redes de relações presentes na produção das notícias publicadas pela *Gazeta do Rio de Janeiro*. Considerado por muitos um jornal oficial – o que leva a autora a investigar as relações com a realeza – o ensaio elucida muitas outras relações presentes no processo de produção e divulgação das notícias, destacando o caráter opinativo do primeiro periódico do

Brasil. Já Ana Lúcia Lana Nemi estuda o uso da memória do Império por parte dos portugueses para a execução de novas políticas em territórios considerados historicamente parte do seu império ultramarino, em especial a África. Com base em textos e narrativas históricas, a autora discute a postura de intelectuais lusos na construção da imagem do império africano português como uma "missão histórica de civilização", assim como havia sido considerada a colonização do Brasil. Trata-se de um estudo que contempla vários níveis de análise sobre as disputas pelos territórios de Moçambique no século XIX, procurando através da literatura, compreender as diferenças de visões de mundo entre os colonizadores europeus e os nativos.

Por fim, gostaríamos de destacar que, a variedade de objetos e abordagens presentes no conjunto de ensaios deste livro nos remete à abertura de reflexão sobre as práticas da comunicação escrita, pois a amplitude da denominação *história da cultura escrita* aponta para o desafio de identificar e compreender com maior precisão e rigor os elementos comuns e diversos que tais práticas possuíam, dado terem se desenvolvido em uma nova dimensão das relações humanas: as conexões interespaciais desencadeadas pelas expansões e conquistas ibéricas ao longo da Época Moderna.

A reunião deste volume de estudos foi possível graças à soma de numerosos esforços que gostaríamos de mencionar: em primeiro lugar agradecemos à Fapesp pelo apoio incondicional que tem sido facultado, desde 2005, a todas as atividades do *Projeto Temático Dimensões do Império Português*, em especial à realização do Colóquio "Escrita, Memória e Vida Material", e ainda à edição deste volume. Também à Cátedra Jaime Cortesão, espaço de convivência e troca das nossas experiências, possibilitou a realização das atividades que nos levaram a este produto, permitindo o constante diálogo com a comunidade historiográfica portuguesa e lusófona. Agradecemos ainda ao Departamento de História e aos programas de Pós-Graduação em História Social e Econômica da FFLCH, pelos recursos recebidos na ocasião da realização do colóquio. Ao IFCH da Unicamp por ter recebido como professor visitante um dos participantes do colóquio e do livro. Finalmente, a todos os autores e autoras desta coletânea os quais, além de participarem intensamente dos debates ocorridos em outubro de 2006, na USP, permitiram-nos divulgar seus estudos que agora temos a alegria e satisfação de trazer a público.

Leila Mezan Algranti e Ana Paula Torres Megiani
São Paulo, agosto de 2008

Parte I

Cultura Letrada: vida de corte, instituições e poder

A articulação da monarquia espanhola através do sistema de cortes: conselhos territoriais e cortes vice-reinais[1]

José Martínez Millán
Universidad Autónoma
de Madrid-IULCE

Os esquemas teóricos que os historiadores têm construído para explicar o desenvolvimento do "Estado moderno" sobre o pressuposto de uma racionalização progressiva e ininterrupta do poder estatal têm se mostrado incapazes de dar conta ordenadamente da intrincada realidade político-social da Idade Moderna porque, às costas desse poder único e exclusivo que os investigadores nos queriam incutir, rapidamente se projeta a imagem de um jogo de diversos poderes, cujo antagonismo vem continuamente pondo em dúvida toda a pretensão de absoluta abstração e impessoalidade do Estado[2]. Durante os últimos anos essa visão da História tem mudado. Neste sentido há resultado determinante nas investigações sobre conceitos, em qualquer medida, "arqueológicos", que não encontram uma correspondência clara nas categorias de "modernidade" e que em seu reenviar a uma pluralidade de percursos teóricos e disciplinares, assinalam um denso corte de elaborações teóricas, situações e compor-

---

1 Tradução de Marília Chaves e Thiago Scarelli.

2 Para Hegel, os fenômenos históricos são essencialmente fenômenos políticos, pois a história se desdobra no Estado. "É necessário aceitar que um relato histórico e os atos e acontecimentos propriamente históricos aparecem simultaneamente: uma base interior os suscita conjuntamente [...]. Apenas o Estado traz um conteúdo que, além de corresponder à prosa da história, a engendra consigo". (Sämliche Werke (H. Glockner, Ed.). Stuttgart: Frommauns Verlag 1927-1930, II, p. 97-98. Citado por B. Boutgeois, *El pensamiento político de Hegel*. Buenos Aires, 1972, p. 11). Pelo sentido do universal que exige e objetiva, o Estado incita os indivíduos a realizar atos universais e, através da narração do passado, a conservar eficazmente na memória esse universal que não pode apresentar-se como tal, com sua permanência na intuição atual, sempre particular.

tamentos que caracterizam a cultura ética e política do "Antigo Regime". O próprio Estado dinástico – como denomina R. Bonney às Monarquias europeias dos séculos XV ao XVIII[3] – apesar de que, às vezes, pode comportar-se como burocrático e impessoal, se orientava na direção da pessoa do rei, que concentrou diferentes formas de poder e recursos materiais e simbólicos (dinheiro, honras, títulos, indulgencias, monopólios etc.) nas suas mãos. Dessa maneira, através de uma distribuição seletiva de favores, os monarcas puderam manter relações de dependência (clientelares) ou, por melhor dizer, de reconhecimento pessoal e assim perpetuarem-se no poder, ao mesmo tempo em que mantinham seus reinos unidos.

Os fundamentos filosóficos do sistema político da Idade Moderna

Frente à interpretação do "Estado moderno", como processo em que se logra uma entidade racional situada por cima da sociedade e na qual reside o poder, nos últimos anos se tem reconhecido um papel relevante aos conteúdos da "filosofia prática" aristotélica[4], como elemento fundamental que caracterizou o saber ético e político da Idade Moderna. Certamente, o modelo aristotélico não deve ser entendido como uma reprodução imutável ao longo dos séculos, mas como um quadro de referências imprescindíveis desde a baixa Idade Média, pelo menos, até o século XVIII. É preciso observar que a tradição medieval acolheu a disciplina moral de origem peripatética, dividindo-a, a partir de Boécio, em ética, dirigida ao cuidado de si, tendo como objeto a *res familiaris*; e política, endereçada ao cuidado da *res publica*.[5] É preciso advertir que essa divisão não significava definir disciplinas diferentes orientadas a temas diversos, mas sobretudo concretizar os limites e as técnicas de um único saber ético referido à formação do indivíduo em nível de realizar a justiça nos diversos âmbitos da vida social e de traduzir a *virtus* e comportamentos, ações e práticas. Neste sentido,

---

3 O título e a estrutura do trabalho de R. J. Bonney, *The European dynastic states, 1949-1660*, Oxford University Press 1991, resulta ser bastante expressivo do que afirmo. Expressa essa ideia em *Idem*, "Guerre, fiscalité, et activité d'Etat em France (1500-1650): quelques remarques préliminaires sur lês possibilites de recherche", em Ph. Genet y M. Le Mené (eds.), *Genèse de l'État moderne. Prélèvement et redistribuition*, Paris, 1987, p. 194-195.

4 Para uma síntese, F. Volpi, "La rinascita della filosofia pratica in Germania", em: C. Pacchiani (a cura di), *Passioni, interessi, convenzioni. Discussioni settecentesche su virtú e civilitá*. Milano,1992.

5 R. Lambertini, "Per uma storia dell'oeconomica tra alto e basso Medievo". *Cheiron 2* (1985), p. 46.

não apenas na política, mas em toda a filosofia prática estava relacionada com o "homem em comunidade".[6]

É típico do modelo aristotélico e de sua reelaboração ao longo dos séculos XVI e XVII uma visão da política como saída necessária da tendência do indivíduo a uma sociabilidade que desde a família se estendia, por razões históricas e funcionais, às formas de convivência civil e política cada vez mais amplas. Se a família era a comunidade original que havia sido criada para as necessidades vitais e cotidianas, a organização estatal surgiu para satisfazer outras necessidades vitais mais sofisticadas que a vida em sociedade trazia. Esta divisão, se de um lado implicava no reconhecimento da prioridade lógica da esfera doméstica, e com ele a disciplina "econômica" para regulá-la, de outro indicava a superioridade moral da vida civil e política enquanto âmbito do "bem comum" e da justiça. A filosofia prática teria como fim a subordinação do trato humano àqueles princípios éticos e àquelas virtudes que o padre, o cidadão e o príncipe, cada um no seu âmbito próprio, estavam chamados à encarnar. Os distantes da filosofia prática pleiteavam, por conseguinte, uma articulação do saber funcional para a constituição de outros tantos modelos de ação e de comportamento do sujeito único nas diferentes esferas da atividade humana.[7] É preciso notar como o estabelecimento desse modelo na época medieval seguiu depois, na etapa do Renascimento, a tentativa de articular aquela tradição em relação a atores sociais bem distintos: o príncipe, o cardeal, o cavalheiro etc. A ampla produção de tratados do século XVI mostra o esforço teórico por voltar a propor as concessões da filosofia prática frente à modificação e a articulação de uma sociedade cada vez mais complexa e estratificada.[8]

Organização das monarquias modernas desde a corte.

O elemento político que organizou as Monarquias europeias desde a baixa Idade Média até o século XVII foi a corte, instância de poder de onde se articulou o governo dos reinos. O modelo cortesão se organizou sobre a "economia doméstica" (governo e administração). O acoplamento desses princípios da filosofia política clássica a organização e evolução da corte teve suas contradições e foi se abrindo em passos pau-

---

6   A. McIntyre, *Dopo la virtù. Saggio di teoria morale*. Milano, 1998, p. 225-226.

7   D. Quaglioni, "Civilis sapientia". *Dottrine giuridiche e dottrine politiche tra Medievo. Ed Età Moderna*. Rímini, 1990, p. 107 e ss.

8   A. Quondam, "La virtú dipinta. Noterelle (e divagazioni) guazziane intorno a Clasicismo e Institutio in Antigo Regimen". In: G. Patrizi (a cura di), *Stefano Guazzo e la Civil conversazione*. Roma, 1990, p. 268.

latinos durante a Idade Moderna: em matéria do que era da justiça se reconhecia ao príncipe um poder que estava fora da *iuridictio* e que encontrava seu modelo próprio na autoridade "natural" do pai no interior da esfera doméstica. Dessa maneira, a imagem da "casa" sempre esteve presente na hora de organizar o governo da Monarquia. Como dizia Crespí de Valldaura, junto a la *iurisdictio* "*residet tamen in Principe alia oeconomica et política potestas, quae ei, tamquam Reipublicae capiti et parenti, UTI cuilibet patri famílias in propia domo competit*".[9] A analogia entre o poder paterno e o poder do príncipe, entre casa e cidade, entre família e estado que jogava, a salientar, bem a função da dimensão doméstica na gestão aristocrática da vida cidadã,[10] bem como a legitimação do poder público a partir da forma originaria de autoridade, encontra aqui uma utilização política e jurídica imediata que permite a possibilidade de intervenção do soberano em alguma esfera é composta enquanto "privada", desvinculando sua atuação dos limites das formas jurisdicionais. O "amor" e a "fidelidade pessoal" ocuparam o centro desse modelo de relação política; dessa mesma forma, o modelo de distribuição de funções valia tanto para os ofícios domésticos como para os ofícios da Monarquia, com uns e outros dependendo da arbitragem do pai da família (o príncipe), segundo critérios (a fidelidade e o mérito sobretudo) diferentes dos atuais, já que o modelo doméstico mantém íntimas relações com o modelo clientelar.[11] O monarca administrava seus reinos como um *pater familiae* e as relações que se estabeleciam com seus servidores não eram econômicas ou contratuais, mas de fidelidade, o que se confirma através de numerosos exemplos:

> Don Pedro Girón, duque de Ossuna e conde de Urueña disse que recebeu de dote com sua mulher dona Leonor de Guzmán cento e treze mil ducados, e pelos muitos gastos que fez, à serviço de Vossa Majestade e da rainha dona Isabel nossa senhor que está em glória, ele contraiu mui-

---

9   C. Crespi de Valldaura, *Observaciones illustratae ecisionibus Sacri Regni Aragonum Consilii*. Lugdunii, 1662, p. 72.

10 D. Frigo, "Governo della casa, nobiltà e republica: la economica in Italia tra Cinque e Seicento". *Cheiron 2* (1985), p. 75-99.

11 D. Frigo, "L'affermazione della sovranità: famiglia e corte dei Savoia tra cinque e settecento". In C. Mozzarelli (a cura di), *"Familia" del Príncipe e Famiglia aristocrarica*. Roma, 1988, I, p. 306-307. Esta era a forma do monarca espanhol governar as Índias, como pretende descrever, C. M. Maclachlan, "Los fundamentos filosóficos del imperio español de América: la Monarquia de los Habsburgo". In: A. Castillero Calvo (dir), *Historia general de América Latina. Consolidación del orden colonial*. Paris, 2001, III/2, p. 693-694.

tas dívidas cuja a dita duquesa tem utilizado de seu dote e arras[12] para sanar, o qual, caso o duque morra antes da dita duquesa, a mesma não terá dinheiro o suficiente para sustentar-se conforme a qualidade de sua pessoa. Suplica a Vossa Majestade que lhe faça uma mercê, de dar-lhe faculdade para que a dita duquesa depois de seus dias e não de outra maneira possa cobrar as rendas de sua herança que possui em sua vila de Osuna seis mil ducados por ano. [13]

Assim mesmo, resulta incompreensível para a mentalidade atual o sofrido comportamento de Garci Álvarez Osorio, ajuda de câmara que

Fui do príncipe don Carlos, que está em glória, e ao presente sirvo o ofício de diplomata dos seréníssimos príncipes da Hungria, digo que servi ao príncipe por 19 anos e assim mesmo têm servido meus antepassados à Casa Real há duzentos anos sem ter faltado nenhum à este serviço, e ainda que me deixaram meus pais bens e riquezas em quantidade em mais de dez mil ducados, se têm consumido nesse tempo servindo à Sua Alteza sem que em todo o dito tempo me fizesse mercê nenhuma e na consulta que Vossa Majestade teve Casa Real de El Pardo no mês de setembro de 1569, entre as mercês que Vossa Majestade me fez foi fazer-me acreditar que haveria mercês, e até agora não mas foram feitas e para continuar o serviço à Vossa Majestade que é necessário que eu o faça e atento aos filhos que tenho e a necessidade que passo com os poucos

---

12 Dote ou garantia de pagamento. Na tradição espanhola, 13 moedas que passam entre os noivos no casamento religioso, como símbolo da entrega. N.T.

13 AGS. CC, leg. 437, s.n. Por sua parte, "Ana de Ortega viúva que foi mulher de Diego de Vallejo disse que o dito marido serviu ao imperador nosso senhor que aja glória e a Vossa Majestade na guarda a pé e depois à rainha dona Isabel nossa senhora que está no céu desde mil quinhentos e sessenta até o fim de junh, que se recompensou sua casa e lhe foi dado a função de chefe de cozinha das senhoras infantas no qual serviu a suas altezas até nove de agosto do mesmo ano, quando faleceu, suplica a Vossa Majestade que acatando o citado e a necessidade com que está que lhe faça a mercê de alguma ajuda de custo com que se possa viver". Juan Vázquez de Salazar: "Disto informaram o marquês de Andrada, Gaztelu e o grefier da Casa da rainha nossa senhora e todos dizem que se faz a relação certa e que a ela não foi feita mercê nem dado nenhuma coisa, e que é mulher de bem. E assim parece ao Conselho que se Vossa Majestade fosse servido de mandar-lhe cinquenta ducados para que se vá bem empregada a mercê." À margem, a decisão regia de outra mão: "Dénsele". (*Ibidem*, n. 151).

gajes que me dão no dito ofício de grefier, me faça a mercê dos que vêm das Índias que nele me fará Vossa Majestade mercê.¹⁴

Enquanto pessoa privada, o príncipe teria forma de exercer sua jurisdição "econômica" em toda essa série de informes que o mesmo criava, sobretudo no interior da corte e que concerniam a esta, que eficazmente foi definida como "economia da graça", que correspondia no plano dos serviços cortesãos, à uma importante "economia de serviço".¹⁵ Neste ciclo de modelos e regras – da casa à cidade, da corte a casa privada, da corte secular à eclesiástica – descansa do resto de um dos caracteres essenciais e originais da cultura ético-politica da Idade Moderna. E é precisamente à luz do aumento dos poderes e das competências *de facto*, que irão se sobrepor às prerrogativas reconhecidas *de iure* ao príncipe, que vão de acordo com o crescimento das cortes europeias e sua relevância.

A lenta transformação da trama jurídica da Idade Média tardia e a gradual construção política da cultura política da Idade Moderna passaram, portanto, desde o âmbito das relações domésticas e da corte ao plano da doutrina política propriamente dita através da recuperação e da transformação das categorias centrais da tradição clássica; o conceito de "prudência" demonstra isso de maneira evidente, que do significado originário de *sapientia*, fundado sobre a experiência e sobre o particular se desliza pouco a pouco até chegar a um novo significado de empiricidade, concretização e habilidade.¹⁶ Mas é, sobretudo enquanto *administratio*, enquanto disciplina direta ao cuidado e tutela dos bens materiais e gestão prudente dos recursos quando a *economica* assume um destaque central na cultura política da Idade Moderna. Se a

---

14 AGS. CC, leg. 415, fechada em 9 de outubro de 1572. Algo parecido solicitava o contador Antonio de Eguino, quem pedia que, em atenção a tomar as contas da casa do defunto don Carlos e seguidamente da rainha dona Ana desde que esta entrou em Flandres até o momento em que chegou à Castilla, lhe fosse feia a mercê de sacar de Castilla algum dinheiro ou 200 cahices (medida espanhola equivalente a 690 kg., N.T.) de trigo pelo rio de Sevilla, ou alguma boa quantidade de couros bovinos dos vendidos nas Índias ou alguma mercê nos alcances das contas. Segundo Juan Vázquez Salazar, na discussão de sua petição pela Câmara, se considerou dar-lhe 500 cahices, mas se deixou à decisão real advertindo que seu companheiro Francisco Gutiérrez de Cuellar havia recebido 1000. O rei lhe concedeu finalmente as 500. (AHN, Consejos, leg. 4407, n. 427).

15 A. M. Hespanha, *La gracia del derecho. Economia de la cultura en la Edad Moderna*. Madrid: 1993 p. 151 ss.

16 P. Capellini, "Juris Prudentia versus Cientia Juris: prolegomeni ad ogni futuro léxico politico europeo". *Filosofia Política 1* (1987), p. 346-347.

iurisdictio respondia à ideia de um governo justo na qualidade das formas de poder, esta limitava ao mesmo tempo os aspectos da vida social sobre a qual a autoridade pública era chamada para intervir. Ao direto controle do príncipe se furtavam assim as funções próprias de outros segmentos do corpo social e em particular da esfera doméstica e privada.

Se a economia, de acordo com Aristóteles, era um saber prático que possui como objeto específico as relações entre os indivíduos que compõem o *oikos* e apenas secundariamente a gestão dos bens domésticos, nos numerosos comentários da *Ética a Nicômaco* que circularam na cultura humanística do Renascimento, a acepção mais frequente atribuída à antiga *oeconomica* ou ao correspondente termo latino *dispensatio* é, as vezes, a de administração em geral.[17]

A articulação da monarquia hispanica através das cortes.

Esses fundamentos políticos não deram por resultado uma organização "estatalista" europeia do Antigo Regime, uma vez que as monarquias articularam seu poder em torno da corte, isto é, núcleos ou instância de poder onde residia o monarca com sua casa, seus Conselhos e tribunais, desde onde não apenas se administrava o reino, mas também se difundia um modelo de comportamento social, cultural e artístico. Esse modelo de articulação política se mostra especialmente apropriado ao se falar da monarquia espanhola dos séculos XVI-XVIII sem entender como e por quê se constituiu o acordo entre a nobreza e o monarca.[18]

Parece claro que a monarquia optou pela formula da corte com o aumento dos reinos por herança, agregação ou conquista. Se em alguns casos se reforçou os espaços cortesãos pré-existentes (Valença, Barcelona, Zaragoza, Nápoles, Palermo, Milão, Bruxelas ou Lisboa), em outros, pelo contrário, levou à cabo a criação de cortes vicereais de nova cunho (Lima e México) sobre os centros dos impérios pré-colombianos. Essa riqueza e variedade de realidades cortesãs que cobrem tão extenso período de tempo (séculos XV-XVIII) e de espaços muito diferentes (Europa e América), não apenas têm sido estudadas de maneira global dentro da nossa historiografia, mas que,

---

17 G. Brazzini, *Dall'economia aristotélica all'economia política*. Saggio sul Traitè di Montchrestien. Pisa, 1988, p. 13-20. Sobre o uso do termo no período medieval, ver O. Lillge, *Das patrische Word Oikomania. Seine Geschichte and seine Bedentung bis auf Origenes*. Erlangen, 1955.

18 A. Álvarez-Ossorio Alvariño, "La Corte: um espacio abierto para la historia social", in S. Castillo (coord.), *La Historia Social em España. Actualidad y perspectivas*. Madrid, 1991, p. 255-256.

em boa parte ainda carecem estudos particulares que tenham incorporado as metodologias que surgiram em nosso meio para analisar este fenômeno.[19] Esta situação se resulta mais paradoxal se sem tem em conta que a corte de Madri e as cortes vicereais da Monarquia serviram de modelo da Europa cortesã durante os séculos XVI e XVII, sendo substituída como referência pela corte de Versalhes e pela corte prussiana (desde finais do século XVII até o século XIX). Em algumas cortes europeias, como em Viena ou na dos estados do norte da Itália, essas influências foram tão intensas que – penso – não é possível realizar uma análise completa sem compreender as características e evolução da "sociedade cortesã" da Monarquia.

Durante a segunda metade do século XVI, os estabelecimento da residência da corte em Madri e a decisão de governar de uma sede fixa instaurou um sério problema na articulação interna da Monarquia, relativo ao lugar institucional dos vice-reis. As consequências que esta mudança supunha não passaram despercebidas. Em 1558, três anos depois de ter sido criado o Conselho de Italia, o vice-rei da Sicilia, Juan de Veja, amigo do príncipe Éboli e conhecedor dos projetos do jovem monarca advertiu que os vice-reis não poderiam ser tratados como corregedores nem desvalorizados a algo semelhante. Porque formava um só corpo com o rei, a quem dirigiam sua correspondência e de quem recebiam, sem intermediários, a expressão de sua vontade; nada teria nem poderia ter jurisdição sobre eles e isso lhes dava uma independência quase absoluta.[20] Não lhe faltava razão. No que concerne às disposições limitadoras do poder vice-real, durante os reinados de Felipe II e Felipe III muito raramente se impôs qualquer sanção e ainda mais de forma pública contra um vice-rei, pois não existia nem tribunal que os julgasse nem instância administrativa que os pudesse san-

---

19 Marco com claridade a linha de investigação que proponho, C. J. Hernando Sánchez, Estar em nosso lugar, representando nossa própria pessoa. O governo vice-real na Itália e na Coroa de Aragão sob Felipe II. In E. Belenguer (coord.) *Felipe II y el Mediterráneo*, Madrid, 1999, III, p. 215-238. J.M. Torras I Ribé, O entorno clientelar dos vice-reis da Catalunha durante o reinado de Felipe II *Ibidem*, p. 359-376. Para o caso americano, segue a mesma linha metodológica, P. Pérez Herrero, "La Corte como simbología del poder em las Indias (siglos XVI y XVII)". Reales Sitios (2003) p. 28-42. Uma bibliografia muito completa sobre os estudos dos vice-reis do Peru encontra-se em P. Latasa, "La corte virreinal peruana: perspectiva de análisis (siglos XVI y XVII)", en F. Barrios (coord.), *El gobierno de um mundo: virreinatos y audiencias en la America hispánica*. Cuenca, 2004, p. 341-373.

20 BNM. Ms. 1030, fls. 46-47, Carta do vice-rei da Sicilia, Juan de Vega, a Felipe II, fechada em 8 de junho de 1558.

cionar.²¹ Como os vice-reis não atuaram sempre de maneira perfeita, rapidamente correu o rumor de que havia meios engenhosos e prudentes que permitiam salvar a reputação mediante um exercício dissimulado da autoridade. Assim, se dizia que, frente aos vice-reis que não o satisfaziam, Felipe II "costumava, por meio de seu Conselho de Estado ou outro, a ordenar que pedissem licença para deixar os cargos, meio prudente para tirá-los deles com maior doçura e sem quebra de reputação como se fez com o duque de Osuna sendo vice-rei de Nápoles"²². Sob seu filho as coisas não deveriam mudar muito, segundo consta em um documento do desligamento do vice-rei Osuna (pai do anterior): "Sua Majestade deu intenção de fazê-lo assim e ainda que os conselheiros [o duque de Uceda e o confessor Aliaga] se opuseram a esta resolução, somente conseguiram que a suspendesse até que o duque [de Osuna], por reputação, se antecipasse a pedir licença de vir à Corte e essa lhe fosse concedida".²³ Justificando-se esse procedimento de desligamento encoberto "para que não se persuadissem os vassalos de que poderiam ser parte nas mudanças dos vice-reis, de que nasceria neles a soberba e a inobediência e nos vice-reis o temor de insatisfações com as quais se perturbaria a administração valorosa da justiça, livre distribuição dos prêmios, com dano geral dos vassalos".²⁴ Indubitavelmente a Coroa acabou optando por rejeitar aquilo que preocupava Vega, havia-se optado por fixar a subordinação dos vice-reis à margem das leis e instituições. Fomentando os vínculos pessoais com os melhores de seus súditos, àqueles que outorgava responsabilidades e postos de confiança (como eram os vice-reinados), o rei havia estruturado a subordinação de seus *alter ego* como uma relação puramente pessoal e por tal motivo o controle se limitava ao desligamento em caso de não serem respondidas as expectativas investidas neles, um seguimento atento e minucioso do seu trabalho ficava descartado a priori e a única coisa que limitava a sua autoridade era saber que o rei faria um balanço pessoal de sua gestão e, se estivesse satisfeito, os gratificaria, e, se não, os pediria que renunciassem.²⁵ Nas páginas seguintes tratarei de explicar o processo que levou a uma situação radicalmente dife-

---

21 Sobre o tema, M. Rivero Rodríguez, "Doctrina y práctica política en la Monarquía hispana: las instrucciones dadas a los virreyes y gobernadores da Italia en los siglos XVI y XVII". *Investigaciones Históricas* 9 (1989), p.

22 *Reflexiones sobre el gobierno de Sicilia*, (manuscrito anónimo do século XVIII). RAH 9/3947 (1).

23 "Relación del cardenal Borja em Nápoles" (BNM. Ms. 11344, fls 4v-5r).

24 *Ibidem*, fl. 3v-4r.

25 Sobre a polêmica historiográfica sobre a origem do vice-rei, apresenta um bom resumo, A. Bermúdez, "La implantación del régimen virreinal em Indias", in F. Barrios (coord.), *El gobierno de un mundo. Virreinatos y audiências en la America hispânica*. Cuenca, 2004, p.

rente à que parecia indicar-se no começo do reinado de Felipe II e como puderam se atrelar duas instituições que, na aparência, eram incompatíveis, como o vice-reinado e o Conselho territorial.[26]

O PROCESSO DE CONFESSIONALIZAÇÃO E A REFORMA DO GOVERNO.

Para compreender a raiz do problema é necessário rever brevemente o significado da obra reformista do cardeal Diego de Espinosa na construção de um governo particular.[27] A confiança que Felipe II depositou em Diego de Espinosa permitiu a ele orientar e canalizar a graça real estabelecendo uma extensa e forte rede clientelar que, em boa parte, chegou a coincidir com a administração da Monarquia. Nesse sentido, com a ascensão deste letrado, Felipe II rompia o sistema "bipartidário" de relações de poder que vinha regendo na corte desde o início de seu reinado ("albistas" e "ebolistas"). Na construção de sua própria rede clientelar Espinosa lançou mão dos amigos (letrados como ele) que havia feito na sua larga trajetória administrativa. Foi introduzindo todos eles como membros dos Conselhos de Monarquia, conseguindo estabelecer uma firme e coesa rede clientelar na corte; no obstante, fez um campo de governo onde a influência de Espinosa encontrou sérios obstáculos: os Conselhos de Estado e Guerra estavam ocupados pela nobreza e a relação do novo privado com esses organismos esteve marcada, nas palavras do secretário Antonio Pérez "... pela enfermidade natural àquela profissão, que era letrado, contra o estado nobre". Este perigo se via agravado por duas carências do cardeal: sua inexperiência em temas de política externa e o feito de não desfrutar de ofícios do palácio, que muito raramente acompanhou o monarca em suas missões constantes, como faziam alguns conselheiros nobres (especialmente, Ruy Gómez, o duque de Feria, don Antonio Toledo etc.). Nessas condições, Espinosa tomou uma série de medidas destinadas a minguar (ou ao menos controlar) o influxo da nobreza, reformando a administração cortesã.[28]

256-62. Assim como E. Belenguer "De virreinatos indianos a virreinatos mediterráneos. Una comparación contrastada". In: *Ibidem*, p. 319-39.

26 Esta é a teoria que parece se concluir do volume coletivo, F. Barrios (coord.), *op.cit.*

27 Sobre o tema, ver meus trabalhos: "Um curioso manuscrito: el libro de gobierno del cardenal Diego de Espinosa (1512? – 1572)". *Hispania* 53 (1993), p. 299-344. "En busca de la ortodoxia: El inquisidor general Diego de Espinosa". In: J. Martínez Millán (dir), *La Corte de Felipe II*. Madrid, 1994, p. 189-228.

28 As reformas têm sido estudadas em J. Martínez Millán y C. J. de Carlos Morales (dirs.). Felipe II (1577-1598). *La configuración de la Monarquía hispana*, p. 104-110.

Bem, dominar os órgãos que residiam na corte não era tudo, para governar também era necessário articular o poder nos reinos, e, dada a frágil união institucional que existia nos territórios da Monarquia filipina, somente se poderia realizar por via não-institucional (rede clientelar). Em uma nota de Mateo Vázquez ao rei era feita referência a um livro que pertenceu ao cardeal em vida, nele ele havia apontado o nomes de todos os apadrinhados que poderiam ocupar cargos na administração da Monarquia. Esta lista não era aleatória, uma vez que as nomeações obedeciam critérios claros e racionais expressados por Espinosa em carta a Mateo Vázquez: "... e creio que a regra geral seria boa, reduzir estas provisões de ofício a dois estados de gentes como são: colegiados para os de letras e regidores para os que se fizessem de encomendas a cavaleiros de capa e espada, fazendo memória dos que seriam, a propósito, de que o presidente [das audiências] poderia e deveria com particular estudo secreto informar de conselheiros e outras pessoas graves de ciência e consciência e sem paixão; e os prelados e corregedores são as melhores testemunhas para os regidores, e a exceção dessa regra geral poderia ser praticada em pessoas muito notáveis que existissem".[29]

Mas Espinosa não se limitou a controlar os ofícios administrativos e judiciais da Monarquia, pois também procurou fazer o próprio com as nomeações de cargos eclesiásticos. Em um extenso memorando a Felipe II sobre a provisão de bispos, Espinosa mostrava ser um bom conhecedor dos caracteres dos bispos existentes, assim como o juízo que mereciam os possíveis candidatos: "O de Segovia tenho por mais apropriado por ser um homem simples e letrado e de muita virtude e que fará o que lhe for mandado... o de Jaén, ao meu parecer, está bem naquilo que tem... o de Palencia é um bom homem, está velho e um pouco doente...".[30]

Dentro desse processo, a reforma espiritual das Indias juntava perfeitamente a dupla dimensão de reforma confessional e política efetuada pelo cardeal. A pretensão da cura romana de enviar um representante papal à América precipitou a reunião dos melhores conselheiros de Felipe II para reorganizar o governo eclesiástico americano, unificando-o na corte.[31] Simultáneamente (em 1568), se encomendava a Juan de Ovando a visita do Conselho das Índias e a recompilação das leis.[32] O resultado de seu trabalho foi constituídos de sete livros da *Copulata*

---

29   IVDJ, env. 51, n. 11.

30   *Ibidem*, env. 38.

31   L. Lopetegui, "Proyectos de nunciatura para América española (1560 – 1590)". *Miscelánea Comillas 62-63* (1975), p. 117-141.

32   José de la Peña Cámara, "La Copulata de Leyes de Indias y las odenanzas ovandinas". *Revista de Indias 2* (1941), p. 131, nota 14.

*de Leyes Indias*³³ para o Conselho conhecidas como "ordenanças de Ovando" de 1571. O visitador, já em seus primeiros rascunhos preliminares, surgiu um modelo de governo espiritual e eclesiástico desligado do poder pontifício³⁴ a qual se refletiu nas ordenanças, predisposto pelas conclusões da Junta Magna³⁵ que, em dezembro de 1568, deu à luz a um projeto que foi contundentemente rechaçado por Pio V.³⁶ Apesar dele, o trabalho de Ovando serviu tanto para constituir a Monarquia indiana como para articular os vínculos entre a corte de Madri e as cortes do México e Lima.³⁷

A correspondência entre a reforma do Conselho das Índias e os Conselhos territoriais já foi advertida por Jaime Vicens Vives em sua famosa conferencia de Estocolmo sobre a organização dos Estados Modernos. Por minha parte, mais que uma renovação na técnica administrativa, observo outras preocupações na reforma dos Conselhos territoriais. Em primeiro lugar, porque se passou de uma ideia abstrata do Conselho do Rei, subdividido em negociados formados por conselheiros "mandados juntar" à uma ideia plural, os Conselhos, a entes individuais e separados (o que se percebe é que até então os conselheiros se situavam nas cerimônias por ordem de antiguidade e, a partir de 1571, na entrada da rainha Ana da Áustria, "por Conselhos"). Em segundo lugar, porque houve uma troca de experiências através das pessoas implicadas em proceder com as reformas. Assim, não me parece simples coincidência observar que personagens vinculados à Junta Magna, como Francisco Hernández de Liébana, cuja mão se aprecia no livro sobre a "governação espiritual" (correspondente ao volume I das ordenanças pelo Conselho das Índias), tiveram também um papel muito relevante na organização do Conselho de Itália.³⁸

Hernández de Liébana desempenhou um papel decisivo na penetração da rede clientelar de Diego de Espinosa nas Índias. Como criatura de Ovando, esteve no Con-

---

33 Idem, "La Copulata de Leyes de Indias y las ordenanzas ovandinas". *Revista de Indias 2* (1941), p. 131, nota 14.

34 Idem, "Las redacciones del libro de la gobernación espiritual. Ovando y la Junta de Indias de 1568". *Revista de Indias 2* (1941), p. 97-98.

35 P. Leturia, "Felipe II y el pontificado en un momento culminante de la historia hispanoamericana". *Estudios Eclesiásticos 7* (1928), p. 41-99.

36 B. Escandell, "Las adecuaciones estructurales: establecimiento e la Inquisición en Indias". In: J. Pérez Villanueva y B. Escandell (dirs.), *Historia de la Inquisición en España y América*. Madrid, 1983, p. 714.

37 E. Schäffer, *El Consejo Real y Supremo de las Indias*. Salamanca, 2004, I, p. 136-137.

38 M. Rivero Rodríguez, *El Consejo de Italia*.

selho das Índias até 1565 e à ele se deve boa parte dos conteúdos da *Copulata*.[39] Muito oportunamente foi transferida a reforma das coisas da Itália, onde, como na América, também se ventilavam "espinhosas" polêmicas espirituais (o problema das diferenças jurisdicionais entre o bispo e o governador de Milão, a apresentação dos bispados de Nápoles e a questão da *Monarchia Sícula*, eram obstáculos que pareciam difíceis de superar para os aliados de Espinosa, sobretudo pelo ascendente romanista e filojesuítico que teriam em suas mãos o governo dos domínios italianos da Coroa, efetivamente, o pontífice encarregou ao mesmo presidente interino do Conselho da Itália, Gaspar de Quiroga, a defesa dos direitos do bispo de Milão diante de Felipe II.[40]

A crescente influência de Espinosa pode desenvolver-se sem obstáculos desde o momento em que o Conselho da Itália ficou sem presidente, sendo afastado da corte com o cargo a vice-rei da Catalunha.[41] Na sua ausência, o Conselho foi submetido a uma intensa visita cujo objetivo era tanto reformar quanto controlar a instituição e tal tarefa foi encomendada a Francisco Hernández de Lisboa em 1568.[42] Não obstante, sua atuação não foi a de efetuar uma limpeza, mas sim de entregar a rede de seu patrono, o cardeal Espinosa, com novas contribuições que estenderam sua influência até a Itália. Assim denunciava uma comunicação anônima recebida por Mateo Vázquez:

> Os ministros daqui, em acordo com os da Corte fazem um belo concerto, e esses dão e presenteiam em quantidade [...] (o duque de Alcalá) na Corte tem subornado a todos, o secretário Vargas porque lhe ofereceu ajuda em sua Visita, o ajuda agora para que não chegue às orelhas de Vossa Majestade nada que ele não queira, e o pior é que dizem que por

---

39 José de a Peña Cámara, "La Copulata de Leyes de Indias y las ordenanzas ovandinas". *Revista de Indias 2* (1941), p. 131, nota 14.

40 O núncio Castagna ao cardeal Alessandrino, Madri 18 de dezembro de 1567, L. Serrano, Correspondencia diplomática entre España y la Santa Sede durante el pontificado de San Pío V. Madri, 1914, II, p. 276. Quanto à situação de Quiroga na Corte, Alessandrino a don Luis de Torres, 20 de maio de 1570 (vol. III, p. 372). H. Pizarro Llorente, *Un gran patrón em la corte de Felipe II. Don Gaspar de Quiroga*. Madri, 2004, p. 150 e ss.

41 O duque de Francavilla foi nomeado vice-rei da Catalunha em 23 de abril de 1564, por ordem real de julho do mesmo ano conservou o título de presidente sem salário e sem exercer o ofício. (AHN. E, leg. 688, s. f.).

42 Comisión dada al doctor Francisco Hernández de Liébana para visitar al presidente y demás consejeros de Italia. (B.L. Add. 28701, fols. 135r-137v).

meio da Princesa de Asculi, a visita será fumaça, e que assim se fez Francisco Hernández visitador.[43]

Hernández de Liébana consolidou sua posição como homem de Espinosa entrando no Conselho da Fazenda em 1570 na Câmara de Castela em 1572, afiançando-se como responsável no novo rumo que tomava a organização dos Conselhos do rei.[44] Evidentemente, essas mudanças organizacionais se operavam ao mesmo tempo que se levava uma transição de pessoas à frente dos Conselhos e os protegidos de Espinosa se consolidavam em postos-chave. Schäfer o assinalou no caso das reformas ovandinas e minha equipe de investigação o destacou em diversos trabalhos.

A construção dos conselhos territoriais.

A reforma de Ovando no Conselho das Índias converteu a este, de fato, em uma entidade autônoma encarregada do exercício da jurisdição real na América. Os vice-reis ficavam praticamente reduzidos à categoria de altos oficiais nos reinos, limitando extraordinariamente sua autonomia para prover cargos. Diego de Espinosa deixou assentadas bases nas Índias sobre as quais se construiria o sistema de Conselhos territoriais na década de 1580. A solução das lutas cortesãs a favor do partido "castellano" em 1579, liberou os obstáculos que o cardeal não pode superar para articular o sistema. Por exemplo, os ditames dos visitadores e letrados que, desde 1567, haviam estudado remédios para melhorar o governo dos domínios italianos e constituíram, não por casualidade, a armação do conjuntos de instruções dadas em 20 de outubro de 1579 pelo Conselho e ministros da Itália.[45]

---

43 IVDJ, env. 80, caixa 104, n. 9 a 15.

44 J. Mártinez Millán y Carlos Morales (dirs.), Felipe II (1572 – 1598). *La configuración de la Monarquía hispana*, p. 41.

45 Lo que conviene advertirse por servicio de Su Majestad en su Supremo Consejo de Italia y reforas necesarias para el oficio de secretario, ano 1577 (BL. Add. 28400, fls. 58r-72v). Papel de D. Diego de Espinosa a Mateo Vázquez sobre los papeles de Chancillería de Italia, 7 de novembro de 1577 (B.L. Add. 28399, fls. 141r-143v). "Resolución sobre los papeles de Cutinario y Francisco Hernández en lo que toca al Consejo y Secretaría de Italia", 1578 (B.L. Add. 28400, fls. 72r-76v). El doctor Antonio Rosso a Mateo Vázquez, con unas advertencias que convienen al servicio de Su Majestad para poner remedio a los consejos de Italia, 1 de setembro de 1579 (B. L. Add. 28399, fls. 274r-280v). Instrucción al Consejo de Italia, 20 de outubro de 1579 (BNM. Ms. 988, fls. 6r-11v), com a mesma data: Instrucción al secretario

O que determinou o rei a aplicar as propostas dos herdeiros políticos de Espinosa foi, sobretudo, a urgente necessidade de articular o governo com eficácia enquanto se trasladava a Portugal para tomar posse daquele reino. Ali, com um grupo de servidores seletos, seriam tomadas decisões de caráter político, enquanto em Madri os Conselhos deveriam assumir as tarefas rotineiras de governo sob a direção do cardeal Granvela, ou seja, se estabelecia uma clara separação entre o político e o jurisdicional, e ele se manteve em seu regresso de Lisboa com a criação da Junta da Noite[46] a partir de 1584.[47]

A sequência da reforma dos Conselhos continuou, depois das Índias, com o da Cruzada, em 1573, o de Itália e Aragão, em 1579, o de Guerra, em 1586, o de Portugal em 1587, o da Fazenda, em 1593, o de Castela em 1598 (e outras medidas complementares como a organização do Arquivo de Simancas). Com a criação dos Conselhos de Flandres e Portugal, ou a reforma ou criação de outros de caráter "temático" como a Câmara.[48] No esquema citado, os Conselhos receberam autonomia

---

Gabriel de Zayas (AGS. SP, lib. 634, fls. 15r e ss.). Título de conservador del patrimonio y hacienda de Italia (*Ibidem*, fls. 5r e ss.).

46 N.T. Junta de Noche

47 Sobre a criação da Junta da Noite, S. Férnandez Conti, Los Consejos de Estado y Guerra de la Monarquía en tiempos de Felipe II, 1548-1598. Salamanca, 1998, p. 185-208.

48 As visitas abertas, na maior parte delas, foram durante a época onde o cardeal Espinosa gozou de confianza real (1566-1572) e tiveram como consequencia a reforma dos Conselhos com maior ou menos rapidez e com uma finalidade muito parecida. Observa-se que o acontecido na Cruzada é muito similar ao que temos descrito no Conselho da Itália, pois as ordenanças de 1573 nasceram da necessidade de fazer cumprir as de 1554 (J. Martínez Millán y C. J. de Carlos Morales, "Los orígenes del Consejo de Cruzada" (siglo XVI). Hispania 51 (1991), p. 901-932 e que, no que se refere ao Conselho de Aragão, a ordenança de 1570 parece agir em paralelo às instruções do Conselho da Itália em outubro do mesmo ano (J. Arrieta Alberdi, *El Consejo Supremo de la Corona de Aragón*. Zaragoza, 1994, p. 263-265). Para a evolução do Conselho de Guerra, S. Fernández Conti, p. 251-265. Para Portugal, S. Luxán Meléndez, La revolución de 1640 en Portugal, sus fundamentos sociales y sus caracteres nacionales. El Consejo de Portugal, 1580-1640. Madri, 1988, p. 105-119. F. Bouza Álvarez, *Portugal en la Monarquia Hispánica*. Felipe II, las Cortes de Tomar y la génesis del Portugal Católico. Madri (tese de doutorado apresentada na Universidade Complutense de Madri) 1987. Para a Câmara de Castela, J. Martínez Millán, "Las luchas por la administración de la gracia en el reinado de Felipe II. La reforma de la Cámara de Castilla, 1580-1593". *Annali di Storia Moderna e Contemporánea 4* (1998), p. 31-72. Para as mudanças no Conselho de Castela, I. J. Ezquera Revilla, *El Consejo Real de Castilla bajo el reinado de Felipe II*. Madri, 2000. Para o Conselho de Flandres, J. M. Rabasco Valdés, "Una etapa del Consejo de

e capacidade de decisão nos assuntos rotineiros. Assim, um documento anônimo da década de 1590 assinalava a superação das atribuições meramente consultivas no Conselho da Itália e a aquisição de uma jurisdição própria que o dotava de capacidade executiva:

> Escutam neste Conselho da governação da Itália e fazem mercês de regalias à gente da guerra que está nos citados Reinos. E provêm governadores e justiças nas cidades do citados Reinos e dão títulos a senhores, tudo com consulta de sua Majestade. E nesse Conselho só se tratam as coisas da citada Itália.[49]

O Conselho foi adaptando-se a este perfil mediante sucessivas mudanças que concorriam de maneira sincrônica com a definição territorial dos demais Conselhos territoriais: em 1582 se fixou sua atuação como tribunal[50] e, em 1595, se dividiu a secretaria e se terminou de afinar um esquema organizacional onde, claramente, os conselheiros atuariam como conselheiros e os secretários como secretários.[51] O presidente dirigia e representava o Conselho, organizava seus trabalhos e, inclusive, podia consultar diretamente com o soberano "nos negócios fáceis", os conselheiros exerciam um papel eminentemente técnico, enquanto os secretários era totalmente subordinados e sujeitos ao presidente e aos regentes. A concessão de jurisdição própria significou, entre outras coisas, a criação de uma memória própria, organizando-se

---

Flandes y Borgoña: del ministerio colateral a las ordenanzas de 1588". *Anuario de Historia Moderna y Contemporánea* 6, (1979). Para o conjunto dos Conselhos, P. Molas Ribalta e o prólogo de J. M. Baptista I Roca à obra de H. G. Koenigsberger, *La práctica del Imperio*. Madri, 1989 e J. Martínez Millan e C. J. de Carlos Morales (dirs.), Felipe II (1527-1598). *La configuración de la Monarquía hispana*.

49 Relación de los Consejos que su Majestad tiene en su Corte de ordinário y de que se sirve siempre, que en rodos son XIII en número (reproducido por J. A. Escudero, *Los secretarios*. Madri, 1969, IV, p. 969. Documento 134).

50 Pragmática sobre recusaciones de los miembros del Consejo de Italia, Madri, 14 de novembro de 1586 (AHN. E. leg, 2160, fls. 25r-26v).

51 Las instrucciones de los secretarios de Italia conforme a la nueva división que se há hecho. Madri, 28 de junho de 1595 (AGS. SP, livro 634, fls. 118r-124v). "Tendeis muito respeito ao Presidente e aos membros do Conselho, onde fareis vosso ofício de secretário e não de conselheiro, lendo ou escrevendo o que se for ordenado, sem intrometerem-se em falar ou dar vosso parecer" (*Instrucciones dadas al secretario Gabriel de Zayas*, em El Pardo, a 20 de outubro de 1579. AGS. SP, livro 634, fls. 15r e ss., epígrafe 9ª).

um arquivo mediante o qual se dispôs a jurisprudência derivada do tribunal e que continha uma coleção de leis, constituições e estatutos dos domínios italianos, suporte suficiente para exercer uma atuação técnica de ofício.[52]

Seguindo este modelo, os novos Conselhos de Portugal e Borgonha aprofundaram essa definição particular de Conselhos territoriais como vigias da jurisdição do rei. Depois de algumas vacilações territoriais, o processo de institucionalização do Conselho de Portugal se concluiu com o regimento de 1586, que definiu suas competências sobre "todos os negócios do reino e estados da Coroa de Portugal de qualquer qualidade que sejam e que a esta Corte vierem a mim".[53] Por disposições distintas, ditadas cronologicamente em paralelo às dadas ao Conselho da Itália, o Conselho de Portugal se moldou no mesmo esquema daquele.

Após dois anos, as ordenanças do Conselho de Flandres e Borgonha mostram a consolidação do modelo. No capítulo nono da instrução dada ao citado Conselho se recordava que seus componentes eram os encarregados de velar para que não houvesse diminuição ou alteração dos direitos do soberano e estavam encarregados de vigiar e custodiar sua jurisdição.[54] Como assinalou o professor Arrieta para o Conselho de Aragão, as audiências se converteram com essas reformas na "plataforma de ascensão natural ao Conselho de Aragão. Ambos, Conselho e Audiências, desfrutam da mesma natureza de tribunais régios".[55] O mesmo é válido para o Conselho da Italia, o das Índias, o de Portugal e o de Borgonha. Todos eles compreenderam – como tribunais supremos – espaços jurisdicionais e redes tribunais onde constituem a máxima instância em matéria de graça e justiça.

Dessa maneira, lentamente havia-se dado forma às ideias que de início do reinado não eram mais que um esboço de perfis grosseiros. Não havia então, nem poderia haver, confusão entre os ofícios, funções e instituições; com ele, se ajustaram do modelo "polisinodal" característico do governo e da administração da Monarquia espanhola durante o século XVII. Em 1617, Lorenzo Ramirez de Prado expressou a bondade do sistema em termos simples, dado que o príncipe não podia acudir a tudo nem ver tudo, devia limitar-se a eleger os meios e os instrumentos, ou seja, desenhar a política geral com os seus súditos mais eminentes e "o mais confia em seus ministros inferiores" delegando nos Conselhos a rotina e decisões judiciais e administrativas de pouca importân-

---

52 Instrucción al Consejo de Italia, 20 de outubro de 1579 (BNM. Ms. 988, fls. 6r-11v).

53 S. Luxán Meléndez, p. 107-108, *O regimento do Conselho de Portugal* (Madri, 27 de abril de 1586) em ANTT. Ms. Livraría 2608, fls. 18v. – 20v.

54 J. M. Rabasco Valdés, p. 80.

55 J. Arrieta, p. 330-331. T. Canet Aparisi, J. Reglá, Felipe II y Cataluña etc.

cia.⁵⁶ Bermúdez de Pedraza encontrou no Conselho de Estado o espaço que articulava a todos como conjunto: "o governo superior dessa Monarquia está com um admirável modelo de doze Conselhos divididos e distribuídos os negócios por Reinos e matérias diferentes. De cada um desses Conselhos se formou um corpo místico, cuja cabeça é seu presidente, os conselheiros seus membros e suas ações o expediente de negócios que lhes cabem. Os presidentes, regularmente, não votam em matérias de justiça, mas são os meios imediatos da comunicação entre Vossa Majestade e seus Reinos".⁵⁷

JURISDICTIO E *GUBERNACULUM*

Que papel ficou reservado aos vice-reis depois dessas reformas? Foram reduzidos a governadores de maior porte? De um ponto de vista administrativo, as competências dos Conselhos limitaram extraordinariamente o poder dos vice-reis, as decisões que um vice-rei poderia tomar para nomear oficiais, resolver litígios ou tomar medidas em defesa ou matéria de fiscalidade parecia reduzi-lo ao papel de simples executor do governo "central", um governador de nível superior como assinalou Verissimo Serrao: "os poderes do vice-rei revestiam-se, na sua aparência, de ampla soberania, mas a sua dependência da autoridade real não oferecia dúvidas, na observância do centripetismo político imposto pelo grande monarca" e ele não é o único que compartilhou dessa opinião.⁵⁸ Mas, na minha opinião, são interpretações feitas de um enfoque histórico da administração atual do Estado.

Durante o período compreendido entre 1567 e 1579 as dificuldades práticas para fazer obedecer aos vice-reis desde os Conselhos situaram aos secretários na posição da intermediários privilegiados entre o soberano e seus vice-reis. Como se viu nas visitas da Itália ou na de Ovando, os Conselhos não teriam um encadeamento institucional definido e as negociações estavam controladas pelos secretários. A conivência entre eles e os vice-reis fez com que, durante a década de 1570, os vice-reinados

---

56 L. Rámirez de Prado, *Consejo y consejero de príncipes*. Madri, 1958, p. XXI-XXX (edición de Juan Baneyto).

57 F. Bermúdez de Pedraza, Panegírico legal. *Preeminencias de los secretários del Rey deducidas de ambos derechos, y precedencia de Luis Ortiz de Matienzo, Antonio Carrero y don Iñigo de Aguirre, sus secretarios, y de su Consejo en el Supremo de Italia, al fiscal nuevamente criado en él*. Granada, 1635, p. 1-3.

58 J. Verissimo Serrão, "Governo dos Reis Espanhóis (1580-1640)". História de Portugal. Póvoa de Varzim, 1979, vol. IV. J. I. Rubio Mané, E*l virreinato*. México, 1983, I, J. H. Elliot, *La rebelión de los catalanes* (1589-1640). Madri, 1982. Donald D. Smith, *The viceroy of New Spain*. Berkeley, 1913, p. 99 e ss.

fossem adquirindo uma maior autonomia, efetivamente, em uma conferência com Mateo Vázquez, o monarca mostrava sua preocupação com esse assunto.[59]

A reforma empreendida por Felipe II ao retornar de Portugal afetou a filosofia do governo e da administração. A nova forma de governo não passou despercebida aos observadores mais atentos, como o embaixador francês, que escrevia: "[Felipe II] está em Saint-Laurens-le Real, com um secretário de estado e alguns outros ministros, aos quais aqueles que são todos deste conselho de aquém [Madri] endereçam os negócios de suas funções para comunicá-los a Vossa Majestade Católica..."[60], por sua parte, Mateo Vázquez deixava documentado o novo modo de proceder através das notas manuscritas das ocupações cotidianas: "Sua Majestade tem visto a consulta que aqui vai, e por Vossa Ilustrissima se servir da junta escusada, por estar hoje vendo todos os papéis que há trazido o ordinário,[61] direi aqui meu parecer; e Paredes poderá logo saber sobre os senhores conde de Chichón e don Juan de Idiáquez, de cada um sobre si, e dizer Vossa Ilustríssima o seu, e ir a resposta com este ordinário de Portugal que passará por Madri.".[62]

Na realidade tratava-se dos primeiros passos de um procedimento novo de governo consistente na revisão prévia e apresentação por parte dos patronos cortesãos dos diversos documentos gerados por organismos de governo (Conselhos e Juntas) aos que pertenciam, o que obrigou a sua permanência quase contínua no retorno do rei, enquanto o trabalho de Mateo Vázquez se reduzia a anotar a margem das consultas e resoluções dadas pelo rei. Isto supondo que determinados personagens assumissem uma autonomia e influência tais que ficaram convertidos em grandes patronos, já que propunham as decisões políticas que deviam ser adotadas nos assuntos da sua competência, que logicamente eram consultadas com o monarca para que as sancionasse, enquanto os letrados eram relegados aos trabalhos de aplicar a jurisdição do organismo que se encontrava servindo.

Quando, em 1582, Mateo Vázquez transmitiu a Barajas a vontade de Felipe II de designá-lo presidente do Conselho de Castela, já o advertiu que aproveitaria a ocasião para proceder a "mudar a forma de provisão dos ofícios de justiça" que até então eram seguidos:

---

59 Consulta fechada em 20 de março de 1579. BL. Add. 28236, fl. 219r.

60 A. Mousset, *Um resident de France em Espagne au temps de la Ligue (1583-1590)*. Pierre de Séguson. Paris, 1908, p. 104.

61 Funcionário real, mensageiro. N.T.

62 AZ, carp. 147, n. 260. *Carta al conde de Barajas*, 20 de agosto de 1584.

> Mostrou a experiência ser conveniente mudar a forma de prover os ofícios de justiça, encomendando que se veja nas qualidade e merecimentos dos que hão de ser providos à más pessoas pela satisfação e desencargo das consciências de que isto resultará...; seria oportuno a tal ocasião como a presente ordenar que os postos do Conselho real e audiências fossem providas por sua Majestade com consulta do presidente e dos membros da Câmara, que se juntariam nas vezes que fosse mister para o mesmo, e com eles o secretário de justiça, que agora é Antonio de Erasso, a quem irão os memorandos para levar à junta relação deles e escrever as diligências que ali se acordassem secretas para verificar os merecimentos das pessoas para os ofícios, e que o mesmo se fizesse para as corregedorias e os postos dos Conselhos das Índias, Órdens e Fazenda se consultassem pelos presidentes e conselheiros deles como se faz nos de Aragão e Italia.[63]

As novidades e mudanças implicado pela prática dessa decisão foram consideráveis. Supunha a formalização da nomeação de cargos desocupados, dado que impunha à Câmara uma forma colegiada de elaboração das informações e proposta dos candidatos (enquanto até então havia sido o presidente do Conselho Real quem pessoalmente cumpria tais atividades), e conferia atribuições institucionais aos Conselhos das Índias, Ordens e Fazenda nas nomeações que eles desocupavam (o que anteriormente era feito pelos membros informalmente, dirigindo-se a suas pessoas). A reação dos membros da Câmara foi eloquente: Barajas lamentava o desprestigio que sofria, o secretário Vázquez de Salazar mostrou sua tristeza porque não foram valorizados seus serviços cumpridos, enquanto Juan Tomás contestava com reticências, pois, na sua opinião: "...este negócio, roga a Deus, não para que em todo ele os presidentes [dos Conselhos] venham a ser senhores de tudo e serem feitos como muito mais poderosos que os outros".[64] Apesar dessas queixas, no começo de 1588 se promulgavam as ordenanças que estabeleciam o Conselho de Câmara. Dessa maneira, a institucionalização da Câmara culminava com o reconhecimento e regulação das suas funções consultivas. Neste ordenamento normativo, este órgão adquiriu expressamente jurisdição em assuntos que anteriormente havia conhecido e despachado por via de expediente e se converteu numa instituição colegiada, ocupada por letrados.[65] Mas não havia se advertido, não obstante, seu caráter consultivo não lhe outorgava

---

63 IVDJ, env. 21, n. 274.

64 IVDJ, env. 51, n. 117.

65 S. de Dios, *Fuentes para el estúdio del Consejo Real de Castilla*, Salamanca, 1986, p. XLIII.

capacidade de resolução e que com institucionalização se ratificou sua posição como mero centro de tramitação legal, como via de despacho.

Entre 1586 e 1593 a administração conciliar da Monarquia experimentou profundas alterações como consequência de uma série de "visitas" que foram encomendadas, em sua maior parte, a Pablo de Laguna. As "visitas" serviram para remover os ministros e oficiais que vinham exercendo suas funções, trocando-os por letrados que eram conscientes de sua nova ocupação (aplicar a jurisdição, esquecendo-se de adotar decisões políticas). O processo se completou com a criação da "Junta da Noite", onde não se discutia unicamente questões relativas à distribuição da graça, salvo que além de ter se convertido no centro onde se planificava a Monarquia, atribuindo ao Conselho de Estado os problemas relativos às relações do monarca com outros poderes e reinos. Sua atuação se referia em sua maior parte à revisão de aspectos rotineiros do governo, saídos das consultas dos Conselhos e as cartas dos diferentes ministros, mas seu poder político, derivado da graça real desfrutada por seus componentes, se percebia em todo o seu esplendor quando se analisam os distintos aspectos do governo da Monarquia. Em primeiro lugar, a política de nomeações e mercês, pilar fundamental do sistema de patronato. Mas o poder da "Junta" também se manifestou em aspectos como a revisão das diligências efetuadas em "visitas" significadas, a eleição de pessoas para tomar as contas em Flandres etc. Da mesma forma, o monarca ordenava que na "Junta da Noite" se vissem papéis gerados por outras juntas.

Concluindo, o processo que a Monarquia experimentou ficou decidido graças à separação nos dois âmbitos já mencionados, *jurisdictio y gubernaculum*. Neste contexto, o papel dos vice-reis recupera toda a sua dimensão. Desligados de uma dependência formal dos Conselhos, ou seja, de instituições administrativas e judiciais, os vice-reis afiançaram sua oposição como homens do rei. Suas cortes foram o espelho da própria corte do rei e, por tal motivo, se observa um desenvolvimento extraordinário das cortes de Palermo, Nápoles, México, Lima etc., a partir, precisamente, da década de 1580.[66] Os vice-reis formavam extensas redes de patronato por meio da Monarquia,

---

66 Sabina de Cavi, "Sensa causa e fuor di tempo: Domenico Fontana e il palazzo vicereale Vecchio di Napoli". *Napoli Nobilíssima*. Quinta serie, IV (2003), p. 187-208. X. Gil Pujol, "Uma cultura cortesana provincial. Patria, comunicación y lenguage em la Monarquía hispânica de los Austrias". *Monarquía, Imperio y pueblos en la España Moderna*. Actas de la IV reunión científica de la asociación española de Historia Moderna. Alicante, 1996, I, p. 225-257. C. Hernando Sánchez, "Estar en nuestro lugar, representando nuestra propia persona ...", p. 217 ss. J. Lalinde, "El régimen virreinato-senatorial en Indias". *Anuario de Historia del Derecho Español 27* (1967), p. 5-224. P. Molas Ribalta, "La administración real en la Corona de Aragón". *Crónica Nova 21* (1993-1994). R. Villari, "España, Nápoles

que funcionavam em dois planos interrelacionadoS: através da Casa Real, os vice-reis participavam e colaboravam com o soberano no governo da Monarquia, mas, através das magistraturas superiores participavam e formavam um só corpo, um Conselho Real extenso e imaterial que ajudava o monarca a exercer a justiça e vigiar sua jurisdição em redes integradas, que não eram centro-periferia (como alguns historiadores se esforçaram para demonstrar), mas sim espaços jurídicos e jurisdicionais internos: Audiências americanas com o Conselho das Índias, senado de Milão, gran Corte de Sicília e colateral de Nápoles com o Conselho da Itália; audiência de Barcelona, audiências valencianas, Palma de Mallorca, Cerdeña e o Conselho real de Zaragoza com o Conselho de Aragão.

A solução dada ao pleito do "vice-rei estrangeiro" em Aragão pode resultar bastante ilustrativa nesse contexto.[67] Como se sabe, no reino de Aragão foi proibido que fossem estrangeiros os oficiais do rei, desde o governador até os cargos mais humildes, todos deveriam ser naturais. O cargo de vice-rei constituiu uma novidade introduzida por Fernando o Católico, mal assimilada e rechaçada, para evitar atritos com os naturais havia-se procurado nomear vice-reis da terra com uma titulação ambígua que os assemelhava a governadores com funções extraordinárias. O problema resulta bastante complexo. O reino, como cabeça da Coroa de Aragão, assimilava mal um título que facilitava a ausência permanente do rei, de outro lado, ao ser um território dominado por bandos e facções muito conflituosas, o soberano deveria mostrar um cuidado extremo na eleição de seu *alter ego* para não alterar os delicados equilíbrios sobre o qual se sustentava o território. Houveram jurisconsultos, como Antonio Labata ou o fiscal Pérez de Nueros, que indicaram que o vice-rei não sendo oficial, nem pessoa real poderia evitar o disposto nos foros. Deve ser entendido que a disputa tocava a vinculação das facções cortesãs, em 1590, o conde de Sástago, vice-rei de Aragão, dificultou a tomada de posse do conde Almenara em tal cargo, alegando o contraforo e a necessidade do ditame favorável das cortes, pelo que foi substituído no mês de maio do mesmo ano. Aos poucos estouravam os sucessos conhecidos como alterações de Aragão.[68] Os poderes de Almenara não

---

y Sicilia. Instrucciones y advertencias a los virreyes". In: R. Villari y G. Parker, *La política de Felipe II*. Valladolid, 1996, p. 31-53.

67 La documentação sobre o tema em, ACA. Consejo de Aragón, leg. 31.

68 J. Buyreu Juan, *La Corona de Aragón de Carlos V a Felipe II*. Las instrucciones a los virreyes bajo la regencia de la princesa doña Juana (1554-1559). Madri, 2000. A. Castillo Genzor, *Los virreyes de Aragón que desde 1482 a 1601 ocupan em nuestro reino la cima más alta del poder político*. Zaragoza, 1963. L. González Antón, "La Monarquía y el reino de Aragón en el siglo XVI. Consideraciones en torno al pleito del virrey extranjero". *Homenaje al professor Lacarra*.

respondiam a um capricho despótico "anti-aragonês", mas sim a uma compreensão do poder vice-real como poder pessoal do rei que não poderia delegar-se a oficiais. A subordinação do vice-rei foi mais formal que real, mas assim como a consagrada formula "se obedece, mas não se cumpre", é preciso considerar o que significa o emprego para este ofício de nobres castelãos.

Em Castela, o conceito de nobre esteve sempre vinculado ao re realeza, existindo entre ambos uma relação simbólica de mutua dependência, sendo a nobreza co-participadora junto ao príncipe das tarefas do governo. Existia uma integração harmônica entre ambos, a nobreza nascia da realeza, era conferida por esta, e, portanto, era o atributo nobre o que legitimava essa co-participação no governo, mais ainda que seus conhecimentos sobre o direito ou a administração.[69] É o porque de a nobreza não ter deixado de controlar as instâncias superiores do poder, os nobres sempre ocuparam por direito próprio as capitanias gerais, as embaixadas e os vice-reinados, porque apenas eles representavam ao rei, seja como executores de suas decisões, gestores de patrimônio e monopólios, representantes para negociar em seu nome com outros príncipes ou com os parlamentos (com os Reinos). Integração que vai mais além do anedótico e se percebe no tratamento que recebiam os vice-reis por parte do monarca, formalmente integrados na sua "família" por meio da formula "primo nosso, vice-rei e capitão geral" e da mesma forma que os visitadores nos vice-reinados europeus eram proibidos de tocar a pessoa do vice-rei.[70] Essa simbiose permitia que os bens da nobreza estivessem, de alguma forma, à disposição da Coroa, pois seu monopólio de altos cargos significava uma salvaguarda contra a instabilidade, supria aliás à suas clientelas e ao uso de bens e riquezas a forma de articular o governo na ausência de uma burocracia bem organizada e seu capital de prestigio, honra e bens, ou seja, seu crédito pessoal, constituía uma reserva

---

Zaragoza, 1986, p. 251-268. E. Solano Camón y P. Sanz Camañes, "Aragón y la Corona durante el gobierno de los Austrias. Relaciones políticas e institucionales". Congreso internacional: El estado a uno y outro lado del Atlântico. Ius fugit 3-4 (1996).

69 B. Cárceles, "Nobleza, hidalguia y servicios en el siglo XVII castellano", in *Hildalgos et hidalguía dans l'Espagne des XVIè-XVIIIè siècles*. Paris, 1989, p. 72-79.

70 "Tem vossa mercê cargo especial de não tratar em nenhuma forma de visitar o vice-rei, que é o primeiro ponto que se ponto que se encarrega aos visitadores, e há de muito observar de v.m. não querer empreender nenhuma coisa das que são ao seu cargo, mas sim atendendo ao seu ofício que é de visita, deixe fazer o seu ao dito vice-rei". Instrução ao visitador da Sicília, Gregório Bravo, Madri, 24 de fevereiro de 1584 (AGS. E, leg. 115, n. 251. M. Rivero Rodríguez, "Doctrina y práctica política em la Monarquía hispana: las instrucciones dadas a los virreyes y gobernadores de Italia en los siglos XVI y XVII". *Investigaciones históricas 9 (1989)*, p. 209. J. Lalinde, *La instituición virreinal em Cataluña*. Barcelona, 1964, p. 247.

para o serviço real, pelo que – como assinala Domingues Ortiz – "quando de escreve que Felipe II separou dela [burocracia] a nobreza, se comete uma impropriedade".[71]

Desde que Juan de Veja escreveu sua carta a Felipe II, os vice-reis responderam sempre a essas premisas e, portanto, manifestaram um aberto rechaço à supremacia pretendida pelos letrados,[72] pois, como nobres, em sua qualidade de "parentes" do rei, não conceberam nem reconheceram nunca instâncias administrativas da Coroa independentes a sua autoridade. Como advertira Chabod, essas premisas impediam insuflar aos vice-reis uma concepção burocrática de seu ofício, porque respondiam a uma ética cavalheiresca e porque sua concessão de poder era entendida como consequência da vinculação pessoal que os unia ao rei.[73] É por isso que, tanto nas advertências do doutor Fortunato (escritos ao concluir o vice-reinado de Alba de Lista na Sicília) como na exposição que escreveu Olivares ao expirar seu mandato, se destacava a necessidade de situar ao vice-rei como vértice de toda a administração real no território.[74] O vice-rei e os tribunais eram um espelho do rei e seus Conselhos, do mesmo modo que a relação Conselho-Audiências constituía uma "plataforma natural" – seguindo o enunciado do professor Arrieta – também a vinculação rei–vice-rei constituía outra. Por tal motivo, na Europa nunca se legislou a figura do vice-rei, e, cabe dizer, que as leis emanadas nas Índias tem um caráter clarificador de aspectos e limites mais que de definição institucional do ofício.[75] O vice-rei de Nova Espanha dispunha de poderes não consignados pelas leis, como direto representante da Coroa exercia de modo natural funções civis, militares, eclesiásticas, judiciais e legislativas que não requeriam consulta ou ratificação.[76]

---

71 A. Dominguez Ortiz, *Las clases privilegiadas del Antiguo Regimén*. Madri, 1985 (3ª edição), p. 140-153.

72 Resulta muito conhecido a alegação de Juan de Veja contra os letrados e suas pretensões jurisdicionais: "São homens baixos e ambiciosos e têm se criado baixamente e que não sabem que coisa é ser Rei, nem em que está a Grandeza nem a autoridade do Rei, nem as províncias do mundo e qualidades da gente, nem cavalaria nem honra, nem a grandeza nem estados dos que merecem ser vice-reis, nem como tem de ser esses, nem o capitão general e outros ministros dessa qualidade". (Juan de Veja a Felipe II, 8 de junho de 1558. BNM. Ms. 10300, fl. 53r).

73 F. Chabod, *Lo stato de Milano nella prima metá del secolo XVI*. Roma, 1955.

74 "Relación del conde de Olivares sobre el gobierno de Sicilia" (1596), RAH. Ms. 10300, fls. 54r.

75 *Recopilación de leyes de los reynos de las Indias*. Madri, 1681, II, fl. 12r-13v.

76 L. Hanke, *Lo virreyes españoles em América durante el gobierno de la Casa de Austria: México*. Madri, 1976, I, p. 249-252.

As casas das rainhas da monarquia espanhola. Formação das Ordenanças (1504-1621)[1]

Félix Labrador Arroyo
Universidad Rey Juan Carlos - IULCE

Nas Monarquias europeias dos séculos XIII ao XVIII, a Casa Real deu entidade às dinastias e coesão às famílias dos respectivos reinos. As Casas Reais constituíram o elemento originário do qual se compôs a Corte como forma política de articulação do reino.[2] Desde a baixa Idade Média, cada príncipe estabeleceu sua própria Casa (sua própria forma de serviço) e, embora todos buscassem a originalidade que dessa entidade peculiar a sua Monarquia, a maior parte delas tiveram os mesmos módulos e estruturas através dos quais integraram as elites políticas, econômicas e sociais em seu serviço. A entidade política conhecida como a "Monarquia Espanhola" se originou da união das coroas de Castela e Aragão no final do século XV. As duas coroas haviam estruturado

---

[1] O presente trabalho foi realizado graças à ajuda econômica do projeto "Brasil en la Monarquía Hispana. Cultura política y administración de los dominios de los portugueses en América entre 1580-1668", financiado pelo CEAL. Abreviaturas utilizadas: AGP (Archivo General de Palacio); AGS (Archivo General de Simancas); CJH (Consejo y Juntas de Hacienda); CSR (Casas y Sítios Reales); E (Estado); AHN (Archivo Histórico Nacional); ASV (Archivo Secreto Vaticano); BL (British Library); Add. (additional); BNM (Biblioteca Nacional de Madrid); BPR (Biblioteca del Palacio Real); RAH (Real Academia de la Historia). Tradução de Marília Chaves e Thiago Scarelli.

[2] Sobre a Casa Real como elemento da corte, Given-Wilson, C., *The royal household and the king's affinity*, Yale University Press, 1986, especialmente "Introdução" e o primeiro capítulo; Paravicini, W., "The Court of the Dukes of Burgundy. A model for Europe?", in Asch, R. G. e Birke, A. M. (ed.), *Prince, patronage and the nobility. The Court at the Beginnings of the Modern Age, Londres*, 1991, p. 70-110; Mertes, K., *The english noble household*, 1250-1600, Oxford, 1988.

suas próprias Casas Reais já há muitos séculos e não desapareceram nem se fundiram quando aconteceu a união. Este modelo de articulação política é o que foi seguido pela Monarquia espanhola dos séculos XVI-XVIII; ou seja, manteve as Casas Reais dos diferentes reinos que anexou por herança, agregação ou conquista, já que se torna difícil explicar de outra maneira a criação de um consenso de tão longa duração que se criou em seu seio, tanto na esfera dos cortesãos como no conjunto dos Reinos.[3]

A renovação historiográfica que surgiu nas últimas décadas nos estudos sobre a corte[4] contribuíram para delimitar o importante papel que desempenhou a Casa Real como elemento integrador das elites e dos reinos, e o papel que cumpriram seus elementos no governo da Monarquia, o que levou a uma análise minuciosa das estruturas, ordenanças e etiquetas;[5] ainda assim, a função que cumpriram as casas das

---

3 Álvarez-Ossorio Alvariño, A., "La Corte: un espacio abierto para la historia social". In: Castillos, S. (coord.), *La historia social en España*. Actualidade y perspectivas, Madrid, 1991, p. 255-256, e "Corte y cortesanos en la monarquía de España", in Patrizi, G. e Quodam, A., (dirs.), *Educare il corpo, educare la parola nella trattatistica del Rinascimento*, Roma, 1998, p. 297-365.

4 Ver Martínez Millán, J., "La Corte de la Monarquía hispânica". In: *Studia Historica*. Historia Moderna, vol. 28, 2006, p. 17-61.

5 Rousset De Missy, J., *Le cérémonial diplomatique des cours de l'Europe*, 2 vols., Amsterdã, 1739 – que são os tomos IV e V da obra de Dumont, J., *Corps universel diplomatique du droit des gens*, Amsterdã e Haia, 1726-1739. A etiqueta espanhola se encontra no tomo IV. Dentro da historiografia espanhola, que é a que estudamos, é preciso recordar os trabalhos de Rodríguez Villa, A., "Etiquetas de la Casa de Austria", *Revista Europea*, V, julho-outubro 1875, posteriormente reeditado em forma de livro em 1984 e em 1913 (que é a edição que consultamos). Ballesteros Y Beretta, A., *Historia de Espana y sua influencia en la Historia Universal*, Barcelona, 1927, vol. IV, segunda parte, p.517-525; Pfandl, L., *Felipe II. Bosquejo de una vida y de una época*, Madrid, 1942, 130-167; Válgoma y Díaz Varella, D., *Norma y ceremonia de las reinas de la Casa de Austria*, Madrid, 1958; Varey, J., "La mayordomía mayor y los festejos palaciegos del siglo XVII", *Anales del Instituto de Estúdios Madrilenos*, 4, 1969, p. 145-168; Bottineau, Y., "Aspects de la cour d'Espagne au XVII siècle: l'etique de la chambre du roi", *Bulletin Hispanique 74*, 1972, p. 138-157; Hofmann, C., *Das Spanishe Hofzeremoniell von 1500-1700*, Frankfurt am Main, 1985; Domínguez Casas, R., *Arte y etiqueta de los Reyes Católicos. Artistas, residencias, jardines y bosques*, Madrid, 1993; Laredo Quesada, M. A., "La Casa Real em la Baja Edad Media". In: *Historia, instituiciones, documentos 25*, 1998, p. 327-350; Sánchez Sánchez, M., "Etiquetas de Corte: estado actual de la cuestión", *Manuscrit. Cao III*, 1990, p. 61-77; Poner casa: problemas em el establecimiento de la etiqueta em la Espana de los Austrias", *Manuscrit. Cao V*, 1993, p. 103-108; Varela Merino, E., "Guia de etiquetas para los siglos XVI y XVII", *Voz y Letra*, XI/2, 2000, p. 73-93, Gómez-Centurión Jiménez,

rainhas espanholas foi ignorada, salvo raras exceções, até o ponto de que hoje em dia desconhecemos as ordenanças, modelos de serviço e módulos que compuseram tais casas.⁶ No presente artigo, quero estabelecer a evolução das casas das rainhas da Monarquia espanhola desde que se implementou a nova dinastia dos Habsburgos até a criação da casa das rainhas com ordenanças próprias.

1. A casa de Castela, modelo de serviço das rainhas espanholas (1504-1560)

Em 1496, os Reis Católicos deram casa a seu filho, o príncipe Juan, herdeiro de ambas as coroas, de acordo com o estilo castelão que, em essência, era o mesmo modo de serviço que o de sua mãe.⁷ A casas era composta de uma série de módulos

---

C., "La herencia de Borgoña: Casa Real española em el siglo XVIII", *Torre de los Lujanes 28*, 1994, p. 61-72; "Etiqueta y ceremonial palatino durante el reinado de Felipe V: el reglamento de entradas de 1709 y el acceso a la persona del rey", Hispania, LVI/3, num. 194, 1996, 965-1005; "La herencia de Borgogna: el cerimonial real e las casas reais en la España de los Austrias (1548-1700)". In: *Las sociedades ibéricas y el mar a fnales del siglo XVI*. Tomo I: La Corte. Centro e imagem del poder, Madrid, 1998, p.11-31; e "As reformas das Casas Reais de Marqués de la Enseada", *Cuadernos de Historia Moderna*, 20, 1998, p. 59-83.

6 Desde que don Dalmiro de la Vàlgoma publicara seu livro, que tem sido repetido pelos historiadores quando se referem ao tema como algo que era essencial, as casas das rainhas não foram objeto de estudo até tempos atuais. Algumas exceções: Torre, A. de la, *La casa de Isabel la Católica*, Madrid, 1954 e Cuentas de Gonzalo de Baeza. *Tesorero de Isabel da Católica*, Madrid, 1955-1956, 2 vols.; González De Amezua y Mayo, A., *Isabel de Valois, reina de España (1546-1568)*, Madrid, 1949, 3 vols.; Martínez Millán, J., "La corte de Felipe II. La casa de la reina Ana". In: Luiz Ribot (coord.), *La monarquía de Felipe II a debate*, Madrid, 2000, p. 164-171; Fernández De Córdova Miralles, A., *La corte de Isabel I*. Ritos y ceremonias de una reina (1474-1504), Madrid, 2002; Del Río Barredo, Mª. J., "De Madrid a Turín: el ceremonial de las reinas españolas en la corte ducal de Catalina Micaela de Saboya", *Cuadernos de Historia Moderna*, Anejo II coordinado por Carlos Gómez-Centurión, *Monarquia y corte en la España moderna*, 2003, p. 97-122; Rodríguez Salgado. M., "Una perfecta princesa. Casa y vida de la reina Isabel de Valois (1559-1568). Primera parte", *Cuadernos de Historia Moderna*, Anejo II, 2003, p 39-96; Labrador Arroyo, F., "La emperatriz Isabel de Portugal, mujer de Carlos V: Casa real y facciones cortesanas (1526-1539)", *Portuguese Studies Review*, vol. 13, número 1, 2005, p. 1-38.

7 Ladero Quesada, M. A., "L'Hotel du Roi et la Cour comme instituitions économiques au temps des Rois Catholiques (1480-1504)". In: Aymard, M. e Romania, A. (coords.), *La cour*

ou seções; diante de cada uma era designado – como era costume – um personagem da alta nobreza castelã que tinha acesso direto ao rei.[8] A prematura morte do jovem príncipe (em 1497) motivou a dissolução de sua casa e fez com que os criados buscassem acomodação onde conseguissem. Desta maneira, a casa da rainha Isabel ficava estabelecida como a única do reino de Castela.

A composição e estrutura da casa de Castela foram descritas, anos mais tarde (1545), pelo cronista Gonzalo Fernández de Oviedo, que havia sido pajem do príncipe Juan. Posteriormente, na metade do século XVII, o contador-geral da casa fez uma nova descrição, tirada dos documentos guardados nos arquivos, na qual também eram descritos os módulos de serviço que compunham tal casa, e que coincidia com a realizada por Fernández de Oviedo. A composição era a seguinte:

> 1. Capela. Tem a capela pregadores, capelão, músicos,[9] cantores e seu capelão-mor.
> 2. Casa de Castela. Mordomo-mor, tenente, inspetor, contador-mor, chefe da despensa e pagador; o tesoureiro do castelo de Segóvia, oficial-mor e segundo da inspetoria e contadoria-mor da casa, também com títulos de sua Majestade; mestre, besteiro, costureiro de couro, mensageiro, espadeiro, ourives, e os médicos, agregados de tal casa, os guardas, porteiros de câmara e os que residem nas chancelarias de Valladolid e Granada; porteiros gerais e algumas viúvas e filhas destes criados que têm algumas pensões anuais por esta casa.
> 3. Cavalaria. A cavalaria tem em sua jurisdição mestre dos músicos, ministriles,[10] tocadores de trompetas, tocadores de tambores e algumas pensões anuais pelas viúvas destes criados.
> 4. Câmara. Tem a câmara os escudeiros a pé e das viúvas de alguns criados desta seção.

---

comme instituitions économique, Paris, 1998, p. 43-39. Gómez Izquierdo, A., *Cargos de la Casa de Juan II de Castilla*, Valladolid, 1968. De maneira indireta, trata do tema da composição da casa Domínguez Casas, R., *Arte y etiqueta de los Reyes Católicos, op. cit.*, e Anglés, H., *La música em la Corte de los Reyes Católicos*, Barcelona, 1941.

8 De acordo com a descrição que faz Fernández de Oviedo, G., *Libro de la Cámara del Príncipe Don Juan*, Madrid, 1870. No ano 2006 foi feita uma nova edição a cargo de Fabergat Barrios.

9 De instrumentos de tecla. (N.T).

10 Tocadores de instrumentos de corda ou sopro. (N. T.)

> 5. A caça de aves. A seção da caça de aves se compõe de caçador-mor e seu tenente, capelão, caçadores, caçadores mancebos, caçadores com coruja, catarribera[11], caçador com redes, ferrador, caseiro, caçadores com falcões, caçadores com redes da terra, capiroteiro,[12] alfaiate, costureiro de couro, agente e cobrador e oficial e algumas viúvas com pensão.
> 6. Montaria. A montaria se compõe de caçador-mor, monteiro, capelão, oficial de redes, monteiro com sabujos, a cavalo e a pé, monteiro com lebréus, monteiro com ventores, criadores de cachorros, oficial e algumas viúvas de criados desta seção.

Todos estes oficiais estavam sob

> a jurisdição dos referidos mordomo-mor e contador-mor; e o governo do que se refere à Casa Real de Castela, de quem é chefe o mordomo-mor, sua Majestade lhe dá as ordens com o contador-mor, os quais subscrevem como conselheiros dos despachos de tal casa que sua majestade assina referentes a ordens de pagamentos; e no que é governo e provisões de ofício da capela, cavalaria, câmara e caça de aves e montaria cabe a seus chefes de casa dos referidos.[13]

Através desta relação se observa que os cargos mais importantes da casa de Castela eram o mordomo-mor, um contador das despesas e abastecimentos, um inspetor e um chefe-mor da despensa. Também se constata que o serviço estava distribuído em diversos módulos ou departamentos (capela, câmara, casa, cavalaria e caça), compostos cada um deles por numerosos ofícios. Mas Fernández de Oviedo (assim como o contador geral Soto Berrio no século XVII) não escreveram as ordenanças e etiquetas com as quais se servia tais casas; isto não por desconhecê-las, mas por carecer delas. Por conseguinte, que Fernández de Oviedo realizou foi mais uma descrição das funções desenvolvidas na casa.

A casa de Castela ficou, como apontamos, como o único modelo de serviços dos monarcas castelãos até a morte de Isabel a Católica, em 1504. Dois anos depois,

---

11 Homem a cavalo que acompanha os falcões atrás da presa para recolhê-la quando eles baixam. (N. T.)

12 Relacionado a capirote, capuz que se coloca sobre a cabeça das aves de caça. (N. T.)

13 AGP. Sección Administrativa, leg. 340.

sua filha Joana era jurada rainha de Castela nas Cortes de Valladolid de 1506.[14] Joana tinha um serviço ao estilo castelão desde que o impôs sua mãe, em 1496, quando iniciou sua viagem a Flandres para casar com Felipe o Belo.[15] Após a morte do príncipe don Miguel, filho do português don Manuel e de Isael, filha mais velha dos Reis Católicos, em 1499, herdeiro do trono de Castela, a herança de Castela passou para Joana a Louca, que, junto com seu esposo, Felipe o Belo, era jurada herdeira das Cortes de Toledo de 1502.[16] O estilo da Casa de Borgonha se conheceu em Castela, já que o duque flamengo trouxe este serviço para sua pessoa, enquanto sua mulher mantinha o serviço de acordo ao estilo castelão, segundo havia sido estabelecido no contrato de matrimônio de 1496.[17]

Após a morte de Isabel a Católica, Joana foi jurada rainha de Castela nas cortes de Valladolid de 1506, mas dada sua delicada situação mental, seu marido reclamou ao sogro o direito de governar Castela e com apoio dos grupos sociais castelãos, dissidentes do rei Fernando, conseguiu exercer como rei. Desta maneira, durante 1507, o reino castelão foi regido por um monarca cujo modelo de serviço era a casa de Borgonha, no qual estavam integrados os principais personagens das elites flamengas, enquanto a casa de Castela ficou relegada a servir a rainha, que não participava da política por causa de seu alheiamento mental. A repentina morte de Felipe o Belo fez com que a casa de Borgonha desaparecesse de Castela, ficando Joana com seu serviço; contudo, dada a delicada situação mental que atravessou após a morte do marido, Fernando o Católico ficou a cargo do governo de Castela. O rei Fernando muito logo percebeu que para reger Castela era imprescindível fazê-lo desde sua própria casa real, como organismo articulador de tão poderoso reino, e dividiu os servidores que compunham a casa real de Castela: a metade deles deixou a sua filha Joana, quem enclausurou em Tordesilhas, enquanto o resto dos oficiais ele levou consigo para que o servissem, juntamente com sua casa de Aragão.[18] A partir de então, o serviço e estrutura das casas

---

14 O processo das Casas Reais e as alternativas políticas está estudado em Martínez Millán, J. (dir.), *La corte de Carlos V*, Madrid, 2000, I, p. 46-50, 105-112.

15 AGS. CSR, leg. 96, núms. 1-2.

16 Azcona, T. de, *Isabel la Católica*, Madrid, 1946, p. 710-716. Suárez Fernández, L., *Los reyes católicos. Fundamentos de la Monarquía*, Madrid, 1990, p. 37-47.

17 Padilla, L. de, *Crónica de Felipe II llamado el Hermoso*. Codoin, vol. 8, p. 34-37. Suárez Fernández, L., *Política internacional de Isabel la Católica. Estudios y Documentos*, Valladolid, 1970, V, p. 470-476.

18 No mês de fevereiro de 1509, Fernando o Católico assentou dona Joana em Tordesilhas em uma casa de acordo com o modelo que teve sua esposa. Em 16 de maio do mesmo ano, emitiu ordenanças sobre a maneira na qual deviam servir alguns ofícios, que causaram um gran-

das rainhas da monarquia espanhola foi a de Castela, e a este modelo se recorreu para realizar ou para justificar qualquer reforma que se levou a cabo em data posterior, enquanto a casa dos reis foi da dinastia à qual pertencia o monarca; isto é, a partir de 1517, após a subida ao trono de Carlos V, da casa de Borgonha.[19]

Assim, quando Carlos V se casou com as prima Isabel de Avís, esta trouxe um serviço estruturado de acordo com a casa de sua mãe Maria, por sua vez filha de Isabel a Católica, e por conseguinte de acordo com o estilo castelão,[20] salvo pequenas exceções que depois se manifestaram.[21] Mas, se havia alguma dúvida sobre o modelo de serviço, em 1528 os servidores castelãos do Imperador propuseram a ele reformar a casa de sua esposa, alegando que deveria ser adaptada à que havia tido a avó, a rainha Isabel a Católica. Em realidade, as reformas estruturais foram mínimas, dado que a casa era semelhante à de Castela, e o projeto trazia a intenção de trocar os personagens portugueses que a Imperatriz havia trazido em seu serviço por outros servidores castelãos, apesar do que fora acordado nos tratos matrimoniais, nos quais Carlos V se comprometia a respeitar "todos os homens e mulheres" que acompanhassem a infanta.[22] Nesse contexto, a luta de facções ou grupos de poder pelo controle dos principais

de mal-estar e que lhe obrigaram a retificar dois meses mais tarde e esclarecer os aspectos econômicos. A esse respeito, Martínez Millán, J., "La evolución de la corte castellana durante la segunda regencia de Fernando (1507-1516)". In: *La corte de Carlos V, op. cit.*, p. 111.

19 Carlos I antes de partir para a Península Ibérica ordenou em Gante sua casa, em 21 de junho de 1517, segundo o môo borgonhês, e que havia sido reordenada em 1515. Domínguez Casas, R., *Arte y etiqueta de los Reyes Católicos, op. cit.*, p. 564-575. Também se pode ver de Carlos Morales, C. J., "La llegada de Carlos I y la división de la Casa de Castilla". In: *La corte de Carlos V, op. cit.*, vol I, p. 167-176. As cortes reunidas em Valladolid recordaram a Carlos, em uma quinta petição, que a casa da rainha Joana, sua mãe, deveria manter o caráter castelão segundo o modelo da Rainha Católica e que Fernando confirmou em 1509 e que em seu serviço deveriam ser incorporados súditos castelãos.

20 O tema foi estudado exaustivamente por Labrador Arroyo, F., "La Casa de la Emperatriz Isabel". In: *La corte de Carlos V, op. cit.*, I, p. 234-250.

21 Fray Antonio de Guevara advertia em carta ao marquês de los Vélez: "Serve-se [a imperatriz Isabel] ao estio de Portugal, ou seja: que estão junto à mesa três damas e colocadas de joelhos, a uma que corta e as duas que servem; de maneira que o de comer trazem homens e os servem damas". Estas críticas eram devidas ao ainda excessivo peso dos súditos portugueses e membros da facção humanista na casa da imperatriz. A esse respeito, March, L. M., *Niñez y juventud de Felipe II. Documentos inéditos sobre sua educação civil, literária y religiosa y su iniciación al gobierno (1527-1547)*, Madrid, 1947, vol. I, p. 24-25.

22 RAH. Col. Salazar, A. 36, fls. 69-76. Fernández Álvarez, M., *Corpus Documental de Carlos V*, Salamanca, 1973, I, p. 24-25.

cargo da casa real, assim como por exercer controle sobre o sistema de favores, reflete com exatidão os embates das facções cortesãs para dispor dos cargos da administração, pois os personagens que ocupavam os principais ofícios na casa real (mordomo, *sumiller de corps*,[23] cavalariço etc.) ocupavam simultaneamente os principais cargos na administração central do reino. O que se evidencia não apenas no controle da casa do rei, mas também no das casas da rainha e dos príncipes.[24]

2. Rumo à formação de ordenanças específicas da casa da rainha (1561-1611)

Após a morte da Imperatriz Isabel, em 1539, não houve rainha em Castela até chegar Isabel de Valois, em 1560, a Toledo, onde foi recebida como esposa de Felipe II. Foi então, quando o Rei Prudente se propôs a organizar ordenanças para a casa da rainha, baseando-se, precisamente, no modelo de serviço de Castela, que, como fora dita, não possuía.

2.1. A tentativa de formação de ordenanças para a rainha Isabel de Valois

Quando se celebraram as pazes de Cateau-Cambresis se acordou o casamento da princesa Isabel de Valois com Felipe II e que fosse levada à fronteira espanhola às custas dos reis da França. Logo após o matrimônio, Catarina de Médici cuidou de formar a casa e comitiva que deveria acompanhá-la, dispondo um número bastante grande de servidores. Segundo alguns dados, a casa que acompanhou a rainha naquele momento subiu para 162 pessoas.[25] Felipe II nomeou Lope de Guzmán, nobre de sua

---

23 Chefe de várias seções palacianas. (N. T.)

24 Uma visão de conjunto deste período em Martínez Millán, J. e Carlos Morales, C.J. (orgs.) *Felipe II (1527-1598). La configuración de la Monarquia Hispana*, Valladolid, 1998, capítulos 2-3.

25 "Liste d'officiers domestiques ordonés pour le service de Madame Elizabeth de France Royne d'Espagne, fille du Roy Henry II, depuis le 17 juin 1559 qu'elle a demeuré en France jusqu'au 3 Janvier ensuivant qu'elle entra en Espagne". de Ruble, A., *Le traité de Cateau-Cambresis*, Paris, 1889, p. 311-344. Ver também, González de Amezúa y Mayo, A., *Isabel de Valois, Reina de España (1546-1568)*, *op. cit.*, I, p. 79-82 e Rodríguez Salgado, M., "Una perfecta princesa. Casa y vida de la reina Isabel de Valois (1559-1568). Primera Parte", *Cuadernos de Historia Moderna, op. cit.*, p. 39-96.

câmara, como mestre-sala de Isabel de Valois, dando-lhe precisas instruções sobre a etiqueta e o comportamento que a rainha deveria ter ao passar por distintas vilas e cidades.[26] Colocou, além disso, ao lado da jovem soberana um *grefier*[27] de sua casa, Luis de Sigoney, "que sabe a língua francesa e é homem útil para tudo", quem, uma vez em Toledo, serviu ao cargo de controlador (oficia da casa de Borgonha); e deixou a organização da casa de sua esposa para quando ambos estivessem às margens do Tejo. Neste momento, o modo de organização da casa real experimentou significativas modificações de acordo com os interesses das facções cortesãs, aumentando espetacularmente os gastos e incrementando de maneira considerável o número de seus oficiais, já que não estava ainda muito claro qual seria o modelo que o Rei Prudente disporia a sua nova esposa, se o castelão ou o borgonhês. Não podemos esquecer, além disso, as reiteradas solicitações das cortes castelãs de 1555 e 1558 para que a casa do príncipe don Carlos da futura rainha se colocassem de acordo à tradição castelã.[28]

Assim que chegaram a Toledo, don Felipe tentou reduzir a influência francesa que havia em torno de sua esposa, motivo pelo qual realizou a reforma de sua casa, assentando o modelo castelão que havia tido Isabel a Católica. A complexidade da vida palaciana exigia uma ordenação detalhada tanto da estrutura quando da organização da casa, manifestando os *gajes*,[29] soldos e funções de cada um dos diferentes ofícios dos departamentos da casa destas rainhas, assim como do conjunto de cerimônias relacionadas com a vida palaciana e onde o rei e sua família desempenhavam um papel de destaque.

Os primeiros passos nesse sentido se deram em Aranjuez, quando o rei emitiu, em novembro de 1559, uma ordem ao mordomo-mor e à camareira-mor da rainha e instruções a oficiais como o guarda-joias e o guarda-roupas, assim como instruções a Lope de Guzmán, mestre-sala da rainha, sobre o recebimento de sua nova esposa. A ordem incluía um elemento completamente novo: o veículo representativo, que a transformaria radicalmente, alterando definitivamente sua composição e provocando

---

26 AGS. E, leg. 1643, doc. 47, "Instrucción a Lope de Guzmán. El Rey: lo que vos, Lope de Guzmán, maestresala de la Sma. Reina doña Isabel, havéis de hacer en su servicio...", transcritas por González de Amezúa y Mayo, A., *op. cit.*, III, apéndice 2.

27 Oficial de honra na casa real, auxiliar do controlador. (N. T.)

28 No caso do príncipe essa petição voltou a se repetir em 1579, quando se tratava de dar casa ao príncipe Felipe II. A respeito, ver Gómez Centurión, C., "La herencia de Borgoña: el ceremonial real y las casas reales em la España de los Austrias (1548-1700)". In: *Las sociedades ibéricas y el mar a finales del siglo XVI*, *op. cit.*, vol. I, p. 14-15.

29 Pagamento do monarca aos servidores de sua casa ou a seus soldados. (N. T.)

mudanças na etiqueta e na forma de parecer das rainhas e de suas cortes.[30] Pouco depois, já em Toledo, o monarca ordenou redigir uma etiqueta com a relação das refeições que os criados da casa de sua mulher deveriam receber. Além disso, foram dadas instruções que acrescentavam novidades ou introduziam mudanças em alguns dos departamentos, como se vê, por exemplo, em uma lista, sem data, com o que se necessitava para a cavalariça.[31]

Estas primeiras medidas foram completadas pouco tempo depois. O aumento do número de oficiais das diferentes casas reais, o assentamento definitivo da corte em Madri, assim como o incremento dos gastos das mesmas, fundamentalmente, devido ao papel que as cortes desempenhavam como elemento articulador e integrador das diferentes elites políticas, econômicas e sociais que configuravam o heterogêneo conjunto de territórios da Monarquia Espanhola, fizeram necessária a elaboração de uma série de ordenanças, instruções e normas. Em 1563-1564 se emitiram normas de caráter geral para as casas de Isabel de Valois, nas quais se especificam os *gajes* e refeições, embora na mesma algumas seções ou módulos da casa tenham ficado sem formulação, como por exemplo a cavalariça. Acreditamos que estas ausências eram devidas à contaminação de tradições borgonhesas, motivo pelo qual o resultado por escrito não foi concluído até a década seguinte. Além disso, um departamento importante como era a capela viu uma drástica redução. A partir de então, as rainhas passaram a ter um pequeno oratório, servindo-se, quando era necessário, dos capelães, cantores, músicos de tecla e de outros instrumentos da capela espanhola do rei.[32] Neste sentido, esse reinado parece uma época de tentativas e provas, no qual, provavelmente sob a influência das mudanças que se operavam na casa do rei, foi se configurando uma etiqueta e um cerimonial específico.

Em 28 de março de 1564, o mordomo-mor don Juan Manrique deu ordenanças que haviam sido feita no *bureo*[33] no qual se regulava este órgão e os serviços de mesa da rainha, com as quais se pretendia ordenar as disposições especiais que haviam

---

30 González de Amezúa y Mayo, A., *op. cit.*, III, p. 90-94.

31 AGS. CSR, leg. 383, s.f.

32 Gérard, V., "Los sítios de devoción en el Alcázar de Madrid: capilla y oratorios", Archivo Español del arte, vol. 56, n. 223 (1983), p. 280. Em um documento entitulado "Estado de la reina de España, dona Isabel", foi dito em relação aos oficiais da capela, onde se encontravam o confessor frei Francisco Pacheco, o esmoleiro-mor, o abade de San Etienne, os moços de capela, Jacques Ledel e Juan López. AGS. CSR, leg. 383, s.f.

33 Junta formada por altos funcionários palacianos e presidida pelo mordomo-mor que resolvia expedientes administrativos da casa real e com jurisdição sobre as pessoas sujeitas a seu foro. (N. T.)

sido dadas para estes âmbitos concretos da casa.³⁴ Anos mais tarde, em 1566-1567, se deram novas ordenanças sobre as entradas para a casa desta rainha e outras ao mordomo-mor, o conde de Alba de Liste.³⁵ No conjunto de sua casa, assim como na influência e na decisão de modificar o diferentes ofícios e seções, predominou a facção ebolista. Contudo, a rainha faleceu sem que durante seu reinado tenham sido dadas etiquetas gerais para sua casa real,³⁶ as quais tiveram que esperar até 1575.

2.2. As ordenanças da casa da rainha Ana de Áustria (1570-1575)

Quando Felipe II decidiu se casar com sua sobrinha Ana, o primeiro que providenciou foi fazer as ordenanças de sua casa, evitando ingerências, como havia acontecido com a de Isabel de Valois, além de solicitar que a futura rainha licenciasse a sua casa na primeira etapa da jornada, ou seja, assim que chegasse à fronteira dos Países Baixos. Por sua vez, foram dadas instruções sobre a forma que a rainha teria que fazer sua entrada nas diferentes cidades.³⁷ Para todo o processo foram encarregados o presidente do Conselho de Castela, o cardeal Diego de Espinosa; don Antonio de la Cueva, que era mordomo-mor das infantas; o marechal Luis Venegas y Figueroa; o marquês de Ladrada e Martin de Gaztelu.³⁸

No começo de 1570, as ordenanças destinadas a fixar não apenas as etiquetas que deveriam ser seguidas em seu serviço, mas os gastos e o pessoal, regulamen-

---

34 AGS. CSR, leg. 383, s.f.

35 BNM. Ms. 18.716, n. 38 e 39.

36 Pouco tempo depois de seu falecimento houve um projeto de reforma para a casa das infantas, que finalmente não deu certo. AGS. CSR, leg. 383, fl. 743.

37 AGS. E, leg. 182, s.f. A entrada da rainha Ana em Burgos e que foi o modelo futuro que ficou estabelecido em 1570 e é onde foram introduzidas características do cerimonial da cidade. AGS. PR, caixa 57, doc. 78. Mais informações sobre a evolução das cavalariças das rainhas entre 1559 e 1611 in Labrador Arroyo, F. e López Álvarez, A., "Las caballerizas de las reinas en la monarquía de los Austrias: câmbios institucionales y evolución de las etiquetas, 1559-1611", *Studia Histórica*. Historia Moderna, vol. 28 (2006), p. 87-140.

38 Durante essa época, a facção "castelã" dominava a corte e os órgãos do governo, e a elaboração das ordenanças da casa da rainha foi realizada por personagens que defendiam o modelo de Castela, como serviço à rainha. Sobre a situação política em torno da formação da casa da rainha ver Martínez Millán, J., "La corte de Felipe II. La casa de la reina Ana". In: *La monarquía de Felipe II a debate, op. cit.*, p. 164-171.

tando por escrito suas obrigações e seus privilégios, estavam elaboradas, exceto por pequenos detalhes:

> Tendo don Antonio de la Cueva e eu tratado em cumprimento ao que Vossa Majestade mandou no que diz respeito a onde e como a guarda menor das damas das senhoras infantas, e considerando que pelo que se entendeu de dona Maria de Aragão e dona Leonor de Ayala e Christóval de Robles e Vicente Álvarez, não parece que em nenhum tempo a guarda menor tivesse comido com as damas e que mandar que coma agora causaria queixa e juízo, se poderia tomar um meio para escusar isto e que se consiga o fim que se pretende pela boa ordem e recato com qual razão estejam as damas e é que ao cabo e junto da mesa delas se pusesse um buffet pequeno no qual coma a guarda menor sozinha e que se lhe dê do mesmo prato que as damas e q sirvam os oficiais delas e desta maneira não de poderá dizer que come com elas e estará à vista de tudo o que se dirá e fará. Vossa Majestade mandará o que será servido que apenas esse ponto falta por resolver para que despache a instrução da casa das senhoras infantas.[39]

Contudo, em época de tantas mudanças, qualquer modificação se entendia como perda de poder, o que suscitava suspeitas e tensões.[40] A marcha do rei a Córdoba atrasou sua aprovação. A realização da lista de oficiais da casa também não resultou tarefa fácil. Em primeiro lugar, deveriam se economizar gastos e, para isso, não apenas era preciso olhar escrupulosamente para os salários que se davam aos servidores da rainha anterior para que fossem os mesmos, mas também que os mesmos servidores se ocupassem das infantas.[41] Em segundo lugar, a escolha de pessoal acabou mais complicada do que se previa: como acontecia quando se formava uma casa real, nu-

---

39 AHN. Consejos, leg. 15.189, doc. 5. Gaztelu a Felipe II, 11 de janeiro de 1570. O rei escreve à margem: "Muito bem me parece esse meio, e assim, diga a don Antonio que se faça".

40 "Don Antonio de la Cueva me escreve que a duquesa de Alua está muito gorda e que não há de permitir enquanto ela estiver no palácio que a guarda menor coma na frente das damas e que antes conuiene, apruecha pouco, pela qual está confuso e aflito, e por a guarda menor ter estado enferma e comer carne por ordem dos médicos, não foi tratada a execução desse ponto, uma vez que chegada a páscoa convirá fazê-lo para isso e os demais. Vossa Majestade o que se há de responder e se será parte de Vossa Majestade ou da minha respondo-lhe (sic)."

41 AHN. Consejos, leg. 15.188, doc. 31.

merosas pessoas solicitaram entrar alegando serviços a outros personagens da família real ou servir na casa da rainha falecida, Isabel de Valois. Contudo, a disputa mais dura se deu entre os distintos personagens que queriam controlar os principais cargos da casa e, por conseguinte, poder introduzir seus clientes. Desde muito cedo se formaram duas tendências ou grupos: a do cardeal Espinosa, representada pelo marquês de Ladrada, a quem havia nomeado mordomo-mor[42], e a o secretário Martín de Gaztelu, como se demonstrou na hora de escolher os servos. Gaztelu era consciente da escassa influência que tinha para impor seus critérios, motivo pelo qual insistia ao rei que outras pessoas também vissem as ordenanças e as enriquecessem com seu parecer:

> (...) e se não me engano, creio que seria acertado que a vissem mais pessoas porque alguns dos quais o marquês se informou falam em algumas coisas com menos resolução e mais atino do que seria mister, e pois isto há de ser exemplar, o teria por acertado. Vossa Majestade me perdoe se nisto lhe parece que excedo os limites que deveria e mande o que lhe for servido.[43]

Evidentemente, as pessoas que deveriam ler as ordenanças eram, em sua maioria, do grupo oposto ao protegido pelo cardeal Espinosa:

> (...) em cumprimento do que Vossa Majestade mandou, viram o Prior, duque de Feria e Ruy Gómez a instrução da casa da rainha, nossa senhora, cada um por si, e tudo que lhes pareceu se colocou cada coisa em seu lugar, e antes que se passe a limpo para Vossa Majestade o veja, convém que Vossa Majestade se resolva se estas instruções as assinará Vossa Majestade, porque sendo assim, não haverá mais que fazer que passar a limpo para que Vossa Majestade as veja e emende no que for servido.[44]

Finalmente, no final de 1575, uma vez que se formou a casa (houve instruções secretas em 1º de abril de 1574) se puderam plasmar por escrito a primeira

---

42 Sobre este personagem e sua linhagem, ver o trabalho de González Muñoz, J. M., "El marquesado de La Adrada", *Cuadernos Abuleneses n. 21* (1994), p. 171-186, esp 176-177.

43 AHN. Consejos, leg. 15.188, doc. 85. Gaztelu a Felipe II, em Madri dia 12 de dezembro de 1570.

44 AHN. Consejos, leg. 15.189, doc. 32. Martín de Gaztelu em Madrid, dia 28 de dezembro de 1575.

etiqueta que definia a casa castelã, modelar para as consortes reais, a qual pode ser considerada as primeiras etiquetas originais de caráter normativo para a casa das rainhas espanholas:[45]

> A instrução da casa da Rainha, nossa senhora, se acabou de passar a limpo depois de se ter emendado na minuta as coisas que o marquês de los Vélez me disse e deu por escrito, o qual a viu agora e lhe pareceu que está bem, e assim a envio para que Vossa Majestade, sendo servido, a assine para que saia com o ano novo, que certo assim convém, pois há cinco (anos) e dois meses que se começou a fazer, e depois se despachará e dará ao marquês e se assentará no livro pela minuta, pois tudo é uma mesma coisa.[46]

Até o momento apenas existiam instruções concretas a alguns oficiais ou seções da casa, assim como normas e esclarecimentos das funções de cada um dos cargos, feitos mais para consulta interna.[47] Essa instrução geral, onde predominou a influência e os critérios do cardeal Espinosa e do marquês de Ladrada sobre os do secretário Martín de Gaztelu, cliente do príncipe de Eboli,[48] seguiria a organização que normalmente teriam as diferentes casa das rainhas espanholas desde Isabel I de Castela e que imitavam as disposições que se haviam dado e que regiam a casa da imperatriz Isabel de Portugal,[49] cujo modelo passou de geração em geração através da memória e da passagem de informação entre os diferentes oficiais da casa.[50]

---

45 AGP. Sección Histórica, caixa 49, exp. 3.
46 AHN. Consejos, leg. 15.188. Martín de Gaztelu em Madri, dia 28 de dezembro de 1575.
47 Neste último caso podem servir de exemplo as que se realizaram em 1524 para o serviço da casa da rainha Catalina antes de iniciar a jornada real a Portugal ou a informação que foi dada sobre alguns ofícios da casa da imperatriz Isabel no final da década de 1520. AGS. E. leg. 12, fl. 296, leg. 26, fl. 124.
48 AHN. Consejos, leg. 15.188, doc. 59. Martin de Gaztelu a Felipe II, em El Pardo, 28 de outubro de 1570.
49 "O que se fazia em muitas coisas nos tempos da imperatriz, que seja em glória, e o que toca a cada ofício e a jurisdição de cada um, assim é muito justo que Vossa Majestade conserve e mande não havendo inconveniente que o impeça". Gaztelu a Felipe II, Madri, 13 de dezembro de 1570. AHN. Consejos, leg. 15.188, doc. 87.
50 "Não resultou, pois, alheia, importada, a norma palaciana em voga pela morada de Isabelas, Anas e Margaritas, e se pode falar-se calmamente de Etiqueta borgonhesa em nossa corte austríaca, deve ficar apontada a asseveração, explicando como, acima desses ri-

Esta disposição geral, que Felipe II concedeu às casas de suas mulheres, foi a base, com ligeiras modificações, das instruções e ordenanças que se deram em reinados sucessivos aos serviços domésticos-palacianos das respectivas rainhas espanholas, assim como para as infantas que se casavam com príncipes estrangeiros, como por exemplo a casa que se formou às infantas em 1º de julho de 1579, ou a que se deu em 13 de junho de 1585 a Catarina Micaela, segundo a ordem que lhes deu o secretário Juan de Idíaquez em Barcelona no mesmo dia de sua partida para Turim e em cuja redação participaram também o secretário real, don Cristóbal de Moura e don Juan de Zuñiga.[51]

As dificuldades na hora de concluir as etiquetas da casa da rainha, assim como as diferenças que surgiram entre o duque de Alba, Mateo Vázquez, e o controlador Juan de Sigoney ao final da década e durante os primeiros meses da jornada de Portugal sobre a ordem e forma que deveria ter a casa do rei, demonstram claramente a importante problemática em que se encontravam as cerimônias e as fórmulas de serviço no seio da casa real e a alteração que provocou nas estruturas dos diferentes grupos cortesãos, assim com uma mudança nas formas de acesso à graça real.

2.3. A casa da rainha Margarida de Austria

Durante o reinado de Felipe II aconteceu a institucionalização da corte e a fixação das etiquetas e ordenanças da casa real (processo que se iniciou no final do governo do Rei Prudente). Foi preciso criar um novo modelo de serviço que se identificasse com a "nova" monarquia configurada por Felipe II após o regresso da jornada de Portugal, esquecendo o estilo borgonhês que vinham utilizando os monarcas espanhóis.

---

gorismos estrangeiros áulicos, entronados, efetivamente, com Carlos de Gante, alentava também, imperiosa e fiel, a mais castelã preocupação em todo o relacionado com aquelas casas, cuja diretriz mais profunda era por completo espanhola". Válgoma, D. de la., *Norma y ceremonia de las reinas de la Casa de Austria*, op. cit, p. 10.

51 "La ordem que es nuestra voluntad que guarden los criados y criadas de la Seréníssima Infanta doña Catalina, mi muy cara y muy amada hija, en lo que toca a su servicio, uso y ejercicio de sus oficios". BPR, II/3127, fls. 59-155. Esta instrução era, salvo algumas ligeiras modificações, como as que foram realizadas para o cargo de mordomo-mor, idênticas a que Felipe II deu a Ana de Áustria em 31 de dezembro de 1575. Através deste casamento da etiqueta da corte de Madri se instaurou em Turim, substituindo o cerimonial de inspiração borgonhesa que estabeleceu o primeiro duque no século XV. Del Río Barredo, Mª. J., "De Madrid a Turín: el ceremonial de las reinas españolas en la corte ducal de Catalina Micaela de Saboya", *Cuadernos de Historia Moderna*, op. cit., p. 102.

Semelhante aspiração se tornou uma necessidade toda vez que os territórios de onde procedia o modelo de serviço (Flandres) haviam se segregado do conjunto de reinos que formavam a Monarquia Espanhola, já que foram entregues como dote da princesa Isabel Clara Eugenia. Nesse novo contexto, também alcançou especial destaque a casa da rainha, depois de faltar por um período de quase vinte anos. Precisamente, a rainha desempenharia um importante papel e, diante do que se manteve com frequência, na imagem que transcendia da Coroa aos vassalos, como se vê no comentário da *Junta de a Tres*, composta pelo duque de Lerma, o conde de Miranda e o confessor real, durante os preparativos para a jornada de Portugal, em 1602:

> É certo que para atrair e satisfazer as vontades daquela nação importaria muito a ida da rainha nossa senhora, pois com isso haveria maior ocasião de festas no palácio e fora dele, costume muito próprio daquela nação.[52]

No verão de 1598, Felipe II, consciente desta situação, concedeu os principais cargos da casa de sua nora a pessoas de absoluta confiança e com capacidade demonstrada. Nomeou ao V conde de Alba de Liste, don Diego Enríquez de Guzmán,[53] como mordomo-mor. Seu pai, o IV conde, serviu o mesmo cargo na casa da rainha Isabel de Valois, embora isso não queira dizer que tal dignidade estivesse patrimonializada em sua casa, como ocorria com outros cargos palacianos. Sem dúvida, desta nomeação

---

52 AGS. E. leg. 2023, num. 82. Este papel principal que tinha a rainha também teve seu reflexo durante a reconstrução do palácio do Pardo e o novo programa iconográfico ali representado. A esse respeito, ver De Lapuerta Montoya, M., *Los pintores de la Corte de Felipe III. La Casa Real del Pardo*, Madri, 2002. Além disso, os trabalhos desenvolvidos por seus apologistas, especialmente Diego de Guzmán, mostraram uma imagem de modelo para o resto das mulheres que se encontravam na corte. Sánchez, M. S., "Pious and Political Images of a Habsburg Woman ate the Court of Philip III (1598-1621). In: *Idem* e Saint-Saëns, A. (eds.), *Spanish women in the golden age*. Images and Realities, Westport-London, 1996, p. 96.

53 Filho de don Enrique Enríquez de Guzmán, IV conde e mordomo-mor da rainha Isabel de Valois, e de dona Leonor de Toledo. Casou-se com dona María de Urrea, filha dos condes de Aranda. Foi vice-rei e capitão-geral de Sicília e conselheiro de Estado a partir de 1599. Faleceu em 2 de agosto de 1604. Recebeu a notícia em seu senhorio de Zamora. Embora tenha sido obrigado a se atrasar sua partida até San Lorenzo devido a um ataque repentino de gota. Com este atraso, se atrasou a publicação dos criados da rainha. López de Haro, A., Nobiliario genealógico de los reyes y títulos de España, Navarra, 1996, vol. I, p. 365. Tellechea Idígoras, J. I., *El ocaso de un rey*. Felipe II visto desde la Nunciatura de Madrid, 1594-1598, Madri, 2001, p. 263.

não esteve ausente o marquês de Velada, seu primo-irmão.[54] Don Juan de Idiáquez, que desfrutava do favor do soberano, recebeu o título de cavalariço-mor,[55] e dona Juana de Velasco, mulher de don Francisco de Borja, duquesa de Gandia e irmã de Juan Fernández de Velasco, *condestable*[56] de Castela, que era camareira-mor da infanta Isabel Clara Eugenia desde 27 de agosto de 1588, foi nomeada camareira-mor da futura rainha.[57] Foi confirmado no cargo de tesoureiro da casa Francisco Guillamás Velázquez, que era mestre de câmara da Casa de Borgonha, em lugar de seu pai, Francisco Guillamás, desde 1º de maio de 1588, e tesoureiro da casa do príncipe Felipe e da infanta Isabel Clara Eugenia desde 1589,[58] entre outros cargos (uma relação dos mesmos aparece no apêndice final).

O duque de Lerma procurou desde a formação da casa de Margarida limitar o poder da rainha, já que em um primeiro momento esta lhe havia escapado ao controle. Para isso, não duvidou em colocar em torno de sua pessoa e em seu serviço toda uma série de familiares e criados nos diferentes ofícios, além de expulsar da corte todos aqueles oficiais que acompanharam a rainha desde o Império ou que supunha ameaçá-lo.[59] Tentou limitar a comunicação entre ambos, mantendo o monarca longe

---

54 Martínez Hernández, S., *El marqués de Velada y la Corte en los reinados de Felipe II y Felipe III. Nobleza cortesana y cultura política en la España del Siglo de Oro*, Valladolid, 2004, p. 353. Em carta de don Juan Silva, IV conde de Portalegre, a Esteban Ibarra, desde Lisboa, em 1º de agosto de 1598, se lamentava de seu azar e da sorte do conde de Alba de Liste: "Muito bem escolhido está o Conde de Alva e deve se apressar porque o chamam e com sua vinda serão declarados os demais ofícios. Eu para meu humor contentaria-me com uma boa volta a Itália governando um reino e governar depois a Zamora, carecendo de filhos e não de dinheiro. Mas isto é melancolia e a vida de Madri é melhor que todas, pois é de onde se retiram os vice-reis e capitães-gerais." BNM. Ms. 10.259, fl. 64r.

55 Flóres, E., *Memórias de las reynas cathólicas. Historia genealógica de la Casa Real de Castilla y de León...*, Madri, 1959 (ed. De 1761), tomo II, p. 469-470. AGP. *Seção de Pessoal*, caixa 521, 26. Mais informação em Martínez Millán, J., e De Carlos Morales, C. J. (dirs.), *Felipe II (1527-1598): La configuración de la Monarquía Hispana, op. cit.*, p. 408-409.

56 Título honorífico atribuido em Aragão, Navarra e Nápoles.

57 BNM. Ms. 2346, fol. 194r. AGS. CJH, leg. 390, núm. 22. AGP. *Seção Admonistrativa*, leg. 627.

58 AGP. *Seção de Pessoal*, caixas 227/24, 486/10.

59 Pérez Bustamante, C., *La España de Felipe II*, Madri, 1992, p. 63 e ss; Sánchez, M. S., *The empress, the queen and the nun. Women and power at the court of Philip III of Spain*, Baltimore-Londres, 1998; Feros, A., *El duque de Lerma. Realeza y privanza en España de Felipe III*, Madri, 2002, p. 180 e ss. Esta política levada a cabo por Lerma com relação aos criados da rainha desagradou-a sem tamanho: "Atribuiu-se essa enfermidade ao sentimento que teve

da corte em contínua caçadas pelos Sítios Reais ou em suas próprias fincas de lazer, com na vila de Lerma ou na Ventosilla.[60] Contudo, em torno da figura da rainha e da imperatriz Maria se foi tecendo, tanto dentro de sua casa quanto fora dela, um grupo de oposição que escapava ao controle do duque de Lerma e de seus criados. Este grupo era temido não só pela capacidade de mediação que a rainha ou a imperatriz tivessem em torno aos ânimos do rei, mas também pelas excelentes relações com Roma,[61] levadas a cabo fundamentalmente pelos núncios e a Companhia de Jesus,[62] por suas vinculações com os diferentes movimentos de *recoleccion y descalzed*,[63] e pelos canais de comunicação com o Império.[64]

---

com a partida de S. M., por não a ter levado consigo, como havia dado a entender muitos dias antes, e alguns desgostos que tinha recebido de não deixá-la se servir das criadas que trouxe consigo da Alemanha e de outras coisas que vão contra seu gosto". (Valladolid, 1º de agosto de 1601). Cabrera de Córdoba, L., *Relaciones de las cosas sucedidas en la corte de España desde 1599 hasta 1614*, Salamanca, 1997, p. 124.

60 Williams, P., "Lerma, old Castile and the travels od Philip III", *History vol. 73*, número 239 (1988), p. 379-397.

61 A adesão da rainha ao pontífice era indissolúvel. "Il maggiordomo della Mta. della regina mi ha dato l'alligato mem[oria]le et pregatorri ch'io voglia seruere, et supplicar V.S. Illma., a degnarsi di fauorire con la Sta., di Nro., Sgre., il sigr., Ercole Gonzaga accio possa tenere due mila scudi di pensione di beni ecclici., non ostante che habbi moglie como V.S. Illma., vederá (...) Non ho potuto far dimeno di non compiauerlo, tanto piu che mi ha detto che la regina ne scriue sopra di cio a V.S. Illma alla quale per fine humilissimamte., baccio le mani". ASV. Secretaria de Estado, Espanha, tomo 53, fl. 13r. (Madri, 8 de março de 1600).

62 Em um recente trabalho, o professor Martínez Millán aponta o papel de destaque que a Companhia de Jesus teve na transformação do ideário de uma Monarquia Espanhola em uma Monarquia Católica, cujos desígnios olhariam para Roma e não para Castela. É muito possível que neste processo a imperatriz Maria e a rainha Margarida, e em menor medida as damas de honra e as damas da corte, tivessem um papel especial. Martínez Millán, J., "La crisis del 'partido castellano' y la transformación de la Monarquía Hispana en el cambio de reinado de Felipe II a Felipe III", *Cuadernos de Historia Moderna*, anexo II (2003), p. 11-38.

63 Uma análise superficial das possibilidades de comunicação entre o rei e sua esposa em âmbitos eclesiásticos pode ser vista em Sánchez, M. S., "Melancholy and female illness: Habsburg women and politics at the court of Philip III", *Journal of Women's History*, vol. 8, número 2 (1996), p. 82-84.

64 Sánchez, M. S., "Los vínculos de sangre: la emperatiz María, Felipe II y las relaciones entre Espana y Europa Central". In Martínez Millán, J., (dir.), F*elipe II (1527-1598): Europa y la Monarquía Católica*, Madri, 1998, vol. I, p. 777-794. Também Brightwell, P., "The Spanish

Também neste período se incrementou a legislação para acrescentar o controle sobre a rainha e seu entorno. Neste sentido, o conde de Ficalho, em uma carta de 6 de maio de 1599, recomendava a Lerma que "introduzisse controles estritos em relação a quem podia entrar na sala da rainha".[65] Este conselho parece ter sido colocado em prática até 1602 quando don Francisco Gómez de Sandoval supôs que na sala da rainha estivesse se preparando uma conspiração contra sua pessoa e se tentou modificar a ordem do quarto da rainha, criando-se uma portaria, e se ordenou que a marquesa del Valle, que ocupava o segundo lugar mais importante no serviço feminino da rainha, não dormisse no aposento real. Esse processo se concluiu em 9 de julho de 1603, com o estabelecimento de novas etiquetas para sua casa real e com a saída da corte de alguns oficiais e a entrada de outros novos, mas vamos por partes.

Estas etiquetas tomaram como modelo as que Felipe II concedeu em 1575 a sua quarta mulher, dona Ana de Áustria,[66] embora nelas, como recomendou don Juan de Borja, se impusessem mais condições ao acesso à rainha e um maior controle de sua câmara. Além disso, se proibia às damas atuar como intermediárias entre a rainha e qualquer pessoa que quisesse se comunicar com ela, assim como proibia que tomassem memoriais particulares e que discutissem qualquer tipo de negócio com os ministros do monarca. Conferiam maior ênfase no poder e na autoridade do mordomo-mor frente às mulheres que compunham o círculo mais íntimo e que Lerma considerava mais voláteis em suas amizades. Com isso, se pretendia não apenas organizar melhor o serviço palaciano, o número de oficiais e suas retribuições, mas sim fundamentalmente limitar o cesso à rainha, tanto de criados e pessoal externo quanto de relações ou memoriais que pudessem interferir na política da corte e desenvolver uma facção de poder. Um passo mais para obter o controle total sobre as atividades da rainha, tanto dentro quanto fora do palácio. Além disso, em 20 de agosto do mesmo ano, o monarca mandou que se lhe enviasse a conta do que no ano anterior tinha sido gasto nas provisões das casas reais e que as provisões deste ano corressem pela mão de don Gaspar de Bullón, seu controlador, com o fim de exercer um maior controle sobre as dependências e oficiais da rainha.[67]

---

system and the Twelve Years' Truce". In: *The English Historical Review*, vol. 89, número 351 (1974), 270-292; "The Spanish origins of the Thirty Years' War". In: *European Studies Review 9* (1979), 401-431; e "Spain and Bohemia: the decision to intervene". In *European Studies Review 12* (1982), p. 117-141.

65 BL. Add. 28.422. fls. 64v-65.
66 AGP. Seção Histórica, caixa 49, exp. 4.
67 AGS. CJH, leg. 431, s.f.

A instauração destas etiquetas trouxe consigo certas mudanças na corte. O conde de Salinas, em 6 de dezembro de 1603, comentava: "Em mudança de corte se fala muito e o pior sinal é que já não haja quase nada o que mudar".[68] Para o embaixador veneziano,

> Estes são os motivos pelos quais os negócios do rei da Espanha estão em mal estado, e mesmo que ele distribua graças, não satisfaz os ânimos, porque creem que tudo se faça por sugestão do duque de Lerma; mas o governo é particularmente poderoso em Castela, onde o povo goza de pouquíssima liberdade e autoridade. Esta era a opinião de Khevenhüller.[69]

Em primeiro lugar, a marquesa del Valle, que havia recebido em 22 de setembro de 1601 o título de aia da infanta, foi ordenada a abandonar a corte,[70] já que havia se tornado uma rival para Lerma, posto que resistia a ceder pare de seu poder em favor da condessa de Lemos e manteve, além disso, acordos secretos com o *condestable* de Castela, com o conde de Miranda e com o marquês de San Germán para aumentar seu poder.[71] Em 12 de janeiro de 1604, foi tirada do palácio dona Ana de Mendoza, dama da rainha e sobrinha da marquesa, no dia 16 foram as criadas da câmara da infanta Ana Mauricia, dona Beatriz de Salablanca e dona Beatriz Cabeza de Vaca, que haviam servido à duquesa de Saboya.[72] Don Juan de Borja, após o falecimento da imperatriz, foi recebido como mordomo da rainha, assim como don Bernardino de Velasco, I conde de Salazar – desde agosto de 1603 – e don Osorio de Moscosos, VI conde de Altamira, sucedeu em 22 de março de 1604 ao V conde de Alba de Liste à frente da cavalariça. Por sua vez, em 20 de outubro de 1603, dona Leonor de Sandoval y Rojas, VI condessa de Altamira e irmã do duque de Lerma, foi nomeada aia da infanta Ana Mauricia no lugar da destituída marquesa del Valle e desde 1605 aia do príncipe Felipe.[73] Finalmente, para colocar outro exemplos, foram recebidas novas damas, entre

---

68 BNM. Ms. 20.214, núm. 37.

69 Fernández Martín, L., "La marquesa del Valle. Una vida dramática en la corte de los Austrias", Hispania, 39/143 (1979), p. 607-608.

70 Fernández Martín, L., *op. cit.*, p. 560-638

71 Williams, P., The great favourite. The duke of Lerma and the court and government of Philip III of Spain, 1598-1621, Manchester, 2006, p. 79 ss.

72 Luis Fernández Martín, *op. cit.*, p. 610.

73 AGP. Seção de Pessoal, caixas 60/11 e 60/20.

outras dona Catarina de Guzmán, filha de don Luis de Guzmán, primeiro cavalariço da rainha que entrou no palácio como dama menina em 9 de março de 1605 e saiu casada com o conde de Puñonrostro em 14 de janeiro de 1615; dona Inês de Zúñiga, filha do conde de Monterrey,[74] dona Ana Carrillo, filha do conde de Caracena, que entrou no palácio em 1º de janeiro de 1606 e saiu casada no 31 de outubro deste ano, dona Juana Manrique y Córdoba, dona Juana de Mendoza y de la Cerda,[75] dona Mariana de Córdoba, dona Juana Pacheco, irmã do conde de la Puebla, e dona María de Acuña, filha de don Juan de Acuña, presidente do conselho da Fazenda.

Contudo, e apesar do falecimento da imperatriz María no monastério das Descalzas, a rainha continuou desempenhando seu papel dentro da corte, mantendo-se sua casa como refúgio e centro de poder. Por isso, não resulta estranho que pouco tempo depois se levassem a cabo novas reformas. Em 18 de novembro de 1604, foi dada uma ordem ao chefe dos aposentos do palácio e seus servidores, para melhorar o serviço e coordenar melhor o aposento durante as constantes jornadas reais, vinculando esta ordem o cargo de chefe-mor dos aposentos à câmara;[76] em 1605, o rei

---

74 Desde 5 de abril de 1605 até 14 de setembro de 1607, quando se casou com o conde de Olivares. Anos depois foi nomeada camareira-mor da rainha Isabel de Bourbon, no lugar da falecida duquesa de Gandía, desde 1627 até novembro de 1643. Filha de don Gaspar de Zúñiga y Acevedo, V conde de Monterrey e vice-rei do Perú, e de dona Inés de Velasco y Aragón, filha do Condestable de Castilla. Irmã de don Manuel de Acevedo y Zúñiga, pajem da rainha e marido de uma irmã do conde-duque de Olivares. AGP. Seção de Registro, livro. 6151, fl. 488r. Elliot, J. H., *El conde-duque de Olivares. El político en una época de decadencia*, Barcelona, 1991, p. 37, 44, 318.

75 Dama da rainha Margarita desde 21 de janeiro de 1607 até 1611. Filha de don Bernardo Suárez de Mendoza, V conde de La Coruña, e de dona Mariana de Bazán, filha de don Álvaro de Bazán, I marquês de Santa Cruz. Sobrinha do conde de Miranda, presidente do Consejo de Castela. Irmã de don Lorenzo Suárez de Mendoza, VI conde de La Coruña, de dona María de Bazán Mendoza, que se casou com don Juan de Torres y Portugal, II conde del Villar, de dona Catalina de la Cerda, mulher de don Martín Valerio de Franqueza, filho do secretário Pedro Franqueza, e de don Sebastián de Mendoza, VII conde, entre outros. Sobrinha de don Francisco Gómez de Sandoval y Rojas, duque de Lerma. Se casou com don Pedro de Zúñiga, I marquês de Flores Dávila, embaixador na Inglaterra e primeiro cavalariço do rei. AGP. Seção de registros, livro 6151, fl. 523v.

76 BNM. Ms. 2247, fls. 201r-202v. As ordenanças de aposento de 1621 auspiciadas por don Diego de Corral y Arellano supunham a ratificação estatutária de um feito consumado: la união na gestão do aposento dos servidores do rei, da reina, e outras pessoas reaies. Fernando Negredo Del Cerro, "Servir al rey en Madrid: la actuación de D. Diego de Corral en el aposento de corte", Madri. *Revista de Arte, Geografía e Historia*, n. 5 (2002), p. 69-89.

deu uma nova ordem que deveriam observar os mordomos da rainha.[77] Contudo, a modificação mais importante foi realizada em 1606 quando, em 9 de maio, se reuniu por ordem do monarca uma junta em Aranjuez, onde estavam o confessor do rei, Pedro Franqueza, o conde de Arcos, o licenciado Alonso Ramírez de Prado, o conde de Villalonga e Juan Espina, controlador da rainha, que buscavam reformar algumas coisas nas casas e ofícios da casa da rainha para que fosse melhor servida, e controlar seu entorno. Pouco depois, em 19 de julho, o duque de Lerma solicitava a don Juan de Borja, novo mordomo-mor da rainha, que registrasse os nomes de todo o pessoal da casa, diante do aumento no volume de gastos.[78] Após dispor de toda a documentação, o rei resolveu com comunicação e vontade da rainha que se observasse com todo o rigor a instrução do mordomo-mor e dos mordomos da rainha no que dizia respeito ao saldo da mesa real, assim como no controle dos gastos em medicamentos para o tratamento das enfermidades das damas, moças de câmara e banheiro, e de suas criadas, de modo que os médicos não poderiam emitir receitas se o tratamento não incluísse repouso em cama e sempre com a assinatura do mordomo-mor; e que da despensa não se daria nenhuma esmola. Para o aposento se suas altezas se deviam dispor duas velas brancas para a antecâmara, duas na câmara e outra no banheiro, além de duas velas amarelas de quatro onças e um candeeiro para o mencionado banheiro, entre outras medidas. Além disso, na mesa de suas altezas apenas se poderia colocar o que os médicos considerassem oportuno para não prejudicar sua saúde e que a camareira-mor com o secretário visitassem as criadas das damas e que só permitissem duas por cada uma. Com estas medidas, se esperava reduzir os gastos da casa sem prejudicar o serviço real, voltando aos tempos da rainha Ana:[79]

---

77   RAH. Ms. 9-31-8/7161, n. 8.

78   BL. Add. Ms. 28.425, fl. 421r-v. Cit. M. S. Sánchez, *The empress, the queen and the nun. Women and power at the court of Philip III of Spain*, Baltimore-Londres, 1998, p. 198.

79   "La orden que se dio en Aranjuez para la reformación de la casa de la reina". 26 de julho de 1606. AGS. E, leg. 205, s.f. Outras medidas indicadas são que ao secretario Pedro Rodríguez seja suspendido a ração que lhe era dada em virtude da mercê que lhe foi feita na Itália e de seu cargo de secretário de Cruzada. Que o secretário com o bureo (junta administrativa palatina presidida pelo mordomo-mor) consultem com o rei a recompensa que se poderia dar à comadre pelas rações que agora lhe davam.

Registro dos gastos da despensa da casa da rainha Ana em 1579[80]

Padaria, trigo, frutas e extraordinários	3.676.146.
Gasto do oblier	67.289.
Doceria	1.025.222.
Copa	142.800.
Vinhos, espumantes e extraordinários	2.570.403.
Padeiro	325.065.
Comprador do gasto da despensa	12.414.198.
Despenseiro e quintandeiro	563.145.
Provedor da lenha e conjuntos	943.406.
Fabricante de cera, sebo e extraordinários	1.609.602.
Botica	519.461.
Ordinário e extraordinário do coletor de água	197.200.
Lavadeira de roupa de mesa	81.600.
Lavadeira de roupa	40.800.
Governança	553.683.
Tapeçaria	75.471.
Farinha de arroz	23.560.
Escudeiros a pé	130.108.
Esmola ordinária e extra cada mês	750.000.
Gasto do caldeireiro	65.041.
Roupas de damas	16.817.
Roupas das criadas da câmara	48.545.
Roupas de cavalheiros	7.650.
Porteiros de câmara	59.840.
Porteiros de série	29.250.
Gasto extra de ajuda de custo e gastos miúdos	542.809.
TOTAL	26.863.224.

A esta difícil situação econômica se união, como apontou Ciriaco Pérez Bustamante, um cenário de autêntico enfrentamento entre o duque de Lerma e a própria rainha em função da *Junta de Desempenho*.[81] Neste contexto, Lerma favoreceu a no-

---

80 AGP. Seção Administrativa, leg. 928, s.f.

81 "As críticas fazia a Junta de Desempeño e as irregularidades cometidas por alguns de seus membros haviam levado à rainha e ao até então confessor real frei Diego de Mardones a

meação de don Sancho de la Cerda I, marquês de La Laguna, em 12 de fevereiro de 1607 como novo mordomo-mor da rainha, no lugar do falecido don Juan de Borja.[82] Desde a corte, se escreveu ao cardeal Borghese em 19 de outubro de 1606:

> Aqui existe quase uma guerra civil. A rainha não pensa em outra coisa senão em abater o duque de Lerma, mas se governa com muita prudência e está esperando a ocasião oportuna. O duque assegurou ao rei nesses últimos anos que estava quase desempenhada. A rainha afirmava o contrário e alegava que se fosse certo não haveria necessidade de buscar empréstimo com banqueiros, empenhar as entradas e tomar dinheiro a juros. Agora que se descobriu a ruim situação em que se encontra o rei, lhe manifestou reiteradamente que pode apreciar quem lhe diz a verdade e se ela estava ou não com a razão.[83]

Ao final da década de 1610, neste ambiente de disputa, se voltou a tratar de novas ordenanças e reformas na casa da rainha, como apontou o sempre bem informado Cabrera de Córdoba em 1609: "trata-se em verdade de reformar de vícios esta corte, e principalmente de mulheres que a tem escandalizado com seu mal viver".[84] O duque de Lerma escreveu ao marquês de La Laguna, mordomo-mor da rainha, em 31 de julho de tal ano, para que tratasse no *bureo* da reforma da casa da rainha, considerando desde o prato da sua majestade e dos estados e mordomos até o último em que se pudesse fazer reformas.[85] Pouco depois, em 18 de agosto, o rei emitiu um decreto, preocupado com a relação da etiqueta palaciana que se observava na casa de sua mulher, com o objetivo de moderar os galanteios no palácio e evitar a proximidade entre os galãs e as damas do palácio:

---

pressionar Felipe III para que remediasse tanta corrupção e prescindir de tal organismo que não havia feito mais que endividar mais ainda a Fazenda Real".

82 AGS. CJH, leg. 481, n. 17, leg. 482, n. 25-33, leg. 485, n. 16-6-1, 2, 3 y 4, leg. 511, n. 21-31. AGP. Reinados, Felipe III, leg. 1.

83 ASV. Borghese, II-272, fl. 58. Cfr. Pérez Bustamante, C., *op. cit.*, p. 125.

84 Cabrera de Córdoba, L., *Relaciones...*, *op. cit.*, p. 382.

85 AGP. Seção Administrativa, leg. 928, s.f. Em outubro, Cabrera de Córdoba anotava que o rei havia pedido a relação por escrito de todos seus criados e dos da rainha e dos soldos que tinham, para reformar ambas casas para que os senhores do reino fizeram o mesmo e foram moderados os gastos no que se podia escusar. Cabrera De Córdoba, L., *Relaciones*, *op. cit.*, p. 388.

> Foram sabidas a frouxidão e pouca observância às ordens e ao estilo do Palácio com que se têm governado estes dias os Galãs que vão na memória inclusa, vindo a pé com os carros das damas e outras coisas não acostumadas, sem que tenha bastado as adverti aos guardas para emendar o que devessem. Minha Vontade determinada é que os estilos do Palácio se observem com o decoro e forma que sempre tiveram, motivo pelo qual enviei a ordem (cuja cópia vai aqui) ao *Bureo* da Rainha, tocante a tudo o que se há de fazer e o que se há de ordenar aos Guardas. E para que estes cavalheiros se encontrem entendidos daquilo que devem fazer, mando que eles leiam a letra, e que se lhes diga que não faço demonstração com eles pelo sucedido estes dias, embora pudesse. Mas que se entendida esta minha Vontade e ordem houver algum que na menor circunstância quebrá-la, não permitirei que volte às ruas de Madri enquanto eu viver.[86]

Finalmente, este processo de reformas que observou a casa da rainha se concluiu em 1612, quando aconteceu na cavalariça uma reforma neste serviço palatino que retrocedia muito claramente às medidas tomadas por Felipe II em 1593.[87]

3. Conclusão

A casa das rainhas que se configurou de acordo ao modelo castelão experimentou sensíveis mudanças ao longo do século XVI durante as primeiras décadas do século XVII, período no qual foram se configurando e definindo a organização, estrutura e composição das diferentes casas reais espanholas. Entre 1560 e 1621, conheceu um total de 11 etiquetas, ordenanças ou instruções gerais ou parciais de alcance e envergaduras diferentes, ainda que sua regulamentação definitiva tenha se realizado em 1575. A evolução do governo desta casa real, a escolha de seus servidores e a elaboração das respectivas ordenanças foram paralelas à criação e reforma dos distintos organismos com os quais se governava a Monarquia e se realizaram a impulso dos interesses e conveniências das elites ou grupos cortesãos dominantes. Por sua vez, o modelo constituído neste período se converteu em um destacado elemento do prestígio da Monarquia Espanhola no resto da Europa, já que se exportou, primeiro a Portugal

---

[86] AGP. Seção Administrativa, leg. 698. Não podemos esquecer que uma das funções da etiqueta do palácio era cuidar das mulheres que serviam no mesmo, e que estas vivessem com todo o recato e resguardo posto que era o lugar de formação moral das jovens damas. Partida segunda de Alfonso X el Sabio, Granada, 1991, tít. 14, lei 3.

[87] AGP. *Cédulas Reais*, livro 11, fls. 377v-378r.

e mais tarde ao Império e ao ducado de Sabóia e já no século XVII à mesma França, e chegou a ser considerado como um dos melhores regulamentos da Europa.

Durante o reinado de Felipe IV, momento em que se deu o principal processo de codificação das etiquetas e das distintas cerimônias públicas, se levaram a cabo – apesar de manter a estrutura e o modelo original – sensíveis modificações na organização e manutenção da casa da rainha, com o objetivo fundamental de reduzir o número de seus oficiais seus enormes gastos. Os primeiros passos dessa mudança se deram em 7 de janeiro de 1624, quando se encomendou ao duque do Infantado e ao conde de Benavente que tratassem que reduzir o número de criados e o soldo e pagamentos de cada ofício em prol de controlar os gastos da casa real,[88] o que se continuou em 1930.[89] Não obstante, se mantiveram as etiquetas de 1575, primeiro sob Isabel de Bourbon, confirmadas em 1621, depois com Mariana de Austria, e finalmente com a rainha Mariana de Neoburgo, em 20 de abril de 1701.[90]

Contudo, esta etiqueta não impedia que diversas questões ficassem sujeitas a práticas consuetudinárias e não se fixassem por escrito, ou que estas não se cumprissem com exatidão, como apontou o controlador Juan de Sigoney a Felipe II, referindo-se de maneira eufemística quando justificava por que não se cumpriam em sua casa as etiquetas da casa de Borgonha:

> ... e assim creio que o que fica daquela antiga casa [de Borgonha] na de Vossa Majestade são as cerimônias de serviço da mesa, que é o que menos se usa, e tenho opinião que sua Majestade do imperador, Nosso Senhor, foi grande parte para que se acabassem de esquecer algumas das coisas que antigamente se usava.[91]

---

88 BNM. Ms. 18716, n. 43. Em uma relação de ingressos e gastos guardada na Biblioteca Nacional sem data, ainda possivelmente do reinado de Felipe IV, se indica que o montante total dos gastos das Casas Reais era de 1.214.030 ducados, dos quais, 500.000 correspondia ao gasto ordinário da Casa da rainha e 51.500 aos criados da citada Casa. BNM. Ms. 7423, fls. 178r-187r.

89 Em 6 de janeiro de 1633, foram dadas etiquetas próprias para a frutaria da rainha. Por sua vez, pela reforma de 16 de abril de 1639 mandou o rei que o número de camareiros da casa da rainha ficasse em 8 e que o resto se vá consumindo conforme vagassem posições, enquanto que a tapeçaria da rainha foi reorganizada nesse mesmo ano. AGP. Seção administrativa, legs. 632, 894, s.f.

90 Valgoma y Díaz-Varela, D., *Normas y ceremonias de las reinas*, op. cit., p. 26 ss.

91 Já em 1557 o embaixador veneziano escrevia acerca de la etiqueta de Borgonha: "tal institución no se encuentra en este momento en su literal observancia". Reproduzido por Vál-

Tampouco ela impedia que fossem alteradas ou modificadas segundo a situação, como apontou don Juan de Idiáquez mostrando seu parecer a Felipe II sobre se devia ir receber sua mulher em Valência: "as etiquetas fazem as maneiras, e estas no Palácio as introduz o Rei segundo sua vontade". E não podemos deixar à margem que a evolução do governo das Casas Reais, a escolha de seus servidores e a elaboração de suas respectivas ordenanças foram paralelas à criação e reforma dos distintos organismos com os quais se governava a Monarquia e se realizaram a impulso dos interesses e conveniências das elites ou grupos cortesãos dominantes.

---

goma, D. de la, *Norma y ceremonia...*, *op. cit.*, p. 31.

Teoria e prática na definição da jurisdição e da práxis inquisitorial portuguesa: da 'prova' como objeto de análise[1]

Bruno Feitler
Universidade Federal de São Paulo

Este texto traz os resultados parciais de uma pesquisa em andamento que planeja estudar os procedimentos inquisitoriais através dos próprios processos, o que permitirá chegar o mais próximo possível da real práxis inquisitorial, pretendendo ao mesmo tempo compreender a mentalidade dos juízes da fé por meio de seus modos de julgar. Veremos por hora que apesar da existência de um importante aparato normativo, construído durante o primeiro século de funcionamento do tribunal, a própria prática cotidiana dos inquisidores é um elemento essencial para se entender a evolução dos seus modos de julgar, e que, ao mesmo tempo, o embate entre fixação de regras (mesmo através da práxis) e uma certa vontade de mudança, não esteve ausente da história do tribunal do Santo Ofício português.

A importância da prática para a fixação da jurisdição inquisitorial

A busca de uma práxis inquisitorial começa naturalmente pelo estudo dos textos mais genéricos sobre o funcionamento da instituição, ou seja, os conhecidos regimentos inquisitoriais. Mas apesar de as revisões dos sucessivos regimentos portugueses, pelo menos até o de 1640, terem certamente sido feitas a partir da experiência adquirida e de necessidades reais não previstas nas versões anteriores, nem por isso eles deixam de mostrar apenas o que seria o funcionamento ideal da instituição, com diretivas que não previam, como veremos, questões práticas ligadas à definição da jurisdição inqui-

---

1   Esta pesquisa foi feita graças a uma bolsa de pós-doutorado Fapesp.

sitorial ou o modo de lidar com o próprio arbítrio inquisitorial. Contrariamente ao que aconteceu na Itália ou na Espanha, e com a exceção da compilação de fr. Antonio de Souza[2], Portugal não viu florescer uma vasta literatura de manuais inquisitoriais, como o famoso *Directorium Inquisitorum* de Eymeric fartamente comentado por Peña, o *Sacro Arsenale* de Eliseo Masini, ou ainda os livros de Carena e as obras dos espanhóis Juan de Rojas (também editado na Itália por Peña), Sebastian Salelles e Diego Simancas. Todos esses autores eram citados por inquisidores portugueses, como o deputado do Conselho Geral Antonio Ribeiro de Abreu, cuja obra analisaremos mais adiante, mas nenhum deles, com suas diferenças e encontros, como afirma John Tedeschi, chegou a ser considerado, ou conseguiu atingir o estatuto de manual oficial da Inquisição, seja ela espanhola ou papal; isto é, o direito inquisitorial não era uniforme, podendo assim causar incertezas na hora de afrontar a realidade[3]. Segundo o mesmo autor, esses manuais, apesar de almejarem servir de base teórica aos inquisidores, transmitiam casos reais, mostrando assim também o lado prático da ação inquisitorial. Contudo, visto não se entenderem em várias questões, sobretudo quando postos lado a lado manuais italianos e espanhóis, eles podiam causar mais confusão do que ajudar a normatizar o funcionamento do Santo Ofício.[4]

Se os inquisidores portugueses não foram pródigos em publicar manuais sobre o seu ofício, o tribunal português criou um outro tipo de publicação, voltada para a circulação interna, e que tinha como objetivo facilitar a busca das bases jurídicas de suas atribuições, rendas e privilégios, e que podiam servir tanto para a formação dos inquisidores quanto para uso em caso de conflitos com os tribunais régios, com as instâncias eclesiásticas ou até com réus que contestassem seus modos de proceder. Trata-se de uma seleção de textos outorgados pelos papas ou pelos soberanos que complementava os regimentos inquisitoriais. Uma primeira edição desses *Collectorios*, organizada por ordem do inquisidor-geral d. Antonio de Mattos de Noronha, saiu em 1596 e uma segunda, atualizada, em 1634.[5] O secretário do Conselho Ge-

---

2   Antonio de Sousa, *Aphorismi inquisitorum in quatuor libros distributi. Cum vera historia de origine S. Inquisitionis Lusitanae, & quaestione de testibus singularibus in causis fidei*. Lisboa, Petrum Craesbeeck, 1630.

3   John Tedeschi, Il giudice e l'eretico. *Studi sull' Inquisizione romana*, Milão, Vita e Pensiero, 2003, p. 54-57.

4   John Tedeschi, *Il giudice e l'eretico, op. cit.*, p. 57.

5   *Collectorio de diversas letras apostolicas, provisões reaes, e outros papeis, em que se contém a Instituyção, & primeiro progresso do Sancto Officio em Portugal, & varios Priuilegios que os Summos Pontifices, e Reys destes Reynos lhe concederão*, Impresso em Lisboa nas casas da Sancta Inquisição, per mandado do Illustrissimo & Reuerendissimo Senhor Bispo d'Elvas

ral, Bartolomeu Fernandes, foi quem organizou a primeira compilação, idealizada, segundo o próprio, pelo inquisidor-geral cardeal-arquiduque d. Alberto. Segundo Fernandes, tal compilação serviria "para que os inquisidores e outros ministros do governo [das Inquisições] com a comodidade e uso do tal livro, pudessem facilmente em toda ocasião estar presentes e versados em muitos documentos particulares e próprios deste negócio, de cuja notícia se deviam servir".[6] O secretário dividiu-a em sete títulos: o primeiro contém as bulas de criação do Santo Ofício e das nomeações dos sucessivos inquisidores gerais; o título II traz as bulas e breves relacionados aos cristãos-novos, como as bulas de perdão geral; o título III, os importantes breves concedidos aos cardeal d. Henrique, que ampliaram a jurisdição inquisitorial em relação à justiça episcopal e deram-lhe poder para agir contra os acusados de sodomia, por exemplo; o título IV trata da revogação de alguns breves papais; o título V leva os sucessivos "breves dos quinquênios" que permitiam que membros de cabidos catedralícios que também fossem ministros inquisitoriais se ausentassem das sés sem perda de benefícios, assim como as limitações de tal privilégio; o título VI trata das pensões e rendas eclesiásticas concedidas ao Santo Ofício, e o título VII, contém sobretudo cartas e alvarás régios passados em favor da Inquisição, como a jurisdição sobre os que levassem armas aos mouros, ou as várias concessões e confirmações de privilégios honoríficos, fiscais e judiciais que gozavam ministros e oficiais inquisitoriais. O *Collectorio* de 1634 guardou a mesma estrutura, apenas eliminando o título IV da edição anterior. No último título, mais elaborado na segunda edição, encontramos também interessantes assentos tomados entre os deputados do Conselho Geral e os desembargadores do Paço sobre dúvidas em relação a privilégios jurídicos, apresentando os casos concretos que serviram de base para os tais assentos[7]. Voltarei mais adiante a tratar deste tema com mais vagar.

Esses *collectorios*, complementos jurisprudenciais dos regimentos do Santo Ofício, não supriram, contudo, todas as necessidades da instituição nesse sentido. Apesar de a edição de 1634 abarcar mais temas que a de 1596, os casos litigiosos continuaram a surgir e a área de ação da Inquisição não se havia fixado completamente em

---

Inquisidor Geral, Anno Dñi 1596 e *Collectorio das bulas e breves apostolicos, cartas, alvarás e provisões reaes que contem a instituição & progresso do Sancto officio em Portugal. Vários indultos & Privilégios que os Summos Pontífices e Reys destes Reynos lhe concederão*. Impresso per mandado do Illustrissimo & Rmo Senhor Bispo Dom Francisco de Castro. *Inquisidor Geral do Conselho de Estado de Sua Magestade. Em Lisboa nos Estados*. Por Lourenço Craesbeeck. Impressor Del Rey. Anno 1634.

6 *Collectorio de diversas letras apostólicas...*, op. cit., dedicatória.
7 *Collectorio das bulas e breves apostolicos*, op. cit., fl. 136-167.

1634. Além disso, os *collectorios* não complementavam os regimentos no que tocava mais especificamente a práxis inquisitorial. Esta falta era paliada pelas compilações da correspondência trocada entre tribunais, e, sobretudo, daquela recebida do Conselho Geral, mas também por coletâneas feitas individualmente por promotores, inquisidores e deputados de pareceres sobre diversas matérias tocantes ao seu ofício. Segundo Tedeschi, esses grandes compêndios, de consulta rápida e de caráter prático, organizados muitas vezes alfabeticamente por assunto, também em uso pela Congregação romana, eram úteis para a busca de precedentes sobre questões jurídicas nas quais dúvidas e incertezas pareciam ser mais frequentes, ou que recentemente haviam implicado oficiais distritais em casos de abusos ou de infrações às normas. Eles são assim um testemunho eloquente da permanência de dúvidas sobre os modos de proceder do direito inquisitorial, mas também um instrumento de grande utilidade no cotidiano dos inquisidores, servindo também para a sua formação. Um certo Mgr Ricciulo, por exemplo, ao ser nomeado inquisidor para o tribunal de Nápoles, em 1633, recebeu como instrução: "Verá as cartas que foram escritas desta Sagrada Congregação aos seus antecessores, para ficar plenamente informado do modo de proceder na expedição dos negócios passados, que lhe servirá de norma em casos similares que acontecerem no futuro".[8] Este papel de relevo da correspondência armazenada nos diferentes tribunais inquisitoriais é uma chave importante para entendermos a natureza da documentação da Inquisição de Goa guardada pela Biblioteca Nacional do Rio de Janeiro, e que nos dará bons elementos para se começar a entender como se dava a fixação da jurisdição e da práxis inquisitorial.[9]

Existem vários meios de se estudar a dialética existente entre regra e práxis no direito inquisitorial. A documentação do tribunal de Goa, por exemplo, mostra a importância de uma certa jurisprudência para a fixação ou a afirmação do próprio foro inquisitorial. Veremos dois exemplos, ambos relativos a atritos com a justiça régia e ambos no século XVIII, o que mostra as dificuldades que havia para se fixar essas regras.

Num primeiro caso, um Manoel Lourenço da Silva, português natural de Moura, a caminho da Índia, após proferir muitas blasfêmias, foi preso pelo capitão da nau em que havia embarcado, que também tirou a respectiva devassa. Uma vez em Goa, Manoel Lourenço foi entregue ao desembargador Miguel Monteiro Bravo, ouvidor-geral do crime, que o fez julgar em Relação, invocando o livro 5º, título 2º das ordenações do Reino. O inquisidor Manoel Saraiva da Silveira, que fazia parte da mesa julgadora,

---

8   John Tedeschi, *Il giudice e l'eretico*, op. cit., p. 57-58.

9   Sobre esta documentação, ver Bruno Feitler, "A delegação de poderes inquisitoriais: o exemplo de Goa através da documentação da Biblioteca Nacional do Rio de Janeiro", *Tempo 24* (2008), p. 137-158.

protestou, dizendo que o crime pertencia ao Santo Ofício, sendo ignorado pelo ouvidor que condenou o réu a que fosse açoitado com baraço e pregão e a quatro anos de galés. Os inquisidores apelam ao rei, e o modo pelo qual o inquisidor-geral o cardeal d. Nuno fez ver o caso à d. João V, mostra a importância que se dava à práxis como comprovação de uma norma. Após mencionar rapidamente "os Sagrados Cânones e bulas apostólicas", que não cita, o inquisidor-geral evoca um caso ocorrido em 1653 (um desacato em Albufeira), deferido ao Santo Ofício por decreto de d. João IV. Ainda antes, em 1647, o regedor da Casa da Suplicação havia remetido aos inquisidores os autos e os réus (dentre eles um Lázaro Ferreira) implicados no desacato feito a uma cruz, reconhecendo assim a jurisdição inquisitorial. É só depois que d. Nuno tenta desqualificar a menção feita às Ordenações do Reino, dizendo que o título sobre a blasfêmia datava do tempo de d. Dinis, cujo "governo teve princípio no ano de 1279", e que Bonifácio VIII, por uma decretal incorporada no direito canônico "depois do ano de 1295", havia proibido aos juízes seculares que conhecessem "matérias pertencentes à fé". D. Nuno força descaradamente as datas para firmar o seu propósito, citando esta decretal, muito genérica para ser levada em conta em tempos de construção da monarquia absoluta. Apesar de d. João V ter dado razão aos inquisidores neste caso, ele não permitiu que o caso fosse tomado como exemplo, preferindo ter ainda o parecer do vice-rei e do procurador da Coroa sobre a questão.[10]

O segundo caso envolve o mesmo ouvidor-geral do crime, Miguel Monteiro Bravo, no caso do naique de Salcete Manoel Colaço, levado ao conhecimento do monarca em 1714. O tal naique, morador na fortaleza de Rachol, nas terras de Salcete, "por desavenças" que teve, deu umas pancadas em dois irmãos "dos naturais da terra" chamados Manoel e Paulo, criados do contratador dos direitos dos coqueiros, Antonio João de Albuquerque Gancar. O capitão da fortaleza chegou a fazer auto de querela sumário, mas o vice-rei d. Rodrigo da Costa, à pedido do naique, deferiu-o ao Santo Ofício. A causa continuou, entretanto, no mesmo tribunal, pois o ouvidor-geral Miguel Monteiro Bravo recusou-se a acatar os precatórios dos inquisidores afirmando ser sua a jurisdição, pelo réu ser oficial privilegiado. O rei decidiu em favor da Inquisição[11]. Dez anos depois do sucedido, Lisboa ordena que "como foi tanto a favor do Santo Ofício pela dúvida que havia de ser o naique oficial contínuo e como tal privilegiado, quer S. Em.ª que não só nessa Inquisição [de Goa] mas também no secreto do

---

10 "Como parece quanto a este caso, e assim o mando ordenar. Porém pelo que pertence aos mais casos semelhantes a este, ordeno ao vice-rei que ouvindo o procurador da Coroa me informe interpondo o seu parecer." BNRJ, 5, 1, 5, n. 216. *Documento rubricado pelo rei em 21 de março de 1714.*

11 BNRJ, 5, 1, 5, n. 215.

Conselho, onde se acha o original da dita consulta, fique também a cópia da sentença *para a todo o tempo constar*"[12], e servir assim de argumento (como os casos de 1647 e 1653) em outras circunstâncias semelhantes.

Já nas questões jurídicas internas ao Santo Ofício – e não mais em suas relações com outros poderes –, onde é o próprio procedimento inquisitorial que se fixa ou se transforma, é a validade da prova, isto é, a fiabilidade do testemunho que aparece como fulcral. Com efeito, muito dificilmente conseguiam os inquisidores provas materiais contra seus réus nos processos envolvendo heresia. Como é misto o sentimento que toma conta do pesquisador ao encontrar, sempre ao acaso, no meio dos fólios de um processo, uma bolsa de mandinga, desenhos cabalísticos ou cartas pessoais apreendidas pelos inquisidores! Nos casos de bigamia era relativamente fácil conseguir cópias autenticadas dos dois (ou vários) matrimônios, assim como testemunhos da sobrevivência do primeiro cônjuge, que muitas vezes era o próprio denunciante. Nos casos de judaísmo estas provas materiais eram raríssimas, ficando os juízes à mercê das testemunhas, que podiam morrer antes de confirmar suas denúncias, que podiam se retratar, e cujos dizeres eram sempre passíveis de ser contestados pelos réus. Os inquisidores precisavam destes testemunhos para mandar efetuar prisões, lavrar sentenças de tortura e pronunciar sentenças finais, ou seja, sem testemunhos, não havia processo (para além dos casos de 'apresentações', que apesar de periféricos, podiam render muitas denúncias).

Vamos ver a seguir como o problema da validade dos testemunhos se tornou importante, central, no procedimento inquisitorial entre o último quartel do século XVII e a primeira metade do século XVIII, mostrando aqui também a questão da fixação e da evolução das regras pelas quais o Santo Ofício se governava. A demonstração pede que se analise detidamente, sobretudo, dois documentos: um bastante conhecido, mas nunca estudado do ponto de vista estritamente jurídico – as *Notícias recônditas do modo de proceder a Inquisição com seus presos* – e um texto escrito por um deputado do Conselho Geral nos anos 1740 contra práticas que segundo ele se instalaram insidiosamente por entre os inquisidores, por culpa das mesmas *Notícias*. Comecemos pelo contexto de redação da primeira obra.

As Notícias recônditas do modo de proceder a Inquisição com seus presos

Os últimos trinta anos do século XVII foi um período crítico na história dos cristãos-novos portugueses. A instabilidade política inerente às regências de d. Luiza

---

12 BNRJ, 5, 1, 7, n. 4. Os itálicos são meus. Ordem datada de 1726.

de Gusmão e mais tarde de d. Pedro, e as necessidades financeiras da coroa, debilitada pelo longo processo de reconhecimento da Restauração, puseram mais uma vez os descendentes dos judeus no meio do campo em que se digladiavam diferentes concepções do modo de se levar as políticas econômica e social no reino e no que havia sobrado do império de antanho. O sacrílego roubo das alfaias e dos paramentos da igreja paroquial de Odivelas, ocorrido em maio de 1671, atiçou mais uma vez a população contra os cristãos-novos, neste momento em que o Santo Ofício ainda triunfava, desde que havia conseguido, devido a fraqueza da regência de d. Luíza de Gusmão, anular em 1657 o alvará régio que proibia o confisco dos bens dos acionários da Companhia de Comércio do Brasil – criada poucos anos antes sob a impulsão do padre Antonio Vieira –, caso viessem a ser presos pelo tribunal. A descoberta do responsável pelo furto, um rústico cristão-velho, não acalmou os ânimos, e baseado nas propostas das Cortes de 1668 e nas diatribes do seu secretário, Roque Monteiro Paim, o Regente d. Pedro promulgou em 22 de junho de 1671 um decreto que ordenava a expulsão, com suas famílias, de todos os cristãos-novos que tivessem confessado ter judaizado, incluindo aqueles que tivessem abjurado *de vehementi*. Os cristãos-novos em geral perdiam a possibilidade de instituir vínculos e de cursar a universidade, e lhes proibiam também o casamento com pessoas de sangue limpo. Protestaram os cristãos-novos, e também os inquisidores, que perderiam assim preciosas testemunhas de processos em curso ou por instaurar, de tal modo que o decreto parece não ter tido efeito. Mas em maio do ano seguinte o inquisidor-geral d. Pedro de Lencastre relançou o debate publicando leis suntuárias para as pessoas que tivessem passado pelos cárceres do Santo Ofício, instaurando como pena suplementar para os cristãos-novos a proibição expressa do arrendamento de impostos e de rendas régias. Ao mesmo tempo foram presos alguns dos mais importantes contratadores de origem conversa[13].

Foi este o momento em que começa a derradeira tentativa de reação dos cristãos novos, que surgem então pela última vez em Portugal como grupo constituído, sempre com o intuito de demonstrar sua fidelidade à coroa e à fé católica, e fazer ver o quão injustos eram os procedimentos da Inquisição. Como nos anos 1650, quando fundou-se a Companhia de Comércio, foi indispensável o apoio do padre Antonio Vieira, que se encontrava então em Roma, depois de sua traumática passagem pelos cárceres da Inquisição de Coimbra. Não foi possível conseguir do papa um último perdão geral, tendo em vista as decisões contraditórias do próprio Regente e a ferrenha resistência interposta pela Inquisição e por boa parte do clero e do povo do reino. Renunciou-se ao indulto, e quando os delegados de ambas as partes chegaram a Roma, tratava-se

---

13 João Lúcio de Azevedo, *História dos cristãos-novos portugueses*. Lisboa, Clássica, 1989, p. 293.

unicamente de fazer ver seus argumentos na Congregação do Santo Ofício a favor ou contra a modificação dos procedimentos inquisitoriais que, segundo os cristãos-novos (que nisso tiveram favor em Roma), diferenciavam de modo escandaloso os cristãos portugueses e condenavam pessoas inocentes como judaizantes. Foi então por volta de 1674 que sendo largamente divulgado, um escrito "devia ganhar muitos adeptos à parte dos perseguidos, da mesma sorte que excita ainda hoje a piedade e a indignação". Entre os coevos, conta-se Clemente X, que por um breve de 11 de novembro de 1674 suspendeu a realização de autos de fé pela Inquisição portuguesa.[14] Chamo a atenção para esta irrelevante frase de efeito de João Lúcio de Azevedo, pois as linhas que se seguem vão ser em grande parte baseadas na ideia da repercussão que as *Notícias recônditas do modo de proceder a Inquisição com seus presos*[15], ou pelo menos as ideias que elas veicularam, tiveram bem entrado o século XVIII, lá onde isso seria menos de se esperar: entre os próprios inquisidores.

À época, o texto foi atribuído a Antonio Vieira, o que o estilo do próprio texto contradiz em parte (mas não exclui a possibilidade de o jesuíta ter dado lá algumas pinceladas). As *Notícias recônditas* foram em seguida postas na conta de Pedro Lupina Freire. Este antigo notário do Santo Ofício de Lisboa, também se encontrava então em Roma, após ter retornado do degredo para a Bahia a que foi condenado por dar avisos sobre prisões e ter adulterado as contas do tribunal quando serviu de tesoureiro. Isto explicaria, segundo Azevedo ou Hernani Cidade, a quantidade de detalhes minuciosos contidos no texto sobre os procedimentos judiciais do Santo Ofício, mas a falta de muitos destes detalhes, certamente conhecidos intimamente de um notário que serviu entre 1648 e 1655, faz com que I. S. Révah duvidasse desta atribuição[16]. O próprio texto diz ter sido redigido a partir da experiência pessoal de vários réus, o que não seria de todo absurdo, imaginando que alguns deles teria formação jurídica suficiente para compreender os meandros do procedimento que sofreram. Para nosso propósito, na verdade, importa pouco o verdadeiro autor do libelo. Vejamos, entretanto, o seu conteúdo.

O autor começa por descrever o modo impiedoso com que são tratadas as famílias dos presos, deixadas muitas vezes na miséria, e que os próprios presos no cárcere são tratados sem nenhuma caridade, não só pelas péssimas condições de encarceramento (nos Estaus, em Lisboa, a situação parecia ser um pouco melhor do que a dos

---

14 Sobre os acontecimentos que precedem a publicação da bula: *Idem*, p. 289-310.

15 O texto se encontra hoje acessível no vol. IV das *Obras escolhidas do padre Antonio Vieira* (prefácio e notas de António Sérgio e Hernani Cidade). Lisboa, Sá da Costa, 1951-1954.

16 António José Saraiva, *Inquisição e cristãos-novos*. Lisboa, Estampa, 1994, anexo: *Polémica acerca de Inquisição e cristãos-novos entre I. S. Révah e António José Saraiva*. p. 283.

outros tribunais metropolitanos), mas, sobretudo pela longa duração dos processos, durante os quais os réus não tinham instrumentos nem meios para fazer seus exercícios espirituais, e muito menos a possibilidade de se confessar ou comungar. Neste ínterim, corriam o risco as donzelas recatadas e cristãs de perder sua virtude, e uma vez fora dos cárceres, perdiam estas pessoas sua honra, pelas penas infamantes que lhes eram impostas e pelo modo vil em que eram expostas à população. Mas nada seria errôneo, se elas realmente tivessem alguma culpa. O autor se propõe então a descrever detalhadamente o procedimento inquisitorial, desde a chegada do réu ao cárcere até sua eventual saída dele, seja para a fogueira, seja reconciliado à Igreja. Descreve a aflição dos presos com os longos meses de espera, em que inocentes, nada têm a declarar aos juízes, sendo sempre admoestados pelos inquisidores, pelos carcereiros e pelos frequentes companheiros de cela e até pelo procurador dos presos (o advogado), que confessassem. Mostra, com um rico leque de exemplos concretos, como pessoas inocentes, por não saber quem os havia denunciado[17], não tinham como contestar as denúncias (de qualquer modo, toda demonstração de atos católicos por cristãos-novos era vista como falsa pelos inquisidores), ou pelo menos 'confessá-las' (de modo perjuro) para coincidir com os testemunhos e assim sair pelo menos com vida da prisão. Neste "jogo de cabra-cega" como ele mesmo diz, o réu era empurrado a denunciar todos os membros da família e todos seus conhecidos. "E quando já não ocorrem nomes em Portugal, passam a Castela, França, Itália, e ao outro mundo, porque nem os mortos lhes escapam (p. 207)", pois senão, o réu corria o risco de parar na fogueira por diminuto, por não ter conseguido confessar uma declaração de judaísmo feita com alguém que na verdade desconhecia, e que simplesmente o denunciou por saber que ele já se achava preso nos cárceres do Santo Ofício. O autor termina por demonstrar, com outros exemplos, que qualquer pessoa, cristã-nova ou cristã-velha, tendo em vista o procedimento inquisitorial, se os prendessem tudo fariam "para que os deixem com vida e liberdade (p. 230)". A grande prova disso, segundo o autor, é grande quantidade de cristãos-velhos que, presos por falsos testemunhos, também acabavam por confessar terem praticado ritos judaicos. Daí a grande crítica à diferenciação entre cristãos-novos e cristãos-velhos com que acaba sua exposição.

O autor faz críticas concretas à processualística inquisitorial, dizendo-a muitas vezes contrária aos "termos e disposições do direito natural, divino e humano (p. 198)", ou em uso em "nenhum tribunal secular ou eclesiástico (p. 179)", mais concretamente, contrário às Ordenações do Reino (p. 142, 189) ou ao "estilo da suprema, venerável, universal Inquisição de Roma (p. 191)". O libelo tem como único objetivo mudar o 'es-

---

17 Se no decorrer do processo o lugar e o tempo em que o delito teria sido cometido podia chegar a ser revelado, o nome do denunciante jamais o era.

tilo' do Santo Ofício, pois "não se variam os costumes e as leis com os tempos? Não se mudam os regimentos dos tribunais? Não variou o mesmo Santo Ofício em os seus? (p. 243)". Quais são, segundo ele, estes entorses ao direito que devem ser revistos?

Para já, o segredo do procedimento "é o que mais ofende e impossibilita o remédio dos presos (p. 140)" e é a "raiz de todos os males" (p. 180). As prisões são feitas com uma, duas ou três testemunhas, que são "presos confessos, sócios no mesmo crime, que interessam no testemunho a vida e liberdade; enfim, [testemunhas] sujeitas a todas as exceções da nossa Ordenação (p. 141)"[18]. A questão fulcral, para além do segredo, e que ritma o texto em toda sua extensão, é a das testemunhas singulares. Não se trata aqui de captura ou condenação baseadas em uma única testemunha, mas sim de testemunhas que relatam fatos singulares, ou seja, os inquisidores julgavam válido o acúmulo de várias testemunhas que relatavam fatos ou atos todos incontestes, isto é, desencontrados, diferentes entre si, e que o autor aponta como a marca explícita de que estas 'confissões' eram forjadas, feitas por pessoas já presas com o intuito de salvar a pele, isto é, por pessoas "que interessavam no testemunho a vida e liberdade".[19] Os únicos casos de testemunhos conformes uns aos outros, eram de grupos de pessoas que de fora iam se auto acusar (se "apresentar") aos inquisidores já com os seus ditos programados (p. 177). O autor lembra que os inquisidores juntam dez ou doze, "que são as que bastam para ser [o réu] relaxado", mas que "na forma de direito" são suficientes três testemunhas para uma condenação, só que estas, "como são defeituosas, querem-lhe [os inquisidores] compensar o defeito com o número, o que não pode ser,

---

18 Segundo as Ordenações Filipinas (livro III, título 56), não podem testemunhar, entre outros, os pais nos feitos dos filhos, os filhos nos dos pais, os avós ou bisavós nos dos netos ou bisnetos (§ 1). Os irmãos não podem testemunhar contra irmãos se estão debaixo do seu poder ou quando todos ou a maior parte dos seus bens estão em jogo (§ 2). O escravo só poderá ser perguntado em casos específicos não declarados textualmente (§ 3). O sem juízo (§ 5). Os menores de 14 anos somente em casos graves caso não hajam outras provas (§ 6). O inimigo capital (este é o único tipo de testemunha rejeitada pela Inquisição) (§ 7). Os presos por feitos crimes ou feitos cíveis graves, excetuando-se em feitos ocorridos dentro do cárcere (§ 9). Mais adiante, lembra ou autor das Notícias que o direito não permite que se julgue no crime de lesa-majestade por testemunhas singulares se não forem "acreditadas e livres" (p. 184).

19 Em outro passo: ..."estas testemunhas são inválidas por singulares, não contestes, defeituosas, interessadas na vida e por outras muitas circunstâncias indignas de crédito, e por serem presos que se confessam sócios no mesmo crime. Alega [se dirige ao procurador] que a presunção de direito é que estes confessam estas cousas contra si e contra os outros, só por remir a vida e a liberdade, e a troco de a conseguir, não reparam no enredar falsamente a outros" (p. 183-4).

porque todo o número delas tem o mesmo defeito [da singularidade], e assim nunca fazem prova convincente". Segundo o "direito natural, divino e humano, haviam de achar a todos indefesos e em notória causa de absolvição (p. 198)".

"Todas as leis persuadem a brevidade das causas (p. 168)", mas a fraqueza dos testemunhos utilizados pelos inquisidores para efetuar prisões acabava afetando a duração dos processos. Se o tempo que os presos maceravam no cárcere servia como meio de pressão psicológica para que eles confessassem, servia também aos inquisidores, segundo o autor, para dar tempo a que novas 'provas' se juntassem ao processo para que o réu pudesse ser julgado culpado por um número suficiente de testemunhas (p. 162). O que não deixava de acontecer, pois uma pessoa recém-chegada aos cárceres, sabendo de outras que já lá estavam, não deixavam de denunciá-la para satisfazer a ânsia dos inquisidores por denúncias, inventando ocasiões e conversas que geravam unicamente testemunhas falsas e singulares.

Os inquisidores, ou melhor, os notários, são acusados de não transcrever fielmente a fala dos acusados nos processos, anotando respostas tão estereotipadas quanto "sim" ou "não", quando os réus chegam por vezes a enfrentar os juízes, estranhando os procedimentos por eles utilizados.[20] Os procuradores dos presos (os advogados), seja por não ter acesso aos processos, para além do libelo de acusação que era lido ao preso, seja por má vontade ou até medo dos inquisidores, não cuidavam da defesa dos réus (p. 178 e 183-4).

O autor não conhecia de vista os regimentos inquisitoriais, mas culpa o de 1640 – que ele chama de "novo regimento, ou [...] regimento terceiro (p. 190)" – ordenado por d. Francisco de Castro. Ele havia inclusive ouvido dizer "a homens letrados, que o tal regimento tinha cousas contrárias às disposições do direito natural e positivo" (p. 228). Ele o culpa, em primeiro lugar, de impossibilitar absolvições a pessoas presas por heresia, "alterando e acrescentando apertos", isto é, prevendo uma abjuração *de vehementi* ou *de levi* (ambas compreendendo presença no auto de fé e desonra) sempre que o réu fosse levado à tormento, deixando entender que o regimento anterior previa a possibilidade de absolvição quando o réu tivesse purgado as culpas retidas

---

20 "Houve uma pessoa que, ouvindo os muitos disparates e despropósitos que lhe perguntavam, que dizem serem preceitos daquela lei [o judaísmo], como varrer a casa às avessas, deitar migalhas de pão e pingas de vinho em os cântaros da água etc. respondeu: – Senhores, eu já disse que sou cristão, e que nada da lei de Moisés fiz, e assim é escusado gastarem este tempo, sendo tão necessário para Vossas Senhorias despacharem os miseráveis que, como eu, estão padecendo há tantos anos nestes cárceres; e (seja-me permitido falar assim) para que é ensinar estas cousas a quem nunca as ouviu nem sabe? E quanto daqui tomarão o que hão de confessar, para se remediarem? (p. 166-7)"

contra ele, dependendo da qualidade destas mesmas culpas (p. 190-7). Com efeito, o regimento de 1613 (tít. IV, cap. XLIX) deixa entender (ao prever o caso contrário) que um réu podia ser considerado inocente: depois do tormento, "estando sempre negativa, se parecer aos inquisidores, ordinário e deputados que a suspeita e infâmia não está compurgada pelo tormento, será o réu penitenciado por a tal suspeita [...] e abjurará de veemente ou de leve". O que implica que, se parecesse aos juízes e seus auxiliares que a suspeita e a infâmia estavam purgadas, o réu podia ser absolvido. Já o regimento de 1640 não parece deixar essa brecha, por prever sérias diligências e ratificações antes de se decretar uma prisão (liv. II, tít. IV, § 1). Mais ainda, a prova necessária para se efetuar essa prisão não poderia implicar suspeita, mas teria que parecer "razoavelmente bastante para se proceder por ela a alguma condenação" (liv. II, tít. IV, § 4). Uma vez passadas as provas do tormento, "serão [as pessoas negativas] sentenciadas a fazer suas abjurações públicas, segundo a qualidade da prova que houver e segundo o que dela tiverem diminuído" (liv. III, tít. II, § 8).

Diz também ser novidade a condenação ao degredo das pessoas que confessavam de mãos atadas, isto é, durante os três dias que precediam o auto de fé, sabendo que estavam condenadas à fogueira (p. 207). Ambos os regimentos preveem, contudo o degredo para as galés neste caso, o de 1640 precisando que no caso das mulheres, deveriam elas ser degredadas para São Tomé, Angola ou Brasil (1613 tít. II, cap. LXI e 1640 liv. III, tít. III, § 8).

Culpa ainda o regimento de 1640 de proibir aos inquisidores receber denúncias de cristãos-novos contra cristãos-velhos por culpas de judaísmo, fazendo com que cristãos-velhos que fossem presos e confessassem ter praticado o judaísmo fossem geralmente julgados como falsários, tendo assim penas mais brandas, enquanto os cristãos-novos eram impedidos de provar sua boa conduta religiosa (p. 227).

Concluem então as *Notícias* que a legislação criada para perseguir e extinguir o judaísmo em Portugal estava na verdade ajudando-o a se desenvolver: "se pode palpavelmente conhecer que a forma e estilo praticado de presente nas Inquisições de Portugal, em lugar de extinguir o judaísmo (que esta é a tenção da Igreja), o está produzindo e fazendo de cristãos judeus", uns por confessar sem ter culpas e outros por fugir para "países infectos, onde os fazem prevaricar", como acontece com os portugueses cristãos que cativos no norte da África, acabavam por renegar o catolicismo (p. 239).

Para além de todos os róis de agravos dos cristãos-novos mandados anteriormente a Roma, foram aparentemente as *Notícias recônditas* que conseguiram convencer a Cúria romana a proceder a um inquérito sobre o funcionamento da Inquisição portuguesa, e que acarretou a suspensão dos inquisidores e dos autos de fé por sete anos (1674-1681), durante os quais o Santo Ofício romano analisou a questão. Finalmente, por um breve de 22 de agosto de 1681, Inocêncio XI restituía a Inquisição a suas funções, dispondo algumas modificações no modo de proceder da Inquisição, mas mantendo o segredo que pairava sobre o procedimento e, sobretudo, sobre o nome das testemunhas, como também a validade dos testemunhos singulares como prova, "atendendo que era costume antigo de Portugal". Segundo o julgamento posterior do Conselho Geral, o breve pouco inovava, com alterações de importância medíocre.[21]

Sobre "alguns abusos e erros introduzidos contra o verdadeiro e antigo estilo e prática do Santo Ofício"

As *Notícias recônditas* devem ter circulado em manuscrito até serem publicadas em 1722 em Londres, em espanhol, aos cuidados do rabino David Nieto, como se impressas em Vila Franca, ou seja em terras de liberdade, sendo então incorporadas à literatura de polêmica anti-inquisitorial já em voga há algum tempo nos países do norte da Europa, sobretudo protestantes[22]. Mas sua carreira e sua influência não pararam por aí. João Lúcio de Azevedo e Maria do Carmo Jasmins Dias Faria mencionam uma obra manuscrita do então deputado do Conselho Geral do Santo Ofício português, Antonio Ribeiro de Abreu, como uma *Resposta ao livro intitulado Notícias recônditas e póstumas*. Dias Farinha ainda menciona, do mesmo inquisidor, uma *Instrução, notícias e advertências contra alguns abusos e erros introduzidos contra o verdadeiro e antigo estilo e prática do Santo Ofício*[23].

Trata-se, na verdade, de duas versões de uma mesma obra de 1743, uma direcionada aos promotores e deputados, e outra específica e mais extensa aos inquisidores[24]. Nelas, constatamos estupefatos que Ribeiro de Abreu acusa os inquisidores do tribunal de Lisboa não só de lerem, mas de se deixarem influenciar nos seus modos de receber denúncias e confissões pela obra que atribui a Vieira. Desde os anos 1720, ou seja, desde a época de publicação impressa das *Notícias*, os juízes teriam abrandado o estilo do Santo Ofício: "A experiência tem mostrado o grande prejuízo que vai fazendo aquela abominável doutrina nos negócios da fé, conseguindo o seu malvado

---

21 João Lúcio de Azevedo, *op. cit.*, p. 321-22 e n. 1.

22 Para o caso específico à Inquisição espanhola, ver Doris Moreno, *La invención de la Inquisición*. Madrid, Fundación Carolina/Marcial Pons, 2004.

23 João Lúcio de Azevedo, *op. cit.*, p. 308, n. 3 e Maria do Carmo J. D. Farinha. "Ministros do Conselho Geral do Santo Ofício". *Memória* (revista anual do ANTT), 1 (1989), p. 136.

24 Arquivos Nacionais/ Torre do Tombo (ANTT), Conselho Geral do Santo Ofício (CGSO), livros 176 e 396. Os códices compõem-se de mais de 200 fólios cada.

intento os que o fizeram imprimir. No mesmo tempo que ele saiu à luz, na Inquisição desta Corte se alterou muito a prática a respeito das provas, que sempre foi constante e inconcussa"[25]. Em resumo, o grande problema era "a consideração temerária de que todas as testemunhas entre os cristãos-novos são falsas, e com tal suposto tirando-se-lhes o crédito por arbítrio absoluto, pouco custam a despachar os processos"[26], ou seja, considerava-se toda testemunha em caso de judaísmo, suspeita. Ribeiro de Abreu descreve e contesta ponto a ponto as circunstâncias específicas em que isto acontecia, dando por vezes exemplos concretos.

Depois de anunciar o problema, o deputado justifica o uso do acúmulo de testemunhas singulares para os casos de judaísmo em Portugal, dizendo que têm mais crédito as testemunhas singulares nesses casos, que são frequentes, do que testemunhas contestes em crimes raros, "por que o juiz mais se move a crer no delito frequente, comum e usado, e respeita mais a prova nele". Contrariando a ideia de que os réus confessavam por medo da morte, escreveu que a confissão devia ser atribuída ao descarrego da consciência e à obrigação de falar a verdade. A validade das testemunhas singulares se dá por seu grande número, e por se originarem de pessoas que o deputado alega estarem completamente isoladas nos cárceres inquisitoriais ou em cidades e regiões distantes umas das outras, vindas até de Castela ou Goa, não sendo possível pensar então numa "conjuração"[27].

Ele descreve então rapidamente as "novidades", que elencaremos a seguir, acompanhando-as de argumentos que as contestam, na maioria das vezes baseados no próprio estilo do Santo Ofício. Mais adiante, e esse é o grosso do tratado, Ribeiro de Abreu argumenta com mais vagar contra essas novas práticas, citando fartamente autores e exemplos tirados não só da experiência própria, mas também de casos anteriores, demonstrando assim não só a importância da práxis como fundamento, mas também um domínio ímpar do direito, o acesso que tinha à documentação (o que não deixa de ser interessante), e o conhecimento que possuía da história da Inquisição, desde a sua fundação. Vejamos a essência dessas novas práticas:

1 – A debilitação das denúncias feitas por cristãos-novos contra pessoas que são reconhecidas pelo tribunal como cristãos-velhos, não só no que toca estes cristãos-velhos, mas todas as denúncias feitas por estas testemunhas cristãs-novas.

2 – Tirar-se o crédito das testemunhas menores de 25 anos, por não se lembrarem com firmeza do lugar, momento e ocasião da comunicação do judaísmo com a pessoa que é denunciada.

---

25 ANTT, CGSO, livro 396, p. 2.
26 *Ibidem*.
27 ANTT, CGSO, livro 396, p. 4-5.

3 – A diminuição do crédito de mulheres, algumas "desonestas e prostitutas", ou de pessoas "apresentadas", ou ainda que foram denunciar depois de reconciliadas.

4 – Tirar-se ou diminuir o crédito das denúncias feitas por réus transferidos de Coimbra ou Évora para Lisboa, por acreditar que estes réus faziam falsos testemunhos por acharem que estavam "com assento de relaxados", o que estaria implicado na sua transferência para a Corte.

5 – Diminuir o crédito dos revogantes, mesmo quando depois "assentavam bem nas suas confissões".

6 – Diminuir o crédito das denúncias feitas por pessoas que foram contraditadas. Ou seja, se uma das várias pessoas denunciadas por uma testemunha conseguia provar que a acusação era falsa, diminuía-se o crédito de todas as outras denúncias feitas por esta testemunha.

7 – Diminuir o crédito de testemunhas impúberes que denunciam pessoas mais velhas, ou de homens por exemplo, que dizem ter estado a sós com mulheres recolhidas e honestas.

8 – Tirar ou diminuir o crédito das confissões feitas no tormento.

9 – Tirar ou diminuir o crédito das denúncias de confitentes que têm encontro na crença. Isto é, das denúncias feitas por pessoas que nas suas confissões descrevem a crença e a prática judaicas de modo diferente do que dizem as denúncias contra si. Desacreditando também as pessoas que confessam orações e ritos muito simples ou estranhos ao judaísmo.[28]

Contrariamente ao que poderíamos imaginar, esta "diminuição do crédito" das testemunhas não fazem com que as mesmas sejam julgadas por falsárias, mas sim com que as pessoas que foram por elas denunciadas fiquem favorecidas na sua inocência. Sobretudo, Ribeiro de Abreu acusa os inquisidores de aceitarem as confissões dos réus, por mais imperfeitas que pareçam ("com diminuições, encontros e repugnâncias"), "porque dos mesmos ministros do Santo Ofício, há quem se persuade não são judaizantes os cristãos-novos, e as suas confissões são falsas e fingidas para se livrarem da prisão". Tudo isto, presume o autor "ser causa aquele malvado livro"[29]. Pois é claro que para ele, grande parte destas imperfeições nas confissões e destes encontros nos testemunhos são provas de impenitência e não de inocência; são o modo encontrado para acobertar a culpa de outras pessoas ou as suas próprias. Surge claramente aqui o pensamento de Ribeiro de Abreu sobre o modo como estas provas devem ser utilizadas, pois segundo ele esses "encontros" nos testemunhos são "acidentais", ou seja, são exceção, e que "o ponto principal é o judaísmo, que convém em todas". Seus argumentos

---

28 ANTT, CGSO, livro 396, p. 6-10.

29 *Ibidem*, p. 11-12.

são puramente jurídicos: as provas de que estas confissões são válidas são que elas são "assistidas e acompanhadas dos requisitos de direito", isto é, no início de uma sessão os réus são admoestados para que não levantem falsos testemunhos; que após a sessão as confissões são ratificadas na forma de direito através da sua leitura e do aceite do seu conteúdo pelo réu, que assina embaixo, acompanhado da supervisão de um inquisidor e de três notários[30]. Estes argumentos jurídicos, contudo, se completam rapidamente com o velho sentimento anti semita que chegou ao seu paroxismo justamente na época em que se redigiram as *Notícias recônditas*. Para o deputado-conselheiro, são "os cristãos-novos maliciosos, fingidos e impenitentes, jactanciosos e totalmente opostos à lei de Jesus Cristo, *isto é o que sempre mostraram e hão de mostrar até o fim do mundo*, pela sua obstinação e cegueira.[31]" Estas novas práticas judiciais, que são passadas aos ministros novos, são tanto mais perigosas visto que "o judaísmo neste Reino não afrouxou, antes cada vez cresce mais".

Assim, este momento, que se inicia por volta de 1720 parece crucial para entender a evolução da prática inquisitorial e, mais ainda, do modo como os inquisidores encaravam o principal delito perseguido pelo Santo Ofício. Mas este extraordinário documento dá pistas sobre dois outros momentos que podem revelar estas mudanças no modo de julgar.

As fontes da "verdadeira" prática inquisitorial

Nos comentários que faz sobre os testemunhos e as provas em matéria de heresia, Ribeiro de Abreu descreve a "verdadeira" prática inquisitorial em matéria de testemunhos, a maneira de tomá-los e de validá-los judicialmente (matéria que também é descrita nos regimentos da Inquisição), mas também como somá-los e contá-los, dependendo da sua qualidade, para que sejam suficientes para a aplicação da pena ordinária (o relaxamento ao braço secular), ou fracos o bastante para que o réu seja posto a tormento, matérias que não constam dos regimentos, mas que foram deixados ao arbítrio dos inquisidores ("a prova que parecesse", diz o regimento). Assim, a prática "piedosa do Santo Ofício admitiu que fossem nove as precisas para convencer" o réu de herético, sendo todas de qualidade, o que perfaziam "três testemunhas legítimas e legais". Esta prática foi fixada pelo inquisidor Bartolomeu de Monteagudo[32], em "re-

---

30 *Ibidem*, p. 11-12.

31 *Ibidem*, p. 13. Os itálicos são meus.

32 O licenciado em cânones Bartolomeu de Monteagudo foi nomeado promotor do tribunal de Lisboa em 7 de janeiro de 1626. Já doutor, ele é feito deputado e possivelmente promotor do tribunal de Évora, em 7 de dezembro de 1634, passando rapidamente a inquisidor da

gras muito jurídicas. É esta prática uma lei firme, bem fundada, seguida e observada sempre no caso proposto de relaxação". Se esta parece ser a prática aceita por Ribeiro de Abreu, alguns inquisidores se mostram mais duros do que ele, pedindo não mais que seis testemunhas, nos casos de diminuição ou de relapsia. "Pois os relapsos têm contra si a presunção da regra: *semel malus sempre praesumitur malus in eodem genere mali*. As quais presunções, juntas à prova de seis testemunhas sem qualidade que fazem duas legais, a fazem legítima para a pena ordinária, verificando-se assim bem a constituição de direito: *in ore duorum vel trium testium stat omne verbum*".[33] O tempo em que atuou o inquisidor Monteagudo (os anos 1620 e 1630) é então um outro momento privilegiado para se detectar mudanças e fixações de práticas inquisitoriais.

Na mesma época em que Monteagudo começava a alimentar sua experiência inquisitorial, alguns inquisidores de Coimbra, como seus colegas lisboetas do século XVIII, começaram a relaxar os usos, "por se pouparem ao trabalho os inquisidores daquele tempo". Para sanar a situação, o Conselho Geral mandou para Coimbra o deputado João Álvares Brandão, que lá ficou durante pelo menos dois anos "para tornar tudo ao seu lugar e antiga observância: fez os autos de fé de 1625 e 1626 e deixou tudo firme e bem ordenado"[34]. Teria sido este o caso que fez com que Monteagudo quisesse fixar as práticas? O caso coimbrão torna esse momento então ainda mais interessante.

A grande questão que fez com que pudessem surgir diferenças no modo de julgar os casos de heresia pelos inquisidores é então a liberdade que foi deixada aos juízes de decidir não só da validade ou não de uma denúncia, mas, sobretudo de como esses testemunhos se adicionavam para formar prova bastante para se convencer um réu de herege. Como mostrado acima, os regimentos não fixaram os quesitos dos testemunhos. A questão da fiabilidade dos testemunhos é, como vimos, uma peça-chave do processo inquisitorial, pois incide sobre vários (senão todos os) momentos do processo, da redação do mandado de prisão à condenação (seja de pessoas vivas ou defuntas), passando pela aceitação de defesas (contraditas e coartadas) e pela possibilidade do uso da tortura.

A primeira grande conclusão, que por hora podemos tirar, é a confirmação da importância dos usos para a fixação das regras, reconhecida pelos próprios inquisidores. Para além dos exemplos tirados dos papéis da Inquisição de Goa descritos

---

mesma cidade em fevereiro do ano seguinte. Nachman Falbel. O catálogo dos inquisidores de frei Pedro Monteiro e sua complementação por um autor desconhecido. São Paulo: Centro de Estudos Judaicos USP, 1980.

33 ANTT, CGSO, livro 396, p. 15.

34 *Ibidem*, p. 2.

acima, Ribeiro de Abreu diz que "a mesma experiência é a melhor mestra para os atos judiciais, e a que dirige para a verdade os retos ânimos dos juízes"[35]. Um outro documento, do século XVII, intitulado *Lembranças sobre a matéria do Santo Ofício e bom governo dele,* confirma a importância da prática para a fixação da regra: "não há cousa mais frequente no governo do Santo Ofício que os estilos dele, aos quais no julgar e proceder *se atende mais que ao direito e bulas apostólicas*, porque constando que para este ou para aquele caso há estilo, em o Santo Ofício *não se admite mais falar em direito escrito*", mesmo que "para o estilo introduzir lei ou para a derrogar, [ser] necessário que tenha frequência de atos, diuturnidade de tempo e mais qualidades..."[36] Algumas das 49 "lembranças" prometidas no título tocam à validade das testemunhas, mas não pude ainda consultar corretamente estas *Lembranças*. Este documento, as regras fixadas por Monteagudo, assim como sem dúvida muitos outros documentos dos arquivos do Conselho Geral[37] mostram que existia uma verdadeira preocupação dos inquisidores no sentido de identificar uma *ortopraxis*, e de fixá-la ao máximo, para além dos regimentos e dos *Collectorios* acima descritos. Esta preocupação vinha de cima. O documento da Biblioteca Nacional de Lisboa menciona uma ordem do inquisidor geral da época para que se coligissem, sobretudo através dos processos que subiam ao Conselho, os usos nos tribunais de distrito: "o meio fácil que pode haver para se saberem estes estilos e se apurarem, é mandar V. Ilustríssima às Inquisições ordinárias (como nos dizem que já tem mandado, ou permitido à de Coimbra) que aponte[m] de direito brevemente nos assentos por que fundando-se em estilo, poderá V. Ilustríssima ter ordenado o Conselho Geral que lance mão dele e o apure, ou per si ou por quem o apontou, e para os processos e casos que não vão ao Conselho Geral, poderá V. Ilustríssima mandar aos inquisidores ordinários que façam a mesma diligência e avisem dela ao Conselho[38]."

O ideal era manter as tradições e os usos antigos. Isto se infere do exemplo concreto de Ribeiro de Abreu, que procura defender os modos de julgar que segundo ele estavam em uso no Santo Ofício português desde a sua fundação. Mas o discurso e os

---

35 ANTT, CGSO, livro 396, p. 16.

36 Os itálicos são meus. Este documento infelizmente não está assinado nem é datado, mas parece ser do séc. XVII, e dirige-se ao inquisidor-geral. Biblioteca Nacional de Lisboa (BNL), cód. 869, [MF 2351], fl. 184-224.

37 Por exemplo: Antonio Portocarrero [deputado do Conselho Geral em 1717], Praxis Inquisitorum in causis fidei observantae pro tribunalibus Inquisitionis Sancti Officii Lusitaniæ regni, ou Declarações ao regimento e ordens posteriores [fim do séc. XVII] etc. Mencionados em Maria do Carmo J. D. Farinha. *Os arquivos da Inquisição*. Lisboa: ANTT, 1990, p. 112-15.

38 BNL, cód. 869, fl. 185.

usos, que poderíamos assimilar a atos jurisprudenciais dos inquisidores, mostram que uma certa fluidez das regras era usual e aceita.

A descrição que o deputado-conselheiro faz do relaxamento das práticas inquisitoriais que começa nos anos 1720, é bastante instigante. O relato de Ribeiro de Abreu diz que o problema com os inquisidores do tribunal de Lisboa parecia estar começando a ser solucionado. Mas ao mesmo tempo ele dá indícios de que este não era realmente o caso. A própria redação desse texto, importante também por seu tamanho, feito para ser lido por inquisidores, promotores e deputados, existente em pelo menos três exemplares (as duas versões da Torre do Tombo mais um exemplar guardado na Biblioteca Pública de Évora [cód. CXIII-1-25][39]), é a melhor prova disso. Ao mesmo tempo, nos exemplos que dá, o deputado parece ter estado um tanto isolado nos seus ideais de rigor inquisitorial[40], inclusive no Conselho Geral, que não parece ter-se interposto no episódio lisboeta como no caso coimbrão do século XVII. É verdade que a nomeação quase simultânea de três novos inquisidores para Lisboa (dois em 1739 e um em 1741) pode ser interpretada como uma tentativa de intervenção do inquisidor-geral, o cardeal d. Nuno da Cunha, para sanar a situação, mas que não parece resolver-se. Ora, o número geral dos sentenciados do tribunal de Lisboa começa a decair justamente nesta época. Segundo os números avançados por José Veiga Torres, o canto do cisne da perseguição se dá na década de 1720, quando são sentenciados 1452 réus. Nas duas décadas seguintes, este número desce para a casa dos 820, decaindo para 617 na década de 1750. A queda final se dá na década de 1760, quando o intervencionismo pombalino faz com que não tenham sido sentenciados por Lisboa mais do que 178 pessoas[41]. Ou seja, os números mostram que o declínio da perseguição havia começado antes das reformas pombalinas, cujo primeiro indício – a proibição de autos de fé públicos – se dá em 1765. O mesmo se percebe nas atividades do tribu-

---

39 Citado por João Lúcio de Azevedo, *op. cit.*, p. 308, n. 3.

40 "No ano de 1730 vim inquisidor de Coimbra para a 1ª cadeira, com evidência conheci aquele grande dano que não pude remediar com um só voto, sendo quatro os inquisidores, e dois deles totalmente puxando pela nova prática que se lhe havia induzido. Nos assentos dos processos nos autos de fé de 1731, 1732, 1733 e 1735 mostrei sempre como vencido ressalvava a prática legítima para serem atendidas as diminuições, inverossimilidades e repugnâncias que se achavam nas confissões dos réus." ANTT, CGSO, livro 396, p. 2.

41 José Veiga Torres, "Da repressão religiosa para a promoção social. A Inquisição como instância legitimadora da promoção social da burguesa mercantil". *Revista Crítica de Ciências Sociais 40* (out. 1994), p. 135.

nal de Évora, apesar de alguns "queimadeiros" importantes em 1738-42 e 1755-60, que mostram um alongamento da repressão em relação aos cristãos-novos[42].

Um dos grandes mistérios que resta a ser desvendado em torno da Inquisição portuguesa é o do declínio da instituição e do fim do criptojudaísmo. Saraiva, ao recusar a existência de um criptojudaísmo real em Portugal, explicou o seu fim com o decreto pombalino de 1773, que, ao proibir a distinção entre cristão-novo e cristão-velho, de um "toque de varinha mágica", também logicamente extinguiu a possibilidade de a Inquisição julgar casos de judaísmo[43], mesmo se as reformas de Pombal não retiraram os casos de apostasia judaica do foro inquisitorial. Para além disso, o número de presos por este delito começou a decair, como vimos, bem antes da década de 1770. Uma hipótese: teria a perseguição dos anos 1710 e 20 e 30, sob a mão forte do cardeal da Cunha abalado definitivamente a transmissão do criptojudaísmo entre os cristãos-novos, ao mesmo tempo cada vez mais diluídos socialmente?[44] Uma outra hipótese tem em conta o fato de a religiosidade judaizante diluir-se ao longo do tempo, enfraquecendo-se a medida em que a memória do judaísmo original esvaía-se por conta do caráter secreto e oral da sua transmissão. Hipótese a ser considerada, mesmo se em outro lugar mostrei que este movimento não era de mão única, e que de tempos em tempos este judaísmo original era revigorado[45]. Estas duas suposições não podem ser descartadas, mas viriam a contradizer toda a poderosa ideia de que a Inquisição era uma "fábrica de judeus", do ponto de vista religioso (como queriam os contemporâneos) ou social (como queria Saraiva), e como demonstram muitos exemplos tirados dos documentos e da produção bibliográfica.

---

42 Michèle Janin-Thivos Tailland, Inquisition et société au Portugal. Le cas du tribunal d'Évora 1660-1821. Paris, Centre Culturel Calouste Gulbenkian, 2001. Trata-se do único estudo sobre a Inquisição portuguesa que tenha se interessado detalhadamente aos últimos anos de atividade de um tribunal.

43 António José Saraiva, Inquisição e cristãos novos, op. cit..

44 Essa diluição social é evidente na "parte" de cristão-novo que surge entre os réus do século XVIII. Ou seja, não mais tanto cristãos-novos inteiros, mas cada vez mais pessoas qualificadas como ½, ¼ ou até 1/8 de cristão-novo. Michèle Janin-Thivos Tailland, op. cit..

45 Bruno Feitler. "Les apports externes au cryptojudaïsme brésilien: le cas des nouveaux-chrétiens du Nordeste". Arquivos do Centro Cultural Calouste Gulbenkian, vol. XLVIII (2004), p. 257-270. Lembremos também a sobrevivência ainda hoje de pequenos grupos de judaizantes em Portugal, 'descobertos' em começos do século passado por Samuel Schwarz. Os cristãos-novos em Portugal no século XX. Lisboa: Tipografia do Comércio, 1925.

Segundo Michèle Janin-Thivos Tailland, esta evolução dos números de Évora, por ela estudados em detalhe, seria devida a mudanças na mentalidade da população[46]. Mas creio ser possível emitir uma outra hipótese, que só poderá ser confirmada depois de efetuadas pesquisas de fundo nos arquivos da Inquisição, mas que estão implícitas no texto de Antonio Ribeiro de Abreu, tendo em vista o momento em que ele escreve. Esta evolução, ou pelo menos parte dela, foi causada por uma mudança na mentalidade dos próprios inquisidores e consequentemente, do seu modo de julgar.

---

46 Michèle Janin-Thivos Tailland, *op. cit.*, p. 122-123.

Estatutos, visitas, memórias e atas: a "construção da norma" nos Recolhimentos de Órfãs administrados pelas Misericórdias no século XVIII

Luciana Gandelman
Universidade Federal Rural do Rio de Janeiro

Ao longo do século XVIII, um número crescente de instituições leigas para abrigo, educação e casamento de meninas órfãs, os chamados "recolhimentos de órfãs", se espalhou pelo Império português. Grande parte dessas instituições foi criada ou estava sob a administração das irmandades da Misericórdia[2]. A organização dessas instituições e sua estrutura administrativa era complexa e envolvia, assim como ocorria em outras instituições do Antigo Regime, a atuação de diversas instâncias de poder

---

1   As reflexões presentes neste artigo fazem parte do capítulo três de minha tese doutorado. Para uma discussão mais aprofundada ver: Luciana Mendes Gandelman. *Mulheres para um império: órfãs e caridade nos recolhimentos femininos da Santa Casa da Misericórdia (Salvador, Rio de Janeiro e Porto, século XVIII)*. Campinas, IFCH/Unicamp, 2005. O conceito de "construção da norma" foi retirado da obra de Mariza Soares em Mariza de Carvalho Soares. *Devotos da cor: identidade étnica, religiosidade e escravidão no Rio de Janeiro, século XVIII*. Rio de Janeiro: Civilização Brasileira, 2000.

2   As irmandades da Misericórdia ou Santas Casas da Misericórdia eram instituições leigas, de direto patrocínio e jurisdição régia, voltadas para a prática de obras de caridade, como a administração de hospitais, de recolhimentos de órfãs e de casas de expostos, espalhados por todo império português. Em seu interior eram aceitos como irmãos homens oriundos das elites locais. Sobre as Misericórdias no império português ver, entre outros: Isabel dos Guimarães Sá, *Quando o rico se faz pobre: Misericórdias, caridade e poder no império português, 1500-1800*. Lisboa, Comissão Nacional para as Comemorações dos Descobrimentos Portugueses, 1997 e A. J. R. Russell-Wood, *Fidalgos e Filantropos: a Santa Casa da Misericórdia da Bahia, 1550-1750*. Brasília, Edunb, 1981.

posicionadas hierarquicamente e uma pluralidade de instrumentos normativos[3]. Essa organização nos oferece, portanto, mais uma oportunidade de observarmos como se constituíam os universos normativos em sociedades durante a Época Moderna e as relações entre escrita, memória e oralidade nestes casos. Ou seja, no caso das normas institucionais. Será com esse intuito que examinaremos a "construção da norma" nos recolhimentos de órfãs a partir dos dados referentes aos casos dos recolhimentos do Rio de Janeiro, de Salvador e do Porto durante o século XVIII.

Primeiramente, como se organizava a administração dos recolhimentos? Os recolhimentos eram administrados ou, como se dizia no período, estavam sob a proteção da Misericórdia, mas eram criados a partir dos recursos e da iniciativa de instituidores particulares. Os instituidores quando faziam suas doações ou legados podiam estabelecer regras e condições ou deixar recomendações as mais variadas acerca do perfil das meninas a serem recolhidas e do funcionamento das instituições. As regras dos instituidores, geralmente últimas vontades expressas em testamento, eram normalmente respeitadas pela irmandade e alterações em suas determinações somente poderiam ser efetuadas com a autorização papal. Um exemplo disso foi o legado de D. Antônia de Castro, deixado à Misericórdia de Lisboa para a construção de um hospital de peregrinos, sobre o qual os irmãos da Misericórdia recorreram ao Papa com o intuito de transformá-lo em recolhimento de órfãs em finais do século XVI[4].

No caso do recolhimento da Misericórdia do Rio de Janeiro, fundado a partir da doação em vida feita por Marçal de Magalhães Lima e pelo capitão Francisco dos Santos, os fundadores participaram da elaboração dos estatutos. Assim sendo, criaram o perfil inicial da instituição e se reservaram o direito, em suas vidas, de aprovarem a nomeação da regente, bem como o preenchimento de algumas vagas na instituição[5].

---

3 Sobre a pluralidade de poderes no Antigo Regime português ver Antônio Manuel Hespanha e Maria Catarina Santos. "Os poderes num Império Oceânico". In: José Mattoso (dir). *História de Portugal: o antigo regime*. Lisboa: Editorial Estampa, 1998, p. 351.

4 Testamento transcrito de cópia do século XVII (provavelmente 1662) existente no arquivo da Arquivo Histórico da Santa Casa da Misericórdia de Lisboa. "Traslado do testamento de D. Antônia de Castro". In: *Livro de registro dos despachos e provisões da mesa desta Santa Casa da Misericórdia pertencentes a este recolhimento*. 1694-1760, p. 2-8v.

5 "Estatutos do Recolhimento das órfãs da Santa Casa da Misericórdia do Rio de Janeiro". In: Leila Mezan Algranti, *Cadernos Pagu*. Campinas: Núcleo de Estudos de Gênero/Unicamp, (8/9), 1997. Este tipo de atitude não era incomum. Na cidade do Porto, a instituidora do Recolhimento do Anjo, que planejou residir no mesmo, se reservava, enquanto vivesse, o direito de admitir ou de despedir as órfãs e as porcinistas do recolhimento, de nomear a regente e as oficiais da instituição e de promover as alterações que considerasse neces-

No caso da Bahia e do Porto, os instituidores legaram os recursos em seus testamentos e suas cláusulas testamentárias não interferiram diretamente na organização das instituições[6].

As determinações dos instituidores eram, portanto, a primeira instância normativa criada para os recolhimentos. Uma vez aceito o legado e construídos os recolhimentos, estes ficavam sob a administração da irmandade, assim como os demais estabelecimentos da Misericórdia. As autoridades máximas eram o provedor, a mesa de conselheiros e a junta de definidores[7], seguidos pelo escrivão e o tesoureiro[8]. O provedor e a mesa da irmandade elegiam anualmente três irmãos, que deviam servir como os "oficiais" do recolhimento nos cargos de escrivão, tesoureiro e procurador. Esses oficias ficavam encarregados de cuidar da administração do cotidiano do recolhimento, da observação das normas e da relação do recolhimento com o exterior.

O irmão tesoureiro, que deveria ser sempre dos mais ricos e abonados da irmandade, ficava encarregado de receber tudo aquilo que pertencesse às rendas do recolhimento, entre elas os juros, as esmolas e as porções[9]. Segundo os estatutos do Porto, o procurador devia ficar encarregado de ir todos os dias ao recolhimento averiguar o

---

sárias. AHMP. "Estatutos do Recolhimento do Anjo", ca. 1669. In: Livro 19 suplementar das próprias (correspondências recebidas), p. 38-52. Sobre a estrutura e funcionamento do recolhimento da Misericórdia do Rio de Janeiro ver também: Leila Mezan Algranti, *Honradas e devotas: mulheres da colônia: condição feminina nos conventos e recolhimentos do sudeste do Brasil, 1750 – 1822.* Rio de Janeiro, José Olympio e Brasília: EDUNB, 1993 e Mariana Ferreira de Melo, *Santa Casa da Misericórdia do Rio de Janeiro: assistencialismo, solidariedade e poder (1780-1822).* Rio de Janeiro, dissertação de mestrado, PPGH-PUC/RJ, 1997, mimeo.

6 Sobre a estrutura e funcionamento do recolhimento da Misericórdia da Bahia ver: A J. R. Russell-Wood, *op. cit.*

7 A junta dos irmãos definidores era formada pelos irmãos mais velhos, de maior qualidade e experiência, muitos deles já tendo passado pela provedoria ou pela mesa de conselheiros, os quais eram chamados a deliberar junta à mesa sempre que se discutia alguma matéria grave, como alterações no compromisso da irmandade, nos estatutos das instituições administradas pelas Misericórdias e venda do patrimônio da irmandade.

8 Sobre a estrutura e funcionamento das irmandades da Misericórdia ver: Isabel dos Guimarães Sá, *op. cit.* e A J. R. Russell-Wood, *op. cit.*

9 "Estatutos do Recolhimento de órfãs de Nossa Senhora da Esperança". In: J. A. Pinto Ferreira *Recolhimento de órfãs de Nossa Senhora da Esperança.* Porto, Câmara Municipal do Porto, s/d, capítulo 3, "do tesoureiro", p. 131. No caso do Rio de Janeiro, o tesoureiro deveria assistir o recolhimento com todo o necessário para a sustentação das órfãs e recolhidas. "Estatutos do Recolhimento das órfãs da Santa Casa da Misericórdia do Rio de Janeiro". In:

que era necessário para o sustento das recolhidas, bem como outros assuntos que se apresentassem[10]. De acordo com esse estatuto, a mesa elegia, além desses oficiais, um mordomo da bolsa e irmãos do peditório. Ao mordomo da bolsa cabia tomar as providências e fazer o registro dos dispêndios cotidianos da instituição, prestando conta posteriormente ao provedor e escrivão do recolhimento[11]. Os irmãos do peditório deveriam todos os domingos sair às ruas da cidade pedindo esmolas para o sustento das órfãs[12]. Além deles, seria eleito um mampposteiro para cada freguesia da cidade com o mesmo objetivo. No Rio de Janeiro, todos os irmãos que quisessem pedir esmolas em nome do recolhimento poderiam fazê-lo, desde que comunicassem seu intento à mesa ou aos oficiais do recolhimento "pelas grandes indulgências que se esperam vir para este recolhimento"[13]. Os irmãos oficiais do recolhimento ficavam subordinados ao provedor e à mesa a quem deveriam prestar contas com certa regularidade.

Pelo caráter de segregação de gêneros que marcava semelhantes instituições, devido, entre outros motivos, à preocupação com a honra sexual feminina, os irmãos eleitos como oficiais, e mesmo os provedores e membros da mesa dos conselheiros, não deveriam ter acesso ao interior dos mesmos recolhimentos. À semelhança do que ocorria nos conventos de freiras, os homens deviam fazer todas as diligências necessárias na chamada "sala da grade" ou nos espaços mais externos do recolhimento, como o átrio ou a portaria[14]. Como consequência, havia no interior do recolhimento um grupo de oficiais mulheres encarregadas do seu governo cotidiano. Esse grupo era go-

---

Leila Mezan Algranti, *Cadernos Pagu*. Campinas, Núcleo de Estudos de Gênero/Unicamp, (8/9), 1997, parte quarta, estatuto segundo, parágrafo 13, p. 398.

10 "Estatutos do Recolhimento de órfãs de Nossa Senhora da Esperança", *op. cit.*, capítulo 5, "da obrigação do procurador", p. 132.

11 "Estatutos do Recolhimento de órfãs de Nossa Senhora da Esperança", capítulo 4, "do mordomo da bolsa", p. 132.

12 "Estatutos do Recolhimento de órfãs de Nossa Senhora da Esperança", capítulo 48 "dos irmãos do peditório", p. 172.

13 "Estatutos do Recolhimento das órfãs da Santa Casa da Misericórdia do Rio de Janeiro", *op. cit.*, parte quarta, estatuto segundo, parágrafo 22, p. 401.

14 A "sala da grade" costumava ser uma saleta contígua à portaria ou à entrada do recolhimento onde aqueles que desejavam ter contato com as recolhidas, geralmente familiares ou autoridades, lhes falavam por meio de janelas gradeadas, impedindo assim o contato direto com as mesmas recolhidas. "Estatutos do Recolhimento de órfãs de Nossa Senhora da Esperança", *op. cit.*, capítulo 45, "de quem deve entrar no recolhimento", p. 169. A questão da segregação feminina e do espaço dos conventos foi discutida por Leila Algranti em Leila Mezan Algranti. *Honradas e devotas...*, *op. cit.*

vernado diretamente pelos irmãos oficiais da administração do recolhimento, a quem deviam responder, mas, ao mesmo tempo, encontravam-se subordinadas em última instância ao provedor, à mesa e à junta, como os únicos que podiam deliberar acerca de assuntos mais graves como, por exemplo, a expulsão de alguma reclusa. Tanto em um caso como em outro, o corpo de oficiais internas do recolhimento encontrava-se, portanto, subordinado, assim como acontecia igualmente nos conventos, a instâncias superiores formadas por grupos de homens, ou seja, sujeito a uma tutela masculina, como demonstrou Leila Algranti[15]. Entretanto, por causa da própria necessidade de segregação e isolamento dos recolhimentos, podemos dizer que as recolhidas acabavam por gozar de relativo grau de autonomia no governo dessas instituições, dependendo do nível de cumplicidade ou de conflitualidade que houvesse internamente entre essas mulheres.

Os principais cargos do governo interno do recolhimento eram o de regente, o de vice-regente (quando necessário), o de mestra e de porteira. O cargo de regente era o de maior autoridade dentro do recolhimento e todo o governo espiritual e temporal da instituição estava a seu cargo. Como afirmam os estatutos do Rio de Janeiro, à regente pertencia "todo o governo ou economia da casa como boa mãe de família"[16]. A vice-regente deveria auxiliar a regente e fazer suas vezes sempre que esta estivesse doente ou impedida por algum motivo. A porteira do recolhimento tinha a importante função de guardar a portaria do recolhimento, ou seja, de regular o contato do interior do recolhimento com o mundo exterior, fosse por meio da circulação de pessoas ou de objetos[17]. A mestra, ou mestras, por sua vez, tinha a função de ensinar as órfãs e acompanhá-las em todos os exercícios espirituais e temporais previstos[18]. Havia ainda alguns cargos considerados como "lugares inferiores" da instituição, como era o caso das enfermeiras e despenseiras[19]. Na parte mais baixa da hierarquia do recolhimento, entretanto, ficavam as serventes, tanto as do chamado "serviço de fora" como as do "de

---

15 Leila Mezan Algranti. *Honradas e devotas...*, *op. cit.*

16 "Estatutos do Recolhimento das órfãs da Santa Casa da Misericórdia do Rio de Janeiro", *op. cit.*, parte primeira, estatuto primeiro, parágrafo 2, p. 377.

17 "Estatutos do Recolhimento de órfãs de Nossa Senhora da Esperança", *op. cit.*, capítulo 11 "da porteira", p. 139.

18 "Estatutos do Recolhimento de órfãs de Nossa Senhora da Esperança", *op. cit.*, capítulo 12, "da mestra", p. 140.

19 "Estatutos do Recolhimento das órfãs da Santa Casa da Misericórdia do Rio de Janeiro", *op. cit.*, parte segunda, estatuto primeiro, parágrafo 7, p. 386.

dentro", e as escravas. Estas últimas, consideravelmente mais presentes nos recolhimentos ultramarinos, não estavam totalmente ausentes do recolhimento do Porto[20].

Como acontecia de fato com a organização dos poderes em demais instituições do Antigo Regime, os diversos grupos de administradores do recolhimento, das mesas do Conselho às oficiais internas, encontravam-se posicionados numa cadeia de hierarquias nem sempre muito clara, marcada pela sobreposição de jurisdição e pela predominância de uma instância última de poder a quem todos podiam recorrer e cuja autoridade estava acima até mesmo das regras estabelecidas, no caso o provedor. Todas essas instâncias se comunicavam entre si, produzindo uma extensa gama de documentação escrita, e estavam previstas diversas ocasiões ou mecanismos através dos quais exerciam alguma vigilância umas sobre as outras. A distribuição de poderes e informações por uma rede composta por diversas unidades distintas, entretanto, acabava por criar igualmente diversas situações nas quais havia brechas para inúmeras negociações e reapropriações acerca das regras e das autoridades. A interdição da entrada dos homens no recolhimento, por exemplo, como dito anteriormente, criava, apesar dos inúmeros mecanismos de vigilância, a possibilidade de que as oficiais exercessem concretamente grande poder no interior das instituições e que apenas parte dos acontecimentos internos chegassem aos ouvidos e ao arbítrio dos irmãos administradores e da mesa da irmandade.

Não podemos esquecer ainda de uma importante esfera de poder que igualmente atuava sobre os recolhimentos: o poder régio. Em primeiro lugar, era preciso pedir licença ao rei para o estabelecimentos dos recolhimentos, especialmente nos territórios ultramarinos, onde a preocupação com o aumento da população e a consolidação da colonização e da presença portuguesas, fez com que a Coroa limitasse, por exemplo, o número de conventos de freiras que podiam ser fundados[21]. Em segundo, era necessário enviar os estatutos das instituições para aprovação e confirmação pelos órgãos régios[22]. Além disso, a Coroa, por meio de seus diversos agentes, interveio, ao

---

20 Temos notícia de pelo menos uma que havia sido deixada por esmola ao recolhimento pelo capitão Luiz Vieira Guimarães e que acabou sendo expulsa da instituição no ano de 1759. AHSCMP *Capítulos de Visitações* 1732-1821, livro 9, p. 11, v-12.

21 Sobre esta questão ver: Leila Mezan Algranti. *Honradas e devotas...*, op. cit.

22 Nem sempre a criação dos recolhimentos seguia necessariamente essa ordem de relacionamento e aprovação régia. Algumas vezes o pedido de criação do recolhimento podia já vir acompanhado dos estatutos para aprovação régia. Outras vezes as próprias instituições e/ou seus estatutos permaneceram anos sem a aprovação régia. Este não costumava ser o caso, entretanto, dos recolhimentos administrados pelas Misericórdias. Sobre a criação dos recolhimentos ver: Maria Joana Souza Anjos Martins. *Subsídios para o estudo da assistência*

longo da história dessas instituições, de diversas formas tanto na aplicação das regras institucionais quanto na reconfiguração das mesmas. O grau de intervenção dependeu de diversos fatores, desde a proximidade física da instituição com a autoridade régia até a ocorrência de eventos e situações circunstanciais. Este fenômeno ocorreu, por exemplo, com grande intensidade no recolhimento de órfãs da Santa Casa da Misericórdia do Rio de Janeiro depois da vinda da família real para a América portuguesa em 1808[23]. O mesmo pode ser dito dos governadores e igualmente de autoridades locais, ainda que estas últimas, muitas vezes, já atuassem dentro da própria Misericórdia.

Essa intrincada rede de poderes e comunicação se expressava nas características assumidas pelas normas aplicadas nos recolhimentos. Antônio Manuel Hespanha e Maria Catarina Santos descrevem a arquitetura de poderes no Antigo Regime como sendo caracterizada pelo pluralismo administrativo e por poderes divididos, no caso entre Coroa, Igreja, municípios, família e patronato[24]. A esse pluralismo administrativo partilhado pelas instituições de poder corresponderia uma organização jurídica igualmente múltipla e compartilhada na qual as normas resultavam da articulação ou embate de uma série de direitos de ordem diversa[25].

Podemos fazer uma espécie de paralelo, ainda que não direto, e observar esse tipo de configuração no universo normativo dos recolhimentos, o qual se constituía a partir da combinação de instrumentos normativos diversos e da articulação entre a norma escrita, a oralidade e o costume. Ou seja, as normas eram estabelecidas a partir da composição de alguns mecanismos normativos e instâncias de poder que se articulavam entre si, podendo igualmente se contradizer, sobrepor ou se reforçar. Faziam parte do universo normativo dos recolhimentos, portanto, as *determinações dos instituidores*, oriundas dos seus testamentos ou termos de doação; os *estatutos*, primeiro conjunto formal de regras que regia as instituições; o *Compromisso* da irmandade, regras gerais para regulação da irmandade; as *decisões tomadas em mesa*, as quais possuíam força de lei e chegavam ao recolhimento geralmente por meio de editais; os *inquéritos* ou,

---

social portuguesa: os recolhimentos de Lisboa (1545-1623). Lisboa: dissertação de Licenciatura em Ciências Humanas e Filosofia da Faculdade de Letras da Universidade de Lisboa, 1961. Ver também: Leila Mezan Algranti. *Honradas e devotas...*, *op. cit.*

23 Sobre a intervenção régia no caso da Misericórdia do Rio de Janeiro ver: Mariana Ferreira de Melo, *op. cit.*

24 Antônio Manuel Hespanha e Maria Catarina Santos. "Os poderes num Império Oceânico": In José Mattoso (dir.), *op. cit.*, p. 351.

25 Direito divino, civil, natural e consuetudinário. Antônio Manuel Hespanha. "Introdução": In José Mattoso (dir.), *idem*, p. 12.

como se chamavam no Porto, os capítulos de visitas, decisões tomadas após inspeção regular do recolhimento; e por fim, o costume, ou aquilo que "estava em estilo", como encontramos no recolhimento do Rio de Janeiro, cuja origem normativa não era muito clara[26]. Desta forma, podemos falar, como propõe Mariza de Carvalho Soares para as irmandades negras do Rio de Janeiro setecentista, em uma norma em construção, ou de um conjunto normativo em constante transformação, através das diversas instâncias de "direito" que se estabeleciam nos recolhimentos e as interpretações, usos e disputas em torno desse variado corpo normativo[27].

Respeitadas as vontades dos instituidores, a peça central do universo normativo dos recolhimentos eram, sem dúvida, os estatutos[28]. Seus textos continham as normas consideradas essenciais para "regerem, admitirem e educarem as órfãs"[29]. No caso do recolhimento do Porto, os estatutos começaram a ser elaborados antes mesmo da construção do prédio. Em 1724, dois anos após a aceitação do remanescente do Reverendo Manuel de Passos Castro, a mesa se reuniu, com definitório e junta, para decidir sobre a elaboração dos estatutos[30]. Nesta reunião da mesa, os irmãos deixaram claro que consideravam a elaboração dos estatutos o requisito mais importante para a sua conservação e que estes dariam forma "ao material do edifício". Em demonstração da gravidade do assunto ficaram encarregados de elaborarem o texto dos estatutos dois irmãos definidores, de experiência e autoridade, Francisco Luiz da Cunha e Ataíde, cavaleiro da Ordem de Cristo, fidalgo da casa de sua majestade, chanceler governador da Relação do Porto e ex-provedor da Misericórdia e Jorge Peçanha Pereira, igualmente fidalgo da casa de sua majestade e senhor da Casa de Mazarefe, juntamente com o então provedor da irmandade, o reverendo Jerônimo de Távora e Noronha, deão da Sé da cidade, e Luiz Soares de Avelar, escrivão da irmandade. Uma vez elaborada a proposta, esta seria apresentada em reunião da Mesa, com definitório e junta de irmãos para que estes, em nome da irmandade, emendassem os estatutos no que fosse

---

26 Arquivo Histórico da Santa Casa da Misericórdia do Rio de Janeiro, "Index do que contêm estes estatutos com divisão das matérias de que neles se trata", documentos avulsos, lata 10.

27 Sobre a proposta de Mariza Soares ver: Mariza de Carvalho Soares, *op. cit.*, especialmente capítulo 5, "A construção da norma".

28 Estatutos: Porto: redigidos em 1725, Rio de Janeiro: redigido em 1744, Bahia, supostamente usam o de Lisboa, fazem alguns capítulos em 1776 e fazem um estatuto completo em 1806.

29 "Estatutos do Recolhimento das órfãs da Santa Casa da Misericórdia do Rio de Janeiro", *op. cit.*, parte primeira, estatuto primeiro, p. 376

30 AHSCMP. *Livro de Lembranças das deliberações da Mesa da Misericórdia*, [1724], número 6, p. 425.

necessário e então o aprovassem. O passo seguinte seria então, segundo as resoluções de 1724, apresentar os estatutos a sua majestade e pedir-lhe que os confirmasse.

Os estatutos ficaram prontos no ano seguinte, em maio de 1725, e, como previsto, foi reunida uma mesa com definitório para a sua aprovação. Segundo o assento da dita conferência, os estatutos foram lidos, capítulo por capítulo, diante da junta de importantes homens da irmandade e da cidade e foram aprovados por unanimidade dos votos[31]. "O que se fez" - segundo a memória de fundação do recolhimento - "com tantas demonstrações de prazer, que com mútuos parabéns, se congratulavam, pois viam a obra do recolhimento com tão adiantados progressos que até havia leis estabelecidas para o seu governo"[32].

O pedido de licença régia ainda levaria alguns anos para ser requerido. Foi somente no ano de 1731 que a mesa da irmandade, vendo que as obras de construção do recolhimento encontravam-se adiantadas o suficiente para que se recolhessem as primeiras órfãs, tomou a resolução de pedir ao rei a aprovação para os estatutos. Como era comum ao período, o pedido de aprovação foi acompanhado de um pedido para que o recolhimento ficasse sob a proteção régia, contando com as liberdades e privilégios concedidos à Misericórdia e ao Recolhimento de órfãs da Misericórdia da cidade de Lisboa. A aprovação do rei D. João V foi concedida em 26 de agosto de 1731, quando o monarca tomou o recolhimento sob sua proteção, como a Mesa havia requerido[33].

Não possuímos muitas informações acerca da elaboração dos estatutos do recolhimento do Rio de Janeiro[34]. Tendo sido instituído em 1739, o recolhimento de órfãs do Rio de Janeiro receberia suas primeiras recolhidas no ano de 1743. Diferentemente do que ocorreu no Porto, os estatutos do recolhimento do Rio de Janeiro ficaram prontos apenas um ano depois de abertas as portas da instituição, em 1744, na provedoria do mestre de campo Mathias Coelho de Souza. Aparentemente o processo

---

31 A. J. Pinto Ferreira, *op. cit.*, p. 128-9.

32 AHSCMP. "Estatutos do Recolhimento de órfãs de Nossa Senhora da Esperança". In: *Resumo de receita e despesa da Santa Casa e Recolhimento de Nossa Senhora da Esperança*, número 1, p. 8v.

33 A provisão régia aprovando os estatutos e colocando o recolhimento debaixo da proteção régia pode ser encontrada numa cópia dos estatutos de 1725. AHSCMP. "Estatutos do Recolhimento de órfãs de Nossa Senhora da Esperança", In: *Resumo de receita e despesa da Santa Casa e Recolhimento de Nossa Senhora da Esperança*, número 1, p, 56v.

34 Os estatutos do recolhimento de órfãs da Misericórdia do Rio de Janeiro foram primeiramente analisados por Leila Algranti em "Os estatutos do Recolhimento das órfãs da Santa Casa da Misericórdia do Rio de Janeiro". In: *Cadernos Pagu, op. cit.*, p. 371-405.

de elaboração dos estatutos foi bastante parecido com o do Porto, tendo os estatutos, depois de elaborados e expostos em reunião conjunta, recebido a aprovação da mesa da Santa Casa e de "outras pessoas doutas que se consultaram de fora"[35].

No caso do recolhimento de Salvador, se nos fiarmos no que afirma Rocha Pitta, a mesa não teria elaborado um estatuto próprio, mas sim mandado buscar em Lisboa uma cópia dos estatutos do recolhimento da corte para servir de regra[36]. Embora essa hipótese pareça viável, não foi possível confirmá-la. Sabemos, entretanto, que, em setembro de 1776, a mesa elaboraria um pequeno estatuto de doze capítulos com o intuito de emendar os antigos estatutos, que se encontravam na sua avaliação "[...] alguns inteiramente abolidos e outros relaxados, pela inconstância dos tempos e diferentes gênios das suas habitadoras"[37]. Não sabemos se os estatutos referidos seriam a cópia dos estatutos do recolhimento de Lisboa. Ao que tudo indica, seria, entretanto, apenas em 1806 que a mesa aprovaria um estatuto próprio completo, nos moldes do que se costumava utilizar em semelhantes instituições[38].

Assim como no processo de criação dos recolhimentos, a elaboração dos estatutos dessas instituições não se fazia como atos isolados, mas envolvia o debate e a participação dos homens das elites locais, cuja atuação pública passava não só pela Misericórdia, mas também por outros locais de governança civil e eclesiástica. Podemos dizer que os estatutos são, portanto, fruto de suas crenças e expectativas. Como mostra Leila Mezan Algranti, o modelo que servia de base para a concepção dos estatutos era sem dúvida o modelo conventual, importando-se principalmente os parâmetros da clausura e da obediência[39]. Os conventos, entretanto, não eram a única fonte de inspiração para os irmãos da Misericórdia. Quando da fundação dos recolhimentos aqui analisados, no princípio do século XVIII, podemos dizer que já havia uma tradição em Portugal no estabelecimento de recolhimentos leigos, iniciada em 1549, com a fundação do Recolhimento do Castelo[40]. O histórico desses recolhimentos e a experiência que esses homens de elite adquiriram na administração dos recolhimen-

---

35 "Estatutos do Recolhimento das órfãs da Santa Casa da Misericórdia do Rio de Janeiro", *op. cit.*, parte primeira, p. 376.

36 Sebastião da Rocha Pitta, *História da América portuguesa*. Rio de Janeiro, Jackson, 1965, p. 607.

37 AHSCMBA. *Livro 2º de registro 1776-1817*, número 86, p. 1v.

38 AHSCMBA. *Livro 2º de registro 1776-1817*, número 86, p. 107-115v.

39 Leila Mezan Algranti, *Honradas e devotas...*, *op. cit.*, p. 191.

40 Maria Joana Souza Anjos Martins, *Subsídios para o estudo da assistência social portuguesa...*, *op cit.*

tos leigos atribuíram uma especificidade para essas instituições, assim como para a própria linguagem dos estatutos. Essa influência aparece explicitamente referida nas memórias acerca da elaboração dos estatutos do Porto, onde aprendemos que foram trazidas cópias dos estatutos de vários recolhimentos do reino, além de notícia do que se praticava no Seminário Romano. A partir dessa informação se estabeleceram os capítulos do recolhimento do Porto, sempre respeitando o que "permitia o estado da terra, condição do sexo e qualidades das pessoas"[41]. De fato, os estatutos eram compostos por um conjunto completo de regras que determinava desde o perfil das meninas que podiam ser recolhidas e as funções das diversas pessoas encarregadas da administração do recolhimento, até a organização do espaço dos dormitórios ou celas, passando pela determinação dos exercícios espirituais e temporais das meninas e pela regulamentação do contato das recolhidas com exterior.

Os estatutos eram concebidos não somente como peças normativas escritas, cujas regras deviam ser dominadas pelos oficiais envolvidos no governo das instituições, mas também como textos para serem lidos em voz alta perante a comunidade no refeitório, sendo-lhe atribuído igualmente, desta maneira, um caráter de comunicação direta com as recolhidas e uma ligação com prescrições normativas baseadas na transmissão oral[42]. O texto dos estatutos servia ainda para tornar pública a memória que esses homens desejavam acerca do recolhimento. Como afirma Isabel Guedes, os estatutos possuíam uma dupla faceta, uma dirigida às pessoas residentes no recolhimento e outra ao público exterior como parte da construção da imagem pública da instituição[43]. Neles, memória, norma escrita e oralidade se combinam.

Os estatutos conviviam ainda com os *compromissos* da irmandade. Ao contrário da Misericórdia do Porto, que desde 1646 tinha um compromisso próprio, as Misericórdias do Rio de Janeiro e da Bahia seguiam o Compromisso da Misericórdia de Lisboa. O Compromisso de Lisboa, de 1618, possuía capítulos dedicados à administração de um recolhimento de donzelas da cidade. Tratava-se de uma espécie de estatutos, incorporados ao compromisso, com características muito parecidas ao

---

41 AHSCMP. "Estatutos do Recolhimento de órfãs de Nossa Senhora da Esperança". In: *Resumo de receita e despesa da Santa Casa e Recolhimento de Nossa Senhora da Esperança*, número 1, p. 8.

42 AHSCMP. "Estatutos do Recolhimento de órfãs de Nossa Senhora da Esperança", *op. cit.*, capítulo. 25 "da forma em que hão de ocupar o tempo", p. 152.

43 Ana Isabel Marques Guedes, *Les enfants orphelins – éducation et assistance: les colégios dos meninos órfãos. Évora, Porto e Braga (XVIIe-XIXe siècles)*. Florença, tese de doutorado, Institut Universitaire Europeen, 2000, p. 47.

que encontramos nos estatutos redigidos separadamente para as instituições[44]. Temos indícios de que o texto desse compromisso foi utilizado como regra nos recolhimentos ultramarinos estudados e suas normas possuíam um *status* equivalente ao dos estatutos. A determinação da utilização de um ou outro variou bastante de acordo, provavelmente, com os interesses, acordos e necessidades de cada momento.

Outra fonte de normas para os recolhimentos eram as *deliberações das mesas da irmandade*. Como afirmam os estatutos do Porto, todo o *regimen* do recolhimento e de pessoas a ele relacionadas estava subordinado à mesa[45]. Por meio de convocação do definitório, a mesa tinha o poder igualmente de fazer mudanças nos estatutos e legislar sobre a instituição como lhe parecesse mais próprio ou necessário. Como as mesas eram eleitas anualmente, as diferentes configurações de irmãos em sua composição podiam significar grandes variações nas normas existentes ou na aplicação das mesmas e abriam brecha para apelações no sentido de alterar decisões das mesas anteriores[46]. Esse corpo normativo podia ser consultado nas atas das mesas da irmandade, em adendos anexados aos estatutos ou mesmo em instrumentos elaborados especificamente para esse fim. No ano de 1785, por exemplo, o provedor e demais irmãos da mesa da Misericórdia do Rio de Janeiro decidiram pela necessidade de se fixar um tempo máximo de permanência no recolhimento para as órfãs[47]. Determinaram, então, que as recolhidas poderiam permanecer na instituição pelo período máximo de seis anos. A medida, registrada em ata, foi igualmente anexada ao livro dos estatutos, tornando-se assim parte do corpo normativo permanente do recolhimento. A medida chegou ao recolhimento ainda na forma de um edital que deveria ser lido "em comunidade para que nenhuma o ignore"[48]. No caso da Misericórdia de Lisboa, foi elaborado um livro de registro especificamente aberto para o registro das decisões da mesa relativas ao recolhimento[49].

---

44 Para uma discussão acerca dos compromissos da irmandade da Misericórdia ver: Isabel dos Guimarães Sá, *op. cit.*

45 AHSCMP. "Estatutos do Recolhimento de órfãs de Nossa Senhora da Esperança", *op. cit.*, capítulo. 1 "da obrigação da mesa", p. 130.

46 Sobre o funcionamento das Mesas da Misericórdia ver também: Isabel dos Guimarães Sá, *op. cit.* e A J. R. Russell-Wood, *op. cit.*

47 AHSCMRJ. "Acordo que se tomou em mesa conjunta, respeito ao tempo que devem residir no recolhimento as órfãs" [1785], documentos anexados aos estatutos, documentos avulsos, lata 746-a.

48 AHSCMRJ. *Registro de cartas e ofícios expedidos 1779-1810*, p. 20.

49 AHSCML. *Provisões do recolhimento 1694-1760*.

A *instituição das visitas*, que traziam para os recolhimentos as mesas e provedores, fazia igualmente parte do repertório normativo dessas instituições[50]. Nos recolhimentos administrados pelas Misericórdias, as visitas eram previstas pelo compromisso de Lisboa de 1618. O compromisso, entretanto, não fornecia muitos detalhes, além de estabelecer que o provedor devia sempre se fazer acompanhar pelo escrivão e que a visita deveria ser feita da grade da igreja[51]. Pelo que podemos apreender dos estatutos e das visitas documentadas, essas inspeções consistiam em visitas do provedor juntamente com o escrivão, os quais, da grade do recolhimento, realizavam um questionário de testemunhos com as oficiais da instituição e as reclusas. A partir da avaliação feita com base nesses testemunhos a mesa deliberava algumas medidas a serem obedecidas. No caso do recolhimento do Porto, os termos e capítulos das visitas, igualmente aprovados pelos órgãos régios, deviam ser incorporados aos capítulos dos estatutos[52].

Nos estatutos do recolhimento do Porto estava previsto que o provedor visitasse o recolhimento, juntamente com o escrivão, assim que fosse eleito e empossado no cargo[53]. A visita era constituída de três etapas: 1) inspeção na igreja e seus paramentos; 2) inquirição na sacristia dos oficiais da casa para saber se havia necessidade de reformas ou mudanças no exterior do prédio; 3) visita na grade, onde procederiam à inquirição da regente, das oficiais, das órfãs e das porcionistas com mais de quinze anos. Cada uma deveria ser inquirida por vez e responder as perguntas debaixo de juramento dos Santos Evangelhos. As perguntas da visita não foram especificadas nos estatutos do recolhimento do Porto[54].

---

50 As visitas eram previstas em inúmeros estatutos de recolhimentos e conventos como: o Recolhimento do Castelo e o Recolhimento de Nossa Senhora do Amparo. BNL, "Regimento do Recolhimento das órfãs do Castelo", [1613], título 2, "do provedor", p. 3 e ANTT, "Livro do compromisso e regimento do recolhimento das órfãs arriscadas de Nossa Senhora do Amparo desta cidade de Lisboa que instituiu Diogo Lopes Solis na era de 1598", [1625], capítulo 86, "que se façam duas visitas gerais em cada um ano", MCO 382, p. 730.

51 "Compromisso da Misericórdia de Lisboa". In: Neuza Rodrigues Esteves (org.), *Catálogo dos irmãos da santa Casa da Misericórdia da Bahia 1*. Salvador, Santa Casa da Misericórdia da Bahia, 1977, cap. XX, "do governo e oficiais da Casa do Recolhimento das Donzelas", p. 31.

52 J. A. Pinto Ferreira, *op. cit.*, p. 129.

53 AHSCMP. "Estatutos do Recolhimento de órfãs de Nossa Senhora da Esperança", *op. cit.*, capítulo 46, "da visita do provedor", p. 170.

54 Nos estatutos do Recolhimento do Castelo, de 1613, e nos do recolhimento de Nossa Senhora do Amparo, de 1625, ambos de Lisboa, as perguntas dizem respeito à questões parecidas em torno da obediência às normas do recolhimento e às decisões das mesas, da observância da clausura e do controle com os contatos externos, do cumprimento dos de-

A partir da inquirição das recolhidas deveria ser redigido um sumário sobre o qual a mesa "há-de sentenciar". O relato e as deliberações da mesa deviam ser registrados no livro das visitas do recolhimento em forma de capítulos e a regente ficava obrigada a lê-los no coro para a comunidade. Em alguns casos, sendo necessário, deveria ser feito um edital para ser fixado em algum local do recolhimento. As visitas podiam ser repetidas sempre que fosse julgado necessário pela mesa ou pelo provedor. Essas visitas eram, portanto, mais um espaço de construção da norma, e não apenas de fiscalização, e um ritual que fazia parte do repertório normativo dos recolhimentos. Elas faziam, assim, a ponte direta entre o cotidiano da instituição e as normas dos estatutos e deliberações da mesa.

O livro de visitas do recolhimento do Porto abarca o período de 1732 a 1824[55]. Os registros são, entretanto, bastante fragmentados, com algumas exceções, como os períodos de 1749-1756 e de 1759-1766, quando foram de fato anuais. No caso dos recolhimentos do Rio de Janeiro e de Salvador não foi possível encontrar livros de visita, mas existem menções à realização de visitas e devassas. Ao que tudo indica, os 12 capítulos elaborados para servirem de estatutos do recolhimento de Salvador, em 1776, parecem ter sido resultado de uma série de visitas que a mesa fez à instituição[56]. Estes capítulos criaram um repertório normativo que antes não existia nesse recolhimento, mostrando, desta forma, como o cotidiano e as normas estavam associados e transformavam-se mutuamente.

Muitas vezes os capítulos de visitas serviam para reforçar o corpo normativo já existente. No ano de 1766, por exemplo, foi feita no recolhimento do Porto uma devassa "afim de restabelecer a sua antiga e verdadeira observância a lei dos estatutos e capítulo das visitas [...]"[57]. Aparentemente tudo começou com duas porcionistas que insistiam em usar roupas e objetos luxosos, em desobediência à regente e aos estatutos. Posterior-

---

veres religiosos e da atuação dos diversos oficiais do recolhimento. BNL. "Regimento do Recolhimento das órfãs do Castelo", [1613], título 2, "do provedor", p. 3 e ANTT. "Livro do compromisso e regimento do recolhimento das órfãs arriscadas de Nossa Senhora do Amparo desta cidade de Lisboa que instituiu Diogo Lopes Solis na era de 1598", [1625], MCO 382, p. 736.

55 AHSCMP. *Capítulos de Visitações 1732-1821*, número 9, p. 2-25.
56 AHSCMBA. *Livro 2º de registro 1776-1817*, número 86, p. 1v.
57 AHSCMP. *Capítulos das Visitações 1732-1821*, número 9, p.18. Na Misericórdia da Bahia as recolhidas ficaram igualmente proibidas de escolherem seus confessores de moto próprio pelo texto dos estatutos de 1806. AHSCMBA. "Registro dos estatutos para as recolhidas do recolhimento desta Santa Casa da Misericórdia", *Livro 2º de registro 1776-1817*, número 86, capítulo 7, parágrafo 4, p. 112v.

mente, se constatou que as recolhidas estavam recebendo cartas sem a vistoria e rubrica da regente, falavam com pessoas de fora do recolhimento com grande frequência, dormiam nas câmaras sem a vigilância necessária e queriam escolher seus confessores. Como consequência, além da restrição a essas práticas, receberam a ordem de reforçar a "lição dos estatutos" para todos terem notícia das suas obrigações.

Assim como acontece na atuação da justiça no Antigo Regime, os estatutos conviviam ainda com normas do *costume*. Tratava-se em última instância de mais uma maneira por meio da qual as experiências cotidianas podiam moldar as normas em vigor nas instituições. Nos estatutos do Rio de Janeiro, por exemplo, encontramos no índice várias anotações à margem com indicações deste tipo. No capítulo referente aos dotes das órfãs, por exemplo, há uma anotação que esclarece "estar em estilo" oferecer enxoval às meninas[58]. Esses apontamentos mostram que as práticas cotidianas poderiam não só diferir dos estatutos, mas também adquirir certo grau de formalidade e podiam mesmo tornar-se parte das normas. Mostram também, como a norma formal e escrita, talvez por ser manuscrita, encontrava-se ainda permeada por tradições originadas da oralidade, como os costumes "em estilo", que podiam acabar sendo incorporadas e transmitidas para essa mesma norma escrita[59].

Outra força normativa muito presente no Antigo Regime e que podia perpassar o processo de construção das normas nos recolhimentos era o das obrigações pessoais. As obrigações pessoais, nessas sociedades, encontravam-se situadas no campo das chamadas relações de dádiva, ou dom, e marcavam boa parte das relações interpessoais e comunitárias no período[60]. Podemos notar a força das obrigações pessoais quando as encontramos incorporadas ao próprio texto dos estatutos. Esse foi o caso dos estatutos do recolhimento da Misericórdia do Rio de Janeiro. Neste havia um parágrafo específico barrando a admissão ao recolhimento de meninas pardas ou mulatas, as quais "em nenhum caso e com nenhum pretexto" podiam ser admitidas[61]. Na linha seguinte, entretanto, o texto faz a ressalva de que se alguma órfã parda ou mulata fosse "admitida por empenhos", ou seja, por obrigações particulares de alguma mesa, ficaria

---

58 AHSCMRJ. "Index do que contêm estes estatutos com divisão das matérias de que neles se trata", documentos avulsos, lata 10.

59 Sobre a permeabilidade da linguagem manuscrita ver: Fernando Bouza, *Corre manuscrito. Una historia cultural del Siglo del Oro.* Madrid, Marcial Pons, 2001.

60 Sobre as relações de dádiva no Antigo Regime ver: Natalie Zemon Davis, T*he gift in Sixteenth-century France.* Madison, University of Wisconsin Press, 2000. Ver também: Antônio Manuel Hespanha "La economia de la gracia". In: *La graça del derecho.* Madrid, 1993.

61 AHSCMRJ. "estatutos do recolhimento das órfãs da Santa Casa da Misericórdia do Rio de Janeiro", *op. cit.*, parte primeira, estatuto terceiro, parágrafo 2, p. 381.

a cargo da mesa seguinte decidir sobre sua expulsão. Era preciso, portanto, garantir a mesa seguinte o direito de expulsar as recolhidas que houvessem sido recebidas por empenhos pessoais, ou seja, em contradição com as barreiras sociais que a instituição visava estabelecer. Isto significa, que os empenhos pessoais podiam ser reconhecidos quase como "competidores à altura" da norma escrita. Estes tiveram, nesse caso, não só o poder de "distorcer" certas normas, mas podiam tornar-se parte do universo normativo, sendo reconhecidos como cláusulas pertinentes a norma escrita, ainda que com um papel um tanto incômodo.

O universo normativo dos recolhimentos era constituído por uma variedade de instrumentos: estatutos, atas, capítulos de visitas e editais da mesa. Instrumentos estes que eram produzidos em meio a relações de poder estabelecidas entre diversas instâncias organizadas de forma claramente hierarquizada - abarcando desde órgãos régios até o corpo de mulheres oficiais do recolhimento - as quais, muitas vezes, se confrontavam, se alinhavam, se sobrepunham ou se sobrepujavam. Isto não significa dizer, que estas diversas instâncias se confrontassem indistintamente. Havia claramente uma assimetria de poderes e normatividades. Assim sendo, na ponta superior estava o poder régio, bem como no cerne do corpo normativo dos recolhimentos, estavam os estatutos.

A produção das normas era constante e estas possuíam múltiplas funções, sendo a um só tempo instrumento de governo interno e construção da memória e da faceta pública da instituição. O discurso escrito era, porém, maleável e permeável. A norma escrita não se encontrava encerrada em si mesma e não era desafiada apenas pela distância que costuma se estabelecer entre aquilo que é prescrito e aquilo que é praticado. Nem era apenas fruto de uma organização institucional fundada na grande rotatividade dos cargos administrativos e na sobreposição de jurisdições, ainda que tudo isso seja verdadeiro. É necessário darmos um passo a mais. O universo normativo dos recolhimentos foi, de fato, criado sob a marca da relação íntima que ainda havia no período entre a escrita e a oralidade; entre a leitura coletiva e a memorização individual; entre os rituais públicos de reputação e honra e a memória coletiva; entre as prescrições gerais e as obrigações pessoais; entre a norma letrada e o costume.

Interpretações de Francisco Suárez na *Apologia pro paulistis* (1684)

Carlos Alberto de M. R. Zeron[1]
Universidade de São Paulo

Introdução

A historiografia sobre o Brasil colonial, independentemente de sua orientação, sempre fundamentou suas interpretações sobre uma oposição fundamental: de um lado, os jesuítas que defendiam a liberdade dos índios e de outro os colonos que os escravizavam. Já tivemos ocasião de demonstrar que esta proposição não é exata, pois os jesuítas sempre utilizaram a mão de obra escrava nas suas propriedades[2]. Na realidade, o que reivindicavam era a tutela dos índios livres e a fiscalização dos títulos legítimos de redução à escravidão (Zeron, 2009). A jurisdição temporal sobre os índios, de fato, era a base do poder político e econômico na colônia, já que estes constituíam o principal contingente de força de trabalho e de defesa do território.

As disputas entre os jesuítas e os colonos se manifestaram fortemente nas capitanias de São Paulo e Rio de Janeiro no decorrer do século XVII, invariavelmente

---

1 O autor agradece ao MCT/CNPq pela concessão da bolsa de produtividade em pesquisa que possibilitou a realização deste trabalho, bem como a colaboração do Prof. Dr. Rafael Ruiz González.

2 Segundo o missionário Luigi Vicenzo Mamiani, aliás, *"os nossos não fazem diferença alguma entre os escravos e os livres"*, o que lhe permite qualificar o trabalho dos índios livres, no Colégio de São Paulo, como um *"serviço pessoal quotidiano, obrigatório e involuntário"*. Ver Luigi Vicenzo Mamiani, "Memorial sobre o Governo temporal do Colégio de S. Paulo oferecido ao P. Provincial Francisco de Mattos para se propor e examinar na Consulta da Provincia e para se representar ao N. R. P. Geral", 1701, ARSI, Gesù, Colleg., 1588, 203/12.

após a promulgação de alguma lei que interferia no equilíbrio tenso e precário estabelecido entre os interesses dos missionários e dos moradores. Em cada um destes momentos, o conflito pareceu ter-se originado da intervenção do monarca ou do papa na política local, rompendo o referido equilíbrio. Tal foi o caso das leis de 1609 (que proclamava a liberdade dos índios) e de 1611 (que reintroduzia os títulos legais de redução à escravidão). Nenhuma dessas leis foi registrada pelas câmaras municipais, sendo substituídas por acordos locais, pactuados, redigidos e assinados por representantes de ambas as partes, jesuítas e moradores (Leme, 1898; Zeron, 2009). Em outras ocasiões, os moradores daquelas capitanias simplesmente recusaram-se a obedecer às determinações papais (como em 1640, quando os paulistas expulsaram os jesuítas da capitania, acusando-os de serem os mentores e instigadores do breve papal), ou às leis reais (como em 1648[3]).

Se a historiografia consagrou a imagem dos jesuítas como defensores da liberdade dos índios, é certo que ela se constituiu em oposição a uma imagem invertida dos paulistas. Na década de 1670, o governador do Rio de Janeiro, João da Silva de Sousa, referia-se a eles como *"gente sublevada e foragida"*. Maseratti, embaixador espanhol em Lisboa, afirmou em carta a Carlos II que *"estes portugueses de San Pablo viven sin freno del respeto y temor del castigo de los gobernadores del Brasil"*. Segundo o francês François Froger, em 1695, os paulistas viviam numa *"espécie de república onde, por lei, não se reconhece um governador [...] [e onde,] segundo dizem os habitantes locais, eles não são súditos do Rei, mas sim tributários"*. A construção desta imagem parece ter-se dado desde o início do século XVII, por iniciativa dos próprios jesuítas, após os repetidos ataques às missões do Guairá (1606-1631), Itatim (1632), Tape (1629-1636) e Uruguai (1638).

O episódio que examinaremos aqui, diz respeito à tentativa de promulgação de uma nova lei real sobre a liberdade dos índios, em 1680. Após os motins que voltaram

---

3   Ver, por exemplo, o documento conservado no Arquivo Histórico Ultramarino, em Lisboa, sob o número III.2.4, "Representação dos oficiais da Câmara de São Paulo a D. João IV" (datado de 15 de abril de 1648), onde está escrito que receberam um Alvará pelo qual o Rei lhes concederia o perdão das culpas que tivessem cometido depois da restituição aos religiosos da Companhia de Jesus de tudo o que possuíam antes da sua expulsão. Os moradores consideram neste documento que o Rei *"foi mal e caluniosamente informado"* a este respeito e, jurando-lhe fidelidade, pedem *"que os religiosos da Companhia não sejam restituídos"*, porque isso daria motivo a novas dissensões, e que *"mande revogar o Alvará"* dando por bem a expulsão e mandando *"que os ditos religiosos vendam as raízes"*. Ver também o documento número III.2.5, "Representação dos oficiais da Câmara de São Vicente a D. João IV", que pede lhes seja concedida a administração dos índios, *"pois receberão assim os padres"*.

a ocorrer em São Paulo, quando da leitura pública do documento legal, em 1682, uma junta foi convocada pelo padre Provincial da Companhia de Jesus, na Bahia. Esta junta decidiu pelo abandono das missões naquela capitania. Possivelmente, a lembrança dos distúrbios provocados pela promulgação da lei de 1609, com teor semelhante a esta, bem como da expulsão da capitania de São Paulo, em 1640, e do Maranhão, em 1661, fez os padres penderem por esta posição. Mas as discussões, na junta, mostraram que a Companhia encontrava-se dividida com relação a esta questão: alguns jesuítas pretendiam negociar um *modus vivendi* com os paulistas. Neste momento organizou-se uma "facção", ou "partido" – segundo expressões empregadas pelo Provincial Francisco de Matos – no interior da Província do Brasil, do qual o documento que analisaremos aqui é a expressão mais importante. Com efeito, no mesmo ano em que apareceu a *Apologia pro paulistis*, 1684, foi convocada uma nova junta, que decidiu manter a missão e negociar com os paulistas o abandono da administração dos aldeamentos em favor destes últimos[4]. O referido documento parece ter sido decisivo na tentativa de definição de um novo consenso entre os jesuítas com relação a essa questão.

A *APOLOGIA PRO PAULISTIS*

A *Apologia pro Paulistis* é um manuscrito de 24 folhas conservado na Biblioteca Nacional, em Roma, que foi frequentemente citado por diversos historiadores, particularmente da Companhia de Jesus. Mas seu teor era conhecido apenas pelo que se podia depreender do seu título (as dificuldades podem estar ligadas ao estado de conservação do documento), que indica claramente seu conteúdo polêmico: *"Apologia em favor dos paulistas, onde se prova que os habitantes de São Paulo e cidades vizinhas, ainda que não desistam da invasão dos índios do Brasil, nem da restituição da liberdade aos mesmos índios, são capazes, no entanto, de confissão sacramental e de absolvição"*[5]. Trata-se de uma defesa dos paulistas excomungados pelo breve papal de 1639, cujo nome figurava nos dicionários europeus já no século XVII devido à sua fama de caçadores de índios. O teor deste documento, conforme veremos em seguida, explica a

---

4   O padre Vieira e seu grupo se opuseram a esta decisão, transformada em lei em 1696. Contra a decisão do Provincial e da Junta, em 1692, Vieira escreveu o seu Voto, em separado. Cf. Antônio Vieira, "Voto sobre as dúvidas dos moradores de São Paulo acerca da administração dos índios", *Obras escolhidas*, vol. V, Lisboa, Livraria Sá da Costa, 1951, p. 340-358.

5   *Apologia pro Paulistis in qua probatur D. Pauli et adjacentium oppidorum incolas, etiamsi non desistant ab Indorum Brasiliensium invasione, neque restituta iisdem Indiis mancipiis suis libertate, esse nihilominus sacramentalis confessionis et absolutionis capaces*. Biblioteca Nazionale Centrale Vittorio Emanuele, Fondo Gesuitico, 1249, 3, ff. 44-55.

reação documentada de Antônio Vieira e da Cúria Geral, que o desaprovaram veementemente.

A *Apologia* foi escrita em 1684. A data, escrita no verso do manuscrito (*"Brasilia/De Paulistis/1684"*) é indicada ainda por duas referências indiretas contidas no texto: uma alusão a João da Rocha Pita, *"senador e síndico"* de São Paulo, e os 45 anos decorridos desde a promulgação de um diploma papal que não pode ser outro senão o breve *Commissum nobis*, de Urbano VIII, de 22 de abril de 1639, que ameaçava de excomunhão quem se opusesse à liberdade dos índios. Sua promulgação resultou numa forte reação da população do Rio de Janeiro e de São Paulo[6], e na expulsão dos jesuítas desta última capitania, para onde voltaram apenas no ano de 1653.

O padre flamengo Jacob Roland, colateral do Provincial Antônio de Oliveira (1681-1684), é normalmente designado como o autor desse texto. A indicação é fornecida por Vieira, que se refere a Roland como autor de *"um papel a favor dos paulistas, que mandou queimar o Padre Geral em Roma*[7]. Mas guardou-se uma cópia, senão o próprio original, este que consultamos em Roma.

O padre Domingos Ramos também é autor de uma *"Apologia"*, *"de que se ouviram em todo o colégio aplausos e triunfos"*, sempre segundo o padre Vieira, *"mas este seu papel se escondeu e tem desaparecido"*. Os aplausos e triunfos não são ecoados por Vieira, contudo, que lastima em seguida que, *"havendo em Portugal tantas letras, haja tão pouca notícia, e tão errada, dos fatos sobre que se há de assentar e aplicar o direito"* sobre a liberdade dos índios[8].

Possivelmente, o autor da *Apologia* não era nem um nem outro. Segundo os catálogos da Companhia de Jesus, Jacob Roland morreu em São Tomé, na costa da África, em 1684, para onde teria ido um ano antes. Quanto ao padre Domingos Ramos, este fez sua profissão solene apenas em 1686, sendo pouco provável que escrevesse um texto de conteúdo tão polêmico antes disso.

No que diz respeito ao estilo, a *Apologia* é, sob todos os aspectos, um pequeno tratado escolástico, com abundância de citação de autores, conforme o que se tornara típico desde o século XVI. Dentre os autores mais citados, encontramos os jesuítas Francisco Suárez (17 vezes), Paul Laymann (17 vezes), Tomas Sánchez (13 vezes), Juan Azor (13 vezes), Martin Becan (11 vezes) e o teatino Antonino Diana (11 vezes).

---

6 "Relación de lo sucedido en el Rio de Janeiro con la publicación de la bullas. 1640", Biblioteca Nacional do Rio de Janeiro, I-31, 32, 3. Ver também Leme, 1898.

7 Antônio Vieira, Carta ao Padre Manuel Luís (lente dos casos no Colégio de Santo Antão), 21/7/1695. In: *Cartas do Padre Antônio Vieira*, coordenadas e anotadas por J. Lúcio de Azevedo, 3 vols., Coimbra, Imprensa da Universidade, 1928, vol. 3, p. 667.

8 *Idem*, p. 666.

O tema central da *Apologia* é a excomunhão que havia atingido os habitantes da capitania de São Paulo, em 1640, após a promulgação do breve papal *Commissum nobis*, que ainda não havia sido levantada. O texto inicia com a questão principal, discutindo se os paulistas deveriam continuar sob os efeitos da excomunhão de 1640, ou não. Na conclusão, são eximidos de culpa, quando o autor estatui que podem e devem receber os sacramentos da confissão e da comunhão. Observe-se, contudo, que se trata da defesa dos paulistas contemporâneos ao documento, e não daqueles contemporâneos ao breve papal.

Na introdução, o autor anuncia que tinha outra opinião, contrária aos paulistas, mas que mudara sua posição a respeito do tema; uma mudança que ele próprio qualifica de *"admirável"*.

Em seguida, ainda na parte relativa à apresentação do problema, o jesuíta anônimo descreve o tamanho da capitania de São Paulo, listando as suas cidades e o número de seus habitantes: a capitania é referida, aqui, como senhorio particular e como *"reino"*.

Estabelecem-se, finalmente, sete suposições prévias à discussão. Em primeiro lugar, afirma, há necessidade do trabalho escravo indígena em São Paulo, pois a terra é pobre, os negros não se acomodam ao clima frio e são muito caros. Em segundo lugar, os paulistas não obtêm lucro com a venda dos escravos indígenas. Em terceiro lugar, os índios do Brasil agem contra a lei natural, pois frequentemente cometem roubos, homicídios, falsos testemunhos, poligamia, antropofagia, atacam e prejudicam os inocentes, impedindo a tranquilidade, a paz e a salvação da comum república humana. Em quarto lugar, lembra que os escravos e seus descendentes encontram-se nesta condição há 140 anos. Em quinto, as bulas e as leis reais que proibiam escravizar e vender os indígenas foram promulgadas há mais de 40 anos. Em sexto, as bulas e as leis não atingem nenhum paulista, de hoje, em particular. Em sétimo, enfim, afirma que os paulistas não se posicionam nem contra a fé nem contra a obediência, mas eventualmente deixam-se levar pela malícia e pela preguiça.

Estabelecidas estas suposições prévias, o autor lembra então quais eram as alegações contrárias, isto é, quais seriam as razões segundo as quais os paulistas eram incapazes de absolvição. Elas resumem-se fundamentalmente a duas: a primeira é que, ao fazerem guerras e escravizar os indígenas, os paulistas encontram-se em pecado atual; a segunda, porque voluntária e conscientemente são contra as sanções do papa e do rei, negam a fé e proferem blasfêmias.

Definido o campo de discussão, o autor passa a examinar a questão preliminar: pode-se mover uma guerra justa contra os índios do Brasil? Para responder a esta questão, o autor explica que os índios a que se refere são aqueles que ainda não estão reunidos no grêmio da Igreja, que não têm um modo de vida civilizado, e também aqueles que, vivendo civilizadamente, fugiram e se tornaram inimigos dos portugueses. A sua análise conduz a uma resposta afirmativa, pelas razões seguintes: os índios violam o direito natural e são, ademais, pagãos e idólatras (aqui, o autor da *Apologia* endossa a opinião dos que assimilam os índios aos cananeus, mortos pelos israelitas por serem infiéis). Por outro lado, afirma, os índios são súditos e vassalos do rei de Portugal por direito estrito, devendo-lhe obediência e sujeição.

Para além da autoridade do direito positivo canônico e dos padres da Igreja, inquestionáveis, resta-lhe discutir por que direito os índios estão sujeitos ao rei de Portugal. Mais uma vez, ele responde pelo direito canônico, civil e de guerra, isto é, pela doação de Alexandre VI. A tese defendida pelo autor da *Apologia*, portanto, sempre apoiada na citação de diversos autores, é a da autoridade e poder universal do papa, *"para reduzir todos a um pastor"*, pois *"todos são ovelhas, tanto os fiéis quanto os infiéis"*. O direito estrito a que se refere é a doação do papa Alexandre VI, de cuja bula *Inter cetera* transcreve os §§ 4, 5 e 6, e particularmente o trecho onde está escrito que *"nós, por nossa liberdade e potestade apostólica, todas as ilhas, terras descobertas, por descobrir, pelo poder de Deus onipotente, que nós, como vigário de São Pedro, temos, com todos os seus domínios, todas as suas cidades, lugares e vilas, com todos os seus direitos e jurisdição, a vós e a vossos sucessores, doamos, concedemos e assignamos"* (§ 6). Donde ele conclui que é justíssima a posse do Brasil e a sujeição dos índios à soberania do rei de Portugal.

A partir desta discussão preliminar, o autor anônimo da *Apologia* pode afirmar a sua primeira tese: os paulistas podem ser absolvidos mesmo que não desistam das invasões, nem restituam a liberdade aos índios.

Conforme escrevemos acima, a *Apologia* é um documento escrito segundo as normas da discussão escolástica. Ou seja, a afirmação da tese não impede que ele refute as razões contrárias que poderiam ser alegadas. Para ele, nada obsta às três razões seguintes: os moradores paulistas fizeram guerra sem a autoridade do Príncipe, não preveniram os índios (à maneira do *Requerimiento de los conquistadores*) e não obedeceram às leis e às bulas.

Para responder à primeira alegação contrária à sua tese, o autor reporta-se a são Tomás de Aquino e a Francisco de Vitória, para quem a comunidade política visa à paz. Donde decorrem vários títulos e suas consequências: a defesa dos inocentes, a necessidade de extirpar os ídolos e a necessidade dos paulistas (conforme caracterizaremos em seguida). Mas, sobretudo, ao lembrar que a paz constitui a finalidade de toda comunidade política, o autor da *Apologia* assevera que, se o rei de Portugal não faz o que deve por seu ofício contra aqueles que ferem a lei natural, os paulistas têm o direito de fazê-lo.

Com relação à segunda alegação contrária à sua tese – a advertência aos índios, antes de mover-lhes guerra –, a conclusão é de que nada obsta, aqui, por dois motivos: porque não é necessário advertir sempre, principalmente quando se trata de pecados contra a lei natural, e porque alguns índios já haviam sido advertidos antes pelos pregadores do Evangelho.

Finalmente, é em resposta à terceira alegação contrária à sua primeira tese, que ele afirma a segunda tese fundamental da *Apologia*: os paulistas não são regulados pelas leis do papa ou do rei por diversos motivos: porque nunca foram recebidas ou aceitas pelo uso, porque o rei de Portugal não urgiu cumpri-las, porque pode não ser improvável que o Senado paulista, uma vez publicadas e aceitas as ditas leis, as revogasse licitamente, e, finalmente, porque o costume dos paulistas teria derrogado aquelas leis.

Uma nova alegação contrária poderia então ser levantada: as leis reais teriam o poder de proibir um costume? A sentença mais verdadeira, afirma, é aquela contrária: os costumes podem estabelecer e revogar leis. Assim, mesmo supondo que os pais dos atuais paulistas haviam pecado introduzindo o costume de escravizar os índios, nada obstaria, agora, contra os seus descendentes. Sua conclusão é a de que os paulistas atuais não pecam, embora pecassem seus pais, introduzindo costumes contra as leis, agora derrogadas pelo costume.

Surge então uma outra dúvida, semelhante à anterior: pode-se pensar que as bulas do papa derrogaram aqueles costumes? O autor responde, apoiado em Tomás Sánchez, que o papa conhecia tal costume, pois ele vigorava desde a fundação da *"República"* (isto é, da capitania de São Paulo). Pode-se crer, ademais, que os paulistas teriam agido defensivamente, contra os castelhanos, e com o intuito adicional de agregar neófitos ao grêmio da Igreja. Num caso como no outro, eles teriam agido de acordo com o direito natural e em grave necessidade. Finalmente, alega que ninguém pode obrigar ao impossível. Dessa última consideração decorre uma tese derivada (da segunda tese fundamental), relativa à questão da restituição da liberdade dos índios. A esse problema, o autor responde segundo a lei natural: ninguém deve ser obrigado a restituir algo se, ao agir assim, causar a si um dano maior; por outro lado, o credor deve satisfazer-se quando quem deve, concede a máxima restituição possível. Quais são os danos considerados graves, pela lei natural? Colocar a vida em perigo; privar-se do estado ou dignidade; forçar o nobre a trabalhar como um escravo; impedir o sustento da família; se o roubado, ao ser restituído, causar escândalo. Todos estes aspectos aqui considerados dizem respeito às necessidades dos paulistas, mencionadas no início da *Apologia*.

Sua conclusão final é a de que os paulistas, por preceito natural, não são atingidos pelas leis do papa e do rei porque, segundo a natureza, os costumes pátrios e considerando os inconvenientes naquele tempo e lugar (*"loco tempori"*), é impossível cumpri-las. Portanto, os paulistas não estão em pecado atual. Consequentemente, eles podem e devem ser absolvidos da excomunhão imposta pelo papa Urbano VIII, e aceder aos sacramentos. No caso dos que, ainda assim, são qualificados como sendo incapazes de receber a absolvição, o autor pondera que estes não se arrependeram por *"ignorância invencível"* e devem, portanto, ser instruídos pela confissão, e não condenados.

A *Apologia* conclui-se com uma ressalva final: os argumentos desenvolvidos por seu autor aplicam-se apenas aos paulistas, e não aos habitantes do Rio de Janeiro, da Bahia, de Pernambuco, nem tampouco aos que tenham uma vida opulenta ou escravos negros.

A partir da exposição do argumento do texto, alguns pontos devem ser destacados.

Em primeiro lugar, devemos salientar que é o contexto que orienta a interpretação do pensamento dos teólogos evocados no texto, bem como do modelo de República que eles propõem. Em várias passagens, o autor da *Apologia* afirma teses contrárias àquelas consagradas por Francisco de Vitória, por exemplo, relativas ao poder universal do papa, à soberania dos índios ou à sua conversão pela força – tese scotista combatida simultaneamente pelo papa Paulo III, através da bula *Veritas ipsa* (1537), e por Francisco de Vitoria, na sua *Lição sobre os índios* (1537-1539). As posições assumidas pelo autor da *Apologia* apoiam-se invariavelmente na necessidade de considerar o contexto histórico, que deve conformar toda análise e julgamento. Trata-se, em última instância, do exercício da prudência prática: diante da mutabilidade, ou da especificidade das circunstâncias, a prudência aparece como um conceito central no argumento do autor, na medida em que relativiza o sentido demasiado uniformizador das leis. Nesse sentido, o autor inicia a *Apologia* afirmando a especificidade – geográfica, climática, econômica, jurídica e política – da capitania de São Paulo.

Em segundo lugar, o autor da *Apologia* afirma que nada obsta a subjugar os indígenas, a partir da autoridade concedida pelo papa ao rei de Portugal e, em seguida, por este último aos seus súditos, com vistas à obtenção e defesa da paz nos seus domínios – fim da República e condição para a salvação. A origem deste direito encontra-se, sempre segundo o autor da *Apologia*, na doação de Alexandre VI, a partir do seu poder universal. Acessoriamente, ele garante que, por um lado, não é possível doutrinar os índios sem antes dominá-los: a conversão e a doutrina dos índios só viriam pela força. Por outro lado, o exercício do domínio (*"dominium"*) sobre os índios seria o único meio para atingir a paz civil e o bem-comum em São Paulo, pois, conforme assevera desde o início da *Apologia*, eles agem contra a lei natural e impedem a paz e a salvação da comum república humana.

Em terceiro lugar, o autor da *Apologia* afirma que, se por um lado o papa e o rei conheciam os costumes dos paulistas, por outro lado eles desconheciam (em 1609 e em 1640) as circunstâncias que determinavam a especificidade da situação da capitania de São Paulo. Inversamente, afirma, os paulistas atuais – descendentes daqueles que outrora talvez tivessem pecado e infringido leis – encontram-se atualmente numa situação de *"ignorância invencível"* com relação ao contexto de aplicação daquelas leis, pelas quais sofriam, portanto, uma punição injusta.

De resto – este é o quarto ponto que queremos destacar aqui –, aquelas leis que promulgavam a liberdade dos índios não foram registradas pela Câmara municipal de São Paulo, condição sem a qual as leis não têm força nem substância. Portanto, as referidas leis não eram válidas e os paulistas nunca estiveram obrigados por elas.

Por outro lado – este é o quinto ponto a ser destacado –, o costume dos paulistas, ainda que fosse contra aquelas leis, derroga-as completamente, de maneira que já não estão obrigados por elas. É dentro desta lógica que o autor afirmara previamente que São Paulo é um *"reino"*, onde prevalece o costume da terra. Nesse sentido ele cita Graciano: *"as leis são instituídas quando são promulgadas, e vigoram quando se comprovam com o uso dos costumes".*

A consequência, ou o desdobramento da tese segundo a qual o costume pode ab-rogar a lei positiva, seja ela canônica ou civil, é que os magistrados inferiores da República podem rejeitar leis injustas, ou simplesmente estatuir contra os direitos de seus Príncipes. Assim – este é o sexto e último ponto que queremos destacar da exposição do texto da *Apologia* –, o autor interpreta radicalmente a ideia suareziana de que o poder régio recebe sua autoridade do povo. Desta forma, os paulistas não são atingidos ou compreendidos pelas leis do papa ou do rei, nem estão submetidos a elas.

Interpretação do pensamento de Francisco Suárez na *Apologia pro paulistis*

Para aprofundar a interpretação peculiar da situação histórica e jurídica dos paulistas feita por este autor jesuíta anônimo, optamos por estudar a maneira como o pensamento teológico-jurídico de um dos autores mais citados no texto, Francisco Suárez, foi interpretado na *Apologia pro paulistis*.

A filosofia da lei do *Doctor Eximius* está baseada na de são Tomás de Aquino, sendo um desenvolvimento dela: partindo da concepção medieval de lei, tal como a representava o tomismo, Suárez adapta-a às condições dominantes no período em que escrevia, harmonizando posições divergentes que podiam ser identificadas inclusive dentro do pensamento escolástico, impactado pelos temas fortes da época moderna (as reformas religiosas, as guerras de religião, a formação dos Estados monárquicos, o contato com outras civilizações, todos temas contemplados na obra do teólogo jesuíta). A importância da obra de Suárez deriva, ademais, do seu engajamento no desenvolvimento dos desdobramentos políticos dos decretos do Concílio de Trento e na polêmica com Jaime I da Inglaterra, sempre ao lado, num caso como no outro, de outro teólogo jesuíta, Roberto Bellarmino. Nesse sentido sua obra *De legibus* (1612) tornou-se referencial.

Devemos ressaltar ainda que, a despeito de a redação do *De legibus* ser posterior a algumas das obras dos demais teólogos citados na *Apologia*, suas posições com relação aos temas aqui tratados (lei, costume etc.) pouco diferem entre si. Conforme apontamos acima, Suárez realiza uma obra de síntese, visando definir posições hegemônicas dentro do pensamento católico. Nesse sentido, nossa opção por estudar a interpretação do pensamento de Suárez pelo autor *Apologia* justifica-se para além do fato de ser o autor mais citado: antes, se ele é o autor mais citado, isso se deve ao fato que aqui alegamos.

Ao se interrogar sobre o fim último do homem, Francisco Suárez examina igualmente o caminho de sua salvação. Para o teólogo jesuíta, a salvação do homem depende dos seus atos livres e da sua retidão moral; e a retidão moral, por sua vez, depende em grande medida da lei, considerada como norma dos atos humanos. Nesse sentido, a teologia deve compreender o estudo da lei. E o que é a lei, para Suárez? Ele entende-a como *"um preceito comum, justo e estável, que foi suficientemente promulgado"*[9]. Isto é, uma lei injusta não é, propriamente falando, uma lei, e carece de força obrigatória. Para que uma lei seja considerada justa, ela deve obedecer a três condições: ser promulgada com vistas ao bem comum; ser promulgada para aqueles sobre os quais o legislador tem autoridade para legislar; não distribuir cargas desiguais entre os súditos.

Nesse sentido, parece lógico que Suárez afirme que *"o poder de fazer leis reside não em um homem individual, mas no corpo inteiro da humanidade"*[10] – a humanidade sendo entendida no sentido de homens reunidos por consentimento comum *"em um corpo político, mediante um vínculo de camaradagem, e com o fim de ajudarem-se uns aos outros na realização da mesma finalidade política"*[11].

A autoridade política deriva de Deus, de quem depende todo domínio; por isso o homem não é *"animal político"*, conforme afirmava Aristóteles, mas *"animal social"*.

---

9 Francisco Suárez, *De Legibus*, 8 vols., Madri, C.S.I.C., 1967, 1, 12, 5.

10 *De legibus*, 3, 2, 3.

11 *De legibus*, 3, 2, 4. Suárez via a origem da sociedade política essencialmente no consenso.

O fato de que a autoridade política seja finalmente conferida a um soberano, que se torna vicário de Deus na terra, deriva de uma concessão do Estado, isto é, dos homens reunidos numa comunidade política, que recebem o poder de Deus e o transmitem ao soberano. Por isso pode-se dizer que *"o principado deriva dos homens"*[12]. Da mesma forma que Suárez afirma que a formação de uma comunidade política determinada depende do consentimento humano, ele também afirma que o estabelecimento de uma determinada forma de governo depende do consentimento da comunidade política que confere seu poder ao soberano. Ambos os movimentos são determinados pela vontade *indicativa e imperativa* de Deus, expressa na condição natural social dos homens. Este é, aliás, o sentido do título de seu livro: *Tractatus de legibus ac Deo legislatore*.

Considerações práticas, bem como a ordem natural das coisas, apontam a monarquia como a melhor forma de governo, ainda que, dado o caráter dos homens, fosse conveniente *"acrescentar algum elemento de governo comum"*[13]. Quais deveriam ser esse elemento e governo comum depende da escolha e da prudência humanas. Em todo caso, quem quer que detenha o poder civil (um, poucos ou todos), esse poder deriva, direta ou indiretamente, do povo como comunidade.

Segundo Suárez, a transferência da soberania do Estado ao príncipe não é uma delegação, mas uma transferência ou doação ilimitada de todo o poder que residia na comunidade (conforme já estipulava Tomás de Aquino). Uma vez transferido o poder ao monarca, a obediência a ele torna-se obrigatória, de acordo com a lei natural. Uma vez realizada a transferência, o monarca não pode ser privado de sua soberania... a não ser em caso de tirania, fundamento para uma guerra justa contra ele[14].

---

12 *De legibus*, 3, 4, 5.

13 *De legibus*, 3, 4, 1. Ao discutir a forma e o funcionamento do Estado, Suárez refere-se ao caso do reino de Aragão, distinguindo assim as monarquias absolutas e perfeitas, daquelas onde há limitações. A mesma distinção vale para as repúblicas soberanas, onde o senado pode também ter um poder absoluto e perfeito.

14 *De legibus*, 3, 4, 6. Suárez rechaça, portanto, a afirmação de que o papa possui supremo poder civil. Igreja e Estado são sociedades distintas e independentes. Contudo, devido ao fim superior da Igreja, esta possui o poder de dirigir os príncipes temporais com vistas ao fim espiritual: ela possui o poder de aconselhar, advertir, solicitar, mas também de obrigar (*Defensio fidei*, Madrid, C.S.I.C., 1965, 3, 22, 1). Isto é, a Igreja pode e deve exercer o "poder indireto" (potestas indirecta) "se em alguma matéria se desvia da reta razão, ou da fé, justiça ou caridade" (*idem*, 3, 22, 5). O papa possui "poder coercitivo sobre os príncipes temporais que sejam incorrigivelmente perversos, e especialmente sobre os cismáticos e hereges obstinados" (*idem*, 3, 23, 2). Os instrumentos de exercício deste poder são a excomunhão

Contudo, mesmo numa *"monarquia absoluta perfeita"*, pode suceder a não aceitação ou a violação da lei. Estes temas são longamente debatidos nos livros VI e VII do seu tratado.

Aqui se encontra a maior parte das referências que o autor da *Apologia* faz ao texto de Suárez. Contudo, o jesuíta anônimo não contradiz o pensamento do teólogo; ao contrário, interpreta-o corretamente, e com muita sutileza, ou fineza. O autor da *Apologia* apoia-se em Suárez para caracterizar a situação dos paulistas como uma situação de exceção, dentro daquilo que ele define como a forma de governo ideal. Nesse sentido ele desenvolve uma defesa radical do direito costumeiro, contra a autoridade do Príncipe, e afirma o poder dos magistrados inferiores, mais uma vez contra a vontade do Príncipe (uma tese desenvolvida por luteranos e calvinistas, na segunda metade do século XVI, e que Francisco Suárez aceitara, com algumas ressalvas, na sua polêmica contra Jaime I, rei da Inglaterra).

O autor da *Apologia* justifica os costumes dos paulistas buscando no contexto que determina a situação econômica e jurídica específica da capitania de São Paulo, uma analogia com as exceções contempladas no modelo suareziano. Com efeito, quando Suárez escreveu que *"não se tem por lei, se não foram recebidas"*, ele se referia a uma situação excepcional, com relação ao que ele define como modelo ou regra, a "monarquia absoluta perfeita", onde a lei, entendida como vontade soberana do Príncipe, exige seu cumprimento. Para o autor da *Apologia*, o contexto particulariza o modelo, na medida em que o costume, por exemplo, pode abrogar uma lei positiva, canônica ou civil. De fato, Suárez afirma, no livro VI do seu tratado, que os costumes podem derrogar uma lei, se não for contra o direito divino e natural. Nesse caso, o contexto de exceção deveria ser avaliado com a prudência daqueles que detêm as informações justas e corretas – o que o autor da *Apologia* reivindica possuir, desde o início de seu texto.

No capítulo 19 do livro III do *De legibus*, Suárez pergunta se é necessária a aceitação do povo para que uma lei seja perfeitamente constituída e tenha força obrigatória. A primeira opinião afirma que a lei não obriga se o povo não a aceita. Essa seria a opinião geral de juristas e teólogos, expressa particularmente no *Digesto* (*"as leis mesmas por nenhuma outra razão nos obrigam senão porque foram aceitas pelo juízo do povo"*) e em Aristóteles (*"a lei não tem nenhuma força se não for pelo costume"*). Segundo este ponto de vista, para saber se uma lei convém ao bem comum, não há melhor indício do que a aceitação ou a vontade do povo.

---

e a deposição. Quanto aos monarcas pagãos, se o papa não pode castigá-los, pode liberar seus súditos cristãos da fidelidade, desde que estejam em perigo de destruição moral (*idem*, 3, 23, 22).

Mas existe uma segunda opinião, que afirma que a aceitação não é necessária para que a lei obrigue. *"Os súditos estão obrigados a aceitar a lei em virtude da força e obrigatoriedade da mesma lei, e então é evidente que a aceitação não se requer para a lei, senão que se segue da lei"*, escreve Suárez[15]. Este é um critério, aliás, para distinguir as monarquias absolutas e perfeitas, nas quais o povo entrega (*"transtulit"*) todo o poder ao soberano, daquelas onde há limitações. Suárez afirma claramente preferir a segunda opinião[16].

Contudo, pode suceder que se essa não aceitação ou violação da lei é muito frequente dentre a maior parte do povo, e o legislador, sabendo-o, dissimula e não força sua observância, a lei facilmente deixe de obrigar, não porque não tenha sido aceita, mas porque foi revogada pelo consentimento tácito do soberano[17]. Por outro lado, se de fato a maior parte do povo não observa a lei, porque a observância particular de tal lei já não pertence ao bem comum, o soberano mesmo, então, estará obrigado a retirar a lei[18].

Vemos, portanto, que Suárez rejeita a opinião que funda a validade e a obrigatoriedade da lei na vontade do povo e no bem comum em favor da vontade absoluta do soberano, mas que em seguida relativiza esse poder ao estabelecer a supremacia dos termos que acabara de subordinar à vontade absoluta do soberano – a vontade do povo e o bem comum. Nesta tecla baterá o autor da *Apologia*, caracterizando a situação da capitania de São Paulo nestes exatos termos, e justificando-a dentro de todas as exigências estipuladas por Suárez[19].

---

15 *De legibus*, 3, 19, 5.

16 *De legibus*, 3, 19, 9.

17 *De legibus*, 3, 19, 10.

18 *De legibus*, 3, 19, 13.

19 Inclusive aquelas relativas ao tempo de vigência do costume. Suárez pergunta-se quanto tempo é necessário para que o costume prevaleça sobre a lei. Sabendo-o o legislador, não se necessita de nenhum tempo fixo: basta um número de atos contrários à lei, praticados pela maior parte da comunidade, que seja capaz de criar a conjectura de que o legislador o tolera. Quando o superior não o sabe, alguns requerem o espaço de quarenta anos para que uma lei possa ser dada por derrogada. Outros não exigem tempo algum, não estabelecem diferença alguma entre o caso em que o superior o saiba e o que não o saiba. Por isso a opinião geral afirma que basta e é necessário o espaço de dez anos para derrogar uma lei civil, e quarenta anos para derrogar uma lei canônica.

Conclusão

Vemos, portanto, que há uma leitura fortemente contextualizada de Suárez, como dos demais teólogos-juristas citados, mas não necessariamente errada – à exceção, em um ou outro ponto, de Francisco de Vitória. A partir da afirmação do poder universal do papa (o que é negado por Vitoria e por Suárez, mas não por Bellarmino), o autor da *Apologia* constrói um argumento histórico, apoiado em razões teológico-jurídicas, que empresta total legitimidade ao fundamento escravista da sociedade colonial paulistana, que se particularizava pela escravização sistemática e indiscriminada da população indígena. Isso pareceria surpreendente, vindo de um jesuíta. Com efeito, o autor da *Apologia* inicia seu texto com essa ideia: *"mirabitur quis me"* (alguém pode surpreender-se que eu pense desta maneira).

Acreditamos que só poderemos compreender a posição deste autor dentro da polêmica interna à Companhia de Jesus, mencionada no início deste texto. Desde meados do século XVI, Roma opôs-se veementemente à gestão temporal dos aldeamentos de índios pelos seus missionários, particularmente sob os generalatos de Francisco Borgia e Claudio Acquaviva. Sua oposição, contudo, sempre foi pouco efetiva: sucessivos Visitadores se converteram às teses locais (Zeron, 2009) ou, quando não concordaram, foram constrangidos, ou mesmo expulsos (como foi o caso de Jacinto de Magistris, em 1663). Somente a partir da década de oitenta do século XVII a posição até então hegemônica dentro da Província do Brasil, com relação a esta questão, foi contestada de maneira organizada.

Conforme escrevemos acima, este movimento operado pelo autor da *Apologia* em 1684 conduzirá a um novo acordo com os paulistas, em 1694, e, finalmente, à promulgação das leis conhecidas como *Administrações do Sul*, que entraram em vigor pelas cartas régias de 26 de janeiro e 19 de fevereiro de 1696[20]. Antônio Vieira e seus seguidores saíram definitivamente derrotados desta contenda, na medida em que tais leis (atenuadas, entretanto, em função de algumas das observações contidas no *Voto de Vieira*[21]) concederam a administração dos aldeamentos aos moradores de São Paulo, Mogi das Cruzes e Itanhaém.

Dez anos após a redação da *Apologia*, a Companhia de Jesus voltou a funcionar de acordo com o modelo previsto nas suas Constituições – assentado na estrutura colégio/ residência/ missão, desincumbidos da gestão temporal dos aldeamentos indí-

---

20 Francisco Adolfo de Varnhagen, *História geral do Brasil antes de sua separação e independência de Portugal*, 10ª edição, Belo Horizonte/ São Paulo, Itatiaia/ Edusp, 1981, vol. 2, p. 264.

21 Antônio Vieira, *Obras escolhidas*, vol. V (obras várias em defesa dos índios), Lisboa, Sá da Costa, 1951.

genas. Desta maneira, ela certamente perdeu muito de sua força política na América portuguesa, mas não perdeu sua força econômica. Ao contrário, passaram a teorizar e aplicar nas suas fazendas os preceitos do que denominaram a *"economia cristã no governo dos escravos"*. João Antônio Andreoni, que liderou a oposição a Antônio Vieira, é o autor de *Cultura e opulência do Brasil por suas drogas e minas*; Jorge Benci, seu principal informante e relator sobre a situação de São Paulo, é o autor de *Economia cristã dos senhores no governo dos escravos*: ambos os livros procuraram conciliar a piedade cristã com a eficiência econômica e, assim, normatizar as relações privadas entre colonos e escravos africanos.

É curioso observar, contudo, que os termos do acordo que precede a promulgação da lei, em 1694[22], ou os argumentos arrolados pelo autor da *Apologia*, em 1684, lembram sob diversos aspectos a manifestação da Câmara municipal de São Paulo em 1640, quando da leitura do breve papal que excomungara os paulistas (Leme, 1898: 63-71), ou, antes ainda, em 1612. Vejamos rapidamente o conteúdo deste último documento, cuja data de redação coincide com a da publicação do *De legibus* de Francisco Suárez. Nesta ocasião, *"todo o povo junto"* dizia *"que eram homens pobres"* que necessitavam do trabalho dos *"índios, assim para fazerem seus mantimentos para comer como para irem às minas a tirar ouro para seu remédio, e dele pagarem os quintos a Sua Majestade"*. Mas os índios aldeados *"não reconheciam senão os padres* [da Companhia de Jesus] *por seus superiores. E os ditos padres dizendo publicamente que as ditas Aldeias eram suas, porque eram Senhores no temporal e no espiritual, e que só o Papa era a sua Cabeça"*. Mas o costume da terra era outro, afirmavam os moradores, pois *"nunca até hoje se dera tal Domínio nem posse aos ditos padres da Companhia, desde que esta Capitania se fundou até hoje"*. Nesse sentido, aos oficiais da Câmara e ao povo ali reunido *"lhes parecia justo que recobrassem sua antiga posse e bom governo, pondo Capitães nas Aldeias, como costumavam fazer, e dando Ordem para que os ditos índios sirvam por sua paga e aluguel aos Moradores, para que com eles cultivem as minas e façam seus serviços, de que resultará dízimo a Deus, quintos ao Rei, aumentos aos Moradores, e a eles utilidade com o proveito de se vestirem com o seu trabalho, bem como às suas mulheres, e apartarem-se de suas contínuas idolatrias e bebedeiras"*. E mais, *"que se lhes não consinta* [terem] *Aldeia grande, para que não tenham forças quando alguma hora*

---

[22] "Dúvidas que se oferecem pelos moradores da vila de São Paulo a Sua Majestade, e ao Senhor Governador Geral do Estado, sobre o modo de guardar o ajustamento da administração na matéria pertencente ao uso do gentio da terra, cuja resolução se espera". In: Antônio Serafim Leite, *História da Companhia de Jesus no Brasil*, vol. 6, Lisboa, Portugália, 1938-1950, p. 328-330. Ver também a carta ânua escrita pelo Provincial Alexandre de Gusmão, contendo os detalhes do acordo. In: *idem*, p. 322-8.

reinarem". *"E para isso pediam o parecer de todos os Moradores desta Vila. E logo foi dito em altas vozes por todos: que era muito bem e justo, e que assim o requeriam todos eles"* (Leme, 1898: 60-63). Reencontramos aqui todos os termos da *Apologia pro paulistis*, bem como aqueles resgatados, por seu autor, da obra de Suárez: a vontade do povo expressa na força dos seus costumes, com vistas ao que eles definiam como sendo o bem comum, mas também todas as razões para justificar o domínio sobre os índios.

Após a promulgação das leis de 1609 e 1611, que não foram registradas pela câmara municipal de São Paulo, acordos passados entre os moradores e os jesuítas haviam sido registrados na Câmara municipal, no lugar daquelas leis. Nenhum acordo foi respeitado pelas partes, contudo. O acordo que prevalecerá, finalmente, será o de 1694, transformado em lei real dois anos depois, num movimento inverso àquele do início do século, conforme o sentido de "República" e de "lei" que o autor da Apologia buscara na obra de Francisco Suárez, qual seja, a vontade do povo tornada lei pelo soberano.

Há uma concepção de República que se desenvolve na capitania de São Paulo no início do século XVII, e que se exprime textualmente nestes momentos de crise: os que se seguem à promulgação das leis de 1609 e 1611, e do breve papal de 1640, e, mais tarde, após a promulgação da lei de 1680, nos motins que eclodem em 1682. O fato novo, e determinante de uma mudança no modo de organização política e jurídica na sociedade escravista paulista, é a postura adotada pela Companhia de Jesus a partir da junta de 1684 (ano de redação da *Apologia pro paulistis*, lembremos), que possibilitou o estabelecimento de um novo acordo local, dez anos depois. Desta vez o acordo não será contraditado por nenhuma lei real, mas será antes tornado lei, em 1696.

Não há um particularismo paulista que possa ser afirmado aqui, contudo. De fato, tais momentos ecoam o que sucedia em outra região periférica da colônia portuguesa, o Maranhão. Após a expulsão dos jesuítas, em 1661 (para onde voltaram em 1663), a promulgação da mesma lei de 1680 sobre a liberdade dos índios gera não um motim, mas uma revolta – conhecida como revolta de Beckman –, em 1684, com uma nova expulsão dos jesuítas, e também do governador do Estado[23].

---

23 Ver a "Proposta que fizeram os procuradores do povo sobre o governo da cidade de São Luís do Maranhão pela privação que fizeram ao Governador Francisco de Sá e Meneses pelas razões abaixo declaradas", Instituto Histórico e Geográfico Brasileiro, lata 343, doc. 26 e "Protesto e notificação aos Padres para saírem fora do Estado do Maranhão", Biblioteca Pública de Évora, CXV-2-11, f. 87.

A desavença: ideias políticas nas 'Cartas' de Sá de Miranda[1]

Sérgio Alcides Pereira do Amaral
Universidade Federal
de Minas Gerais

O tópico da inimizade por si próprio – a "desavença consigo mesmo" – tem uma fortuna considerável na poesia quatrocentista e quinhentista. Ele ocorre nas obras poéticas de Francisco de Sá de Miranda (1486?-1558) num duplo viés: na lírica amorosa, serve-lhe para elaborar as consequências do desejo desregrado para o indivíduo[2]; nas epístolas em verso, de caráter admoestativo e às vezes satírico, permite-lhe a censura das paixões que acometem o corpo político[3]. Longe de apontar para duas frentes ou dois campos de atuação da poesia, convocando gêneros poéticos distintos e estanques, a coincidência é reveladora de uma interseção entre o indivíduo e o reino, o autodomínio e o regimento público. Nesse *tópos*, historicamente dado, as duas instâncias se mostram indissociáveis e mutuamente necessárias, tanto mais quanto mais evidente é a disparidade que submete a primeira (do súdito) à segunda (da soberania).

---

1 Uma parte deste artigo foi incorporada à minha tese de doutorado em História Social, defendida na USP em dezembro de 2007, intitulada *Desavenças. Poesia, poder e melancolia nas obras do doutor Francisco de Sá de Miranda*.

2 Ver a cantiga "Comigo me desavim": "Que meo espero ou que fim/ Do vão trabalho que sigo/ Se trago a mim comigo,/ Tamanho imigo de mim?" Cantiga VII, 11. In: F. de Sá de Miranda. *Poesias de...* Ed. preparada por Carolina Michaëlis de Vasconcelos. Halle, Max Niemeyer, 1885, p. 15, vv. 9-12; citarei sempre desta edição, indicando o título e o número do poema, os versos citados e a página respectiva.

3 Ver a "Carta a Pero Carvalho": "Nas minas altas que digo,/ Buscando a terra té o centro,/ Que faz o homem imigo/ Do seu descanso lá dentro,/ Com tal trabalho e perigo?" Carta III, 106, vv. 141-5, p. 219.

Dois aspectos, em particular, destacam-se na trajetória de Sá de Miranda: o primeiro foi ter introduzido na poesia portuguesa o uso de formas italianas que então se generalizavam em âmbito europeu, tais como o soneto e o verso hendecassílabo, além de ter praticado gêneros especialmente valorizados no Renascimento, como a écloga pastoril e a epístola em verso; o segundo foi ter se retirado definitivamente da corte de D. João III, que trocou por uma vida de recolhimento e discrição nas suas terras, no Minho. Com tais movimentos, aparentemente antagônicos, Sá de Miranda nos obriga a reconhecer uma distinção crucial entre uma poesia cortesã, ligada ao espetáculo da corte, à sociabilidade dos fidalgos e à *performance* presencial e corporal (portanto mais relacionada à oralidade do que à escrita), e uma poesia especificamente pertencente à cultura letrada, preferencialmente composta e lida na introspecção espiritualizante, que podia dispensar a presença física e se abstrair idealmente de qualquer corporeidade a fim de reservar todo o espetáculo tão-somente para os signos letrados e, como desdenhosa substituta da sociabilidade cortesã, a inter-relação das palavras[4]. Sem serem domínios excludentes, a corte e a cultura letrada não se confundem, e foi ao abandonar a centralidade de uma que Sá de Miranda finalmente se tornou o centro da outra: à sua volta, criou-se toda uma rede de contatos letrados, raramente presenciais, na qual ele era por todos reconhecido como mestre e pioneiro, da maior autoridade; tal reconhecimento pode ser bem avaliado pela numerosa coleção de poemas que foram escritos em sua homenagem, seja em vida, seja no evento de sua morte. No reino de Portugal, enquanto viveu e escreveu, Sá de Miranda encarnou um elo do ideal europeu da "república das letras" – e foi como letrado que ele mereceu tantos encômios, não como senhor, fidalgo ou patrono[5].

---

4   Sobre a relação entre performance e oralidade, ver, de Paul Zumthor: A letra e a voz. Sobre a 'literatura' medieval. Trad. de Jerusa Pires Ferreira e Amálio Pinheiro. São Paulo, Cia. das Letras, 1993; e "Body and Performance". In: H. U. Gumbrecht & H. L. Pfeiffer. *Materialities of Communication*. Trad. de William Whobrey. Stanford, CA, Stanford UP, 1994, p. 217-26. Sobre a virada espiritualizante do Renascimento a bibliografia é torrencial, ver, em particular: Federico Chabod. "El Renacimiento". In, F. Chabod. *Escritos sobre el Renacimiento*. Trad. de Rodrigo Ruza. México: FCE, 1990, p. 64-124; e Erwin Panofsky. *Renacimiento y renacimientos en el arte occidental*. Trad. de María Luiza Balseiro. Madri, Alianza, 1991.

5   Diogo Bernardes assim arremata um soneto em homenagem póstuma ao mestre: "Aqui cantava Sá, daqui seguro / Livre do mortal peso ao Ceo voou:/ Pastores, vinde honrar a sepultura". Soneto XC. In: D. Bernardes. *Obras completas*. Ed. preparada por Marques Braga. Lisboa, Sá da Costa, 1945, vol. I, p. 68; mas o reconhecimento alcançado em vida também foi amplo, como se nota nesta epístola de Pero de Andrade Caminha, aliás escrita em quintilhas mirandinas: "O grande Sá de Miranda,/ Bem entendeu a verdade/ Deste mal que entre nós anda:/ Lançou-se lá dessa banda / Seguro que não se enfade./ Bem se vê que

Na obra mirandina, as epístolas em verso (que o autor chamou de "cartas") constituem exemplos de uma preocupação da cultura letrada com os limites do poder real, os destinos do reino e a liberdade dos súditos. Tomemos a "Carta a el-rei D. João"; o letrado retirado no Minho expõe ao monarca, conjugando o gênero epistolar e o espelho de príncipes, um ideal cristão de ordenamento da república, pois os reis "[...] não podem fazer/ Por manha, por força ou graça,/ Salvo o que a justiça quer" (Carta I, 104, vv. 91-3, p. 191). No sentido do comentário crítico ao mundo presente, é discutida a inclinação de Sá de Miranda ao gênero da sátira. Ela é tão marcante na sua obra epistolar que pareceu razoável a um editor do século XVII editá-las sob o título de *Sátiras*[6]. No entanto, a "epistolariedade" é o traço que distingue mais objetivamente a epístola da sátira, ou seja o seu modelar-se à imagem de uma missiva – cuja consequência mais importante é a variação do nível estilístico determinada pelo nível social do destinatário[7].

O tema da "inimizade íntima" encontra na poesia de Sá de Miranda seu *locus* por excelência na cantiga esparsa que se inicia com o verso "Comigo me desavim". É a mesma questão de desavença moral que acomete, em âmbito coletivo, os mineradores retratados na "Carta a Pero de Carvalho", na sua paixão pelas riquezas do subsolo. A coocorrência, independentemente da distinção entre o gênero lírico e o gênero satírico, esclarece mutuamente esses dois campos da obra poética mirandina, que assim se revelam solidários, e não estanques como podem parecer a um analista que se deixe conduzir apenas pela natureza prescritiva de cada gênero, segundo as poéticas coevas e os preceitos codificados pelos tratadistas de retórica e poética. Sendo a mineração

---

não se enfada/ Nas maravilhas que escreve,/ Que alta fama tem ganhada/ A veia só nele achada/ Quanto todo engenho deve". "Epístola a João Rodrigues de Sá de Meneses". In: Vanda Anastácio. *Visões de glória (uma introdução à poesia de Pero de Andrade Caminha)*. Lisboa, FCG, 1998, vol. II, p. 912).

6   Ver: Anônimo. "Ao leitor". In, F. de Sá de Miranda. *Sátiras de...* Porto, João Rodrigues, 1626, p. 1-3.

7   O conceito de "epistolariedade" foi desenvolvido em: Janet Gurkin Altman. *Epistolarity: approaches to a form*. Columbus, Ohio State UP, 1982. Ver seu uso relativamente à obra horaciana em: Anna De Pretis. *'Epistolarity' in the First Book of Horace's Epistles*. 2ª edição. Nova Jersey, Gorgia's Press, 2004. Sobre a introdução da epístola horaciana na poesia espanhola, ver: Elias L. Rivers. "The Horatian Epistle and its Introduction into Spanish Literature". *Hispanic Review 22*, n. 3 (julho de 1954), p. 175-94; sobre as epístolas de Sá de Miranda: Marcia Arruda Franco. *Sá de Miranda, poeta do século de ouro*. Coimbra, Angelus Novus, 2005, p. 63-148; e Ricardo Hiroyuki Shibata. *Literatura ético-política e humanismo em Portugal. De D. Pedro, duque de Coimbra, às epístolas em verso de Sá de Miranda*. Tese de Doutorado. Campinas, SP, Unicamp, 2005.

uma das atividades topicamente associadas aos achaques do humor melancólico[8], observa-se como a resistência às paixões da melancolia na poesia lírica tem na obra epistolar a contrapartida de uma resistência às paixões estimuladas, em âmbito coletivo, pela expansão portuguesa, seus tipos de política e suas aspirações econômicas. Num sistema de correspondências, a melancolia típica do letrado se projeta naquela outra, não menos fatal por ser metafórica, que aflige o corpo político. Esse paralelo serve como aporte principal para uma leitura das "cartas" que enfatize as passagens de maior teor político. Entre estas, destaco apenas duas, por serem as mais conhecidas; uma é, na "Carta a el-Rei D. João III", o vitupério do homem de corte: "Homem de um só parecer,/ De um só rosto e a fé,/ De antes quebrar que volver,/ Outra cousa pode ser,/ Mas de corte homem não é" (Carta I, 104, vv. 111-5, p. 192); a outra é, na "Carta a Antônio Pereira", o ataque aos afazeres da Índia: "Não me temo de Castela/ Donde guerra inda não soa,/ Mas temo me de Lisboa,/ Que ó cheiro desta canela/ O reino nos despovoa" (Carta V, 108, vv. 11-15, p. 237). A poesia mirandina veicula, juntamente com uma consciência particularmente aguçada (e crítica) do desenho imperial da presença portuguesa no mundo, a consciência mais específica da situação da cultura letrada dentro desse quadro, de suas contradições e dos tormentos do controle político sobre o "eu" que também buscava para si um desenho imperial – assim convocando a censura satírica[9].

Um texto que sintetiza todos esses aspectos é a "Carta a seu irmão Mem de Sá", nas quais o poeta se serve de alusões tópicas à Sátira II, 6, de Horácio (inclusive com a primeira versão em português da fábula sobre o "rato da cidade" e o "rato do campo"), a fim de tratar do seu próprio retiro agreste contrastando-o com as inseguranças e as "baldias esperanças" da carreira cortesã de um magistrado, como a que vinha seguindo seu irmão, a qual culminaria, em 1556, com a nomeação dele para o cargo de governador-geral do Brasil. Sobressai então o contraste entre as esperanças (sempre topicamente acompanhadas do "temor") e a liberdade. Esta, porém, encerra um conceito que requer, da parte do historiador, uma tentativa de reconstituição – e o caminho para isto começa, aqui, justamente com a encarnação dele em Horácio: a "liberdade" como um estado interior de autonomia próximo do ideal estoico da *au-*

---

8 Cf. Raymond Klibansky, Erwin Panofksy e Fritz Saxl. *Saturne et la mélancolie. Études historiques et philosophiques: nature, religion, médecine et art*. Trad. de Fabienne Durand-Bogaert & Louis Évrard. Paris, Gallimard, 1989, p. 315ss.

9 Sobre a afirmação individual no período moderno, ver, em particular: Luiz Costa Lima. *O controle do imaginário. Razão e imaginação nos tempos modernos*. 2ª edição. Rio de Janeiro: Forense, 1989.

tárkeia a ser buscada pelo homem sábio[10]. Mas autonomia era tudo o que um letrado no período moderno *não* podia esperar da sua carreira. Neste ponto, as circunstâncias vividas por Sá de Miranda o afastam de Horácio, já que o apartamento rural deste veio, de fato, reforçar a sua dependência diante de Mecenas, que lhe fizera o presente de uma vila; o horaciano português, ao contrário, encontrou no sistema de remunerações e benefícios um modo de romper com a dependência da corte, mas a prática da epístola em verso e o acúmulo anterior de prestígio literário impediam que esse movimento significasse o abandono do perfil de letrado, antes o aprofundavam ainda mais – e é uma ironia que isto se desse, em boa medida, também a partir da associação tópica a Horácio. O mito do retiro humanístico tem aspectos enganosos: são características intrínsecas da "epistolariedade" a seleção de um destinatário, por um lado, e a afirmação subjetiva do remetente, por outro. Se este de fato se retirou da corte e foi viver no campo, a circulação de suas epístolas passou a constituir a sua maneira (letrada) de, ausente, estar presente: presença, como se disse, extemporânea e excêntrica, que por isso mesmo funda um tempo e um centro próprios da cultura letrada[11].

Ao escrever que ele andava "de ua esperança/ em outra esperança", Francisco de Sá de Miranda talvez imaginasse a que praias essa rota poderia levar seu irmão Mem de Sá – considerando a extensão que o Império português alcançara no reinado de D. João III. Poucas vezes a simulação de familiaridade prescrita para o gênero epistolar correspondeu tanto à situação efetiva dos personagens (o "remetente" e o "destinatário"): ambos eram filhos ilegítimos de um padre, e ambos eram letrados. O poeta, no entanto, já tinha se recolhido às suas terras, no Minho. Seu irmão pavimentava o caminho que o levaria, em 1556, a ser nomeado pelo rei para o cargo de governador-geral do Brasil. Contrapunham-se, desse modo, dois destinos que correram juntos até, precisamente, a aquisição das letras: um dos irmãos se dedicou à poesia, o outro à magistratura. Nos dois casos se mostravam, ao mesmo tempo, a largueza e a precariedade da cultura letrada no período moderno, em Portugal e seus domínios. Largueza, porque ela abarcava desde o retiro humanístico no campo até a guerra contra o gentio bravo no Brasil. Precariedade, porque ela não atendia ao anseio de autonomia que os

---

10 Cf. Marco Beck. "Introduzione". In: Horácio. *Epistole*. Ed. preparada por Marco Beck. Milão: Mondadori, p. xix; e A. A. Long. *Hellenistic philosophy: stoics, epicureans, sceptics*. 2a. ed. Berkeley, CA, The University of California Press, 1986.

11 Sou devedor, aqui, das reflexões de Ellen Oliensis sobre a relação entre as epístolas de Horácio e preocupação do poeta de modelar uma auto imagem favorável através delas: "Por ora, basta frisar que esse retrato de retiro estudioso (na Epístola I, 1) efetivamente mantém o autor à vista do mundo"; E. Oliensis. *Horace and the rhetoric of authority*. Cambridge, Cambridge UP, 2004, p. 154.

letrados tão frequentemente elaboravam em poemas, orações e discursos, e por isso, em suas vidas, eles podiam se confundir ora com o rústico fidalgo de província, ora com o brutal combatente de fronteira.

São também dois polos extremos, apresentados como alternativas dentro de um mesmo nível sociocultural, que estruturam a "Carta a seu irmão Mem de Sá", escrita por Sá de Miranda em meados da década de 1540[12]. Às "baldias esperanças" da carreira do cortesão (v. 296), o poeta contrapõe a sua "muito amada/ e prezada liberdade" (v. 86-7). E não esconde sua opção, que justifica com uma sequência de exemplos, com os quais procura persuadir o destinatário do erro de suas ambições. Ao final do poema, a oposição é projetada no âmbito da fábula – com uma versão pioneira em português da narrativa esópica sobre o rato da cidade e o rato do campo (vv. 232-6).

Sá de Miranda arremata a epístola na presença de Horácio, que termina uma de suas sátiras mais conhecidas do mesmo modo, com a mesma estória (Sátira II, 6, vv. 77-117). Em ambos os poemas (na imitação moderna e no modelo clássico), a fábula aparece como se a tivessem "colado" ao final do texto, com relação ao qual passa a exercer uma função de parábola, como narrativa subsidiária. Horácio, entretanto, serve-se de Esopo como um modo de consolidar toda a argumentação anterior, "encaixando-o" no contexto ficcional do poema – pois a estória é contada aqui por Cervius, um dos convivas de um jantar na vila do poeta. Sá de Miranda busca uma consolidação semelhante, mas com duas particularidades que ressignificam todo o acréscimo fabular: (1) na epístola, o quadro ficcional difere da sátira, afastando o simpósio rural e restringindo-se à familiaridade epistolar; (2) a seleção da sátira horaciana como objeto a ser imitado replica, em nível tópico, a opção moral feita desde o princípio do poema, e aproxima a imagem do poeta à de Horácio. Sem ser nomeado, o venusino que se retira da corte de Augusto para a amenidade de sua Vila Sabina é assim incorporado à série de "efígies" com a qual o poeta português se identifica nas suas admoestações ao irmão: o Jesus do Sermão da Montanha, Heráclito, Anaxágoras (numa das variantes), São Jerônimo e Demócrito. Menos sisuda (e talvez mais eficaz) é a identificação final com o ratinho que se deixa iludir pelas promessas da vida urbana e, depois da lição de um grande susto, volta ao seu mundo campestre: "Deus me torne ao meu buraco!" (v. 300).

A versão mirandina da fábula é toda articulada pela oposição entre liberdade e esperança. "Venceu porém esperança!", escreve o narrador, quando o rato do campo decide aceitar o convite do seu amigo "cortesão", e partem os dois para a cidade (v.

---

[12] Cf. Carolina Michaëlis de Vasconcelos. "Vida de Sá de Miranda", "Aditamentos à vida" e demais aparatos críticos de introdução e notas. In: F. de Sá de Miranda. *Poesias de...* Ed. preparada por C. M. de Vasconcelos. Halle, Max Niemeyer, 1885, p. 796.

245). "Quem não se aventura, / Não ganha", argumenta o ratinho sedutor (vv. 251-2), numa sentença que o leitor coevo não deixaria de associar à lógica da remuneração do serviço ao Rei, especialmente no âmbito do Império. O ganho vem em seguida, no palácio onde os aventureiros encontram os restos de um banquete, com os quais se fartam "pera arrebentar" (v. 269). Mas logo chega o despenseiro, acompanhado de seus cães, para dar o flagrante nos invasores. O rato da cidade conhecia bem as rotas de fuga; o outro levou a pior:

> Sabia o maior da manha,
> Sabia a casa, e fugiu;
> Ao ratinho da montanha,
> Aos pés em pressa tamanha
> O coração lhe caiu.
> Mas espaçado o perigo
> E a morte que ante si vira,
> O coitado assi consigo,
> Por seu assessego antigo,
> Que mal deixara, suspira:
> "Minha segura pobreza,
> Se chegarei a ver quando
> A vós torne? e esta riqueza,
> Mal que tanto o mundo preza,
> Fuja (se puder) voando?
> Ai, baldias esperanças!
> Meu entendimento fraco!
> Que al temos das abastanças?
> Lá guardai vossas mostranças,
> Deus me torne ao meu buraco!"
> (vv. 281-300)

Sutilmente, por uma via quase exclusivamente vocabular, Sá de Miranda faz a amarração que falta – como apontam certos críticos[13] – ao modelo horaciano. O ratinho é "da montanha", tal como o poeta diz ter se acolhido "ao monte" (v. 188)[14] e tal

---

13 Ver: Paul Allen Miller. *Latin Verse Satire*. Londres, Routledge, 2005, p. 183.
14 Cf. Sátira II, 6. In: Horácio. *Satire*. Ed. bilíngue preparada e traduzida por Marco Beck. Milão, Mondadori, 1994, p. 106, v. 16: "Ergo ubi me in montes".

como é denominado o trecho evangélico antes aludido (vv. 111-20)[15]. Outros paralelos ocorrem, como os que ligam as noções de "abrigo", "cansaço", "perigo", "fraqueza" e "esperança", nos seguintes versos:

Deus me torne ao meu buraco! (v. 300)	Polo qual a este abrigo (v. 81)
O coração lhe caiu (v. 285)	Onde me acolhi cansado (v. 82)
Mas espaçado o perigo (v. 286)	E já com assaz perigo (v. 83)
Meu entendimento fraco! (v. 297)	Fracos de fé! (v. 116)
Ai baldias esperanças! (v. 296)	Logo por vãs esperanças (v. 103)

Faltando um paralelo para a liberdade, nota-se como ela termina associada ao sentimento de segurança – para o qual a tópica requisita, neste caso, uma ligação com a rusticidade:

Minha segura pobreza (v. 291)	Minha muito amada E prezada liberdade (vv. 86-7)

Note-se o reforço indicado pelo uso do pronome possessivo, que nos dois casos traz a acepção de "preferência ou predileção"[16]. Só é seguro o que é próprio, e não será livre quem não for possuidor da sua liberdade. Já o aventureiro, de seu, só tem as esperanças, que vêm qualificadas como inconstantes desde a primeira quintilha do poema.

A coocorrência destas com o perigo de morte nos conduz para o *tópos* da esperança e do temor – um dos mais largamente frequentados da poesia ocidental em todos os tempos. Sua elaboração mais cabal está no Soneto 134 de Petrarca ("Pace non trovo, e non ho da far guerra"), todo construído por jogos de oposição entre extremos radicais, como se todos os versos derivassem, como uma expansão, do par antitético existente no segundo: "*e temo, et spero*"[17]. Camões imitou essa passagem em dois sone-

---

15 Cf. Mateus 6, 26-30.
16 Cf. Antônio Houaiss. *Dicionário Houaiss da língua portuguesa*. Rio de Janeiro, Objetiva, 2001, verbete "meu".
17 Soneto CXXXIV. Francesco Petrarca. *Canzoniere*. Ed. preparada por R. Antonelli, G. Contini & D. Ponchiroli. Turim, Einaudi, 1992, p. 186.

tos ("*Tanto de meu estado me acho incerto*"; e "*Coitado! que em um tempo choro e rio*").[18] Eis o comentário de Manuel de Faria e Sousa:

> *Espero & temo*. Esto no es contrariedad; serialo si dixesse, *espero y desespero*; porque el temor y la esperança viven en perpetua compañia y conformidad: esta no ay entre el temor y la desesperaciõ[19].

Era tal a impregnação desse *tópos* que chegava a confundir um leitor perspicaz como Faria e Sousa – aqui flagrado num momento de distração. É evidente que "esperar" e "temer" são verbos contrários, porque o temor incita naturalmente à fuga, não à espera. Na verdade, eles andam em "perpétua companhia" e *desconformidade* – daí traduzirem uma experiência dilemática do amor e, por extensão, da vida. Mas a leitura equivocada do comentador não deixa de ser esclarecedora, por opor à esperança, não a liberdade (como cem anos antes fazia Sá de Miranda), e sim a "desesperação". Com o que podemos acrescentar mais um elemento às nossas aproximações ao conceito de "liberdade" em Sá de Miranda: ela é feita de segurança, mas também de um certo desespero, contido e resignado.

Isso traz de volta à tona a melancolia. Como distúrbio da imaginação e do desejo, mal da oscilação entre os extremos e as contrariedades, a enfermidade da alma era uma presença assídua no *tópos* que vínhamos considerando. Para as gerações posteriores a Sá de Miranda, bem estabelecido o culto neoplatônico dos benefícios ascéticos da bile negra, desvaneceu, na prática, a possibilidade de se achar em qualquer forma de desesperança um meio de libertação, a ser moralmente qualificada. Mesmo em Camões, o repouso trazido pela perda das ilusões nada tem de estoico, sendo, antes, o contrário disso, uma busca pela emoção patética – como notou o mesmo Faria e Sousa, acerca do soneto impecável "Na desesperação já repousava":

> *Já não temia, já não desejava*: [...] la esperança amorosa es otra campaña fertilissima de temores [...]. Con la noticia destas erudiciones, y con la experiencia de lo que en su Amor avia passado, dize agora que ya no temia; correspondiendo a lo dicho en el verso 1. de que ya reposava en la

---

18 Luís de Camões. *Lírica*. Ed. preparada por Aires da Mata Machado Filho. Belo Horizonte, Itatiaia, p. 154 e 183.

19 Manuel de Faria e Sousa. "Vida del poeta", "Juicio de estas Rimas", "Discurso de los sonetos" e demais aparatos de introdução e comentários. In: L. de Camões. *Rimas várias de...* Comentadas por M. de Faria e Sousa. Lisboa, Teotônio Dâmaso de Melo, 1685-1689, I, p. 252.

desesperacion: porque como los temores son inseparables compañeros de la esperança, no los podia el tener pues ya avia caido en desesperacion, la qual no conoce al temor. Por esso estando desesperado ya no temia, y tambien, ya no deseava; porque no ay deseos en desesperados de la propia suerte q no ay temores. Bonissimo[20].

Ora, a liberdade em desesperança, louvada por Sá de Miranda, não pode ser descrita como uma forma de desespero "da própria sorte". Mais próximo dela estaria a prudência do homem sábio que, através do domínio das próprias paixões, aspira a se emancipar da sorte, da Fortuna, do horóscopo. Sá de Miranda ajudou os poetas portugueses a aprenderem a versificação do hendecassílabo italiano, mas isso não significa que ele se pudesse reconhecer no maior dos seus "descendentes", o Camões de "estrelas infelices obrigado".[21]

A disposição estoica de Sá de Miranda tem muito mais a ver com o lema ptolomaico citado no *Roman de la Rose*: "O homem sábio é o senhor dos astros".[22] É o mesmo bordão que ocorre a D. Duarte no *Leal conselheiro*, associado à defesa do livre-arbítrio: "o homem sabedor se assenhoreia das pranetas per a força que do livre alvidro vem".[23] Quanto à melancolia indissociável do desespero, a atitude mirandina é coerente com aquela recomendada por Cícero nas *Tusculanas*: "Seremos curados, se o quisermos".[24] A ideia ressalta a importância de combater um distúrbio da vontade (o desejo desenfreado, as esperanças vãs) com o retorno dela ao comedimento das virtudes – "Deus me torne ao meu buraco!" No entanto, o impulso para a cura pressupõe pelo menos um tributo à melancolia, que é o de reconhecê-la. Como veremos na conclusão deste trabalho, Sá de Miranda não deixou de o fazer.

Fica demonstrado assim que a oposição do poeta às esperanças se liga diretamente à sua resistência à melancolia. É interessante que Hugo de S. Vítor, um teólogo do século XII, associasse as duas coisas por meio de um jogo de palavras, com a similaridade de

---

20 Idem, p. 241.
21 Canção X. In: L. de Camões, *op. cit.*, p. 261, v. 43.
22 *Apud* Klibansky et al., *op. cit.*, p. 272, n. 185: "Sapiens homo dominatur astris".
23 Duarte I de Portugal. "Leal conselheiro". In: João I de Portugal et al. *Obras dos príncipes de Avis*. Ed. preparada por M. Lopes de Almeida. Porto, Lello & Irmão, 1981, p. 318.
24 Cícero. *Disputas Tusculanas*. Ed. bilíngue preparada e traduzida por Julio Pimentel Álvarez. México, Universidad Autónoma de México, 1987, II, p. 7: "Sanabimur, si volemus"; ver tb.: Marc Fumaroli. "La Mélancolie et ses remèdes. Classicisme français et maladie de l'âme". In: M. Fumaroli. *La diplomatie de l'esprit. De Montaigne à La Fontaine*. Paris, Hermann, 1984, p. 420.

spes ("esperança") e *splen* (o baço, sede da atrabile). Para esse autor, a propensão natural dos melancólicos à ascese espiritual se relacionava ao sentimento de exílio terreno da alma – doutrina bastante próxima do que viria a ser a louvação neoplatônica da melancolia, na Florença de finais do século XV: "Ela [a melancolia] está sediada no baço (*splen*) porque, triste com a demora do seu retorno à morada celeste, encontra no baço uma alegria similar à da esperança (*spes*)".[25] Logo em seguida, Hugo afirma ter lido que, segundo os médicos, o riso também emana do baço: "Essa proximidade justifica, a meu ver, que os melancólicos riam e chorem ao mesmo tempo".[26]

Não se pressupõe que Sá de Miranda conhecesse esses escritos, mas é sabido que a associação entre o choro, o riso e a melancolia era bastante notória. Por causa dela era lugar comum citar Heráclito e Demócrito lado a lado, um sempre chorando, o outro sempre rindo – ambos retirados do convívio geral[27]. Na Carta IV, Sá de Miranda substitui Demócrito por S. Jerônimo; com isso, cumpre dois objetivos: (1) reitera a mescla de paganismo e cristianismo recomendada por Erasmo; (2) frisa a importância das letras, por meio da figura do tradutor da *Vulgata*, doutor da Igreja.

Primeiro, vêm as quintilhas sobre Heráclito:

> Como de casa saía,
> Sempre dos seus olhos água
> A Heráclito corria
> Polo que ouvia e que via,
> De que tudo tinha mágoa.
> Enfim, vendo o povo incerto
> Que pressa a errar levava,
> Não sofreu tal desconcerto.
> Fugiu pera o campo aberto,
> Livre, sem muro e sem cava.
> (vv. 131-40)

O trecho fundamenta a comparação feita pelo anônimo da "vida", que retratou o poeta como "outro Heráclito com a mágoa do que lhe revelava o espírito dos in-

---

25 Hugo de S. Vítor (Hugo de Folieto) [ed. 1854]. "De medicina animæ". In: J.-P. Migne (org.). *Patrologiae cursus completus... Series latina*. Paris: Ateliers Catholiques, vol. 176, 1854, col. 1.190: "In splene sedem habet, quia quamvis de dilatione cœlestis patriæ contristetur, tamen in splene quasi in spe gaudet"; ver: Klibansky et al., *op. cit.*, p. 177.

26 *Idem, ibidem*.

27 Ver, na obra de Sá de Miranda, a Elegia I, "A uma senhora muito lida", n. 114, v. 100-15.

fortúnios da sua terra, de que nestes papéis seus se vê quão grandemente se temia"[28]. Entretanto, é necessário ressaltar duas coisas: (1) Sá de Miranda atribui a mágoa de Heráclito ao desatino dos seus semelhantes, sem implicações metafísicas; (2) o anônimo remete esse desatino a uma coletividade politicamente organizada, implícita em "sua terra", o que reintroduz um aspecto místico na questão, ligado ao "corpo político" do Estado. Na perspectiva mirandina, a liberdade que Heráclito vai buscar no "campo aberto" permanece na direção horizontal da mágoa, não-ascética. Sem deixar de ser melancólica, a retirada é crítica. Com efeito, na série de exemplos da Carta IV, Heráclito e S. Jerônimo comparecem para dignificar a retirada humanística com as letras e a crítica, num sentido de reconhecimento da melancolia e ao mesmo tempo resistência a ela.

As quintilhas seguintes manifestam a adesão de Sá de Miranda a uma espécie de naturalismo de fundo estoico, particularmente ligado às sentenças do *Enkheirídion* ou *Manual*, de Epicteto, então muito difundido:

> Da nossa tão rica herança,
> Cegos, que rezão daremos?
> Como nos não faz lembrança
> Ũa tamanha ordenança
> Do céu e do sol que vemos?
> Ele posto, e a noite traz
> Tantas figuras de estrelas
> De que se fermosa faz;
> Qual descuido pode em paz
> Erguer os olhos a elas?
> (vv. 151-60)

Muitas outras demonstrações de um senso agudo do mundo natural ocorrem em toda a obra de Sá de Miranda. É aquele traço que para Maria Vitalina Leal de Matos representa "o sonho do regresso à harmonia primordial com a natureza", vivenciado desde uma perspectiva estoica.[29] Na Carta IV, o trecho citado acima se liga de perto à paráfrase do Sermão da Montanha (Mt 6, 26-30) feita pouco antes:

---

28 Anônimo. "Vida do doutor Francisco de Sá de Miranda, coligida de pessoas fidedignas que o conheceram, & trataram, & dos livros das gerações deste Reino". In: F. de Sá de Miranda, ed. 1614, fl. [4]v.

29 Maria Vitalina Leal de Matos. "O ideal humano em Sá de Miranda e Luís de Camões". In: M. V. L. de Matos. *Ler e escrever*. Ensaios. Lisboa, INCM, 1987, p. 136.

"Olhai as aves do ar",
Diz o senhor que enriquece
O céu, a terra e o mar.
"Vede-las ledas cantar.
Dizei-me: que lhes falece?
Fracos de fé! e de fraqueza
Vêm estes medos à proveza[30].
Olhai como a natureza
Veste ricamente as flores".
(vv. 111-20)

Ambos os trechos dão testemunho da atitude estoica que o poeta empresta à sua face. Nas "diatribes" de Epicteto, as noções de natureza e liberdade estão intimamente ligadas. Seu modo de representar a altivez do filósofo cínico – aquele dos espaços abertos (*tón hýpaithron*), aquele que é livre (*tón eléutheron*) – devia parecer muito sedutor para um letrado quinhentista, impregnado da lógica de exclusão do corpo e atuação letrada, como consideração e modelagem espiritual de si próprio por meio das letras. Diz o cínico retratado por Epicteto:

> De agora em diante, a mente (*diánoia*) será o meu material de trabalho, assim como o carpinteiro tem suas tábuas, e o sapateiro tem as peles; minha tarefa é fazer um bom uso das minhas fantasias (*phantasíai*). O pobre corpo não é nada para mim. A morte? Que venha quando lhe aprouver, seja ela o fim de tudo ou só de uma parte. A execração? E para onde haverão de me enxotar? Certamente, não para fora do cosmos. Onde quer que eu vá, encontro o sol, a lua, as estrelas, os sonhos, os augúrios, toda a homilia dos deuses[31].

Em Epicteto como em Sá de Miranda, a natureza é divina: ao mesmo tempo herança, escritura e providência de Deus entregue aos homens. É ela que possibilita a *vita contemplativa*, por ser a grande provedora das necessidades humanas (sendo

---

[30] I. e. "pobreza"; cf. Vasconcelos, *op. cit.*, p. 926; e Carlota Almeida de Carvalho. *Glossário das poesias de Sá de Miranda*. Lisboa, Centro de Estudos Filológicos, 1953, p. 331-2.

[31] Diatribe III, 22. In: *Epicteto*. The discourses as reported by arrian. Ed. bilíngue preparada e traduzida por William Abbott. Oldfather. Cambridge, Harvard UP, Loeb Classical Library, 1959, II, p. 136-7.

a *vita activa* por excelência o provimento do necessário à sobrevivência material do corpo). Na obra mirandina, a "sede" principal dessa discussão é a Carta V:

> Natureza nos pusera
> (Como os olhos nos abriu)
> Diante tudo o que viu
> Que necessário nos era;
> Do mais todo se sorriu.[32]

Nesse ponto, o estoicismo helenístico entronca bem com a lição de Jesus na montanha: Deus veste bem as flores, não é necessário temer a pobreza. Deus, ou a natureza. Do ponto de vista estoico, o Criador e a criatura se confundem, e Sá de Miranda sublinha essa interpretação indefectivelmente: "Olhai como a natureza/ Veste ricamente as flores" (vv. 119-20) é a sua leitura do versículo em que Mateus escreve que Deus as veste assim (Mt 6, 30: *theós*, em grego; ou *Deus*, na vulgata). A natureza, portanto, provê o sábio do necessário, dando-lhe alimento e abrigo, além da orientação divina, mais a beleza, que já o conduz para fora da esfera da necessidade e o instala na contemplação: segundo Epicteto, o "viver conforme a natureza" é o que fornece o paradigma para o uso acertado da fantasia – conceito que para Aristóteles era o intermediário entre a percepção e o pensamento[33]. Estamos em pleno polo da resistência à melancolia: "Quem vê o sol, a lua e as estrelas e tem a terra e o mar não está nem sozinho (*éremos*) nem desamparado".[34] Graças à natureza, pela qual se rege, o estoico retirado não se compara ao eremita melancólico. Lembremos da importância da palavra "solidão" (*eremías*) no contexto do "Problema XXX, 1", texto aristotélico tão central para a posterior doutrina neoplatônica da melancolia[35]. A disposição estoica não vê nenhum *glamour* no sofrimento: "Quem quer viver na amargura, com medo,

---

32 Carta V, "A Antônio Pereira", n. 108, v. 291-300.

33 Cf. F. E. Peters. *Termos filosóficos gregos. Um léxico histórico*. Trad. de Beatriz Rodrigues Barbosa. Lisboa, Fundação Calouste Gulbenkian, 1983, p. 187.

34 Epicteto, Diatribe III, 13; *op. cit.*, II, p. 92-3.

35 Pseudo-Aristóteles. "Problème XXX, 1". Ed. preparada por Raymond Klibansky. Trad. de Fabienne Durand-Bogaert & Louis Évrard. In: Klibansky et al. *Saturne et la mélancolie. Études historiques et philosophiques: nature, religion, médecine et art*. Paris, Gallimard, 1989, p. 52.

inveja, pena, desejando sem obter, repugnando sem obstruir?" – pergunta Epicteto a seu discípulo[36].

Para os estoicos, a liberdade do homem sábio está em si mesmo, bem longe da esperança e do temor: tudo de verdadeiramente bom, inclusive a paz interior, depende de sua capacidade de tomar decisões segundo a orientação natural. Cabe a cada um dirigir suas preferências para aquilo que for "livre por natureza" e as suas aversões para as coisas que forem "servis por natureza"[37]. Estas são aquelas sobre as quais o indivíduo não tem nenhum domínio, tais como o corpo, os bens, a opinião alheia, os feitos alheios e – para o infortúnio de Mem de Sá – as *arkhái*[38]. Trata-se de algo tão difícil de dominar quanto a palavra é difícil de traduzir: são os "poderes", os "cargos", as "jurisdições" e todos os modos de participação direta no aparelho político de um grande senhor. Em Portugal, no período moderno, a carreira de um letrado na corte se destinava primordialmente à aquisição desses provimentos – os quais constituíam, em termos objetivos, as esperanças que o irmão de Sá de Miranda perseguia. De dois modos, ao ir atrás delas, ele se afastava da liberdade: (1) porque a natureza das *arkhái* é servil, por dependerem do arbítrio, da decisão e da escolha de outrem; (2) porque elas se dirigem ao reino da necessidade e da utilidade, tradicionalmente considerado oposto à liberdade[39].

Epicteto reitera em várias partes de suas "diatribes" que o homem livre é aquele que vive sem tristeza (*álypos*) e sem medo (*áphobos*)[40]. Deste ângulo, também a oscilação permanente a que a melancolia condena suas vítimas só poderia ser vista como um grave estorvo, que reduz o indivíduo a uma espécie de servidão humoral:

> Vigia com cuidado as tuas fantasias. Não é pouca coisa o que tens de guardar: dignidade, confiança, constância, apatia, a ausência de tristeza e medo, ataraxia – ou seja, a liberdade (*eleuthería*)[41].

---

36 Epicteto, Diatribe IV, 1; *op. cit.*, p. 246-7.

37 *Idem*, "The Encheiridion, or Manual". In: *Epicteto. The discourses as reported by Arrian, the Manual, and Fragments*. Ed. bilíngue preparada e traduzida por William Abbott. Oldfather. Cambridge: Harvard UP, Loeb Classical Library, vol. 2, p. 483.

38 *Idem, ibidem*.

39 Cf. Hannah Arendt. The Human Condition. Chicago: Chicago UP, 1958, p. 13; *idem*, "What is Freedom?" In: H. Arendt. *Between past and future. Eight exercises in political thought*. Londres, Penguin, 1993, p. 148.

40 Ver, por exemplo: Diatribe III, 22; *op. cit.*, p. 146-7.

41 *Epicteto*, Diatribe IV, 3; *op. cit.*, p. 310-11.

Essa sequência de noções delineia bem um conceito que pode ser chamado de "liberdade interior" ou moral, cujos principais valores são a impassibilidade (ou "apatia") e a imperturbabilidade (ou "ataraxia"), os quais são incompatíveis com as tristezas da melancolia e o medo que acompanha a esperança. Em suma, trata-se do ideal que outros pensadores antigos de diferentes correntes (tais como Demócrito, Sócrates, Aristóteles, Epicuro e Diógenes de Sínope) denominavam "autarcia" (*autárkeia*); para os estoicos, em particular, era o objetivo ético mais elevado, envolvendo as noções de "contentamento", "independência" e, principalmente, "autossuficiência"[42]. É este o fim de uma ética que requer do indivíduo um vigilante domínio de si, dos desejos e das paixões (o qual, por sua vez, demanda uma boa dose de autoconhecimento). Daí que outras ideias associadas por Epicteto à liberdade estejam ligadas a disciplinas exercidas sobre o "eu". O homem livre é autônomo: dá leis a si mesmo[43]; é autodominado: detém o senhorio de sua pessoa[44]; e é capaz de se autossustentar e – para não ficar sozinho nunca – de se "auto-acompanhar"[45].

Como se vê, a resistência à melancolia acaba abrindo outra via para a exacerbação subjetiva da autoconsciência. "Convertei-vos a vós mesmos", recomendava Epicteto – nos termos que serviram a Michel Foucault para caracterizar na baixa Antiguidade o ideal subjetivo de uma "conversão a si próprio", dentro um complexo de práticas ligadas ao cuidado pessoal[46]. A emergência de um conceito de liberdade restrito a esse âmbito subjetivo se faz acompanhar do surgimento de todo um cenário "político" interior, onde o poder é objeto de disputa entre o indivíduo e seus apetites. Os maiores inimigos do sábio são os desejos desregrados, não-conformes à natureza. Epicteto os representa como os tiranos encastelados numa "cidadela dentro de nós", de onde ameaçam a "cidade" (*pólis*) interior[47]. Nas suas epístolas, Horácio se apresenta geralmente como vencedor dessa batalha cotidiana. São obras da maturidade escrita no retiro campestre da Vila Sabina, à sombra acolhedora dos lugares-comuns do estoicismo e da *autárkeia*. A Epístola I, 10 propõe uma discussão fraterna bem próxima da que se lê na "carta" de Sá de Miranda a seu irmão. O poeta latino provoca um amigo que preferia continuar vivendo na inquetação da *urbes*:

---

42 Cf. Long, *op. cit.*, p. 107-18.

43 *Epicteto*, Diatribe IV, 1; *op. cit.*, p. 252-3.

44 *Idem, Ibidem*, p. 262-3.

45 *Idem*, Diatribe III, 13; *ibidem*, p. 88-9.

46 *Idem*, Diatribe III, 22; *ibidem*, p. 144-5; ver: Foucault. *Histoire de la sexualité, vol. 3: Le Souci de soi*. Paris, Gallimard, 2004, p. 89ss.

47 *Epicteto*, Diatribe IV, 1; *op. cit.*, p. 272-3.

> O amante da campanha te saúda,
> ó Fusco, amante da cidade. Em nada
> somos tão diferentes, pois no resto
> até que parecemos quase gêmeos,
> de ânimo fraternal, sempre de acordo,
> negando ou aceitando as mesmas coisas,
> um velho par de pombos conhecidos.
> Tu guardas o teu ninho, eu louvo o rio,
> a mata amena, o limo dos penedos.
> Que indagas? Vivo e reino. Releguei
> tudo o que aplaudes e elevas aos céus[48].

Vivo et regno: o estado de imperturbabilidade que o homem de letras encontra mais facilmente no campo logo se torna um reinado. O objetivo da luta contra as paixões – tomando a natureza como aliada – é uma completa soberania sobre si próprio, a qual também inclui a sensação do desfrute de si próprio, como observa Foucault:

> [...] através dos exercícios de abstinência e de amestramento que constituem a *áskēsis* necessária, o lugar que se atribui ao conhecimento de si se torna mais importante: a tarefa de se experimentar, de se examinar, de se controlar numa série de exercícios bem definidos situa a questão da verdade – da verdade acerca daquilo que se é, daquilo que se faz, daquilo que se é capaz de fazer – no cerne da constituição do sujeito moral. Enfim, o ponto culminante dessa elaboração ainda é, como sempre, definido pela soberania do indivíduo sobre si mesmo; mas essa soberania se alargou numa experiência em que a relação consigo mesmo toma a forma não só de uma dominação mas também de um desfrute, sem desejo e sem perturbação[49].

---

48 Epístola I, 10. In: Horácio. *Epistole*. Ed. bilíngue preparada e traduzida por Marco Beck. Milão, Mondadori, 1997, p. 42, v. 1-9: "Urbis amatorem Fuscum salvere iubemus/ ruris amatores, hac in re scilicet una/ multum dissimiles, at cetera pæne gemelli/ fraternis animis: quicquid negat alter, et alter;/ adnuimus pariter, vetuli notique columbi./ Tu nidum servas, ego laudo ruris amœni/ rivos et musco circumlita saxa nemusque./ Quid quæris? Vivo et regno, simul ista reliqui,/ quæ vos ad cælum effertis rumore secundo".

49 Foucault, *op. cit.*, p. 94: "[...] à travers les exercices d'abstinence et de maîtrise qui constituent l'áskēsis nécessaire, la place qui est faite à la connaissance de soi devient plus im-

Ainda que muitos poderes estejam aí envolvidos, como o próprio Foucault nos obriga a reconhecer, o gozo de uma tal soberania íntima só pode contribuir para uma concepção – em princípio – apolítica da liberdade. De fato, na Carta IV de Sá de Miranda é a esperança que sobressai como conceito estritamente político. Mas o que mais nos interessa compreender aqui é o jogo mais amplo de interdições que propicia esse encastelamento do "eu": quer escape asceticamente para a contemplação melancólica, quer se recolha ao autodomínio estoico, o indivíduo vem modelar seu espaço próprio de soberania a partir da falta de liberdades políticas efetivas. Com toda a presença de Horácio e de sua "musa pedestre" satírica na poesia de Sá de Miranda, o que teriam de mais profundamente em comum os dois poetas? O antigo floresceu no tempo de Augusto, quando ainda era fresca a memória do regime republicano e da obra oratória de Cícero. O moderno viveu nos reinados de D. Manuel e D. João III, e foi testemunha do esforço da monarquia para avançar sobre as demais jurisdições – culminando em 1536 com o estabelecimento da Inquisição em Portugal como um projeto que partiu da realeza e sobre o qual esta almejava um firme controle. A retomada moderna do estoicismo, ainda que mais como atitude literária do que como disciplina real ou engajamento filosófico estrito, ligou-se a essa condição que aproximava significativamente os homens de letras do século XVI de seus modelos clássicos da baixa Antiguidade (ou, mais ainda, daqueles da época helenística, com o declínio da democracia na Grécia). A progressiva cassação da liberdade efetiva e pragmática, portanto, é uma peça da interseção entre os processos de centralização do Estado e do sujeito na abertura da Idade Moderna.

As ambiguidades da beatitude estoica aparecem bem retratadas na Sátira II, 7, de Horácio. Trata-se de uma das obras-primas menos reconhecidas do autor, que ensaia aqui uma enviesada autocrítica, através da *persona* de um escravo seu. O intervalo carnavalesco das festas saturnais permite que Davo fale altivamente diante de seu senhor. Ele então recita o conceito estoico de liberdade tão alardeado pelo poeta em tantos poemas:

---

portante: la tâche de s'éprouver, de s'examiner, de se contrôler dans une série d'exercices bien définis place la question de la vérité – de la vérité de ce qu'on est, de ce qu'on fait et de ce qu'on est capable de faire – au cœur de la constitution du sujet moral. Enfin, le point d'aboutissement de cette élaboration est bien encore et toujours défini par la souveraineté de l'individu sur lui-même; mais cette souveraineté s'élargit en une expérience où le rapport à soi prend la forme non seulement d'une domination mais d'une jouissance sans désir et sans trouble".

> Mas quem, então, é livre? É o homem sábio,
> sobre si mesmo imperioso, a quem
> nem morte, nem pobreza, nem correntes
> atemorizam, forte ao desprezar
> as honras e aos desejos resistir,
> em si completo, esférico e polido,
> tão leve que, de externo, nada o abate,
> em quem os golpes da fortuna falham⁵⁰.

Entretanto, uma ironia vertiginosa percorre todo o poema. Horácio é tão habilidoso que deixa evidente para o leitor, sem enunciá-los, seus pensamentos ao ouvir as palavras do escravo inconveniente: nenhuma dessas qualidades está firme em suas mãos, já que a dependência política e não a autossuficiência moral era o que realmente definia o seu *status*, inclusive como recluso habitante da Vila Sabina. Era como se Davo lhe atirasse na cara as palavras de Paul Veyne:

> A ideia de autarcia, de autossuficiência, de uma existência limitada apenas à satisfação das necessidades impostas pela natureza, é o mito favorito da sociedade antiga [...]. Sendo a autarcia natural o mito antigo de securidade econômica, explica-se enfim uma curiosa contradição: que os Antigos (e seus historiadores) tenham falado tanto dele, e tão pouco a tenham praticado⁵¹.

Quem era, então, o verdadeiro escravo? Davo ou Horácio? Este, vestindo a carapuça, terminou perdendo a calma, e ainda ameaçou punir o falastrão. A quem, no início, chegara a encorajar, a partir de um conceito de liberdade muito diferente do

---

50 Sátira II, 7. In: Horácio. *Satire, op. cit.*, p. 118, v. 83-8: "Quisnam igitur liber? Sapies sibi qui imperiosus/ quem neque pauperies neque mors neque vincula terrent,/ responsare cupidinibus, contemneres honores/ fortis, et in se ipso totus, teres atque rotundus,/ externi ne quid valeat per leve morari,/ in quem manca ruit semper fortuna".

51 Paul Veyne. "Mythe et réalité de l'autarcie à Rome". In: P. Veyne. *La société romaine*. Paris: Seuil, 1991, p. 143-4: "L'idée d'autarcie, d'autosuffisance, d'une existence qui se bornerait à satisfaire aux seuls besoins qu'impose la nature, est le mythe favori de la société antique (...). L'autarcie naturelle étant le mythe antique de sécurisation économique, on s'explique enfin une curieuse contradiction: que les Anciens (et leurs historiens) en aient tellement parlé et qu'ils l'aient si peu pratiquée".

seu, e nos tempos de Augusto só concebível sob o indulto excepcional dos *Saturnalia*: "Anda, fala, aproveita a liberdade/ de dezembro, conforme o uso antigo"[52]. A expressão desimpedida não estava entre as prerrogativas reivindicadas (ou "reivindicáveis") pelo sábio estoico, que se esforçava para nunca desejar o que sabia de antemão não estar ao seu alcance.

Horácio conhecia bem os limites do seu próprio conceito de liberdade. O ideal estoico de manejo da subjetividade em recolhimento se inclinou em princípio para aquela "liberdade negativa" de que fala Isaiah Berlin. O estoicismo ensina o indivíduo a se livrar de seus desejos; nos termos de Berlin, não se trata de ser livre *para* agir sem impedimentos, e sim de estar livre *de* constrangimentos externos ou internos[53]. Arendt até resiste a chamar de liberdade a simples descoberta de "um espaço interior para o qual os homens podem escapar da coerção externa e *sentir-se* livres"[54]. Para ela, "esse sentimento interior permanece sem manifestações exteriores, de modo que é por definição politicamente irrelevante"[55]. Entretanto, no âmbito da cultura letrada na Idade Moderna, a atitude estoica se contamina de maiores ambiguidades: não será a poesia uma "manifestação exterior" aí projetada?

Além disso, em particular nas "diatribes" de Epicteto, a liberdade estoica nunca é inteiramente passiva, por sua ligação sempre reiterada com o conceito de *proáiresis* – palavra difícil que talvez possa ser traduzida por "volição", devido à sua afinidade com as noções de "arbítrio", "decisão" e, principalmente, "escolha"[56]. Epic-

---

52 *Sátira*, II, 7. In: Horácio, *op. cit.*, p. 114: "[...] Age libertate Decembri,/ quando ita maiores voluerunt, utere; narra".

53 Cf. Isaiah Berlin. "Two Concepts of Liberty". In: I. Berlin. *The proper study of mankind. An Anthology of Essays*. Ed. organizada por H. Hardy & R. Hausheer. Prefácio de Noel Annan. Nova York, Farrar, Strauss and Giroux, 1997, p. 203, onde se distingue entre "freedom to" e "freedom from".

54 Arendt. "What is Freedom?", *op. cit.*, p. 146: "This freedom which we take for granted in all political theory and which even those who praise tyranny must still take into account is the very opposite of 'inner freedom', the inward space into which men may escape from external coertion and feel free"; grifo da autora.

55 *Idem, ibidem*: "This inner feeling remains without outer manifestations and hence is by definition politically irrelevant".

56 G. Long e Th. W. Higginson, em suas edições, traduzem *proáiresis* por "will", p. ex., na Diatribe III, 22; respectivamente: Epicteto. *The discourses of...*, with the Encheiridion and Fragments. Trad. de George Long. Londres, George Bell & Sons, 1890, p. 263; *idem*, *The Works of... Consisting of his Discourses*, in *Four Books*, the Enchiridion, and Fragments. Trad. de Thomas Wentworth Higginson. Edição revista. Boston, Little, Brown & Co., 1890,

teto a utiliza num sentido próximo ao definido por Aristóteles na *Ética a Nicômaco* (1113a11): "um apetite dirigido pela deliberação para coisas que estão ao alcance do nosso poder"[57], sendo portanto uma faculdade especificamente humana. Epicteto estende o conceito até torná-lo a própria condição da liberdade e do arbítrio com vistas a um determinado fim[58]. Com isso, encontra-se no horizonte da volição estoica e sobretudo cínica aquela "mundanidade" que Arendt requer para a política. Não é por outra razão que o dicionário de Liddell e Scott inclui no seu verbete sobre a *proáiresis* uma série de acepções neste sentido. Diz a terceira: "em linguagem política, curso deliberado de ação, política (*policy*)"[59]. Várias abonações vêm em seguida, das quais merecem destaque duas buscadas na "Oração da Coroa", do estadista e orador ateniense Demóstenes, nas quais a palavra grega é geralmente traduzida por "política" na acepção que Houaiss define como "série de medidas para a obtenção de um fim"[60]: numa delas, o orador chama a atenção para a linha de ação adotada na cidade[61], em circunstâncias de perigo; na outra, refere-se com o mesmo termo às questões de política pública[62].

A exemplo de Horácio, presente na corte por meio das letras, na ausência do seu corpo, Sá de Miranda se serve das "cartas" para dar ao seu retiro contemplativo uma consequência ativa visível e pública. O conceito de liberdade que ele propagandeia na Carta IV não se afasta do ideal antigo de autossuficiência, temperado com o ameno desespero que o separa tanto da corte quanto do *tópos* da esperança e do temor. Mas a atualização letrada desse ideal pode voltá-lo (igualmente com desesperança e destemor) para o horizonte da política – como na censura implícita ao mecanismo da graça régia. A existência da cultura letrada constitui uma esfera coletiva para a circula-

---

II, p. 81. W. A. Oldfather faz uma opção prolixa por "realm (ou, às vezes, *sphere*) of moral purpose"; *Epicteto*. The Discourses, *op. cit.*, II, p. 167.

57   Aristóteles. *The Nicomachean Ethics*. Ed. bilíngue preparada e traduzida por Harris Rackham. Cambridge, Harvard UP, Loeb Classical Library, 1962, p. 358. Cf. Peters, *op. cit.*, p. 195.

58   Ver: Epicteto, Diatribe I, 29; *op. cit.*, I, p. 187-98. Cf. Peters, *ibidem*, p. 195.

59   Henry George Liddell e Robert Scott. *A Greek-English Lexicon*. Ed. revista e aumentada por H. S. Jones e R. McKenzie, acrescentada de um suplemento revisto. Oxford, Clarendon Press, 1996, verbete "proáiresis": "In political language, deliberate course of action, policy"; grifo dos autores.

60   Houaiss, *op. cit.*, verbete "política".

61   Sobre a Coroa (192). In: *Demóstenes*. Demosthenes. Ed. bilíngue preparada e traduzida por A. T. Murray, N. W. De Witte & J. H. Vince. Cambridge, Harvard UP, Loeb Classical Library, 1986-1994, I, p. 177: "tên proáiresín tês politéias".

62   *Idem*, Sobre a Coroa (210); *ibidem*, p. 193: "tás koinás proairéseis".

ção e para a volição da poesia, o que basta para impugnarmos a imagem de um poeta aposentado nas suas herdades provincianas, sobretudo quando este se serve do gênero epistolar. Vista nessa perspectiva alargada, que inclui o âmbito volitivo da poesia, a liberdade mirandina ultrapassa a disciplina (ou "ascese", *áskesis*) recomendada pelos estoicos e se aproxima mais da pregação dos cínicos do século IV a. C.

Continuemos acompanhando a lição de Epicteto, que, como estoico tardio, tem o cinismo em alto apreço. "Numa cidade de sábios", afirma o pensador na sua Diatribe III, 22, "provavelmente ninguém adotaria a profissão de cínico"[63]. Não estaria igualmente ociosa, nessa comunidade utópica, a poesia epistolar de um Sá de Miranda? Mais ainda, Epicteto descreve o filósofo cínico em duas funções por excelência: como anjo (*ánguellos*) e como espião (*katáskopos*). Na primeira delas, é o mensageiro enviado por Zeus aos homens a fim de lhes advertir de que, "em matéria de bem e mal, eles andam equivocados"[64]. Na segunda, sua tarefa é "descobrir o que é favorável e o que é hostil aos homens", e para isso ele deve "primeiro ir espionar bem, e na volta contar a verdade, sem temer os inimigos e sem se deixar confundir pelas suas fantasias"[65]. Não seriam precisamente estas as funções de que Sá de Miranda investiu sua poesia, no mais agudo sentido moral que ele almejou? Para além do mito estoico da autossuficiência e da soberania sobre si, sua face letrada reivindicava o reinado descrito por Epicteto, para quem o filósofo cínico é "o rei que dedica seus ócios ao interesse comum"[66]. Reside aí, de fato, alguma proximidade da poesia mirandina com os ideais do humanismo cívico quatrocentista – notada por, entre outros críticos, José Vitorino de Pina Martins[67].

Diante das esperanças de seu irmão quanto à aquisição do favor régio e de cargos, com o respectivo crédito em prestígio social e político, a atitude de Sá de Miranda em poesia é de altivo desdém. O ofício de poeta lhe parecia mais nobre – sem deixar de ser político.

---

63 *Epicteto*, Diatribe III, 22; *op. cit.*, II, p. 154-5.

64 *Ibidem*, p. 136-9.

65 *Ibidem*.

66 *Ibidem*, p. 154-5, onde "rei" é mesmo *basiléus*, o "interesse comum" é o *koinós* – palavra que também poderia ser traduzida como "a coletividade" ou "o âmbito público".

67 Cf. José Vitorino de Pina Martins. "Sá de Miranda, um poeta para o nosso tempo". In: V. V. A. A. *Estudos portugueses. Homenagem a Luciana Stegagno Picchio*. Lisboa, Fundação Calouste Gulbenkian, Difel, 1991, p. 1.031-45.

Mulheres dos governadores: alguns encômios na segunda metade do século XVIII

Laura de Mello e Souza
Universidade de São Paulo

Cruzando os mares, apertando os laços

Durante muito tempo, as mulheres nobres portuguesas ficaram no Reino enquanto os maridos serviam nas guerras e no governo das conquistas de Ultramar. Era esse, aliás, o destino do sexo frágil nos contextos navegadores e comerciantes: Penélopes obstinadas a esperar por seus Ulisses, ou matronas como algumas da Antiguidade, que tomaram a rédea nos dentes e assumiram papéis tradicionalmente alheios a seu gênero. Não foram poucas as que tocaram a casa e a família, casando a prole, penhorando as joias, correndo ao Paço para cavar benefícios, a volta dos maridos, ou os dois. A separação dos casais era, inclusive, o motivo principal para justificar os pedidos de volta: os filhos cresciam sem imagem masculina, alguns morrendo em tenra idade, outros nascendo em meio a expectativas e à contagem ansiosa dos meses decorridos desde a partida do pai, o prazo não podendo, sob risco de macular a honra materna, ultrapassar os nove meses de uma gestação. As esposas deixadas para trás pressionavam os ministros por todos os meios possíveis, e os maridos desterrados por força do serviço escreviam carta atrás de carta reclamando da saúde, do clima, dos naturais da terra e, a cada linha, amplificando o próprio sacrifício.

É certo que a maior parte dos servidores do Rei se empenhou de corpo e alma em obter a nomeação para a Índia ou para o Brasil, esperando dobrar a fortuna e, de quebra, gozar da liberdade de moço solteiro, mergulhando, na imagem de Gilberto Freyre, em carne de cunhã assim que punha o pé na terra. Mesmo nesses casos, vários amargaram a dor de, na volta, encontrar a casa acéfala, a mulher embaixo da terra, a economia doméstica roída por dívidas, o monarca de nariz torcido por causa de boatos sobre negociatas escusas realizadas nas conquistas durante o governo do vassalo recém-chegado. A distância era o preço pago pela obtenção de vantagens simbólicas, como os títulos e a honra, mas também de outras bem palpáveis: os panos caros, os negros para o serviço da casa, as aves exóticas, a louça chinesa, as caixas de açúcar, os rolos de fumo, as barras de ouro, os diamantes, esmeraldas e outras pedras de valor. Por outro lado, ficar longe do rei podia atrapalhar muito as estratégias de uma aristocracia regida pela lei do morgadio, na qual os filhos segundos tinham de correr atrás do seu quinhão, valendo-se para tanto do nome herdado, da parentela influente, das futricas cotidianas e das efêmeras conjunturas favoráveis, diretamente dependentes da resposta imediata.

As mulheres que ficavam no Reino enquanto os maridos governavam o império tinham, portanto, um papel a cumprir. Além disso, se Goa oferecia atrativos e até certas comodidades, Angola era famosa pela insalubridade, que matou vários governadores no exercício do cargo, enquanto Vila Boa de Goiás ou Cuiabá só podiam ser atingidas depois de viagens penosas através de rios e sertões[1]. As cidades litorâneas do Brasil, como Recife, Salvador ou o Rio eram bem mais habitáveis; mas se até os homens reclamavam quando compelidos a viver nelas, o que dizer das mulheres?

Por tudo isso, firmou-se a ideia e a prática, ao longo do século XVI, do XVII e da primeira metade do XVIII, que no governo ultramarino não cabia haver "primeira-dama". No final do reinado de D. João V, contudo, a situação começou a mudar, seguindo, talvez, a transformação dos hábitos e das sensibilidades; revelando, de certa forma, que as condições de vida nas conquistas melhoravam conforme se sedimentava a colonização. Se o belo livro de Philippe Ariès for mais do que um ensaio luminoso, pode-se dizer que começava a mudar o laço de união entre os cônjuges, mais afetivo e menos regido pela conveniência[2]. Os casais, portanto, se conformariam menos ante longas separações, desejando criar juntos os filhos que nascessem.

Até onde sei, a marquesa de Távora foi a primeira senhora da grande nobreza que cruzou os mares junto com o marido vice-rei, permanecendo na Índia enquanto durou o seu governo. Que Dona Leonor de Távora era figura invulgar revelaram-no os acontecimentos trágicos ocorridos alguns anos depois, quando a família foi acusada de ter urdido o atentado contra Dom José I e pereceu em praça pública por crime de regicídio: as testemunhas não cansaram de louvar-lhe a coragem ante a morte, e Cami-

---

[1] Para essas considerações gerais, baseio-me em fragmentos das vidas dos governadores que estudei em *Norma e Conflito, aspectos da história de Minas no século XVIII*. Belo Horizonte, Editora UFMG, 1999, e, mais recentemente, em *O sol e a sombra, política e administração na América Portuguesa do século XVIII*, São Paulo, Companhia das Letras, 2006.

[2] Cf. *L'enfant et la vie familiale sous l'Ancien Régime*. Paris, Seuil, 1973.

lo Castelo Branco, talvez de forma um tanto fantasiosa, registrou a imagem da mulher altiva que, tendo a barra do vestido dobrada por um movimento brusco do carrasco, corrigiu-a com o pé enquanto dizia, antes de expirar: "Não me descomponhas!"[3].

Em 1779, na segunda quinzena de julho, embarcaram em Lisboa rumo ao Brasil dois governadores e um prelado, tendo por destino final, um deles, a Bahia, e, os outros dois, Minas Gerais. Seguiram em nau de carreira, a "Gigante", acostumada a fazer o trajeto; o inusitado naquela viagem correu por conta de ambos os administradores seculares se terem feito acompanhar das esposas, uma das quais deu à luz dois meses após o início da travessia e cerca de quarenta dias antes de atingirem Salvador[4].

Não era o primogênito da família: dois irmãozinhos também viajavam na embarcação, e mais três crianças nasceriam durante a estada mineira do casal, Dom Rodrigo José de Menezes e Dona Maria José Ferreira d'Eça e Bourbon[5]. O menino nascido no mar chamou-se Manuel e foi batizado aos quatro dias pelo bispo designado de Mariana, Dom Domingos da Encarnação Pontével, então já em idade avançada. Dom Rodrigo e Dona Maria José eram, ao contrário, muito jovens: tinham, respectivamente, 28 e 27 anos, e estavam casados havia então quatorze anos. A união longa e, ao que tudo indica, feliz, deve ter contribuído na decisão de não interrompê-la por causa do serviço colonial. A família tornou-se, assim, meio brasileira: de Vila Rica seguiram, no final de 1783, para Salvador, onde as crianças estudaram na escola pública de primeiras letras; em 1788 retornaram ao Reino, mas quando, em março de 1808, a rainha Dona Maria I e o Príncipe Regente chegaram ao Rio de Janeiro traziam, entre os milhares de nobres que os acompanharam, a maior parte da prole de Dom Rodrigo e Dona Maria José, então já na pele de militares e de burocratas do Reino de Portugal transplantado para a América[6].

Quanto ao outro governador que viajou na "Gigante", tratava-se do marquês de Valença, Dom Afonso Miguel de Portugal e Castro, casado com Dona Maria Teresa

---

3   Camilo Castelo Branco, *Perfil do Marquês de Pombal*, 5a. edição, Porto, Porto Editora, p. 13.

4   Para a referência à viagem, ver Francisco Adolfo de Varnhagen, *História Geral do Brasil antes de sua separação e independência de Portugal*, 3ª. edição integral, São Paulo, Companhia Melhoramentos, s/d, vol. V, p. 361. O autor se engana quando nomeia o bispo como sendo frei Cipriano de São José, que só chegou a Mariana em 1799.

5   Para os dados sobre a família de Dona Maria José, ver Albano da Silveira Pinto, *Resenha das famílias titulares e grandes de Portugal*, tomo I. Lisboa, Empresa Editora de Francisco Arthur da Silva, 1883, p. 433-435.

6   Sobre o assunto, ver o último capítulo de meu livro *O sol e a sombra*, São Paulo, Companhia das Letras, 2006, p. 403-450. Os dois mais velhos, Gregório José de Menezes e Eça, e Diogo de Menezes, tiveram destaque na vida da corte joanina.

Telles da Silva, filha dos Marqueses de Alegrete. O marido tinha 31 anos, e a jovem cônjuge, com quem casara pouco mais de um ano antes, completou os 21 a bordo. José Bernardino, o primeiro dos três filhos do casal, nasceria em Salvador em maio do ano seguinte, tendo possivelmente sido gerado na travessia marítima; a segunda filha, Maria Francisca, também viria ao mundo na Bahia, em 1782.

Pertencendo ao mesmo grupo social, é provável que os jovens governadores já se conhecessem do Reino, rebentos que eram das maiores figuras da nobreza cortesã da época: Dom Pedro de Meneses, Marquês de Marialva – o pai de Dom Rodrigo - Dom José Miguel de Portugal, marquês de Valença e descendente do mais antigo marquês do Reino – o pai de Dom Afonso – e, por fim, Manuel Telles da Silva, Marquês de Alegrete e pai de Dona Maria, Marquesa de Valença[7]. Na viagem, devem ter se aproximado, e como a "Gigante" permaneceu mais de um mês fundeada na Baía de Todos os Santos, tudo indica que Dom Rodrigo assistiu a posse do companheiro, alojando-se, talvez, no palácio dos governadores com a família até seguir para o Rio em meados de dezembro e, dali, alcançar Minas no final de fevereiro de 1780.

Se esses detalhes carecem por ora de fundamentação empírica direta, o rumo posterior de suas vidas atesta que as famílias se cruzaram várias vezes, acabando por se entrelaçar: em 1783, o Marquês de Valença deixou o governo da Bahia para Dom Rodrigo, e em 1834, quando ambos já estavam mortos, a neta do Valença, Maria do Resgate Portugal e Castro, filha do "baiano" José Bernardino, casou-se com um dos netos de Dom Rodrigo, Rodrigo José de Menezes Ferreira d'Eça, filho do "mineiro" José Tomás e tornado herdeiro dos avós ante a ausência de geração no casamento dos tios mais velhos[8].

---

7   Os dados genealógicos sobre a família da Marquesa são conflitantes.. No site http://genealogia.netopia.pt, o pai de D. Maria Teresa é Manuel Teles da Silva, sexto conde de Vilar Maior, e ela é mãe de três rebentos. Conforme o *Livro de Oiro da Nobreza*, ela seria filha dos terceiros marqueses de Alegrete, e teria tido apenas um filho, José Bernardino. Cf. Domingos de Araújo Affonso e Ruy Dique Travassos Valdez, *Livro de Oiro da Nobreza*, tomo III, Braga, Na Typografia da "Pax", 1934, p. 604-13.

8   Afonso Eduardo Martins Zuquete, *Nobreza de Portugal*, volume III, Lisboa, Editorial Enciclopédia Ltda., 1989, p. 469. Domingos de Araujo Affonso e Ruy Dique Travassos Valdez, *Livro de Oiro da Nobreza*, tomo III. Braga, Na Tipografia da "Pax", 1934, p. 608, 627-32. D. Rodrigo foi sucedido no governo da Bahia pelo irmão mais novo do marquês de Valença, D. Fernando José de Portugal e Castro, mais tarde vice-rei do Brasil e conde de Aguiar, que se casou com a filha do irmão, Maria Francisca, nascida, como se viu, na Bahia. Ver Vanhagen, *op. cit.*, vol. VI., p. 309.

O fato dos dois governadores terem decidido trazer as mulheres para a colônia e gerado filhos "brasileiros", destinados, décadas depois, a se fundirem numa só família é mais do que mera coincidência. Indica não apenas que as mentalidades iam se transformando e as viagens se tornando menos incômodas, mas sugere ainda o encurtamento da distância simbólica e política entre o reino e as regiões ultramarinas: vivia-se, na prática, o império luso-brasileiro, quimera antiga do imaginário português que a contingência histórica de 1808 tornaria bem concreta. Se o primeiro caso que se conhece de uma esposa acompanhar o marido no desempenho da função governativa data do meado do século XVIII – o de Dona Leonor de Távora - o fim da década de 1770 marca o momento em que a prática começou a se generalizar. Não foi igualmente apenas por coincidência que os Portugal e os Meneses viajaram numa só embarcação.

Um certo tipo de encômio

A coragem e determinação de D. Leonor de Távora tiveram repercussões na época, sendo inclusive louvadas em prosa e verso. Curiosamente, um dos que o fizeram foi o nono conde de Vimioso e terceiro marquês de Valença, D. José Miguel João de Portugal, pai do futuro governador da Bahia embarcado na "Gigante", membro da Academia Real de História e autor dos "Parabéns à excelentíssima marquesa de Távora, chegando da Índia"[9]. Não tive acesso a este escrito, que por um lado nada parece trazer de especial, já que era hábito louvarem-se senhoras nobres da corte europeia e, no caso, portuguesa, fosse por ocasião de datas particulares – nascimento, casamento, óbito -, fosse apenas pelo gosto ou interesse em agradar o marido importante. Por outro, contudo, há a novidade da viagem marítima em companhia do cônjuge vice-rei, o exemplo digno de elogio e, talvez, de ser seguido por outras senhoras, abrindo-se deste modo uma nova maneira de lusitanizar as possessões por meio do modelo representado pelas famílias daqueles que encarnavam o poder real na ausência do Rei e longe do Reino[10]. Num outro escrito, de autoria de Caetano José da Silva Souto Maior,

---

9 Afonso Eduardo Martins Zuquete, *Nobreza de Portugal, volume III*, Lisboa, Editorial Enciclopédia Ltda., 1989, p. 469. p. 469. Cf livro sobre Academia Real.

10 Remeto a "Os nobres governadores de Minas – mitologias e histórias familiares": In Laura de Mello e Souza, *Norma e conflito, aspectos da História de Minas no século XVIII*, Belo Horizonte, Editora UFMG, 1999, p.175- 99, onde estudei o valor do exemplo oferecido pela família do governador Rodrigo José de Meneses numa capitania carente de base familiar. Ver ainda, para a representação do poder real, Rodrigo Nunes Bentes Monteiro, O rei

a exaltação da beleza de D. Leonor – então, uma das mais formosas damas de Portugal – anda de par com a celebração da viagem ao lado do marido:

> Vai, ó formosa heroína,
> Do mar estas ondas sulca,
> Que, se és Vênus na beleza,
> Vênus nasceu das espumas.
>
> Se és divindade, não temas
> Da salgada água as fúrias,
> Que até impera nos mares,
> Imortal, a formosura.
>
> Vai ser de Tétis inveja,
> Ser de Netuno ventura,
> Das sereias lindo encanto,
> Das ninfas formosa injúria[11].

Mas foi em Minas Gerais que surgiu o maior número de encômios na intenção de uma senhora casada com um governador. Durante sua estada em Vila Rica, Dom Rodrigo e Dona Maria José estabeleceram relações de amizade e convívio com os homens cultos da capitania, recebendo-os provavelmente no belo palácio-fortaleza construído por Alpoim e hoje fronteiro ao Museu da Inconfidência. Tomás Antonio Gonzaga, Alvarenga Peixoto e Cláudio Manuel da Costa contaram entre os convivas, escrevendo poemas em homenagem a membros da família Meneses e, com certeza, lendo-os em sessões e saraus literários domésticos, comuns na época[12]. O mais conhecido de todos é o *Canto Genetlíaco*, de Alvarenga, que celebra o nascimento do caçula

---

no espelho. *A monarquia portuguesa e a colonização da América (1640-1720)*. São Paulo, Hucitec, 2002.

11 *Apud* Camilo Castelo Branco, *Perfil do Marquês de Pombal...*, p. 5.

12 "Os poetas Gonzaga e Alvarenga Peixoto, como Cláudio, gozaram do convívio do governador e sua família e compuseram também poemas de louvor a Dona Maria Jose" – Melânia da Silva Aguiar, nota 57 a Poesias Manuscritas, in: *A poesia dos inconfidentes, poesia completa de Cláudio Manuel da Costa, Tomás Antonio Gonzaga e Alvarenga Peixoto* (organização: Domício Proença Filho). Rio de Janeiro, Editora Nova Aguilar, 1996, p. 1108.

do casal, José Tomás de Meneses[13]; mas foi Cláudio o mais pródigo em versos desse tipo, dirigidos basicamente a Dona Maria José.

Como observou Sérgio Buarque de Holanda, Cláudio era uma "espécie de mestre de orquestra da brilhante plêiade mineira"[14], gozando de considerável influência sobre os companheiros mais novos e aclimatando as ideias e imagens do arcadismo a tópicos locais. A maior estudiosa do poeta nos dias de hoje, Melânia Silva de Aguiar, mostrou que em 1768, com o *Parnaso Obsequioso*, Cláudio abandonou as "doces fadigas do amor" e deu vazão a seu ânimo ilustrado, debruçando-se sobre temas mais sociais, econômicos e políticos, mesmo que estes últimos aparecessem revestidos da forma contraditória do encômio[15]. Diferentemente dos outros que escreveu – em homenagem a Pombal, ao Conde de Bobadela, a Dom Antonio de Noronha, primo de Dom Rodrigo José de Meneses e seu antecessor no governo das Minas - o ciclo de poemas em louvor de Dona Maria José celebram a mulher da autoridade máxima na capitania: deslocam, assim, o louvor do governante para o de sua consorte e, em última instância, para o dos valores da família, célula fundamental no processo civilizatório e na organização da sociedade, revestindo-se ainda, no caso das conquistas ultramarinas, de acentuado sentido político. O fato de ser Cláudio o que mais se dedicou a esta curiosa variação encomiástica revela um aspecto até hoje inexplorado em sua obra: o da valorização da mulher e do seu papel, seja na sociedade, seja no âmbito doméstico, tema tão caro às Luzes europeias e, de resto, encarnado por várias senhoras ilustres, de Catarina II da Rússia a Madame Lavoisier[16].

---

13 Sobre o Canto Genetlíaco e José Tomás de Meneses, ver o capítulo referido à nota 6 supra, e ainda a transcrição do poema às p. 451-56.

14 Sérgio Buarque de Holanda, "A arcádia heróica". In: *Capítulos de literatura colonial*. Organização e introdução de Antonio Candido. São Paulo, Brasiliense, 1991, p. 116-174, citação à p. 155.

15 Melânia Silva de Aguiar, "A trajetória poética de Cláudio Manuel da Costa". In: Domício Proença Filho, *op. cit.*, p. 27-38 citações às p. 31, 34 e 36.

16 Sobre mulheres ilustradas, ver Elisabeth Badinter, *Emilie a ambição feminina no século XVIII*, trad., São Paulo, Discurso Editorial; Paz e Terra; Duna Dueto, 2003; Marc Fumaroli, *Quand l'Europe parlait Français*, Paris, Éditions de Fallois, 2001, capítulo 8 ("Frédérique Sophie-Wilhelmine, margravine de Bayreuth: la soeur de Frédéric II", p. 173-88); capítulo 10 ("Charlotte-Sophie d'Aldenburg, contesse de Bentinck: la Sévigné de l'Allemagne", p. 212-31); capítulo 12 ("La marquise du Deffand: de Voltaire à Walpole", p. 277-304); capítulo 13 ("Catherine II 'le Grand', correspondante de Voltaire", p. 305-25); capítulo 13 ("Ekaterina Romanovna Vorontzoff, princesse de Daschkaw: une héroïne russe intus et in

É neste sentido, portanto, que sugiro ler um conjunto de 13 poemas de Cláudio Manuel da Costa: obras desiguais, às vezes enfadonhas e obstrusas, pontuadas contudo por passagens em que o gênio e a perícia do bardo emergem como gemas isoladas. Todas elas integram as *Poesias Manuscritas*, nome dado a um caderno manuscrito de poemas dedicados a figuras de destaque na vida mineira, escritos nos anos 70 e 80 do século XVIII e, como toda a produção do poeta posterior a 1768, mantidos inéditos durante sua vida[17].

A maior parte desses poemas foi realizada, sem dúvida, por ocasião dos aniversários que Dona Maria José festejou durante sua permanência em Minas, esteja ou não o fato explicitado no título ou em um dos versos. Encontram-se, no primeiro caso, a "Écloga à Ilma. e Exma. Sra. D. Maria José Ferreira d'Essa, no dia dos seus felicíssimos anos", a "Ode aos anos da Ilma. e Exma. Sra. D. Maria José Ferreira d'Essa e Bourbon", o "Canto Épico recitado em o dia do feliz Aniversário da Ilma. e Exma. Sra. D. Maria José Ferreira d'Essa e Bourbon"[18]. No segundo caso, quando os títulos não traem a comemoração natalícia, mas o todo remete a ela, têm-se os dois poemas sobre "A Grandeza de Maria" e sete dos dezoito sonetos que encerram o caderno manuscrito[19].

A temática é sempre a mesma: a virtude da celebrada, a beleza ainda maior que a das ninfas ou a das três graças, o amor sublime que une o casal, a idade de ouro que se abriu com a sua chegada, a nobreza de sua estirpe, o exemplo que ofereciam ao meio social; a nota de maior originalidade fica por conta do destaque dado ao fato de Dona Maria José ter deixado a pátria para trás e cruzado os mares em companhia do marido. Variam a forma e os artifícios poéticos, sugerindo que o bardo se divertia e se exercitava com o ofício e a declamação das rimas, dialogando, ao mesmo tempo, com os companheiros – os quais, como se disse, também escreviam poemas do gênero, mesmo se em número muito inferior.

---

cute", p. 326-37); capítulo 24 ("Une reine d'Angleterre in partibus: Louise-Marie-Caroline de Stolberg-Goeden, contesse d'Albany", p. 528-50).

17 A folha de rosto do manuscrito traz o seguinte título: "Poesias manuscritas de Cláudio Manuel da Costa, oferecidas ao Clube Literário do mesmo nome de Mariana pelo Doutor Joaquim Vieira de Andrade. Contém ciquenta e uma folhas, e vai marcado com o carimbo do Clube". O caderno pertence hoje à família Muzzi, havendo cópia na Seção de Manuscritos da Biblioteca Nacional de Lisboa, Avulsos, Cód. 8610. Cf. Melânia Silva de Aguiar, "A trajetória poética de Cláudio Manuel da Costa", in: *A poesia dos inconfidentes...*, p. 27-39, principalmente p. 32.

18 *A poesia dos Inconfidentes..*, poemas, respectivamente, às p. 487-90; 490-93; 496-501.

19 *A poesia dos Inconfidentes...*, respectivamente p. 518-21; p.521-24.

A *Écloga* invoca o poeta romano Virgílio e dele empresta inclusive os dois pastores que dialogam no poema, Títiro e Melibeu. O primeiro vive despreocupado sob o governo do casal Meneses, marcado pela doçura, pela bonança, pela paz; dorme com a porta aberta enquanto seu cão descansa ante a ausência de lobos a rondarem o rebanho, e une a sua voz à de outros pastores para celebrar não as ninfas do modelo ideal, mas a figura bem humana de Maria José. Melibeu se entusiasma com o relato e dá mostras de querer conhecer a responsável por tamanha harmonia, ao que Títiro responde:

> Quando chegues a ela, a mão beijando,
> Sabe que vendo estás essa mais digna
> Maioral, que hoje o Tejo nos vem dando,
> Aquela que de nós toda a maligna
> Influência dos Astros já desterra,
> E os nossos campos vem guardar benigna;
> Aquela que deixou a Pátria Terra,
> Que o Minho, e o claro Lima inunda e lava,
> Para habitar conosco nesta serra[20].

No *Assunto Lírico*, no qual o assunto não é o natalício de Maria José, mas a exaltação do matrimônio e do seu desprendimento, Cláudio lembra, sempre por meio dos rios, que, mesmo antes de deixar Portugal, a heroína já deixara, pelo amado, a terra onde tinha nascido:

> O Doiro ao Tejo vem render Maria;
> Quis surpreendê-la Amor, e da vitória
> Menos aos tiros seus se deve a glória,
> Que à virtude de u'a alma justa, e pia.[21].

Os esposos são dignos um do outro, e a união não se deveu a deuses profanos, mas ao laço sagrado que só se tece nos céus. Se a *Ode* pontifica que

> Preveniu, eu o vejo, cuidadoso,
> A tal Esposa, o Céu tão grande Esposo.[22]

---

20 "Écloga à Ilma. e Exma. Sra. D. Maria José Ferreira d'Essa, no dia dos seus felicíssimos anos". In: *Poesia dos Inconfidentes...*, p. 487-90, citação à p. 489.

21 "Assunto lírico – Ode". In: *op. cit.*, p. 493-96, citação à p. 495.

22 "Ode aos anos da Ilma. e Exma. Sra. D. Maria José Ferreira d'Essa e Bourbon". In: *op. cit.*, p. 490-93, citação à p. 492.

O *Assunto Lírico* reafirma a dignidade católica da família que governa os mineiros:

> Maria vence Amor, que não devera
> Nas Reais Núpcias influir profano
> O Deus da falsidade, o Deus do engano,
> Dos cuidados mortais triste quimera.
> Santo Himeneu, de ti é que se espera
>   O fecundado leito,
> Templo do Amor, e Trono do respeito.[23]

O "Canto Épico recitado em o dia do feliz Aniversário da Ilma. e Exma. Sra. D. Maria José Ferreira d'Essa e Bourbon" segue o modelo dos *Lusíadas*, em oitavas de versos decassílabos, e a voz que fala é a do próprio Camões. O intuito mais evidente é o de estabelecer a genealogia do casal, entroncando-a em reis hispânicos, entre eles Pedro o Cru e Inês de Castro. Em uma passagem, contudo, Cláudio destaca os feitos de mulheres célebres originárias de diferentes partes do mundo: Zenóbia, rainha de Palmira; Cleonice, natural de Bizâncio; Pórcia, mulher de Bruto; Berenice, princesa africana, diante das quais a glória de Maria José nada fica a dever[24]; em outra, uma sucessão infindável de sombras eternizam, nos Campos Elíseos, os brasões dos Meneses:

> Nos escudos as Águias se divisam,
> De que ornados os Timbres Portugueses,
> Girando vão pelas Regiões Estranhas
> De ambas as Índias, de ambas as Espanhas.[25]

Ao "pisar a nossa areia", Maria José repete, portanto, não apenas os feitos grandiosos de outras mulheres, como reedita a epopeia imperial portuguesa: por isso, parece, a voz que fala é a do poeta que a elevou mais alto. O tema da travessia e da coragem em fazê-la aparece em pelo menos dois outros sonetos. Num deles, Cláudio usa a imagem do rio do esquecimento, o Lete, e das almas que, ao cruzá-lo no barco de Caronte, esquecem-se de tudo quanto acontecera até então:

---

23 "Assunto lírico – Ode". In: *op. cit.*, p. 496.
24 *Op. cit.*, p. 496-501, passagem à p. 499.
25 *Op. cit.*, p. 496-501, passagem à p. 500.

Tal foste, ó Lima, eu te passei; do antigo,
Sonolento rio a doce história
É verdadeira, eu mesmo o afirmo, e digo:

Guarda entre os Lácios do teu nome a glória,
Que alegre, acompanhando ao meu Rodrigo,
De tudo que deixei perco a memória[26].

Noutro, denominado *Ao Assunto Heroico*, trata explicitamente da travessia, e vale a pena reproduzi-lo na íntegra:

Da horrenda Gruta, que o Penhasco cerra,
Eolo solta aos agitados ventos,
Fervendo o mar com ímpetos violentos,
Aos úmidos Tritões intima a guerra;

Lá desde as margens, onde o dente ferra,
A Nau se entrega aos bravos Elementos,
Ouvem-se ao longe as mágoas e os lamentos
Da saudosa, e já deixada terra.

Calca Maria os encrespados mares,
Despreza a face do mortal perigo,
Não se enternece aos ais dos próprios Lares.

Todo o tesoiro seu leva consigo;
Só lhe pode dar susto, ânsias, pesares
Perder a doce vista de Rodrigo[27].

Dom Rodrigo José de Meneses deixou o governo em 1783 e partiu com a família para a Bahia, onde sucedeu ao Marquês de Valença, o amigo da travessia na "Gigante". Como se viu, só voltaria para o Reino com a mulher e os seis filhos – um nascido no mar e três em Minas Gerais – em 1788, quase dez anos após ter partido. O casal morreu durante a primeira década do século XIX, antes da mudança da Corte para

---

26 *Op. cit.*, p. 524.
27 *Op. cit.*, p. 523.

a antiga colônia, onde tinham passado, talvez, os melhores anos de suas vidas: Dona Maria José foi-se em 1802, e o marido em 1807. Muitas desgraças se abateram sobre sua Casa, mas não há, aqui, espaço aqui para elas[28].

Dona Maria Telles da Silva, a Marquesa de Valença, também deu à luz no Brasil, conforme dito acima. Não teve a sorte, como Dona Maria José, de conviver com uma elite letrada do porte da mineira, aliás sem par na América Portuguesa de então; mas mesmo assim mereceu um encômio, escrito por um obscuro poeta português, José Jacinto Nunes de Melo: a "Canção em que se pretendia louvar a illma e excma senhora Marquesa de Valença D. Maria Telles da Silva pela resolução de acompanhar ao governo da Bahia a seu esposo o illmo e excmo senhor Marquês de Valença"[29]. A obra foi publicada ainda em 1779, talvez antes mesmo da partida dos marqueses, e com certeza antes de chegarem notícias sobre o feliz termo da viagem, já que este ocorreu no final do ano. O autor ofereceu-a ao marquês de Penalva, que na época deveria ser o terceiro do título, Fernando Teles da Silva, nascido em 1754, pouco mais velho que a homenageada e, presumivelmente, seu irmão. Na dedicatória, desculpa-se dos seus

---

28 Para citar as duas principais – a primeira, bem documentada, a segunda, presumida e mais própria ao mundo da intriga e da petite histoire – Dom Rodrigo, então já viúvo, envolveu-se numa conspiração cortesã que teria por fim, em 1805, destronar o Príncipe Regente, Dom João, e colocar Dona Carlota Joaquina em seu lugar, sendo por isso banido da Corte; contra Maria Eugênia, uma das moças nascidas em Minas, houve murmuração geral que engravidara do Regente, motivo pelo qual fugiu em companhia do médico da Corte e foi dar à luz na Espanha. Ver, entre outros, Tobias Monteiro, *História do Império* – A elaboração da Independência. Rio de Janeiro, F. Briguiet et Cia., Editores, 1927, capítulo IV, "Esposos desavindos", principalmente p. 91-97. Sara Marques Pereira, *D. Carlota Joaquina e os 'Espelhos de Clio'* – actuação política e figurações históricas. Lisboa, Livros Horizonte, 1999, sobretudo capítulo II, "Início da actuação política (1792-1806)", p. 49-78; Angelo Pereira, *D. João VI príncipe e rei, a bastarda*. Lisboa, Empresa Nacional de Publicidade, 1955; Jorge Pedreira e Fernando Dores Costa, *D. João VI, o Clemente*. Lisboa, Círculo de Leitores, [2007]. Os dois últimos estudos tendem a considerar a criança bastarda como filha do próprio médico, e não de Dom João.

29 José Jacinto Nunes de Mello, "Canção em que se pertendia louvar a illma e excma senhora Marqueza de Valença D. Maria Telles da Silva pela resolução de acompanhar ao governo da Bahia a seu esposo o illmo e excmo senhor Marquez de Valença dedicada ao illmo e excmo senhor marquez de Penalva &c &c &c.". Lisboa, na Regia Officina Typografica, MDCCLXXXIX. Agradeço a Luciano Figueiredo, que foi quem primeiro me falou desse poema, enviando-me transcrição que fez em Providence, na John Carter Brown Library (C 779 / M 528c). A versão que utilizo aqui apresenta ligeiras variações e é a que se encontra na Biblioteca Nacional de Lisboa, 32, 538.

poucos dotes líricos e pede que se considere sobretudo a intenção, ou, em outras palavras, o caráter laudatório e o desejo de agradar. Por não ter grandes méritos, escolheu ser breve: "pois o cantar mal, e porfiar, é erro aborrecível. E quem o evita, acerta. Uma dissonância na Música, sendo de pouca duração, e bem desculpada, muitas vezes parece bem. Da minha parte esteve a brevidade; da de Vossa Excelência, desculpa; e só com este contraponto ficará mais sofrível a minha Canção"[30].

O poema, muito ruim, tem dez estrofes de seis versos decassílabos, e os primeiros são uma paráfrase d'*Os Lusíadas*, mas em outro registro: o poeta quer cantar um feito marítimo, que de certa forma continua a epopeia das navegações na medida em que fortalece o aparelho administrativo, mas reconhece ser muito menor que o assunto:

Dize-me, ó Musa, se em meus versos cabe
Este objeto tão alto, que me ocorre.

Diante da grandeza do feito – a travessia – e da nobreza da estirpe à qual pertence a jovem Maria Telles da Silva, de quem aliás já tinha celebrado o casamento num *Epitalâmio*, o autor escolhe um meio silêncio e envereda, para justificá-lo, por uma argumentação obscura e confusa, cabendo perguntar qual motivo, então, o levou a começar a empreitada. Há alguma originalidade quando compara a viagem do casal ao feito dos argonautas em busca do velocino de ouro, concluindo que a diferença entre uma e outro reside no fato do Marquês levar consigo o próprio tesouro e, na aventura, arriscar a vida, ao passo que os navegantes gregos não arriscavam senão a esperança, sabe-se lá por quê. Num exercício típico do cultismo, considera auspicioso o fato da marquesa conter o mar no seu nome, Maria, maior, de resto, que o substantivo usado para designar a massa líquida. Nesse conjunto mal composto, destaque-se apenas uma estrofe, por conta da proximidade apresentada com as outras celebrações de que já se tratou aqui:

A Pátria, que aos heróis mais valorosos
Causou sempre saudade irresistível,
Vejo deixar: e aos mares procelosos,
Sem horror da borrasca mais terrível,
Entregar-se com ânimo constante
A bela esposa com o esposo amante.

---

30 *Idem*, Dedicatória.

Grandes poetas, como Cláudio, e poetastros, como este Jacinto, ou ainda como Souto Maior, o *Camões do Rossio*, pautavam-se nos modelos e tópicos inaugurados pelos *Lusíadas* para celebrar aquilo que, sob certo aspecto, era um momento novo da epopeia portuguesa. As primeiras mulheres que cruzaram mares, acompanhando os maridos pertencentes à nobreza de serviço, mereceriam encômios pela coragem e pelo pioneirismo. Mas talvez a valorização dessas mulheres enquanto tema de poesias fosse, por baixo da carapaça ainda cultista, certa forma assumida pelas Luzes num país que encabeçava vasto império ultramarino, e onde, no final do reinado de Dom João V, as sensibilidades começaram a mudar. Outros poemas, em coletâneas importantes como as de Cláudio Manuel da Costa, ou em folhetos baratos como o impresso com os versos feios de José Jacinto Nunes de Melo, estão talvez à espera de estudos, podendo trazer contribuições à compreensão do papel, nem sempre desempenhado de modo evidente, das mulheres nobres na governança do Império português.

Parte II

Suportes, circulação e colecionismo

Memória e conhecimento do mundo: Coleções de objetos, impressos e manuscritos nas livrarias de Portugal e Espanha – sécs. XV-XVII

Ana Paula Torres Megiani
Universidade de São Paulo

1. Oralidade e visibilidade da Memória na europa moderna

Durante a Alta Idade Moderna (secs XV-XVII) a memória era considerada pelo pensamento ocidental a única forma caracteristicamente humana de conhecimento. As demais formas de conhecimento ocorriam por intervenção sagrada e manifestando-se por meio da revelação divina como profecias (sonhos), inspiração e adivinhação. Diante dessas concepções muito diversas das atuais, a escrita era associada a privilégios de elite, pois representava a invenção humana capaz de contornar o esquecimento e preservar a memória, adquirindo relevância e espalhando-se como expressão das camadas letradas em todos os reinos da Europa a partir do Renascimento. Assim, toda casa real, e a maior parte das casas nobres, passam a praticar uma verdadeira *moda das livrarias*, como afirmou Diogo Ramada Curto, formadas por vários tipos de obras reproduzidas a partir de originais ou traduções raras que circulavam entre cortes, palácios, conventos e universidades[1].

Compostas por volumes predominantemente manuscritos antes da invenção da imprensa, as livrarias de reis e rainhas, clérigos e aristocratas eram formadas com fins nem sempre ligados ao conhecimento em si. No século XV a valorização da imagem pública de um senhor italiano, por exemplo, poderia ser um desses objetivos, tal como relatou o livreiro Vespasiano em sua obra sobre a vida dos homens ilustres de sua épo-

---

1 Diogo Ramada Curto, *O discurso político em Portugal* (1600-1650), Lisboa: Projeto Universidade Aberta, 1988, p. 110-1

ca². "Mercador de livros radicado em Florença, ele ajudou a reunir as coleções da biblioteca do Vaticano, da biblioteca Laurenziana e da biblioteca de Federigo, Duque de Urbino"³. Encarregado de constituir os acervos de alguns dos mais poderosos senhores da Península Itálica, dentre eles o grande Cósimo de Médici, Vespasiano afirmou em suas memórias que tais potentados buscavam, antes de tudo, o reconhecimento social de seus iguais ao disponibilizar a consulta aos volumes produzidos em suas livrarias para todos aqueles homens de letras que as necessitassem. Em Madrid, cerca de um século depois acredita-se que existiam mais de 1.300 coleções particulares de livros.[4]

Ao lado da escrita também imagens, objetos e a palavra falada foram fundamentais no esforço de manutenção da memória de pessoas, lugares e épocas que se acreditava ser necessário preservar. O surgimento das galerias de retratos de homens ilustres – pintados ou esculpidos – na época do Renascimento, juntamente com os ditos e sentenças de cortesãos célebres, formavam verdadeiros repertórios de memórias que combinam imagem, escrita e oralidade de maneira integrada, apresentando conteúdos explícitos ou herméticos, de acordo com a necessidade da formulação. Para o historiador espanhol Fernando Bouza[5], no decorrer dos séculos XVI e XVII os atos de escrita/leitura travaram um verdadeiro combate com os sentidos da visão e da oralidade pela preservação da memória, combate este que levou à separação entre as formas de expressão conhecidas a partir do século XVIII, resultando na predominância dada à combinação ler/escrever para a preservação do conhecimento. Até o final do século XVII a escrita era considerada uma imitação do visual e do oral, diferentemente do resultado da disputa entre escrita/leitura e imagem, que termina favorável à escrita no ocidente a partir do XVIII. Desse modo, o ato de escrever passa a ser associado à racionalidade, enquanto a representação por imagens torna-se atributo das artes plásticas no nível erudito, e a oralidade limita-se ao ensino e educação de analfabetos no nível popular.

---

2   Vespiano, *Memoirs, lives of illustrious men of the xv th century*. New York : Harper & Row, 1963.

3   Matthew Battles, *A conturbada história das bibliotecas*. Trad. São Paulo, Planeta, 2003, p. 74.

4   Cf. J. M. Pietro Bernabé, "Recibida y admitida de todos..." La lectura de la historia en la sociedad madrileña del Siglo de Oro. In: *Hispania. Revista Española de Historia*. Sept.-Diciem. Vol. LXV/3 – 221 (2005), p. 877-938. O autor, que investiga a posse e leitura de livros de história na Madrid do início do século XVII, lida com 1.307 livrarias particulares, de diferentes tamanhos, presentes em 31,7 % de um total de 4.126 inventários.

5   Fernando Bouza, *Comunicação, conhecimento e memória na Espanha dos séculos XVI e XVII*. Lisboa, Cultura (14). CHAM/Centro de História da Cultura, 2002, p.109

Essa dicotomia vai mais longe, pois o racionalismo setecentista fixou ainda uma ligação direta entre o processo da Reforma Protestante na Europa do Norte e o desenvolvimento da escrita impressa e da leitura individual, enquanto as regiões dominadas pela Reforma Católica e monarquias tradicionais teriam permanecido vinculadas à percepção visual do divino; o mesmo antagonismo foi usado para explicar o aparecimento do Barroco na zona do Mediterrâneo[6].

Lina Bolzoni, autora de um estudo importante sobre as formas de preservação da memória nas coleções italianas da época do surgimento da imprensa, partilha da mesma opinião de Bouza, e afirma:

> [...] trata-se de um código cultural muito distante do nosso, um código em que as palavras dos poetas eram traduzidas em imagens visuais, confrontadas à pintura e representadas pela linguagem do corpo, um código fundado sobre uma ciência das imagens que se forma através de numerosas leituras, atravessa e se assemelha a diferentes formas de expressão, apoia-se na memória e culmina nela mesma[7].

Atualmente buscamos entender as formas de comunicação e memória que marcaram a cultura da Alta Idade Moderna como expressões associadas muito mais à necessidade de satisfazer a vontade de saber e se comunicar do que ao conteúdo propriamente dito dos instrumentos de comunicação. Desse modo, tentamos repensar as relações existentes entre imagens, ou o elemento visual da comunicação, e o predomínio do conservadorismo e da ortodoxia em oposição à escrita, que na concepção pós-iluminista estaria vinculada aos impulsos revolucionário e inovador. As coleções que se formaram na Alta Idade Moderna a partir de livrarias, galerias de retratos, pinturas e esculturas e, até mesmo, as câmaras de maravilhas e gabinetes de curiosidades são expressões dessa forma de conhecimento e memória.

---

6 "Nesse contexto, e em primeiro lugar, o visual passou a considerar-se, na essência, como uma forma de comunicação oposta à escrita, transferindo-se essa mesma oposição, de maneira automática, para os campos cruciais da luta religiosa (Reforma escrita/Contra Reforma visual) e política (Novo Regime escrito/Antigo Regime visual). *Idem*, p.111

7 Lina Bolzoni, *La chambre de la mémoire. Modéles litteraires et iconografiques a l'âge de l'imprimerie*. Trad. Genève: Droz, 2005, p. 8 (trad. nossa).

2. Coleções, conhecimento e memória nas cortes ibéricas

Outra das importantes dimensões da memória estabelecida na relação entre o escrito e o visual durante a Alta Idade Moderna está, justamente, na difusão da formação de coleções conhecidas como *câmaras de maravilhas* e *gabinetes de curiosidades* em toda a Europa. Nos reinos da Península Ibérica os primórdios dessa prática entre os reis podem ser localizados ainda no período da Reconquista e talvez até antes. Contudo, não está ao alcance deste artigo tratar dos períodos de formação e consolidação das representações do poder da Dinastia Trastâmara e sua relação com a memória através de conjuntos de objetos. Tomo como ponto de partida, assim, as últimas décadas do século XV, período marcado pelo esforço de unificação política do território ibérico, que resulta inicialmente na aliança entre os reinos de Castela e Aragão. Desse modo acreditamos encontrar certa coerência com base na ideia de se construir uma monarquia única sobre a Península, guardadas todas as dificuldades e vicissitudes que esse processo implicou, até a sua realização, de fato, na União das Coroas entre 1580 e 1640.

Antes do século XV, define-se como *tesouro* um conjunto de objetos valiosos, guardados pelos monarcas, tais como joias, peças em ouro e pedras, pertencentes a um palácio principesco, mas que dependendo da função podem denotar também caráter religioso, tais como cálices e outros objetos de culto pertencentes a uma sacristia. O humanismo, segundo Fernando Checa e Miguel Morán, acrescenta o sentido de coleção a conjuntos de objetos de conteúdos profanos de caráter estritamente privado. O primeiro indício desse tipo de conjunto surge na Borgonha, quando Jean, o Bom, filho do duque de Berry, que embora também colecionasse joias, apresenta a valorização dos objetos pelo conteúdo formal e artístico, além do interesse histórico, incluindo os volumes da biblioteca[8].

Enquanto os reis e nobres medievais muitas vezes enterravam-se com seus objetos mais caros e valiosos, ocultando-os dos súditos e descendentes, os reis católicos Fernando de Aragão e Isabel de Castela inauguraram a prática de doar sua coleção de joias: coroa, cetro real e cofres à capela real de Granada, local que adquire intenso valor simbólico durante o processo da união entre os dois reinos, e sede do casamento secreto.

A partir desse momento o *tesouro real* passa a ter um valor de coleção com intuito de visibilidade da soberania régia, dado pelos próprios monarcas ao conjunto

---

[8] Miguel Morán e Fernando Checa, *El coleccionismo en españa. De la câmara de maravillas a la galeria de pinturas*. Madrid, Cátedra, 1985.

de símbolos que configuraria sua memória, isto é, procedem a uma "museificação", *avant la lettre*, de seus objetos. Entre esses objetos estão incluídas uma livraria de manuscritos, incunábulos e impressos, uma coleção de pinturas e outra de tapeçaria[9]. As tapeçarias, elementos essenciais dos gabinetes, capelas e decoração dos palácios, capazes de transformar os ambientes burocráticos, domésticos e cortesãos em um mundo colorido e *pinturesco*, foram geralmente inspiradas em representações religiosas com declarada influência da arte flamenga. Quanto à coleção de quadros da rainha Isabel, é considerado o item de maior modernidade na corte dos reis espanhóis, pois entre os nobres ainda não se tinha difundido o gosto por coleções de pinturas. Isabel preferiu também pintores flamengos por razões religiosas, e não estéticas, já que via a obra de arte com interesses piedosos. Como se sabe, também da América a rainha Isabel mandou vir animais, objeto e pinturas, interessada em conhecer os tesouros do Novo Mundo. Seguiram-se a ela os seus herdeiros, recebendo animais, plantas e joias trazidos por Cristóvão Colombo e seus companheiros.

Assim, a prática – ou "moda"– do colecionismo na Península Ibérica a partir do século XVI pode estar associada a ambientes interligados: de um lado as cortes régias formadas pela agregação de tradições diferentes; de outro as cortes de nobres e fidalgos, em certa medida inspiradas nas cortes régias, mas com autonomia de existência e, finalmente, as cortes de clérigos seculares e regulares. Muitos tesouros das monarquias medievais que formaram a Espanha estavam depositados, há tempos, no Alcázar de Segóvia. Em 1503, contudo, foi confeccionado o primeiro livro com a relação de todas as coisas que ali se encontravam. Segundo um viajante da época, havia nesse tesouro uma coleção de estátuas dos reis de Espanha desde Afonso X, o Sábio (1252-1284), sentado em seu trono, com o cetro e o globo nas mãos representando a alegoria do Império reivindicado pelos castelhanos após a Reconquista[10].

No meio eclesiástico coube ao Cardeal D. Pedro González de Mendoza, amigo de D. Rodrigo de Borja, o futuro papa Alexandre VI, o papel de principal mecenas do Renascimento espanhol no tempo dos Reis Católicos. Tendo vivido na cidade de

---

9 Os autores basearam-se na obra *Testamentária de Isabel la Católica*. Ed. de Antonio de La Torre, Valladolid, 1968, *apud* Miguel Morán e Fernando Checa, *op. cit.*, p. 34. Segundo este estudo, os livros da Rainha Isabel de Castela presentes nesta coleção estão divididos nas seguintes categorias: clássicos e latinos; traduzidos para o castelhano, italiano e francês; espanhóis; temas profanos; livros de cavalaria, religiosos (a maior parte); formação de príncipes; tratados político-morais; livros de leis; histórias e música. Morán e Checa foram os responsáveis pelo uso do termo coleção museológica em relação aos conjuntos do tesouro da Rainha Isabel, aparentemente anacrônico.

10 *Ibidem*.

Valladollid na primeira metade do século XVI, o Cardeal Mendonza foi grande colecionador de livros impressos e manuscritos, além de peças exóticas[11].

Contudo, foi o Imperador Carlos V o responsável pelo empreendimento de uma coleção de obras e peças exóticas sem precedentes na Península e na própria Europa. Descendente de monarcas das principais casas cortesãs europeias: Borgonha e Habsburgo, seu tesouro de relíquias, raridades, cartografia, pinturas e tapeçarias fortaleceu e aportou grande significado simbólico ao hábito de colecionar e expor, já disseminado entre cortes de vice-reis ibéricos, elites eclesiásticas, alta nobreza e fidalguia dos reinos de Castela, Aragão, Nápoles e Calábria, como foi o caso da Corte da Vice-Rainha de Valência, a princesa Germana de Fox.

A partir do reinado de Filipe II as práticas colecionistas tornam-se uma marca efetiva de consolidação da imagem do rei da monarquia hispânica, tanto em seus domínios ibéricos, quanto nas regiões por onde estendeu suas conquistas e possessões. As inúmeras coleções de relíquias constituídas pelo rei Prudente, associadas aos arquivos de manuscritos e impressos régios por ele formados, galerias de pinturas, enfim, toda sorte de agrupamentos de objetos, papéis, imagens e figuras, fizeram da segunda metade do século XVI um momento de intensa busca da fixação da memória e do conhecimento por meio da criação de instituições guardiãs desse "patrimônio", ligadas à realeza, ou à família do monarca. Dessa época originam-se os conjuntos de coleção que formaram o futuro Museo del Prado, a Biblioteca del Escorial e o Archivo General de Simancas.

Todavia, vale observar uma grande lacuna na sofisticada coleção de escritos guardados durante os reinados de Carlos V e Filipe II: os manuscritos árabes. Desde a Baixa Idade Média, vários acontecimentos bélicos levaram à destruição da maioria deles, criteriosamente escritos e copiados desde o surgimento do Islã e sua expansão pelo ocidente. "Quando Carlos V tomou Tunis em 1536, ordenou que todos os livros escritos em árabe fossem queimados" [...] a ponto de "quando Filipe II construiu o Escorial não foi possível achar nenhum manuscrito árabe em todo o reino"[12].

Contudo, o interesse de Felipe II por plantas e animais exóticos era enorme, fascínio herdado provavelmente da rainha Isabel, sua bisavó, e também relacionado com

---

11 Víctor Manuel Neto Alcaide, Alfredo J. Morales, Fernando Checa, *Arquitectura del Renacimiento en España, 1488-1599*. 2ª ed. Madrid: Cátedra, 1993, p. 32. O palácio renascentista do Cardeal Mendoza é hoje sede da Reitoria da Universidade de Valladolid, abrigando em seu interior a biblioteca histórica.

12 Matthew Battles, *op. cit.*, p. 71-2. O mesmo não ocorreu em Portugal, que preservou talvez inconsequentemente um considerável volume de manuscritos árabes, atualmente pertencentes ao acervo da Academia das Ciências de Lisboa.

a conquista da América e a incorporação do Império português na África e no Oriente a partir de 1580. Ao longo do reinado o rei recebeu inúmeras remessas de bichos empalhados e exemplares vivos que eram mantidos nos jardins dos vários palácios por onde o monarca passava ao menos uma vez por ano. Mas foi em Portugal que Filipe II manifestou o interesse de conhecer Abada, o segundo rinoceronte mantido no território lusitano durante o século XVI. Em carta remetida de Lisboa a suas filhas no dia 30 de julho de 1582 escreve:

> Ontem recebi a notícia da chegada, a quarenta léguas daqui, a um porto, de uma nau das que vêm da Índia que por ser velha veio antes das restantes. Julgo que virá em breve para cá. Não sei o que trazem; soube apenas que vem nesta nau um elefante para o vosso irmão, mandado pelo vice-rei que, de Tomar, enviei à Índia [...] Dizei ao vosso irmão isto do elefante [...][13].

Em nota explicativa ao episódio, afirma Fernando Bouza que em 1583 "o vice-rei da Índia, Francisco de Mascarenhas, enviou a D. Diogo de Áustria um elefante que foi levado ao Escorial, e "de Lisboa foram enviados muitos animais exóticos [como gatos e papagaios] ou suas representações plásticas".

Por tudo isso podemos afirmar que os monarcas Habsburgo espanhóis, a partir de Carlos V, tornam-se um híbrido de mecenas e colecionistas, pois além de encomendarem obras a grandes pintores, escultores, arquitetos e jardineiros, compravam e trocavam obras, peças, objetos e todo tipo de imagem com outras cortes europeias e de seus familiares. Outra prática muito comum entre as cortes principescas da Alta Idade Moderna era o presente, ou troca de conjuntos de peças entre elas, tal como ocorreu com as cortes de Madrid e Flandres. Durante o reinado de Filipe III, por exemplo, a Arquiduquesa Isabel Clara Eugênia, uma das infantas às quais se dirigia a carta acima e irmã do rei, estando distante dos familiares por viver em Flandres, escreve ao Duque de Lerma a seguinte declaração acerca da parede de retratos que possuía: "Yo los tengo ahora a todos puestos en un aposento que hemos remendado... y todo el adorno del mio son los retratos, con que paso la vida, ya que no puedo gozar los vivos".[14]

---

13 Fernando Bouza (org., introd. e notas), *Cartas para Duas Infantas Meninas. Portugal na Correspondência de D. Filipe I para Suas Filhas (1581-1583)*. Lisboa, Publicações D. Quixote, 1999, p.157-8.

14 Carta de Bruxelas, de 5 de maio de 1610. *Apud* Bernardo García García, Los regalos de Isabel Clara Eugenia y la Corte española. Intimidad, gusto y devoción. In: *Reales Sítios*, 143, 2000, nota 29.

Desse modo, seja nas coleções régias, seja na de nobres letrados e clérigos, ou ainda na parede de retratos da vice-rainha Isabel Clara Eugênia, observamos uma reunião de objetos, memórias e notícias que aproximam o indivíduo portador aos ausentes, juntando através da forma natural ou representada, e da escrita, a memória de grupos de pessoas de um lado do mundo a outro, impedidas de se conhecerem ou se reencontrarem. Foi sem dúvida a ampliação do espaço do mundo conhecido e dominado que desencadeou a necessidade de aumentar o volume das coleções ibéricas.

Segundo K. Pomian a remessa de relíquias, objetos, gravuras e animais exóticos, produzidos, comprados ou presenteados, podem apresentar inúmeros significados:

> [...] assim como nas relíquias, nas curiosidades, nas imagens, 'intermediários entre o aquém e o além, entre o profano e o sagrado [...] são objetos que representam o distante, o escondido, o ausente [...] intermediários entre o espectador que os mira e o invisível de que provém [...]'. No momento em que são subtraídos do âmbito dos objetos de uso para serem isolados no espaço à parte do túmulo ou da coleção, esses objetos se tornam *semióforos*, portadores de significado[15].

De maneira análoga, lançando mão dos estudos de Natalie Z. Davis, afirma Fernando Bouza que tanto retratos quanto cartas autógrafas ofertadas cumprem papel fundamental na sociedade de corte, pois "na cultura del don el regalo se convirtió en un gesto casi necesario porque expresaba amistad y servicio"[16].

Outra prática muito comum iniciada já no século XVI e associada ao colecionismo, altamente disseminada nas cortes europeias ao longo do XVII, foi a de compra de obras de arte, pinturas, esculturas e outros objetos, a partir de conjuntos disponibilizados após a morte de seus proprietários como meio para liquidação de contas e dívidas do falecido. As chamadas *almonedas* eram, em princípio, fonte de aquisição de obras belas e muito valorizadas, mas podiam ocultar também um engodo caso os compradores não fossem *experts*, no assunto. O rei Filipe IV fizera de Diego Velázquez seu mais importante cortesão no campo da arte. Não só de pintar as imagens da corte

---

15 Krzysztof Pomian, *Collectioneurs, amateurs et curieux*. Paris, 1978, p. 32. Apud Carlo Ginzburg, Representação: a palavra, a ideia, a coisa. In. *Olhos de Madeira. Nove reflexões sobre a distância*. Trad. São Paulo, Cia das Letras, 2001, p. 93.

16 Fernando Bouza, *Palabra e imagen en la Corte. Cultura oral y visual de la nobleza en el Siglo de Oro*. Madrid, Abada, 2003, p. 107.

e da realeza viveu o célebre autor de *Las meninas*, Velázquez era também um exímio arrematador de *almonedas*, tendo permanecido duas temporadas na Itália como representante da Coroa espanhola para comprar e encomendar obras de arte, fato que alegrava o rei, mas também lhe trazia sérias preocupações devido à empolgação que estas viagens provocavam em Diego. Como se sabe, o pintor sevilhano fez-se conhecido na corte papal, tendo por isso sido convidado a realizar o importante retrato do papa Inocêncio X[17].

Um outro exemplo da preocupação com a arrematação de obras por meio de *almonedas* ocorreu no ano de 1672, quando Luis XIV da França enviou à corte do rei Carlos II de Espanha os pintores Gabriel Blanchard e Josep Cussat com o objetivo de escolherem 50 quadros da *almoneda* de Gaspar de Haro y Guzmán, o Marquês del Carpio, para levarem à França. Contudo, o rei sol aconselha seus enviados a verificarem rigorosaente a autenticidade e originalidade das pinturas, pois:

> [...] il est quelquefois à craindre que l'on ayt fair faire des copies des ces beaux tableaux, qui sont si bien faites que ç'on a peine de les discerner d'avec les originaux, et qu'après avoir faire voir les vrais originaux, l'on peut quelques substituer en la place de quelques-uns des copies que l'on a peine à démesler dans la quantité[18].

Para Morán Turina, as coleções reais espanhola, formadas ao longo de mais de um século, não tinham paralelo com o resto das coleções da nobreza e de clérigos criadas até o tempo de Filipe IV. Mas tratava-se provavelmente de uma diferença quantitativa já que o rei tinha mais quadros de Tiziano, Rubens e Velázquez do que qualquer outro; contudo, alguns marqueses poderiam até rivalizar com o monarca, possuindo obras especialmente raras e valiosas. É o caso da *Vênus do Espelho*, obra de Diego Velázquez que pertencera ao marques de Heliche[19].

No tocante à importância dada à cartografia nas cortes carolina e filipina há diversos estudos, pois era grande o interesse em possuir e exibir nas paredes dos aposentos reais as imagens representadas do mundo, tanto em forma de alegorias como em corografias e planisférios. Para ilustrar esse caso, encontramos no acervo biblioteca do Mosteiro do Escorial uma carta de recomendação feita por um conselheiro italiano de Filipe II indicando ao rei um geógrafo português, especialista na confecção de mapas

---

17 Morán Turina, *Estudios sobre Velázquez*. Madrid, Akal, 2006, p.101-20

18 *Apud* Fernando Bouza, *Palabra e imagen en la Corte, op. cit.*, p. 93.

19 *Idem*, p.115-16.

e roteiros de navegação. Com data anterior à viagem de Felipe II a Portugal, nesta carta está destacado claramente o argumento da prestação de serviços e alta fidelidade ao monarca, além de um pedido de ajuda para sustentar esse geógrafo lusitano, que se propõe a passar para o lado espanhol mediante a acolhida justa do rei. A esse respeito afirma o italiano Giovanni Battista Gesio:

> Luys Jorge Geógrafo Português há sido siempre muy affeccionado a V.M^d y deseoso de su real servicio, esta su voluntad la tiene mostrada y puesta en obra en el tiempo que Don Juan de Borja embaxador de V. Mag^d estubo en la ciudad de Lisboa y yo tambien me hallava con el por las cosas de la de mareacion, porque nos descobrio muchos secretos, y por su medio se cobraron muchos papeles, relaciones y mappas y roteros antiguos que hazen mucho al caso sobre este negocio, y para nuestras pretendencias, y demas cada dia nos dava aviso de lo que pretendian hazer los Portugueses en India en prejuicio di V. M^d y de la falsificación que se hazia en Lisboa de los rotteros y relaciones nuebas que venian, en conclusión servi muy bien, e paraque hubiesse alguna gratificación desta su buena voluntad y obra y tambien conociendole Don Juan muy habil en la geografia, y en hazer mappas y pintar Provincias, y q podia hazer servicio a V. M^d escribio dello al Presidente Ju.º de Ouando, elqual le respondi que lo enviase en esta corte, o lo llevasse consigo en su retorno que procureria que V. M^d si servise del y le hiciese merced. [...] El estando siempre firme en su proposito y voluntad, de passarse a servicio de V.M^d esperava ocasión y comodidad de poder e seguir su intento, en pero por allarse muy necessitado y por no tener de quien confiarse, ni aquien arrimarce a deixado de ponerlo en obra hasta agora que yo fue en la ciudad de Lisboa, el qual viendo me y discubrindome su deseo y firme proposito determine de traerle comigo en la buelta. Y con la mas secretaza y mayor yndustria fue necesaria para esto se puso en obra y sin haver acorrido ningun estorbo por el camiño, agora esta aca, truxele a custa e tengo le en mi casa y do le de comer [...] Supplico V. M^d mande darle algun entertenimiento y ocuparle en alguna cosa de su servicio, con que se pueda sostentar, pues yo no tengo tanto de poder sostentar esta carga. Y demas es bien que si reciba este hombre portugues y se le haga merced por dar ejemplo a los otros y para que se entienda que los que se passan al servicio de V.M.^{d} y se comparan a su real grandeça y liberalidad quedan beneficiados y amparados. En que se poderia ocupar este hombre y como y porque fuera mejor par servir, poderia V. M.

siendo servido del, cometerlo al licenciado Gamboa, como aquel que ha entendido en lo negocio de la demarcacion, y sabe desde el tiempo de D. Juan de Borja los servicios que ha hecho este hombre, para que lo trate con estes señores del consejo de Yndias, o cometerle a Juan de Herrera y q Nosso S^r augmente V.M^d en Vassalos voluntariosos sevicios, en Madrid a X de junio de 1579.

S.R.M.   Besa los pies de V. M. su humilissimo siervo
                                              Juan Battista Gesio[20].

Trata-se do cosmógrafo Luis Jorge Barbuda, contemporâneo de Fernão de Magalhães, Duarte Gomes de Solis e outros célebres navegadores. Súdito na corte portuguesa de D. João III, durante a regência de D. Catarina aproximou-se do italiano Giovanni Battista Gesio, "engenheiro" que desde 1565 estabeleceu residência em Madrid integrando a *Junta de Demarcación de Límites entre España y Portugal* e ministrando aulas no colégio do Mosteiro do Escorial[21].

Nesse sentido, vale acrescentar que os mais antigos antecedentes dos estudos "técnicos" na Espanha remontam à Real Academia de Matemáticas de Madrid, criada por iniciativa pessoal de Felipe II em 1582 após seu regresso de Portugal. Tendo conhecido os cartógrafos lusos durante sua permanência em Lisboa, o rei Prudente reconheceu que estavam mais adiantados que os espanhóis. Nesse centro de formação eram outorgados títulos de habilitação para o exercício da profissão de cartógrafo, cujo prestígio se baseou no professorado e matérias práticas; ali se formaram cartógrafos,

---

20 Carta de Juan Bautista Gesio a Felipe II recomendandole a Luis Jorge, geógrafo português. Biblioteca El Escorial, Códice – L.I.12.

21 "Los datos sobre su biografía [J.B.Gesio] son escasos... Las teorías de Gesio eran opuestas al sistema filosófico de Ramón Llull. A partir del año 1573 se instala en Portugal y entabla relación con el cosmógrafo Luis Jorge de Barbuda. Este le proporcionó mapas y roteros de Juan Ponce de León, Juan de Solís y Fernando Magallanes que Gesio trasladó al Consejo de Indias y a la Biblioteca de El Escorial. Todo este material fue objeto de estudio por parte de Juan de Ovando y Juan López de Velasco. Gesio fue uno de los principales consejeros a la hora de recomendar al rey la adquisición de documentos como un mapa de Ovando que había realizado Sebastián Cabot. Incluso le pidió que contratara a Barbuda, un cartógrafo que estaba en el exilio". Disponível em: http:// www. artehistoria.jcyl.es /histesp/ personajes/2035.htm – consulta em 29 de maio de 2007.

pilotos, arquitetos e engenheiros, de tal maneira que estas duas últimas especialidades passaram a adquirir certa posição de natureza reconhecida. Foi extinta em 1634[22].

3. A CIRCULAÇÃO DE NOTÍCIAS E RELATOS MANUSCRITOS ENTRE O NOVO E O VELHO MUNDO

Mas, embora o exotismo dos animais e objetos fosse altamente valorizado nessas coleções, assim como a força representativa da imagem retratada ou gravada, voltemos à escrita e seus aspectos de vinculação com a memória do mundo novo.

Dentre os campos mais privilegiados da história da cultura da época Moderna, nos últimos tempos encontramos os estudos da história do livro e da leitura, que tem entre seus nomes mais destacados os de autores como Daniel Roche, Lucien Febvre, Roger Chartier, Peter Burke, Robert Darnton, Carlo Ginzburg e Natalie Z. Davis[23]. Graças a estes historiadores compreendemos que a leitura e a escrita integraram um conjunto de práticas determinantes da cultura ocidental em todos os níveis sociais, mesmo entre a massa dos analfabetos; relatos orais tornam-se escritos e textos impressos eram lidos e representados em voz alta para os iletrados. Para Leila Algranti,

> [...] a História dos Livros é na verdade uma área limítrofe e marcada pela interdisciplinaridade, na qual encontramos a participação não só de historiadores, mas também de cientistas sociais e estudiosos da literatura. O que há de comum entre esses estudiosos é que todos se interessam por desvendar o longo e complexo processo que se estende desde a produção até a divulgação e consumo de livros; nas palavras de Robert Darnton, dedicam-se ao 'ciclo de vida' dos livros, isto é, como surgem e se difundem na sociedade. Cada fase desse processo é importante e apresenta variações, dependendo do tempo e do local em que ocorre. São segmentos de um circuito de comunicação. [24]

---

22 Dados: http://www.upm.es/laupm/historia.html

23 Para um balanço desses trabalhos e suas contribuições ver: Roger Chartier, *L' ancien Regime Typographique: reflexions sur quelques travaux recénts*. Annales. ESC, 36 (1981), p. 191-209.

24 Leila M. Algranti, *Livros de devoção, atos de censura. Ensaio de História do Livro e da Leitura na América Portuguesa (1750-1821)*. São Paulo, Hucitec/Fapesp, 2004, p.16.

Contudo, o desenvolvimento das pesquisas acerca da cultura escrita no Império português tem nos levado, como vimos anteriormente, à necessidade de ultrapassar as relações entre escrita-leitura-memória formuladas por esses autores, já que se trata de um vasto mundo conectado por meio de papéis escritos, raramente fixados na forma impressa, excetuando-se sempre o caso dos jesuítas detentores de uma tecnologia comunicativa altamente sofisticada em função da natureza de sua missão universal civilizadora.

Durante muito tempo acreditou-se que, além da exploração agrícola e da escravidão, uma das características mais emblemáticas da colonização portuguesa na América fora a ausência de duas instituições fundamentais da cultura europeia pós-renascentista: a imprensa e a universidade[25]. À inexistência dessas instituições, estaria ligada, em grande medida, o suposto "atraso" no nascimento e crescimento de grupos sociais letrados na colônia, aqui formados e instruídos, gerando uma sociedade carente de bases fundamentais da cultura letrada e erudita, desprovida de condições para pensar uma nação independentemente do binômio agrarismo/escravidão[26]. Vale lembrar, entretanto, que embora não tendo sido criada na América, ao menos em outras partes do Império português existiu imprensa desde a primeira metade do século XVI, marcando, como bem mostrou Charles Boxer, a ação dos evangelizadores da Cia. de Jesus no Oriente[27]. Evidentemente, em paralelo ao desenvolvimento da imprensa no reino e nas conquistas, vemos aprimorarem-se os mecanismos de censura inquisitorial e controle da circulação e comercialização de livros e impressos dos mais diversos tipos[28].

---

25 Como se sabe, esta ideia foi abordada de modo comparativo entre as Américas portuguesa e espanhola pela primeira vez por Sérgio Buarque de Holanda, "O semeador e o ladrilhador". In: *Raízes do Brasil*. 23ª ed. Rio de Janeiro: José Olympio, 1991, p. 64-65.

26 Luiz Carlos Villalta, "O que se fala e o que se lê: língua, instrução e leitura". In: Laura de Mello e Souza (org.), *História da Vida Privada no Brasil*. Vol 1. São Paulo, Cia. das Letras, 1997, p. 333-34.

27 Em Goa, a tipografia foi criada em 1556, em Macau no ano de 1588 e no Japão as primeiras oficinas surgem em 1590. Cf. Charles R. Boxer, *O Império Colonial Português (1415-1825)*. Trad. Lisboa, Edições 70, 1981; e "A tentative check-list of Indo-Portuguese imprints", In: *Arquivos do Centro Cultural Português*, Vol. IX, Paris, Fundação Calouste Gulbenkian, 1975, p. 567-99. Também Manuel Cadafaz de Matos, *A tipografia quinhentista de expressão cultural portuguesa no Ocidente (India, China e Japão)*. Lisboa, Tese de doutoramento, 1997.

28 Ana Paula Torres Megiani, "Imprimir, regular, negociar: elementos para o estudo da relação entre Coroa, Santo Ofício e impressores no mundo português (1500-1640)". In: *Anais*

Além disso, se por um lado a ausência de tipografias e universidades tornou-se uma espécie de estigma do "atraso", por outro é necessário ressaltar a importância dada ao ensino da língua portuguesa como forma de controle e vinculação nas relações Portugal-Brasil desde o início do século XVI, tal como se pode observar na seguinte afirmação de Luiz Carlos Villalta:

> Quanto à língua, a imposição do português foi vista como forma de preservar a Colônia; porém, tal ímpeto foi contrabalançado pelas necessidades cotidianas, que requereram em linhas gerais e se acomodaram a elas com variações no tempo e no espaço. [...] pelas expectativas dos grupos sociais da Colônia, a língua portuguesa avançou, na proporção da passagem dos séculos, enquanto foram múltiplos os lugares da educação e, inversamente, estreitos os espaços da instrução escolar e dos livros.[29]

Não se pode negar que, atrelada à presença das ordens religiosas detentoras do monopólio do ensino da leitura nos trópicos lusitanos, a ausência de tais instituições de difusão da cultura letrada europeia foi determinante para a conformação das ideias no Brasil durante o período colonial. Por outro lado, é bastante conhecida a existência clandestina de livros impressos como aspecto significativo da formação de núcleos de resistência de colonos letrados contra o acirramento de medidas metropolitanas durante a segunda metade do século XVIII. Contudo, até muito recentemente pouco se pensou que, ao longo de mais de três séculos de colonização a cultura escrita esteve presente na forma manuscrita – de modo oficial ou não – em todo o edifício comunicativo construído entre Portugal e suas conquistas, bem como nas várias partes do império português. Trata-se de uma constatação simples, de certa maneira óbvia, mas pouco discutida diante do significado que ela possui, pois os estudos mais recentes têm demonstrado que diversas foram as formas de difusão da cultura escrita nos tempos da colonização portuguesa, predominando indiscutivelmente o modo manuscrito.

Nesse sentido, é necessário destacar que os documentos escritos nos séculos XVI, XVII e XVIII, sejam eles impressos ou manuscritos, não podem ser tratados como embriões da escrita pós-ilustrada em sua forma contemporânea. Diferentemente, eles pertencem a um momento específico da cultura ocidental, cujos procedimentos de registro, seleção e organização em volumes e coleções tinham códigos próprios.

---

de História do Além-Mar VII. CHAM – Universidade Nova de Lisboa, 2006.
29 Luiz Carlos Villalta, *idem.*

Antes de tudo entendemos que é fundamental levar em conta o caráter hierárquico da sociedade europeia que se volta para o novo mundo, na qual um indivíduo apenas letrado não tinha garantido um espaço de atuação junto às diversas esferas de poder e domínio existentes. Outros elementos de tradição e negociação eram necessários para que o portador de conhecimento de letras pudesse ocupar cargos, receber honras, mercês e privilégios régios. Apesar disso, uma monarquia moderna não podia existir sem uma corte de letrados, além de diversos conjuntos de obras impressas e copiadas, assim como as principais casas nobres dos reinos europeus não podiam prescindir do *status* de possuir livrarias, coleções de gravuras e mapas, sustentando para isso clientelas ligadas ao conhecimento do mundo, à produção artística e ao registro da história.

No que tange a dinâmica de remessa de notícias, relatos e seu papel na consolidação de um conhecimento/memória sobre o mundo novo, A.J. Russell-Wood destacou a importância do registro e da circulação de informações entre as partes do Império português, durante os séculos XV, XVI e XVII, para a construção de um conhecimento novo e de uma memória desse conhecimento, produzido a partir do uso de relatos orais de pessoas que regressaram de temporadas no além-mar, pois "a qualidade, a riqueza e a diversidade das informações reunidas estão patentes em crônicas, narrativas de viagens, relatórios de embaixadores, cartas de jesuítas, diários e correspondência oficial". Segundo Russel-Wood,

> Parece não ter havido faceta da experiência humana que tenha escapado aos olhos de lince e aos excelentes ouvidos dos portugueses, nas suas peregrinações. [...] Tais informações forneceram os materiais usados por cronistas oficiais e por historiadores os quais, não só tinham acesso, sem restrições, a todos os relatórios que entravam em Portugal, mas podiam recorrer a testemunho oral riquíssimo daqueles que regressavam de além-mar. Igualmente, conselheiros reais, estrategas militares, prospectores comerciais e até membros do clero recorreram a essas mesmas fontes para tomar decisões no interesse da Coroa, do País e da Cristandade[30].

Um caso extremamente elucidativo dessa situação é o da livraria de Manuel Severim de Faria (1583-1655), Chantre da Sé de Évora, onde foram reunidos cerca de 400 volumes de manuscritos e impressos de vários tipos tais como folhetos, relações

---

30 A.J. Russel-Wood, *Um mundo em movimento. Os portugueses na África, Ásia e América. (1415-1808)* Trad. Lisboa, DIFEL, 1998, p. 97.

de sucessos, livros e gravuras, sendo uma das poucas coleções privadas existentes no reino de Portugal no período[31]. Trata-se de um conjunto formado por uma malha de correspondências oriundas de várias partes dos reinos de Portugal e Espanha, da Europa, Índia, África e América, centralizada na cidade de Évora, desde a última década do século XVI até meados do XVII. Inaugurada pelo Chantre e continuada por seu sobrinho Balthazar de Faria Severim, a rede de informações resultou na criação de um considerável volume de documentos manuscritos, hoje dispersos e em parte desaparecidos, que se destinavam à composição de obras de *História* raramente concluídas, elaboradas predominantemente nas formas de *Anais* e *Décadas*, e remetidas aos correspondentes[32].

O caráter excepcional dos códices de Severim de Faria é determinado pelo fato de vários autores do século XVII terem colaborado nas relações de notícias; em contrapartida receberam contribuições da livraria de Évora para a composição de suas obras. Além de Luís Mendes de Vasconcelos, Diogo do Couto e Frei Vicente do Salvador[33], são mencionadas pelos pesquisadores conexões com Jorge Cardoso, autor do *Agiológio Lusitano,* e João Franco Barreto, que escreveu a importantíssima relação de obras e livrarias existentes em Portugal na primeira metade do seiscentos denominada *Biblioteca Luzitana*[34]. Duarte Nunes de Leão também está entre os referidos que partilharam desse ambiente letrado, embora não haja comprovação de que de fato tenha com ele trocado correspondência. Frei Cristóvão de Lisboa, irmão mais novo de Severim de Faria, que vivera entre os nativos do Maranhão na segunda década do XVII, e Ambrósio Fernandes Brandão são os outros correspondentes na América Portuguesa, embora no tocante ao segundo seja apenas constatada na livraria do Chantre

---

31 Ana Paula T. Megiani, *O Rei Ausente. Festa e Cultura Política nas Visitas dos Filipes a Portugal (1581 e 1619)*. São Paulo, Alameda/Fapesp/Cátedra Jaime Cortesão, 2004.

32 As obras atualmente publicadas de Manuel Severim de Faria são: *Discursos vários políticos.* (introdução actualização e notas de Maria Leonor Soares Albergaria Vieira). Lisboa, Imprensa Nacional/Casa da Moeda; *Notícias de Portugal*. Introdução, atualização e notas de Francisco A. Lourenço. Lisboa,Colibri, 2003.

33 Ana Paula T. Megiani, Política e Letras no tempo dos Filipes: o Império Português e as conexões de Manuel Severim de Faria e Luis Mendes de Vasconcelos. In: Maria Fernanda Baptista Bicalho e Vera Lucia Amaral Ferlini, *Modos de Governar. Idéias e Práticas Políticas no Império Português*. Séculos XVI a XIX. São Paulo, Alameda/ Cátedra Jaime Cortesão-USP, 2005, p. 239-56.

34 A respeito cf. Maria de Lurdes Correia Fernandes, *A biblioteca de Jorge Cardoso (+1669), autor do Agiológio Lusitano. Cultura, erudição e sentimento religioso no Portugal moderno.* Porto, Faculdade de Letras da Universidade do Porto, 2000.

a existência do manuscrito de *Diálogos das Grandezas do Brasil*, que também permaneceria manuscrito até o século XIX[35].

Na Espanha encontramos entre as milhares de livrarias privadas acima referidas, uma coleção especial e similar à de Severim de Faria, formada também por um português que se transferiu para Madrid logo após a anexação de Portugal à Coroa espanhola. Trata-se da *Coleção Mascarenhas*, preservada integralmente na Biblioteca Nacional de Madrid, um dos acervos mais importantes para os estudos do século XVII e consultada por historiadores renomados da época moderna, tanto espanhóis como estrangeiros, como J.A. Maravall, John Elliot, John Lynch, Stuart Schwartz, entre outros. Esta coleção, contudo, tem sido pouco estudada como *corpus* integral.

Formada pelo português Jerônimo de Mascarenhas, consiste em um conjunto de códices composto por impressos dos mais variados tipos, manuscritos autógrafos e cartas de notícias, muito semelhante ao de Manuel Severim de Faria. O acesso aos códices do bispo Mascarenhas nos permite imaginar como seria, então, a livraria do chantre, atualmente desaparecida por ter sido desmembrada desde o início do século XVIII. Nascido em Lisboa em 1611 e falecido em Segovia em 1672, Jerônimo era o sexto filho de D. Jorge de Mascarenhas, Marquês de Montalvão e primeiro Vice-Rei do Brasil. Formado e doutorado em cânones em Coimbra, teve uma carreira eclesiástica condizente com o *status* social de sua família, optando por permanecer ao lado da Coroa espanhola após a Restauração. Sua adesão a Filipe IV como clérigo da Casa Real e cortesão rendeu-lhe, já em 1641, um título da Ordem de Calatrava, além da escalada de postos junto ao monarca como *summiler* de cortina e membro do Conselho de Portugal. Em 1647 tornou-se capelão-mór e *limosnero*-mór da Casa da Rainha D. Mariana de Áustria e em 1667 foi nomeado Bispo de Segóvia, local onde faleceu e está sepultado[36].

---

35 "Paralelamente, as actividades do Chantre de Évora afiguram-se cruciais na construção de uma rede de homens de letras e na dinamização da vida acadêmica eborense. De facto, a sua biblioteca, consultada por muitos, ocupa o centro de um circuito de comunicação e de relações epistolares à escala planetária. Severim exemplifica bem até que ponto se intensifica, ao longo da primeira metade de Seiscentos, um gosto pelo livro e pela leitura em paralelo com a emergência de uma nova configuração do campo literário." Diogo Ramada Curto, *A história do livro em Portugal*: uma agenda em aberto. In: *Leituras*. No 9-10, outono 2001-primavera 2002, p. 28.

36 Sobre Jerônimo Mascarenhas não existe um estudo específico, a bibliografia resume-se a artigos muito pontuais como "Bonaventura Bassegonda I Ugas, Jerónimo de Mascarenhas retratado por Pedro de Villafranca". In: *Locvus Amoenus*, 2, 1996, 175-80; J. A. Cid, *Historia, razón de estado y burocracia*: Antonio de Solís contra Jerónimo Mascareñas (1662-1663),

Embora nunca tenha se aventurado a ocupar posições nas inúmeras possessões espanholas fora do território da península, tampouco na América, Jerônimo Mascarenhas foi um incansável colecionador de *relações de sucessos*, notícias e toda sorte de avisos, movido pelo desejo de se consagrar como um historiador da monarquia, cuja importância revela em um de seus escritos de 1621 que trata de como se deve escrever Anais de Historia:

> [...] de que necessita un Reyno mas si de un escriptor verdadero, ó Rey bueno: y siguem no pocos que mas importa a la Republica aquel que este, instó que el buen Rey solo es bueno en su tiempo: y la Historia sy es qual debe, haze a muchos que lo sean con los documentos que presenta de los sucesos passados[37].

Os cerca de cinquenta códices que formam a *Coleção Mascarenhas*[38], estão ainda repletos de cartas – originais e cópias – enviadas de todas as cortes mais importantes da Europa, Oriente e Ocidente, além de compilações de documentos antigos, especialmente relativos às relações entre as monarquias de Espanha e Portugal[39].

Seus textos autorais foram compostos em língua castelhana, opção feita pela totalidade dos autores que se transferiram de Portugal para a corte espanhola no período. Alguns de seus escritos chegaram a ser impressos, mas grande parte permanece até hoje manuscrita. Organizados segundo critério cronológico de interesse do autor, isto é, quando reunia os sucessos de um determinado ano e necessitava de um do-

---

Nueva revista de filología hispánica, tomo 47, núm. 1 (1999), págs. 73-97 e Fernando Bouza, *Entre dois reinos, uma pátria rebelde. Fidalgos portugueses na monarquia hispânica depois de 1640. Portugal no tempo dos Filipes. Política, Cultura, Representações (1580-1568)*. Trad. Lisboa, Cosmos, 2000, p. 271-91. Entre suas obras publicadas está Viage de la sereníssima reyna Doña Maria Ana de Áustria. Segunda muger de Don Phelipe Quarto deste nombre. Rey Catholico de Hespana hasta la Real Corte de Madrid, desde la Imperial de Viena. Al Rey nuestro señor por Don Hieronymo Mascarenas, Cavallero de la Orden de Calatrava del Consejo de su Majestad en el Supremo de las Ordenes Militares de Castilla. Su Sumiller de Cortina. Prior de Guimaraens y Obispo electo de Leirya. Con Privilegio en Madrid por Diogo Diaz de la Carrera ano 1650.

37 Jerónimo Mascarenhas, *Cualidades de los que han de escribir historia o anales, Relaciones del Año 1621*. BNE MSS 2352, Fol. 1v.

38 Numerados entre os manuscritos 2343 e 2393 da BNM.

39 Agradeço ao Felix Labrador Arroyo a indicação de trabalhos de pesquisadores espanhóis sobre Jerónimo Mascarenhas.

cumento copiado mais antigo, este era anexado ao volume do ano da elaboração. Os volumes apresentam sumários de conteúdos imprecisos, pois não correspondem exatamente aos documentos existentes em cada volume. Na primeira parte dos códices encontramos os anais do próprio Mascarenhas, ou seja, a síntese de acontecimentos das relações recebidas; em seguida os textos enviados, provavelmente por copistas que o auxiliavam em arquivos e cortes de Itália e Portugal; na última parte de cada códice estão os anexos impressos e manuscritos, ou seja, o material bruto do trabalho.

A descrição da organização das fontes nos códices não visa apenas mostrar seu caráter material, mas para além dele, observarmos que cada volume de Mascarenhas permite ao historiador conhecer as camadas de seu processo de escrita e registro da memória. O rigor metodológico de Mascarenhas indica uma visão classificatória, o que diferencia esta coleção de notícias daquela de Severim de Faria, menos criterioso na organização de seus papéis, mas por outro lado mais sistemático na narrativa cronológica dos seus *Anais da História de Portugal*[40].

Dentro desse conjunto constatamos, sobretudo, ao longo da década de vinte do século XVII, a existência de um volume significativo de pedidos de envio de notícias sobre as ameaças, invasões e expulsão de holandeses nas conquistas portuguesas, e que fazem circular entre vários ambientes as *relações de sucessos*.

A circulação de relatos de batalhas, guerras e sucessos militares intensificou-se por toda Europa na primeira metade do século XVII, em parte devido ao crescimento das atividades relacionadas à escrita e à imprensa nos ambientes ligados à monarquia, igreja e, sobretudo às cortes ibéricas[41]. A escrita, leitura, memória e coleção desses relatos passou a ocupar um lugar de destaque na vida de letrados de diversas categorias sociais, podendo ser conhecidas como um subgênero dentro do próprio gênero *Relações de Sucessos*, que por sua vez compreende uma vasta gama de assuntos tais como, cerimônias da corte e da realeza – entradas, casamentos, batizados, cerimônias fúnebres, e outros –, autos de fé, fenômenos da natureza – passagem de cometas, eclipses, inundações –, milagres, visões ou relatos de sonhos proféticos[42].

---

40   A esse respeito a pesquisa na BNE nos levou à localização de uma fonte inédita relacionada com o Chantre de Évora, por indicação de F. Bouza; trata-se de *Relaciones Manuscritas de Portugal desde anno de 1643 ate 1646* - MSS 8187 Micro 13874 – 96 fols, um códice manuscrito completo formado por notícias enviadas por autor desconhecido a Manuel Severim de Faria.

41   Para a escrita portuguesa da guerra durante a época moderna, em âmbito régio e cortesão, refiro-me aqui ao importante trabalho de Rui Bebiano, *A pena de Marte. Escrita da guerra em Portugal e na Europa (sécs. XVI-XVIII)*. Coimbra, Minerva, 2000, cap. 3.

42   Cf. AAVV, Las Relaciones de Sucessos en España (1500-1750). Actas del Primer Coloquio Internacional (Alcalá de Henares, 8-9 y 10 de junio de 1995) *Publicaciones de la Sorbonne*,

Além disso, lembramos que a difundida prática da elaboração de textos de aconselhamento para resolução de problemas da vida "econômica" do reino, da Coroa e das conquistas, conhecida como *arbitrismo*, embora possua características textuais e significados específicos, também passa a integrar esses conjuntos de relações constando invariavelmente nesses códices chamados de *miscelâneas*. Estamos, portanto, diante de um processo de intensificação e difusão dos modos particulares de coletar, organizar e preservar a informação escrita associados aos processos de formação da burocracia das monarquias modernas, marcados pela sofisticação das formas de conhecimento e novas configurações sociais nos ambientes de corte, que colocam aos letrados possibilidades de mobilidade através do fortalecimento de vínculos permeados pela escrita[43]. Esses processos integrados proporcionam o surgimento de práticas coletivas e individuais que deram origem a novos mecanismos de seleção e organização da memória, como foi o do nascimento das Gazetas de Notícias[44].

Finalmente, entendemos que, assim como as obras de arte e arquitetura constituem o patrimônio e a memória de culturas da edificação de natureza predominantemente estável e imóvel, as narrativas e notícias escritas que, durante os séculos XVI, XVII e XVIII percorreram os mares em meio a peças escravas, ouro e especiarias, formam o edifício de papéis que não foi erigido a partir de corolários tratadísticos e padrões estéticos. Desse modo, a ampla dimensão da escrita descritiva do Império português se constitui como primeiro estágio de uma nova memória, elaborada de maneira extremamente coloquial, muito próxima à oralidade da língua falada, contendo grande riqueza de detalhes com relação ao estado das coisas no Brasil, África, Oriente e Portugal, uma espécie de "memória em movimento".

Assim, o estudo de coleções de livros; da circulação de ideias, notícias, relatos e memórias; dos usos da escrita no campo administrativo, nos campos místico-religioso e evangelizador abre enormes vertentes a uma compreensão original dos

Servicio de Publicaciones de la Universidad de Alcalá de Henares, 1996..

43 Um importante estudo sobre a circulação de notícias da América na Europa nos inícios da época moderna é: Renate Pieper, Cartas de nuevas y avisos manuscitos en la época de la imprenta. Su difusión de noticias sobre América durante el siglo XVI. In: Fernando Bouza (coord.), *Cultura epistolar en la alta Edad Moderna. Usos de la carta y de la correspondencia entre el manuscrito y el impreso*. Cuadernos de Historia Moderna. Anejos IV. Universidad Complutense de Madrid. 2005, p. 83-94.

44 Com relação às Gazetas impressas e manuscritas a bibliografia é vasta. João Luís Lisboa, Tiago C.P. dos Reis Miranda, Fernanda Olival (eds.) *Gazetas Manuscritas da Biblioteca Pública de Évora*. Vol. 1 (1729-1731). Lisboa, Colibri, 2002 e *Gazetas Manuscritas da Biblioteca Pública de Évora*. Vol. 2 (1732-1734). Lisboa, Colibri, 2005.

mecanismos de encontro da cultura europeia com as culturas que passaram a se conectar a ela após a criação dos Impérios ultramarinos. Isto é, o aprofundamento da análise do sistema de comunicação escrita no Império português permite refletir sobre a permanência e a continuidade de práticas culturais desenvolvidas na metrópole que, de certa forma, além de se estenderem aos domínios ultramarinos portugueses, articularam e uniram as diversas partes do império, construindo as bases sobre as quais se efetivou a colonização.

Através da integração dos elementos oral/textual/visual, um conjunto de códigos de comunicações expressa e transmite valores simbólicos e significados de vários tipos: econômicos, sociais, políticos, religiosos, étnicos, etc. O estudo dos sistemas de memória e comunicação é, portanto, um extraordinário veículo de compreensão de autorepresentações, de identidades e de trocas culturais.

Gazetas manuscritas da Biblioteca Pública de Évora: notícias de história

Tiago C. P. dos Reis Miranda
Universidade Nova de Lisboa

Para D. Frei Raphael de Bluteau, "noticia" é "conhecimento, ou cousa que vem ao conhecimento". "Humas saõ certas, & evidentes, como he a sciencia. Outras saõ duvidosas, & escuras, como he a opiniaõ, a conjectura, a sospeita; outras, firmes, mas escuras, como a Fé; outras, firmes, & clarisimas, como he a Luz da gloria. Tambem ha noticias naturaes, como he a intelligencia; outras adquiridas, como he a Metaphysica, outras infusas, como saõ todas as revelaçoens; a estas acrescenta o moral as noticias celestes, terrestes, profanas, ou mundanas, politicas, diabolicas." Numa palavra, notícia é "conhecer". "Erudição". "Letras". E é nessa acepção que se pode falar, nessa altura, de um "homem que tem muitas noticias". Ou recorrendo a um vocábulo de origem espanhola que os portugueses já empegavam ao menos desde meados do século XVII, "homem *noticioso*"[1].

O duplo sentido que aí se concentra, de "informação" e "saber", recorda o que agora ainda subsiste na locução idiomática "ter ciência de [alguma coisa]". Mas, com o tempo, o termo "notícia" passou a ser circunscrito ao domínio dos "factos" concretos ou da "informação" que deles se produz. E a noção de "ciência" passou a abarcar toda a extensão do "saber" adquirido e fundamentado por intermédio de procedimentos

---

1 *Vocabulario Portuguez & Latino*, 10 vols., Coimbra, No Real Colegio das Artes da Companhia de Jesus e outros, 1713-1728, *sub* voce "Noticia" e "Noticioso". A datação do uso português é baseada no *Dicionário Houaiss da língua portuguesa*.

metodológicos em que Bluteau, com certeza, não cogitava, ao aludir à existência de algumas "notícias" que, para ele, eram, de todo, "certas, & evidentes"[2].

Ora, os mais destacados integrantes das academias da primeira metade do século XVIII europeu tendiam a viver o processo de busca e acúmulo de elementos de estudo e de trabalho como uma espécie de dimensão necessária e praticamente indistinta da "reflexão" que levava ao "saber". Lembre-se, por exemplo, em Itália, o labor erudito de um Muratori e o empenho de correspondente e difusor de "novidades" do mundo das letras, de um Giovanni Lami[3]. No universo de língua espanhola, desponta, de longe, Gregorio Mayans[4]. E assim na Inglaterra, como na França, ou noutros estados de menores dimensões, são conhecidos os casos de *philosophes* e humanistas que se empenharam de corpo e de alma em alimentar um verdadeiro mercado de "informação" e "notícias", para além das estreitas fronteiras de ordem política e dos antigos limites continentais[5].

No Portugal dessa altura, a qualidade de "homem noticioso" encarnou sobretudo no 4º Conde da Ericeira: D. Francisco Xavier de Meneses, membro da Arcádia romana, sócio da *Royal Society* e correspondente da Academia de São Petersburgo. Seus interesses compreendiam praticamente todo o espectro de conhecimentos contemporâneo: da matemática à medicina. Merecem destaque os trabalhos de história,

---

2   Hans-Georg Gadamer, *Elogio da teoria*, trad. de João Tiago Proença, Lisboa, Edições 70, 2001, p. 30.

3   Stuart J. Woolf, "La Storia politica e sociale", trad. de Aldo Serafini e Elda Negri. In: *Storia d'Italia*, vol. 3, Torino, Giulio Einaudi editore, [1973], p. 59-79 ("La ripesa dell'Italia (1700-1750): IV. I «nuovi» intellettualli"); Giuseppe Ricuperati, "The renewal of the dialogue between Italy and Europe: intellectuals and cultural institutions from the end of the seventeenth century to the first decades of the eighteenth century". In: Dino Carpaneto and Giuseppe Ricuperati, *Italy in the Age of Reason: 168-1789*, New York, Longman, 1987, p. 78-95, e Jean Boutier, "Giovanni Lami, «accademico». Echanges et reseaux intellectuels dans l'Italie du XVIIIᵉ siècle". In: Carlo Ossala, Marcello Verga, Maria Antonietta Visceglia (éd.), *Religione, Cultura e Politica nell'età moderna*, Florence, Olschki, 2003, p. 547-58.

4   Antonio Mestre Sanchis, "La carta: fuente de conocimiento histórico" e "Correspondencia erudita entre Mayans y Muratori". In: *Mayans: proyectos y frustaciones*, Valencia, Ayuntamiento de Oliva, 2003, p. 121-35 e 137-78, respectivamente.

5   Por todos, Paul Hazard, *La crise de la conscience européene* (1680-1715), [Paris], Fayard, 1989, p. 3-105; René Pomeau, *L'Europe des lumières*. Cosmopolitisme et unité européenne au XVIIIe siècle, [Mesnil-sur-l'Estrée], Éditions Stock, [1991], *passim*, e Pierre Chaunu, *A civilização da Europa das Luzes*, trad. Manuel João Gomes, vol. I, Lisboa, Editorial Estampa, 1985, p. 47-90.

as orações acadêmicas e as composições literárias[6]. Na *Bibliotheca* de Barbosa Machado, contam-se em torno de seis dezenas de títulos impressos e meia centena de manuscritos da sua autoria. Entre estes, "*Cartas Familiares* em cinco linguas" e "*Cartas Filosoficas* sobre pontos eruditos a muitos homens doutos de Europa", como Pio Nicolò Garelli, Giovanni Crescimbeni, Francesco Bianchini, Jean Le Clerc, Pierre Bayle, Jean Dumont, Eusèbe Renaudot, Jean de La Roque, Jean-Paul de Bignon, Luiz Salazar, Salvador Mañer, Benito Feijóo... e os já referidos Gregorio Mayans e Muratori[7]. Os originais arderam no fogo do terremoto de 1755. Mas muitas lembranças da assiduidade dos exercícios epistolográficos de D. Francisco sobreviveram em obras de letra de forma, como o catálogo que o escrivão Lopes Ferreira fez editar como anexo das *Fabulas de Eco, y Narciso*[8].

Segundo essa lista, a coleção dos autógrafos do 4º Conde estava ordenada na livraria da sua casa em seis blocos distintos, correspondentes não propriamente a períodos de escrita consecutivos, mas aos estudos mais adequados a cada uma das "idade do homem"; a saber: infância, puerícia, adolescência, juventude, idade varonil e velhice. Os gêneros típicos da idade infantil eram os versos e os poemas. Na puerícia, classificavam-se as orações, alguns dos discursos, os problemas morais e as intervenções acadêmicas. Na adolescência, os discursos filosóficos e os métodos de estudo. Na idade juvenil, dissertações críticas, epistolografia e tratados científicos. Trabalhos de história, genealogias e relações de temas políticos e militares, na idade varonil. Para a velhice, ficavam somente as obras do espírito.

Vários dos gêneros mais abrangentes apresentavam alguns subtítulos. No caso das cartas, chegava a haver oito divisões: cartas latinas; cartas italianas; cartas francesas; cartas castelhanas; cartas a pontífices, reis e príncipes; cartas a homens doutos; cartas familiares, e cartas "com noticias da Corte, e do Mundo". Utilizavam-se, assim, em simultâneo, três diferentes critérios de ordenação: o da língua de escrita, o do estatuto do destinatário e o do tipo de assunto.

As indicações resumidas da *Bibliotheca* de Barbosa Machado talvez decorressem precisamente de um esforço de síntese mais razoável. A solução adotada

---

[6] Diogo Barbosa Machado, *Bibliotheca Lusitana*, Lisboa, Officina de Antonio Isidoro da Fonseca e outros, 1741-1759, vol. II, p. 291-296, e vol. IV, p.146.

[7] *Idem*, vol. II, p. 290-95, e Ofélia Milheiro Caldas Paiva Monteiro, *No alvorecer do "Iluminismo" em Portugal. D. Francisco Xavier de Meneses, 4º Conde da Ericeira*, Coimbra, 1965, p. 73-9 (Separata da *Revista de História Literária de Portugal*, I).

[8] D. Francisco Xavier de Meneses, *Fabulas de Eco, y Narciso [...]*, Lisboa Occidental, En la Imprenta Herreiriana, 1729. Sobre Miguel Lopes Ferreira, escrivão dos Contos do Reino, v. Diogo Barbosa Machado, *op. cit.*, vol. III, p. 475.

transmite, porém, uma imagem menos completa da diversidade da produção epistolográfica de D. Francisco e da relevância particular das suas cartas com as "notícias da Corte, e do Mundo".

Ainda no tempo da Guerra da Sucessão Espanhola, o Cardeal D. Nuno da Cunha, conselheiro do rei, mantinha informado o embaixador português em Barcelona, D. João de Almeida, Conde de Assumar, sobre os negócios políticos e militares que se tratavam junto do trono, acrescentando, naturalmente, que "as novas da terra tocão ao Conde de Ericeira"[9]. Anos mais tarde, o mesmo D. Nuno, ausente em Itália, agradecia ao seu amigo D. João de Almeida a assiduidade das cartas familiares, e comentava em tom de lamento que, para além delas, só recebia da corte as do indefectível Xavier de Meneses[10].

Precisamente no ano da publicação do catálogo de Lopes Ferreira, começa uma série de folhas volantes, denominadas "Diario", que o mesmo Ericeira passou a escrever a cada semana para informar as mais importantes notícias da corte e do mundo, em complemento às que corriam impressas pela *Gazeta*. Tudo indica tratar-se de uma versão portuguesa do mesmo gênero que em França se denominou de *nouvelles à main*, *scribal news* ou *newsletters*, na Grã-Bretanha[11]. Ainda que mal definido, seu público-alvo parece compor-se por indivíduos de um modo ou de outro afastados da corte; entre eles, o Conde de Unhão, D. Rodrigo Xavier Teles de Meneses, governador das armas do Reino do Algarve.

Numa missiva que lhe enviou aos 20 de Maio de 1738, o Ericeira procurou convencê-lo de que essas "gazetas" escritas à mão constituíam uma espécie relativamente singular da família das epístolas: "[...] os diarios são humas cartas, que vos escrevo, sem o encargo de respostas [...]"[12].

---

9 Carta do Cardeal D. Nuno da Cunha a D. João de Almeida, 1º Conde de Assumar, Pedrouços, 02.07.1712, orig., I.A.N./T.T. [Instituto dos Arquivos Nacionais/ Torre do Tombo], Casa da Fronteira, Mº 99, doc. 16.

10 Carta do Cardeal D. Nuno da Cunha a D. João de Almeida, 1º Conde de Assumar, Roma, 10.02.1722, orig., *ibidem*, doc. 52.

11 João Luis Lisboa, "Gazetas feitas à mão". In: João Luís Lisboa, Tiago C. P. dos Reis Miranda e Fernanda Olival, *Gazetas manuscritas da Biblioteca Pública de Évora*, Lisboa, Ed. Colibri, 2002-2005, vol. 1, p. 13-42, e António Coimbra Martins, "Notícia de mão", *Cultura. Revista de História e Teoria das Ideias*, II série, vol. XXI, Lisboa, Centro de História da Cultura, 2005, p. 317-24.

12 Carta de D. Francisco Xavier de Meneses, 4º Conde da Ericeira, a D. Rodrigo Xavier Teles de Meneses, 4º Conde de Unhão, Lisboa Ocidental, 20.05.1738, orig., B.P.E. [Biblioteca Pública de Évora], CXX/ 2-6, p. 152, f. 175.

Fisicamente, o "Diario" do Conde era um manuscrito em folhas in-quatro que se dobravam depois sobre si, em sentidos opostos, para mais fácil remessa pelo correio. As suas páginas iniciais têm à cabeça a indicação do local e da data. Logo em seguida, existe uma mancha de texto praticamente contínua (fig. 1). O inventário das caligrafias intervenientes ainda precisa ser feito em pormenor; mas, para já, fica a impressão de ascenderem ao menos a seis.

Salvo nos casos em que se juntam pequenos bilhetes no fim dessas folhas, o redator não assina. E, no corpo do texto, todo o discurso tende a fluir numa linguagem impessoal, que excepcionalmente se negligencia para a emissão de algum voto festivo ou para justificar a ocorrência de falhas na transmissão das notícias, sem que, entretanto, se rompa a observância do anonimato. Porque quem se nomeia não é D. Francisco; quem se nomeia é "o Autor": "O Autor do Diario dezeja a V. Exas as, festas e annos mais felíces"[13]; "Dezeja o Autor do Diario a V. Exas as festas tão alegres que acabem e prinçipiem os annos com as majores felçidades"[14]; "O impedimento do Autor foi motivo de não se fazer Diario a semana passada"[15]; "O Diario paçado se fes com tanta preça e se remeteo com tanto vagar que sente o Autor fazer este prejuizo a curiozidade dos seus ilustres correspondentes"[16].

A condição de folheto complementar em relação às gazetas impressas é assumida com todas as letras: "[...] se não repetem neste diario as noticias das gazetas, porque a de Lisboa as recopilla [...]"[17]; "[...] as [notícias] do mundo vem agora bastantemente individuadas na nossa gazeta [...]"[18]. E há um cuidado muito expressivo em qualificar pontualmente a fiabilidade das fontes utilizadas e a verossimilhança de cada registo: "[...] Entrou a frota de Pernambuco com bastante carga, e por hum navio da Bahia se soube que tinha chegado a 2ª nao da India com noticias quinze dias mais frescas, que a primeira mas ainda não aparecerão cartas [...]"[19]; "[...] não he verosimil a noticia que

---

13 João Luís Lisboa, Tiago C. P. dos Reis Miranda e Fernanda Olival, *op. cit.*, vol. 1, p. 89 ("Diario" de 25.12.1730).

14 *Idem, ibidem*, vol. 2, p. ("Diario" de 29.12.1732).

15 "Diario" de 05.02.1737, B.P.E., CIV/1-6 d, f. 132v (em fase de edição).

16 João Luís Lisboa, Tiago C. P. dos Reis Miranda e Fernanda Olival, *op. cit.*, vol. 2, p. 183 ("Diario" de 15.07.1732).

17 "Diario" de 03.01.1737, B.P.E., CIV/1-6 d, f. 46.

18 João Luís Lisboa, Tiago C. P. dos Reis Miranda e Fernanda Olival, *op. cit.*, vol. 2, p. 317 (Carta do 4º Conde da Ericeira ao 4º Conde de Unhão, Lisboa Ocidental, 24.08.1734).

19 *Idem, ibidem*, vol. 2, p . 285 ("Diario" de 29.09.1733).

aqui corre de que o Infante D. Carllos está prezo pello Emperador [...]"[20]; "[...] corre a noticia, ainda que sem toda a certeza de que Paulo Coutinho morreo em Angola, o que dizem se sabe pella Jlha [...]"[21]; "[...] Muitas novas correm deste ultimo ajuste com a Corte de Roma e nenhũas athegora são certas [...]"[22].

Pouco precisos são, igualmente, os conjuntos de temas com que o autor se debate semana a semana: os assuntos sucedem-se, uns após outros, praticamente de forma fortuita. A inexistência de subsecções e a exiguidade de pontos ou de parágrafos criam a impressão de atropelos consecutivos: massas disformes, sem arte ou sistema.

De um modo geral, a narrativa das coisas do mundo dispensa os juízos que D. Francisco expedia nas suas cartas particulares e o enorme volume de figuras de estilo que tanto marcavam as suas obras poéticas e oratórias[23]. Na redação do "Diario", o engenho do Conde é sobretudo empregado em construções que acentuam o caráter imprevisível do tempo vivido, para dele retirar um efeito de angústia mais penetrante ou sugerir uma leve ironia aos leitores mais discretos. A recorrência de um mesmo problema, meses a fio, abre caminho, inclusive, ao domínio da troça. E caso se encontre envolvido algum personagem de distinção, mais delicado o motivo do riso[24].

A rainha D. Mariana tinha um notável conjunto de damas e aias, que se serviam, assim como ela, do enorme aparato das cavalariças da sua Casa. Sucede, entretanto, que, ao mesmo tempo em que o Rei dispendia rios de dinheiro em objetos de arte, na magnificência da Patriarcal, nas obras de Mafra e em missões diplomáticas no estrangeiro, as carruagens da sua esposa iam sofrendo acidentes consecutivos nas ruas da corte.

15 de Novembro de 1729: "[...] Derão grandes quedas a Sra. Condessa do Redondo ao sahir da carruagem, a Sra. D. Anna Moscozo e a Sra. D. Thereza de Borbom a quem cahindo o cocheiro se hião precipitando as mullas pela Rua de Santo Antonio [...]"[25]; 9 de Outubro de 1731: "[...] foi nomeada para camarista da Prínçeza a Sra. D. Marianna de Lencastre filha de João de Saldanha que era sua dama, e o couche destas senhoras cahiu duas vezes entrando às dividandes em hũa tenda de vidros, emquanto se foi bus-

---

20 Idem, ibidem, vol. 2, p . 79 ("Diario" de 18.03.1732).

21 Idem, ibidem, vol. 2, p. 70 ("Diario" de 19.02.1732).

22 Idem, ibidem, vol. 2, p. 62 ("Diario" de 03.02.1733).

23 Cf. Aníbal Pinto de Castro, *Retórica e teorização literária em Portugal. Do Humanismo ao Neoclassicismo*, Coimbra, Centro de Estudos Românicos, 1973, p. 434-435.

24 Sobre o caráter moral do riso cortês no século XVIII, ver Anne Richardot, *Le rire des Lumières*, Paris, Honoré Champion, 2002, p. 83-96.

25 João Luís Lisboa, Tiago C. P. dos Reis Miranda e Fernanda Olival, op. cit., vol. 1, p. 63.

car hũ cavallo [...]"²⁶; oito dias depois: "[...] A Rajnha tem sahido sem veadores por falta de carruage, e chegou a não ter em quem se encostar [i.e.: chegou a não ter companhia para sair]; e abrindose a portinhola de hum coche das Damas, saltou fora a Sra. D. Maria Caetana e ainda que deu huma queda de que se maltratou no rosto, lhe valeo ser grande o salto para não a molestarem as rodas do coche [...]"²⁷. E, no folheto seguinte, o testemunho é ainda mais claro: "[...] A Rainha foi a Santo Alberto a *21* com bastantes senhoras, mas as suas carrages estão em tal estado, que poucos são os dias em que não cayão, ou em que se não abrão as portinholas com perigo das senhoras, que vão nos coches"²⁸.

Ora, no início da segunda semana do mês de Dezembro, D. Francisco Xavier de Meneses retoma o assunto nestes termos: "Hum coche de Damas do Paço hindo com a Rainha se devidio em duas partes no Largo da Corte Real e mandando as Divindades pedir socorro aos não humanos, mas inhumanos veadores e estribeiros mores elles lhes responderão que se remediassem como pudessem e conduzidas com hum guarda damas, e alguns mariolas de Venus voltarão para o Paço, deixando mais na lama que no Pô renovadas as memorias de Faetonte"²⁹.

A discrição deste trecho subentendia que o leitor conhecesse o enredo que estivera na origem de uma tragédia de Eurípides e de um longo episódio das *Metamorfoses* de Ovídio. Conta o poeta que Faetone, filho de Climene, pretendeu que Apolo provasse que era seu pai. Como o deus acedesse a satisfazer-lhe qualquer desejo que ele formulasse, Faetonte reclamou o governo do carro celeste com que o Sol espalhava os seus raios na Terra. Contrariado, Apolo tentou demover o seu filho por todos os meios. Vendo, entretanto, ser impossível lograr consegui-lo, recomendou-lhe grande cautela e acabou anuindo ao pedido. O resultado que se seguiu foi uma série de desarranjos na ordem do mundo, interrompidos por intervenção de um ato de Júpiter, que precipitou o jovem rebelde sobre a Península Itálica, na altura do Pó³⁰.

Todo o conjunto de equívocos de que redunda a comicidade da narrativa do 4º Conde da Ericeira é um flagrante desvio ao princípio de contenção estilística anteriormente enunciado em relação ao "Diario", mas constitui, igualmente, o melhor dos exemplos da satisfação do seu autor em realçar o caráter inusitado dos fastos mundanos: espécie de paroxismo desse seu gosto pelo imprevisto. E é por isso bastante expressivo que, anos mais tarde, em carta privada para o Conde de Unhão, o

---

26 *Idem, ibidem*, vol. 1, p. 155.
27 *Idem, ibidem*, vol. 1, p. 158 ("Diario" de 16.10.1731).
28 *Idem, ibidem*, vol. 1, p. 161 ("Diario" de 23.10.1731).
29 *Idem, ibidem*, vol. 1, p. 178-9.
30 *Idem, ibidem*, vol. 1, p. 179, n. 530.

mesmo Ericeira tenha voltado a abordar o assunto das carruagens da Casa Real com um conjunto de imagens ainda mais forte: "[...] Já sabereis que descerão á terra seis devindades na grande queda de hũ coche de Damas de que 4 estão sangradas, mas não deyxa de ser milagre da virtude de Gastão [Gastão José da Câmara Coutinho] haver dia em que não cayão aquellas santas das más pianhas dos seus coches em que o seu Estribeiro mor as coloca para o nosso culto"[31].

Cabe frisar as diferenças: se, na primeira passagem, D. Francisco Xavier de Meneses usa metáforas do universo dos mitos greco-romanos, na segunda, todos os elementos da alegoria proposta têm a ver com a doutrina do catolicismo. Ora, de um lado, o autor é oculto e o seu texto destina-se a um público mal definido, mas alargado; do outro, o autor subscreve-se, e recomenda-se diretamente ao seu primo e amigo, que guardará a devida reserva sobre as imagens utilizadas.

Este preciso exercício de acomodação do espírito crítico à publicidade dos espaços da escrita foi apontado, por vias diversas, como um dos traços mais importantes do alvorecer do Iluminismo. Noutras palavras, grande parte do processo de subversão dos antigos parâmetros de conhecimento efetuou-se através do recurso a um conjunto de "máscaras" adaptadas a circunstâncias diversas[32]. O que talvez nos ajude a fazer o caminho de volta ao significado da qualificação do autor do "Diario" como um indivíduo "noticioso". Para ele e para o texto.

Toda a sua vida, D. Francisco Xavier de Meneses interrogou-se sobre o problema da apreensão da realidade das coisas do mundo. Foi partidário das teses de Renato Cartésio por quase três décadas; mais tarde, viria também a gostar de Newtónio e de outros colegas da *Royal Society*. No campo da história, advogou várias vezes a necessidade de um exercício de comprovação erudita, segundo os preceitos propostos por Mabillon. Nunca, entretanto, chegou a julgar que a aplicação do sistema de Newton pudesse produzir resultados de vulto na compreensão do espírito e das relações sociais e políticas. O que resulta, ao fim e ao cabo, num ideário semelhante ao de Bayle[33].

---

31 Carta de D. Francisco Xavier de Meneses, 4º Conde da Ericeira, a D. Rodrigo Xavier Teles de Meneses, 4º Conde de Unhão, Lisboa Ocidental, 17.05.1735, orig., B.P.E., CXX/2-6, ff. 167-168, p. 148.

32 Jean Starobinsky, *As máscaras da civilização*. Ensaios, trad. de Maria Lúcia Machado, São Paulo, Companhia das Letras, 2001, p. 231 e ss., e Jonathan I. Israel, *Radical Enlightenment. Philosophy and the making of modernity 1650-1750*, Oxford, Oxford University Press, 2002, p. 497, *in maxime*.

33 Ernst Cassirer, *La philosophie des Lumières*, trad. de Pierre Quillet, [Paris], Fayard, [1986]. p. 264 e ss.; Paul Hazard, *op. cit.*, p. 90-105, e Norberto Ferreira da Cunha, *Elites académicas na cultura portuguesa setecentista*, [Lisboa], Imprensa Nacional/ Casa da Moeda, 2001, p. 11-47.

Quando transpostos para a narrativa, todos os tempos são sempre passados[34]. Ao escrever sobre o estado presente da corte e do mundo, D. Francisco Xavier de Meneses estava, portanto, a escrever sobre um tempo passado. Exercitava dessa maneira a capacidade de apreensão do universo de relações pessoais e políticas em que ele próprio se inseria, e procurava testemunhar o seu esforço de superação das surpresas do cotidiano. Isso, na altura, dificilmente se aceitaria em sessões acadêmicas como uma prática de escrita de História – o domínio de Clio –, tendente a exigir uma capacidade de "arranjo" das matérias tratadas que o "Diario" por certo não tinha[35]. Mas as distâncias eram pequenas...

Como de início se disse, os folhetos de notícias do Conde da Ericeira eram uma espécie de complemento da *Gazeta de Lisboa*. E a *Gazeta de Lisboa* eram folhetos hebdomadários que corriam impressos e anualmente se encadernavam com uma folha em que se lia *Historia annual Chronologica, e politica do mundo, & especialmente da Europa* [...]: título que consta, aliás, do verbete de José Montarroio na *Bibliotheca* de Diogo Barbosa Machado (fig. 2)[36].

Os últimos números do "Diario" do Conde da Ericeira são de meados de 1740. No início do ano seguinte, começa a ser posto nas ruas, regularmente, um jornal manuscrito denominado "Folheto de Lisboa Occidental", que mais tarde muda de título, mas continua a ser feito até ao reinado de D. José. Seu redator principal é, nada mais, nada menos, que um afilhado do Conde de Unhão: o acadêmico escalabitano Rodrigo Xavier Pereira de Faria. E, curiosamente, logo no número de estreia do seu periódico, esse acadêmico faz um pequeno resumo dos fatos passados no Reino e no estrangeiro, desde o final do "Diario" de D. Francisco Xavier de Meneses[37].

Este não é o espaço mais próprio para descrever as mudanças estéticas e de conceito que se operaram entre um veículo e outro. Interessa, entretanto, notar que um segundo letrado de Santarém, o franciscano Luís Montês Matoso, compartilhou de algum modo a iniciativa do seu amigo Pereira de Faria, e decidiu preparar cader-

---

34 Paul Ricoeur, *Temps et récit*, 3 vols., Paris, Éditions du Seuil, 1985.
35 Íris Kantor, *Esquecidos e renascidos. Historiografia acadêmica luso-brasilera (1724-1759)*, São Paulo, Hucitec, 2004, p. 69 e ss.
36 Alfredo da Cunha, *Elementos para a história da imprensa periódica portuguesa* (1641-1821), Lisboa, s/ed., 1941, p. 65-77; João Luís Lisboa, "Informação política nos finais do Antigo Regime. Introdução", *Cadernos de Cultura*, n. 4, Lisboa, Centro de História da Cultura, 2002, p. 7-12, e André Belo, "Between history and periodicity: printed and hand-written news in eighteenth century Portugal", *e-journal of Portuguese History*, vol. 2, n. 2, Winter 2004.
37 Tiago C. P. dos Reis Miranda, "Proveniência, Autoria e Difusão". In: João Luís Lisboa, Tiago C. P. dos Reis Miranda e Fernanda Olival, *op. cit.*, vol. 2, p. 35 e 40.

nos anuais do jornal manuscrito equivalentes ao da *Gazeta* de José Montarroio. Para tanto, mandou imprimir todos os anos, até ao final da década de 1740, folhas de rosto intituladas *Anno Noticioso e Historico. Historia Annual, que comprehende o resumo dos soccessos Militares e Politicos das Potencias Estrangeiras [...]* (fig. 3).

A mais extensa das coleções desse conjunto de gazetas de diferentes "empresas" ou "oficinas" encontra-se hoje na Biblioteca Pública de Évora. Pesquisas recentes levantam a ideia de que proveio do espólio do afilhado do Conde de Unhão, a partir de uma compra do Bispo de Beja, em meados da década de 1780[38]. Na altura, parece provável que fossem tratadas como uma espécie de testemunhos presenciais da história do tempo que registavam; o que, aliás, não era incomum: existem estudos sobre a efetiva montagem de coleções de folhetos manuscritos como fontes de história, durante a segunda metade do século XVIII, tanto na Europa, como na América[39].

José Heliodoro da Cunha e Rivara e Joaquim de Sousa Teles de Matos classificaram os vinte volumes dessas gazetas de Évora na subsecção de "Cronologia" da Biblioteca[40]. Nela ficaram praticamente esquecidos até ao início dos anos de 1960, quando, afinal, começaram a ser outra vez consultados para trabalhos de natureza acadêmica[41]. Noutros locais do país, acervos semelhantes conheceram, entretanto, destinos melhores; entre eles, o da Biblioteca Nacional de Lisboa, que foi visitado com alguma frequência por retratistas de cenas românticas ou romanescas[42]. Não propriamente por historiadores, mais apostados na apreensão de um enredo potencialmente salvífico e sistemático, ainda na esteira do que dizia em meados da década de 1760 Joahn Cristoph

---

38 *Idem, ibidem*, vol. 2, p. 23-7.

39 Paul Benhamou, "Un collectionneur de gazettes en Amérique". In: Henri Duranton & Pierre Rétat, *Gazettes et information politique sous l'Ancien Régime, Saint-Étienne*, Université de Saint-Étienne, 1999, p. 199-210, por exemplo.

40 José Heliodoro da Cunha Rivara, *Catálogo dos manuscritos da Biblioteca Pública de Évora*, Lisboa, Imprensa Nacional, 1850-1871, vol. III, p. 8-10.

41 Ver, por exemplo, Ofélia Milheiro Paiva Monteiro, *op. cit.*, p. 79-80, e Jacqueline Monfort, *Quelques notes sur l'histoire du thêatre portugais* (1729-1750), Paris, Fundação Calouste Gulbenkian (Separata dos *Arquivos do Centro Cultural Português*, IV).

42 Alberto Pimentel, *As amantes de D. João V*. Estudos históricos, Lisboa, Livraria Ferin, 1892, e Júlio Dantas, *Figuras d'ontem e d'hoje*, Porto, Livraria Chardron de Lelo & Irmão, 1914, e *O amor em Portugal no século XVIII*, 2ª ed., Porto, Livraria Chardron de Lelo & Irmão, 1917, entre outros.

Gatterer, para quem tudo o que se não encontrava previsto na sua grelha de análise não pertencia de fato ao domínio da história[43].

Mais de dois séculos depois do começo de um longo processo de afirmação da história ciência, a grande abundância de temas e de notícias que se recolhem nas folhas volantes do século XVIII levantam ainda enormes problemas de classificação[44] ou, mais simplesmente, de conhecimento. E o primeiro de todos é o do modo de perceber as diferenças de tempo e de olhar. Certos aspectos, de ordem geral, praticamente dispensam maior reflexão: basta a consulta de bons manuais de hermenêutica e história moderna. Mas se atentarmos aos indivíduos concretos e aos indícios mais singulares, descobriremos outras perguntas e, possivelmente, novos caminhos.

Uma última vez, partamos, portanto, ao reencontro do 4º Conde da Ericeira, D. Fancisco Xavier de Meneses, membro do número da Academia Real da História Portuguesa, que tinha por lema a restituição da Verdade: nobre figura de mulher desnudada, resplandescente de luz (fig. 4).

Luz, Verdade e Saber. Saber e Informação, que, como já vimos, também são Notícia. E D. Francisco tudo fazia para ser referido como "indivíduo noticioso". O que nem sempre se sabe é que, desde criança, ele conviveu, entre livros e sombras, com cataratas. E a meio do tempo da composição do "Diario" que aqui descrevemos, deixou de enxergar pelos olhos[45].

O mais ilustrado dos acadêmicos de D. João V, o industrioso coletor de notícias da corte e do mundo, via de fato, somente, nos últimos anos, com a "luz da razão": *lumen anima* e *lumen mentis*[46]. Reiterar todos os dias a capacidade de apreender e registar a própria existência, era, por isso, uma prova tão exigente e inusitada, quanto também praticamente irrecusável, para poder conservar o prestígio que cedo conhecera. Nessa precisa medida, o "Diario" do Conde da Ericeira tem com certeza um valor agregado, no universo dos testemunhos de história setecentista.

---

43 Reinhart Koselleck, *historia/ Historia*, trad. de Antonio Gómez Ramos, Madrid, Editorial Trotta S.A., 2004, p. 54-5,.

44 Cf. Tiago C. P. dos Reis Miranda, "Manual de edição das gazetas manuscritas da Biblioteca Pública de Évora", *Cultura. Revista de História e Teoria das Ideias*, IIª série, Vol. XXI, p. 325-61.

45 *Idem*, "Proveniência, Autoria e Difusão". In: João Luís Lisboa, Tiago C. P. dos Reis Miranda e Fernanda Olival, *op. cit.*, Vol. 2, p. 32-34.

46 D. Fr. Raphael de Bluteau, *op. cit.*, *sub voce* "Luz da razão".

Num. I

1

GAZETA DE LISBOA.

Com Privilegio de S. Mageſtade.

Terça feira 1 de Janeiro de 1743.

INTRODUCÇAM

As futuras noticias do presente Anno.

DEU fim o anno de 1742, deixando armados nam só na Europa, mas ainda na Asia, e na America varios theátros, em que os curiosos da historia moderna veram representar neste, em que entramos, as fataes scenas, que tem preparado a discordia; e os Politicos observarám os efeitos das máquinas, que se tem disposto nos Cabinetes dos Principes belige-

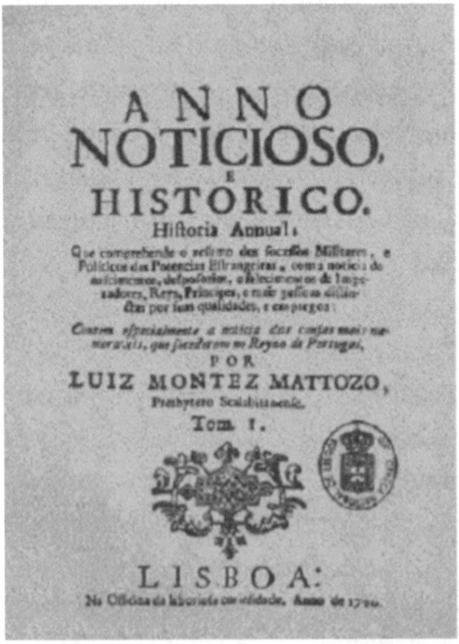

ANNO NOTICIOSO, E HISTORICO.

Historia Annual,

POR

LUIZ MONTEZ MATTOZO,

Tom. I.

LISBOA:

fig.1 - BIBLIOTECA PÚBLICA DE ÉVORA, "Diario" de 21.01.1738, fl. 6

fig. 2 - Folha de rosto da compilação anual da *Gazeta de Lisboa*, no seu primeiro ano de existência (rep. de Alfredo da Cunha, *Elementos para a história da imprensa periódica portuguesa (1641-1821)*, Lisboa, s/ed., 1941, p. 71)

fig. 3 - Folha de rosto do "Anno Noticioso e Historico" de 1740 (BIBLIOTECA NACIONAL de Lisboa, Fundo Geral, Cod. 8065, rep. de *Ano Noticioso e Histórico*, Lisboa, Biblioteca Nacional, 1934, t. I)

fig. 4 - Emblema da Academia Real da História Portuguesa (rep.da *Colleçam dos documentos, estatutos, e memorias da Academia Real da Historia Portugueza*, Lisboa Occidental, Pascoal da Sylva, vol. I)

Folhetos em ordem na coleção Barbosa Machado

Rodrigo Bentes Monteiro[1]
Universidade Federal Fluminense

Este texto refere-se à história de uma grande coleção, formada aproximadamente por 4.300 obras em 5.700 volumes. Uma compilação que contém álbuns de retratos em estampas, opúsculos, mapas e obras avulsas, agrupados por zelo e diligência de Diogo Barbosa Machado (1682-1772), abade de Santo Adrião de Sever. Como se sabe, este conjunto documental foi doado à Real Biblioteca entre 1770 e 1773, após o grande terremoto de 1755 que acometeu Lisboa, praticamente destruindo aquele acervo original. Em 1810, a livraria Barbosa Machado viajou para o Rio de Janeiro com a vinda da corte régia para esta cidade, no segundo lote, aos cuidados do bibliotecário Luís Marrocos. Depois dos acordos que sucederam a independência do Brasil, faria parte da Biblioteca Imperial, mais tarde Biblioteca Nacional.

Pretende-se enfatizar o estudo da taxonomia empreendida pelo colecionador em relação aos opúsculos, destacando as principais questões que norteiam a abordagem deste corpo de documentos. São mais de 3 mil folhetos entre muitos impressos e alguns manuscritos, produzidos entre os séculos XVI e XVIII, agrupados em 145 volumes existentes na seção de obras raras da Biblioteca Nacional do Brasil. Por isso abordamos também neste artigo os vários tempos percorridos por esta documentação, em suas várias concepções de história: o período de publicação dos folhetos,

---

1 O capítulo constitui um recorte das partes sob minha autoria do artigo: Rodrigo Bentes Monteiro & Ana Paula Sampaio Caldeira. A ordem de um tempo: folhetos na coleção Barbosa Machado. *Topoi*, Rio de Janeiro, 2007, v.8, n.14, p.77-113.

a classificação operada pelo colecionador, o tratamento posterior da coleção pelos bibliotecários[2].

Uma civilização da escrita

Mas antes é preciso destacar o valor e a peculiaridade dessas pequenas obras. Blandine Kriegel observa a importância da palavra escrita nas sociedades modernas: enquanto monumentos e medalhas – vestígios deixados pelas civilizações do passado – eram estudados pela arqueologia e pela numismática, as atas escritas, sobretudo jurídicas, eram consideradas produções "naturais" das novas sociedades. Para o estudo e o reconhecimento da validade desses documentos, se desenvolveu nos séculos XVI e XVII uma erudição metódica, e a técnica de autenticação documental conhecida como *diplomática*, que embora não diminuísse a importância da história dos povos antigos, abria espaço para novas sociedades a partir do estudo de fontes escritas[3].

A autenticação e a prática de colecionar esse tipo de material traziam subjacente, como lembra Íris Kantor, uma questão política na ordem do dia para os Estados modernos. Na conjuntura posterior ao fim da Guerra dos Trinta Anos, em 1648, a concorrência entre potências europeias levava Portugal a munir-se com documentação comprobatória, investindo na política de construção da memória histórica de seus domínios. Mediante documentos escritos, configurava-se um novo discurso – mais secular – de justificação do império luso[4].

Valoriza-se aqui o papel da palavra escrita na livraria de Diogo Barbosa Machado. Diferente de compilações do período voltadas para medalhas, moedas e outros vestígios *materiais* do passado, este conjunto tem como ponto central esses documentos[5]. Os fo-

---

2   Diogo Barbosa Machado descreveu este conjunto documental como uma "colecção singular, e de suma estimação que consta de sucessos pertencentes à História de Portugal formada de vários livros de prosa e verso da dita história e reduzida a folha em volumes...". Não usou, portanto, os termos folhetos ou opúsculos. Diogo Barbosa Machado. *Cathalogo dos Livros da Livraria Diogo Barbosa Machado distribuídos por matérias e escrito por sua própria mão*. Rio de Janeiro, Biblioteca Nacional, p. 33. Raphael Bluteau.Vocabulário Português e Latino ... Coimbra, Colégio das Artes da Cia de Jesus, 1712, p.94.

3   Blandine Kriegel. L' Histoire à l' Age Classique. *La défaite de l' erudition*. Paris: PUF, 1988, v. 2, p.165.

4   Íris Kantor. *Esquecidos e renascidos. Historiografia acadêmica luso-americana (1724-1759)*. São Paulo, Hucitec, 2004, p.19.

5   Sobre este assunto ver João Carlos Pires Brigola. *Colecções, Gabinetes e museus em Portugal no século XVIII*. Coimbra: Fundação Calouste Gulbenkian, 2003.

lhetos presentes na coleção Barbosa Machado são expressões de uma *civilização da escrita*, segundo Fernando Bouza Álvarez. Para este historiador, os manuscritos, impressos e retratos seriam meios suaves e persuasivos de se exercer o poder na Época Moderna, além da coerção pela força teorizada por Weber. O contexto de produção e divulgação dos folhetos seria diretamente ligado ao complexo burocrático e administrativo das monarquias na época. Complexo este que permitia a afirmação, também, de outros agentes sociais além dos reis. Outros poderes, como os de aristocratas, eclesiásticos, tipógrafos, autores, censores, todos eles envolvidos no processo de escrita e divulgação rápida dos mais diversos eventos e manifestações literárias[6].

Na coleção Barbosa Machado, encontram-se títulos sobre reis, senhores seculares e eclesiásticos de Portugal. Neles figuram relatos de eventos, elogios oratórios e poéticos, sermões de nascimentos, aniversários, casamentos, funerais, entradas, orações pela saúde, biografias, genealogias, além de autos de reuniões de cortes e aclamações, notícias de batalhas e cercos militares, manifestos e tratados políticos, missões religiosas, procissões, autos de fé e vilancicos.

Considerar a criação, impressão e divulgação dos folhetos algo diretamente ligado aos poderes na Época Moderna implica também repensar o próprio conceito de representação do poder. Entre vários autores, Carlo Ginzburg nos fornece uma interessante interpretação, a partir da tensão entre "presença" e "ausência" – fazer presente aquilo que não está –, tão própria do fenômeno da representação. Por meio do estudo de relações trans-culturais, característico de sua abordagem, Ginzburg observa a prevalência da *substituição* sobre a *imitação* no esquema representativo. Ao percorrer manifestações encontradas nos colossos da Grécia antiga, nos funerais dos imperadores romanos, ou no culto às efígies régias na Inglaterra e na França entre a Baixa Idade Média e o Renascimento, o historiador evidencia a perspectiva de se aliviar o trauma da morte mediante a perpetuação ritual do ser vivente – a figura expoente, o rei, o imperador – em uma estátua, máscara ou efígie, que adquiria, assim, um tom sagrado. Nesse sentido a morte do corpo físico não era o fim da vida do corpo no mundo, pois cabia ao funeral separar definitivamente os mortos dos vivos. Em suma, colossos, estátuas de cera e efígies sagradas seriam espécies de *ficções da soberania viva* do defunto, fosse ele um rei, um imperador, ou mesmo algum nobre de expressão[7].

---

6   Fernando Bouza Alvarez. *Del escribano a la biblioteca: La civilización escrita europea en la alta edad moderna (siglos XV-XVII)*. Madrid, Sintesis, 1997; *Corre Manuscrito: Una historia cultural del siglo de oro*. Madrid, Marcial Pons, 2001.

7   Carlo Ginzburg. *Olhos de Madeira. Nove reflexões sobre a distância*. São Paulo, Companhia das Letras, 2001, p. 85-103.

Essa dupla perspectiva que associa diretamente as celebrações diversas, as batalhas e sua literatura, ao poder – como defende Bouza Álvarez – e em termos de substituição mais que de imitação – segundo o ensaio de Carlo Ginzburg –, sem contudo concebê-las como algo externo e acessório ao que representa, parece bem de acordo ao tempo que estudamos. Em uma sociedade do Antigo Regime, como distinguir aparência e essência, representação e natureza do poder, o individual do estamental, o privado do público? Em todos os casos, os extremos interpretativos são perigosos. Mas fica claro que os tratados jurídicos e os decretos administrativos, por exemplo, não podem ser hierarquizados como textos mais relevantes que a elaboração e a descrição de uma festa. Ambas as fontes são significativas para o entendimento do poder na Época Moderna. Os dois tipos de documentos encontram-se presentes na coleção Barbosa Machado.

Coleção preciosa

Esses 3 mil opúsculos foram reunidos, classificados, algumas vezes recortados e reduzidos a um único formato, para serem encadernados em grossos volumes, pelo insigne colecionador no século XVIII. Tratando-se de peças de uma coleção, é preciso considerá-las agora sob esse prisma. Krzysztof Pomian concebe os objetos de uma coleção como *semióforos*, aqueles elementos capazes de fazer a ponte entre o *visível* – o mundo dos vivos – e o *invisível* – o mundo dos mortos, dos deuses, dos antepassados. Em princípio sem utilidade objetiva no mundo dos vivos, as peças, ao serem reunidas pelo colecionador e retiradas da esfera cotidiana, acabam adquirindo um valor especial, quase sagrado, como pontes possíveis entre dois mundos distantes, qual seja, no espaço – outros países e terras "exóticas", para os objetos naturais –, ou no tempo – presente, passado e futuro[8].

Dessa forma, os opúsculos e imagens compilados e organizados por Diogo Barbosa Machado possibilitavam ao colecionador e seu público – outros eruditos da época – fazer uma ligação entre presente *visível* e passado *invisível*, pela via da identificação. Ao guardar gravuras e folhetos relativos ao seu presente, o abade também indicava a ideia de que o presente visível tornar-se-ia posteriormente passado invisível, lembrado e preservado como história do reino português. Os folhetos e retratos em si possuíam função informativa, embora efêmera, pois eram produzidos para consumo rápido.

---

8 Krzysztof Pomian, Colecção. In: Ruggiero Romano (dir.). *Enciclopédia Einaudi. Memória – História*. Lisboa, Imprensa Nacional – Casa da Moeda, 1984, v.1, p. 51-86.

Mas é preciso observar que Diogo Barbosa Machado com suas ações de recorte, encadernação e preservação conferia-lhes outro valor, que transcendia o próprio tempo no qual os opúsculos foram produzidos. Seu trabalho consistia na escolha e depuração do que era digno de ser adquirido para sobreviver, ultrapassando a condição de escrito efêmero fadado ao desaparecimento. Sem esses cuidados, essa documentação tenderia a extraviar-se. Dispostos em coleção, esses registros tornaram-se fontes que hoje propiciam o conhecimento do passado. De acordo com o arcabouço conceitual de Pomian, os materiais coligidos por Barbosa Machado eram retirados do invisível – o pretérito –, mas se destinavam a outro invisível – o futuro –, pois o ato de salvaguardar objetos permitia que eles fossem expostos ao olhar, não apenas do presente, mas também das gerações vindouras.

O conjunto documental estudado deve ainda ser considerado frente aos demais de seu tempo. A coleção Barbosa Machado diferencia-se em alguns aspectos de outras do mesmo período, como as estudadas por Adalgisa Lugli, Antoine Schnapper e João Carlos Brigola. Trabalhos que destacam o interesse dos colecionadores do século XVIII por materiais relativos à história natural. A partir dessas coleções, os autores refletem sobre as mudanças científicas ocorridas na virada do século XVIII para o XIX. Os naturalistas de início e meados do *Setecentos* queriam mostrar as maravilhas da criação divina – por meio de materiais que representassem o extraordinário, como o chifre de unicórnio ou a mandíbula de um gigante. Já os colecionadores do *Oitocentos* preocupavam-se em classificar materiais coletados, desvendando assim leis da natureza[9].

No referente às coleções de história ou *antiquárias*, percebe-se o predomínio de objetos materiais – moedas, medalhas ou mesmo estampas – nos acervos do século XVIII. Acreditava-se que essas peças eram menos passíveis de manipulação. Mas havia também o interesse crescente de colecionadores ligados a ordens religiosas, ou de juristas, em relação aos documentos escritos. Para esses clérigos e juízes, escritos não eram menos verdadeiros que medalhas ou moedas antigas. Mediante crítica documental, era possível estabelecer com rigor a autenticidade dos testemunhos[10].

A coleção Barbosa Machado caracteriza-se por reunir documentos *escritos* e *históricos*, segundo nomenclatura inadequada ao século XVIII, tempo de relativa indistinção entre história e história natural. Desse modo o acervo difere inclusive de outras coleções compostas por eruditos próximos ao abade. O gabinete dos condes

---

9 Adalgisa Lugli. Naturalia et Mirabilia. *Les cabinets de curiosités en Europe*. Paris: Adam Biro, 1998; Antoine Schnapper. Le Géant, la Licorne et la Tulipe. Paris, Flammarion, 1988 e Brigola, *op. cit.*

10 Lugli, *op. cit.*; Kriegel, *op. cit.*, p.165.

da Ericeira, por exemplo, especializava-se em antiguidades, moedas, sobretudo em história natural. Embora mantivesse uma coleção de manuscritos, o duque de Cadaval dedicava-se também aos objetos naturais e à numismática. A coleção dos marqueses de Abrantes era referência em medalhas, e o gabinete de D. João V centrava-se nos objetos de arte e na mineralogia[11].

Barbosa Machado não se interessava por instrumentos científicos ou objetos naturais, mas por documentos relativos ao passado português, imagens de homens valorosos dessa história e mapas das conquistas lusas. Sua coleção não dizia respeito ao mundo da natureza, mas à história de Portugal. Preocupado com o pretérito lusitano, ele colecionou durante anos documentos referentes a este tempo, e a um presente que um dia também se tornaria pregresso. Dispostos em coleção, aqueles documentos permitiam que a memória de eventos e homens continuasse viva. Por sua vez, na coleção, esses folhetos mudavam seu estatuto, tornando-se fontes que permitiam conservar uma relação com o passado, constituindo a memória daqueles homens e eventos, escolhidos por Barbosa Machado para sobreviverem ao tempo.

Mas não tratamos somente desses objetos "sagrados". Ao lado deles, segundo Pomian, estavam os homens semióforos, que se rodeavam de objetos semióforos e com isso aumentavam seu poder em termos de significado: reis, clérigos, príncipes, mecenas. Coleções formadas em palácios, bibliotecas, oficinas, junto aos centros de poder. As semelhanças com as ideias de Ginzburg e Bouza Álvarez são evidentes, agora com o reforço da especificidade do século XVIII. Tempo de florescimento das academias literárias, das bibliotecas, coleções, antiquários, instituições que impulsionaram o afã pela pesquisa, pela compilação e publicação de textos[12].

Estratégia e gosto

Tempo da trajetória do nosso Diogo, o colecionador. Isabel Ferreira da Mota comenta a ascensão social dos irmãos Barbosa Machado, vindos das camadas médias de Lisboa. Todos eles ascenderam através das letras. Inácio Barbosa Machado (1686-1766), foi juiz de fora em 1720 na Bahia, onde participou da Academia dos Esquecidos, fundada em 1724. Com o falecimento da esposa, ingressou no clero em 1734. Aposentado como desembargador da Relação do Porto em 1748, foi nomeado depois cronista-mor do reino. Membro da Academia Real de História, ele deixou ao morrer

---

11 Brigola, *op. cit.*, p. 507-13.
12 Pomian, *op. cit.*; Kriegel, *L' histoire à l' age classique. Les academies de l' histoire*. Paris, PUF, 1988, v.3, p. 35.

uma biblioteca com mais de 2 mil volumes, anexada a de Diogo, pois os irmãos viviam na mesma casa. O outro irmão, José Barbosa (1674-1750), ingressou na ordem dos teatinos, distinguindo-se posteriormente ante D. João V como orador célebre e cronista oficial da casa de Bragança. Ele também foi membro da Academia Real de História. Ambos os irmãos foram autores de várias obras. Entre os livros que compõem a coleção pessoal de Diogo Barbosa Machado, há dois inteiramente dedicados aos sermões escritos por seu irmão mais velho[13].

Diogo Barbosa Machado estudou em Lisboa e Coimbra, onde se matriculou na faculdade de direito canônico, mas não prosseguiu o curso, retornando à capital. Obteve então, pela ação de um filho bastardo do duque de Cadaval, um pequeno benefício no bispado de Lamego que lhe permitiu comprar livros e permanecer em Lisboa. Recebeu ordens de presbítero em 1724 como oratoriano[14]. Por iniciativa do marquês de Abrantes, seu protetor, Barbosa Machado foi nomeado em 1728, abade da Igreja de Santo Adrião de Sever, no bispado do Porto. Este segundo benefício foi muito mais significativo que o primeiro. Após permanecer algum tempo em Sever, Diogo Barbosa voltou a Lisboa, pedindo ao marquês para residir definitivamente na capital. O marquês de Abrantes recorreu então ao papa, para um aumento da pensão e dos dízimos devidos ao abade. O nosso Diogo conseguiu assim regressar a Lisboa, dedicando-se exclusivamente às atividades de escritor e colecionador. Tarefas não compatíveis com a vida na distante abadia – que provavelmente não passou de uma construção de madeira –, tampouco com o afastamento do maior centro cultural e do poder em Portugal[15].

A nova renda permitiu a Diogo Barbosa Machado aumentar sua preciosa biblioteca. Naquele tempo, ele já era membro da Academia Real desde 1720 – provavelmente graças também ao marquês de Abrantes. A instituição fundada por D. João V estava interessada em escrever a história do reino português e promover as glórias de Portugal na Europa. No entanto, nela o papel de Diogo parecia ser tímido, pelas poucas vezes que o abade de Sever foi citado nos documentos. Na *Historia da Academia Real da História Portuguesa*, Manoel Telles da Sylva reuniu atas de reuniões e conferências

---

13 Isabel Ferreira da Mota. *A Academia Real da História. Os intelectuais, o poder cultural e o poder monárquico no século XVIII*. Coimbra, Minerva, 2003. p. 227-9.

14 A formação oratoriana deve ter contribuído para o interesse colecionista de Barbosa Machado, uma vez que esta congregação era conhecida por seu trabalho de edição, revisão e publicação de documentos. A respeito do envolvimento deste grupo e de outras ordens religiosas com o saber histórico ao longo dos séculos XVII e XVIII, ver a coleção de Kriegel, *op. cit.*, e Guy Bourdé. *As escolas históricas*. Lisboa, Europa-América, 1983.

15 Mota, *op. cit.*

do primeiro ano de funcionamento da instituição. Diogo aparece uma única vez, ao levantar uma questão a respeito da morte de D. Sebastião na batalha de Alcácer-Quibir. A mesma obra leva a crer que, naquele grupo erudito, alguns membros destacavam-se mais que outros. Esses em geral faziam parte dos *grandes* da nobreza – como Francisco Xavier de Meneses, conde de Ericeira, e Francisco Paulo de Portugal e Castro, marquês de Valença – ou eram eclesiásticos responsáveis pela fundação da Academia – como Manoel Caetano de Sousa[16].

Diogo Barbosa Machado foi um dos cinquenta primeiros acadêmicos que fundaram o círculo literário, designado para escrever as histórias dos reinados de D. Sebastião, do cardeal-rei D. Henrique, e dos reis Habsburgos de Portugal. Ferreira da Mota comenta que o então futuro abade entrou na Academia sem qualquer obra publicada, com um currículo vulgar. No primeiro tomo que escreveu sobre as memórias da história de Portugal no reinado de D. Sebastião, a dedicatória foi para D. João V. Mas, no prólogo, Barbosa Machado referia-se ao marquês de Abrantes. No fim da vida, bastante idoso, autor de várias obras, ofereceu a D. José I sua biblioteca. Nesse tempo, já tinha ascendido a uma posição que lhe permitia ter seus próprios clientes, entre eles Francisco José da Serra, autor de sua oração fúnebre[17].

Não é difícil relacionar a coleção à trajetória, valores e objetivos de vida de seu artífice. Os opúsculos recortados e encadernados pelo abade indicam o próprio perfil de Diogo Barbosa Machado, em suas estratégias de ascensão social – não obstante o indubitável gosto colecionista pela história, característico do *Setecentos* europeu. Homem semióforo, Barbosa Machado transitava entre o visível e o invisível. Ao obter e comprar folhetos por meios diversos, o colecionador retirava essas obras do seu universo de circulação, inviabilizando sua leitura imediata. Não obstante, ele aumentava o significado dos opúsculos de sua coleção com a classificação, a impressão de frontispícios especiais, com seus *ex-libris* e sumários que estabeleciam a ordem dos títulos, tudo elaborado com capricho e organização. Conferia às peças destacadas e integradas nos álbuns um outro valor, como intermediárias entre o mundo profano e outro sagrado, o mundo dos mortos, "semideuses", dos reis e insignes de Portugal. As estampas e opúsculos serviam,

---

16   Manoel Telles da Sylva. *Historia da Academia Real da Historia Portugueza*. Lisboa, Officina de Joseph Antonio da Sylva, 1727, p. 316-18. Sobre a nobreza em Portugal no século XVIII, Nuno Gonçalo Freitas Monteiro. *O crepúsculo dos grandes. A casa e o patrimônio da aristocracia em Portugal (1750-1832)*. Lisboa, Imprensa Nacional – Casa da Moeda, 2003.

17   Francisco José da Serra. *Oração fúnebre nas exequias do reverendo senhor Diogo Barbosa Machado, abbade reservatório da paroquial igreja de Santo Adrião de Cever*. Lisboa, Regia Officina Typografica, 1773. Mota, *op. cit.*

assim, como relíquias, imagens preciosas do além, produzindo uma sensação mista de proximidade e distância em quem as observasse.

Ao reconstruir episódios de memórias alheias, Barbosa Machado também configurava sua própria história, seu poder em termos de significado. É assim que entendemos sua ascensão social. Lembrando as ideias de Ginzburg sobre a representação do poder como substituição, o abade, ao confeccionar sua coleção particular, não apenas produzia registros acessórios ao conhecimento de personagens ilustres antepassadas, mas de fato tornava-as presentes naquele mundo setecentista. Ao mesmo tempo, ele aumentava suas possibilidades de obtenção de patrocínios e mercês, que lhe permitiam continuar sua coleção, pois as paixões e os interesses não são excludentes. Em outras palavras, como detentor daquela memória insigne, Barbosa Machado substituía essas ilustres personagens – falecidas ou não – em sua sociedade.

Do filho bastardo do duque, ao marquês, ao rei. O esmero com que a coleção foi feita é análogo ao bem-sucedido destino do abade de Sever, considerando suas modestas origens. A doação da coleção à Real Biblioteca expressa bem o coroamento de uma trajetória. Entre 1770 e 1772, Diogo Barbosa Machado prestou serviço ao rei mecenas, maior dos homens semióforos de Portugal, interessado em associar sua imagem régia à preciosa coleção. O rei, agradecido, concede-lhe mercê em forma de pensão. Na Real Biblioteca, a coleção acompanha e constrói a imagem póstuma de Barbosa Machado. Esta memória atravessou o Atlântico, viajando com a corte para o Brasil. Memória dos reis, nobres, heróis de batalha, sacerdotes insignes e santos. E Diogo Barbosa Machado junto a eles. Essas histórias conferiam superioridade a este colecionador apaixonado, como ficção de sua soberania viva.

Em ordem

Entramos assim neste universo de inclusão e exclusão social, procurando perceber os critérios de ordenação e classificação empregados pelo abade na confecção desse material em aproximadamente 146 volumes. Essas são as matérias, como aparecem no catálogo manuscrito pelo próprio Diogo Barbosa Machado:

Genethliacos dos Reis, Rainhas e Príncipes de Portugal, 5 tomos.
Aplausos dos Anos de Reis, Rainhas e Príncipes de Portugal, 2 tomos.
Entradas em Lisboa de Reis, e Rainhas, 2 tomos.
Epithalâmios de Reis, e Rainhas de Portugal, 5 tomos.
Elogios dos Reis, Rainhas e Príncipes de Portugal, 4 tomos.
Aplausos Oratórios, e Poéticos pela Saúde do Reis, 1 tomo.

Últimas Ações e Exéquias de Reis, Rainhas e Príncipes de Portugal, 3 tomos.
Elogios Fúnebres dos Reis, Rainhas, e Príncipes de Portugal, 4 tomos.
Notícias Militares de D. João IV, 2 tomos.
Notícias Militares de D. Afonso VI, 3 tomos.
Notícias Militares de D. Pedro II, 2 tomos.
Notícias Militares de D. João V, 2 tomos.
Notícias Militares de D. José I, 1 tomo.
Notícias Militares da Índia Oriental, 3 tomos.
Notícias Militares da América, 1 tomo.
Notícias Militares da África, 1 tomo.
História dos Cercos que Sustentaram os Portugueses nas Quatro Partes do Mundo, 5 tomos.
Aplausos Genethliacos de Fidalgos Portugueses, 1 tomo.
Epithalâmios de Duques, Marqueses e Condes de Portugal, 3 tomos.
Elogios de Duques, Marqueses e Condes de Portugal, 2 tomos.
Elogios Fúnebres de Duques, Marqueses, e Condes de Portugal, 4 tomos.
Elogios Fúnebres de Duquesas, e Marquesas de Portugal, 1 tomo.
Elogios Oratórios e Poéticos de Cardeais, e Bispos, 2 tomos.
Elogios Fúnebres de Cardeais e Arcebispos de Portugal, 1 tomo.
Elogios Fúnebres de Eclesiásticos Portugueses, 3 tomos. (Falta o 4º.)
Elogios Fúnebres de Diversos Portugueses, 2 tomos.
Elogios Históricos e Poéticos de Eclesiásticos e Seculares, 1 tomo.
Manifestos de Portugal, 3 tomos.
Tratados de Pazes Celebradas em Diversas Cortes, 2 tomos.
Autos de Cortes, e Levantamento de Reis, 2 tomos.
Notícia Genealógica da Casa Real, 1 tomo.
Notícia Genealógica de Famílias Portuguesas, 2 tomos.
Notícia das Missões Orientais, 2 tomos.
Notícia de Procissões e Triunfos Sagrados, 4 tomos.
Sermões Vários de D. José Barbosa, 2 tomos.
Sermões na Aclamação Del Rey D. João IV, 2 tomos.
Sermões do Nascimento de Reis, e Príncipes de Portugal, 4 tomos.
Sermões de Desposórios de Príncipes de Portugal, 1 tomo.
Sermões Gratulatórios pela vida, e Saúde dos Reis de Portugal, 5 tomos.
Sermões de Exéquias dos Reis de Portugal, 7 tomos.
Sermões de Exéquias de Rainhas de Portugal, 3 tomos.
Sermões de Exéquias de Príncipes e Infantes de Portugal, 3 tomos.

Sermões de Exéquias de Duques de Portugal, 1 tomo.
Sermões de Exéquias de Marqueses e Condes de Portugal, 2 tomos.
Sermões de Exéquias de Duquesas, Marquesas, e Condessas de Portugal, 1 tomo.
Sermões de Exéquias de Senhoras de Portugal, 1 tomo.
Sermões de Exéquias de Varões Portugueses, 1 tomo.
Sermões de Exéquias de Cardeais e Arcebispos Portugueses, 2 tomos.
Sermões de Exéquias de Bispos Portugueses, 3 tomos.
Sermões de Exéquias de Eclesiásticos Portugueses, 1 tomo.
Sermões de Exéquias de Fidalgos Portugueses, 1 tomo.
Sermões Pregados nos Autos de Fé celebrados em Lisboa, Coimbra, Évora e Goa, 6 tomos. (Falta o 2º.)

Vilancicos da Festa do Natal Cantados na Capela Real desde o Ano de 1640 até 1715, 4 tomos.
Vilancicos da Conceição de N. Senhora Cantados na Capela Real desde o Ano de 1652 até 1715, 3 tomos.
Vilancicos da Festa dos Santos Reis Cantados na Capela Real desde o Ano de 1646 até 1716, 3 tomos.
Vilancicos na Festa de São Vicente cantados na Catedral de Lisboa desde o Ano de 1700 até 1723, 1 tomo.
Vilancicos de Santa Cecília do Ano de 1702 até 1722, 1 tomo.
Vilancicos de São Gonçalo do ano de 1707 até 1722, 1 tomo.
Vilancicos de Várias Festividades, 1 tomo.

Notícias das Embaixadas que os Reis de Portugal mandaram aos Soberanos da Europa, 3 tomos. (Omitidos no catálogo.)[18]

A compilação de folhetos é a parte mais volumosa da coleção pessoal do abade de Sever. Ela apresenta não somente opúsculos impressos e manuscritos sobre a monarquia, a nobreza e os eclesiásticos portugueses, mas também notícias sobre festas, batalhas e ainda relatos de missões que aconteceram nas possessões portuguesas da Ásia, América e África. Os folhetos se encontram, predominantemente, em português e espanhol, mas também há vários, em francês, inglês, latim, alemão ou italiano. Os locais de publicação também são variados: há opúsculos impressos em Lisboa, Madri,

---

18 Machado, *op. cit.* Cf. também Rosemarie Erika Horch (org.). Catálogo dos folhetos da coleção Barbosa Machado. In: *Anais da Biblioteca Nacional*. Rio de Janeiro, Biblioteca Nacional, 1972, v. 92, p. 30-2.

Barcelona, Roma, Luca, Paris, entre muitas cidades. Difícil resistir à tentação de comentar alguns desses ricos documentos em separado – o que fugiria aos propósitos deste estudo.

Contudo, é interessante observar como Barbosa Machado não apenas selecionou e ordenou este material, mas também interferiu nele, deixando sua marca. Em relação aos opúsculos, ele não raro repetiu-os em volumes de temáticas diferentes; também os dividiu, dispondo partes deles em volumes separados, ou acrescentou mapas, plantas de cidades, desenhos de batalhas, até mesmo corrigindo palavras e erros tipográficos. Seu empenho em organizar este material é evidente no cuidado em preparar listas manuscritas com os títulos dos folhetos de um determinado volume - livro, dispondo-as no início de cada tomo da coleção. Produziu, assim, índices de consulta.

Não faltam na coleção folhetos, feitos por pares de Barbosa Machado, membros da Academia Real de História, incluindo-se o próprio abade de Sever. Sobretudo em volumes dedicados aos aniversários de reis e rainhas de Portugal, há várias orações e elogios recitados por acadêmicos aos monarcas.

Torna-se difícil definir exatamente a maneira como Barbosa Machado conseguiu reunir essa quantidade de documentos. Sabemos por informações concernentes à tipografia, ao idioma ou ao local de publicação que a maioria dos opúsculos foi produzida em Portugal, mas há muitos outros que vieram de fora do reino. Mesmo entre os opúsculos lusos, por exemplo, há alguns raros e outros que datam do século XVI. Como o abade de Sever tinha acesso a esses documentos? Em alguns casos, Diogo Barbosa Machado comprava esses materiais e ainda mandava-os vir do estrangeiro. Essa prática era comum, uma vez que vários letrados da época, como Diogo de Mendonça Corte Real, ocupavam cargos administrativos, viajavam constantemente, e assim entravam em contato com eruditos de outros países.

Adentremos na ordenação dos opúsculos coligidos pelo abade de Sever. Observamos que Barbosa Machado aplicou de início critérios referentes aos gêneros literários e à natureza do evento (sermões, panegíricos, entradas, exéquias etc), e à personagem central do documento (reis, princesas, grandes de Portugal etc), utilizando também a classificação de gênero sexual. Em seguida valeu-se da cronologia para dividir mais os volumes: "de 1640 a 1668", de "1669 a 1706", "no ano de 1750", por exemplo. A ordem temática, como se vê, vem antes da cronológica; trata-se de determinar as características, de agrupar unidades textuais em corpos maiores[19]. A classificação espacial também ocorreu, ao identificar tomos a eventos na Ásia, América ou África, partes do império português. Tudo leva a crer que o abade amealhou primeiramente todo o conjunto documental, ou a maior parte dele, para depois encaderná-lo. O fo-

---

19 Kriegel, *op. cit.*, v. 2, p. 205.

lheto mais antigo data de 1505, e o mais recente é de 1770, ano de início da transferência dos volumes à Real Biblioteca.

Mas existe ainda um outro aspecto que convém observar, referente à disposição dos volumes no catálogo manuscrito pelo próprio abade. Embora eles não sejam numerados, essa disposição pode dar conta também dos critérios de relevância empregados por Diogo Barbosa Machado. Nesta ordem, observa-se que os reis aparecem em primeiro lugar – como nos retratos, outro rico conjunto documental desta biblioteca[20]. Os reis nascem (genetlíacos), aniversariam, "entram" – ou dominam – a capital do reino, casam-se (epitalâmios), passam por intempéries de saúde (quando se destacam os episódios concernentes à agonia de D. João V) e morrem (exéquias), tudo isso em meio a muitos elogios... No Antigo Regime, os reis personificavam o Estado e muitas vezes identificavam-se à sociedade mediante a exposição de seus ciclos de vida, para além de qualquer análise sobre a centralização política e administrativa do poder[21].

Em seguida, surgem os aspectos militares, ainda que divididos cronologicamente em reinados. Os feitos de guerra propagam-se pelo império: Índia, América, África. Note-se a ordem peculiar entre os continentes, na qual volumes referentes a Ásia vem antes de América e África, contrariando a lógica que destaca a importância econômica e geopolítica do Brasil na conjuntura do século XVIII. Por sua vez a ordem temporal das conquistas lusitanas também não foi seguida pelo abade, pois neste caso a África viria antes de Ásia e América. Parece que o valor predominante – que também ocorreu nos retratos de governadores ultramarinos – foi o maior prestígio social da Índia e do Oriente em relação às outras praças. Essa literatura militar enaltecia não apenas os reis, mas principalmente os bravos portugueses – nobres ou plebeus – que lutaram ao lado da monarquia, provando seu valor e fidelidade, e

---

20 A este respeito, cf. Rodrigo Bentes Monteiro. Recortes de memória: reis e príncipes na coleção Barbosa Machado. In: Rachel Soihet; Maria Fernanda Bicalho & Maria de Fátima Silva Gouvêa (org.). *Culturas Políticas. Ensaios de história cultural, história política e ensino de história*. Rio de Janeiro, Mauad, 2005, p. 127-54 e Reis, príncipes e varões insignes na coleção Barbosa Machado. In : *Anais de História de Além-Mar*. Lisboa, Centro de História de Além-Mar, 2005, p.215-51.

21 Sobre a função representativa dos reis, cf. Ernst Kantorowicz. *Os dois corpos do Rei. Um estudo de teologia política medieval*. São Paulo, Companhia das Letras, 1998; Alain Boreau, Le roi. In: Pierre Nora (org.). *Les lieux de mémoire*. Paris, Gallimard, 1997, v. 3, p. 4521-44; Rodrigo Monteiro. *O rei no espelho. A monarquia portuguesa e a colonização da América 1640-1720*. São Paulo, Hucitec, 2002.

assim buscavam alguma mercê – uma comenda militar ou cargo - mediante o *ethos* da guerra tão valorizado naquele tempo[22].

Essa é a ponte com o mundo aristocrático, seguindo também a lógica cíclica da vida: nascimentos, casamentos, mortes. Seguem os folhetos relativos aos clérigos e prelados que, embora não nascessem naquela condição, adquiriam-na ao longo da vida e morriam como tais. Os panfletos e libelos políticos (agrupados com o significativo título de "manifestos de Portugal"), os tratados e as atas das assembleias de cortes, aparecem mesclados a esse bloco, ainda antes das notícias genealógicas da casa real e de casas nobres. Observa-se nesse subconjunto a relativa indistinção entre as elites secular e eclesiástica, as ideias políticas e as questões religiosas, divisão de campos mais própria da época contemporânea que do tempo de Barbosa Machado[23].

Entretanto, as missões no Oriente e as procissões abrem caminho para a documentação de perfil acentuadamente religioso. Mais uma vez, a ordem dos sermões inicia-se com temas relativos aos reis, primeiramente proferidos pelo irmão de Diogo, José Barbosa Machado, cronista oficial dos Bragança – a marca pessoal e familiar aí se faz presente. Em seguida, a temática da Restauração na aclamação de D. João IV, sucedida pelos sermões de nascimentos, casamentos, mortes, primeiramente dos reis, depois de nobres e eclesiásticos portugueses. Finaliza-se a coleção com sermões pregados nos autos de fé, e os vilancicos, espécies de canções ligadas – nesse caso – às festas de santos. Da purificação das almas à santidade... Mais uma vez, as interfaces entre questões políticas presentes nos sermões, argumentos providencialistas e assuntos de ordem moral são bastante fortes para o entendimento do universo cultural luso no

---

22 Para citar apenas referências recentes sobre os feitos militares e sua divulgação, cf. Manuel Themudo Barata & Nuno Severiano Teixeira (dir.). *Nova história militar de Portugal*. Lisboa, Círculo de Leitores, 2004, v. 2; Rui Bebiano. *A pena de Marte. Escrita da guerra em Portugal e na Europa (sécs. XVI-XVIII)*. Coimbra, Minerva, 2000.

23 Acerca da aristocracia em Portugal, cf. Nuno Monteiro, *op. cit.* Sobre as reuniões de cortes, Pedro Cardim. *Cortes e Cultura Política no Portugal do Antigo Regime*. Lisboa, Cosmos, 1998. Sobre a interação entre os campos político e religioso nas sociedades do Antigo Regime, Kantorowicz, *op. cit.*, Marc Bloch. *Os Reis Taumaturgos. O caráter sobrenatural do poder régio França e Inglaterra*. São Paulo, Companhia das Letras, 1993; Cardim, Religião e ordem social. Em torno dos fundamentos católicos do sistema político do Antigo Regime. In: *Revista de História das Ideias*. Coimbra, Instituto de História e Teoria das Ideias – Faculdade de Letras da Universidade de Coimbra, 2001, v. 22, p. 133-74; José Pedro Paiva. A Igreja e o poder. In: João Francisco Marques & António Camões Gouveia (org.). *História Religiosa de Portugal*. Lisboa, Círculo de Leitores, 2000, v. 2, p.135-83.

Antigo Regime, contraditando ideias comuns na historiografia tradicional acerca de um Estado moderno e laico a partir do século XVI[24].

Não obstante, nota-se uma perspectiva mais secular de organização dos volumes, coerente ao contexto do século XVIII português, e à própria inserção de Diogo Barbosa Machado na Academia Real de História. Os reis, a guerra, os nobres, são dispostos nos primeiros lugares. A ordem dos folhetos também pressupõe a inclusão e a exclusão social. Neste aspecto é evidente o caráter elitista da coleção Barbosa Machado, relacionado à própria natureza da documentação, que expressa um mundo de príncipes, aristocratas e clérigos destacados.

Igualmente torna-se evidente a postura quase enciclopédica de incorporação de documentos políticos referentes a traumas já superados na história de Portugal em meados do século XVIII, como, por exemplo, em relação às conjunturas da Restauração e da *Guerra de Sucessão da Espanha*, que agregam documentos castelhanos contra Portugal. Até mesmo os jesuítas aparecem muito, desde a criação da Companhia até o tempo do próprio abade. Isso evidencia os aspectos particulares da coleção, algumas vezes em desacordo com a política de Sebastião José de Carvalho e Melo no reinado de D. José I[25].

Vários conhecidos documentos que expressam a polêmica entre os filhos do *Restaurador*, D. Afonso VI e o infante D. Pedro, não foram incluídos na coleção. Nesse caso, a imagem régia seria depreciada, particularmente a de D. Pedro II, pai de D. João V e avô de D. José I, que teria usurpado o trono ao irmão. Este e outros aspectos conduzem à inflexão de que a coleção foi montada ao longo do tempo para ser oferecida "ao rei", e assim seus critérios de inclusão e exclusão procuravam atender também a este objetivo, evitando conflito em relação aos monarcas e demais personagens de destaque.

Portanto, a coleção de opúsculos organizada por Diogo Barbosa Machado demonstra com clareza a ordem de um tempo, em princípio do próprio abade que viveu

---

24 Sobre o estudo dos sermões na Restauração, Marques, *A parenética portuguesa e a Restauração 1640-1668*. Porto, Instituto Nacional de Investigação Científica, 1989, 2 v; Para a inquisição em suas relações políticas, Francisco Bethencourt. *História das Inquisições*. Portugal, Espanha e Itália Séculos XV-XIX. São Paulo, Companhia das Letras, 2000.

25 Parece que Diogo Barbosa Machado tinha desavenças com a Companhia de Jesus. Atribui-se a ele a Carta Exhortatoria aos Padres da Companhia de Jesus da Província de Portugal, publicada sem indicações, obra em defesa dos oratorianos contra os jesuítas na guerra doutrinal e literária entre as duas congregações. Manuel Alberto Nunes Costa. Diogo Barbosa Machado e a bibliografia portuguesa,. In: *Anais da Academia Portuguesa de História*, Lisboa, s./ ed., 1986, p. 291-340.

entre os reinados de D. Pedro II, D. João V e D. José I. Tempo de fortalecimento da dinastia brigantina no exercício do poder régio, de incremento da ideia de história, do interesse da própria monarquia por documentos relativos à sua história e à história do reino, de uma relativa secularização do poder, do afã das coleções e suas taxionomias, das academias literárias e da preservação dos monumentos. Tempo também de valorização em Portugal da imagem do poder régio – é flagrante o número maior de opúsculos referentes aos reinados de D. João V, sobretudo de D. José I em relação aos antecessores, e isso ocorreu não somente devido à facilidade na oferta dos documentos captados por Barbosa Machado, mas também à maior produção literária de peças laudatórias e comemorativas nesse período.

Contudo, é preciso não esquecer da ação individual do abade de Sever, deixando sua marca indelével nos folhetos que organizou. Nela se expressam suas expectativas de ascensão social, sua paixão colecionista e sua escrita particular da história de Portugal e do império.

Várias histórias

Mas a coleção Barbosa Machado também se refere a diversos tempos. Um tempo passado, dos folhetos produzidos desde o século XVI até o XVIII, de uma cultura política do Portugal no Antigo Regime, do início ao fim da Idade Moderna. Desconsiderar esse aspecto significaria negligenciar a importância da coleção como acervo de fontes especialíssimas, e as possibilidades de pesquisa para historiadores interessados nesse rico conjunto documental, apesar das mutilações e ausências de páginas em alguns documentos.

Por lidar com a memória preservada e selecionada, essa coleção também se relaciona a outros tempos, futuros ao próprio Diogo Barbosa Machado, ao construir sua imagem póstuma. A pesquisa considera o processo de restauração sofrido pela coleção de opúsculos em meados do século XX, sua catalogação, as possíveis intervenções, isto é, a constituição desta coleção como acervo próprio. Para Jacques Le Goff, a memória é sempre atual, revivificada, ao desempenhar alguma função social[26]. Entre o tempo da Alta Idade Moderna – o que mais uma vez lembra Bouza Álvarez e sua civilização da escrita –, o tempo da formação da coleção e da cultura mais enciclopédica, e o século XX, quando os volumes foram restaurados e estudados, operaram-se mudanças na ideia de história.

---

26 Jacques Le Goff. Memória. In: Romano, *op. cit.*, p. 11-50.

A história como "mestra da vida" era certamente presente nas tantas entradas de reis e genealogias dos grandes, repletas de alegorias antigas e feitos providenciais, o futuro grandioso da monarquia previsto em vaticínios e escatologias, à semelhança dos impérios antigos. Em muitos opúsculos, exemplos de personagens antigas aparecem entremeados às histórias dos heróis dos séculos XVI, XVII e XVIII, numa confusão de épocas que frequentemente rompia as barreiras cronológicas, fazendo de tudo um só passado[27].

A *historia magistra* pressupunha a admissão da constância e a invariabilidade da natureza humana, mas também um tempo mais lento no referente às transformações sociais, permitindo que exemplos de personagens pretéritas continuassem úteis e válidos no presente, limitando o que seria possível experimentar no futuro. Desse modo, a coleção Barbosa Machado não é apenas compilação de personagens e eventos, mas reunião de exemplos morais: reis portugueses valorosos, súditos fiéis e prelados virtuosos.

Para Barbosa Machado e outros eruditos da época, o estudo do passado perpetuava a memória, ao trazer heróis novamente à vida. A história era então um gênero ligado à exaltação dos grandes homens, uma elegia a sua glória. Segundo Manuel Teles da Sylva os homens ilustres foram sepultados nos arquivos do reino graças ao esquecimento e à negligência[28]. Portanto era preciso conhecer os arquivos, organizá-los e ter acesso aos vestígios do passado. Barbosa Machado tomou para si a tarefa de fazer justiça àqueles homens e mulheres dignos. Hoje conservamos praticamente tudo o que nos chega do passado; no entanto, a cultura histórica setecentista parecia ser mais criteriosa. Como lembra Blandine Kriegel, para eruditos dos séculos XVIII nem todos os textos eram documentos, merecedores de sobreviver ao tempo. Diferente do nosso universo, para o qual todos os tipos de texto são fontes, naquele mundo erudito o movimento era inverso, de estreitamento e redução[29].

---

27 Em análise clássica, Reinhart Koselleck mostrou como na Alemanha nos anos 1760-80, a formação do moderno conceito de história aos poucos esvaziou a substância dessa concepção de história que conjugava exemplo e repetição. A História passou a entender-se como processo, concebendo-se como história em si, abandonando o exemplo e ligando-se ao acontecimento. Essas reflexões da escola histórica alemã, formuladas antes, acharam uma "prova" na Revolução francesa, vivida por muitos como uma aceleração do tempo, fazendo uma brutal distensão entre o campo de experiências e o horizonte de expectativas. Reinhart Koselleck. *Futuro Pasado. Para una semántica de los tiempos históricos*. Barcelona, Paidos, 1993, p. 41-66 e historia / Historia. Madrid, Trotta, 2004.

28 Silva, *op. cit.*, p. 85.

29 Kriegel, *op. cit.*, v. 2., p.18.

Tratava-se de uma depuração: apenas o exemplar para gerações futuras deveria sobreviver ao tempo, merecendo imortalidade. A definição no *Vocabulário Português e Latino* do padre Raphael Bluteau – importante erudito da época e também membro da Academia Real da História – apresenta este significado:

"Mais particularmente, historia he narração de cousas memoráveis, que tem acontecido em algum lugar, em certo tempo, e com certas pessoas, ou nações. [...] A historia he a testemunha do tempo, a luz da verdade, a vida da memória, a mestra da vida, e a mensageira da Antiguidade.[30]"

A história como mestra da vida ligava presente e passado por meio de exemplos ensinados. Nessa visão, os atos de varões insignes e reis de outrora inspiravam a fidelidade dos súditos e fiéis portugueses do século XVIII. No entanto, essa concepção de história relaciona-se também ao futuro. Os homens valorosos precisavam ser tirados do esquecimento por merecerem a eternidade, pois as ações pretéritas serviam como espelho e estímulo para futuras gerações. Portanto, colecionar era um modo de se ter o passado bem perto, sentindo-o e preservando-o contra a corrupção do tempo. Folhetos e imagens colecionadas deixavam viva assim a memória de homens pregressos, educando por sua vez os do presente e do porvir.

Por outro lado, parece que havia por parte do abade interesse em perpetuar a lembrança de seu próprio trabalho. Com este intuito incluiu dois retratos seus na coleção de estampas. E aceitou doar, em troca de uma mercê em forma de pensão – ação própria da cultura política do Antigo Regime – sua livraria à Real Biblioteca. Ainda ali, era patente a sincronia entre aquelas experiências passadas e gloriosas, e o horizonte de expectativas do abade, que compunha a coleção para ser ofertada ao rei. Portanto, a história como mestra da vida pode ser verificada, ainda, na ação do colecionador Barbosa Machado. História e memória, juntas. Todavia, como vimos, elas aparecem mescladas entre classificações temáticas e uma ordenação cronológica que discriminava os tempos em progressão. Este é um aspecto importante, a ser desenvolvido posteriormente, a distinguir as transformações ocorridas no século XVIII na própria concepção de história – doravante mais ligada à ideia de progresso, segundo a clássica análise de Reinhart Koselleck[31].

---

30 Bluteau, *op. cit.*, p. 39-40.

31 Para Koselleck o tempo histórico é produzido pela distância entre experiências e expectativas, engendrado pela tensão entre elas. A estrutura temporal dos tempos modernos – a partir do final do século XVIII –, marcada pela abertura ao futuro e ao progresso, é caracterizada pela assimetria entre experiências e expectativas. Este desequilíbrio cresceria sob efeito da aceleração. A fórmula "menor a experiência, maior a expectativa" resume esta evolução. Já em 1975 Koselleck se interrogava sobre o que podia ser um fim ou uma saída

Ao final do século XIX, na Biblioteca Nacional do Brasil, a coleção de retratos passou por um processo de restauração e catalogação, sob o comando do diretor Benjamin Franklin Ramiz Galvão (1870-1882) e do chefe da recém-criada seção de estampas José Zepherino Brum. Entusiasta da obra de Diogo Barbosa Machado, Ramiz Galvão abriu o primeiro volume dos *Anais da Biblioteca Nacional* – outra iniciativa sua – com um artigo sobre o bibliófilo setecentista. Na gestão do barão de Ramiz a Biblioteca Nacional passou por uma reforma inspirada nas bibliotecas europeias à época. Com a filosofia da história e as novas experiências contemporâneas, a ideia de um passado exemplar como referência ao futuro tornou-se menos evidente, mas nem por isso desapareceu[32].

Contudo, é interessante destacar o ocorrido com os opúsculos. Em meados do século XX, a coleção de folhetos também foi restaurada e catalogada. A bibliotecária Rosemarie Erika Horch comenta que os volumes estavam "caindo aos pedaços", com os suportes originais de couro amarrados. As janelas – buracos feitos nos papéis que envolviam os folhetos para que fossem uniformizados em tamanho para encadernação – já existiam. No entanto, apresentavam aspecto grosseiro, sobretudo no verso. Foram feitos então novos suportes, com folhas de papel japonês coladas sobre as originais, dos dois lados. As novas páginas foram numeradas com carimbos. No presente, essa restauração obedeceria a outros critérios técnicos[33].

---

para esses tempos. Começa a definir-se então a contribuição de François Hartog, ao dissertar sobre o presentismo. Koselleck, *Futuro Passado* ..., op. cit., p. 333-57. Cf. também o seu estudo seminal *Crítica e Crise. Uma contribuição à patogênese do mundo burguês*. Rio de Janeiro, Eduerj/ Contraponto, 1999, e François Hartog. *Regimes d'historicité. Presentisme et experiences du temps.* Paris, Seuil, 2003, p. 28.

32 Benjamin Franklin Ramiz Galvão. Diogo Barbosa Machado. In: A*nais da Biblioteca Nacional*. Rio de Janeiro, Biblioteca Nacional, 1876-1877, v.1, p. 1-43, reproduzido em 1972, v. 92, p.11-45, e Diogo Barbosa Machado. Catálogo de suas coleções. In: *Anais da Biblioteca Nacional*. Rio de Janeiro, Biblioteca Nacional, 1876-1877, v. 2, p.128-91; 1877-1878, v. 3, p. 162-81 e 279-311; e 1880-1, v. 8, p .222-431. José Zepherino de M. Brum (org.), Catálogo dos retratos colligidos por Diogo Barbosa Machado. In: *Anais da Biblioteca Nacional*. Rio de Janeiro, Biblioteca Nacional, 1893 / 1896 / 1898 / 1904, vs.16, 18, 20 e 26. Sobre a restauração dos retratos no século XIX e a gestão de Ramiz Galvão na Biblioteca Nacional, cf. Rodrigo Monteiro, *Recortes de memória*..., op. cit.

33 Horch, *Entrevista a Rodrigo Bentes Monteiro*. São Paulo, Instituto de Estudos Brasileiros – USP, 20/10/2005. A polissemia entre restaurar, restituir, refazer, é bastante antiga. Vespasiano empreendeu a restitutio do Capitólio, devastado por um incêndio: ele o restaurou, portanto. Mas ao mesmo tempo restituiu 3 mil tabletes de bronze, fundidos no mesmo

Rosemarie Horch estudou na Alemanha e realizou extenso trabalho com os incunábulos da Biblioteca Nacional. Em 1955 foi convidada pela chefe da seção de obras raras, Vera Leão de Andrade, para catalogar a coleção de opúsculos de Barbosa Machado. O trabalho havia sido iniciado por Ramiz Galvão décadas antes, mas Horch decidiu seguir outra ordem, diversa também da empregada pelo abade de Sever. Durante sua licença-maternidade, e quando passou a residir em São Paulo, as tarefas continuaram na casa da bibliotecária, quatro ou cinco volumes por mês retirados da Biblioteca Nacional, depois devolvidos. Para as informações adicionais, Horch consultou a *Bibliotheca Lusitana*, do próprio Diogo Barbosa Machado, confrontando-a a outras obras de referência expressivas, em trabalho solitário e artesanal que durou até 1960[34].

O trabalho da funcionária Rosemarie Horch inscreve-se na esteira de transformações ocorridas na Biblioteca Nacional nas gestões dos diretores Rodolfo Garcia (1932-1945) e Rubens Borba de Morais (1945-1947). Nesse tempo, o curso de biblioteconomia - fornecido pela instituição a partir de 1915 – foi reestruturado, seguindo modelo norte-americano – diferente do humanismo presente na Escola de Chartres, que norteava a atuação dos bibliotecários desde Ramiz Galvão. Em 1944, iniciou-se uma reforma administrativa, com a criação de novas divisões e da seção de obras raras. E as publicações também foram incrementadas, principalmente pelo incentivo à série *Documentos Históricos*[35].

Primeiro bibliotecário a assumir a direção da Biblioteca Nacional, Borba de Morais expunha seu plano de ação: reorganização técnica dos serviços, início da classificação do acervo baseada em normas universais – o método Dewey –, criação de serviço especial para livros raros, limpeza e desinfecção dos livros. No Brasil, contou com a ajuda dos historiadores Sérgio Buarque de Holanda e José Honório Rodrigues, e do literato Josué Montello. Valendo-se da experiência como diretor da Biblioteca das Nações Unidas em Nova York, Borba de Morais trouxe especialistas norte-americanos, entre eles William Jackson, que apresentou parecer desolador sobre o estado dos livros raros, especialmente os que integravam a Real Biblioteca. Chegou a sugerir que os documentos fossem restaurados nos Estados Unidos...

---

incêndio. Como restaurá-los, se desapareceram? Assim, restitutio não significava restauração, mas sim refazimento, nova fabricação. Hartog, *op. cit.*, p. 73.

34 Diogo Barbosa Machado. *Bibliotheca Lusitana, Hiftorica, Critica e Chronologica na qual comprehende a noticia dos auctores portuguezes, e das obras que compuzerão defde o tempo da promulgaçaõ da Ley da Graça até o tempo prezente ...*, Lisboa Occidental, Officina de Antonio Isidoro da Fonseca, 1747-1759, 4 v.

35 Gilberto Vilar de Carvalho. *Biografia da Biblioteca Nacional (1807 a 1990)*. Rio de Janeiro, Irradiação Cultural, 1994, p. 96-112.

Nesse contexto insere-se o trabalho com a coleção Barbosa Machado, em meados do século XX. Borba de Morais dirigira anteriormente a Biblioteca Municipal de São Paulo – atual Mário de Andrade –, caracterizada pelo incentivo à modernização das bibliotecas sob influxo do pragmatismo norte-americano, em contraposição à influência francesa, erudita e generalista, então vigente na Biblioteca Nacional. O termo *documentação*, e a concepção do bibliotecário como *servo dos servos da ciência*, cresciam em importância. Enquanto o bibliotecário tradicional seria guardião do acervo, com conhecimentos enciclopédicos, o bibliotecário moderno, mediante organização técnica dos materiais bibliográficos e seu uso, orientava os leitores. Esse novo pesquisador imparcial, especialista, seguia técnicas de acordo com a nova ciência da informação: a biblioteconomia[36].

O catálogo dos opúsculos foi publicado nos *Anais da Biblioteca Nacional* entre 1974 e 1988, em oito volumes, com início na gestão de Jannice Monte-Mór (1971-1979), outro momento forte de reestruturação da Biblioteca Nacional. Antes, já haviam sido editados catálogos em separata dos vilancicos, dos sermões de autos de fé, e uma "brasiliana" da coleção Barbosa Machado[37].

Poderíamos prosseguir no detalhamento de mudanças administrativas e realizações na Biblioteca. No entanto, importa observar que a impressão das peças originais (os opúsculos), sua confecção em conjunto documental (a coleção), e a trajetória deste acervo, podem ser relacionadas a diferentes *regimes de historicidade*, na acepção de François Hartog. Para formular esta noção o historiador parte das ideias de Claude Lévi-Strauss. Com seu apelo a uma teoria da relatividade generalizada, o antropólogo elaborou ampla reflexão sobre a diversidade de culturas, no texto produzido em meio à descolonização mundial. Hartog também se vale de Marshall Sahlins, ao estudar as viagens do capitão James Cook em seus embates com ilhéus do Pacífico. Para este antropólogo norte-americano, a proposta da antropologia histórica, materializada na expressão *estrutura da conjuntura*, pressupunha maior atenção às diferentes formas de história. O historiador francês familiarizou-se ainda, com as categorias meta-históricas da experiência e da expectativa de Kosseleck. Desse modo, a noção de *regime de historicidade* podia beneficiar-se de um diálogo de Sahlins com Kosseleck, da antropologia com a história[38].

---

36 César Augusto Castro. *História da Biblioteconomia Brasileira*. Brasília, Thesaurus, 2000.

37 Horch (org.), Catálogo dos folhetos da coleção Barbosa Machado, *op. cit.*, 1974-88, v. 92, 8 v. Para detalhes da conjuntura da Biblioteca Nacional nos anos 1970, cf. Jannice Monte-Mor. A Biblioteca Nacional em 1972. In: *idem*, 1972, v.92, p. 255-73.

38 "Raça e história" foi encomendado e publicado pela Unesco em 1952. Cf. Marshall Sahlins. *Ilhas de História*. Rio de Janeiro, Zahar, 1990.

Segundo François Hartog, há várias ordens do tempo, segundo lugares e tempos. Um *regime de historicidade* pode significar o modo como uma sociedade trata seu passado, a consciência de si mesma. Na esteira de Lévi-Strauss, a noção nega uma historicidade idêntica a todas as sociedades. Ao comparar tipos de história diferentes, evidencia modos de relação com o tempo: formas de experiência, aqui e ali, hoje e ontem. Portanto, a hipótese do regime de historicidade atua sobre vários tempos, instaurando um vai e vem entre presente e passado, ou melhor, passados, eventualmente distantes no tempo e no espaço. Partindo de diversas experiências do tempo, o regime de historicidade torna-se um instrumento heurístico, ajudando a melhor apreender, não o tempo, todos os tempos ou o todo do tempo, mas principalmente momentos de crise do tempo[39].

Nesse sentido, Hartog alude à crise do "regime moderno" de historicidade no século XX. Após duas guerras mundiais, a história como progresso e a ênfase utópica no futuro cederiam lugar a uma preocupação com o presente, ao incremento da ideia de memória e da conservação do patrimônio histórico. Evidencia-se assim a importância dos arquivos como conjuntos de documentos, parte essencial do patrimônio nacional. Mas o tema do *nacional* perde evidência, em contraposição a formas renovadas de história-ciência, que têm por horizonte o materialismo histórico, o quantitativo, o serial, e por instrumento o computador. Passando do prospectivo ao retrospectivo, os indivíduos munem-se de genealogias, as empresas de arquivos. Uma nova forma de *historia magistra* – que lida também com o futuro – é assim retomada. Uma *historia magistra* que não deixa de exprimir o "regime moderno", mas que articula de outro modo as categorias temporais[40].

---

39 Para as seguintes reflexões, Hartog, *op. cit.* O artigo assemelha-se mais a esta abordagem, do que à elaboração de "cronosofias" – como diferentes filosofias do tempo, proposta por Pomian, *L'Ordre du Temps*. Paris, Gallimard, 1984.

40 Priorizando o caso francês, Hartog trabalha a mudança de regimes de historicidade no século XX: na escola dos Annales, os historiadores esquivam-se do nacional, preferindo o econômico-social, com temporalidades diferentes da linha de eventos políticos. A história contribui para o saber sobre a sociedade em si, e a legitimação pelo passado cede lugar à legitimação para o futuro, evidenciando o presentismo. Nos anos oitenta, Les Lieux de Mémoire de Pierre Nora reforça a ideia de memória, um diagnóstico sobre o presente da França: Nora não invoca o tempo progressista, mas não sai do presente, negando a ruptura entre este e o passado. Rompe-se assim com as histórias memórias nacionais escritas do ponto de vista do futuro, pois a nova epistemologia reivindica a centralidade do presente. Hartog, *op. cit.*, p.113-206.

O presentismo contemporâneo definido por Hartog pode ser associado às reformas operadas na Biblioteca Nacional, e aos processos de catalogação e restauração dos opúsculos de Diogo Barbosa Machado. Como vimos, a ordem seguida no catálogo publicado nos *Anais da Biblioteca Nacional* não foi a efetivada pelo abade. Nesta nova ordenação, a cronologia foi o critério predominante, os opúsculos arrolados segundo datas de edição ou anos referentes aos assuntos de cada folheto, com o fito de facilitar ao pesquisador a consulta direta aos documentos. Observemos a importância das datas e eventos nesse regime de historicidade, que discrimina assim vários passados, e lembremos que o acadêmico real tinha priorizado outrora a classificação temática.

Portanto, a nova distribuição dos folhetos em catálogo descaracterizou o caráter de coleção do conjunto documental, pois a perspectiva principal do abade de Sever somente é vislumbrada mediante manuseio dos próprios volumes. A mesma relativa desconsideração com o trabalho do colecionador pode ser verificada na restauração dos tomos; ao refazer encadernações, suportes e janelas, inutilizou o material original e pôs em perigo sua integridade. Todavia, esse novo regime de historicidade possibilitou a conservação da coleção enquanto patrimônio, de maneira diferente do trabalho encetado por Barbosa Machado. Vale lembrar o contexto em que essas intervenções foram feitas, com opiniões de especialistas estrangeiros, sugestão de deslocamento do acervo, e o afã técnico e administrativo que envolvia a nossa Biblioteca Nacional. Tudo isso em meio ao atribulado processo político vivido no Brasil, entre as décadas de quarenta e setenta do século passado. Os temas do nacional, da liberdade, do progresso técnico, da cronologia e da conservação do patrimônio histórico se entrecruzavam, aspectos que não vamos aprofundar aqui.

Na fissura do tempo

Contudo, cabe considerar agora essa mescla de temas e historicidades, por vezes não excludentes entre si, para enfatizar algo desenvolvido por Hartog, mas inspirado na filosofia de Hannah Arendt. Esse movimento permitirá nova remissão do estudo ao tempo específico do próprio Diogo Barbosa Machado, desta vez acrescida de novo tema, mais próprio ao momento em que ele elaborava sua preciosa coleção, depois ofertada ao rei.

A ruptura de continuidade podia dar ao homem o sentimento de pertencer a duas eras. De um lado um passado não abolido nem esquecido, de outro um advir sem expressão mais definida. Um tempo desorientado, situado entre abismos, entre duas eras. Na abertura de *Entre o Passado e o Futuro*, Arendt introduz o conceito de "brecha" em torno do qual se organizou o livro, como um estranho entre dois no tempo histórico, "... quando não somente os historiadores futuros, mas também os atores e testemunhas, os vivos mesmos, tornam-se conscientes de um intervalo no tempo totalmente determinado por coisas que não são mais e por coisas que não são ainda. Na História, esses intervalos mais de uma vez mostraram poder conter o momento da verdade"[41].

Em recente livro na forma de ensaio, publicado por ocasião dos 250 anos do grande terremoto que acometeu Lisboa em novembro de 1755, Rui Tavares disserta sobre as catástrofes e suas repercussões. Os incêndios de Roma em 64 d.C., o 11 de setembro de 2001, o tsunami de 2004, são comparados a eventos que, não obstante o número de vítimas equivalente ou superior, não tiveram o mesmo impacto mundial ante os contemporâneos e pósteros. Desse modo, o autor enfatiza a importância dos meios de comunicação, e o papel de certos desastres imprevisíveis como rupturas violentas da ordem histórica[42].

Entre Roma e Lisboa, Tavares tece analogias com as imagens construídas dos grandes homens, de forma inversa: Nero destruiu Roma, Sebastião José reconstruiu Lisboa. Também destaca as leituras exageradas acerca das dimensões dos fatos. Para Lisboa chegou a ser inventado o número de 70 mil mortos, a cidade sendo varrida do mapa. Mas o fato é que o *Grande Terramoto* gerou enormes discussões sobre as causas do sismo, a extensão dos danos, e as consequências do acontecimento. Objeções políticas, teológicas, filosóficas e literárias que ultrapassaram tempos e fronteiras. À maneira dos incêndios de Roma, o caos de Lisboa teria sido para muitos "o princípio do fim do Antigo Regime"[43].

O historiador ensaísta observa a relevância cultural destes acontecimentos, dada pelas suas circunstâncias, esclarecidas em dois eixos principais: a catástrofe num quadro cultural relacionado aos debates internos da sociedade, e a articulação do desastre aos *media* da época. No primeiro eixo explicativo, nota-se que o evento de 1755 proporcionou tanto obras de filósofos renomados, como simples "livros amuleto" que se penduravam no pescoço contra terremotos. Tratava-se em linhas gerais de um "panorama de pensamento", em que se encontravam o iluminismo e as relações entre

---

41 Hannah Arendt. *Entre o Passado e o Futuro*. São Paulo, Perspectiva, 1988, p. 35-6. Nesse sentido Hartog entende a trajetória do escritor francês Chateaubriand (1768-1848), entre o antigo e o novo regime de historicidade. Sua escrita partia dessa mudança de regimes, ao voltar-se para a brecha do tempo aberta por 1789. Retomando Arendt, ele elegeu por lugar a quebra do tempo. Hartog, *op. cit.*, p.12-7 e 77-107.

42 Para as seguintes informações, Rui Tavares. *O pequeno livro do grande terramoto. Ensaio sobre 1755*. Lisboa, Tinta da China, 2005, p.18-65.

43 *Idem*, p. 18.

religião e natureza. No segundo eixo, Tavares destaca as cartas, folhetos e livros impressos tão constitutivos do grande desastre de Lisboa, como a televisão e a Internet para eventos mais contemporâneos. O "terremoto impresso" pode ter sido favorecido pelo fato de Lisboa ser um porto acessível às grandes rotas de navegação, famoso pela abundância real ou imaginada de mercadorias diversas e metais preciosos.

Com efeito, é possível observar o ano de 1755 não contaminado pela força do *grande terramoto*, quando os barcos saíam tranquilamente da barra do Tejo, e a vida da corte era marcada pelo convívio com o soberano e sua família: mudança da residência régia para Belém, festas pelo aniversário do rei, do infante, a confirmação de novos beatos pelo papa. Em junho chegava a nova de que o marquês de Távora, após ser vice-rei, regressava da Índia, para retomar seu lugar na corte como representante de grande família nobre portuguesa. O secretário de Negócios Estrangeiros Sebastião José de Carvalho e Melo chegara de Viena há alguns anos, como protegido da rainha-mãe D. Mariana de Áustria. D. Mariana tinha mais poder após a morte de D. João V, nos primeiros anos do reinado de D. José I. Ela morreu em 1754, e no ano seguinte seu falecimento continuava a ser lembrado, bem como as exéquias do seu *Fidelíssimo* marido em 1750, celebradas em cidades do império português. Eventos fartamente descritos entre os folhetos coletados por Diogo Barbosa Machado.

Mas o grande terremoto se encontra praticamente ausente da coleção de opúsculos. Nenhum documento recortado o tem como objeto, as poucas menções em folhetos são por demais ligeiras. Após o ambiente descrito acima, o colecionador reuniu muitos relatos do atentado contra D. José I em 1758 – que implicava os Távoras – e sobre o nascimento do príncipe da Beira em 1761 – lembremos que o folheto mais recente na coleção é de 1770. Certo, não há nenhum volume entre os compilados pelo abade de Sever sobre as "catástrofes de Portugal", parafraseando título de uma obra acerca das agruras entre D. Afonso VI e D. Pedro, no século XVII. Todavia, não podemos menosprezar por essa ausência o impacto do evento na vida e na obra do colecionador. Ele deve ter sido enorme.

Pois ele foi imenso, em especial no mundo letrado. Em 1756, o jesuíta italiano residente em Lisboa Gabriel Malagrida publicava o pequeno livro intitulado *Juízo da Verdadeira Causa do Terremoto*. Como se sabe, nesta obra o padre escreveu que os lisboetas eram culpados pelo sismo, castigo divino a punir os maus católicos. A escrita de Malagrida baseava-se nos sermões que pregou logo após o terremoto. O jesuíta era orador na corte de D. João V, e seu livro foi publicado com todas as licenças necessárias. Contudo, a história da pequena obra foi acompanhada do fortalecimento da política de Sebastião de Carvalho e Melo, e suas articulações com a própria memória do desastre lisboeta. Em 1759, mesmo ano em que o secretário de Estado tornava-se conde de Oeiras, Malagrida – jesuíta e amigo dos Távoras – foi preso. Em 1761, foi queimado, última vítima mortal da Inquisição lusa. Em 1768, era criada a Real Mesa Censória; quatro anos depois o livro de Malagrida era condenado publicamente, com os piores adjetivos. Um dos censores do novo órgão, destinado a diminuir o poder do Santo Ofício, era o então bispo de Beja Manuel do Cenáculo, artífice da reconstrução da Real Biblioteca, responsável pela negociação com o abade de Sever para o ganho da coleção Barbosa Machado[44].

O impacto não foi menor entre os estrangeiros da "república das letras". O jovem alemão Immanuel Kant, por exemplo, forneceu uma explicação natural para os sismos, pela ação de gases subterrâneos à crosta terrestre. Contudo, mais famoso tornou-se o poema de François Voltaire sobre o desastre de Lisboa, contrariando a perspectiva do sábio Leibniz, resumida na frase "tudo vai bem". Da Suíça, Voltaire escreveu:

"Acorrei, contemplai estas ruínas malfadadas,/ Estes escombros, estes despojos, estas cinzas desgraçadas,/ Estas mulheres, estes infantes uns nos outros amontoados/ Estes membros dispersos sob estes mármores quebrados/ Cem mil desafortunados que a terra devora/ Os quais, sangrando, despedaçados, e palpitantes embora,/ Enterrados com seus tetos terminam sem assistência/ No horror dos tormentos sua lamentosa existência!"

Aos que explicavam a origem do desastre pelas vias naturais ou pela fúria divina, Voltaire respondia com a própria imagem da Lisboa destruída: "Lisboa, que não é mais, teve ela mais vícios/ Que Londres, que Paris, mergulhadas nas delícias?/ Lisboa está arruinada, e dança-se em Paris"[45].

A sátira mordaz dirigida a Leibniz mereceu do ainda jovem Jean-Jacques Rousseau uma carta crítica a Voltaire que, no esplendor da sua maturidade intelectual, ainda escreveria a novela *Cândido, ou o Otimismo*, em 1758, com menções ao mesmo tema. Contudo, importa enfatizar o abalo causado pelo terremoto lisboeta no filósofo Voltaire, que oscilava entre duas explicações paradoxais – a natural e a divina –, sem optar por uma delas, preferindo a estupefação com o ocorrido. Esta *brecha do tempo* intelectual também pode ser percebida na história do livro do padre Malagrida. Rui Tavares disserta sobre as relações entre a construção da memória e a prática do poder, mediante o episódio da condenação da Real Mesa Censória. Como vimos, o livro com

---

44 Idem, p. 135-49. Brigola informa-nos sobre a devastação dos palácios e das respectivas coleções na Lisboa do terremoto, o que parece valorizar a coleção Barbosa Machado. Brigola, *op. cit.*, p. 52-53.

45 Tavares, *op. cit.*, p. 151-65. Voltaire *apud idem*, p. 157.

um juízo sobre o terremoto foi aceito, depois condenado, em meio à afirmação do *pombalismo,* construído em grande parte devido ao impacto de 1755[46].

Ao selecionar os folhetos que entravam em sua coleção, Barbosa Machado também atuava como censor, além de historiador. Lidava com a lembrança e também com o esquecimento. Entretanto, devemos ser atentos ao possível significado desta catástrofe, e da posterior reestruturação do espaço lisboeta sob a égide do conde Oeiras, depois marquês de Pombal, na *escrita da história* subjacente à coleção[47]. Pensamos que as alterações se davam não apenas na quebra e na reorganização do espaço – Lisboa reconstruída –, mas também no tempo – a história de Portugal, refeita nesta brecha, recomposta mediante o arranjo com os folhetos. Essa reflexão é adensada, ao lembrarmos as circunstâncias que envolveram a estruturação da própria livraria do abade: a Academia Real de História, a coleção particular, a destruição da Real Biblioteca em 1755, a doação para integrar enfim o régio acervo.

Ao classificar e ordenar os folhetos em volumes, muito provavelmente após 1755, Diogo Barbosa Machado atuava nessas fissuras do tempo e do espaço. Juntava esses fragmentos de forma original, evitava sua destruição, tornando-os preciosos. Entre príncipes e varões valorosos dispostos por suas ações tematicamente, mas também entre o passar dos reinados, das batalhas e dos anos – lembremos da cronologia como segundo critério ordenador da coleção. De acordo com Hartog, a data discrimina, como seguro indício de uma escrita historiadora, atenta às discussões e ciosa das disjunções. A escolha de um ensaio como meio de abordagem do terremoto, revela a não pretensão deste artigo em analisar o contexto pombalino, e mesmo as muitas inflexões acadêmicas possíveis acerca do evento de 1755[48].

Mas pelo que foi exposto, é possível dimensionar melhor o significado da história produzida pelo abade de Sever ao elaborar, ordenar e doar sua coleção particular,

---

46 "A censura, tal como a propaganda, desempenharia assim, no território da memória, o equivalente às funções que desempenham as fortalezas, os baluartes e os exércitos no território real, geográfico, dos reinos e dos impérios." *Idem*, p.146.

47 Michel Certeau. *A Escrita da História*. Rio de Janeiro, Forense Universitária, 2002. Cf. também Manoel Luís Salgado Guimarães. Reinventando a Tradição: sobre antiquariado e escrita da história. In: Humanas, Porto Alegre, 2000, v. 23, n. 1/2, p. 111-43. A acepção de Pombal como protagonista desta brecha do tempo é sugerida no título do conhecido livro de Kenneth Maxwell. *Marquês de Pombal. Paradoxo do Iluminismo*. Rio de Janeiro, Paz e Terra, 1996.

48 Em 2005, vários debates foram promovidos em Portugal sobre o assunto, dos quais certamente resultarão publicações. A título de exemplo, o colóquio internacional *O Terramoto de 1755. Impactos históricos*. Lisboa, Departamento de História do Instituto Superior de Ciências do Trabalho e da Empresa/ Instituto de Ciências Sociais da Universidade de Lisboa, 2005.

após o desastre que desorganizou a vida de sua cidade, capital do império português. À maneira do futuro Pombal, engenheiros e planos urbanos que reedificaram Lisboa, Diogo Barbosa Machado também reestruturava seu espaço-tempo, com base em elementos antigos justapostos a novos. Desse modo, a doação da coleção podia simbolizar também um novo tempo, um marco de impacto na restituição da biblioteca régia. Entretanto, essa "nova" história de Portugal e do império também pode, e deve, ser analisada como repertório de histórias antigas.

A busca da exata medida entre o velho e o novo, o antigo e o moderno, na obra do nosso Diogo, entre as diferentes concepções de história e as ordens do tempo, permanece difícil, senão impossível. Fiquemos com a mescla, as brechas e fissuras, e a subjetividade do conhecimento histórico, em todos os tempos – inclusive o nosso. E, em se tratando de um estudo sobre o tema, lembremos da figura daquele velho monge cego, o venerável Jorge de Burgos, na biblioteca em forma de labirinto com espelhos e ervas, artífice do livro envenenado no romance de Umberto Eco. Parece que o crítico literário, ao conceber a personagem, inspirou-se no homônimo Jorge Luis Borges, ex-diretor da Biblioteca Nacional na Argentina, autor do célebre conto "La biblioteca de Babel". A biblioteca como livro, os livros como páginas. Por trás de qualquer ordem, a desordem[49].

---

49 Umberto Eco. Il Nome della Rosa. In *appendice postille a "Il nome della rosa"*. Milano, Tascabili Bompiani, 2005, p. 515; Jorge Luis Borges. La biblioteca de Babel. In: *Ficciones*. Buenos Aires, Emecé, 2004, p.105-22.

Entre as fazendas da loja e os trastes da casa: os livros de agentes mercantis em São Paulo setecentista

Maria Aparecida de Menezes Borrego
Universidade de São Paulo

Durante a primeira metade do século XVIII, a cidade de São Paulo presenciou o crescimento do grupo mercantil com a chegada de adventícios atraídos pelos negócios decorrentes das descobertas auríferas de Minas Gerais, Goiás e Cuiabá. Estabelecidos com lojas de fazenda seca, muitos se dedicaram ao abastecimento dos moradores locais, das vilas vizinhas e das mais distantes com uma infinidade de produtos.

Em tese de doutorado, *A teia mercantil: negócios e poderes em São Paulo colonial*, ao investigar a atuação dos agentes mercantis na capital paulista, no período compreendido entre 1711 e 1765, constatei o papel decisivo que tiveram para o desenvolvimento da região naquele momento histórico[1]. Para além das lojas e vendas, os homens de comércio dispunham de escravos vendeiros e de negras padeiras; estavam envolvidos direta ou indiretamente com os contratos camarários relativos ao abastecimento alimentar da população; estabeleciam sociedades em outras localidades; comercializavam cativos em várias áreas coloniais; traziam carregações do Rio de Janeiro e as enviavam para as minas; emprestavam dinheiro a juros.

Por meio das práticas mercantis e usurárias, os comerciantes acabaram por articular a cidade de São Paulo a outras regiões da América Portuguesa e a inseriram em redes de negócios que conectavam interesses dos dois lados do Atlântico. Ao contrário das imagens de isolamento e decadência – reiteradas pela historiografia durante anos a fio – a pesquisa evidenciou que, já na primeira metade do século XVIII, a urbe

---

1   Maria Aparecida de Menezes Borrego. *A teia mercantil: negócios e poderes em São Paulo colonial (1711-1765)*. São Paulo, 2006. Tese (doutorado) – Universidade de São Paulo.

era um centro comercial dinâmico e em expansão, com uma população estimada em 20.873 habitantes (livres e escravos) em 1765[2].

Agentes mercantis, oficiais mecânicos, funcionários, aventureiros e colonos de outras regiões engrossavam as levas de imigrantes que para cá se dirigiam em busca de prosperidade e/ou que passavam pela cidade em direção às minas de Cuiabá e Goiás. Durante a permanência na capital, os recém-chegados e os já radicados podiam contar com um sortido estoque de mercadorias à venda nos estabelecimentos comerciais.

Entre as fazendas das lojas avaliadas nos inventários *post-mortem* de alguns comerciantes foram arrolados vários livros, objetos também constantes de suas bibliotecas particulares. De acordo com a investigação realizada, acredito que a presença de obras disponíveis aos habitantes de Piratininga pode ser denotativa da nova configuração social e urbana de São Paulo que, em meados dos setecentos, já testemunhava a existência de um público leitor, ainda que modesto.

Na consulta a 36 inventários, guardados no Arquivo do Estado de São Paulo, os livros foram mencionados em quinze processos abertos entre as décadas de 1730 e 1780. Embora não tenha conseguido identificar todas as obras, devido à ilegibilidade e/ou fragmentação dos títulos, mais de cem foram decifrados, perfazendo um total de cerca de 400 volumes em posse dos comerciantes.

Tal situação está bem distante da encontrada por Alcântara Machado nos inventários dos séculos precedentes. Ao analisar 450 espólios elaborados de 1578 a 1700, pelo primeiro cartório de órfãos da capital, o autor contabilizou 55 livros em apenas 15 processos. Segundo ele, em virtude da insuficiência de letrados, da falta de institutos de ensino e de livrarias, e do meio desfavorável às coisas do espírito, "não admira que sejam mesquinhas em quantidade e qualidade as bibliotecas particulares. Biblioteca é palavra muito grande para coisa tão pequeninha"[3].

Embora não se possa dizer que, no século seguinte, os comerciantes tivessem se tornado proprietários de grandes bibliotecas, as fontes evidenciaram que eles não só ofereciam livros ao público frequentador de suas casas comerciais, como também eram consumidores dos próprios exemplares que mandavam trazer nas carregações encomendadas no Rio de Janeiro.

---

2 Maria Luiza Marcílio. *A cidade de São Paulo. Povoamento e população, 1750-1850*. São Paulo, Pioneira/EDUSP, 1973. Os dados populacionais foram retirados da Tabela nº 1: População absoluta da cidade de São Paulo, p.99.

3 Alcântara Machado. *Vida e morte do bandeirante*. Belo Horizonte, Itatiaia; São Paulo, Edusp, 1980, p.103.

Instigada pelo aumento do número de impressos em circulação após a fixação dos comerciantes reinóis na cidade de São Paulo, procurarei, neste artigo, traçar um perfil dos agentes – proprietários de livros – e de suas atividades comerciais e, em seguida, avaliar o acervo destinado à venda e o de uso pessoal, a partir de uma classificação temática por gêneros literários. Ao identificar a frequência dos títulos, o número de exemplares, o formato, o estado de conservação e os preços das obras, pretendo fornecer elementos que iluminem o incipiente mercado livreiro e a posse de livros que se desenvolviam em solo piratiningano nos setecentos, temas ainda pouco explorados pela historiografia.

Antes de penetrar no universo dos impressos, é importante que algumas considerações sejam tecidas. Em primeiro lugar, a temática dos livros e da leitura não era o objeto central da pesquisa de doutorado e não foi desenvolvida na tese, portanto, não se espere que as análises apresentadas a seguir sejam verticalizadas e definitivas. A expectativa é que os dados coligidos estimulem novas investigações sobre o comércio e a posse de livros na cidade de São Paulo durante o século XVIII.

Em segundo lugar, como já assinalado anteriormente, não foram avaliados todos os inventários abertos nos setecentos à busca de impressos. A pesquisa se restringiu aos processos dos comerciantes que atuaram na capital paulista e, paralelamente aos negócios, participaram das instituições de prestígio social até a chegada de D. Luiz Antonio de Souza Botelho Mourão, o Morgado de Mateus, para assumir o governo da capitania restaurada.

O acúmulo de capital mercantil e simbólico foi, portanto, o critério que norteou a configuração do universo de pesquisa composto por cem agentes comerciais. Desta centena, foram localizados inventários de 33 sujeitos e transcritos mais três relativos a esposas de comerciantes, cujos processos não foram encontrados. Embora o corte cronológico final da pesquisa fosse 1765, é evidente que muitos agentes – participantes dos órgãos de poder até esta data – vieram a falecer posteriormente, daí consultar seus nomes nos inventários depositados no Arquivo do Estado de São Paulo até inícios do século XIX. A data do último processo localizado, entretanto, foi 1798.

Entre as fazendas da loja

Embora muitos comerciantes fossem registrados nas fontes compulsadas como proprietários de loja de fazenda seca, as mercadorias dos estabelecimentos comerciais só foram arroladas em 12 inventários. Três hipóteses podem explicar tal cifra: as lojas ainda existiam no momento da morte dos demais, mas as fazendas não foram avaliadas; os rumos dos negócios se enveredaram por outros caminhos e alguns, inclusive, se afastaram do mundo mercantil.

Desta dúzia de processos, os livros foram mencionados nos estabelecimentos comerciais de Gaspar de Matos, José da Silva Ferrão, Alexandre Monteiro de Sampaio, Antonio Francisco de Sá, Manuel José da Cunha, João Rodrigues Vaz, João Francisco Lustosa e Manuel Luis Costa[4].

Sá, Cunha, Lustosa e Costa eram originários do Minho; Matos e Vaz eram trasmontanos; Ferrão provinha da Estremadura e Sampaio da província da Beira. O fato de todos os comerciantes serem reinóis não é surpreendente, pois, durante a pesquisa de doutorado, constatei que 85% dos agentes analisados haviam nascido em Portugal e nas ilhas da Madeira e Açores. Embora a prevalência de minhotos se dê em tão pequena amostra, na verdade, ela é representativa do padrão de imigração para a cidade de São Paulo nos setecentos, já que mais de 60% dos homens estudados provinham da região norte da metrópole[5].

As atividades comerciais de Gaspar de Matos, José da Silva Ferrão e Alexandre Monteiro de Sampaio iam muito além das lojas de fazenda seca que possuíam, pois, além do abastecimento da população paulistana, eles eram responsáveis pelo envio de carregações às áreas mineradoras e pelo empréstimo de dinheiro a juros. De fato, seus devedores estavam espalhados pela cidade, pelas vilas próximas e afastadas, nas Minas Gerais, Cuiabá e Goiás. A quantidade de devedores e as localidades em que

---

4   Arquivo do Estado de São Paulo (AESP) – Inventários 1º ofício – ord. 734 – cx. 122 – Gaspar de Matos – 1735; AESP – Inventários e Testamentos não publicados – ord. 541 – cx. 64 – José da Silva Ferrão - 1762; AESP – Inventários 1º ofício – ord. 703 – cx. 91 – Alexandre Monteiro de Sampaio e Manuel Luis Costa – 1755; AESP – Inventários 1º ofício – ord. 730 – cx. 118 – Antonio Francisco de Sá – 1781; AESP – Inventários 1º ofício – ord. 651 – cx. 39 – Manuel José da Cunha – 1746; AESP – Inventários 1º ofício – ord. 659 – cx. 47 – João Rodrigues Vaz - 1746; AESP – Inventários 1º ofício – ord. 667 – cx. 55 – João Francisco Lustosa – 1746.

5   Além da pressão demográfica como fator de repulsão, Jorge Pedreira aponta como razões para o fenômeno os regimes sucessórios não igualitários e os dispositivos de recepção e integração dos minhotos em outras terras por parentes e comerciantes já estabelecidos no além-mar. Jorge Miguel Pedreira, "Brasil, fronteira de Portugal. Negócio, emigração e mobilidade social (séculos XVII e XVIII)", *Do Brasil à Metrópole: efeitos sociais (séculos XVII-XVIII)*. Universidade de Évora, jul. 2001 (separata da revista *Anais da Universidade de Évora*, nos 8 e 9, 1998/99). A supremacia numérica dos comerciantes minhotos também foi atestada em Pernambuco, Bahia, Rio de Janeiro, Campos dos Goitacazes, Minas Gerais e Rio Grande de São Pedro.

residiam são reveladoras tanto da magnitude dos negócios realizados como do papel fundamental que desempenhavam como fornecedores de crédito.

Além do comércio, Manuel José da Cunha exercia o ofício de boticário. Em seu inventário, igualmente ficou evidenciado que as dívidas ativas respondiam pela maior parte da receita, secundadas pelos estoques da loja e da botica e pelo dinheiro amoedado. O relevo deste último componente na fortuna não só de Cunha, mas também de Gaspar de Matos e de Antonio Francisco de Sá, leva a crer que os três controlavam tanto o fluxo comercial da região como o monetário, haja vista o caráter restrito do meio circulante, mesmo depois das descobertas auríferas.

João Rodrigues Vaz, por sua vez, teve as mercadorias da loja de fazenda seca como a maior parcela de sua riqueza, mas o fato de ter cobranças a serem realizadas nas vilas de Parnaíba, Jundiaí, Sorocaba e nas minas de Goiás é denotativo de que também vivia do empréstimo de dinheiro a juros.

As múltiplas atividades econômicas desempenhadas pelos comerciantes citados certamente foram decisivas para as fortunas acumuladas que variavam de 12:000$000 a 68:000$000. Por outro lado, a especialização das práticas mercantis concentradas na loja de fazenda seca, no caso de João Francisco Lustosa, e na venda, no caso de Manuel Luis Costa, somente lhes garantiu cabedais em torno 1:000$000.

Ficou claro que a diversificação dos negócios empreendidos ao longo da vida promoveu enriquecimento, ao passo que as atividades mercantis resumidas à venda de mercadorias nas casas comerciais não contribuiu para o acúmulo de fortunas. O breve perfil do grupo esclarece, portanto, que as lojas onde os livros estavam à disposição do público pertenciam, em geral, a membros da elite mercantil paulistana, homens de posse e projeção social, participantes dos principais órgãos de poder local – Câmara Municipal, Misericórdia, Irmandades e Ordenanças.

Embora o volume dos estoques variasse de uma loja para outra, o sortimento de mercadorias se revelou como um traço comum nos estabelecimentos comerciais. Os tecidos eram os mais variados e chegavam à colônia, via metrópole, provenientes da Inglaterra, França e Holanda. Ao lado das fazendas vendidas em vara ou côvado, estavam disponíveis roupas dos vestuários feminino e masculino, calçados, joias, peças de rouparia, materiais de higiene. Comercializavam-se também utensílios domésticos para cozinhar, limpar e para o serviço de mesa; objetos de uso pessoal, de escritório, de trabalho manual; peças de mobiliário, de decoração e de culto; instrumentos musicais e afins. Ainda havia apetrechos de trabalho para sapateiros, carpinteiros, ferreiros, parteiras e outros oficiais mecânicos; equipamentos de transporte e acessórios, armas e munições. Mas não só fazenda seca era vendida nas lojas, pois os avaliadores também arrolaram temperos, grãos, bebidas e preparados.

Os estoques avaliados denunciam que muitos artigos eram estrangeiros. Como não há registros nas fontes de que os agentes mercantis residentes em São Paulo fossem responsáveis pela importação direta de produtos do reino, certamente os adquiriam de outros comerciantes estabelecidos no Rio de Janeiro ou em Santos. De fato, na documentação camarária e nos processos de casamento, é recorrente a menção às viagens realizadas pelos comerciantes no tempo das frotas para a realização de negócios.

A carregação encomendada pelo licenciado e homem de negócio Manuel José da Cunha, na década de 1740, é um exemplo da diversidade de produtos trazidos da cidade fluminense:

> baetas, cameloas, lenços de tabaco grosso, meias de seda preta, mantos de peso, maços de linha de Guimarães, pentes de marfim, pentes de cabeleira, canivetes com cabos dourados, canivetes de molas, libras de chá preto, peles de camurça, peças de bretanha de Hamburgo, chapéus de Braga, resmas de papel, peça de fita de ouro larga, brincos de ouro de laço, côvados de tafetá, *Arte Latina*, libras de café, varas de linhagem de Holanda, balança de libra, chávenas da Alemanha, fechos de espingarda, vidros de água da rainha [...], chapéus, fechaduras mourisca, pregos, quintais de chumbo, tesourinhas azuladas, sabonetes, [...], facas com cabo de osso, chapéus de sol, sabão de pedra, pólvora[6].

Como se vê, em meio a tantos artigos transportados, encontrava-se o livro *Arte Latina*. Provavelmente se tratava da obra escrita pelo padre Manuel Álvares, adotada como gramática latina nos colégios dos jesuítas, posteriormente, proibida de circular no Império lusitano, durante o reinado de D. José I, quando da expulsão dos inacianos[7].

A dificuldade em se estabelecer a autoria das obras foi constante na identificação dos impressos. Infelizmente, a expressiva maioria dos títulos que figurava nos inventários não veio acompanhada pelos respectivos autores; por vezes, mencionavam-se apenas os escritores, sem que as obras fossem arroladas; e, ainda, vários avaliadores se restringiam a registrar uma parte dos títulos. As complicações geradas, no entanto, não são exclusivas do caso paulistano, tanto que os pesquisadores dedicados ao estudo da posse de livros e da leitura no período colonial têm chamado atenção para o problema.

---

6   AESP – Inventários 1º ofício – ord. 651 – cx. 39 – Manuel José da Cunha – 1746.

7   Thábata Araújo de Alvarenga. *Homens e livros em Vila Rica: 1750-1800*. São Paulo, 2003, p.83. Dissertação (mestrado) – Universidade de São Paulo.

No caso da carregação encomendada por Manuel José da Cunha, descrita acima, é possível que a *Arte Latina* fosse encaminhada a sua loja de fazenda seca, pois os avaliadores não registraram livros entre os trastes da casa. Mas, se o homem de negócio não tinha uma biblioteca particular em sua residência, ele dispunha de um acervo de 47 títulos e 53 volumes na botica, onde oferecia à população medicamentos e substâncias preparadas. Neste estabelecimento, imperavam as obras ligadas às ciências médicas e naturais, consultadas para o exercício de sua profissão e não destinadas à venda.

Dos tratados médicos e farmacopeias que compunham a livraria da botica, destacam-se autores esculápios e licenciados presentes em vários espaços da América Portuguesa, entre os quais Francisco Fonseca Henriques, Antonio Ferreira, João Curvo de Semedo, Felix Palácios, João Vigier, José Francisco Ferreira, Caetano de Santo Antonio, Duarte Madeira Arrais, Feliciano de Almeida, Gabriel Grisley. A biblioteca de Cunha revela, portanto, que ele era um homem de seu tempo, em sintonia com medicina praticada no reino e nos trópicos[8].

A estreita associação entre a composição da livraria e a ocupação profissional do proprietário reitera a análise de Villalta para as bibliotecas mineiras setecentistas de que "tinham uma composição determinada pelas carreiras profissionais de seus proprietários, do que se pode depreender que os livros serviam aos leitores, em grande parte, como fonte de conhecimentos necessários para o exercício profissional"[9].

Por outro lado, entre as fazendas da loja, foram arrolados 25 volumes referentes às seguintes obras de caráter religioso: *Combate espiritual, Mestre da Vida, Mocidade enganada e desenganada, Horas portuguesas* e *Horas latinas.*

Escrita em fins do século XVI, de autoria de Lorenzo Scupoli, a obra clássica da ascética cristã *Combate Espiritual* trata da necessidade da luta contra as desordens causadas pelas paixões mundanas para aproximação ao amor divino. Dois exempla-

---

8 De acordo com Márcia Moisés Ribeiro, "embora apresentassem variações locais, as matrizes do pensamento médico em Portugal foram comuns nos diferentes domínios coloniais. Curvo de Semedo, Francisco Fonseca Henriques, o Mirandela de alcunha, dom Caetano de Santo Antonio, autor da famosa Farmacopea Luzitana, são apenas alguns dentre outros nomes frequentemente citados por autores que viveram em localidades do Império". Márcia Moisés Ribeiro. *A ciência dos Trópicos. A arte médica no Brasil do século XVIII.* São Paulo, Hucitec, 1997, p. 58.

9 Luiz Carlos Villalta. *Reformismo Ilustrado, censura e práticas de leitura: Usos do Livro na América Portuguesa.* São Paulo, 1999, p. 378. Tese (doutorado) – Universidade de São Paulo.

res em pasta[10] estavam disponíveis ao público ao preço de $480 cada. Considerada por Algranti como obra de devoção muito divulgada[11], teve ampla circulação no mundo colonial, sendo também encontrada nas bibliotecas de Mariana, Ouro Preto e Rio de Janeiro.

Semelhante repercussão tiveram os outros livros de caráter religioso à venda na loja de Cunha. *Mestre da vida que ensina a viver e morrer santamente,* escrito pelo frei João Franco e publicado, em Lisboa, na Oficina Augustiniana, em 1731[12], era oferecido em meia dúzia de exemplares em pasta, ao custo individual de $480. Esta obra obteve tanto sucesso editorial no reino que, segundo Thábata Alvarenga, no prazo de nove anos, foram feitas oito impressões e vendidos 16 mil exemplares[13].

Redigidos pelo Padre Manuel Conciência, entre as décadas de 1720 e 1730, os seis tomos de *Mocidade enganada e desenganada* – com o extenso subtítulo "Duelo espiritual onde com gravíssimas sentenças da escritura, e santos padres, com sólidas considerações, e exemplos muito singulares de erudição sagrada, e profana se propõem e convencem em forma de diálogo todas as escusas que a mocidade e qualquer outro pecador alega, e com que se engana para se não converter a Deus"[14] – estavam à disposição pelo preço unitário de $800.

Também entre as obras de devoção particular, destinadas a leigos, foram arrolados cinco exemplares das *Horas Latinas* e seis das *Horas portuguesas* douradas, cada um avaliado em $300.

Para que se tenha ideia dos valores dos livros vendidos na loja de Manuel José da Cunha em comparação aos de outras mercadorias, basta dizer que eram mais caros do que um chapéu de baeta de moço e menino que, em 1746, custava $280 e equivaliam

---

10 Segundo o verbete pasta, no *Vocabulário Portuguez e Latino*, "chamam os livreiros ao papelão que eles põem no caderno". E, mais modernamente, no *Dicionário Houaiss da Língua Portuguesa*, encontra-se, como um dos significados atribuídos à pasta, "retângulo de papel muito encorpado que se coloca em cada um dos lados do livro a ser encadernado". Raphael Bluteau. *Vocabulário Portuguez e Latino*. Lisboa, 1720, letra P, p. 310. Antonio Houaiss, *Dicionário Houaiss da Língua Portuguesa*. Rio de Janeiro: Objetiva, 2001, p. 2460.

11 Leila Mezan Algranti. *Livros de devoção, atos de censura. Ensaios de História do Livro e da Leitura na América Portuguesa (1750-1821)*. São Paulo, Hucitec/Fapesp, 2004, p. 174.

12 Diogo Barbosa Machado. *Biblioteca Lusitana*. Lisboa, Biblioteca Nacional, s/d. (CD-ROM), v. 2, p. 663. *Apud* Thábata Araújo de Alvarenga, *op. cit.*

13 Thábata Alvarenga, *op. cit.*, p. 175.

14 Diogo Barbosa Machado, *op. cit.*, v. 3, p. 230. *Apud* Thábata Araújo de Alvarenga, *op. cit.*

a um calção de pelica estimado em $800 ou a um par de meias de seda de mulher avaliado em 1$100[15].

Pelos títulos mencionados, fica evidente o predomínio absoluto de obras de caráter devocional nesta loja de fazenda seca. De acordo com Algranti, faziam parte deste gênero vidas de santos, livros de horas, exercícios espirituais, obras místicas, folhetos de orações[16]. Porém, a investigação dos acervos dos demais estabelecimentos comerciais revelou que, embora predominassem livros religiosos, também estavam acessíveis ao público impressos de belas letras, aqui entendidos como os escritos de retórica, as línguas, a poesia, as peças dramáticas, a história, a prosa romanesca e os tratados de civilidade[17].

Entre os livros arrolados nas lojas de fazenda seca dos oito comerciantes, foi possível identificar 31 títulos disponíveis em 158 volumes[18]. Embora fosse reduzida a variedade de títulos, o fato dos exemplares quase atingirem duas centenas revela que os comerciantes acreditavam em sua vendagem e – face da mesma moeda – havia um público leitor que, potencialmente, tinha interesse pelas obras.

Primeiramente, jogarei luz sobre as 20 obras religiosas, oferecidas em 125 exemplares. Os livros de horas, por exemplo, muito comuns na América Portuguesa, também estavam presentes em vários volumes nas lojas de Gaspar de Matos e de João Rodrigues Vaz.

---

15 A comparação entre os preços dos livros e os de outros bens também foi realizada para o contexto fluminense. Sobre o assunto ver Maria Beatriz Nizza da Silva. "Livro e sociedade no Rio de Janeiro (1808-1821)". *Revista de História*, ano XXIV, v. XLVI, 1973, p. 441-57; Márcia Abreu. "Presença de livros em inventários". In: Márcia Abreu. *Os caminhos dos livros*. Campinas, Mercado das Letras, Associação da Leitura no Brasil (ALB); São Paulo, Fapesp, 2003.

16 Leila Mezan Algranti, *op. cit.*, p. 181.

17 Thábata Alvarenga, *op. cit.*, p.74. Mesmo ciente das imprecisões a que estou sujeita ao tentar classificar os livros por gêneros literários com base nos títulos, considero válida a tarefa por duas razões: fornecer subsídios para futuras pesquisas – haja vista a lacuna historiográfica sobre o tema na cidade de São Paulo setecentista – e ter localizado, na bibliografia para outras regiões coloniais – especialmente, em Vila Rica –, vários livros que se encontravam nas lojas e nas residências dos agentes mercantis atuantes na capital paulista.

18 Na realidade, o total de volumes chegava a 197, mas 39 não puderam ser contabilizados, pois um exemplar foi descrito como "livro comprido em branco", outros foram citados, de forma imprecisa e genérica, como "livros portugueses" e "livros espirituais e temporais", e outro ainda não foi decifrado.

Matos, tal como Manuel José da Cunha, parecia apostar no gosto cristão dos consumidores – tanto clérigos como leigos –, pois dispunha de 24 exemplares do *Manual de missa*, duas dezenas da *Cartilha do Carmo*, dois livros de *Cerimonial de Defunto* e uma *Cartilha*, esta última, possivelmente, de missa[19].

Antonio Francisco de Sá, por sua vez, em estabelecimento situado na rua Direita, oferecia duas dúzias dos populares *Livros de Santa Bárbara*. De baixo valor comercial, utilizada para o auxílio da prática religiosa cotidiana, esta obra foi a mais enviada para a colônia a partir de 1768. Segundo Villalta, nenhum dos "impressos religiosos superou, em termos de quantidade de circulação, os *Livros de Sta. Bárbara*, escritos de devoção remetidos aos milhares para todos os cantos da América Portuguesa, o que certamente os tornou os mais presentes nas nossas residências"[20].

Além dos livros de horas, entre as obras de cunho religioso na loja de João Rodrigues Vaz, foram arrolados os seguintes títulos: *Tratado das Ordens Monásticas*, *Sermões*, *Santa Genoveva*, *Tesouro dos Cristãos*, *Mártires de Marrocos*, *Mística cidade* e *Católico no templo*.

De autoria da madre agostiniana Maria de Jesus d'Agreda, a obra *Mística Cidade de Deus* foi estampada pela primeira vez em Lisboa, nos prelos de Miguel Menescal, em 1684, sendo reeditada inúmeras vezes nos anos posteriores. Escrita em quatro tomos, cada um deles apresenta os pensamentos espirituais de Agreda a partir dos ocultos mistérios realizados por Deus na vida da Virgem, daí se intitularem Maria no mistério da Criação; Maria no mistério de Cristo; Maria no mistério da Redenção; Maria no mistério da Igreja.

A obra foi levada às malhas da Inquisição e considerada proibida durante os setecentos, tanto que Algranti relata que, em 1775, o presbítero secular Manuel de Santiago foi impedido de levar o livro *Mystica Ciudad de Dios* para Portugal, devendo entregá-lo à secretaria do tribunal da Mesa Censória[21].

De autoria do Frei Manuel de Deus, o livro *Católico no templo, exemplar e devoto*, foi publicado por Miguel Rodrigues, em Lisboa, no ano de 1730[22]. Ele também estava disponível no estoque da loja de José da Silva Ferrão, ao lado de outro de caráter reli-

---

19 A hipótese está apoiada na análise de Thábata Alvarenga, que também localizou cartilhas nas bibliotecas mineiras setecentistas e assinalou que "embora a fonte pesquisada não mencione a autoria desta obra, acreditamos tratar-se da mesma cartilha de doutrina cristã posta à venda em outra loja, uma vez que esses livros foram bastante populares nas Minas setecentistas e eram utilizados no ensino das primeiras letras". Thábata Alvarenga, *op. cit.*, p. 40.

20 Luiz Carlos Villalta, *op. cit.*, p. 376.

21 Leila Mezan Algranti, *op. cit.*, p.172.

22 Diogo Barbosa Machado, *op. cit.*, v. 3, p. 245. *Apud* Thábata Araújo de Alvarenga, *op. cit.*

gioso, *Cabo da Enganosa Esperança*. Na realidade, o título completo seria *Descrição do Tormentoso Cabo da Enganosa Esperança à hora da morte exposta em uma nova carta de marear, que ensina como se pode atravessar com menos risco aquele tempestuoso Promontório por meio da Penitência e reforma da vida*, escrito por Nicolau Fernandes Colares, nas primeiras décadas do século XVIII[23].

Novamente Frei Manuel de Deus estaria acessível por meio de outra obra de sua autoria, *Pecador Convertido ao caminho da verdade, instruído com documentos importantes para a observância da Lei de Deus*[24], oferecida ao público pelas mãos de Alexandre Monteiro de Sampaio, sob o fragmentado título de *Pecador Convertido*. Na mesma loja ainda se encontrava o livro *Ramalhete Católico*.

Se voltarmos os olhos para as obras de belas letras, que correspondiam a pouco mais de 35% do estoque de livros nas lojas, vamos encontrar 11 títulos disponíveis em 33 exemplares, proporção bastante diversa daquela calculada para as obras de cunho religioso.

José da Silva Ferrão, por exemplo, só oferecia aos leitores três exemplares da *Gramática clássica*. Também, no estabelecimento de Gaspar de Matos, estavam disponíveis livros clássicos da literatura latina: *Horácio*, *Ovídio* e *Quinto Cúrcio*. Mas, infelizmente, os avaliadores não nos dão a conhecer as respectivas obras. Na verdade, elas foram arroladas em conjunto, no total de 12 exemplares.

Nas bibliotecas mineiras, era comum a posse dos latinos comentados com vistas a maior facilidade de apreensão dos conteúdos. Também, na cidade de São Paulo, tal fato ocorria tanto nas bibliotecas particulares, como nas lojas. João Rodrigues Vaz oferecia aos leitores o *Virgílio comentado* juntamente com outras obras de cunho pedagógico – *Arte Latina*, *Arte portuguesa*, *Gêneros*, *Rudimenta* – distribuídas em vários exemplares. Os livros de história eram representados pelos três volumes de *Carlos Magno* e pelo *Portugal Ilustrado*.

Vaz foi o único a ter, em sua loja, números equivalentes de livros de belas letras e religiosos, pois, como apresentado, estes últimos respondiam a dois terços dos acervos. O fato dos comerciantes oferecerem menor quantidade de títulos e encomendarem menos exemplares de uma mesma obra pode significar que as belas-letras só fomentavam interesse em uma parcela mais seleta de leitores ou, por outro lado, que os mercadores estavam sondando o gosto do público, daí o comedimento de volumes. Como muitos tinham cunho didático, é possível também supor que houvesse empréstimo de livros entre os leitores que, desta forma, economizavam em bens considerados supérfluos. Os livros religiosos, pelo contrário, eram usados pela maioria dos consu-

---

23 *Idem*, p. 493. *Apud* Thábata Araújo de Alvarenga, *op. cit.*

24 *Ibidem*, p. 245. *Apud* Thábata Araújo de Alvarenga, *op. cit.*

midores para ajudá-los nas devoções particulares, nas orações e no acompanhamento dos ofícios, o que indica que fossem mais facilmente comercializados pelo uso cotidiano que deles se fazia.

Além disso, os preços podiam influenciar o mercado livreiro aqui abordado. A *Cartilha do Carmo*, por exemplo, era vendida a $80, enquanto a *Arte latina*, o mais barato entre os livros de belas-letras custava $200. Além disso, na amostragem dos 31 títulos, nenhuma obra devocional atingiu 1$200, valor pelo qual foi avaliado *História do Imperador Carlos Magno e dos doze pares de França*.

A prevalência de obras religiosas nas lojas paulistanas confirma as análises sobre importância do gênero no movimento livreiro do reino e da colônia. Para explicá-lo, Leila Algranti destaca as sucessivas reedições de obras de caráter religioso nas oficinas portuguesas e espanholas após o Concílio de Trento. Ademais, salienta que as pesquisas realizadas sobre a composição de bibliotecas, o comércio e circulação de impressos na Europa apontam para o predomínio dos livros religiosos ao longo da Idade Moderna[25].

Embora a contabilidade dos acervos tenha coberto os estabelecimentos dos oito comerciantes em tela, na realidade, as obras identificadas estavam disponíveis apenas nas lojas dos grandes homens de comércio, os quais diversificavam as atividades econômicas. Tal constatação leva a crer que eles representavam um segmento importante para aquisição de livros pela população, desempenhando também o papel de mediadores no universo da leitura.

Já, na venda de Manuel Luis Costa, ainda que os livros estivessem disponíveis, os seis impressos foram arrolados como "livros espirituais e temporais", pequenos e velhos, ao custo de cerca de $100 cada exemplar. Pela descrição dos produtos e imprecisão dos títulos, é possível supor que fossem de segunda mão e que o vendeiro não tivesse preocupação em encomendar tais mercadorias do Rio de Janeiro. Entretanto, é relevante destacar que, mesmo concentrada no comércio de molhados – vinhos, aguardentes, azeite de peixe, sal, açúcar, mel, lombos, galinhas, frangos, ovos, farinhas, feijões, fumo e milho – a venda tinha espaço para os livros e os consumidores podiam se alimentar de produtos do saber.

Na loja sortida de João Francisco Lustosa, o caso era outro. Lá, apenas estava à venda o tal "livro comprido em branco", provavelmente, destinado a apontamentos particulares ou anotações das transações comerciais. O público visado restringia-se, então, àqueles que tinham conhecimentos de escrita e/ou seus próprios companheiros de profissão. De fato, nos testamentos e inventários consultados, foi prática corrente

---

25 Leila Mezan Algranti, *op. cit.*, p.162 e 169.

a existência de livros usados pelos agentes mercantis para o registro das entradas de fazendas, do balanço das lojas, dos créditos e débitos.

A fala de Manuel Soares de Carvalho, no testamento aberto em 1772, é emblemática neste sentido:

> Declaro que como o meu trato é e sempre foi negociar não posso realmente de presente declarar o que devo, nem o que se me deve, porém como de tudo faço assento em meus livros, borradores ou cadernos, meus testamenteiros darão cumprimento a tudo o que se achar debaixo de minha firma, rubrica ou sinal, ou ainda só por minha letra porque nos tais assentos tenho[26].

Preocupado em resgatar créditos, Manuel Mendes de Almeida declarou "que se me devem várias dívidas que constará do meu livro de créditos, em os quais ultimamente lancei". Da mesma forma, Manuel de Macedo deixou registrado que "se me está devendo o que consta dos meus créditos, recibos e assentos dos livros que se acham em meu poder, o qual entregará minha mulher para se cobrar e mandará cobrar das dívidas". Também José Rodrigues Pereira afirmou que "tudo o que se me deve consta do meu livro de contas, clareza e créditos, que se darão ao inventário e meus herdeiros cobrarão". Já Gaspar de Matos ordenou que se verificasse, no livro da loja, créditos e escrituras das pessoas que lhe eram devedoras[27].

Era no livro de Razão que estava registrada a sociedade que Jerônimo da Costa Guimarães tinha com seu genro José Pedro de Almeida e também num manuscrito de mesma denominação, de fls. 1 a 169, que Jerônimo de Castro Guimarães disse ter anotado várias doações feitas por esmola. José Francisco de Andrade, por sua vez, declarou que o que devia na cidade de São Paulo, no Rio de Janeiro ou em outra qualquer parte, constava por assentos feitos por sua própria letra em um livro intitulado Confessor de Dívidas[28].

---

26 AESP – Inventários e testamentos não publicados – ord. 549 – cx. 72 – 1772.

27 Respectivamente, AESP – Inventários e testamentos não publicados – ord. 532 – cx. 55 – 1756; AESP – Inventários e testamentos não publicados – ord. 531 – cx. 54 – 1753; AESP – Inventários 1º ofício – ord. 686 – cx. 74 – 1771; AESP – Inventários 1º ofício – ord. 677 – cx. 65 – 1734.

28 Respectivamente, AESP – Inventários e testamentos não publicados – ord. 565 – cx. 88 – 1793; AESP – Inventários 1º ofício – ord. 637 – cx. 25 – 1798; AESP – Inventários e testamentos não publicados – ord. 534 – cx. 57 – 1757.

Como se vê, em meio a população colonial pouco letrada, os agentes mercantis atuantes em São Paulo setecentista deixaram evidências de que sabiam ler, escrever e, principalmente, fazer contas. Se eram alfabetizados, resta-nos investigar se tinham livros nos acervos particulares.

Ainda que a posse não signifique, necessariamente, que os livros fossem lidos – como alertam os especialistas – julgo importante examinar quem eram os comerciantes que dispunham de bibliotecas em suas residências; quais eram os livros que as compunham e verificar se suas escolhas pessoais também eram orientadas pela temática da religião.

Entre os trastes da casa

Dos oito agentes mercantis que ofereciam livros à população da cidade de São Paulo, apenas Gaspar de Matos e José da Silva Ferrão possuíam livrarias particulares. Na biblioteca de Ferrão, constam oito volumes. Entretanto, devido à precariedade dos documentos devorados pelos bichos bibliófilos, apenas três títulos puderam ser identificados – resumo da *Mística Cidade*, *Vida de São Tomé* e *Nova Floresta* –, todos usados.

De autoria do Padre Manuel Bernardes, este último – *Nova Floresta, ou Silva de vários apótemas, e ditos setenciosos espirituais, e morais com reflexões em que o útil da doutrina se acompanha com o vário da erudição assim divina como humana* – foi redigido em cinco tomos e publicado entre os anos de 1706 e 1728[29]. Na biblioteca do homem de negócio, figurava o 5º tomo avaliado em $480.

Embora dois livros fossem simplesmente mencionados como "de folio bastantemente usados", as características e o estado de conservação nos dizem mais do que aqueles indecifráveis. Primeiramente, nenhum dos exemplares arrolados nas lojas foi descrito como "in folio", formatação mais refinada, que encarecia os livros.

Em segundo lugar, o fato de serem mencionados como "usados" e, até mesmo, "bastantemente usados", aponta para o manuseio e a consulta frequentes. De forma diversa ao analisado anteriormente com relação aos livros disponíveis na venda de Costa, o estado de conservação, neste caso, não indica que fossem de segunda mão, mas antes que fossem muito lidos ou, pela prática do empréstimo, passassem de mão em mão. Sobre esta questão, Thábata Alvarenga ainda coloca outras possibilidades, chamando a atenção para os livros mais usados representarem as preferências literá-

---

29 Diogo Barbosa Machado, *op. cit.*, v. 3, p. 195. *Apud* Thábata Araújo de Alvarenga, *op. cit.*

rias de seus proprietários ou terem sido os primeiros a constituírem os acervos particulares[30].

Se os únicos três títulos legíveis sugerem a predominância dos livros religiosos na biblioteca de Ferrão, o mesmo não acontece na de Gaspar de Matos. Entre as obras identificadas, afora um *Breviário* antigo, pequeno e valioso, com seus brocados de metal, sobressaem os livros de belas letras. Possuía treze exemplares de livros mencionados como *latinos*, quatro volumes de *Ovídio*, dois *Calepinos*, *Prosódia* de Bento Pereira, *Atalaia da vida*, além de quarenta livros portugueses, grandes e pequenos, dos quais 31 foram descritos como "velhos".

Escrito pelo monge italiano Ambrogio Calepino, o *Dictionarum interpretamenta* foi publicado, em Reggio, em 1502. Durante o século XVI, foi reimpresso várias vezes, possuindo oito edições entre 1542 e 1592. Posteriormente, ao latim do original foram adicionados equivalentes de outras línguas, tanto que a edição de 1718, bastante reeditada, era composta por sete línguas. A repercussão da obra renascentista foi tamanha, que calepino se tornou substantivo comum, sinônimo de dicionário[31].

Outrossim, a obra lexicográfica seiscentista de caráter didático *Prosódia in vocabularium latinum, lusitanum, et castellanum digestade*, do jesuíta Bento Pereira, teve numerosas edições até meados do século XVIII. Em 1759, os membros da Companhia de Jesus encontravam-se a trabalhar em um novo dicionário que a substituísse, porém, frente às reformas pedagógicas pombalinas, a obra ficou inacabada. A partir desta data, o dicionário trilingue passaria ao foco dos aparatos censórios, a ponto de serem cominadas penas severas a todos os mestres que usassem a *Prosódia* em suas classes[32].

É possível que tal obra já figurasse entre os livros de Gaspar de Matos desde o início de sua coleção, pois foi descrita como "velha", com o valor de 1$920. Já a obra de *Calepino* foi registrada como "nova" e estava presente em duas partes, avaliadas no total de 9$600. Como se vê, o mercador investia em seu acervo pessoal, já que o valor dos dois volumes se equiparava, por exemplo, a peças de ouro que possuía – "um broche de ouro pequeno com suas pedras" ou a "dois pares de brincos de ouro pequenos com seus aljôfares e esmaltados". Além disso, no testamento aberto em 1734, foi o único livro identificado por ele como "um tomo de calepino, vários livros mais latinos e portugueses". Afora o valor que alcançava, tal deferência pode estar associada ao pres-

---

30 Thábata Alvarenga, *op. cit.*, p.100.
31 www.marista.org.br/index.cfm?FuseAction=noticias. Acesso em 27.03.2007.
32 Maria do Céu Fonseca. "Epistemologia da Linguística". www.ensino.uevora.pt/mel/lpm.htm. Acesso em 27.3.2007.

tígio de ter em seu poder uma obra de tão reconhecida expressão, já que a posse de certos livros servia como marca social distintiva em uma sociedade de privilegiados[33].

Atalaia da vida contra as hostilidades da morte foi a única obra de cunho científico encontrada nas bibliotecas particulares dos agentes mercantis atuantes em São Paulo setecentista, exceção feita aos livros de ciências médicas e naturais presentes na botica de Manuel José da Cunha. Escrita em 1720 pelo médico da Real Casa Portuguesa, João Curvo de Semedo, esta obra – como também *Poliantéia Medicinal e Memorial de vários símplices*, ambas de sua autoria – teve enorme circulação no Império. Embora nunca tivesse pisado na América Portuguesa e na Índia, de acordo com Júnia Ferreira Furtado, Curvo foi "um importante divulgador da flora americana como panaceia médica"[34] e, segundo Márcia Moisés Ribeiro, "os ensinamentos do célebre esculápio português, nascido no século XVII estão presentes tanto nos livros de médicos famosos como em anotações anônimas de medicina popular"[35].

A presença da *Atalaia da Vida* no acervo pessoal de Gaspar de Matos confirma a repercussão e o emprego da obra no mundo colonial, não restrita às estantes dos médicos, cirurgiões e boticários, mas difundida entre a população leiga, pelo menos, no que diz respeito à realidade paulistana[36]. De pasta, em bom uso e avaliada em 1$920, tal como os dicionários, seu valor superou qualquer um dos volumes à venda na loja do mercador.

Além de Matos e Ferrão, sete agentes mercantis reinóis analisados dispunham de bibliotecas particulares – Tomé Alvares de Castro, Manuel José Rodrigues, Agostinho Duarte do Rego, André Alvares de Castro, Manuel Soares de Carvalho, José Rodrigues Pereira e Manuel José de Sampaio. Embora não tenha sido localizado o inventário

---

33 "A desigualdade da distribuição da posse de livros e da capacidade de ler, a dificuldade dos humildes em acessar a ambas e, em certos casos, o caráter estratégico que o saber livresco assumia para as autoridades, tornavam o livro um signo de poder e reforçavam seu prestígio social." Luiz Carlos Villalta. "Bibliotecas Privadas e Práticas de Leitura no Brasil Colonial", p.11. www.caminhosdoromance.iel.unicamp.br. Acesso em 27.03.2007.

34 Júnia Ferreira Furtado. "Barbeiros, cirurgiões e médicos na Minas colonial". *Revista do Arquivo Público Mineiro*, ano XLI, jul.-dez. 2005, p.90.

35 Márcia Moisés Ribeiro, *op. cit.*, p. 61.

36 Além disso, reitera o que já foi apontado por Jorge de Souza Araújo sobre a disseminação de títulos relacionados às matérias farmacológicas no Brasil colonial entre leigos e empíricos. Jorge de Souza Araújo. "O perfil do leitor colonial". Artes e Literatura – *Revista de Cultura* Vozes. Petrópolis, jul.-ago. 1989, n. 4, p. 454.

deste último, as mercadorias de sua loja e os livros da casa foram arrolados no espólio da primeira esposa, Maria Francisca Lustosa, daí incluí-lo no universo de pesquisa[37].

Se estes homens não tiveram as fazendas avaliadas nos respectivos processos, as informações contidas em várias fontes documentais indicam os vínculos estreitos com o mundo mercantil, principalmente, no que se refere à propriedade de lojas na cidade e em vilas da capitania – Itu, Mogi das Cruzes, Araçariguama – e ao abastecimento das regiões auríferas.

O único caso que foge à regra é o do comerciante Tomé Alvares de Castro, registrado, aos 82 anos, como lavrador no censo de 1767[38]. Tal informação pode significar que a esta altura da vida tivesse decidido abandonar o mundo dos negócios e viver de plantações e criação de gado. De fato, na composição de sua fortuna, os bens de raiz dos arredores valiam mais do que aqueles localizados no centro da capital e os escravos respondiam por 30% do patrimônio. De toda a forma, as dívidas ativas correspondiam à maior fonte de riqueza de seus investimentos, calculados em cerca de 6:400$000.

Decorrentes do empréstimo de dinheiro a juros, as dívidas ativas igualmente encabeçaram as fortunas de Agostinho Duarte do Rego, André Alvares de Castro e José Rodrigues Pereira, que equivaliam, respectivamente, a 14:300$000, 21:000$000 e 26:000$000, reforçando o papel fundamental do mercado de crédito na sociedade paulista, no qual os sujeitos vinculados ao comércio tinham participação ativa e determinante.

Como se vê pelos patrimônios, eram comerciantes bem-sucedidos, membros da elite mercantil, cujas riquezas eram frutos das mais diversas transações comerciais. Ainda que haja indícios claros de que alguns fossem proprietários de loja, o fato das mercadorias não serem avaliadas nos leva a concluir que o capital usurário era a força motriz de seus negócios.

Uma vez traçado o perfil dos comerciantes – proprietários de livros, passemos ao exame dos acervos particulares. Dos livros arrolados entre os trastes da casa, foi possível identificar 48 títulos – 20 de cunho religioso, 27 de belas letras e um de ciências – distribuídos em 171 volumes. No entanto, a quantidade de títulos não corresponde,

---

37 AESP – Inventários e testamentos não publicados – ord. 549 – cx. 72 – Tomé Alvares de Castro e Manuel Soares de Carvalho – 1772; AESP – Inventários 1º ofício – ord. 653 – cx. 41 – Manuel José Rodrigues – 1764; AESP – Inventários 1º ofício – ord. 528 – cx. 51 – Agostinho Duarte do Rego – 1752; AESP – Inventários 1º ofício – ord. 721 – cx. 109 – André Alvares de Castro – 1752; AESP – Inventários 1º ofício – ord. 686 – cx. 74 – José Rodrigues Pereira – 1771; AESP – Inventários 1º ofício – ord. 689 – cx. 77 – Maria Francisca Lustosa – 1758.

38 *Documentos Interessantes para a História e Costumes de S. Paulo*. São Paulo, Instituto Histórico e Geographico de S. Paulo, 1937 (Vol. XLII: Recenseamentos 1765-1767).

necessariamente, à totalidade das obras, isto porque, como já mencionado, alguns foram descritos, de forma genérica, como "livros portugueses", "de fólio bastantemente usados" e outros estavam ilegíveis. Portanto, tal como nos estoques das lojas, há que se considerar os valores aqui apresentados como mínimos, haja vista a limitação dos registros dos avaliadores e a insuficiência de dados na fonte documental.

O tamanho das coleções variava de 1 a 17 títulos, mas o número de volumes poderia ultrapassar cinco dúzias em um único acervo. O fato de uma mesma obra estar disponível em vários exemplares sugere que fossem destinados ao comércio e não apenas ao consumo do proprietário. Em outras palavras, é possível que alguns agentes mercantis estivessem envolvidos com mercado livreiro, mesmo que os artigos não estivessem à venda em estabelecimentos comerciais.

Três comerciantes eram proprietários de um único livro. No inventário de Manuel José Rodrigues, por exemplo, foi arrolado apenas "um livro de *Cartas de São Gregório*, velho que por incapaz não tem preço". Já Tomé Alvares de Castro possuía um livro intitulado *Eva e Ave* que, à época do inventário, se achava na casa do genro, o alferes e mercador Manuel Gonçalves da Silva.

De caráter religioso, a obra *Eva e Ave Maria triunfante, Teatro de erudição e Filosofia Cristã em que se representam os dois estados do mundo caído em Eva e levantado em Ave*, foi escrita por Antonio Souza de Macedo. Publicada, pela primeira vez, em Lisboa, por Miguel Deslandes e por Antonio Crasbeeck de Melo, em 1676, a obra foi reeditada inúmeras vezes durante o século XVIII[39].

A descrição do livro como "já velho" e o fato de estar em posse de um parente apontam tanto para a leitura da obra como para as trocas realizadas entre os membros de uma mesma família e do próprio segmento mercantil. Se, anteriormente, a venda de livros em lojas jogou luzes sobre o mercado livreiro em São Paulo setecentista, o caso narrado evidenciou a prática do empréstimo como uma das formas de circulação dos livros na cidade.

José Rodrigues Pereira, por sua vez, teve o *Missal* como único livro arrolado em seu inventário. Se não se pode dizer que tal artigo fizesse parte de uma biblioteca particular, a natureza da obra e os trastes do oratório doméstico que o rodeavam eram denotativos da posição social alcançada pelo homem de negócio no contexto paulistano. Isto porque, para se ter um oratório, tanto leigos como congregações religiosas necessitavam de licenças especiais da Santa Sé.

A permissão concedida a Pereira foi registrada nos breves apostólicos, na década de 1750[40]. Em meio aos trastes do oratório doméstico, os avaliadores registraram

---

39 Diogo Barbosa Machado, *op. cit.*, v.1, p. 402. *Apud* Thábata Araújo de Alvarenga, *op. cit.*
40 Arquivo da Cúria Metropolitana de São Paulo (ACMSP) – Breves apostólicos – 03-62-13.

o *Missal de Antuérpia*, em bom uso, encadernado em pasta e forrado de couro, no valor de 3$200. Tanto o livro como os ornamentos já constavam do inventário de sua esposa, Ana de Oliveira Montes, falecida seis anos antes, em 1765[41].

Como a obra esteve presente nos dois espólios, acredito ter pertencido ao casal. Da mesma forma, os livros arrolados no inventário de Maria Francisca Lustosa, esposa de Manuel José de Sampaio, serão assim considerados. Ainda que tal premissa seja arriscada, é fato inconteste que faziam parte dos bens móveis da residência de um mercador, atuante em solo piratiningano.

A biblioteca era composta por oito volumes, com predomínio de obras religiosas. Mais uma vez, *Mística Cidade de Deus* e *Pecador Convertido* figuraram no acervo, ao lado de *Banquete espiritual*, *Brados do pastor*, *Crisol de desenganos*, *Infante peregrino*, *Meditação da vida de Cristo* e *Ripanço Romano*.

De autoria do frei José de Santa Maria de Jesus, bispo de Cabo Verde, *Brados do pastor às suas ovelhas* foi dividido em duas partes. A primeira continha quarenta práticas doutrinais explicadas para maior utilidade do bispado de Cabo Verde e a segunda, um espelho de desengano para pecadores confiados. Publicada em Lisboa, em 1731, por Manuel Fernandes da Costa, a obra teve boa acolhida, o que levou o impressor do Santo Ofício a reeditá-la em 1735[42].

Embora fosse registrada com o fragmentado título de *Crisol de desenganos*, suponho que se trate da obra *De la diferencia de lo temporal y eterno, y crisol de desengaños*, também localizada por Thábata Alvarenga nas bibliotecas setecentistas de Vila Rica. Escrita em prosa pelo jesuíta espanhol Juan Eusébio Nieremberg, esta obra foi estampada em Madri, nos meados do século XVII. Devido à excelente recepção, alcançou sessenta reimpressões e numerosas traduções, sendo publicada pela primeira vez em Portugal, em 1653, pela Oficina de Pablo Craesbeck[43].

Em geral, as obras pertencentes à biblioteca da inventariada eram de baixo custo, variando entre $100 e $400. A descrição da *Mística cidade de Deus* como "de quarto" evidencia, inclusive, que se tratava de obra acessível à população, isto porque os livros de formatação "*in-quarto*" – com as folhas dobradas duas vezes, originando oito páginas – eram mais facilmente manuseáveis e transportáveis, diferentemente dos grandes e pesados livros de fólio que exigiam apoio no momento da leitura. A exceção ficou

---

41 AESP – Inventários 1º ofício – ord. 664 – cx. 52 – 1765.
42 Diogo Barbosa Machado, *op. cit.*, v. 2, p. 874. *Apud* Thábata Araújo de Alvarenga, *op. cit.*
43 Thábata Alvarenga, *op. cit.*, p. 292.

por conta do livro em latim *Ripanço Romano*, avaliado em 1$280, provavelmente, utilizado para o acompanhamento de ofícios litúrgicos[44].

Se nos acervos de José da Silva Ferrão, Manuel José Rodrigues, Tomé Alvares de Castro, José Rodrigues Pereira e Manuel José de Sampaio imperavam obras de caráter religioso, o mesmo não se pode dizer sobre os demais, onde havia equivalência ou mesmo preponderância dos livros de belas-letras, aliás, como já foi apontado na biblioteca de Gaspar de Matos.

Na livraria particular de Manuel Soares de Carvalho, foram arrolados dez livros, cinco de cada gênero. Entre os religiosos estavam *Mestre da Vida*, *Sumário dos frades menores*, *Tesouro espiritual seráfico*, *Vida do Venerável Padre Belchior de Pontes* e *Escola decurial*. As belas-letras eram representadas pelos livros de *Definições morais* e de *Exemplos morais* e pelos de história – *Marco Aurélio*, *Histórias de Carlos V* e *Histórias Portuguesas*.

A *Vida do Venerável Padre Belchior de Pontes, da Companhia de Jesus da Província do Brasil* foi escrita pelo Padre Manoel da Fonseca e oferecida ao capitão-mor da cidade de São Paulo, Manuel Mendes de Almeida. Designado pelo Provincial a dirigir um curso de artes em solo piratiningano e impulsionado pelos elogios que ouvia sobre as ações catequéticas do paulista Belchior de Pontes (1643-1719), o autor jesuíta transformou a vida do padre em livro. Com parecer favorável da censura do Santo Ofício e do Paço em 1751, a obra foi publicada no ano seguinte em Lisboa, na Oficina de Francisco da Silva. Narra a trajetória virtuosa do jesuíta, enfatizando as missões realizadas nas aldeias de Carapicuíba, Mboy, Araçariguama e Paranaguá, e as suas profecias sobre os levantamentos de Minas Gerais, com o intuito de torná-la exemplar e modelo a ser seguido por outros missionários. Frente à perseguição aos jesuítas portugueses, no reinado de D. José I, esta obra foi suprimida.

De autoria do Frei Fradique Espínola, a obra *Escola decurial de várias lições*, dedicada à Nossa Senhora do Desterro, foi publicada em Lisboa, por Manoel Lopes Ferreira, em 1696[45]. Quanto ao *Tesouro espiritual seráfico*, embora não se possa precisar

---

44 Embora não o tenha encontrado nas bibliotecas analisadas em outros espaços coloniais, os significados atribuídos à palavra "ripanço", no Dicionário Houaiss, são breviário usado pelos sacerdotes durante as orações canônicas e, por extensão de sentido, livro no qual estão inseridos os ofícios da Semana Santa. Thábata Alvarenga localizou título similar no acervo do padre Manoel Ribeiro Soares, Ripanço ou Ofício da Semana Santa em português, com orações para confissão e sagrada comunhão, visitas das igrejas em Quinta-feira Santa e novena das almas, o que reforça minha hipótese. Antonio Houaiss, *op. cit.*, p. 2460 e Thábata Alvarenga, *op. cit.*, p. 256.

45 Diogo Barbosa Machado, *op. cit.*, v. 2, p. 80. *Apud* Thábata Araújo de Alvarenga, *op. cit.*

seu conteúdo, nem afirmar que este fosse o título completo da obra, é possível supor que estivesse relacionado à irmandade franciscana, uma vez que, nas fontes compulsadas, o santo é mencionado como seráfico patriarca da ordem terceira. A hipótese é reforçada por duas evidências.

Em primeiro lugar, Thábata Alvarenga assinala que as obras *Paraíso Seráfico* e *Ramalhete Seráfico,* pertencentes às bibliotecas mineiras do século XVIII, versavam sobre as ordens seráficas, vinculadas ao Patriarca São Francisco[46]. Em segundo, o próprio Manuel Soares de Carvalho era filiado à Ordem Terceira da Penitência de São Francisco, tendo ocupado os cargos de síndico, vice-ministro e ministro[47].

Os baixos valores pelos quais foram avaliados os livros religiosos do acervo do homem de negócio – entre $040 e $200 – justificam-se pela formatação e pelo estado de conservação em que se encontravam. Em geral, foram registrados como "velhos" e "usados", pequenos, "in-quarto", "in meio quarto" ou "in-oitavo" – nestes casos, indicando o formato do livro, cuja folha dobrada três vezes, era composta de dezesseis páginas, isto é, oito para cada lado.

Outrossim, os livros de belas-letras foram descritos como usados e velhos, mas sofreram maior variação de preço. Os livros de *Definições morais* e de *Exemplos morais*, por exemplo, como eram "in-oitavo" e "in-quarto", atingiram somente o valor de $120. Ao passo que os livros de história, embora gastos e até mesmo desencadernados, por serem em castelhano, "in-fólio", com capa de pasta, coberta de pele de carneiro variaram entre $480 e $640.

Não só Carvalho possuía livros em língua estrangeira, já que seu companheiro de profissão, André Alvares de Castro, tinha volumes em castelhano na biblioteca particular. O acervo era composto por duas obras de cunho religioso – *Missal* e os cinco tomos de *Nova Floresta* – e seis títulos de belas-letras – *Libro de varia lección, David perseguido, Reyes nuevos de Toledo, Soledad del mundo, Theatro de los dioses*[48] e o *Vocabulário Bluteau*.

Tal como José Rodrigues Pereira, Castro fora agraciado pelo beneplácito papal, datado de 1748, para a instalação de um oratório em sua residência, vizinha ao colégio

---

46 Thábata Alvarenga, *op. cit.*, p. 143.

47 Adalberto Ortmann. História da Antiga Capela da Ordem Terceira da Penitência de São Francisco em São Paulo. Rio de Janeiro, Ministério da Educação e Saúde/DPHAN, 1951.

48 Thábata Alvarenga localizou um exemplar de Theatro de los dioses, de autoria de Diogo de Agreda, na biblioteca do padre Manoel Santos Ribeiro, e afirmou que houve tradução da obra para o português, realizada por Baltazar Luis. Thábata Alvarenga, *op. cit.*, p. 251.

dos jesuítas[49]. Entre os ornamentos, encontravam-se o *Missal* e sua estante, avaliados em 4$800.

O sacerdote Cristóbal Lozano y Sánchez (1609-1667), um dos escritores mais populares do século XVII espanhol, estava representado nessa biblioteca pelas obras mais famosas de sua autoria, que tiveram numerosas reimpressões e imitadores: *David perseguido y alívios de lastimados. Historia sagrada, parafraseada con ejemplos, y varias historias humanas y divinas*, *Los Reyes Nuevos de Toledo* e *Soledades de la vida y desengaños del mundo*.

Com *David perseguido*, escrito em três partes (1652,1659, 1661), o autor inaugurou a trilogia ascético-histórica composta ainda por *El rey penitente David arrependido* (1656) e *El grand hijo de David más perseguido*, também em três partes (1663, 1665, 1673). Nestas obras, Lozano intercalou fatos da vida do profeta com digressões e anedotas tomadas da história da Espanha. Novamente, em *Los Reyes Nuevos de Toledo* (1667), adotaria características semelhantes, ao narrar as biografias dos monarcas enterrados na capela dos reis novos e as lendas históricas vinculadas a eles, inspiradas nas histórias mais populares de Toledo àquela época. Entre as narrativas novelescas de Lozano, destacou-se *Soledades de la vida y desengaños del mundo* (1658), composta por uma série de novelas curtas ambientadas em Guadalupe[50].

As obras em castelhano eram caras, mas não se comparavam a cada um dos dez volumes do *Vocabulário Portuguez e Latino*, do Padre Raphael Bluteau (1638-1734), avaliados no conjunto em 10$000.

Publicado em Coimbra, pelo Real Colégio das Artes da Companhia de Jesus, entre os anos de 1712 e 1728, o monumental *Vocabulário* foi a primeiro a ter um *corpus* lexical autorizado em língua portuguesa, composto por cerca de 410 obras de 288 autores portugueses dos séculos XV ao XVII e de 47 autores latinos. A supremacia das obras lusitanas sobre as latinas demonstra que a língua portuguesa era o foco de atenção de Bluteau[51]. Ademais, embora seja um dicionário bilíngue, traz definições em português antes de fornecer o equivalente em latim, seguidas de comentários enciclopédicos e etimológicos.

O interesse por livros de belas-letras, dedicados aos estudos das línguas e de caráter didático, também pôde ser atestado pelos títulos que compunham a biblioteca

---

49 ACMSP – Breves apostólicos – 03-62-09.

50 www.centrocisneros.uah.es/carpeta/galpersons.asp?pag=personajes&id=255. Acesso em 27.03.2007.

51 Clotilde de Almeida Azevedo Murakawa. "D. Raphael Bluteau: marco na lexicografia portuguesa de setecentos". www.fflch.usp.br/dl/anpoll2/clotildecoloquio2002.htm. Acesso em 27.03.2007.

de Agostinho Duarte do Rego: *Arte latina*, *Arte portuguesa*, *Arte explicada* de João de Morais Madureira Feijó, *Gênero* do Padre Manuel Alvares de Jesus, *Gêneros*, *Rudimenta*, *Seleta*, *Sílaba*, *Sintaxe*, *Horácio comentado*, *Suetônio comentado*, *Virgílio comentado*, *Quinto Cúrcio*, *Metamorfose* de Ovídio[52], *Prosódia* de Bento Pereira. De cunho religioso, somente o *Concílio Tridentino*[53].

Se os títulos de belas-letras e as características registradas pelos avaliadores sugerem que os livros, pertencentes aos acervos de Manuel Soares de Carvalho e de André Alvares de Castro, atendiam ao gosto literário dos proprietários, a quantidade de exemplares que compunha a biblioteca de Rego e a finalidade pedagógica de muitos livros indicam que alguns eram destinados à venda. De fato, a maioria dos títulos foi descrita em dois, três ou quatro exemplares, em cartapácio[54], sem anotações sobre o estado de conservação.

A composição do acervo, então, leva a crer que o mercador comercializava os artigos do saber – sem que estivessem disponíveis em loja –, o que revela outra faceta da circulação de livros na cidade de São Paulo setecentista. Mais ainda, talvez tenha mandado trazê-los do Rio de Janeiro a pedido de leitores. Se esta suposição for válida, é lícito pensar que a obra *Arte latina*, integrante da carregação de Manuel José da Cunha – descrita nas páginas anteriores –, não fosse para a sua loja, onde predominavam livros religiosos, mas para as mãos de um possível leitor que a tivesse encomendado.

Como ficou evidenciado, vários livros religiosos, de belas-letras e científicos, presentes nas bibliotecas particulares, não foram arrolados entre as fazendas das lojas dos comerciantes que abasteciam a população de impressos e, mesmo assim, estavam em seu poder. É possível, portanto, que fossem adquiridos em outros estabelecimentos comerciais – o que parece improvável, em vista da magnitude e do sortimento de produtos das lojas descritas – ou, hipótese mais plausível, fossem encomendados a outros comerciantes, parentes e amigos residentes na cidade fluminense.

De toda forma, não importa qual tenha sido a via de acesso aos livros – e parece claro que tenham sido múltiplas –, a consulta aos inventários revelou que os agentes

---

52 Houve também o registro de Ovídio de todas as obras, em dois volumes.

53 Exemplares desta obra também foram localizados nas bibliotecas mineiras setecentistas e, segundo Villalta, "podem ser tanto as atas do Concílio de mesmo nome, como livros dos diferentes autores que se dedicaram ao estudo do assunto". Luiz Carlos Villalta. "Os clérigos e os livros nas Minas Gerais da segunda metade do século XVIII". Acervo: *Revista do Arquivo Nacional*, v. 8, n.1-2 (jan./dez.1995), p. 24.

54 Bluteau comenta que cartapácio de sintaxe era um "livro em que citam as sintaxes em latim e português por onde aprendem aqueles que estudam". Raphael Bluteau, *op. cit.*, Coimbra, 1712, letra C, p.169.

mercantis, atuantes em São Paulo setecentista, eram detentores de bibliotecas particulares. Se alguns possuíam apenas um livro entre os trastes da casa, outros diversificavam o acervo com obras religiosas e de belas-letras, seguindo, inclusive, a tendência de colonos residentes em outros espaços da América Portuguesa.

Entre hipóteses e reflexões

Ao realizar um balanço sumário sobre a história do livro no Brasil colonial, Luiz Carlos Villalta assinala que "a partir do século XVIII, assistiu-se a uma mudança tanto na posse de livros como na composição das bibliotecas"[55]. De acordo com suas análises, a propriedade dos livros tornou-se mais disseminada; as pessoas de educação mais esmerada ampliaram os interesses de leitura para os campos das ciências e dos saberes profanos; e a posse de impressos em Minas Gerais e no Rio de Janeiro foi favorecida pela constituição de uma civilização urbana, com um expressivo setor de serviços. Entretanto, mesmo em face do aumento da circulação de impressos, ressalta que o número de proprietários era diminuto em relação à população colonial.

Como se vê, as conclusões do historiador corroboram a situação do mercado livreiro e da posse de livros no contexto paulistano setecentista, ainda que poucos inventários tenham sido consultados e que todos estivessem relacionados a uma fração do grupo mercantil.

Primeiramente, a comparação do número de livros presentes nas lojas e nas casas dos comerciantes com o dos impressos contabilizados para a centúria anterior revelou o aumento significativo de títulos e de exemplares em circulação na cidade de São Paulo dos setecentos.

Em segundo lugar, a explicação para tal realidade encontra-se no comércio desenvolvido em solo piratininganio, responsável pela transformação da vida da capital. A localização das residências e lojas dos reinóis, no coração de Piratininga, alterou a paisagem física e humana da cidade ao longo do século XVIII, não mais encarada como apêndice do campo, mas antes como espaço privilegiado de negócios, favorável às possibilidades de ascensão social e ao enriquecimento de seus habitantes, em especial, daqueles atrelados ao trato comercial. A nova configuração social e urbana, portanto, se veria refletida no aumento de impressos em circulação.

Em terceiro lugar, embora predominassem livros de caráter religioso nas lojas, as bibliotecas particulares abriram espaço para livros de belas-letras e de ciências, re-

---

55 Luiz Carlos Villalta, "Bibliotecas privadas...", p. 5.

velando que os proprietários alfabetizados, pertencentes à elite mercantil paulistana, diversificavam seus acervos com obras de história, romances, dicionários e línguas.

Por fim, ainda que os proprietários de livros representassem uma parcela insignificante da população livre, é pouco satisfatório acreditar que somente os comerciantes focalizados nesta pesquisa fossem proprietários de livros, o que nos leva a especular sobre a presença de mais impressos nas casas de outros habitantes da capital. Como tal hipótese foge ao âmbito do artigo, sua confirmação será tarefa de futuras investigações. A expectativa, portanto, é que os dados trazidos à luz estimulem os pesquisadores a se debruçarem sobre os inventários setecentistas, promissor manancial para o estudo da posse e comércio de livros na cidade de São Paulo, como espero ter evidenciado nessas páginas.

Os ânimos e a posse de livros em Minas Gerais (1750-1808)

Álvaro de Araújo Antunes
Universidade Federal
de Ouro Preto

Os livros e as ideias que traziam se associavam e representavam um saber, um poder intelectual, mas também um poder sobre intelectuais. Nesse sentido, pela leitura, pelo estudo, pelos comentários e resumos, os leitores/autores buscavam dominar, utilizar, apropriar, vivenciar as ideias e valores impressos. Como caçadores não autorizados peregrinavam em campo alheio, o qual, estrategicamente concebido por autores e editores, buscava ordenar as incursões dos leitores[1]. Uma "tensão operatória" se instaurava entre uma "ordem do livro" e as práticas subversivas de leitura. Um embate que deixava poucos rastros, dada a natureza "volátil" da leitura que esvaece na própria prática ou no esquecimento. Na melhor das hipóteses, a leitura se condensa e se metamorfoseia em escrita, em notas marginais ou em novos livros, legando ao historiador alguns resquícios dessa prática fugidia, dos usos das obras e dos seus autores.

Assim entendidas escrita, impressão e leitura demarcam espaços e práticas distintas, ainda que complementares, que são importantes destacar para desenvolvimento do presente trabalho. Isto porque, em um primeiro momento, traçarei, a luz da noção de ânimo, um panorama sucinto da posse de livros em Minas Gerais distinguindo as bibliotecas dos advogados entre os inventários de Vila Rica. Em seguida, tomando por base as ações judiciais, apresentarei alguns dos usos explícitos que esses letrados atribuíam às obras de suas bibliotecas.

---

[1] O livro é compreendido como o espaço ordenado estrategicamente, mas também um espaço da ordem, com a qual o leitor se relaciona, taticamente, subvertendo-lhe o sentido. Roger Chartier. *A ordem dos livros: leitores, autores e bibliotecas na Europa entre os séculos XIV e XVIII*. Trad. Mary del Priore. Brasília, Editora UnB, 1994.

Um dos primeiros trabalhos sobre a posse de obras impressas em Minas Gerais foi o de Eduardo Frieiro que, em 1957, propunha desvendar "o que lia, em fins do século XVIII, um brasileiro ilustrado". A resposta de Frieiro foi encontrada no escrutínio da livraria do cônego Luiz Vieira da Silva[2]. Apesar de trazer contribuições significativas sobre a posse de livros na América portuguesa, fica subjacente às considerações de Frieiro, e de outros autores da época, a ideia de que a posse dos livros corresponderia à sua leitura. Contrariando essa perspectiva, lembra Roger Chartier que, nos séculos XVII e XVIII, o possível acesso ao livro não se limitava à compra e à propriedade individuais, já que nesses dois séculos, justamente, multiplicavam-se as instituições que, da biblioteca pública ao gabinete de leitura, permitem um uso coletivo. Por outro lado, podemos ponderar que muitas pessoas possuíam livros em suas bibliotecas que nunca chegariam a ler[3]. Assim, a posse de um livro, impresso ou manuscrito, é a condição primeira para a leitura, mas não prova a efetivação dessa prática. Mas o que então revelariam os róis de livros que constam nos inventários? A simples constatação da posse e circulação de uma obra?

As bibliotecas não são um conjunto inerte de livros, destituído de vida, ainda que os inventários, como um instantâneo, uma fotografia, revelem a fixidez de algo pronto, acabado. Não podemos entender as bibliotecas como o resultado de uma acumulação mecânica de livros[4]. A composição de uma biblioteca envolve um comércio de livros, contrabandos, censura, empréstimos, relações pessoais, bem como "ânimos" diversos que dirigiam as escolhas, a conservação e a acumulação das obras[5]. Se, por

---

2   Tratava-se de uma faceta peculiar a determinados segmentos dos letrados de Minas envolvidos com a Conjuração ou formados na reformada Universidade de Coimbra, como veio a revelar estudos mais abrangentes. Luiz Carlos Villalta. *Os clérigos nas Minas Gerais na segunda metade do século XVIII*. Acervo, Rio de Janeiro, v. 8, n.1/2, jan./dez., 1995. Thábata Alvarenga Araujo. *Homens e Livros em Vila Rica (1750-1800)*. São Paulo, 2003. Dissertação (Mestrado em História) – Faculdade de Filosofia e Ciências Humanas, Universidade de São Paulo. Álvaro de Araujo Antunes. *Espelho de Cem Faces; o universo relacional de um advogado setecentista*. São Paulo, Editora Annablume/PPGH/UFMG, 2004.

3   Roger Chartier. *Leituras e leitores na França do Antigo Regime*. São Paulo, Editora Unesp, 2004, p. 174.

4   Marc Baratin; Christian Jacob. *O poder das Bibliotecas: a memória dos livros no Ocidente*. Rio de Janeiro, UFRJ, 2000, p.13.

5   No seu conteúdo, um livro traz varias obras, como bem revelam os dicionários e as "seletas", encontrados nos inventários de Vila Rica e Mariana. Quanto esse aspecto, Jorge Larrosa, tratando de uma das obras mais conhecidas de Cervantes, observa que "o Quixote não é apenas um livro suscetível de infinitas interpretações, segundo distintas intenções leitoras

um lado, os livros ganham vida diante olhos do leitor em potencial que percorre os títulos e as obras dispostas nas estantes; de outro lado, uma biblioteca ganha alma no processo criador de sua composição.

O traslado do testamento do Dr. João da Silva Pereira, advogado de Mariana, explicita alguns ânimos que envolvem o movimento de composição de uma biblioteca. Quando da confecção do documento, Silva Pereira declarou que em sua livraria constavam 29 títulos e 45 volumes que pertenciam ao Dr. Francisco Ferreira dos Santos "pelos haver deixado ficar em meu poder quando saiu desta cidade"[6]. O mesmo Dr. Francisco Ferreira dos Santos figuraria como segundo testamenteiro escolhido por João da Silva Pereira, fato sugestivo de uma relação de proximidade e companheirismo entre os advogados que facultaria a cessão de livros. A suposta amizade entre os advogados seria um dos "ânimos" que interviram na composição da livraria do Dr. João da Silva Pereira. Um aspecto humano se insinua por de trás dos livros enfileirados na estante e arrolados nos inventários. Neles, a relação dos livros que compunham uma biblioteca particular não é apenas como um atestado de posse, mas também um registro, ainda que opaco, de um modo de vida, de paixões, de meios, de escolhas, de "ânimos" de seus proprietários. Nesse sentido é que entendo uma biblioteca como sendo o resultado de impulsos que levam a sua composição e conformação; um monumento formado por ânimos, de *anima*, para lembrar aqui a raiz latina da palavra alma.

Com essa perspectiva analítica, traço um panorama da posse de livros em Minas Gerais, voltando-me, mais atentamente, para o caso de Vila Rica. Nossa pesquisa analisou 776 inventários, que perfazem o período de 1750 a 1808, e identificou 79 bibliotecas particulares, o que corresponde a 10,16% do total dos inventários pesquisados[7]. Trata-se, é certo, de um percentual inferior aos 21,2% encontrado por Júnia Ferreira Furtado para a região do Serro, da mesma Capitania de Minas Gerais. Todavia, o percentual encontrado para Vila Rica se aproxima do encontrado para a cidade vizinha de Mariana, onde Luiz Carlos Villalta identificou livros em 8,34% dos inventários.

---

e segundo distintos contextos históricos, mas é o livro da infinitude mesma do livro, do livro como infinito". Jorge Larossa. Os paradoxos da repetição e da diferença; notas sobre o comentário de texto a partir de Foucault, Bakhtin e Borges. In: Márcia Abreu. *Leitura, História e História da Leitura*. Campinas, Mercado das Letras/Associação de Leitura do Brasil; São Paulo, Fapesp, 1999, p.147.

6   ACSM (Arquivo da Casa Setecentista de Mariana) – 1º Ofício, Códice 224, Auto 4176.

7   Ou seja, pouco mais que 1% acima dos 9% encontrados por Thábata Araujo Alvarenga. Tal diferença pode ser explicada, principalmente, pelo recorte temporal diferenciado e pela identificação de outros oito inventários com livros que perpassavam o período de 1763 a 1798. Alvarenga. *Homens e livros em Vila Rica* (1750-1800).

Nessas localidades, a grande maioria dos proprietários de livros era composta por homens brancos e livres. Para Mariana, entre os 76 proprietários de livros identificados, Luiz Carlos Villalta constatou a presença de apenas um mulato livre e um negro forro, além de três outros casos, cuja cor e condição social não foram especificadas[8]. Para o Serro, Júnia Ferreira Furtado também identificou a posse de livros entre as camadas superiores da sociedade e, em especial, entre padres e funcionários da administração. Ambos historiadores apontam para um perfil elitizado dos proprietários de livros, o que não excluía "totalmente a possibilidade de indivíduos situados em posição inferior da escala social terem acesso à propriedade de bibliotecas"[9].

Para Vila Rica, os proprietários de livros também eram representantes de camadas mais privilegiadas da sociedade, reproduzindo o padrão do homem branco e com algum grau de especialização. Os homens perfaziam 84,81% dos inventários analisados, mas, se for levado em conta que em alguns documentos os livros arrolados eram do marido e não da inventariada, esse percentual se ampliaria para cerca de 94,95%[10]. Também é possível identificar uma relação – mas, não uma condição determinante – entre a posse de livros e a remediada condição financeira de seus proprietários. Cerca de um terço dos inventários com livros, apresentavam arrolados escravos e bens de raízes.

Em Vila Rica, a distribuição dos livros por categorias sociais reafirma, em parte, os quadros apresentados para Mariana e para o Serro, apontando a importância dos proprietários de bens imóveis entre os inventários com livros, como pode ser visto no quadro.

---

8   Luiz Carlos Villalta. *Reformismo ilustrado, censura e práticas de leitura: usos do livro na América Latina.*São Paulo, 1999. Tese (Doutorado em História) – Faculdade de Filosofia e Ciências Humanas, Universidade de São Paulo, p. 356.€

9   Villalta. *Reformismo ilustrado, censura e práticas de leitura: usos do livro na América Latina*, p. 359.

10 Thábata Araújo Alvarenga também aponta para a predominância dos homens entre os proprietários de livros e acrescenta que, entre estes, 98,4% de brancos e 100% de livres. Alvarenga. *Homens e livros em Vila Rica* (1750-1800), p.67.

QUADRO 3 – NÚMERO DE INVENTÁRIOS COM LIVROS EM VILA RICA 1750-1808				
Categoria/Ofício	Abs	% (Categoria)	Abs Propriedade de Livros Títulos/volumes	% Propriedade de Livros Títulos/ volume
Clérigos	7	9,09%	174/243	15,56 / 9,07
Advogados	5	6,49%	291/687****	26,02 / 25,65
Boticários	3	3,89%	11/12	0,98 / 0,44
Cirurgiões *	3	3,89%	45/56	4,02 / 2,09
Mulheres	3	3,89%	5/6	0,44 / 0,22
Funcionários**	9	11,68%	95/148****	8,49 / 5,52
Mercadores***	9	11,68%	51/819	4,56 / 30,58
Licenciado/ Professor de Gramática	1	1,29%	24/29	2,23 / 1,08
Militares de Ordenança e tropa paga	8	10,39%	141/410****	12,61 / 15,30
Proprietários de bens imóveis, com patente militar	9	11,68%	77/138	6,88/5,15
Proprietários de bens imóveis, sem ofício ou patente militar	15	19,48%	78/106	6,97 /3,95
Artesãos e Artistas	5	6,49%	20/24	1,78 / 0,89
Subtotais	77	99,94	1118/2678	90,54 / 99,94

*Um dos cirurgiões também possuía patente de militar
**Cinco dos funcionários são militares
*** Um dos mercadores era militar
**** Parcela dos números apresentados é estimada a partir do cálculo da média encontrada para a relação livro/volume.

Fonte: Arquivo da Casa Setecentista do Pilar – Museu da Inconfidência, 1º 2 º Ofícios. 1750-1808.

O quadro indica a predominância dos proprietários de bens de raiz (19,48%) entre os donos de livrarias. Os mercadores, os funcionários da administração e os proprietários de bens imóveis com patentes ocupavam o segundo lugar entre os grupos de proprietários de livros, com 11,68%. Na sequência se encontram os militares (10,39%), os clérigos (9,09%), os advogados, artesãos e artistas (6,49%), boticários, cirurgiões e mulheres (3,89%) e o licenciado (1,29%).

Apesar de ocuparem a primeira colocação, "os proprietários de bens com patente" não possuíam as maiores livrarias. Para Vila Rica, a média geral de livros era de 14, 15 obras e 33,9 volumes por cada biblioteca. Esses números eram bem superiores às médias de títulos e volumes encontradas para o grupo entre "os proprietários de bens com patente", com 5,2 dos títulos e 7,06 dos volumes. O mesmo pode ser dito para o segundo maior grupo de proprietários de livros, os militares proprietários de bens de raiz, que contribuíam com 6,88% dos títulos e 5,15% dos volumes do total de livros apurados.

A maior parcela dos livros estava nas mãos dos clérigos e advogados. Os clérigos com 15,56% dos títulos e 9,07% dos volumes. Os advogados, com expressivos 26,02% dos títulos e 25,65% dos volumes. Pode-se concluir, portanto, que os maiores grupos de proprietários de livros não eram os que não detinham o maior número de volumes e de obras.

A disparidade nos números sugere uma outra dimensão para a aquisição de livros que não se limita à condição financeira. Trata-se de compreender que a posse de livros envolvia fatores de ordem mais pessoal, íntima às vezes, como a satisfação de um anseio espiritual, o cultivo de alguma atividade de lazer e prazer e/ou uma necessidade profissional. Com relação aos livros religiosos, por exemplo, Roger Chartier observa que eles poderiam ter três finalidades: a litúrgica, a ritual e a herética[11]. Os livros poderiam ser utilizados em rituais de magia e dar ensejo a leituras heterodoxas. Poderiam, ainda, acompanhar seus proprietários nas missas, auxiliando-os na rotina litúrgica. Ao mesmo tempo, conservados ao lado de imagens de santos ou guardados juntos a objetos do uso cotidiano, esses livros revelariam um aspecto privado e ritual da relação com o sagrado. Vinculados aos paramentos de capelas e oratórios particulares, os livros estariam "incensados" de algum valor sagrado.

Mais da metade dos proprietários de livros era composta por pessoas de alguma formação universitária e/ou de seminários, incluído padres. Pode-se dizer que a posse dos livros estava atrelada ao desenvolvimento de uma profissão que, em maior ou menor grau, exigia um conhecimento especializado, como pode ser visto entre os advogados.

---

11 Roger Chartier. *Les usages de l'imprense: XV-XIX*. Paris, Fayar, 1987, p.189.

Em linhas gerais, nas bibliotecas dos advogados, predominava as obras de Direito. Tal preponderância indicaria uma necessidade muito prática e vinculada ao ofício desses letrados que dotavam o livro de um caráter instrumental. Afora uma ou outra obra como a *História Cronológica dos Papas, Imperadores e Reis...*, pertencente ao Dr. Agostinho Monteiro de Barros, a grande parte das obras sacras e profanas dos advogados era dedicada ao Direito. Nos inventários dos advogados analisados, figurariam, como frequência, as *Resolutiones forenses praticabilis in quibus multiquaque in utroque foro controversa cotidiae* de Manoel Pegas. Nas livrarias dos doutores João Caetano Soares Barreto, José Pita Loureiro e Manoel Teixeira Carvalho encontravam-se as *Cogitationes Juridicae atque Forenses in quibus multa quae in utoque foro...* de Manoel Solano. Também era comum obra de Antônio Vanguerve Cabral, autor do livro "*A prática judicial*", adotado nos cursos da reformada Universidade de Coimbra.

Em geral, nos inventários das livrarias dos advogados é possível distinguir uma participação modesta de obras litúrgicas e de devoção. Entre as obras sacras, predominavam livros sobre Direito Canônico e Eclesiástico, necessários à prática advocatícia no juízo eclesiástico[12]. Quanto a esse tipo de livro, nota-se a presença significativa de autores vinculados ao pensamento escolástico e de comentadores do *Corpus iuris canonicum*, muitos deles influenciados por Bartolo, autor vetado pelas reformas pombalinas da educação e da justiça. Essa presença contrastava com a composição da livraria do Dr. José Pereira Ribeiro, advogado de Mariana nitidamente influenciado pelas mudanças ilustradas promovidas por Pombal no campo das ideias.

Nos escritos dos advogados, as referências aos livros e leis indicam as leituras efetivadas, bem como seu uso na sustentação dos argumentos. As citações nas ações judiciais indicam dois procedimentos de apropriação: o primeiro, mais evidente, é a citação literal, com a identificação da autoria. O segundo é uma paráfrase ou uma apropriação do discurso alheio, isto é, produzido por outrem que não aquele que o cita. Em ambos casos, a leitura consiste em uma operação de depredação e de reconstrução do objeto pela memória ou pela cópia. Essa apropriação inicia-se com uma operação quase cirúrgica de seleção, extração de um excerto e sua transposição para

---

12 A Lei da Boa Razão vetava o uso do Direito Canônico nos tribunais do juízo ordinário, "deixando-se os referidos textos de Direito Canônico para os Ministros, e Consistórios Eclesiásticos os observarem (nos seus devidos e competentes termos) nas Decisões da sua inspeção e seguindo somente meus tribunais e magistrados seculares nas matérias temporais da sua competência as Leias Pátrias e subsidiárias [...]". Não obstante o veto, foi possível encontrar referências à *Bíblia* e às *Constituições do Arcebispado da Bahia* nas ações judiciais analisadas. John Gilissen. *Introdução a História do Direito*. 3 ed.. Trad. Antonio Manuel Hespanha e L.M. Macaísta Malheiros. Lisboa, Fundação Calouste Gulbenkian, 2001, p. 335.

outro ambiente ou outro texto. Michel de Certeau dá a dimensão da importância dessa prática para o letrado ao considerar que "a citação é o meio de articular o texto com sua exterioridade semântica [permitindo] uma credibilidade referencial"[13]. Crucial aos advogados, essa prática demandava estudar os processos e, sobretudo, consultar uma livraria fornida de autoridades em Direito. O conhecimento livresco e a autoridade alheia eram armas essenciais às escaramuças jurídicas.

Algumas dessas armas ficavam camufladas nas formas de citações implícitas, mas que, ainda assim, poderiam ser identificadas por aqueles que detinham o conhecimento bibliográfico próprio do ofício. Os advogados poderiam citar diversos autores sem especificar a quais obras estavam se referindo, por exemplo: "resolve Farinácio, Júlio Claro, Cabalo, e o grande Conciolo e todos os mais doutores *verb testis* que muito bem conciliou o nosso português Ferreira em sua *Prática Criminal* e Cabral no seu *Epílogo Jurídico*"[14]. No excerto apresentado, o que se revela é uma prática cotidiana que engendrava o conhecimento de uma literatura jurídica, responsável por completar as lacunas deixadas por essas citações. Em Mariana, o Dr. Antonio da Silva e Souza para encurtar suas argumentações sem perder a força das citações, mencionava os "doutores de direito significantes, especialmente os criminais"[15]. Essa forma de citação era usual deste e de outros advogados indicando uma difusão de saber comum à profissão.

Se a citação implícita requeria um vasto conhecimento da bibliografia da época, as explícitas dispensavam um saber mais acurado. Para citar apenas um exemplo, na ação em que Gaspar Manuel solicitava posse de um escravo, Antônio Pires da Gaia, advogado do autor da ação, citou explicitamente as *Ordenações* e vários autores, entre eles: Manuel Mendes de Castro, autor da *Practica Lusitana*; Manuel Álvares Pegas, autor de *Comentaria as ordinationes regni...*; e Macedo, possivelmente o decisionista Antônio de Souza Macedo, nascido em 1606. Nessa mesma ação, Manoel Brás Ferreira, advogado do réu, também fez menção às ordenações Livro 4 título 4, § 1, alegando sua incompatibilidade com o caso e questionando o argumento do Dr. Gaia[16].

---

13 Segundo Michel de Certeau, "[...] a citação introduz no texto um extratexto necessário. Reciprocamente a citação é o meio de articular o texto com sua exterioridade semântica, de permitir-lhe fazer de conta que assume uma parte da cultura e de lhe assegurar, assim, uma credibilidade referencial. Sob este aspecto a produção da "ilusão realista", a multiplicação dos nomes próprios, das descrições [...]". Michel de Certeau. *A invenção do cotidiano*. Trad. Ephraim Ferreira Alves. Petrópolis, Vozes, 1994, p. 102.

14 ACSM –2 Ofício, Códice 190, Auto 4750.

15 ACSM –2 Ofício, Códice 190, Auto 4750.

16 As dissenções em torno das leis e das doutrinas favoreciam a morosidade e a complexidade dos trâmites processuais, o que poderia representar à população um alto grau de

Apesar de argumentar que o "Direito nasce do fato", Manoel Brás Ferreira fez uso de uma série de citações de doutores em Direito Sacro e Civil, tais como: Agostinho Barbosa, comentarista do século XVII; Manuel Thenudo, decisionista seiscentista; Miguel de Reinoso, autor do século XVI que escreveu sobre a prática do Direito Civil e Eclesiástico; e Manoel Álvares Pegas, cuja obra consistia em uma "mole imensa de dados, sob a forma de um comentário quase de *verbo ad verbum*"[17]. Todos os autores citados constavam nas livrarias dos advogados, sendo a referência às obras a prova de que tais livros foram lidos, ao menos em parte[18].

Concluindo. A análise de mais de 700 inventários pós-morte de Vila Rica revelou que a posse de livros se limitava a cerca de 10% da população. Observou-se que, geralmente, a posse de livros estava associada à posse de escravos, de bens de raízes e de espólios consideráveis. Isto indica a boa condição financeira dos proprietários de livros, mas não implica que a posse de livros fosse privilégio exclusivo de uma camada abonada. As maiores livrarias não estavam associadas às maiores fortunas, mas sim ao desenvolvimento de alguma atividade que demandava o conhecimento escrito, o que serviria como uma espécie de ânimo, o mais evidente, talvez.

Ademais, entre as categorias socioprofissionais de proprietários de livros, os advogados possuíam o maior número de volumes e títulos. A posse de livros era um fator de distinção que se ampliava e tomava corpo quando associada ao conhecimento especializado do "letrado", o que pressupunha um refinamento intelectual, um polimento adquirido pelo estudo em seminários ou universidades. O ritual dos auditórios demandava dos letrados esse saber, bem como os dispunha em posições específicas de onde proferiam um enunciado carregado de autoridade que reproduzia um poder coercitivo[19]. Tratava-se de um discurso construído a partir de princípios, de signos e fórmulas definidos pela instrução e pelas obras de suas bibliotecas, monumentos inacabados diante dos olhos e dos ânimos desses leitores letrados.

---

sofisticação da Justiça ou, pelo contrário, refletir a imagem da desorganização. António Manuel Hespanha. *Panorama histórico da cultura jurídica europeia*. Portugal, Publicações Europa-América, 1997, p.164 e 165.

17 Antônio Manuel Hespanha (org.). *Poder e instituições na Europa do Antigo Regime*. Lisboa, Fundação Calouste Gulbnekian, 1984, p. 21.

18 Diogo Barbosa Machado Machado. *Bibliotheca lusitana*. Lisboa, Biblioteca Nacional, 1998. CD-ROM v.1, p. 54; v. 3, p. 174, 296, 309, 393, 482.

19 Michel Foucault. *A ordem do Discurso: aula inaugural no Collège de France pronunciada em 2 de dezembro de 1970*. 3 ed. São Paulo, Edições Loyola, 1996, p. 39.

A livraria de Manuel Inácio da Silva Alvarenga: representante das Luzes na América portuguesa?

Gustavo Henrique Tuna
Universidade de São Paulo

Tenciona-se aqui discutir a atuação do poeta mineiro Manuel Inácio da Silva Alvarenga (1749-1814) no âmbito da sociedade letrada do Rio de Janeiro de fins do século XVIII e início do século XIX, autor de uma extensa obra poética que se divide em sonetos, poemas idílicos, satíricos e outros gêneros e que ocupou uma posição de destaque nesta elite letrada, sendo o epicentro da Sociedade Literária do Rio de Janeiro, motivo que o levou a ser acusado de promover uma tentativa de Inconfidência no Rio de Janeiro em 1794. O trabalho aqui procura inserir-se no campo de estudos da história do livro e da leitura que vêm se consolidando no Brasil nos últimos 30 anos. Cumpre notar que parcela importante destes estudos aborda a presença, a circulação e a leitura dos livros no período colonial. Nesta parcela, destacam-se os trabalhos de Maria Beatriz Nizza da Silva, Lúcia Maria Bastos P. das Neves, Jorge de Souza Araújo, Márcia Abreu, Luiz Carlos Villalta, Leila Mezan Algranti, Álvaro de Araújo Antunes e Thábata Araújo de Alvarenga[1].

---

1 Ver Maria Beatriz Nizza da Silva, *Cultura e sociedade no Rio de Janeiro: 1808-1821*, São Paulo, Companhia Editora Nacional, 1978; Lúcia Maria Bastos Pereira das Neves, "Comércio de livros e censura de ideias: a atividade dos livreiros franceses no Brasil e a vigilância da mesa do Desembargo do Paço (1795-1822)". In: *Ler História*, n. 23, Lisboa, 1992, p. 61-78 e artigo em co-autoria com Tânia Bessone, "O medo dos 'abomináveis princípios franceses': a censura dos livros nos inícios do século XIX no Brasil". In: *Acervo: Revista do Arquivo Nacional, n. 4(1)*, Rio de Janeiro, jan-jun, 1989, p. 113-19; Jorge de Souza Araújo, *Perfil do leitor colonial*, Salvador, Ilhéus: Edufba, Eduesc, 1999; Márcia Abreu, *Os caminhos dos livros*, Campinas, São Paulo, Mercado de Letras, Fapesp, 2003; Luiz Carlos Villalta, "O que se fala e o que se lê: língua, instrução e cultura" in Laura de Mello e Souza (org.).

Com base numa leitura dos *Autos da Devassa - Prisão dos letrados do Rio de Janeiro – 1794* e numa análise parcial do catálogo dos livros que pertenceram ao poeta e que foram incorporados ao acervo da Real Biblioteca no ano seguinte à sua morte, em 1815, pretende-se aqui vislumbrar em que medida o poeta pode ser considerado um representante das Luzes na América portuguesa.

I

Manuel Inácio da Silva Alvarenga nasceu em Vila Rica, em 1749. Filho do músico, o poeta desde cedo foi estimulado pelo pai a não seguir a carreira musical e foi estudar no Rio de Janeiro, indo em seguida para Portugal em 1768, onde se matriculou na Universidade de Coimbra, no curso de Cânones.

A estada em Coimbra coincide com o período das reformas da Universidade empreendidas pelo marquês de Pombal[2]. Pombal que já havia promovido a publicação do poema heroico *Uraguai*, de Basílio da Gama, foi responsável também pela

---

História da vida privada no Brasil, vol. 1, São Paulo, Companhia das Letras, 1997, p. 331-85 e também sua tese de doutorado *Reformismo ilustrado, censura e práticas de leitura: usos do livro na América Portuguesa*. São Paulo, tese de doutorado em História Social/USP, 1999; Leila Mezan Algranti, *Livros de devoção, atos de censura – Ensaios de História do Livro e da Leitura na América Portuguesa(1750-1821)*, São Paulo, Hucitec/Fapesp, 2004; Álvaro de Araújo Antunes, *Espelho de cem faces – o Universo Relacional de um Advogado Setecentista*, São Paulo: Annablume, PPGH/UFMG, 2004 e Thábata Araújo de Alvarenga, *Homens e livros em Vila Rica: 1750-1800*, São Paulo, dissertação de mestrado em História Social/USP, 2003.

2 Sobre a reforma pombalina, ver J. Ferreira Gomes, "O Marquês de Pombal e as reformas do ensino", *Revista de História e Teoria das Ideias*, Faculdade de Letras da Universidade de Coimbra, IV, 1982; António Alberto Banha de Andrade, *A reforma pombalina dos estudos secundários*, Coimbra, 1981-1984, 3 vols., e *Contributos para a história da mentalidade pedagógica portuguesa*, Lisboa, 1982; Rómulo de Carvalho, *História do Colégio Real dos Nobres de Lisboa*, Coimbra, 1959; Francisco José Calazans Falcon, *A Época Pombalina: política econômica e monarquia ilustrada*, São Paulo, Ática, 1982 e seu artigo "Luzes e revolução na colônia: a importância da Universidade da pós-reforma pombalina". In: *Actas – Congresso História da Universidade, 7º centenário*, vol. 5, Coimbra, Universidade de Coimbra, 1991; Ana Cristina Araújo, *A Cultura das Luzes em Portugal – temas e problemas*, Lisboa, Livros Horizonte, 2003 e também o livro por ela coordenado e intitulado *O Marquês de Pombal e a Universidade*, Coimbra, 2000.

impressão de *O Desertor*, poema herói-cômico de Silva Alvarenga em 1774[3]. Na folha de rosto da obra, o poeta declara sua filiação à Arcádia Ultramarina, adotando o nome de Alcindo Palmireno. No poema, nota-se uma crítica feroz ao método escolástico que predominava no ensino jesuítico.

> Morreram as postilas e os Cadernos:
> Caiu de todo a Ponte, e se acabaram
> As distinções que tudo defendiam,
> E o ergo, que fará saudade a muitos![4]

Ainda em 1774, o poeta publica *Theseo a Ariadna*. Três anos mais tarde, publica poema idílico *O templo de Netuno*, escrito em honra da aclamação de d. Maria I. Em Coimbra, Silva Alvarenga é aprovado *nemine discrepante* em todos os atos, retornando ao Brasil em 1777, acompanhado do irmão de Basílio da Gama, o padre Antônio Caetano de Vilas Boas. De acordo com um de seus biógrafos, Januário da Cunha Barbosa, passa um curto período na Comarca de Rio das Mortes onde teria recebido a patente de coronel de milícias dos homens pardos[5]. Silva Alvarenga continua no Brasil sua atividade como poeta, publicando em 1779 outro poema idílico intitulado *A gruta americana*.

Muda-se para o Rio de Janeiro em 1782, assumindo a cadeira de professor régio de Retórica e de Poética. Em junho de 1786, inicia a organização de uma sociedade semelhante à Academia Científica que havia sido criada em 1771. Sob os auspícios de Luiz de Vasconcelos e Souza, o poeta mineiro ajuda a fundar a Sociedade Literária do Rio de Janeiro, cujas reuniões eram realizadas no próprio sobrado em que morava Silva Alvarenga, situada na Rua do Cano (atual Sete de Setembro). O poeta habitava o andar superior da casa e o andar térreo era reservado para as atividades da sociedade literária e seus objetos. Os trabalhos apresentados na Sociedade Literária mostram a predominância da preocupação com a ciência e menos com a literatura. Em um ano

---

3   A respeito da relação do marquês de Pombal com uma geração de poetas oriundos da América portuguesa no século XVIII, ver Ivan Prado Teixeira, *Mecenato pombalino e poesia neoclássica – Basílio da Gama e a poética do encômio*, São Paulo, Edusp, 2000.

4   Manuel Inácio da Silva Alvarenga. *O desertor: poema heróico-cômico*, edição preparada por Ronald Polito, Campinas, Editora da Unicamp, 2003, p. 81.

5   Januário da Cunha Barbosa. "Biografia de Manoel Ignacio da Silva Alvarenga". In: *Revista do Instituto Histórico e Geográfico Brasileiro*, Rio de Janeiro: Typographia de D. L. dos Santos, III, 1860 (reimpressão), p. 340.

de funcionamento, são apresentadas uma memória sobre o eclipse da lua, uma sobre o calor da terra, uma análise da água do Rio de Janeiro, um estudo sobre as propriedades do urucu e uma análise sobre os efeitos da aguardente e dos licores sobre o ser humano. Em sessão na Sociedade Literária, Silva Alvarenga recita o poema *Às artes*, em comemoração ao aniversário de D. Maria I.

> Já fugiram os dias horrorosos
> De escuros nevoeiros, dias tristes,
> Em que as artes gemeram desprezadas
> Hoje cheias de glória ressuscitam
> Até nestes confins do Novo Mundo
> Graças à mão Augusta que as anima![6]

A satisfação do poeta com o clima favorável às artes vivenciado no Rio de Janeiro mudaria posteriormente com os problemas que o próprio poeta, em sua atividade de ensino, enfrentaria com a retomada da influência da Igreja nas instâncias de poder do governo português. Um dos exemplos deste seu incômodo com a ativa presença eclesiástica é a carta que Silva Alvarenga envia em colaboração com João Marques Pinto, professor régio de grego, a d. Maria I a respeito da situação do ensino no Rio de Janeiro. Nesta carta, ele acusa os frades de boicotarem as aulas régias e chega a propor a desapropriação de um convento franciscano para o funcionamento de uma escola pública[7].

Quando Luiz de Vasconcelos parte para Portugal, a Sociedade Literária é extinta. Silva Alvarenga, no entanto, continua em seu posto de professor régio. A Sociedade volta à ativa em 1794. Após cinco semanas de retomada dos trabalhos, a Sociedade tem suas atividades proibidas por ordem do vice-Rei Conde de Resende. Mesmo com a proibição, as reuniões continuam e os membros da Sociedade Literária são presos sob a acusação de conspiração e discussão de "ideias francesas". Tendo recebido de-

---

6   Manuel Inácio da Silva Alvarenga, "Às artes – Poema que a Sociedade Literaria do Rio de Janeiro recitou no dia dos anos de sua majestade fidelíssima". In: Fernando Morato (introdução, organização e fixação do texto), *Obras poéticas – Silva Alvarenga*, São Paulo, Martins Fontes, 2005, p. 117.

7   A carta foi publicada por Afonso Carlos Marques dos Santos em anexo à sua tese de doutorado intitulada *Ideologia e poder no rascunho da nação: Rio de Janeiro (anos 1790)*, São Paulo, tese de doutorado em História/USP, 1982.

núncias do rábula José Bernardo da Silveira Frade, o Conde ordena a prisão dos membros da Sociedade em dezembro de 1794.

II

Coube ao desembargador Antonio Diniz da Cruz e Silva – o mesmo da Inconfidência Mineira – a tarefa de conduzir o interrogatório dos presos. Silva Alvarenga foi o mais interrogado de todos. Segundo os autos da devassa da Inconfidência Carioca, além de Silva Alvarenga fizeram parte da Sociedade o professor régio de grego João Marques Pinto, Jacinto José da Silva, Mariano José Pereira da Fonseca (mais tarde marquês de Maricá), João Manso (professor de Latim), Vicente Gomes (cirurgião), Manoel Ferreira (mestre de primeiras letras), Francisco Coelho Solano e o rábula José Bernardo da Silveira Frade, frequentador das reuniões da casa de Silva Alvarenga e autor da denúncia que culminou na prisão dos letrados.

Ao todo, foram nove as oportunidades em que Silva Alvarenga foi chamado para prestar esclarecimentos num intervalo de tempo de dois meses e dez dias, entre 4 de julho e 14 de setembro de 1795. No início do processo, vê-se que Silva Alvarenga pouco discorre sobre suas relações pessoais e sobre sua atividade dentro da Sociedade Literária. Restringe-se a dizer que a Sociedade era formada basicamente por professores de Medicina, que seus objetivos eram eminentemente científicos e que os estatutos da Sociedade teriam sido escritos com a participação de vários membros e que, ao contrário do que o Desembargador apontava, o poeta não havia elaborado sozinho um plano dos estatutos, que fosse diferente do Estatuto aprovado na fundação da Sociedade Literária, em 1786[8].

O envolvimento de Silva Alvarenga com questões de política e de religião vai ficando mais claro com o passar de suas respostas. Quando é perguntado se havia mantido conversas particulares ou públicas sobre matérias de política ou de religião, Silva Alvarenga inicia dizendo que as conversas que alimentava com as pessoas mais próximas passavam longe destes assuntos. Em seguida, na continuação dos questionamentos, o poeta afirma que sobre religião, às vezes peca:

> ...em observar algumas práticas que não são da essência da religião, e que muitos reputam por desnecessárias e supérfluas, e que, acerca da segunda, os seus papéis mostram qual seja seu ânimo, pois que neles se acharão muitos elogios não só aos Vice-Reis de Estado, mas também aos

---

8   *Autos da Devassa: Prisão dos letrados do Rio de Janeiro – 1794*, 2ª edição, Rio de Janeiro, Eduerj, 2002, p. 195.

nossos clementíssimos soberanos, nos quais respira o amor dos príncipes, da pátria e da nação[9].

Neste ponto, Silva Alvarenga faz referência a alguns poemas por ele compostos. Entre eles, destacam-se *Epístola a D. José I*, ode no dia da colocação da estátua equestre (1775), à cantata *O bosque d'Arcádia*, recitada por ele na inauguração do busto de d. Maria I em 1783 e ao seu poema *Às artes*, recitado na Sociedade Literária do Rio de Janeiro, 17 de dezembro de 1788, dia do aniversário de d. Maria I.

Perguntado se não possuía livros que contivessem princípios e lançassem as sementes de uma liberdade ilimitada ou atacassem a autoridade e o poder dos monarcas, o poeta responde negativamente.

Em outra ocasião em que é interrogado, no entanto, a respeito de dois tomos de *História* de Raynal e os *Direitos do Cidadão*, do Mably, Silva Alvarenga confirma a posse destes livros. No entanto, ele se defende argumentando que havia comprado as obras do Abade Mably de um marinheiro, uma aquisição que fizeram em meio a outros livros latinos. No entanto, afirma que pelo título, não lhe parecera que ele poderia "*conter doutrinas opostas aos governos monárquicos*"[10]. Explicação semelhante Silva Alvarenga utiliza para falar acerca dos dois tomos da obra de Raynal encontrados no sequestro de seus bens. Afirma, no entanto, que os exemplares não eram seus, mas de Mariano José Pereira (futuro marquês de Maricá). Assim como havia ocorrido com a obra de Mably, Silva Alvarenga afirma não ter suposto pelo título dos livros de Raynal que se tratava de obra que contivesse "*doutrinas erradas*" ou que se dirigisse "*a atacar a monarquia*"[11]. Silva Alvarenga afirma que ainda não lera nenhuma das duas obras. Não lera a de Raynal e nem de Mably, pois havia reservado ambas as leituras "*para o tempo de férias*"[12]. O Desembargador-chanceler, por sua vez, afirma que era inverossímil que Silva Alvarenga:

> um homem de letras e com inclinação aos estudos filosóficos, tivesse e conservasse uns livros sem os ler; os quais livros, pelos seus mesmos títulos, inculcavam tratar objetos pertencentes aos mesmos estudos filosóficos, se convencia esta sua resposta por alguns dos seus papéis, nos quais

---

9   *Ibidem*, p. 198-9.
10 *Ibidem*, p. 221.
11 *Ibidem*.
12 *Ibidem*.

se liam princípios e máximas tiradas dos mesmos livros e, especialmente do livro de Mably já referido"[13].

Silva Alvarenga é questionado a respeito de um papel encontrado em sua livraria e que tinha por título *Oração feita por José Antônio de Almeida e recitada na aula de Retórica, no mês de outubro de mil, setecentos, noventa e quatro*. Segundo Cruz e Silva, trata-se de um papel onde, na maior parte, há:

> um tecido de proposições que artificiosamente encerram em si o mais refinado veneno e as máximas mais contrárias do governo monárquico, pois nelas se contêm, entre outras proposições: 'que o homem só deve sujeitar a sua vida à vontade do Ente Supremo, que em nenhum tempo deve sujeitar a sua liberdade aos rigores de outro homem, seu semelhante, a quem não deve, nem cooperou para sua essência; que é extraordinária a fraqueza e a vileza do espírito daquele que chega a submeter-se inteiramente às disposições de outro homem...; que são vis e fracos os espíritos daqueles que vivem encerrados em tenebrosos cárceres', cujas máximas são na maior parte, as mesmas que se leem no citado livro *Direito do cidadão*, pelo que se mostrava e convencia que ele, respondente, não lera só o título do mesmo livro, mas ainda a mesma obra[14].

O poeta é questionado se, quando lhe fora mostrado o livro de Mably, se ele não havia se referido à obra com o título de *Cartas*[15]. Após admitir que havia utilizado este termo:

> Foi logo instado que não contendo o título do dito livro mais palavras que *Dos direitos e obrigações do cidadão* e sendo a sua matéria escrita em cartas, daqui se colhia bem que ele tinha lido mais alguma cousa do que o título[16].

Ao analisar a relação que o inquiridor procura estabelecer entre a *Oração* e o livro de Mably, a historiadora Anita Correia Lima de Almeida observa que ela deve

---

13 *Ibidem*.
14 *Ibidem*, p. 222.
15 *Ibidem*, p. 223.
16 *Ibidem*.

ser vislumbrada como *"uma criação do próprio interrogatório, na medida em que, com alguma frequência, uma parcela da coerência do discurso das vítimas é resultado da construção do próprio discurso que a interroga[17]"*. Anita busca mostrar como o movimento ocorrido no Rio de Janeiro de 1794 é provocado pela insatisfação vivida por estes homens de letras como Silva Alvarenga que, apesar de terem sido cooptados para comporem quadros no ultramar, não encontravam um meio favorável para executar os projetos que faziam parte do programa do Reformismo Ilustrado arquitetado por Pombal. O sentimento que estes letrados do Rio de Janeiro tinham a respeito do governo de d. Maria I era de desalento, tendo em vista suas expectativas. Nas palavras de Anita:

> ...o balanço do governo que se encerrava, somado ao desmonte de certas medidas pombalinas, traduziu-se, para muitos, numa sensação de projetos não realizados, de planos abandonados pelo meio, de promessas que o futuro não cumpriu, na qual, acredita-se, encontram-se as raízes do descontentamento dos homens de letras do ultramar: de homens como Silva Alvarenga, autor de uma enxurrada de poesia encomiástica para o rei, o ministro, os vice-reis[18].

Diante da perseguição às atividades da Sociedade Literária, do descaso em relação às condições para os professores régios exercerem seu ofício e da falta de meios para dar vazão ao conhecimento do mundo natural ultramarino por eles obtido, o sentimento de pertencimento destes homens ao Império inviabilizava-se e dava lugar a uma insatisfação que os conduzem a pensar que os destinos da Colônia poderiam ser por eles decididos[19].

O receio dos inquiridores em torno da posse das obras de Mably e de Raynal tinha suas raízes. A obra de Raynal havia sido presença constante entre os inconfidentes mineiros[20]. Ainda que o tom contestador da oração do aluno de Silva Alvarenga possa vir a ser discutível, há que se atentar para os receios das autoridades régias acerca de possíveis afrontas à monarquia e demonstrações de proximidade com as ideias de

---

17 Anita Correia Lima de Almeida, *Inconfidência no Império: Goa de 1787 e Rio de Janeiro de 1794*, Rio de Janeiro, tese de doutorado em História Social/UFRJ, 2001, p. 243.

18 *Ibidem*, p. 231.

19 *Ibidem*, p. 234.

20 Ver Eduardo Frieiro, *O diabo na livraria do cônego*, São Paulo, Belo Horizonte, Edusp, Itatiaia, 1957.

Mably, tendo em vista que em 1794, a Convenção Francesa aprova a abolição da escravidão em suas colônias. Obviamente, estava longe do espectro de preocupações de homens como Silva Alvarenga a questão da escravidão. No entanto, a simples posse do livro de Mably, um autor muitíssimo lido na França pré-revolucionária, defensor da separação dos poderes legislativo e executivo e simpatizante do modelo político federalista norte-americano, provocava um estado de alerta entre os membros do governo do vice-Rei Conde de Rezende acerca da possível presença das ideias francesas no Rio de Janeiro de fins do século XVIII.

III

Faz-se necessário atentar para o fato de que Silva Alvarenga possuiu uma importante biblioteca particular. Sua livraria foi uma das mais significativas da América portuguesa, como atesta Rubens Borba de Moraes[21]. Após a morte de Silva Alvarenga, em 1814, seu acervo particular passou por alguns percalços. Alguns títulos foram roubados por amigos seus antes de sua herdeira, preta Joaquina, que parece no catálogo dos livros como sendo sua "herdeira, e testamenteira"[22]. A preta Joaquina, por sua vez, vendeu a livraria de Silva Alvarenga para o mercador de livros Manuel Joaquim da Silva Porto, o qual vendeu para Real Biblioteca em 1815[23].

Segundo Rubens Borba de Moraes, a biblioteca de Silva Alvarenga era formada por um total de 1.576 volumes, constituindo assim uma das maiores livrarias da América portuguesa, o que faz com que sua importância possa ser comparada à biblioteca do padre Francisco Agostinho Gomes e à do cônego Luís Vieira da Silva[24]. O catálogo dos livros de Silva Alvarenga que foram adquiridos pela Real Biblioteca aparecem num anexo no livro de Rubens Borba de Moraes[25].

O acervo de livros de Silva Alvarenga, assim como a biblioteca de outro letrado de seu tempo, o advogado José Pereira Ribeiro, tão bem estudada por Álvaro Antunes,

---

21 Rubens Borba de Moraes, *Livros e bibliotecas no Brasil Colonial*, Brasília, Briquet de Lemos, 2006, p. 37.

22 *Ibidem*, p. 209.

23 *Ibidem*, p. 215.

24 *Ibidem*, p. 37.

25 Na segunda e mais recente edição do livro de Rubens Borba de Moraes, *Livros e Bibliotecas no Brasil Colonial*, Brasília, Briquet de Lemos, 2006, o editor anexou uma lista que se constitui numa tentativa de identificação dos livros da biblioteca particular de Silva Alvarenga por ele elaborada.

tem como principal assunto o Direito[26]. Dentre as obras profanas presentes na biblioteca de Silva Alvarenga as que predominam são as de Direito. Dos 1.576 volumes, 687 são de Direito. O que mostra como a maior parte de sua livraria é composta por títulos relacionados ao seu ofício. Após voltar de Coimbra, Silva Alvarenga havia exercido durante algum tempo a advocacia antes de assumir o cargo de professor régio no Rio de Janeiro.

Uma análise dos títulos da livraria de Silva Alvarenga aponta para uma considerável amplitude de interesses que merece atenção. Há obras de economia política, como o *Compêndio da obra da Riqueza das Nações* de Adam Smith, na tradução de Bento da Silva Lisboa, obras de fisiocratas e três obras de José da Silva Lisboa: *Memória Econômica sobre a franqueza do comércio dos vinhos do porto* (1812), *Princípios de direito mercantil* e *Observações sobre a prosperidade do Estado pelos liberais princípios da nova legislação do Brazil*. Rubens Borba de Moraes destaca o predomínio dos livros em francês. Dentre os clássicos da França, destacam-se as *Obras*, de Jean Racine, as *Obras* de Jean-Baptiste Molière e o teatro de Corneille com os comentários de Voltaire, uma edição das sátiras e outras peças de Boileau, as *Aventuras de Telêmaco* e as obras morais de La Rochefoucauld.

Dentre as obras francesas proibidas pela censura lusa, há na biblioteca do poeta *Romans e Contes* e *Siècle de Louis XIV et de Louis XV*, de Voltaire, *Jacques Le Fataliste et son maître*, de Diderot, *Lettres de Ninon de Lenclos au marquis de Sévigné*, as obras completas de Montesquieu e a obra *Voyage de Robertson, aux terres australes*.

Há também livros de filósofos ilustrados que apenas podiam ser lidos com autorização da censura, como *Traité de législation civile et pénale*, tradução francesa do livro de Jeremy Bentham, filósofo de atuação intensa no iluminismo inglês e adepto do livre comércio, da liberdade de imprensa e defensor de que a lei devesse ter como fim principal satisfazer os anseios da maioria.

Outro título da biblioteca de Silva Alvarenga que só podia ser lido mediante autorização da censura era o do italiano Gaetano Filangieri, *La Scienza della legislazione*, o qual o poeta possuía a tradução francesa. Neste livro, cujos primeiros dois volumes vieram à lume em 1780, propõe-se uma série de reformas para a Europa de fins do século XVIII. Filangieri insiste com veemência na importância da instalação do livre comércio e na abolição das instituições medievais que impediam uma maior produção e um maior desenvolvimento econômico da Europa.

Também presente na livraria do poeta, *Traité des délits et des peines*, tradução francesa do livro do italiano Cesare Beccaria. Nascido em Milão em 1738, Beccaria

---

26 Álvaro de Araújo Antunes. *Espelho de cem faces – o universo relacional de um advogado setecentista*, São Paulo, Annablume: PPGH/UFMG, 2004, p. 117.

radicou-se em Paris. De volta a Milão, foi um dos fundadores de uma sociedade literária na cidade italiana, dedicando-se a difundir o Iluminismo francês com o qual tivera contato. Sua obra publicada pela primeira vez em 1764 constitui-se num texto frontalmente contra os modos através dos quais os processos criminais eram conduzidos na Europa de meados do século XVIII. Beccaria posiciona-se contra os julgamentos secretos, o juramento imposto aos acusados e a tortura. O autor ainda neste livro aponta para a inutilidade da pena de morte e propõe a separação entre poder judiciário e legislativo.

A presença de autores das vertentes das Luzes italianas, inglesas e francesas que esboçaram projetos de separação de poderes e propostas acerca de sistemas legislativos que fossem mais justos pode nos ajudar a levantar hipóteses sobre o universo intelectual de Silva Alvarenga. É neste sentido que Afonso Carlos Marques dos Santos aponta para a diferença de tom dos Estatutos da Sociedade Literária escritos em 1786, "demarcados pelos parâmetros ideológicos consentidos pelo Absolutismo e pelo pragmatismo", para a atmosfera de "igualdade" e de "democracia" presente em papéis encontrados sob posse de Silva Alvarenga que seriam uma espécie de plano secreto dos estatutos[27]".

IV

Silva Alvarenga foi um homem de letras do século XVIII e início do século XIX que escreveu obras cujas referências ao poder da Coroa Portuguesa eram frequentes, como as odes e os poemas em louvor ao marquês de Pombal e outros em louvor à d. Maria I. Sua atuação como articulador da Sociedade Literária do Rio de Janeiro causou desconfiança por parte da Coroa Portuguesa, o que acabou provocando sua prisão. Antonio Candido, em *Literatura e sociedade* destaca que Silva Alvarenga desempenhou um papel importante no Rio de Janeiro nas últimas décadas do século XVIII, "influindo, como professor, na geração de que sairiam alguns próceres da Independência – que faz do velho árcade um elo entre as primeiras aspirações filosóficas brasileiras e a sua consequência político-social[28]". Se por um lado não podemos

---

[27] Afonso Carlos Marques dos Santos, "Da Universidade Reformada ao Brasil Colonial: duas trajetórias iluministas". In: *Universidade de Coimbra* (Org.). *Universidades(s): História, Memória, Perspectivas*. Coimbra, Editora da Universidade de Coimbra, 1991, v. 5, p. 125.

[28] Antonio Candido. *Literatura e Sociedade*, 8ª edição, São Paulo, T. A. Queiroz/Publifolha, 2000, p. 92.

relacionar sua atuação como professor de forma direta com o processo histórico que culminou na Independência, há que se levar em grande consideração que seu lugar dentro da elite letrada do Rio de Janeiro de fins dos Setecentos e início dos Oitocentos conferiu-lhe uma condição privilegiada para observar as mudanças políticas que estavam ocorrendo na Europa neste período e participar ativamente de debates no meio letrado que certamente tiveram importância no jogo político dos momentos que antecederam a emancipação política do Brasil. Tendo em vista o caráter multifacetado da vida e da obra de Silva Alvarenga, faz-se necessário compreender de que maneira o poeta árcade relacionava-se com o poder metropolitano e também com as redes de poder locais ao longo de sua trajetória.

Após dois anos e oito meses preso na Fortaleza da Conceição, Silva Alvarenga foi colocado em liberdade ante a falta de provas que demonstrassem conspiração contra a Coroa Portuguesa. Se a Sociedade Literária pode não ter sido o centro de uma discussão que tivesse levado a um movimento conspiratório contra a metrópole, é inegável a relevância da biblioteca do poeta Manuel Inácio da Silva Alvarenga para a história da circulação de ideias ilustradas na América portuguesa. O conhecimento de sua livraria abre possibilidades de nos aproximarmos de seu universo mental e de tecer conjecturas a respeito de suas ações. Evidentemente, trabalhar com a biblioteca de um autor configura-se num exercício espinhoso, uma vez que se deve levar em conta o contexto histórico em que uma obra é lida. Como adverte Roger Chartier, o processo de leitura cria usos e representações, e não são idênticos aos que os autores tentaram produzir. Chartier atenta para o caráter inventivo e criativo da leitura[29].

Uma análise pormenorizada das respostas de Silva Alvarenga nos autos da devassa carioca e um estudo dos títulos dos livros presentes em sua livraria nos leva a vislumbrar o poeta como um representante das Luzes na Colônia, seja através das aulas régias, através da Sociedade Literária ou de sua obra poética, buscando inserir-se na missão civilizadora a qual muitos homens de letras no ultramar viam-se imbuídos[30].

---

29 Roger Chartier. "As revoluções da leitura no Ocidente". In: *Leitura, História e História da Leitura*, Campinas, Mercado de Letras/ALB, São Paulo, Fapesp, 1999, p. 31.

30 Anita Correia Lima de Almeida, *Inconfidência no Império: Goa de 1787 e Rio de Janeiro de 1794*, p. 217.

O "Livro para nele se fazer memória de todas as obras que entrarem na Real Biblioteca"

Lúcia Maria Bastos P. Neves
Universidade do Estado
do Rio de Janeiro

A Biblioteca Real é

> [...] a primeira e mais insigne que existe no Novo Mundo, não só pelo copioso número de livros de todas as ciências e artes impressos nas línguas antigas e modernas, cujo número passa de 60 mil volumes, mas também pela preciosa coleção de estampas, manuscritos e outras ricas e singulares coisas que muito a enriquecem e que cada vez mais se aumentam, mediante a munificência de Sua Alteza Real que não cessa de enviar novas e seletas obras[1].

Era assim que Luiz Gonçalves dos Santos, o padre Perereca, por meio de uma linguagem laudatória, tão característica do início do oitocentos, definia a Real Biblioteca, quando de sua efetiva abertura a um público mais amplo, embora ainda seleto, em 1814. Afirmava ainda que o estabelecimento de bibliotecas era "um dos meios mais aptos e eficazes para o progresso da literatura, aumento das artes e difusão das ciências". Assim, a Real Biblioteca passava, doravante, a constituir-se como uma "coleção pública", cujo acervo não deixava de revelar gostos, ideias e práticas culturais daquela sociedade[2].

---

[1] Luís Gonçalves dos Santos. *Memórias para servir o Reino do Brasil*. v. 1. Belo Horizonte/São Paulo, Itatiaia/ Edusp, 1981, p. 328.

[2] *Idem, Ibidem.*

Vários estudos têm sido elaborados a respeito da Real Biblioteca, destacando-se, sem dúvida, o mais recente de Lilia Schwarcz que conta a história e estruturação desta instituição em terras brasileiras[3]. Esse trabalho pretende, no entanto, abordar a Real Biblioteca por um outro ângulo: a constituição de parte de seu acervo, através da incorporação de obras, entre 1817 e 1824. Para tal, utilizou-se um códice conservado na Divisão de Manuscritos da Biblioteca Nacional do Rio de Janeiro – o "Livro para nele se fazer memória de todas as obras que entrarem na Real Biblioteca[4]". Nele foram registradas obras incorporadas ao acervo da instituição, esse autêntico *lugar de memória* do Brasil, desde o 1º de janeiro de 1817 até o final de dezembro de 1824. A relação indica, ao mesmo tempo, os nomes de alguns dos doadores destas obras. Diante de tais características, pretende-se em primeiro lugar, inventariar e examinar, na medida do possível, o conjunto dos livros e impressos mencionados; em segundo, discutir os mecanismos de doação e de propina, que possibilitaram a formação dos acervos e, por último, identificar os personagens que serviram de mecenas para a Real Biblioteca. Com essa perspectiva, ao considerar livros e impressos na época como sinais de poder para aqueles que detinham o privilégio do saber e da escrita em uma sociedade ainda profundamente marcada pela oralidade, busca-se ainda avaliar o papel que a instituição desempenhou para as elites no período. Afinal, o poder das bibliotecas não se reduz apenas à função crucial de transmissão da cultura e dos saberes por meio do mundo das palavras e dos conceitos[5], como afirmava o padre Perereca.

* * *

O "Livro para nele se fazer memória de todas as obras que entrarem na Real Biblioteca" foi elaborado, provavelmente, por um de seus prefeitos, responsável pelo arranjo e conservação da instituição – frei Joaquim Dâmaso, conforme indica Valle

---

3 Lilia Moritz Schwarcz (com Paulo Cesar de Azevedo e Angela Marques da Costa). *A longa viagem da Biblioteca dos Reis. Do terremoto de Lisboa à Independência do Brasil*. São Paulo, Companhia das Letras, 2002. Sobre o assunto, ver também Paulo Herkenhoff. *Biblioteca Nacional. A História de uma coleção*. Rio de Janeiro, Ed. Salamandra, 1996 e Resumo Histórico [da Biblioteca Nacional]. In: *Anais da Biblioteca Nacional*, Rio de Janeiro, Typ. Leuzinger, 1897, v. 19, p. 219-42.

4 Biblioteca Nacional – Rio de Janeiro. Divisão de Manuscritos (doravante BNRJ. DMSs.14,4,5. Lilia Schwarcz faz menção ao Códice, sem contudo, analisá-lo. Cf. *A longa viagem ...* nota 29, p. 471.

5 Marc Baratin & Christian Jacob. *O poder das bibliotecas. A memória dos livros no Ocidente*. Rio de Janeiro, Ed. da UFRJ, 2000, p. 16-7.

Cabral[6]. Não assinala a aquisição das grandes coleções, obtidas nesse período, mas sim a inclusão dos títulos que iam entrando, dia a dia, naquele estabelecimento. Inventariando-se os registros do livro, foram obtidos 1.431 títulos, que variaram entre 70, em 1817, e 423, em 1821.

Para classificá-los, tomou-se por base um critério de época, retirado do catálogo da biblioteca do conde da Barca (1818)[7], inspirada, por sua vez, na classificação estabelecida pelo jesuíta Jean Garnier, em 1678, (*Systema Bibliothecae Collegii Parisiensis S.J.*), que distingue cinco grandes categorias: Jurisprudência (obras de direito canônico, civil, público, da natureza e das gentes), Ciências e Artes (livros de filosofia, ética ou moral, economia, política, história natural, medicina, veterinária, hidrografia, física, química, matemática, astronomia, ótica, música, mecânica, desenho, arquitetura, arte militar, educação, arte culinária, ginástica e outros afins), Belas-Letras (gramáticas, dicionários, retórica sacra e profana, poesia, teatro, fábulas, apologias, contos, novelas, romances, sátiras, críticas e provérbios), História (cronologias, antiguidades, viagens, geografia, memórias, relatos de acontecimentos) e Teologia (orações, instruções pastorais, histórias eclesiásticas, catecismos e obras de devoção). Acrescentaram-se, porém, as categorias de *documentos oficiais, documentos privados e periódicos*, visto que tais itens não se enquadravam na classificação utilizada.

Os resultados obtidos – por tipos e por ano – foram os seguintes:

---

6   Cf. *Annaes da Imprensa Nacional do Rio de Janeiro de 1808 a 1822*. Rio de Janeiro, Typographia Nacional, 1881. Valle Cabral ao comentar algumas publicações da Imprensão Régia, faz a partir do livro de registro da Biblioteca Nacional, ou seja, a partir do Códice aqui analisado.

7   BNRJ. DMSs. 19,4,4. *Catálogo dos Livros da Biblioteca do Conde da Barca em 1818.*

Quadro nº 1: Livros que entraram na Real Biblioteca – 1817-1824

TIPOS	1817	1818	1819	1820	1821	1822	1823	1824	Total
Jurídicos	2	1	0	5	0	2	1	1	12
Periódicos	0	0	0	0	9	3	1	0	13
Teológicos	5	1	7	15	2	4	4	2	40
Ciências & Artes	15	18	9	11	15	10	13	13	104
Belas-Letras	8	20	15	7	33	23	18	4	128
Docs. Privados	0	0	0	1	32	48	23	31	135
Históricos	12	11	10	7	67	114	39	30	290
Docs. Oficiais	28	39	34	41	265	152	93	57	709
Total	70	90	75	87	423	356	192	138	1431

À primeira vista, destaca-se o grande número de escritos relacionados aos documentos oficiais que representam cerca de 49,54% do conjunto total de títulos. São decretos, alvarás, cartas de leis, proclamações dos soberanos, documentos de repartições oficiais, de ministérios, de câmaras municipais, do Senado do Rio de Janeiro, entre outros. Deve-se ressaltar que são os anos de 1821 e 1822 aqueles que indicam um maior registro. Tal fato explica-se em função de encontrar-se, no primeiro ano, uma série de documentos provenientes das mudanças resultantes da Revolução do Porto de 1820. Assim, há inúmeros decretos das Cortes de Lisboa – em especial, aqueles que se referiam à implantação de governos provisórios no Brasil, como o da Bahia e o de Maranhão, a fim de que continuassem a governar e fazer suas participações para o governo de Lisboa. Ou atos relativos às reformas que se tentavam implantar com o advento das ideias liberais, sobretudo, no sentido de modernizar-se e secularizar o Estado; perdão para aqueles que se encontravam fora do Reino em função de seu comportamento político; proibição de prisão sem culpa formada; meios para se observar a liberdade de imprensa; abolição do Conselho Geral do Santo Ofício e das Inquisições; proibição de colação para todos os benefícios eclesiásticos. No ano de 1822, além da continuação dos decretos das Cortes, encontram-se outros já elaborados pelo Príncipe Regente D. Pedro, mais frequentemente após outubro de 1822, com o intuito de estruturar o novo Império do Brasil – instruções para a convocação de uma Assembleia Geral, Constituinte e Legislativa do Brasil; proibição do desembarque de tropas portuguesas sem o consentimento do regente; determinação das Armas e Bandeiras do reino do Brasil; criação de um laço ou tope nacional brasiliense; criação de um Batalhão de Artilharia de posição, composto de pretos libertos, pagos; sequestro dos bens de portugueses; criação da ordem honorífica Imperial do Cruzeiro. Verifica-se também a continuação dessas providências em 1823, em especial, algumas decisões em relação aos portugueses – aqueles que desejassem residir no Brasil, temporariamente, deviam prestar previamente fiança idônea de seu comportamento perante o juiz territorial; os discursos da abertura da Assembleia Geral, Constituinte e Legislativa do Brasil; atas das diversas sessões da mesma Assembleia.

Em segundo lugar, encontra-se a categoria História (20,26%) – outra dimensão importante no gosto das Luzes[8]. Dentro desse grupo, destacam-se, sobretudo, os folhetos políticos, representando 73,10% do total dessa categoria. Tornam-se expressivos a partir de 1821, como resultado das polêmicas a respeito das ideias políticas de então. Traçando um caminho entre a história e a política, esta literatura de circunstância apresentava, de início, como tema central o constitucionalismo, numa crítica transoceânica quase unânime aos partidários do Antigo Regime. No entanto, o ano de 1822 assistiu ao surgimento de contradições no interior dessa ampla frente constitucional, que se refletiu nesses escritos e que acabou por converter o constitucionalismo em separatismo[9]. Em 1823, há nova mudança de direção, uma vez que os folhetos continuavam a retratar a conjuntura histórica: encontram-se textos sobre a liberdade de imprensa – em alguns casos, crítica a uma excessiva liberdade, como em escritos de José da Silva Lisboa, ou em um curioso "Requerimento achado na rua da Ajuda dirigido a S.M.I. pedindo providências contra a Liberdade de Imprensa"; textos referentes aos problemas acerca da questão da naturalidade dos portugueses, descritos em uma instigante representação de mulheres ao imperador Pedro I, em que pediam por seus maridos portugueses, ameaçados de expulsão das terras brasileiras. Argumentava a representação que se as mulheres europeias casadas com brasileiros não eram perseguidas, por analogia, os europeus casados com senhoras brasileiras e tendo jurado a Independência, não deviam perder a Pátria. Continuavam lamentando não possuírem "certos foros civis", o que era "uma moda universal" e, provavelmente, "uma tirania do sexo masculino", mas reivindicavam serem reconhecidas como cidadãs efetivas, capazes de passarem pelo sangue aos esposos a nova nacionalidade (*Requerimento, rasão e Justiça: Representação dirigida a D. Pedro I de mulheres do Brasil*). A questão do ser brasileiro também passou a constituir-se em tema de escritos, como a *Disser-*

---

8   François Furet. L'ensemble "histoire". In: *Idem* (dir.). *Livre et société dans la France du XVIIIe siècle*. Paris/La Haye, Mouton, 1970. v. 2, p. 101-20.

9   Para uma análise dos folhetos políticos da independência ver Lúcia Maria Bastos P. Neves. *Corcundas e constitucionais: a cultura política da Independência do Brasil (1820-1822)*. Rio de Janeiro, Revan/Faperj, 2003.

tação sobre o que se deve entender por Patria do Cidadão por hum pernambucano, de Frei Caneca, reimpresso no Rio de Janeiro, em 1823, ou *Os inimigos da causa brasileira no Pará*, por Bororó Camegrã Patgancó Tupinambá. Esse último, embora não se tendo localizado na Biblioteca Nacional do Rio de Janeiro, revela a tendência ao uso na época de nomes indígenas ou que identificavam os animais da fauna brasileira. Nesse mesmo ano, apareceram igualmente algumas paródias de formas religiosas, antigo costume com o intuito de atingir um público mais amplo. Um exemplo consiste em o Sinal da Cruz, que os brasileiros deveriam fazer todos os dias, enquanto não fosse expulso da Bahia o general português Madeira:

> Baianos! se aos pés-de-chumbo
> Deveis uma boa coisa,
> A vitória será nossa
> PELO SINAL
> Fazei-lhes, pois, todo o mal
> Fazei-lhes cruenta guerra,
> Para que deixem a terra
> DA SANTA CRUZ
> O Madeira, esse lapuz,
> Não escape pela malha;
> E de toda essa canalha
> LIVRE-NOS DEUS
> Sejam por vós, eles e os seus,
> Todos feitos em poeira,
> Assim o permita, e queira
> NOSSO SENHOR
> Ele vos infunda valor
> Para que fiquem em cacos
> Por um cento de macacos
> DOS NOSSOS
> Baianos, moei-lhe os ossos
> Em viva guerra sem pausa
> Porque são da nossa causa
> INIMIGOS[10]

---

10 *Sinal da Cruz, com que todo o fiel Christão Brasileiro deve benzer-se todos os dias, logo que acordar do somno, enquanto não for expelido da Bahia o Madeira, e seus sequazes*. Rio de Janeiro, Typ. Nacional, 1823.

Em 1824, registram-se vários textos que apresentam argumentos contra as atitudes adotadas em Pernambuco pelos escritos de Frei Caneca e a Confederação do Equador, regra geral de autoria de José da Silva Lisboa. Assim, há o *Rebate Brasileiro contra o Typhis Pernambucano*, que se opunha ao artigo do periódico de Frei Caneca no qual se analisava a "Proclamação do comandante John Taylor", que bloqueava o porto de Recife, afirmando-se que "a obediência constitucional, única que juramos e que estamos obrigados a prestar, tem seus limites". Para Silva Lisboa, esse escrito representava uma "linguagem do sans culotismo dos vis-doutores do Palais Royal", podendo fazer "impressão no vulgo". Ou o *Apelo à honra brasileira contra a facção dos federalistas de Pernambucano*, texto composto de seis partes distintas, embora centrado em uma única temática – ou seja, o combate à Confederação do Equador – que tinha com principal objetivo, nas palavras de seu redator, lutar contra a "facção democrática, espectro do federalismo, hidra do jacobinismo que quer iludir os ambiciosos, perverter os néscios e amedrontar os fracos, procurando dissolver a União e destruir a integridade do Império do Brasil, opondo-se à vontade nacional". Merecem ainda menção a *Historia curiosa do mau fim de Carvalho e Companhia à bordada de Pau Brasil* como também a *Pesca de Tubarões do Recife em 3 Revoluções de Anarquistas de Pernambuco com apêndice de Conta Oficial e Memoria publica da Lealdade da Província*, igualmente redigidos por Silva Lisboa, em linguagem violenta e panfletária, que chegava a proclamar: "Abaixo a maldita Confederação do Equador!"[11].

Ainda desse conjunto, fazem parte as Proclamações, que se compõem de manifestos, escritos e representações, de origem não governamental, sobre determinados assuntos da conjuntura política. Militares, magistrados, negociantes e pessoas envolvidas na política escreviam documentos, exprimindo sua opinião sobre acontecimentos diários da vida política. Daí, seu registro maior em 1821 e 1822. Algumas vezes eram impressos e distribuídos gratuitamente, junto com os jornais.

Em relação aos outros títulos históricos, destacam-se obras sobre o Brasil, como a de R. Southey (*History of Brazil*, 1820), as de Beauchamp (*História do Brasil, escrita em francez, e traduzida em portugues, pelo Padre Ignacio Felizardo Fortes* e *Independência do Império do Brasil apresentada aos Monarcas europeus*, traduzida por José da Silva Lisboa, 1824) e, em especial, as do cronista e historiador oficial do Império, José da Silva Lisboa (*Memória dos Beneficios Politicos do governo de D. João VI*, 1818, *O Império do Equador* e *Roteiro Brasílico*, 1822) e a de José Feliciano Fernandes Pinheiro,

---

11 Para o Typhis Pernambucano, ver Frei Caneca. Frei. *Frei Joaquim do Amor Divino Caneca*. Org. e int. de Evaldo Cabral de Mello. São Paulo, Editora 34, 2001, nº 14, 8 de abril de 1824, p. 415- 20. Para análise dos panfletos, cf. Helio Vianna. *Contribuição à História da imprensa brasileira*. Rio de Janeiro, Imprensa Nacional, 1945, p. 417-26.

os *Anais da Capitania de São Pedro* (1819-1822). Segundo Rubens Borba de Moraes e Ana Maria Camargo, a *Memória dos Benefícios Políticos* foi a primeira obra, apesar de seu caráter extremamente laudatório, a trazer à tona alguns dos aspectos mais importantes do período joanino, como a preponderância inglesa[12]. O livro, encomendado pelo soberano, apresenta uma satisfação ao público, em que o autor indicava seu objetivo: fixar "tão Grande Época dos Anais da América" em "alguma Memória", que indicasse os principais benefícios políticos que D. João fez ao Estado até a sua Faustíssima Aclamação em 6 de Fevereiro de 1818[13]. Quanto aos *Anais da Província de São Pedro*, trata-se do primeiro trabalho erudito de conjunto, pautado em pesquisa documental, sobre o Rio Grande do Sul.

Complementam ainda os livros de História, que integram o "Livro para nele se fazer memória de todas as obras que entrarem na Real Biblioteca", diversas memórias, sobressaindo-se as *Memórias Históricas do Rio de Janeiro e das Províncias anexas à jurisdição do Vice Reinado do Estado do Brasil* de Monsenhor Pizarro; a *Memória Constitucional e Politica sobre o Estado Presente de Portugal e do Brasil* (1821) de José Antonio de Miranda; *Memórias Econopoliticas sobre a Administração Publica do Brasil, compostas no R. G. de S. Pedro do Sul e offerecidas aos Deputados do mesmo Brasil*, por um português (1822) e a *Memória Político e Histórico da Revolução da Província da Bahia*, narrando os acontecimentos de Cachoeira e a adesão da Bahia ao governo do Rio de Janeiro na ocasião da independência, redigida por Francisco Gomes Brandão Montezuma (1822). Devem ser ressaltadas também algumas memórias sobre indígenas de José Arouche de Toledo Rondon e os *Apontamentos para a civilização de índios bravos do Império do Brasil* (1823) de José Bonifácio de Andrada e Silva. Registram-se as *Notícias curiosas e necessárias sobre o Brasil*, de Simão de Vasconcelos (*Chronica da Companhia de Jesus do estado do Brasil*, no seu título original), que foram reimpressas na Tipografia Nacional em 1824, e um trabalho inspirado na obra do Barão de Biefeld, intitulado *Resumo das instituições políticas do Barão de Bielfeld, parafraseadas e acommodadas à forma actual de governo no Império do Brasil, offerecido à mocidade brasiliense* (1823). Neste último livro, seu autor – um compatriota pernambucano – justificava sua publicação através de três pontos: não existir em português qualquer "bom tratado sobre a ciência do governo"; não estar ao alcance de qualquer um o

---

12 Cf. *Bibliografia da Impressão Régia do Rio de Janeiro*. São Paulo, Edusp/Livraria Kosmos, 1993. v. 1, p. 203.

13 José da Silva Lisboa. *Memória dos benefícios políticos do governo de el-rey nosso senhor D. João VI*. Rio de Janeiro, Imprensão Régia, 1818. Por ordem de Sua Magestade. Publicada em conjunto a Synopse da legislação principal do Senhor d. João VI pela ordem dos ramos da economia do Estado.

"poder consultar a imensidade de obras", por onde esta ciência se achava espalhada; e não conhecer "a maior parte da gente os idiomas inglês e francês, onde aparecem os mais belos escritos" sobre política. Afirmava ainda que o livro não tinha valia para pessoas instruídas, mas sim utilidade à mocidade brasiliense e às pessoas que nunca se voltaram para tais estudos[14]. Complementando esses trabalhos, que procuravam constituir uma memória do Reino do Brasil, alguns títulos estrangeiros foram doados, a saber, entre outros, *Guide de la Politique* (Paris, 1804); *Du Congrès de Troppau au Examen des Pretentions des Monarches Absolues à l'egard de la Monarchie Constitutionelle de Naples*, por Louis-Pierre-Edouard Bignon (1821); *An Account of the Island of Ceylon*, pelo Capt. R. Percival; e *A Description of Ceylon*, provavelmente, de autoria do Reverendo James Cordiner. Estes dois últimos livros, respectivamente, narravam a captura do Ceilão holandês pelos ingleses, no final do século XVIII, e a organização do primeiro sistema de administração britânico nessa região.

Em terceiro lugar, encontram-se os documentos privados – cerca de 9,43% do conjunto. Eram compostos por pequenos escritos impressos, que davam satisfação ao público, sob a forma de cartas, exposições, defesas e respostas inseridas nos jornais ou em folhas volantes, regra geral, distribuídos gratuitamente. Tratavam tanto de casos pessoais, quanto de questões políticas. No primeiro, podem ser citados o *Anúncio ao Público, feito por D. Brigida Silveira Câmara Viegas, contra o coronel José Constantino Lobo Botelho* (1822) ou *Anúncio que faz ao público Fernando Joaquim Matos contra o administrador de seus bens* (1822). Nas questões políticas, em número mais expressivo, e que se relacionam com os momentos de tensão política, encontram-se textos de homens ilustres como João Severiano Maciel da Costa a fim de justificar-se das imputações que lhe faziam homens obscuros (1822); o Brigadeiro Francisco Maria Gordilho Velloso de Barbuda contra o Redator do *Correio do Rio de Janeiro* (1822); ou o brigadeiro Pedro Labatut, por meio de anúncio ao público contra os seus inimigos (1824). Há também escritos contra os redatores de periódicos, bem como as respostas destes – *O Redactor da Gazeta desta Corte a José Fernandes Gama sobre um anúncio que o dito Gama se ditou a fazer no Diário* (1821) ou *Anúncio feito por um curioso contra o Redator da Estrela Brasileira* (1824). Por fim, cartas redigidas, muitas vezes, contra autoridades governamentais, como, por exemplo, *Duas cartas de Manoel Gomes Pereira e outra de Anaclete José Pereira da Silva contra o Governador João Vieira Tovar e Albuquerque* (1821).

---

14 Rio de Janeiro, Typ. Nacional, 1823. As citações encontram-se na introdução do texto, s/numeração de página. Segundo as pesquisas de Alexandre Mendes Cunha, doutorando em História na Universidade Federal Fluminense, a autoria do livro é de Gervásio Pires Ferreira.

Em seguida, incluem-se as obras enquadradas em Belas-Letras, que perfazem 8,94% do conjunto. Traduzem-se, em sua maioria, em sonetos, elogios dramáticos, odes pindáricas, principalmente nos anos de 1818, em comemoração à aclamação de D. João VI e em homenagem à derrota dos rebeldes pernambucanos (*Ao Rei Fidelíssimo de Portugal e do Brasil e Algarves, D. João VI. Humaníssimo, Piisssimo, Felicíssimo Pai da Pátria subjugada com maravilhosa rapidez a injuriosíssima Rebellião dos Pernambucanos*) e nos de 1822 e 1823, em função da aclamação e coroação de d. Pedro I como Imperador do Brasil. Há também alguns livros de autores da Antiguidade clássica – Ovídio (*Arte d'amar ou preceitos e regras para agradar às damas*, edição de Lisboa) e Virgílio (obras traduzidas e anotadas por Antonio José de Lima Leitão, 1818), apontando para aquela tradição das Luzes de valorizar os escritos da Antiguidade, como salienta Peter Gay[15]. Poetas portugueses, representados pelo clássico *Lusíadas* de Camões; trabalhos de retórica, como o *Compêndio de Retórica* de Frei Custódio de Faria (1822); poetas do classicismo francês, como a tradução de *Fedra* de Racine; poetas brasileiros, como o poema herói-cômico *O Desertor* de Manuel Inácio Alvarenga (1820). Há ainda compêndios de gramática: *Arte Nova da Lingua Grega* (publicada em 1790, em Coimbra, mas doada à Biblioteca em 1819); *Novo Epitome da Gramática Latina Moderna ou o verdadeiro methodo de ensinar latim a hum principiante* (1818); o *Compendio de Gramatica Inglesa e Portuguesa para uso da mocidade adiantada nas primeiras letras* (1820) de Manoel José de Freitas, considerada a primeira gramática inglesa publicada no Brasil, e a *Leitura para os meninos, contendo uma coleção de Historitas novas, relativas aos defeitos ordinarios às Idades tenras*, de autoria de José Saturnino P. da Costa, visto como o primeiro livro para crianças, que veio à luz no Brasil, em 1824. Não faltaram tampouco as novelas, como, por exemplo, *Aventuras galantes de dois fidalgos ou a Historia admirável da famosa Cornelia de Bolonha* (1818), cujo anúncio apareceu na *Gazeta do Rio de Janeiro* em 9 de dezembro de 1818[16], ou a *Carta escrita pela Senhora de *** rezidente em Constantinopla a sua amiga com que trata das Mulheres Turcas, do seu modo de viver, de sentimentos, vestidos, maneira de tratar os maridos* (1819). Há ainda que se registrar a *Noticia Historica da Vida e das*

---

15 Peter Gay. *The Enlightenment: an interpretation. The rise of modern paganism*. New York, Norton, 1977, p. 72-126.

16 *As Aventuras galantes* foram publicadas em Lisboa, pela Imprensa Alcobia em 1816. Não se encontrou nenhum exemplar na Biblioteca Nacional. A indicação de Valle Cabral, considerando-a uma publicação da Imprensão Régia, pauta-se no registro do "Livro para nele se fazer memória" e no anúncio da Gazeta. No entanto, pode ter sido uma doação da edição portuguesa.

Obras de José Hayden (1820) de autoria de Joaquim Lebreton, chefe da Missão Artística Francesa.

Em número mais reduzido, encontram-se as obras voltadas para Ciências e Artes – 5,7% do total. Abordando temáticas diversas, encontram-se trabalhos em busca de conhecimentos úteis que pudessem promover o progresso das elites – *Riquezas do Brasil em madeiras de construção e carpintaria* oferecida a S.M.I. por Baltazar da Silva Lisboa (1823); *Memorias de Mathematica e Physica da Academia Real das Sciencias de Lisboa* (1812); *Tratado sobre a salga de carnes e da Manteiga da Irlanda e do modo de curar ao fumo a carne de vaca em Hamburgo*, traduzido do dinamarquês para o francês e desta língua para o português por um brasiliense (1823); textos para os alunos da Real Academia Militar – *Memória de Trigonometria* (1823), de João Paulo dos Santos Barreto; *Memória sobre a identidade dos productos que resultão dos mesmos factores diversamente multiplicados entre si* (1824) por Pedro de Santa Mariana, dedicada aos alunos desta instituição; livros de química e física de Balthazar Georges Sage, mineralogista francês, promotor da Escola de Minas, em França; um exemplar dos *Annais Fluminenses das Sciencias, Artes e Literatura, publicados por uma Sociedade Philo-technica* (1822); e as *Ephemerides Nauticas ou Diario Astronômico*, publicadas por ordem da Academia de Ciências de Lisboa, a cada ano.

Por outro viés, há estudos de naturalistas, como aquele do viajante-botânico Auguste de Saint-Hilaire, uma memória sobre a morfologia e metamorfose das plantas, além da *Instrucção para os Viajantes e Empregados nas colonias, sobre a maneira de colher, conservar e remeter os objectos de Historia Natural*, que se inicia com as "Reflexões sobre História Natural no Brasil e sobre o estabelecimento do Museu e Jardim Botânico em a cidade do Rio de Janeiro", seguida da tradução de uma memória francesa com instruções para os viajantes. Segundo o naturalista Alexandre Antônio Vandelli, o provável autor dessas reflexões foi José Feliciano de Castilho, que, após um desentendimento com Francisco de Lemos Coutinho, reitor da Universidade de Coimbra, veio para o Brasil, em 1818, passando a ocupar o lugar de médico da colônia dos suíços de Nova Friburgo[17]. Atribuiu-se ainda a autoria dessa obra a Pedro Machado de Miranda Malheiro, monsenhor Miranda, que foi, aliás, o doador da obra à Real Biblioteca, em 1820. Registram-se ainda livros sobre medicina – o *Traité des Maladies des Yeux* (1818), do oculista francês Demours; a *Coleção de opúsculos sobre a vacina* (1812), os *Elementos de Hygiene ou Dictames Theoricos e Praticos para conservar a saúde e prolongar a vida* (1814) de Francisco de Mello Franco; o *Discurso por ocasião da 1ª abertura da cadeira de Materia Medica e Medicina Prática da Academia médico-cirúrgica desta Corte*,

---

17 Ana Maria de A. Camargo & Rubens Borba de Moraes. *Bibliografia da Impressão Régia...* p. 221.

de autoria de Mariano José do Amaral, considerado como "um curioso documento histórico do ensino médico no Brasil", apesar de seu caráter eminentemente retórico (1821)[18]; e a interessante *Descripção historica da molestia de S. M. o Imperador do Brasil e Diario do seu estado e Tratamento sucessivo até o dia 9 de março do corrente* (1823), por Domingos Ribeiro Guimarães Peixoto, doutor em medicina pela Faculdade de Paris e cirurgião-mor do Império.

Significativa também é a obra intitulada *Prodigiosa Lagôa descoberta nas Congonhas das minas do Sabará, que têm curado a várias pessoas dos achaques, que nesta relação se expõem* (1820). O autor desse trabalho foi o médico português João Cardoso de Miranda, que obteve cura nas águas de um lago perto de Sabará. Impresso, pela primeira vez, em Lisboa em 1749, encontrava-se na Coleção de obras coligidas por Diogo Barbosa Machado. Nesta reimpressão, pela Tipografia Régia, uma advertência justifica a nova edição com o argumento de que propiciaria indagações e experiências sobre um objeto considerado da maior importância. Em 1925, a Universidade de Coimbra ainda fez outra edição deste livro.

Na mesma categoria, também vão incluídas obras de economia política, como os *Estudos do bem comum e Economia Politica ou Sciencia das Leis Naturais e Civis de animar e dirigir a geral industria a promover a Riqueza Nacional e Prosperidade do Estado* (1819) de José da Silva Lisboa, na qual o autor, ao contrapor a Economia Política às ideias de convulsões políticas, demonstrava que a aplicação de seus princípios era uma condição para atingir o "bem comum"; o *Comércio Oriental, Descripção mercantil de todos os portos, que jazem desde o cabo da Boa Esperança athe ao Japão; dos pezos, medidas e moedas, etc. Extrahida em parte, e ampliada da obra que sobre este asumpto escreveu Millburn*, por José Silvestre Rebello, e uma série de documentos relativos à Balança Geral do Comércio do Reino de Portugal com seus domínios e nações estrangeiras, datadas do final do século XVIII e início do século XIX, doadas à Real Biblioteca por Tomas Villanova Portugal.

Na filosofia, merecem destaque os *Essais de Michel de Montaigne* (1817); as *Preleções Filosóficas* de Silvestre Pinheiro Ferreira, que inauguraram a produção de livros de filosofia no Brasil, sendo resultado de um curso que o autor ofereceu no Real Colégio de São Joaquim, dividido em três partes – Teoria do Discurso e da Linguagem, Tratado das Paixões e Sistema de Mundo. A publicação das *Preleções* foi iniciada em 1813, estendendo-se até 1820. Devem ainda ser mencionados: o livro de Fr. Manoel Joaquim da Mãe dos Homens, religioso dos Menores observantes da província dos Algarves (1817), *Academia Filosofica das Artes e das Sciencias, que ensina os princípios dos conhecimentos humanos, ou as noções geraes de todas as artes, de todas as scienciais,*

---

18   *Idem, ibidem*, p. 272.

e de todos os officios uteis ao bem comum da sociedade. Para fazer conhecer á mocidade o mundo, que habitão, a terra que os sustenta, as artes que socorrem as necessidades, os officios dos diversos estados, que podem abraçar, em huma palavra, para fazer os homens bons cidadãos, e perfeitos vassallos. para uso e aplicação de todas as pessoas que não frequentarão os maiores estudos nas aulas públicas e desejão ter hum mais perfeito conhecimento de todas as obras do creador, representadas em todas as creaturas e em todas as partes do universo, com agradável proporção e admirável formosura), uma verdadeira enciclopédia, editada em cinco volumes no ano de 1817; *Sofismas anarquicos, Exame crítico das diversas declarações dos Direitos do Homem e do cidadão* de Bentham; e o *Contrato Social* de Rousseau (1823), provavelmente, na tradução portuguesa de 1821, obra outrora proibida, mas que já era anunciada nos jornais, desde 10 de novembro de 1821, pelo livreiro Paulo Martin, que a considerava muito interessante "nas atuais circunstâncias[19]".

Surpreende, por outro lado, o pequeno número de obras de cunho religioso – apenas 2,79% do total. Em geral, esses livros arrolados na categoria *Teologia* eram tradicionais livros de espiritualidade e de devoção, como novenas, terços, louvores, compêndios de indulgências, cânticos cristãos, narrativas dos milagres que fez Jesus Cristo e pastorais diversas, tanto de cunho religioso, como de cunho político. Registra-se a presença da célebre *Biblia* traduzida para o português por Antonio Pereira de Figueiredo; de um Novo Testamento, escrito em francês, traduzido da *Vulgata* por Silvestre de Sacy, reitor da Universidade de Paris, em 1815; de um evangelho em latim, publicado no século XVII, oferecido por Maria Graham à Imperial e Pública Biblioteca – *D. M. Jesus Christi Evangelia ab Ulfiba, Gothorum in Moesia Episcopo circa annum à Nato Christi CCCL*; e de *The Bible* de Samuel Clark, filósofo e teólogo inglês, que se opôs aos materialistas, deístas e livre pensadores, demonstrando a existência e os atributos de Deus. Há ainda livros que tratam de questões relativas à natureza da doutrina: o *Breve da invenção do corpo do seráfico Padre S. Francisco*, reimpresso na Tipografia Nacional, em 1822, acerca da autenticidade dos despojos de São Francisco na Basílica de Assis; *Theses Theologicas Dogmaticas sobre o Verbo de Deus*; e diversos livros de autoria da família Assemanis, eclesiásticos da Síria, que se distinguiram no século XVIII por seus estudos de hagiografia, liturgia e literatura da Igreja oriental – *Bibliotheca Orientalis Clementino-Vaticano; Acta S S Martyram Orientalium et Occidentalium* e *Codex liturgicus ecclesiae universae in XV libros distributus*. Estes últimos foram doados, em 1820, à Biblioteca Real pelo Ministro plenipotenciário de Portugal junto à Santa Sé, Pedro de Mello Breyner.

---

19 *Gazeta do Rio de Janeiro. n º 109*, 10 de novembro de 1821.

A partir de 1821, verifica-se o crescente registro de periódicos, indicando que hábitos de leitura de jornal estavam sendo adquiridos. Propiciados pela liberdade de imprensa, desde o movimento constitucionalista de 1821, esses escritos passavam a refletir uma preocupação coletiva em relação ao político. Consistiam em números avulsos de jornais portugueses e espanhóis, reimpressos no Brasil, por trazerem notícias políticas acerca das ideias liberais e constitucionais (*Echo da Patria; Astro da Lusitania; Correio do Porto; Gazeta Extraordinaria de Madrid*; e *Diário da Regência*); prospectos de periódicos: *Sabatina Familiar de Amigos do Bem Comum; Correio do Rio de Janeiro; Compilador Constitucional, Politico e Literário Brasiliense; Regulador Brasilico- Luso; Volantim e Diário do Governo*; e os jornais que começavam a ser impressos, como o *Diário do Rio de Janeiro*, o *Correio de Rio de Janeiro, O Papagaio* e o *Revérbero Constitucional Fluminense*.

Por fim, em número bastante reduzido, encontram-se livros jurídicos, obras de direito civil e canônico. De um lado, repertórios com leis e ordenações do Reino, como o *Índice do Código Brasiliense desde o anno de 1811*; textos sobre prática jurídica – *Elementos da Pratica Formularia ou Breves Ensaios sobre a praxe do Foro português* de José Ignacio da Rocha Peniz. De outro, obras que refletiam a preocupação com a organização da Assembleia Geral, Legislativa e Constituinte do Brasil – *Extrato da tática das assembleias legislativas* por Bentham (1823); *Regulamento interino da Câmara dos Comuns em Inglaterra para a Ilustração dos Deputados da Assembléia Geral, Constituinte e Legislativa do Império do Brasil* (1822); e *A instituição do jury criminal* (1824) de Francisco Alberto Teixeira de Aragão. Esse último trabalho demonstrava ainda a preocupação com o papel do júri na nova ordem constitucional do Império, uma vez que ele era definido como o mais firme apoio da liberdade civil e esperança dos cidadãos. Encontram-se também dois trabalhos sobre o estado das prisões na Inglaterra de John Howard, autor inglês do século XVIII, reformador das prisões inglesas. Essa preocupação com os livros de jurisprudência, sobretudo, a partir de 1823, era ainda justificada pela determinação do governo em mandar a Biblioteca Imperial e Pública da Corte colocar à disposição da Assembleia Constituinte e Legislativa os livros necessários para a ilustração das discussões travadas ao longo de suas sessões.

No caso do direito canônico, ressaltem-se a *Bibliotheca Juris Orientalis Canonic et Civilis* de Assemanis e os *Privilégios da Bula de Santa Cruzada, com medidas aos oficiais mores e menor, empregados na redistribuição dos ditos (1818)*, uma coletânea de diversas disposições legais sobre a Bula da Santa Cruzada.

Nesse conjunto de obras, em sua maioria, os textos eram escritos em português, perfazendo 95,31% do total; seguiam-se os livros em francês, totalizando apenas 2,09%, em latim, 1,25%, em inglês, menos de 1%. Registraram-se ainda duas obras em espanhol e italiano e uma em grego. Iniciava-se, desse modo, a tendência à circulação de obras francesas nas bibliotecas do Brasil, trazidas pelos diversos livreiros de origem francesa, há muito estabelecidos na Corte do Rio de Janeiro.

Através da análise do "Livro de Memória", é possível ainda se obter dados em relação às doações que foram realizadas à Biblioteca. Desde o alvará de 12 de setembro de 1805, criara-se o instrumento das propinas, em Portugal, determinando que cada um dos livros e papéis que se imprimissem no Reino Português fossem depositados na Real Biblioteca Pública da Corte a fim de servir aos progressos da Literatura, das Ciências e das Artes, que o soberano desejava auxiliar e promover[20]. Com a criação da Real Bilbioteca, no Rio de Janeiro, iniciaram-se também as propinas, como afirmava Marrocos em correspondência a seu pai, em dezembro de 1811[21]. Logo, tudo que fosse impresso em oficinas tipográficas de Portugal e na Impressão Régia no Rio de Janeiro devia ser entregue à instituição. Essa ordem era reforçada, no início do Império do Brasil, através de aviso de Pedro I, datado de 12 de novembro de 1822, que determinava à Junta Diretora da Tipografia Nacional que remetesse à Biblioteca Imperial e Pública da Corte um exemplar de todas as obras, folhas periódicas e volantes que se imprimissem na mesma tipografia e de quaisquer reimpressões que ali se fizessem. A leitura do manuscrito em causa revela, portanto, que houve a remessa de alguns livros através da Impressão Régia. Verifica-se, no entanto, cotejando as obras publicadas naquela tipografia e as que estão registradas no "Livro de Memória", que nem todas as novas impressões foram enviadas à Biblioteca, apesar da legislação em vigor. Assim, por exemplo, em 1817, foram impressos 86 títulos na Tipografia Régia, mas, dessas, apenas 19 deram entrada na instituição, pelo registro do livro[22]. Em 1824, quando já existiam outras tipografias, indica-se que a *Lista geral dos Premios da 4ª Lotaria da S. Casa da Misericórdia, ano de 1824* foi propina da Typografia Mercantil.

O acervo, contudo, não foi formado apenas por essas remessas. Devem ser destacados os doadores de inúmeros títulos, além do próprio D. João, que remetia livros provenientes de *seu quarto*. Curiosa foi também a remessa feita pelo embaixador português em Londres de obras que se encontravam no espólio do Marquês de Aguiar, que, em sua vida, havia dito pertencerem à Real Biblioteca. Os doadores, bastante diversificados, entre 1817 e 1824, alcançaram 30. Esse grupo inclui-se, em primeiro

---

20 http://www.bn.pt/servicos-ao-publico/imagens-alvaras-dl/al-12-09-1805.pdf. Acesso em 2 de dezembro de 2006.

21 Luís dos Santos Marrocos. *Cartas escritas do Rio de Janeiro à sua família em Lisboa*, de 1811 a 1821. Anais da Biblioteca Nacional. Rio Janeiro, 56: 53, 1939.

22 Para o número de obras publicas na Impressão Régia, cf. Ana Maria Carmargo & Rubens Borba de Moraes. *Bibliografia da Impressão Régia...* p. 175-95.

lugar, autores que enviavam livros como propina – Eloi Otoni, José Joaquim de Gouveia, J. Pinto da Costa e Macedo, Francisco Alberto Teixeira de Aragão, José Antonio Lisboa, José Maria Dantas Pereira, entre outros – que talvez estivessem em busca de um reconhecimento público e da certeza de que o envio representava a garantia de que seu livro ingressava em uma instituição de memória. Passava, em seguida, por personagens pertencentes às elites intelectuais e políticas de então, como a viajante inglesa Maria Graham, frequentadora da Biblioteca e preceptora da princesa Maria da Glória (1823); Luís dos Santos Marrocos, funcionário da Biblioteca e conservador dos Manuscritos da Coroa; José Joaquim de Azeredo Coutinho, bispo de Pernambuco e fundador do seminário de Olinda; Francisco Borja Garção Stockler, militar e professor, censor régio, polêmico em seus pareceres, mais tarde, governador dos Açores; José Silvestre Rebello, negociante, representante do Império do Brasil junto aos Estados Unidos e sócio-fundador do Instituto Histórico e Geográfico Brasileiro; José Vitorino dos Santos e Souza, militar, professor e fundador da tipografia particular Santos e Souza; Monsenhor Miranda (Pedro Machado de Miranda Malheiro), deputado da Mesa da Consciência e Ordens, chanceler-mor do Reino do Brasil e Diretor da colônia suíça de Nova Friburgo; o provável padre Perereca, professor régio e cronista do rei, entre outros. E alcançava até os mais altos dignatários da burocracia da Coroa e membros da nobreza luso-brasileira, como o marquês de Marialva (D. Pedro José Joaquim de Menezes Coutinho), embaixador de Portugal na França; o marquês de Belas (D. Antonio de Castelo Branco Correia e Cunha de Vasconcelos e Souza), fidalgo da Casa Real, gentil-homem da Câmara da rainha d. Maria I; Pedro de Mello Breyner, presidente do Erário português, membro da Regência, em 1808, ministro português junto à Corte de Roma; conde dos Arcos (Marcos de Noronha e Brito), último vice-rei do Brasil, governador da Bahia, ministro do Reino e dos Negócios Estrangeiros; Tomás Antônio Villanova Portugal, Desembargador do Paço, ministro dos Negócios do Reino; Silvestre Pinheiro Ferreira, filósofo, publicista, diretor da Junta da Tipografia Régia e das Cartas de Jogar, ministro dos Negócios Estrangeiros e da Guerra; o barão de Santo Amaro (José Egídio Álvares de Almeida), secretário do gabinete de d. João VI, Conselheiro de Estado, deputado na Assembleia Constituinte de 1823, ministro dos Negócios Estrangeiros e Senador do Império; José Saturnino da Costa Pereira, militar, professor, Diretor da Junta da Tipografia Régia e das Cartas de Jogar, deputado nas Cortes de Lisboa, presidente de Província (Mato Grosso) e Senador do Império; e José Antonio Lisboa, militar, deputado da Junta do Comércio, ministro da Fazenda e sócio-fundador do Instituto Histórico e Geográfico Brasileiro. Dentre esses, aquele que se mostrou como o maior doador de obras, entre 1817 e 1824, foi Tomás Antônio Villanova Portugal, tendo enviado à Real Biblioteca 30 títulos, que incluíam, além de uma série de memórias da Academia Real das Ciências de Lisboa, alguns manuscritos já mencionados e uma carta manuscrita original que, segundo João Severiano Maciel da Costa, fora escrita pela rainha francesa, esposa de Luiz XVI na prisão dirigida a sua cunhada.

Quadro nº 2: Doadores de livros à Real Biblioteca – 1817 a 1824

	Nomes	Nação	Profissão
1	André Jacob	I	militar: oficial da marinha de guerra
2	Barão de Santo Amaro	B	bacharel em leis e político
3	Conde dos Arcos	P	militar e político
4	Custodio de Campos, frei	?	clérigo; cirurgião-mor do Exército
5	Custodio de Faria, frei	P	clérigo e cientista
6	Francisco Alberto Teixeira de Aragão	P	bacharel em leis; ouvidor da Cidade do Rio de Janeiro
7	Francisco Borja Garção Stockler	P	militar, professor, censor régio e governador dos Açores
8	João Rodrigues de Carvalho	P	clérigo
9	José Antonio Lisboa	B	militar e político
10	José Eloi Ottoni	B	professor, poeta e político
11	José Joaquim da Cunha de Azeredo Coutinho	B	Bispo de Pernambuco e de Elvas; fundou o seminário de Olinda
12	José Joaquim de Gouveia	?	autor da *Demonstração da causa do Fluxo e do Refluxo do Mar ou o Mechanismo das Mares*
13	José Maria Dantas Pereira	P	militar e professor da Academia dos Guarda-Marinhas
14	José Pinto da Costa e Macedo	B	redator de jornais
15	José Saturnino da Costa Pereira	B	professor, deputado, ministro
16	José Silvestre Rebello	P	negociante e representante diplomático
17	José Victorino dos Santos e Souza	P	professor; militar; tipógrafo
18	Luis dos Santos Marrocos	P	funcionário público
19	Luiz Duarte Villela da Silva	P	clérigo
20	Luiz Gonçalves (dos Santos?)	B	clérigo e professor régio

21	Manoel Venceslao, Cônego	?	clérigo
22	Major Coutinho	?	militar
23	Maria Graham	I	viajante estrangeira
24	Mariano, Dr. (Mariano José do Amaral – provavelmente) ou Mariano José Pereira da Fonseca?)	B B	médico da Câmara Imperial; professor do Colégio Médico-cirúrgico advogado e literato
25	Marques de Bellas	P	fidalgo e funcionário da Casa Real
26	Marques de Marialva	P	fidalgo e embaixador de Portugal na França
27	Miranda, Monsenhor (Pedro Machado de Miranda Malheiro)	P	clérigo e bacharel em Cânones
28	Pedro de Mello Breyner	P	militar e ministro português junto à Corte de Roma
29	Silvestre Pinheiro Ferreira	P	publicista, professor, filósofo e ministro
30	Thomaz Antonio de Villa Nova Portugal	P	bacharel em leis, magistrado e ministro de d. João

Fonte: Innocencio F. da Silva. *Diccionario bibliographico portuguez*.1858-1914; Francisco de Morais. Estudantes brasileiros na Universidade de Coimbra nascidos no Brasil. *Revista Brasília*. Coimbra, suplemento 4, 1949; BNRJ. DMss. Coleção Documentos biográficos. Arquivo Nacional Rio de Janeiro. Coleção Desembargo do Paço. Lisboa, Imp. Nacional.

Abreviaturas utilizadas no quadro: I: inglesa; B: brasileira; P: portuguesa.

Por fim, importa lembrar que, além dessas doações, esse grande acervo ampliou-se também ao sabor das aquisições, escassas, mas fundamentais. Entre 1817 e 1824, segundo os *Anais da Biblioteca Nacional*, quatro importantes compras foram realizadas: em 1815, adquiriu-se a livraria de Manuel Inácio da Silva Alvarenga, poeta mineiro e professor régio de retórica e poética, através do livreiro português, mais tarde editor e impressor, Manoel Joaquim da Silva Porto; em 1818, comprou-se a coleção de desenhos, camafeus e moldes do arquiteto José da Costa e Silva, como também os impressos e manuscritos do astrônomo João Angelo Brunelli; em 1822, o próprio d. João VI pagou vultuosa soma para a aquisição da valiosa coleção do Conde da Barca; e, em 1824, era comprada a livraria do dr. Francisco de Melo e Franco, após sua morte[23]. A

---

23 Alfredo do Valle Cabral. *Annaes da Imprensa* ... .

análise dessas bibliotecas privadas, que foram incorporadas, é outro aspecto fundamental para se ter uma ideia mais fina do precioso acervo da Biblioteca Nacional.

* * *

Em síntese, a partir da análise do "Livro de Memória" que registrou as obras ingressadas na Real Biblioteca entre 1817 e 1824, por doação, alguns pontos devem ser ressaltados. Em primeiro lugar, verifica-se que, se a fonte é fidedigna, nem tudo que se publicou pela Impressão Régia, nesse momento no Rio de Janeiro, foi entregue à instituição. Mesmo que se considerem todos os títulos registrados como enviados por aquela tipografia, eles não representam a totalidade de sua publicação. Além disso, pela ausência em seu acervo de inúmeros títulos, hoje em dia, que sairam à luz pela Tipografia Régia pode-se aventar a hipótese de que muitas obras foram deixaram de ser enviadas. Portanto, as propinas foram um instrumento útil, mas não explicam a constituição do acervo.

Em segundo, os doadores da Real Biblioteca eram homens de prestígio, que se reconheciam como mecenas, e que transformavam sua doação em uma reafirmação do espaço político e social que ocupavam no interior da sociedade de Corte. A Biblioteca representava um bem simbólico, a que muitos procuravam ligar seu nome, constituindo-se, paulatinamente, como uma instância de consagração[24].

Por fim, esse acervo da Real Biblioteca constituiu-se em sintonia com a conjuntura política, com o aparecimento dos títulos em função dos principais acontecimentos políticos e sociais do período. Numa sociedade, nesse período, ainda profundamente marcada pela oralidade, a imponência do acervo da Real Biblioteca contrastava com a multidão destituída do privilégio da leitura e da escrita. Tal imponência pode ser avaliada, caso seja lembrado que, nessa mesma conjuntura, a Biblioteca do Congresso dos Estados Unidos acabava de ser montada e que as chamadas bibliotecas nacionais da América Latina – no Peru, Venezuela e México – apesar de sua tradição universitária, somente foram inauguradas posteriormente. As palavras do padre Perereca, citadas no início, pareciam se confirmar.

Na realidade, a constituição desse acervo representou, nesse momento, não só um indicativo do processo civilizacional por que o Brasil passava, ao se transformar em sede do Reino Unido, mas em um esforço para criar o patrimônio cultural da jovem nação que surgiu a partir de 1823. O Império do Brasil, ao possuir e manter sua *livraria* significava, assegurava, naquele momento, o acesso aos mais variados textos,

---

24 Cf. Pierre Bourdieu. *A economia das trocas simbólicas*. São Paulo, Perspectiva, 1974. p. 118-21.

como também uma estratégia de poder e de prestígio frente às demais jovens nações da América Latina.

    Já o uso que se fez dessas obras e dessa instituição nas décadas que se seguiram... é uma outra questão!

Ser erudito em colônias: as práticas de investigação histórica nas academias baianas (1724-1759)

Iris Kantor
Universidade de São Paulo

Nas últimas décadas do século XVII, novas formas de investigação histórica foram desenvolvidas no interior das corporações religiosas europeias[1]. Os beneditinos da Congregação de Santo Mauro em Paris e os jesuítas da Antuérpia consolidaram as regras de organização, classificação e autenticação dos diplomas e documentos legais. Tais métodos de validação dos testemunhos foram, posteriormente, adotados pelas academias e sociedades literárias e difundidos pelas redes epistolares e gazetas eruditas pelo mundo afora.

Configurava-se um novo campo de conhecimento, delimitado por procedimentos metodológicos específicos para a constituição dos objetos históricos; e, diferentemente dos antiquários e humanistas renascentistas, os eruditos estavam sujeitos à aprovação de uma "comunidade" ou "república" regida por estatutos próprios.[2] O "passado" transformava-se em objeto *savante,* ou seja, em um "saber competente",

---

1 Marc Bloch chamou atenção às matrizes religiosas do método crítico: "Na arte de orientar utilmente a dúvida, a prática judiciária não fez mais que seguir as pisadas, com algum atraso, dos bolandistas e dos beneditinos." Marc Bloch, *Introdução à História*, Lisboa, Publicações Europa América, (1a ed. 1949) 1997, p. 122-129/143-159.

2 Essa perspectiva foi trabalhada por Isabel Ferreira da Mota em seu estudo sobre estruturação do campo historiográfico em Portugal. Diversos são os historiadores que têm apontado a autonomização do campo intelectual no século XVIII. Isabel Ferreira da Mota, *A Academia Real de História: os intelectuais, o poder cultural e o poder monárquico no século XVIII*, Coimbra, Minerva, 2003, 29-76; Eva Velasco Moreno, *La Real Academia de la Historia en el siglo XVIII: una instituición de sociabilidad*, Madri, Centro de Estudios Políticos e Constitucionales, 2000, p. 17-41; Pierre Bourdieu, *A economia das trocas simbólicas*, São Paulo, Perspectiva, 1974.

submetido ao controle e verificação coletiva dos dados, uma forma de *conhecimento* passível de acumulação e aperfeiçoamento[3].

Informados por essas novas regras, os eruditos começaram a demarcar suas distâncias em relação aos demais "homens de letras", frequentadores dos salões cortesãos, distinguindo-se dos cronistas régios e cultores da eloquência literária, aos quais o historiador Orest Ranum chamou de "artesãos da glória".[4] Curiosamente, foi no sul da Europa do Sul, na Itália, Espanha e Portugal, que a historiografia erudita desenvolveu-se com mais vigor e sobrepôs-se à vertente da historiografia filosófica, predominante em França e nos estados de língua germânica.

A criação da Academia Real de História Portuguesa, em 1720, assinala a definitiva introdução dos métodos críticos de investigação propostos por Mabillon, Papebrook, Muratori, Fleury e Mounfacon em Portugal. Os historiadores de D. João V estavam em contato permanente com as redes europeias, especialmente, com os circuitos italianos e franceses. O clérigo Manoel Caetano de Sousa, a quem o rei encomendara o projeto de fundação da Academia Real, por exemplo, tinha percorrido várias cidades e visitado numerosas bibliotecas e academias em busca de manuscritos raros e obras de interesse para Portugal[5]. Seus diários foram elogiados pelo IV Conde da Ericeira, que os equiparava com as jornadas eruditas realizadas por Mabillon[6].

Os historiadores régios propunham rever os modelos clássicos de escrita da história, principalmente, a crônica e o panegírico, buscando corrigi-los mediante a utili-

---

3   Blandine Kriegel, *L'histoire à l'âge classique: la défaite de l'érudition*, Paris, PUF, v. 3, p.7 ; Arnaldo Momigliano, *Ensayos de historiografía antigua y moderna*, trad. Stella Mastrangelo, Cidade do México, Fondo de Cultura, 1997, p. 235.

4   O historiador divide os historiadores do século XVII em duas categorias: os eloquentes e os eruditos. Orest Ranun, *Artisans of glory, writers and historical thought in seventeenth century France*, Chapel Hill, 1980, p. 3. Chantal Grell, *L' histoire entre érudition et philosophie: étude sur la connaissance historique à l'âge des lumières*, Paris, PUF, 1993, p. 119-54

5   Os manuscritos de Manuel Caetano de Sousa estão na Biblioteca Nacional de Lisboa; ali se tem uma dimensão da bibliografia reunida pelo erudito em suas viagens pela Europa. Sobre as viagens à Itália e Espanha (1709-1713), ver os códices 541 e 542; BNL, Fundo Geral, cód. 370. "Instrução para se escrever exatamente em pouco tempo o corpo da História portuguesa na língua latina/ Origem da Academia Real de História Portuguesa".

6   Biblioteca Sousana ou Catálogo das obras que compôs o reverendo Padre Manoel Caetano de Sousa, recitada nas conferências da mesma academia pelo Conde da Ericeira D. Francisco Xavier de Menezes, Lisboa Ocidental, Oficina de Joseph Antonio da Sylva, 1737, p. 101.; sobre a viagem de Mabillon à Itália, ver Arnaldo Momigliano, *op. cit.*, 1997, p. 234-247.

zação dos novos métodos críticos[7]. Cabia aos historiadores classificar os documentos e narrativas, distinguindo as ficcionais das verídicas. Tornava-se imperativo rejeitar as "fábulas", as "mitologias", excluir os milagres ou tradições populares sem comprovação documental[8]. Estabeleceu-se a necessidade de separar as fontes primárias das secundárias, hierarquizar os testemunhos, avaliar sua autoridade, certificar a autenticidade do documento e identificar as autorias. O ofício requeria o desvendamento das intenções ocultas por meio do confronto de fontes contemporâneas, da identificação dos silêncios e contradições e, principalmente, da autenticação legal da documentação tratada. A heurística moderna transformou o modelo de organização dos arquivos, cartórios e bibliotecas conforme os novos procedimentos de classificação, tabulação e colação das fontes legais, que desde então passaram a ser tratadas como tipos ou espécies em séries ou conjuntos orgânicos[9].

Na América portuguesa, essas transformações das práticas historiográficas repercutiram em duas agremiações de vocação claramente erudita sediadas em Salvador. A primeira, Academia Brasílica dos Esquecidos, instituída em 1724, por iniciativa do Vice-Rei Vasco Fernandes César e Meneses, fez parte das redes formadas pela Academia Real. A segunda, Academia Brasílica dos Renascidos, foi fundada em 1759, por iniciativa do conselheiro ultramarino José Mascarenhas Pacheco Pereira Coelho de Mello, às vésperas da dramática expulsão e confisco dos bens dos jesuítas. Em ambas é possível observar a incorporação dos métodos de investigação erudita em voga na época. As discussões levadas a cabo sobre a adoção ou não dos paradigmas historiográficos propostos pelos historiadores portugueses e europeus revelam o senso críticos dos eruditos luso-americanos, como procurarei mostrar um pouco mais adiante.

Considerando que o acesso à bibliografia e documentação primária e o domínio destas constituíam uma condição fundamental para o exercício do método crítico, vejamos quais eram as possibilidade oferecidas no âmbito da sociedade escravista colonial. Com efeito, quando apreciamos a bibliografia mobilizada nas dissertações percebe-se a familiaridade dos acadêmicos, não apenas com o repertório europeu, mas

---

7   Isabel Ferreira da Mota, op. cit., 2001, p. 15. Ofélia M.C. Paiva Monteiro também acentua a inspiração italiana da ARHP, em seu artigo: No alvorecer do Iluminismo em Portugal: D. Francisco Xavier de Menezes, IV Conde de Ericeira, separata da *Revista de História Literária de Portugal*, Coimbra, v. 1, 1963.

8   Arnaldo Dante Momigliano, *Problemes d'historiographie ancienne et moderne*, Paris, Gallimard, 1983, p. 243-293.

9   Fernanda Cândida Antunes Ribeiro, *O acesso à informação nos arquivos*, Doutoramento, Porto, 1998; José Mattoso. *A escrita da história: teoria e métodos*, Lisboa, Editorial Estampa, 1997, p. 95.

também com as obras de autores hispano-americanos. Contudo, convém ponderar que a erudição bibliográfica apresentada nas dissertações acadêmicas podia ser também um mero exercício de ostentação bacharelesca naquela sociedade estamental, em que as academias conformavam uma espécie de auto-público, como notaram Antonio Candido e José Murilo de Carvalho[10]. Citar autores clássicos constituía, também, parte do jogo simbólico de distinção e de subalternidade intelectual, na medida em que tais citações visavam apenas conferir autoridade e prestígio aos eruditos brasílicos.

Por outro lado, embora muitas citações tivessem um caráter meramente ornamental ou até instrumental, cabe destacar que a historiografia recente tem revisto a imagem de pobreza atribuída à cultura erudita na primeira metade do século XVIII[11]. Não poucos estudiosos do período colonial têm insistido sobre a importância das bibliotecas conventuais e particulares na formação dos homens letrados. De fato, as dificuldades de acesso aos livros e fontes primárias constituíram uma limitação real e se tornaram uma espécie de bordão, constantemente repetido, nas dissertações acadêmicas. O padre Gonçalo Soares da Franca, autor da dissertação sobre história eclesiástica apresentada na Academia dos Esquecidos em 1724, afirmou com certo orgulho nativista:

> estes são os fantasmas, que intimidam o meu discurso, e que puseram medo para prosseguir a minha empresa. Quantas histórias se não têm retardado, quantas composições se não tem omitido por falta de notícias. ... Sabemos todos que os ilustres acadêmicos da real academia portuguesa principiando as suas conferências há mais de dois anos, até aqui só tem sabido a luz, com dúvidas, perguntas, e aparatos para a sua história; pois se tão grandes homens, sem notícias escritas, não podem compor, como sendo eu tão pequeno sem memórias poderei escrever? Todavia, cobrando forças na própria dificuldade, como Anteu, que nas quedas renovava

---

10 Antônio Candido de Mello e Souza, *Formação da Literatura Brasileira*, op. cit., 1964; José Murilo de Carvalho, História intelectual no Brasil: a retórica como chave de leitura, *Revista Topoi*, Rio de Janeiro, UFRJ/Sete Letras, n. 1, p. 123-152, 2000

11 Jorge de Souza Araújo, *Perfil do leitor colonial*, Ilhéus, Editora da UESC, 1999; Luiz Carlos Villalta, *Reformismo ilustrado e práticas de leitura: usos do livro na América portuguesa*, tese (doutorado), FFLCH, Universidade de São Paulo, 1999; Márcia Abreu (org.), *Leitura, história e história da leitura*, Campinas, Mercado de Letras, 2000; Leila Mezan Algranti et al., *Livros de devoção, atos de censura: cultura religiosa na América portuguesa (1750-1821)*, Campinas, Livre Docência, Unicamp, 2001; Gilda Verri. *Tinta sobre papel: livros e leituras em Pernambuco no século XVIII*, Editora da UFPE, 2006.

os lentos, ou como a Palma, que com o peso mais se alevanta, os mesmos tropeços que enleiam o juízo são incentivos, que impelem o desejo de por mãos à obra. Para erigi-la unirei os materiais que se acham dispersos em alguns livros impressos, e manuscritos a que não dou menos crédito que aos primeiros, por serem alfaias, que como morgado herdei dos antigos avos, que na guerra e na paz ocuparam os primeiros lugares desta republica[12].

Sebastião da Rocha Pita também reverenciou o valioso espólio de livros e documentos legados pelo seu tio, o chanceler da Relação da Bahia João da Rocha Pita (- 1702), que foi procurador do rei nas Províncias da Repartição do Sul, tendo sido nomeado Conselheiro Ultramarino, declinando, porém, do cargo.[13] Carlos Eduardo Mendes de Moraes identificou os modelos preceptivos adotados nas dissertações dos acadêmicos esquecidos, as quais deveriam se organizar em três partes distintas: prólogo (exórdio), narração (proposição), louvor (peroração)[14]. No exórdio, fazia-se uma apresentação da tarefa a ser realizada, recorrendo-se às tópicas da humildade e prestando-se homenagem ao mecenas. Na parte do prólogo, reconheciam-se as limitações de bibliografia e as dificuldades de pesquisa. Na sequência, antes de entrar propriamente na parte narrativa, expunha-se o repertório de obras editadas e manuscritas, assim como as fontes documentais e arquivos consultados.

Apesar dos constrangimentos relacionados com a proibição de instalação de tipografias e da Universidade, tais limitações não chegaram a impedir o desenvolvimento de uma sociabilidade erudita que chegou a envolver uma rede com um pouco mais de 250 membros na primeira metade do século XVIII. O famoso genealogista, Frei Antônio de Santa Maria Jaboatão, em carta ao cônego magistral da Catedral da Sé de Salvador Antônio Gonçalves Pereira, agradeceu os "extratos dos livros" da sua bi-

---

12 Gonçalo Soares da Franca, *Dissertações da História Eclesiástica...*, op.cit., v. 1, tomo 5, 1969, p. 227.

13 Sebastião da Rocha Pita herdou todos os bens de seu tio. BNL, Fundo Geral, Mss. Cód. 1077, Memorial de Ministros, fl. 297.

14 Carlos Eduardo Mendes de Moraes, *A Academia Brasílica dos Esquecidos e as práticas de escrita do Brasil colonial*, tese (doutorado em Literatura Brasileira), Universidade de São Paulo, 1999, p. 153, 2 v. Ainda sobre os preceitos do discurso historiográfico veja-se: BNL. Fundo Geral, cód. 917, fls. 35-36. Manoel Severim de Faria. "narração de sucessos verdadeiros pera ensinar a bem viver", Cf. Joaquim Veríssimo Serrão, *A historiografia portuguesa*, Lisboa, Editorial Verbo, 1973, v. 2, p. 93-94.

blioteca, que segundo o cronista franciscano era a mais seleta e numerosa da cidade[15]. Segundo estudos recentes de Marcos de Almeida, a biblioteca do convento franciscano na cidade de Salvador mantinha um acervo numeroso e atualizado[16]. Era costume que os conventos adquirissem as bibliotecas particulares de magistrados e governadores que, muitas vezes, preferiam vender os livros a pagar os fretes de torna-viagem[17].

Como também acontecia na Europa, a maior parte das obras circulava em forma de cópias manuscritas integrais, em extratos ou resumidas. Na última década, diversos trabalhos têm enfatizado a importância da cultura manuscrita no processo de transmissão da cultura erudita. Ana Isabel Buescu chamou atenção para a predominância dos livros manuscritos nas livrarias portuguesas ao longo de todo o século XVIII[18]. O clérigo Gonçalo Soares da Franca informou possuir uma cópia manuscrita da obra de Pedro Magalhães de Gandavo: "(...) está fielmente copiada da que ele imprimiu em Lisboa, no ano de 1576"[19].

A livraria do Colégio da Bahia possuía um acervo de 3 mil obras em 1694, o que fazia dela a melhor livraria da América portuguesa no início do século XVIII, segundo Serafim Leite. Os colégios jesuíticos destinavam parte de sua arrecadação com a venda de gêneros agrícolas e remédios à compra de livros[20]. No momento da expulsão dos jesuítas (1759) estima-se que as livrarias dos colégios da Bahia possuíssem por volta de 15 mil volumes. O Colégio dos Jesuítas do Rio de Janeiro contava com um acervo de 5.434 livros.[21]. Reunindo todas as livrarias dos colégios, casas, seminários e missões no antigo Estado de Maranhão e Grão Pará, Serafim Leite computa a ordem de 12 mil

---

15 "Carta para Antônio Gonçalves Pereira", in Yedda Dias Lima, *Academia brasílica dos acadêmicos renascidos: fontes e textos*. Tese de doutoramento, São Paulo, FFLCH-USP, 1980, p. 211-214.

16 Marcos Almeida, O Novo Orbe que não está lá: a obra de Frei Jaboatão como divisor histórico num processo de mudanças no Brasil colonial (p. 149-190) in Sylvana Brandão (org.), *História das religiões no Brasil*, Recife, Editora da Universidade, 2001, v. 1, p. 170.

17 Gonçalo Soares da Franca, *Dissertações da História Eclesiástica ..., op. cit.*, p. 229.

18 Ana Isabel Buescu. *Cultura impressa e cultura manuscrita em Portugal na época moderna, Memória e poder*, Lisboa, Edições Cosmos, 2000, p. 31-48.

19 Gonçalo Soares da Franca, Dissertações da História Eclesiástica do Brasil, in José Aderaldo Castello, *O movimento academicista...*, v. 1, tomo 5, 1969, p. 227.

20 Serafim Leite, História da Cia. de Jesus no Brasil, tomo IV, livro V, p. 289-90; Luiz Carlos Villalta, *Reformismo ilustrado..., op. cit.*, 1999.

21 Serafim Leite, *História da Cia de Jesus no Brasil*, tomo IV, livro V, p. 289-90 e tomo V, livro I, p. 93; Guilhermo Furlong, *Bibliotecas argentinas durante la dominación hispânica*, Buenos Aires, Editorial Huarpes, 1944, p. 76-77.

livros. Um pequeno colégio no interior da Capitania do Pará, como a Casa da Nazaré, possuía nada menos 1.010 livros registrados nos inventários feitos à época da expulsão[22]. O Colégio Santo Alexandre do Pará contava com 2 mil volumes; o do Maranhão com 5 mil volumes, a biblioteca do colégio da Madre de Deus também acomodava cerca de 1000 volumes encadernados em suas estantes encaixilhadas, com remates em tarjas de talha para identificação das matérias.

A fundação da Academia dos Renascidos na conjuntura de expulsão da Companhia de Jesus representou uma promessa de formação intelectual alternativa aos colégios e seminários jesuíticos. À Academia poderia ser encaminhado o espólio de livros, obras manuscritas e diplomas legais depositados nos Colégios da Companhia. Mas essa alternativa não foi concretizada, embora os acadêmicos tivessem se empenhado em transferir e até comprar os livros confiscados. Segundo José Honório Rodrigues, uma carta régia de 1761 determinou que os livros e manuscritos dos jesuítas fossem confiados aos bispos das dioceses. Dadas às circunstâncias geopolíticas que envolveram a resistência dos padres às comissões de demarcação das fronteiras luso-hispânicas pode-se aquilatar a importância desses acervos que reuniam informações etnográficas e territoriais estratégicos[23]. Qual teria sido afinal o destino das livrarias jesuíticas depois de 1760? Fato é que não se pôde evitar a dispersão dessas coleções. O Bispo do Pará, D. Frei João de São José e Queirós, chegou a remeter aos beneditinos de Lisboa 10 caixões de livros[24].

Diante da iminente dispersão das livrarias dos jesuítas, os membros da Academia dos Renascidos propuseram incorporar tais acervos para constituir sua própria Biblioteca. Ali, seriam reunidos também as cópias manuscritas e livros enviados pelos seus sócios: "sendo seu uso quotidiano livre a todos os colegas; aos quais, porém, se não poderá emprestar livro algum sem assento a que preceda o despacho do mesmo diretor"[25].

Segundo as estimativas do chanceler do Tribunal da Relação da Bahia, Tomas Roby de Barros Barreto, em 1759 o acervo das livrarias baianas atingia o valor aproximado de 12.619$000, o que na época permitia a compra de 10 cabeças de gado[26]. O

---

22 Serafim Leite. "Uma biblioteca portuguesa no Brasil dos tempos coloniais", *Revista Brasília*, volume I, Coimbra, 1942, p. 257-267.

23 José Honório Rodrigues, *A pesquisa histórica no Brasil*, Rio de Janeiro, Departamento de Imprensa Nacional, 1952, p. 59.

24 Serafim Leite, *Uma biblioteca portuguesa no Brasil dos tempos coloniai*s, op.cit.: Casa da Vigia, Pará, *Revista Brasilia*, Coimbra, v. 1, p. 257-267, 1942.; Serafim Leite, *História da Cia. de Jesus no Brasil, op. cit.*, v. 4, p. 290.

25 Biblioteca Nacional de Lisboa, Ms. Cód. 630. Item 23 dos Estatutos.

26 *Anais da Biblioteca Nacional* (Inventário de documentos relativos ao Brasil existentes no Arquivo da Marinha e Ultramar org. Eduardo Castro e Almeida), Rio de Janeiro, Biblioteca Nacional, 1913, v.4, p. 389.

sequestro e o inventário das livrarias jesuíticas da Bahia foram realizados pelo grande negociante de tabaco e membro da Academia dos Renascidos Joaquim Inácio da Cruz. Ele foi o responsável pela remessa de um caixote de livros para Pernambuco e dois ao Rio de Janeiro[27]. No Colégio do Recife, a renda gerada pela venda do acervo alcançou a cifra mínima de 461$000. Segundo as pesquisas de Jorge Couto, a livraria contava com cerca de 400 livros, estando o preço médio de cada exemplar em torno de 11$500. Entre os compradores identificados na venda de Recife, encontramos os acadêmicos renascidos Antonio José Vitoriano Borges da Fonseca (1718-1786) e Jerônimo Mendes Paz.[28]

O avaliador da livraria, o chanceler e governador interino Tomas Roby de Barros Barreto do Rego negou a venda dos livros às demais ordens religiosas. O magistrado pretendia preservar o acervo para a formação de uma biblioteca pública na cidade, o que só viria a acontecer em 1811, por intermédio de coleções doadas pelo filho do secretário da Academia dos Renascidos, Pedro Gomes Ferrão Castelo Branco[29]. Segundo os estatutos dos Renascidos, havia a intenção de constituir uma biblioteca própria; todavia, na falta de um local adequado, os manuscritos e livros seriam guardados na casa do diretor, com acesso liberado a todos os sócios.

As bibliotecas dos demais conventos também eram locais não apenas de preservação da cultura letrada, mas também de conservação dos registros legais sobre o processo de ocupação e povoamento do território sul-americano. As ordens religiosas mantinham seus cartórios razoavelmente organizados com a documentação relativa às concessões de seus privilégios, cartas e decretos régios, atas de juntas capitulares, pastorais, dietários, contratos, livros de contabilidade, registros de testamentos e doações de legados pios, catálogos de clérigos, livros de óbitos[30]. Ao lado dos arquivos das Câmaras, Provedorias, Tribunais da Relação e secretarias de Governo, os cartórios conventuais eram importantes depositários da documentação histórica luso-americana, indispensável para levar adiante a vontade de escrever uma história da América portuguesa, como sonhavam os acadêmicos renascidos[31].

---

27 Jorge de Souza Araújo, *Perfil do leitor colonial*, Ilhéus, Editora da UESC, 1999, p. 69.

28 José Jorge da Costa Couto, *O Colégio dos Jesuítas do Recife e o destino do seu patrimônio (1759-1777)*, dissertação (mestrado), Universidade Clássica de Lisboa, 1990, p. 190.

29 Pedro Calmon, Introdução e notas ao *Catálogo Genealógico das Principais Famílias de Frei Jaboatão*, Salvador, Empresa Gráfica da Bahia, 1985, v. 2, p. 573-4.

30 Paulo de Assunção. *Negócios Jesuíticos: A administração dos bens divinos*, São Paulo, EDUSP, p.173.

31 Heloisa Belloto tem estudado as especificidades da documentação luso-americana no contexto da administração ultramarina. Heloisa Liberalli Belloto, *Diplomática luso-brasileira do século XVIII*, Páginas A & B, Lisboa, Edições Colibri, n. 3, p. 19-30, 1999.

Os eruditos também atribuíam a falta de documentação à queima de arquivos durante as invasões estrangeiras. "(...) *nos tempos dos holandeses tomaram esta terra lhe queimaram o seu Cartório e lhe levaram muitos papeis*". Contudo, o vice-rei denunciava a indolência dos colonos: "*Esta resposta poderá ser verdadeira, mas eu não lhe dou crédito, porque desde que os Holandeses foram expulsos tinham tempo de reformar o seu cartório: ou ao menos terem um tombo de todas as suas fazendas, com a distinção dos legados e encargos de cada uma delas.*"[32] Tais circunstâncias eram, no entanto, exploradas pelos eruditos brasílicos para reafirmar suas glórias e conquistas alcançadas através do "sangue, vidas e fazendas".[33] Com efeito, a falta de documentação original e autenticada constituía uma limitação legal para a obtenção da remuneração dos serviços prestados à Coroa[34].

De outra parte, as autoridades metropolitanas desconfiavam da fidedignidade das "fés de ofício" vindas do Brasil, temendo basicamente as adulterações de dois tipos: o aumento do número de anos de serviço e o exagero na descrição dos atos heroicos na guerra contra os holandeses[35]. A Coroa procurava regulamentar os traslados das certidões de serviços na América, dirigindo copiosa correspondência aos ouvidores e governadores para que fosse examinada a veracidade das certidões apresentadas: as autoridades deveriam rubricar as certidões e preparar uma relação acusando quais eram as relações falsas e as verdadeiras, de modo que "*ao tempo do exame há de deixar para se ver a tal relação separadamente*"[36].

Frei Gaspar da Madre de Deus referiu-se às dificuldades de comprovar por meio de registros nos cartórios da capitania de São Vicente os "foros de fidalguia" dos primeiros povoadores da América. O historiador beneditino sugeria que até mesmo seu primo, o genealogista Pedro Taques de Almeida Pais Leme, tinha consultado uma fonte de segunda mão: "(...) *e eu posso assegurar que este genealogista eruditíssimo, e muito verdadeiro, nunca viu o citado documento, donde infiro que achou a notícia em alguns*

---

32 Carta do Vice-rei Marquez do Lavradio para El rei D. José, Bahia, 25 de março de 1760. p. 370. *Anais da Biblioteca Nacional*, op. cit., volume 31, p. 370.

33 Evaldo Cabral de Mello. *Rubro Veio,: O imaginário da Restauração pernambucana*, Rio de Janeiro, Editora Nova Fronteira, 1986.

34 Veja-se o artigo de Rodrigo Ricupero.

35 Cleonir Xavier de Albuquerque. *A remuneração de serviços da guerra holandesa*, Recife, Universidade Federal de Pernambuco, Imprensa Universitária, 1986. p.108-109.

36 "Cópia da Carta Regia ao governador e ... e juntamente com o ouvidor geral, examinar as certidões de serviços"(22 de novembro de 1738). Códice Costa Matoso, Luciano Figueiredo (org.), BH, FJP, 2000, volume 1, p. 348-349.

livros, ou autos, que eu não li."[37] De todo modo, Frei Gaspar advertia também para o fato de que em nenhuma parte do mundo os cartórios traziam registrado o grau de nobreza dos primeiros moradores das vilas e cidades: "(...) *até os mesmos sujeitos a quem os notários dão o tratamento de fidalgos, em papéis mais antigos, depois se encontram algumas vezes sem esse título em documentos posteriores lavrados pelos mesmos escrivães que fizeram os antecedentes. São muitos os exemplos dessa prática...*"[38]

Em Portugal, D. João V autorizara, para os membros da Academia Real, o livre acesso à documentação da Torre do Tombo, contratando, inclusive, copistas para realizar a tarefa de transcrição da documentação requerida pelos acadêmicos. Os eruditos brasílicos tinham a opção de mandar buscar cópias na Torre do Tombo ou recorrer aos arquivos das câmaras e corporações religiosas. De Lisboa Pedro Taques de Almeida Pais Leme escrevia a Frei Gaspar da Madre de Deus prestando contas do pagamento pela transcrição de manuscritos antigos e cópias de livros: 100 linhas de 30 letras valiam 600 reis, em 1775.[39] A documentação judicial e notarial ficava nas mãos dos tabeliães, ao passo que a documentação de governo na Secretaria de Governo mantinha-se sob a custódia dos proprietários dos referidos ofícios.[40] O deslocamento de governadores e ouvidores para regiões afastadas dava lugar à formação de arquivos itinerantes que acompanhavam as autoridades em suas jornadas oficiais. Era recorrente a negligência na escrituração dos atos administrativos, fossem nas provedorias, câmaras ou misericórdias. Em um relatório da Provedoria da capitania da Bahia, datado de 1757, lê-se o seguinte comentário: *"não tendo visto o mundo Babel mais confusa nem mais desordenada que são os livros, papéis e estilos da Casa da Fazenda"*.[41] Em 1761, José Miralles recebeu autorização especial de Pombal para consultar os arquivos da provedoria, tendo aproveitado a ocasião para registrar a *"incúria da Provedoria, e total extinção dos primeiros livros"*[42].

---

37 Frei Gaspar da Madre de Deus. *Memórias para a História da Capitania de São Vicente (1797)*, terceira Edição, São Paulo/Rio de Janeiro, Weiszflog irmãos, 1920. p.166.

38 Frei Gaspar da Madre de Deus. *Memórias para a História...*, op. cit. 1920. p.166.

39 "Carta de Pedro Taques para Frei Gaspar da Madre de Deus", *Documentos Interessantes*, volume IV, São Paulo, Tipografia da Companhia Industrial, 1896. p. 12

40 Josemar Henrique. "Ideia de Arquivo: o cartório da Secretária do Governo da Capitania de Pernambuco", inédito, 2001.

41 APEB. *Ordens Régias*, volume 66, fl. 449. cf. A J. R. Russel-Wood. *Fidalgos e Filantropos*, 1981.

42 José Miralles. "História Militar do Brazil", Anais da Biblioteca Nacional, Rio de Janeiro, 1900, vol. 22. p. 5, 2, 10; *Anais do Arquivo da Bahia*. Volume 17, p. 224/ volume 12. Carta

Vejamos agora como os acadêmicos dialogaram com a tradição herdada, redefinindo o cânon factual e cronológico da história luso-americana.

A prática da historiografia acadêmica pressupunha o domínio do método crítico, ou seja, a identificação das discrepâncias cronológicas, o preenchimento de lacunas nas informações e detecção daquelas que, embora estivessem reproduzidas nas fontes documentais, pudessem ser consideradas inverossímeis. Inácio Barbosa Machado recomendava quatro procedimentos metodológicos para definir a "autoridade" dos historiadores e das fontes históricas: aceitar a opinião dos autores contemporâneos desde que não tivessem sido refutados por autores contemporâneos de reconhecido crédito; utilizar fontes contemporâneas ou cronologicamente próximas do acontecimento narrado; não aceitar as histórias consideradas "fabulosas" ou de autores de pouca fama; e, por fim, impugnar as opiniões dos autores modernos quando diferissem dos mais antigos.[43]

O acadêmico Gonçalo Soares da Franca, discordava de padre Simão de Vasconcelos com relação à distribuição das nações indígenas; também julgava que os tapuias eram mais brandos e tratáveis que os gentios que povoavam a costa do Brasil, usando como argumento de autoridade manuscritos antigos: "(...) *quem encontrar entre estas situações, e costumes que escrevemos, e as que traz o padre Vasconcelos na Crônica alguma diferença, saiba que seguimos diverso roteiro, que como mais chegado aquele primeiro descobrimento tem mais razão de não ser menos verdadeiro*"[44].

Gonçalo Soares da Franca também criticava duramente a opinião do jesuíta José Acosta, do cronista das Índias Antônio de Herrera e do Padre Afonso Ovalle, os quais consideravam que a versão do Dilúvio referida nas tradições orais indígenas não era verdadeiramente universal, mas apenas particular[45]. A experiência do erudito baiano o levaria a valorizar – no caso das sociedades sem escrita, como eram as nações indígenas brasílicas – a contribuição das "fabulações" indígenas para a formação do

---

de Pombal 11 abril de 1761 recomendando o Tenente Coronel Dr. José Miralles para ver os Livros da Vedoria do Estado. Ordem Regia, 5,2,10

43 José Miralles. "História Militar do Brazil", *Anais da Biblioteca Nacional*, Rio de Janeiro, 1900, vol. 22. p. 5, 2, 10; *Anais do Arquivo da Bahia*. Volume 17, p. 224/ volume 12. Carta de Pombal 11 abril de 1761 recomendando o Tenente Coronel Dr. José Miralles para ver os Livros da Vedoria do Estado. Ordem Regia, 5,2,10

44 Gonçalo Soares da Franca, "Dissertações da História Eclesiástica do Brasil", *op. cit.*, p. 229.p. 247.

45 O cronista José Acosta e Francis Bacon defenderam a tese de que o Dilúvio Universal não teria atingido o Novo Mundo. Francis Bacon. "Nova Atlântida" (1627), trad. José A. Reis de Andrade, *Bacon: Os Pensadores*, São Paulo, Abril, 1973. P. 256; Antonello Gerbi. *La disputa del Nuevo Mundo: história de una polémica 1750-1900*, 1955, p 78.

cânon histórico: "(...) *porque nem tem tomos, nem conservam arquivos em que depositem memórias, e as verdades duram menos nas tradições que nas estampas (...) nem se julgue menos acreditada a verdade das tradições quando concorrem as circunstâncias necessárias, e conducentes para ela. De outra sorte deixaríamos de crer tudo o que não está escrito só porque não está escrito, ou seria falso tudo o que só escutamos dos acontecimentos humanos; e se nem a Igreja se pode reger sem tradições, como duvidaremos absolutamente do que ouvimos, só porque o não lemos; também nas memórias se imprimem os sucessos, donde nem todos se transferem as estampas, e muito menos poderiam passar da reminiscência ao papel casos, que sucederam entre nações, que totalmente ignoravam os primeiros princípios de ler e escrever*"[46].

Embora estivesse ciente da necessidade de comprovação documental dos acontecimentos e tradições orais, Soares da Franca questionava o estatuto da "fonte escrita". Com raro senso antropológico e alguma ironia, sugeria: "*Ouçamos porém, antes que aos autores, aos mesmos índios, que como partes tão interessadas nesta antiguidade, ainda que em causa própria é certo que cada um sabe mais de si que os outros dele.*[47]" A reflexão do acadêmico, que, tal como Sebastião da Rocha Pita, pertencera à Academia Real, tocava no desafio central da historiografia luso-americana: como incorporar as tradições orais, raramente fixadas em manuscritos antigos?

Naturalmente, a mesma problemática atravessava as historiografias europeia e portuguesa naquele momento, mas a desqualificação das tradições populares tinha peso diferente nas sociedades americanas, onde ainda não havia uma tradição escrita e documental consolidada.

Gonçalo Soares da Franca também fazia reparos técnicos a João de Barros, advertindo contra a utilização de fontes duvidosas e à inconsistência dos cálculos matemáticos divulgados pelo cronista, como a tese de que a descoberta teria ocorrido em 3 maio de 1501.[48] Também o magistrado Caetano de Brito e Figueiredo considerava que as declarações de autores venerados como João de Barros, Jerônimo Osório, Damião de Gois, Pedro Mariz, contemporâneos aos eventos, não eram muito verossímeis.[49]

Inácio Barbosa Machado discordava das "conjecturas" dos colegas relativas à história do descobrimento do Brasil, que "há duzentos e vinte quatro anos estava na pacífica posse da sua verdade". Louvava, porém, a instauração da polêmica, já que "sempre

---

46 Gonçalo Soares da Franca, "Dissertações da História Eclesiástica do Brasil", *op. cit.*, p. 250 e 261

47 Gonçalo Soares da Franca, "Dissertações da História Eclesiástica...", *op. cit.*, p. 248.

48 Gonçalo Soares da Franca, Dissertações da História Eclesiástica...", *op. cit.*, p. 235.

49 Caetano de Brito e Figueiredo. "Dissertações Acadêmicas nas quais se trata da História Natural das Coisas do Brasil", in José Aderaldo Castello, *op. cit.*, v. 1, t.5, p. 169.

os sábios tiveram controvérsias especialmente no conhecimento dos dias dos sucessos, e como nesta discórdia se deve achar a verdade para segurança da História"[50]. Mencionava uma longa lista de controvérsias travadas em torno do texto bíblico ou da vida dos santos no intento de provar que a discussão interpares era a alma do corpo acadêmico. Chamava a atenção dos colegas para dificuldades de ordem técnica nas averiguações cronológicas tanto dos fatos profanos, como dos sagrados. Afirmava que a mesma ordem de dificuldade surgia em relação aos acontecimentos da história portuguesa: "(...) na história da guerra passada, que sustentamos para defesa da liberdade, ou contra Castela na Europa, ou na América contra perfídia dos Holandeses acho a mesma contradição nos dias, e sendo tão dissonante esta variedade dos autores que escreveram do nosso Império, houve tantas ocasiões de tropeçarem[51]". Embora fizesse ponderações sobre o valor heurístico das polêmicas cronológicas, Inácio Barbosa Machado era categórico na defesa dos autores portugueses. A razão de Estado exigia cautela na averiguação de fatos que pudessem comprometer a primazia da soberania portuguesa.

Os acadêmicos estavam fixando o cânon factual da História do Brasil, por isso mesmo preocupavam se em precisar a data da Descoberta com a intenção de glorificar a memória de Pedro Álvares Cabral, dando lugar a uma acirrada polêmica em torno das datações em diferentes oportunidades. A primazia dos descobrimentos portugueses chegou a ser questionada pelos acadêmicos renascidos. Sérgio Buarque de Holanda percebeu o despontar de uma mitologia americanista nessas controvérsias.[52] Os renascidos propuseram um debate sobre as nacionalidades dos primeiros europeus que aportaram na América: "se o primeiro europeu que descobriu o Novo Mundo, era português, castelhano, italiano ou alemão? quem foi o primeiro que aportou ao Brasil?"[53].

Respondendo ao desejo de estabelecer uma versão local sobre o nascimento do Brasil, o sócio renascido de Paracatu, Domingos da Silva Teles, propunha-se a escrever um poema épico intitulado Brasileida. Em sua missiva dirigida à Academia dos Renascidos, compartilhava com os colegas as dúvidas em relação à escolha do herói mais adequado: o rei D. Manuel, Diogo Álvares Correia ou Pedro Álvares Cabral? De saída, descartava as duas primeiras hipóteses, considerando-as inapropriadas. No primeiro caso, porque o rei tinha mandado Pedro Álvares Cabral à Índia, sem cogitar da missão de descobrir o Brasil, e até mesmo Camões tinha preferido Vasco da Gama para os *Lusíadas*. Na segunda opção, Silva Teles encontrava demasiadas discrepâncias cronológicas, pois o

---

50 BNL. Cod. 367. Mss. Inácio Barbosa Machado " Exercícios de Marte ...", fl. 41.
51 BNL. Cod. 367. Mss. Inácio Barbosa Machado " Exercícios de Marte...", fl. 43.
52 Sérgio Buarque de Holanda, *Capítulos de literatura..*, op. cit., 1991, p. 81.
53 BPME. Mss. CIX/1-18, item 62. Capistrano de Abreu. "Os descobridores", *Capítulos de história colonial*, Editora da Universidade de Brasília, 1963. p48/57

Caramuru "(...) se dirigia ao Brasil já como descoberto, e vinha procurar interesses e não a descobrir terras", além do que "decaiu muito do caráter de Herói, porque foi cativo dos índios, ainda que depois passasse de servo a senhor". De modo que o acadêmico considerava o herói dos primeiros clãs baianos indigno de ser heroicizado por carregar o estigma de uma condição servil. Note-se que a escravidão já era vista como uma mácula moral cujas marcas não podiam ser superadas pela condição de liberdade. Uma percepção, aliás, muito afeita ao pensamento das anti-escravistas da época das Luzes.[54]

Nessas polêmicas eruditas percebemos claramente o desejo de construir uma perspectiva americanista da história do Império português. Os membros das Academias coloniais estiveram empenhados em fixar uma nova interpretação do processo de colonização português no continente sul americano. A re-definição do cânon factual e cronológico permitia a incorporação do passado americano (desde os tempos bíblicos), assim como a assimilação das tradições populares indocumentadas e da memória indígena transmitida oralmente. Os questionamentos dos acadêmicos brasílicos com relação aos saberes eruditos, se por um lado, visavam preservar privilégios imemoriais e garantir a retribuição de mercês; por outro, propiciaram uma percepção menos confiante no uso dos métodos críticos e no valor das evidências documentais na escrita da história brasílica[55].

---

54 Santa Rita Durão. *Caramuru* (1781). introdução de Ronald Polito, São Paulo, Martins Fontes, 2001.

55 Carlo Ginzburg. *Relações de força: história, retórica*, prova. Trad. Jonatas Batista Neto, Cia das Letras, 2002.

Parte III

Traduções culturais e transmissões de saberes

Os rapazes do Congo: discursos em torno de uma experiência colonial (1480-1580)

Isabel dos Guimarães Sá[1]
Universidade do Minho

A eventual perplexidade que este trabalho possa causar entre os especialistas da história do Congo obriga-me a explicar o contexto em que se situa. No quadro de um projeto de investigação sobre cultura material no período cronológico compreendido entre 1480 e 1580 analisei diversas listas de objetos oferecidos aos reis do Congo, tendo ao mesmo tempo deparado com discursos em torno dos contatos iniciais com os povos da região. Estes textos continham invariavelmente menções a coisas: africanos eram vestidos dos pés à cabeça à maneira dos cortesãos de d. Manuel e de d. João III; o equipamento litúrgico constituía uma constante das embaixadas que partiam para o Congo; finalmente, era o próprio rei do Congo a solicitar coisas ao rei português. Não somente me deparei com o lugar que a escrita ocupava na justificação dos contatos empreendidos, mas também dos significados de que as coisas oferecidas se revestiam aos olhos dos doadores. Ficou também patente que esses significados seriam diferentes daqueles que possam ter assumido para os receptores, mas que em todo o caso as ambiguidades e equívocos criados convinham a ambos os intervenientes nas transações. Este trabalho não pretende explorar os significados da experiência de colonização portuguesa para os congoleses, mas apenas analisar os discursos *sobre* congoleses que se encontram em algumas fontes portuguesas do século XVI, e a forma como os objetos oferecidos se inserem nos conteúdos dos textos.

No entanto, como se justifica que um estudo de cultura material tenha de recorrer a análises do tipo discursivo? Por que um périplo por cartas, relatos de viagem, crônicas, e regimentos, que vai muito para além da intenção de contextualizar

---

[1] Investigadora Associada do Instituto de Ciências Sociais da Universidade de Lisboa.

os objetos que o rei português oferece aos congoleses? Neste caso vertente, as coisas oferecidas pelo rei d. Manuel são lidas através do conceito de semióforo formulado por Krzysztof Pomian. Segundo este autor os semióforos correspondem a objetos que uma dada sociedade reconhece como portadores de significados, e que, de forma parcial ou exclusiva, se destinam a ser olhados, ainda que possam conservar a sua função utilitária. Partilham com a linguagem escrita a capacidade de estabelecer a ligação entre o ausente e o presente, o visível e o invisível: "objectos destinados a prolongar uma troca de palavras, ou guardar o seu vestígio, tornando visível e estável o que de outro modo se tornaria evanescente e acessível apenas ao ouvido"[2].

I – O início

Esta história começa em 1485, numa das repetidas viagens feitas ao Congo depois da primeira, por Diogo Cão, ocorrida cerca de quatro anos antes, ao Rio do Padrão[3]. É narrada em termos muito semelhantes pelos principais cronistas da época, embora pareça ter sido Rui de Pina a elaborar um primeiro relato a partir do diário de viagem dos pilotos que foram numa das expedições. Foi essa narrativa que passou depois para a sua crônica de d. João II, com alguns ajustes, sendo posteriormente usada por Garcia de Resende e João de Barros. É nessa primeira versão que nos basearemos, para passar em seguida à análise de outras fontes[4].

---

2   "Histoire culturelle, histoire des sémiophores". In: Krzysztof Pomian, *Sur l'histoire*, Paris, Gallimard, 1999, p. 191-229, citação na p. 205.

3   Os historiadores são unânimes em fixar a primeira viagem ao Congo em 1481-82, mas várias questões permanecem em aberto relativamente a viagens posteriores, no que toca ao seu número e cronologia. Cf. Carmen Radulet, "Diogo Cão". In: *Dicionário da História dos Descobrimentos Portugueses*, dir. de Luís de Albuquerque, vol. I, Lisboa, Caminho, 1994, p. 192-4.

4   Versão fixada por Carmen Radulet, *O Cronista Rui de Pina* e a "Relação do Reino do Congo", Lisboa, Imprensa Nacional, 1992. Baseia-se num manuscrito italiano, também estudado por Francisco Leite de Faria, *Uma relação de Rui de Pina sobre o Congo escrita em 1492*, sep. de Studia, n. 19, 1966. Sobre as outras narrativas referidas, cf. Rui de Pina, "Crónica de D. João II". In: *Crónicas de Rui de Pina*, introdução e revisão de M. Lopes de Almeida, Porto, Lello & Irmão, 1977; Garcia de Resende, Crónica de D. João II e Miscelânea, Lisboa, INCM, 1973; João de Barros, *Década Primeira da Ásia...*, Lisboa, Off. de Pedro Ferreira, 1752, p. 39-55; e ainda Damião de Góis, *Crónica do Felicíssimo Rei D. Manuel*, 4 vols., Coimbra, por ordem da Universidade, 1954.

Encontrou Diogo Cão o rio de Manicongo; juntamente com ele, uma gente nova, cuja linguagem os vários línguas (intérpretes) que levava não compreenderam. O problema era relativamente simples de resolver: foram trazidos para Portugal no navio uns tantos indivíduos à traição, embora tivessem ficado portugueses em terra servindo de penhor do seu regresso. Não foi este um ato original: Cristóvão Colombo faria o mesmo poucos anos mais tarde na sua primeira viagem às Antilhas. Stephen Greenblatt chamou-lhe o rapto da linguagem, uma vez que o seu fim era a produção de intérpretes, figuras cuja centralidade nos processos de colonização tem sido estabelecida pelos historiadores[5]. Neste caso, a violência do rapto foi amenizada por uma troca de reféns, ainda que involuntária (os portugueses que ficaram com o rei do Congo) e pelo fato de, como diz o texto, os congoleses terem sido trazidos à presença do rei de Portugal, que lhes conferiu tratamento de embaixadores.

Chegaram os congoleses a Beja em inícios de 1489, onde se encontrava a corte, tendo sido recebidos pelo rei e pela rainha. Todos receberam roupas à moda do reino e procedeu-se ao batismo de alguns deles; os membros da delegação ficaram até ao fim de 1490 para aprender "a língua e a fé". O relato mostra-os prontos a adquirir todos os saberes portugueses: domesticar bois selvagens, aprender a cultivar cereais, a cozer pão. Tudo a fim de que "... a partir daquele momento, os homens de um e de outro reino *sejam iguais* e convencidos de uma e de outra parte do amor e da *necessidade de praticar e conversar com base na mesma maneira de viver e com os mesmos costumes*". Traziam ainda jovens para aprender o latim, a forma dos caracteres latinos e a fé católica, de modo a que, regressados ao Congo, soubessem "uma e outra língua"[6].

Em dezembro desse ano, o rei enviou uma frota ao Congo, com Gonçalo de Sousa como capitão e vários frades (a ordem ou ordens religiosas a que pertenciam não se encontra referida) como embaixadores da fé cristã[7]. Chegaram em Março do ano seguinte, não sem que a viagem trouxesse elevadas perdas à delegação: o seu capitão e dois dos africanos cristianizados morreram, ao que parece de um surto de peste

---

5 Stephen Greenblatt, *Marvelous Possessions. The Wonder of the New World*, Chicago, Chicago University Press, p. 86-118.

6 In Radulet, *O Cronista...*, p. 103 (sublinhados meus).

7 Segundo Francisco Leite de Faria teriam sido várias, entre dominicanos, franciscanos e lóios, baseando-se no fato de o relato matricial não especificar a ordem a que pertenciam; coloca ainda a hipótese de terem ido também padres seculares (*Uma relação de Rui de Pina sobre o Congo escrita em 1492*, sep. de Studia, n. 19, 1966). Este autor refere ainda que cada uma destas ordens reivindicou para si a honra de ter sido a primeira a enviar missionários para o Congo.

que com eles tinha embarcado em Lisboa. Encontraram Monisonho, um tio do rei do Congo que também queria ser cristão; foi-lhe feita a vontade cinco dias mais tarde, no Domingo de Páscoa, tendo adotado o nome do irmão da rainha de Portugal, Manuel, e o seu filho o de António. No dia seguinte, Manuel e o filho vieram ao navio dos portugueses ouvir missa, e comeram à mesa "como é hábito dos de Portugal"[8].

Partiram então os portugueses ao encontro do rei do Congo, que vivia no interior a mais de quinze dias de caminho. Foram recebidos com toda a pompa, e conduzidos ao rei, sentado numa grande cadeira, a qual estava colocada no seu palácio "como num lugar de espetáculo". A seguir foi-lhe oferecido um cavalo ricamente aparelhado. Na primeira semana de maio construíam os portugueses a igreja; perante a impaciência do rei congolês procederam a uma nova vaga de batismos ainda antes de estar pronta, improvisando um espaço num quarto do palácio do rei. Desta vez foram batizados o rei e seis dos seus fidalgos, tendo o primeiro recebido o nome de João, tal como o rei de Portugal d. João II. No dia seguinte o rei e os seis baptizados tiraram os panos brancos do óleo do crisma, "como a igreja manda[9]". A rainha manifestou vontade de ser baptizada, o que veio a acontecer pouco depois, tendo-lhe sido dado o nome de d. Leonor, igual ao da rainha de Portugal. Então, diz o relato que temos estado a seguir, estava tudo pronto para ajudar o rei do Congo numa guerra contra uns súditos rebeldes. Em 1492 regressou esta expedição a Portugal.

Foi este o princípio de uma relação entre colonizador e colonizado de onde parece ter estado ausente a violência explícita que caracteriza a maior parte dos processos de construção de impérios (se esquecermos o episódio do rapto, e outros de que adiante daremos conta). Mau grado a existência de numerosos equívocos e ambiguidades, assim se desenvolveria nos anos seguintes.

Várias conclusões se podem retirar desta narrativa: em primeiro lugar, a existência da instituição da realeza em África muniu os portugueses de um interlocutor identificável, fornecendo um ponto de encontro entre as duas culturas, mau grado as diferenças culturais que os portugueses já então reconheciam, como o não comer

---

8   Radulet, *O Cronista...*, p. 115.

9   No *Sacramental* de Sanchez de Vercial, o ritual de batismo previa que o neófito usasse durante sete dias uma vestidura branca na cabeça (e não um a dois dias como acontece neste caso). Esta constituía um sinal da coroa do reino de Deus, da qual o neófito era feito membro. Significava a ressurreição da Igreja, segundo a qual os corpos ressuscitariam no dia do Juízo e ainda, a ressurreição dos que, estando em pecado, se levantavam por penitência. Era usado também no sacramento de confirmação ou crisma. Cf. Clemente Sánchez de Vercial, *Sacramental* [Chaves, 1488], ed. José Barbosa Machado, s.l., Edições Pena Perfeita, 2005, p. 129.

à mesa, a nudez da cintura para cima, as pinturas do corpo etc. A passagem de uma cultura para a outra era marcada pelo batismo, que para os portugueses significava a entrada na comunidade de fiéis, e para os africanos teria outro significado que desconhecemos. Nesse processo, a aprendizagem da doutrina ficaria para uma segunda etapa. Nota-se ainda a necessidade de conferir importância aos recém-batizados (o rei só autoriza os seus nobres mais importantes a receber a água do batismo); mais importante ainda, o interesse dos africanos no auxílio militar dos portugueses, provavelmente devido à sua conhecida superioridade bélica. Em suma, a acreditar no conteúdo do texto, foi desde o início uma relação em que os portugueses tinham aparentemente mais a dar do que a receber. Pelo texto perpassam, pela voz dos africanos, várias afirmações da superioridade cultural dos portugueses. Ou seja, inaugura-se uma relação de patrocínio, em que o rei de Congo fazia dom de si mesmo como súdito do rei de Portugal, e se propunha aprender a cultura religiosa, econômica e política do seu novo senhor. Iam na comitiva portuguesa mulheres para ensinar a amassar o pão, homens para ensinar a cultivar trigo, padres para a doutrina. Em expedições posteriores, como veremos, irão também letrados e magistrados. Trata-se assim de um relato de um "bom começo", que augurava um entendimento pacífico entre os dois povos. Como veremos, o prolífico mercado de escravos na região aumentaria as tensões recíprocas e multiplicaria as ambiguidades existentes em todo o processo.

II – Aquela bárbara província

D. Manuel prosseguiria com as relações de amizade com o reino do Congo dentro da linha traçada pelo seu antecessor. Em 1504, segundo conta Damião de Góis, enviou letrados e mestres de ler e escrever, e outros para ensinar cantochão e a tocar órgão, ou seja música de igreja, juntamente com tudo o que era preciso para o culto divino: vestimentas de brocado e seda, cruzes, cálices e turíbulos. Muitos filhos e parentes dos reis e senhores congoleses vieram nessa altura estudar para o reino de Portugal, tendo sido repartidos por mosteiros e casas de pessoas "doutas e religiosas". Deixa então Damião de Góis escapar a expressão "bárbara província" ao referir-se ao reino do Manicongo, expressão que, significativamente, não se encontra nos relatos dos seus antecessores Pina e Resende[10].

---

10 Damião de Góis, *Crónica do Felicíssimo Rei D. Manuel*, parte I, p. 181. Já João de Barros, no entanto, apelidara os instrumentos musicais dos africanos de "bárbaros" (*Década Primeira...*, fl. 52v.).

Conhecemos bem as intenções de D. Manuel ao enviar missões ao rei do Congo. Chegou até nós uma cópia de umas instruções dadas ao capitão de uma delas, Simão da Silva, datadas de 1512[11]. De certa forma, como veremos, estas instruções constituem um verdadeiro manual do perfeito colonizador.

Depois das habituais indicações relativas à logística da viagem por mar, mandava o rei ao seu capitão que, chegado à embocadura do rio, procedesse viagem por terra ao encontro do rei do Congo. Durante a jornada, não consentiria Simão da Silva que nenhum dos seus companheiros fizesse mal à gente da terra e aos seus bens. Tinha d. Pedro já trabalhado bem os negros para que fizessem o transporte de cargas[12]. Chegado à presença do rei de Manicongo, entregar-lhe-ia Simão as cartas, encomendas e saudações do rei de Portugal, frisando que este as dispensava apenas aos reis cristãos e nunca aos infiéis. Apenas no dia seguinte se procederia à abertura das arcas com os presentes do rei. Chama aqui a atenção o processo semi burocrático da transferência de bens, obviamente acautelando processos de fraude por parte da comitiva portuguesa: o responsável pela entrega seria Álvaro Lopes, acompanhado de um escrivão que faria o registro do ato na presença de Simão da Silva. O motivo da generosidade do rei era simples: "Pois do começo de sua [cristandade] esperamos que naquelas partes se siga muito serviço de nosso senhor e acrescentamento de sua santa fé católica pelo que principalmente neste mundo trabalhamos e em navegações de mar tão longe e de tanto trabalho nos pomos não somente até seus reinos mas mui mais alongado como lhe dareis disso razão falando-lhe nas coisas da Índia e das gentes e armadas que nela trazemos e de todo o que se lá faz de que largamente lhe dareis conta".

---

11 IAN/TT, Leis e Regimentos, maço 2, nº 25, "Treslado do Regimento que el rei D. Manuel deu a Simão da Silva quando o mandou a Manicongo" (1512). Muito embora tenhamos lido esta fonte no original, bem como alguns documentos que citaremos pertencentes ao Corpo Cronológico (doravante CC), todos estes manuscritos se encontram publicados em duas importantes compilações. A primeira delas foi elaborada pelo visconde de Paiva Manso e publicada postumamente (*História do Congo.* (Documentos). Obra Posthuma, Lisboa, Typographia da Academia, 1877, p. 1-119). Mais tarde António Brásio procedeu a uma compilação ainda mais completa, e que parece incluir praticamente todos os documentos disponíveis sobre os portugueses e o Congo (*Monumenta Missionaria Africana: África Ocidental*, coligida e anotada por António Brásio, Lisboa, Agência Geral das Colónias, 1952-), da qual consultámos os volumes I a III.

12 Pode ser este o mesmo d. Pedro que encontramos em Torres Vedras a receber roupa de d. João II, juntamente com a mulher e três negros seus, e que portanto, servia de intérprete aos portugueses (IAN/TT, CC-I-2-34 [1493.07.19, Torres Vedras]). Ver notas ns. 15 e 17.

Vinha posteriormente a lembrança do ato fundador da amizade entre os dois reinos: a vitória militar contra os inimigos do rei do Congo, atrás referida, considerada por si mesma uma recompensa divina pela anterior conversão ao cristianismo. Esta vitória militar, à boa maneira medieval, era apelidada de milagre, e servia de pretexto para a entrega da carta de armas ao rei africano. O texto adquire neste trecho um tom didático: "as quais armas os reis costumam pôr com honra assim como dito é e as que trazem seus vassalos lhe são dadas por ele por suas cartas assinadas para sempre ficarem a suas linhagens por lembrança dos merecimentos e serviços da pessoa a que foram dadas por cuja causa aquela honra fica a todos seus sucessores e para sempre usam dela". O rei do Congo recebia também, para além das suas, escudos de armas que deveria distribuir como recompensa aos seus guerreiros[13].

A seguir, novamente por indicação do seu primo d. Pedro, o rei enviava na comitiva um letrado que ensinaria as coisas da justiça aos congoleses, incluindo os livros de ordenação, que também faziam parte das coisas que a expedição levava. Este letrado ajudaria o capitão a ministrar a justiça tanto em relação à gente da terra como aos portugueses, com a ressalva de que se o rei do Congo quisesse estar presente no julgamento da sua gente, o seu entendimento e vontade prefeririam sobre os dos portugueses, embora coubesse a estes últimos indicar as penas a aplicar.

O texto prossegue ensinando ao rei do Congo para que serviam as bandeiras que lhe eram dadas: "como servem no tempo das guerras e quem as traz e como quem a traz há nome de alferes e como é alferes ou com pessoa principal e este tem outro alferes pequeno que por ele traz a bandeira, e como a bandeira de Cristo anda diante e a bandeira das armas está sempre onde está a pessoa do rei e assim o grão e disto das bandeiras lhe dai outra informação para disso ser bem informado". O capitão devia usar o mesmo procedimento relativamente ao uso de todas as outras coisas enviadas ao rei.

E agora, a construção de uma igreja: desta vez seria em pedra, e teria cinco altares, que era o número para os quais se levava o equipamento litúrgico necessário, para além daquele que já existia no Congo devido a doações anteriores. No entanto, o rei ressalvava que preferia que se levantassem outras tantas igrejas nas quais se pudesse adotar a invocação dos retábulos que a comitiva portuguesa levava.

Em seguida, devia o rei habitar à maneira dos cristãos em casa sobradada, "assim por ser melhor para sua saúde como para mais sua segurança dizendo-lhe o modo das casas de cá e como nós folgaríamos que em tudo vivesse como fiel cristão que é, e a modo dos cristãos" (pontuação minha).

---

13 Veja-se também "Carta d'armas que el-rei D. Manuel mandou ao rei do Congo, e publicação d'ellas por decreto deste – 1512". In: Manso, *História do Congo...*, p. 10-2.

D. Manuel continuava com instruções precisas acerca do disciplinamento da comitiva portuguesa: os que dessem mau exemplo deviam regressar a Portugal na primeira oportunidade para serem castigados. Curiosamente, o parágrafo seguinte tratava dos frades que iam na viagem, mencionando que seriam objeto do mesmo procedimento: seriam presos pelo capitão e enviados ao reino, uma vez que o rei tinha licença por parte do seu vigário. Este procedimento mostra até que ponto conseguia o poder secular imiscuir-se nos assuntos eclesiásticos. De resto, os frades desta viagem teriam de substituir os que lá estavam, que regressavam a Portugal, excetuando aqueles de boa vida, que pudessem ensinar a fé ou com os quais o rei folgasse ("que achardes que bem vivem e que podem aproveitar no ensino da fé e aqueles com que el rei folgar"). O capitão levava também instruções para não deixar que aqueles que estavam de partida incomodassem o rei do Congo com pedidos.

A seguir, vinham os negócios no sentido literal do termo: o capitão devia negociar com o rei a carga de retorno, porque não faria sentido que os navios regressassem vazios. Embora se dissesse que "o nosso principal fundamento seja servir a nosso senhor e a ele fazer prazer como a rei cristão a que temos muito amor" aludia-se aos custos da viagem e à necessidade de os amortizar[14]. A carga que interessava era explícita: escravos, cobre e marfim (por esta ordem), para além da comida e água necessárias para a viagem de regresso. Invocava-se também a despesa feita com os congoleses que permaneciam em Lisboa e os gastos com a "mantença" e ensino da sua fé.

O rei de Portugal era no entanto mais hábil do que parecia: ao seu capitão competiria indagar quais as remessas regulares que o rei congolês estaria disposto a disponibilizar, e se era ele o exclusivo detentor do comércio dos produtos pretendidos. Por outras palavras, se parte do trato podia passar por outras mãos que não as do rei congolês. Vinha também referida a necessidade de saber quais as fronteiras do reino do Congo, quais os reinos vizinhos e as forças bélicas respectivas, bem como a extensão dos seus domínios territoriais. Com outra intenção, à primeira vista de exploração geográfica, instruía o rei o seu capitão no sentido de subir o rio Manicongo, para conhecer as populações que habitavam as suas margens e atingir a sua nascente.

Terminava d. Manuel com boas notícias para o rei do Manicongo: d. Pedro, embaixador do Congo em Lisboa, acompanharia d. Henrique a Roma, onde prestariam obediência a sua santidade e este último, filho do rei d. Afonso, seria feito prelado. Ainda, a viagem seria inteiramente paga pelo rei de Portugal.

---

14 Fim das citações extraídas de IAN/TT, Leis e Regimentos, maço 2, nº 25 (ver nota 10). Também publicado em Brásio, *Monumenta...*, vol. 1, 222-246.

D. Manuel ordenava a Simão da Silva que indagasse junto do rei se algum dos portugueses residentes no seu reino tinha prevaricado contra ele ou a sua gente, para se poder proceder conforme justiça e recompensar os lesados.

Continuaria a vinda de africanos para Portugal: até dúzia e meia de moços, dos 14 aos 15 anos, fidalgos e com melhor disposição e jeito para aprender.

Vinham em seguida as listas de ofícios existentes no reino de Portugal: primeiro os da corte régia, depois os magistrados, desde os das justiças régias às justiças locais, passando pelos responsáveis pelas cadeias; para finalizar, os oficiais dos almoxarifados e da fazenda régia. Para concluir, a hierarquia da nobreza titulada e clerezia: príncipes, infantes, duques, marqueses, condes, visconde, barões, homens do conselho del rei; na clerezia, o papa e os cardeais, os arcebispos, os bispo e os abades bentos, etc...

Todo este documento é na verdade um exercício importante de autorrepresentação, uma vez que nos informa muito mais acerca do reino de Portugal e do seu rei, do que propriamente sobre o reino do Congo. Perpassa por todo o documento a vontade régia em fazer do rei do Manicongo um amigo e aliado, embora não sejam alheias a essas intenções a estratégia de constituir a partir do seu reino um entreposto de observação da região congolesa que se destinaria eventualmente a uma posterior diversificação de alianças. Fica-nos também a impressão de que D. Manuel sabia bastante mais do que dava a entender, ao propor para o rei do Manicongo uma casa sobradada. Torna-se óbvio que não achava as construções dos africanos condizentes com a dignidade régia. As casas de sobrado continuariam a ser para os portugueses uma manifestação incontornável de estatuto social até finais do século XIX. Também é curioso que não mencione a palavra "paço", que designava os palácios da realeza e da alta nobreza... Mas é também noutros momentos que percebemos que existia alguma consciência das diferenças culturais entre os dois reinos, quando se ordena ao capitão que explique ao rei de Manicongo como se deve ostentar uma bandeira num campo de batalha ou o instrui no sentido de ensinar a usar todas as outras coisas que o rei recebeu dos portugueses. Vê-se também que o rei português exige dos súditos que enviou ao Congo que não cometam qualquer atropelo ou violência, dando a entender quão tênue seria fronteira entre a amizade do bom colonizador e a prepotência do invasor. A verdade é que o regimento repetidamente refere a necessidade de punir os portugueses que ousassem perturbar o bom relacionamento entre os dois povos.

Não será exagerado perceber em d. Manuel uma genuína preocupação em expandir a fé cristã, na proporção idêntica das suas intenções comerciais. Na parte final do regimento, entrevê-se a necessidade que d. Manuel sentia de mostrar ao papa o que os portugueses vinham fazendo em prol da fé cristã. Era a ação religiosa que justificava a expansão portuguesa junto da Santa Sé, o principal organismo internacional que a podia legitimar junto dos outros reinos europeus. Mas as intenções de d. Manuel extravasavam em muito a esfera religiosa ou econômica. Existe uma espécie de colonialismo utópico (foi nesses anos que Tomas More publicou a sua *Utopia*), que acreditava piamente que se podia ensinar uma civilização a um outro povo sem fricções nem recusas. Essa aprendizagem requeria uma submissão incondicional dos africanos à suposta superioridade portuguesa, e a sua vontade de abdicar da sua cultura. Um verdadeiro colonialismo didático, não só a nível doutrinal como nos planos político, social e administrativo. A escrita, tanto para os portugueses encarregues das missões de contato com estes congoleses, como para estes últimos, convertia-se num instrumento fundamental. Primeiro, porque a embaixada se regia por um regimento que procurava regular todos os aspectos considerados relevantes; segundo, porque da própria escrita decorria a certificação do bom procedimento dos portugueses. Vimos atrás a forma como se devia proceder à entrega dos presentes, acompanhada por um escrivão que registava as coisas oferecidas. Por outro lado, a aprendizagem da fé era acompanhada também da aprendizagem da escrita: os rapazes do Congo vinham a Lisboa aprender tanto a doutrina como a escrita. Não eram os congoleses supostos passarem a ter trinchantes e copeiros como a corte do rei português, corregedores de comarcas, juízes de fora, tabeliães ou almoxarifes? Não passariam a ter duques, marqueses, condes, etc.? E ainda, visto serem cristãos, não iriam ter cardeais, bispos e abades? A cultura escrita apresentava-se assim fulcral neste processo de colonização do imaginário: sabemos que não havia cartas de armas sem registos, e o exercício dos cargos régios tinha a literacia como seu requisito imprescindível.

Assumiu d. Manuel, ou alguém por ele, que a tribo ou tribos congolesas com quem se tinham estabelecido relações estava na disposição de assimilar a religião e a cultura portuguesas de modo integral. Mais do que isso, o rei partiu do princípio de que era possível reproduzi-las em África através de um processo que faz lembrar uma conversão direta de uma cultura em outra.

Foi d. Manuel generoso com os congoleses, como era hábito seu sempre que se tratava de presentear pessoas ou instituições: os seus emissários levavam alfaias litúrgicas próprias para dizer missa com dignidade. Subentende-se que caberia aos frades e clérigos permanecer no território para velar pela manutenção do culto católico e estabelecer a ligação escrita com o rei.

A lista das coisas que seguiram nesta embaixada é por demais expressiva: o inventário dos objetos que seguiram com Simão da Silva é ao mesmo tempo um autorretrato de uma cultura e um programa de colonização, que confirma grande parte das intenções expressas no texto anterior[15]. Faziam parte do conjunto objetos que pode-

---

15 IAN/TT, Cartas Missivas-III-370. Publicado em Brásio, Monumenta, vol. I, p. 247-53.

mos agrupar em várias categorias: objetos de culto, atributos da realeza, material de natureza agrícola, mão de obra especializada. Objetos de culto e equipamento litúrgico: pedras de ara, retábulos, ferros para hóstias, toalhas, frontais, vestimentas de seda (3) e linho (3), cálices de prata (3), pedras de ara (6), castiçais e lâmpadas de latão, campainhas pequenas, bacios de oferta, caldeiras e hissopes, cruzes de pau com crucifixos, turíbulo. De realçar que só os cálices eucarísticos eram de prata, e os restantes objetos metálicos eram em latão. Já as vestimentas eram parte em seda e parte em linho, e nos têxteis verificava-se já a presença maciça dos panos da Índia. Iam também livros de "linguagem de forma", isto é, impressos e em português.

As coisas destinadas ao rei do Congo incluíam animais de caça (galgos, um açor) e transporte (cavalos e asnos), mobiliário adequado à sua função (cadeiras de espaldas e mesa para comer – tínhamos visto que a ausência desta última foi notada pelos portugueses), um espelho – bom, de Flandres – vestuário e sapatos, armas e peças de armadura. Entre estes objetos, também uma baixela em louça, seis tochas, com uma amostra de velas, para ensinar aos congoleses o que se podia fazer com a cera. Iam também uma cama de campanha (um leito de guerra e uma tenda).

Entre o material agrícola, enxertos de árvores, sementes de cereais, caroços de árvores de fruto, sementes de hortaliça.

No primeiro item do inventário são mencionados os evangelizadores, designados genericamente por frades – em menção de ordem religiosa –, incluindo, entre eles, um tangedor de órgão. Iam também homens, descritos como peões, alguns de guerra – besteiros e espingardeiros – e outros representando "todos" os ofícios mecânicos: ferreiro, ferrador, carpinteiro, oleiro para fazer telha para cobrir as igrejas, caeiro, sapateiro, cordoeiro, lavrador para ensinar a amansar os bois, e colocar os novilhos nas carretas (carroças), e semear as sementes. Não faltavam também um gaiteiro, um tamboril e vários trombetas. Ainda, alfaiate, barbeiro, físico e cirurgião. Deveria ir também um peão "que soubesse fazer canas de açúcar", aproveitando as que lá existiam em quantidade, ou seja, um perito no fabrico do açúcar. Para os soldados ia também pólvora, e haveria ainda dois marinheiros, munidos de agulhas, astrolábio e carta de marear para explorar "o lago". Entre o equipamento iam também coisas de botica, as já mencionadas carretas, um engenho de mó de braço, enxadas e aço, barbante para as bestas, ferrolhos, chaves e fechaduras, material de construção (azulejos e alizares para construir altares) etc.

Estas eram as intenções; adiante veremos os resultados.

III - Os congoleses em Portugal

No Reino, os africanos trazidos do Congo eram tratados com as honras devidas aos amigos e aliados. A avaliar pelos registos de vestiaria – dádiva de roupa – procedentes do reinado de d. João II que se encontram no Corpo Cronológico, foram de fato vestidos dos pés à cabeça, com roupas semelhantes às dos cortesãos e outros servidores da corte[16]. O ato de vestir alguém com roupa doada pelo senhor, neste caso o rei, tem sido visto como um procedimento de incorporação, uma forma mnemônica de inscrever obrigações e dívidas no próprio corpo, isto é, de associar pessoas a instituições, sendo portanto interpretado como um ato de investidura[17].

Nesta fonte podemos ter uma ideia mais precisa dos nomes dos africanos que estiveram no reino: as vestiarias dão conta da presença de d. Pedro de Manicongo, juntamente com sua mulher e três negros, cujo nome não se refere. D. Pedro recebeu roupa por duas vezes, em julho e dezembro, juntamente com vestuário para levar ao rei do Congo dentro de uma arca[18]. A julgar por esta fonte, estava em preparação uma viagem ao Congo, uma vez que aparece um tal de João Soares, que "ora enviamos com

---

16 Este fundo documental, agora digitalizado, permite reunir as ordens de vestiaria dadas pelo rei a Rui Gil, seu guarda-mor do tesouro, e estudar sistematicamente a composição das cortes régias. Foi já utilizado para elaborar os itinerários de d. João II (*Itinerários de El-Rei D. João II (1481-1495)*, prefácio, compilação e notas de Joaquim Veríssimo Serrão, Lisboa, Academia Portuguesa da História, 1993). Não foi possível, no entanto, apurar o valor relativo das indumentárias fornecidas pelo rei aos membros da sua corte e aos seus hóspedes, uma vez que nunca é indicado o valor das peças de roupa. D. Pedro e os seus homens foram no entanto distinguidos maior número de coisas do que os escravos, incluindo cintos, barretes, e sapatos (no caso de d. Pedro, borzeguins; também recebeu vestidos de pano de Ypres, em vez de tecidos de qualidade inferior). Cf. IAN/TT, CC-I-2-34 [1493-07-18, Torres Vedras] que documenta o luxo das vestes dos congoleses quando comparado com o dos outros negros (IAN/TT, CC-I-2-58 [1493.09.16, Torres Vedras]).

17 Estas observações são feitas a propósito das librés, mas julgo continuarem pertinentes para este caso. Cf. Ann Rosalind Jones & Peter Stallybrass, *Renaissance Clothing and the Materials of Memory*, Cambridge, Cambridge University Press, 2000, p. 1-33. No caso dos congoleses, sabemos que o hábito de vestir à europeia passou para o Congo onde nos meados do século XVII constituía sinal de status (John Thornton, *Africa and Africans in the Making of the Atlantic World, 1400-1800*, 2ª ed., Cambridge, Cambridge University Press, 1998, p. 231).

18 IAN/TT, CC-I-2-34 [1493.07.18, Torres Vedras]; CC-I-2-103 [1493.12.10, Lisboa].

d. Pedro a Manicongo", também a receber roupa[19]. Os congoleses parecem ter sido bem tratados, e nunca confundidos com escravos; nunca são designados por "reféns", conforme ocorre com vários casos de estrangeiros na corte portuguesa. Havia dezenas de escravos na corte de d. João II, tanto negros como brancos, entre mulheres, homens e crianças. Os primeiros encontram-se sobretudo na condição de varredores do paço, também com direito a roupa e calçado, embora menos luxuoso do que os hóspedes provenientes do Manicongo[20]. Na estrebaria do rei existiam também escravos, embora em menor número. As mulheres e crianças, em contrapartida, parecem ter sido sobretudo de origem muçulmana. De resto, a presença de escravos na corte seria uma constante até ao advento da União Ibérica[21]. A situação destes congoleses, sempre tratados como embaixadores e nunca como escravos, é tanto mais interessante porquanto sabemos já existir uma forte presença de escravos africanos negros em Portugal, extensiva não só à cidade de Lisboa e Évora, onde a corte estanciava prolongadamente, mas também ao resto do reino[22].

Depois desta vaga inicial de congoleses em Portugal, solicitava d. Manuel, como vimos, a vinda de rapazes entre os catorze e os quinze anos, num número que podia ir até dúzia e meia. Não sabemos se alguma vez foram enviados tantos de uma só vez; dos congoleses em Portugal no tempo de d. Manuel pouco mais dispomos por ora do que algumas informações esparsas contidas em alvarás de vestiaria. Outras informações, de que estariam a ser educados entre os loios, são aventadas por alguns histo-

---

19 IAN/TT, CC-I-2-104 [1493.12.10, Lisboa].

20 Veja-se, a título de exemplo, as roupas dadas aos varredores em IAN/TT, CC-I-15-109 [1514.08.12, Lisboa].

21 Para a casa de Catarina de Áustria cf. Annemarie Jordan, "Images of empire: slaves in the Lisbon household and court of Catherine of Áustria", *Black Africans in Renaissance Europe*, edited by T. F. Earle and K. J. P. Lowe, Cambridge, Cambridge University Press, 2005, p. 155-80.

22 A presença de negros africanos era extensiva à cidade de Lisboa e ao reino. Sobre este tema, cf. A. C. de C. M. Saunders, *A Social History of Black Slaves and Freedmen in Portugal, 1441-1555*, Cambridge, Cambridge University Press, 1982; Jorge Fonseca, *Escravos no Sul de Portugal: Séculos XVI-XVII*, Lisboa, 2002. E ainda, Jorge Fonseca, *Black Africans in Portugal during Cleynaerts's visit (1533-1538)*, *Black Africans in Renaissance Europe*, edited by T. F. Earle and K. J. P. Lowe, Cambridge, Cambridge University Press, 2005, p. 113-21; e Didier Lahon, *Black African slaves and freedmen in Portugal during the Renaissance: creating a new pattern of reality*, idem, p. 261-79.

riadores, ainda que pouco documentadas[23]. O documento diz que foram distribuídos entre casas de pessoas e mosteiros. Assim, em 1514 seriam pelo menos seis os congoleses presentes na corte do rei. Um filho do próprio rei d. Afonso de Manicongo, de seu nome d. Francisco, e seus dois primos d. João e d. Afonso. Ainda, um terceiro primo, d. Rodrigo, que estava para regressar à sua terra. E sobretudo, d. Henrique, a quem foi dada roupa de cor azul e se encontrava não na corte mas no "estudo". Provavelmente confirma-se a estadia nos loios apenas para este caso, uma vez que estes últimos eram também conhecidos por cônegos azuis. Henrique seria mais tarde nomeado bispo de Utica a instâncias do rei d. Manuel, depois de alguma hesitação papal na nomeação respectiva[24]. Não tinha o próprio rei d. Manuel solicitado ao papa o cardinalato para um dos seus próprios filhos?

Mas será errado depreender das boas intenções do rei o sucesso da sua iniciativa pedagógica. Para além das vidas de alguns destes congoleses se perderem nas viagens do Congo a Portugal, a sua aprendizagem parece não ter dado grandes frutos. Em 1517, o rei d. Afonso mostrava-se desconsolado porque d. Manuel lhe tinha escrito numa sua carta que nenhum proveito se seguia do ensino dos congoleses em Lisboa; respondia o rei congolês que não permanecessem juntos e fossem espalhados pelo reino "de maneira que não se vissem uns aos outros por essas casas de religião"[25].

III – A MINHA MULA, SENHOR!

Pela voz dos congoleses, quer a partir de Portugal quer do Congo, temos acesso ao negativo da imagem idealizada transmitida quer pelas narrativas das crônicas quer pelo regimento dado por d. Manuel em 1512.

Em data incerta, o embaixador do rei do Congo em Lisboa escreveu ao rei a queixar-se de que a mula que este lhe tinha dado tinha sido roubada, ou antes, um dos seus servidores teria subtraído o animal e colocado outro em seu lugar. O problema residia

---

23 A maior parte destes baseiam-se numa crônica da ordem, embora os documentos em que o respectivo autor se baseia nunca tenham sido encontrados. Cf. Francisco de Santa Maria, *O Céu Aberto na Terra: historias das sagradas congregações dos Cónegos Seculares de S. Jorge em Alga de Venesa e de S. João Evangelista em Portugal...*, Lisboa, na Officina de Manoel Lopes Ferreyra, 1697, p. 256-70.

24 IAN/TT, CC-I-15-110 [1514.08.14, Lisboa]. D. Henrique era filho do rei D. Afonso e regressou ao Congo, sendo já falecido em 1539 (Carta de D. Afonso a D. João III in: Manso, *História do Congo...*, p. 71).

25 In: Manso, *História do Congo...*, p. 43-4.

no fato de a nova mula ser rebelde e desobediente, e a mula desaparecida ter custado ao autor da carta muito trabalho a treinar. Importante no texto da carta é o uso, – retórico ou não, nunca o saberemos –, da expressão "pobre estrangeiro" com que o seu autor se define a si próprio[26]. Eram as mulas nesta época animais preciosos, não só pelo transporte de cargas, mas por serem até preferidas aos cavalos para transportar pessoas. A razão desta preferência não é conhecida, mas talvez as mulas se adaptassem melhor a terrenos difíceis. O fato é que a sua proliferação levou d. João III a temer pela sobrevivência dos cavalos enquanto espécie, e a proibir o seu uso[27]. As mulas também constituíam uma marca de distinção social, a avaliar pelo fato de encontrarmos o rei a autorizá-las a mercadores[28].

Antes de passarmos às cartas escritas a partir do Congo, será necessário um breve parênteses para referir que, embora assinadas de cruz pelo rei, d. Afonso (um filho do rei d. João, batizado anteriormente), podem não ter sido da sua autoria. Encontravam-se então no Congo vários portugueses, entre os quais homens do clero, que as podem ter escrito, a avaliar pelas preocupações referentes a aspectos materiais do culto religioso que invariavelmente referem[29]. Todavia, é impossível saber se o rei congolês sabia o que diziam as cartas. Descrições pormenorizadas de tecidos que recebia de Portugal, bem como uma referência a si próprio em que solicita roupa para não se vestir como um "selvaje", revelam excessivo conhecimento da cultura portuguesa para terem sido escritos por alguém que nunca viveu em Portugal, mesmo que alguns autores deem d. Afonso como um leitor de escrituras religiosas e instruído em matéria de doutrina[30]. Tal como os reis portugueses, d. Afonso ditava as suas cartas a

---

26 "Carta de D. Pero de Sousa, embaixador do rei do Congo, queixando-se ao rei de lhe terem roubado uma mula que este lhe tinha dado", s.d., in: *Gavetas (As) da Torre do Tombo*, vol. X, vols., Lisboa, Centro de Estudos Históricos Ultramarinos, 1960-1977, p. 332.

27 Francisco de Andrada, *Crônica de D. João III*, introdução e revisão de M. Lopes de Almeida, Porto, Lello, 1976, p. 581-2.

28 IAN/TT, CC-I-5-12 [1501.03.00, Lisboa].

29 "As coisas que para a igreja são necessárias que me requereu o padre Rui de Aguiar vigário que me ora vossa alteza cá mandou são estas as quais beijarei as mãos de vossa alteza mandar-nos uma cruz de prata, uma custódia para o Corpus Christi, umas cortinas para o altar, uma meia dúzia de sobrepelizes, dois antifonários de canto a saber santal e domingal, um par de vestimentas, dois pares de missais, dois pares de breviários, um par de frontais, meia dúzia de pazes, uma dúzia de retábulos pequenos para as igrejas que estão cá pelo reino hum quintal de cera lavrada para as missas". Excerto de carta do rei do Congo in: IAN/TT, CC-I-22-5 [1517.06.08, cidade do Congo].

30 Manso, *História do Congo...*, p. 19.

um escrivão (que de resto se identificava no fim do texto) e assinava-as no fim com um sinal de cruz. Era este o procedimento normal, mas não podemos saber ao certo se o rei efectivamente as ditava, ou era mesmo capaz de as ler. Por elas perpassam muitas vezes lutas entre os portugueses residentes ou de passagem pelo reino do Congo, em que d. Afonso tomava partido, sendo difícil hoje determinar quem instrumentalizava quem, quem mentia e em que circunstâncias. Mas inegavelmente, para lá destas questões, em grande parte insolúveis, a imagem que as cartas nos fornecem funciona como um negativo dos textos oficiais portugueses.

Senão vejamos o extenso rol de queixas incluído nas cartas de d. Afonso do Congo. Morto o capitão da frota enviada pelo rei de Portugal, por duas vezes assistiram os congoleses a lutas violentas pela sucessão da chefia: a primeira quando Gonçalo de Sousa morreu e a segunda quando faleceu Simão da Silva. Ficaram entregues também à cupidez do capitão de S. Tomé, que por repetidas vezes enganou o rei, destruindo as suas cartas para Portugal, imobilizando enviados do rei do Congo, ou desviando presentes deste para o rei de Portugal ou vice-versa. Os padres encarregues de doutrinar os moços desentenderam-se entre si, e cada qual ensinava os seus. Um ou outro sacerdote foi acusado de falta de cumprimento do preceito da castidade e de comer carne na Quaresma. E praticamente todos os portugueses, clérigos ou leigos, são acusados de cupidez, mormente de se envolverem no tráfico de escravos[31]. Quanto aos artífices mandados pelo rei (pedreiros, carpinteiros, telheiros, etc.) foram todos acusados pelo rei d. Afonso de ganância e de não trabalhar. Apesar de se queixar amargamente da imagem negativa que os "brancos" forneciam do cristianismo, d. Afonso mostrou-se indefectível na sua fé, e continuou a apelar repetidamente para o rei de Portugal no sentido de por termo aos desmandos verificados.

Várias cartas nos remetem para a irmã do rei, a devotíssima rainha d. Leonor. Não devemos, uma vez mais, ignorar a sua provável influência nos atos de d. Manuel. A ser verdade terem alguns dos rapazes do Congo sido educados no convento dos loios, paredes meias com o paço da rainha viúva, d. Leonor, é provável que tenham estado sob a tutela desta última. Os seus aposentos comunicavam através de um passadiço com a igreja dos loios, que a rainha utilizava para ouvir missa. O certo é que nesta carta o rei do Congo dava os pêsames pela morte da rainha ao sobrinho desta, d. João III, aproveitando para verbalizar novas queixas contra os portugueses que fre-

---

31 Fornecer escravos aos portugueses foi desde logo uma das tarefas que o rei do Congo realizou; o problema surgia apenas quando não eram acautelados os interesses dos congoleses, e se procedia à escravização de parentes e fidalgos do rei. Não se tratava de uma contestação da escravatura por parte do rei congolês, mas sim de uma acusação de abuso e mau procedimento relativamente a alguns portugueses.

quentavam a região³². O seu autor, d. João Teixeira, obviamente português, lastimava a falta de vinho e farinha para ministrar a eucaristia. A propósito da morte de D. Leonor, ocorrida em novembro do ano anterior, lamentava não ter chegado a notícia da morte do rei (d. Manuel I, falecido em dezembro de 1521). Como era costume na época, desculpabilizava-se o seu sucessor pelo esquecimento (o rei teria muito em que pensar) mas acusavam-se veladamente os seus oficiais. Esta acusação de votarem os congoleses ao esquecimento será repetida mais tarde. No entanto, a queixa mais grave consistia em acusar os portugueses de escravizarem homens do rei do Congo, indevidamente raptados, entre os quais figurariam parentes e homens da sua nobreza. E também, a introdução de mercadorias proibidas, com as quais os súditos de d. Afonso se revoltariam contra ele. Com toda a probabilidade, embora o documento não o explicite, armas³³. Um comércio que corromperia tanto congoleses como portugueses. Outro documento acusava os mercadores de escravos de marcarem a fogo os parentes e fidalgos do rei congolês assim que os recebiam dos africanos que os tinham capturado, para depois dizerem que os tinham comprado. Para acabar com a desordem instaurada o rei do Congo nomeava três oficiais encarregues de certificar a origem dos escravos a embarcar, a fim de evitar contrabando de homens do rei.

Entretanto, o momento alto da aliança foi a carta de obediência ao papa que d. Afonso enviou a Paulo III em 1539. D. Afonso, tal como o rei de Portugal, submetia o seu reino à autoridade papal, ao mesmo tempo que lhe pedia tudo aquilo que fosse a bem da santa fé, de seus reinos e os privilégios e liberdades que Sua Santidade lhe quisesse conceder. Começava a carta da seguinte forma: "D. Afonso por graça de Deus rei de Congo e Ibungu e Acomguo e Agoyo de aquém e de além Azary senhor dos Ambundos de Angola da Quisyma e Misuauru e de Matambu e de Muylu e de Musuco e dos Amzicos e da conquista de Pamzo Alambu etc³⁴."

IV – Epílogo

Um relato de um missionário italiano de 1798, publicado por António Brásio, esclarece alguns dos aspectos anteriormente focados³⁵. Nessa época, havia um só mis-

---

32 IAN/TT, CC-I-34-94 [1526.07.06, Congo].

33 Idem.

34 IAN/TT, CC- I-64-25 [1539.02.22, Congo].

35 Brásio, António, "Informação do Reino do Congo de Frei Raimundo de Dicomano", Studia, n. 34, 1972, p. 19-42. Sobre as missões africanas dos portugueses cf. também António Custódio Gonçalves, "As influências do cristianismo na organização política do Reino

sionário no Congo (neste caso, o autor da descrição); os congoleses continuavam a batizar as suas crianças, mas desinteressavam-se de imediato da fé católica e manifestavam até relutância em aprendê-la. Faziam-se ainda cavaleiros da Ordem de Cristo mas era o padre que os nomeava (não é referido em nenhum momento que esta nomeação passasse pela chancelaria respectiva em Portugal). Os africanos feitos cavaleiros usavam a ordem recebida como uma distinção social, e limitavam-se a decorar com cruzes casas, roupas e cadeiras. Faziam-se também enterros de negros no que restava das antigas igrejas construídas pelos portugueses. A presença do missionário tinha um valor essencial, porque era ele que sancionava a eleição do rei e o investia na função. Nessa altura esta figura correspondia a um pobre diabo contra quem os marqueses e duques se tinham revoltado, e que estava sujeito aos bens pagos ao padre aquando de batismos e enterros para receber os poucos tributos que tinha. Importante: o rei cobria o seu próprio corpo com restos de frontais de altar que lhe tinham ficado dos missionários anteriores. Este cenário correspondia a um novo enquadramento político: de um reino fortemente centralizado, o Congo tinha evoluído para um sistema muito mais descentralizado, governado coletivamente, no início do século XVIII[36].

No relato a que nos referimos, é manifesto um tom de descrença relativamente aos costumes que os africanos assimilaram de Portugal. Estamos perante um texto do século XVIII, em que, ao contrário dos de início do século XVI, existia uma percepção muito mais aguda das diferenças culturais entre africanos e portugueses. Frisa-se sobretudo o apego que os africanos votavam aos símbolos, tais como as cruzes que figuravam no hábito de Cristo, provavelmente não muito diferentes do dos portugueses da época, para quem uma comenda significava mobilidade social ascendente. Outro documento nos diz que havia uma confraria da santa misericórdia, como em qualquer colônia portuguesa digna do nome, embora saibamos pouco acerca dela[37]. A aliança com os portugueses tinha provavelmente, a 300 anos de distância, a mesma funcionalidade: a de conferir marcas de distinção a determinados chefes locais e seus próximos (tais como a realeza, a Ordem de Cristo e o batismo). De resto, como obser-

---

do Congo", Congresso Internacional Bartolomeu Dias e a sua época. Actas, vol. V, Porto, Universidade do Porto - CNCDP, 1989, p. 523-39; João Paulo Costa, "As missões cristãs em África". In: Luís Albuquerque (dir.), *Portugal no Mundo*, vol. III, Lisboa, Publicações Alfa, 1989, p. 88-103.

36 John Thornton, *Africa and Africans...*, p. 206-7.

37 A Misericórdia de Salvador do Congo recebeu os privilégios da misericórdia de Lisboa em 17.08.1617. In IAN/TT, *Chancelaria de Filipe II*. Privilégios, Livro 5, fl. 121-121 v.

vou António Brásio em artigo publicado em 1969, a arbitragem externa era essencial para regular a questão da investidura dos reis congoleses[38].

No século XIX e XX a experiência congolesa de Quinhentos serviu ainda de base a uma tênue pretensão colonial portuguesa sobre a região, numa época em que a História ainda servia para justificar direitos políticos. Que a retórica histórica foi afinal pouco eficaz comprova-o o fato de tudo se ter ficado por um monólogo lusitano, e o Congo acabou dividido entre a França e a Bélgica.

Conclusão

É tempo de lançar um olhar sobre os processos de colonização que coloque as coisas – no sentido literal do termo – no seu devido lugar. Por todo este pequeno trabalho perpassam as referências a coisas: substâncias e objetos, que, para além do seu valor de mercado, comunicam ideias e posicionam os seus possuidores em patamares sociais específicos. A aprendizagem da cultura religiosa dos portugueses incluía o uso de roupas à maneira da corte, de um conjunto de objetos litúrgicos imprescindível ao culto, e também de substâncias consumíveis, que lhe eram indispensáveis, tais como o vinho e o pão para a eucaristia ou os santos óleos para os sacramentos. Se repararmos, estamos sempre a falar de coisas, que, enquanto semióforos, conferem qualidades aos seus possuidores, e daí o serem quase sempre usadas em contextos rituais. Nesta época, em que a doutrinação era necessariamente rudimentar, os rituais eram a face mais visível da fé e os melhores veículos de transmissão das ideias do cristianismo. Os objetos da liturgia cristã eram não só um testemunho da generosidade e opulência do rei, como também sinais visíveis da presença de Deus. Havia também os outros, aqueles que eram usados nos rituais ligados à pessoa do longínquo rei e da sua corte: os hábitos das ordens religiosas, as cotas de armas, e os estandartes das batalhas. Mas também, como vimos, uma preocupação com as roupas do rei, que por várias vezes solicitou ou recebeu vestidos do rei de Portugal. A aprendizagem dos aspectos imateriais da cultura cristã manteve-se assim inseparável da das coisas, se bem que o seu significado apreendido possa ter sido diferente do original. A intenção dos portugueses ao oferecer esses objectos centrava-se na vontade de tornar o invisível presente, tanto ao nível religioso (a fé cristã) como ao nível político (o poder do rei de Portugal). Mais do que os textos escritos, cuja compreensão estava dependente de um processo de aprendizagem moroso e sempre falível, as coisas veiculavam sentidos, que, embora

---

38 Padre António Brásio, C. S. Sp., "O problema da eleição e coroação dos reis do Congo", *Revista Portuguesa de História*, t. XII, 1969, p. 351-81.

se prestassem a mal-entendidos, tinham um uso muito mais imediato do que os livros ou outros escritos.

No vocabulário dos estudos pós-coloniais, o termo catacrese talvez seja o que melhor define a relação dos congoleses com muitos dos aspectos da cultura portuguesa que adotaram. A catacrese baseia-se na percepção, por parte do colonizado, de que um signo confere importância ao seu possuidor[39]. No caso vertente, uma cota de armas, um estandarte de batalha, um hábito da ordem de Cristo, um capelo de recém-batizado, ou um cálice eucarístico. No entanto, a sua adoção não significa que o receptor lhe dê o mesmo significado que o objeto tinha na cultura de origem, e portanto implica a sua utilização em contextos diferentes dos originais.

Mas para além dos objetos, como vimos, o esforço de colonização dos congoleses passou pela aprendizagem da fé cristã, inseparável do da escrita e da leitura. Até aqui, nada de novo, se pensarmos no número e variedade de catecismos que se publicarão mais tarde nas línguas locais, tanto americanas como asiáticas, embora a maior parte deles se destinasse ao uso dos missionários. Mas, nesta fase, de protomissionação, os congoleses vinham a Lisboa para serem ensinados. Neste caso, na sequência imediata de um rapto de linguagem, mas prolongado em função do interesse do rei em manter a aliança entretanto criada. Esse processo de aprendizagem através da estadia dos sujeitos de aprendizagem em Lisboa acabaria em breve, com a organização de missões sistemáticas. Representações das populações locais deixaram de vir para Portugal aprender: a experiência dos rapazes do Congo não se repetiu.

---

[39] Bill Ashcroft, Gareth Griffiths and Helen Tiffin, *Key Concepts in Post-Colonial Studies*, London, Routledge, 1998, p. 34.

Crucifixos centro-africanos: um estudo sobre traduções simbólicas[1]

Marina de Mello e Souza
Universidade de São Paulo

Logo nos primeiros contatos dos portugueses com os povos habitantes ao sul do baixo rio Congo, que se articulavam por relações diversas sob uma chefia central e se localizavam numa área que os portugueses passaram a chamar de reino do Congo, o catolicismo foi um ponto de contato, de comunicação, um instrumento que serviu para os portugueses se aproximarem dos congoleses e a estes para se aproximarem daqueles. Um dos grandes objetivos das navegações atlânticas, que no século XV consumiam muito mais recursos do que os que foram por elas gerados, era encontrar

---

1   Agradeço à Fapesp (Fundação de Amparo à Pesquisa do Estado de São Paulo) que financiou a minha participação no Congresso Internacional "O espaço atlântico de antigo regime: poderes e sociedades", promovido pelo CHAM e pelo IICT e realizado de 2 a 5 de novembro de 2005 na Faculdade de Ciências Sociais e Humanas da Universidade Nova de Lisboa, para o qual uma primeira versão deste texto foi escrita. Agradeço aos meus companheiros Carlos Alberto M. R. Zeron, Janice Teodoro, Maria Cristina C. Wissenbach e Rafael de Bivar Marquese, do projeto "Empires. Sociétés. Nations./ 'Práticos e Práticas'" (com coordenação geral de Serge Gruzinski, CNRS/EHESS) pelos comentários que fizeram a respeito desse texto, numa primeira discussão. Agradeço também a Carlos Almeida e José Augusto da Silva Horta pelos comentários que fizeram quando apresentei uma primeira versão deste texto no referido Congresso, em novembro de 2005, o que me permitiu perceber novas questões e aprofundar a reflexão. A presente versão, apresentada no colóquio internacional "Escrita, memória e vida material" promovido pelo projeto temático Dimensões do Império Português, em outubro de 2006, avança a análise dos usos da cruz feitos pelos congoleses, que faz parte de uma reflexão maior sobre as formas como o catolicismo foi incorporado por algumas sociedades centro-africanas.

o Preste João, rei cristão lendário que os homens daquela época acreditavam habitar um lugar do continente africano, na região da Etiópia, de onde notícias muito antigas falavam do cristianismo lá praticado. No percurso das expedições portuguesas ao longo da costa africana, então chamada costa da Guiné, quando o golfo do Benin foi atingido e os navegadores contaram que a direção seguida era agora rumo ao oriente, acreditou-se estar próximo de contornar a África e chegar não só à Índia e ao Oriente, como também ao reino do Preste João. Este seria um aliado precioso na luta contra os muçulmanos, que além de permanecerem numa pequena parte da Península Ibérica marcavam sua presença no Mediterrâneo a partir do norte da África, de onde controlavam as rotas comerciais que atravessavam o Saara, trazendo entre outras mercadorias muito cobiçadas o ouro, o sal e os escravos.

Portugal, que há pouco se livrara da dominação árabe, ainda investia contra os muçulmanos no norte da África em nome da defesa de uma cristandade que se espalharia com a subjugação dos infiéis e a conversão dos gentios. Destino, comércio e conversão são fatores evocados por Zurara para explicar as ações do infante d. Henrique na exploração da costa africana, onde se deram os primeiros encontros entre os portugueses e os povos africanos, no início capturados e vendidos como escravos, depois parceiros num comércio voltado cada vez mais para a compra e venda de gente[2]. Na bula *Romanus Pontifex*, de 1455, o papa Nicolau V reconhecia os direitos de Portugal sobre a Guiné, que ia sendo explorada na busca de uma alternativa para se chegar às Índias. Enquanto isso a Coroa portuguesa plantava padrões, tomando posse das terras que tocava. Nesse movimento, tão importante quanto a venda de escravos e outras mercadorias, quanto a procura pelo caminho das Índias e das regiões fornecedoras do ouro que era comerciado no norte da África, era a ampliação da cristandade: tarefa que o reino português assumiu com o aval de Roma, tomando para si a obrigação de converter ao cristianismo as populações com que entrasse em contato em suas explorações Atlântico afora. Assim, quando Diogo Cão chegou pela primeira vez na foz do rio Congo, em 1482, a corte lusitana foi tomada de grande ânimo, pois pensou-se estar próximo de contornar a África e encontrar o reino do Preste João[3]. Comércio

---

2   Gomes Eanes Zurara, *Crônica dos feitos da Guiné*, Lisboa, Divisão de Publicações e Biblioteca, Agência Geral das Colônias, 1949.

3   Serge Gruzinski, em *A passagem do século: 1480-1520. As origens da globalização*, São Paulo, Companhia das Letras, 1999, diz que em 1487 partiram duas grandes expedições de Portugal, que entre outras coisas buscavam contactar o reino do Preste João: uma marítima, capitaneada por Bartolomeu Dias, que contornou pela primeira vez o Cabo das Tormentas, e outra terrestre, na qual Afonso de Paiva e Pero de Covilhã partem para o mar Vermelho, acabando este último por chegar à Etiópia.

e religião andavam de mãos dadas e a conversão dos povos gentios ao catolicismo foi um argumento definitivo no reconhecimento do direito de soberania dos exploradores portugueses e castelhanos sobre eles.

A terceira expedição ao Congo, em 1491, tinha como capitão Rui de Souza, que serviu de fonte para o que Rui de Pina escreveu sobre o que então foi entendido como a conversão de chefes congoleses ao catolicismo. Na *Crônica d'El Rei D. João II*, provavelmente de 1502, há um relato desse episódio, que é narrado de forma quase igual, apenas com um pouco mais de minúcia, num texto intitulado *Relação do Reino do Congo*, provavelmente redigido em cerca de 1492, e que certamente foi posteriormente inserido naquela crônica[4]. Essa narrativa serviu de base para muitas outras e lança a pedra fundamental da construção da ideia de um reino do Congo cristão. Nela é dito como o mani Soyo, chefe da província na qual ficava a foz do rio Congo, insistiu em ser batizado junto com alguns poucos de seus conselheiros e como o mani Congo, que governava o reino da capital mbanza Congo, localizada mais ao interior, não esperou o término da construção do templo católico coordenada pelos portugueses, apressando seu batismo e o de algumas outras pessoas por ele escolhidas, logo antes de partir para controlar uma rebelião de umas gentes que lhe eram subordinadas. Uma mistura de ritos portugueses e congoleses realizados por ocasião do batismo e nos dias subsequentes é descrita da perspectiva de um lusitano da época, assim como as reações que tiveram os personagens envolvidos, geralmente interpretadas de forma a frisar os aspectos maravilhosos do acontecimento, quando gentios aceitaram a palavra de Deus, adotaram ritos do catolicismo e passaram a venerar seus símbolos, especialmente a cruz, instrumento máximo do martírio de Cristo. Sendo ela o alvo do presente estudo, vamos buscar o que sobre ela é dito na *Crônica d'El Rei D. João II*, e como aparece nesse momento seminal do catolicismo no Congo, incorporado principalmente pela sua elite dirigente.

No dia seguinte do batismo do mani Congo e de alguns de seus conselheiros mais próximos, quando os padres e o capitão da expedição vão retirar-lhes os "capelos do Olio" usados no batismo, ouviram um dos chefes lhes contar seus sonhos com uma mulher muito formosa, que enaltecia a experiência pela qual acabavam de passar, e de como ele estava seguro de que esse ato engrandeceria o mani Congo. A seguir um outro chefe, talvez o próprio mani Vunda, sacerdote supremo do reino, contou que teve o mesmo sonho e mais ainda: ao sair de casa pela manhã, depois da noite passada em companhia daquela mesma mulher, achou "uma cousa sancta de pedra" que nunca

---

[4] A esse respeito ver *O cronista Rui de Pina* e a *Relação do reino do Congo*, de Carmen M. Radulet, Lisboa, Comissão Nacional para as Comemorações dos Descobrimentos Portugueses, Imprensa Nacional – Casa da Moeda, 1992.

havia visto, "como aquela que os frades tinham quando fomos cristãos e deziam pola cruz"[5]. Conforme a crônica, o mani Congo, ali chamado de "El-Rei", pede para vê-la: "E era uma cruz de pedra de doos palmos muito beem fecta e os braços dela redondos e tam lisos e concertados como que com grande indústria foram lavrados e a pedra era de coor preta e sem alguma semelhança das da terra"[6]. Diz ainda a narrativa que "El-Rei" pegou-a e perguntou aos cristãos o que ela parecia para eles. Estes, de olhos marejados de lágrimas e mãos levantadas aos céus, segundo Rui de Pina, disseram ser aquelas coisas, isto é os sonhos e o encontro da pedra em forma de cruz, sinais de graça e salvação enviados por Deus ao mani Congo e a seus reinos, graças essas confirmadas pelos padres, em virtude dos milagres e revelações que se mostraram àquelas gentes. Com isso, o mani Congo deveria se sentir o mais bem aventurado dos reis, lembrado por Deus, que não lhe negaria misericórdia e uma vida depois desta se ele continuasse a seu serviço. Diante de tudo que foi dito, todos entraram em estado de grande júbilo, depois do que concordaram em levar, "como logo levaram, a cruz com solene procissam àa igreja onde está por uma grande relíquia e notável milagre, por honra da qual El-Rei teve púbricas festas"[7].

Se para os portugueses a bela mulher que apareceu em sonhos aos nobres congoleses era uma enviada de Deus, talvez a própria Virgem Mãe, que confirmava a integração daqueles gentios à comunidade dos cristãos, para os que com ela estiveram devia ser um contato com entidades ancestrais, que orientavam os passos dos vivos, principalmente em situações delicadas de resolver. O "esforço" que a mulher deu àquele que primeiro revelou ter sonhado com ela, conforme o cronista descreve, fez com que ele se sentisse mais disposto do que nunca a enfrentar forças contrárias para defender seu rei, o mani Congo, que teria se tornado mais poderoso após o batismo. Conforme depreende-se da narrativa do cronista português, desde o primeiro momento a adoção dos novos ritos propostos pelos brancos estrangeiros foi vista pelos nativos do Congo como uma maneira de fortalecer seu poder frente aos inimigos e diante de seus aliados. Da mesma forma, o encontro da pedra cruciforme, tomado como sinal do além, vindo seja de Deus, seja de espíritos locais, ligados à terra ou às águas, serviu para fortalecer o contato entre portugueses e congoleses pela via da linguagem religiosa, seja ela o catolicismo, seja o culto a espíritos diversos, que como os ancestrais têm, entre outras, a função de legitimar a autoridade dos chefes, intermediários máximos entre as esferas do visível e do invisível.

---

5   *op. cit.*, p. 150.

6   *Idem, Ibidem.*

7   *Idem, Ibidem.*

O relato diz que a cruz de pedra escura era muito bem lavrada, semelhante à que os frades tinham quando lhes batizaram, sendo diferente do que se conhecia localmente, não ficando claro pela narrativa se o tipo de pedra ou a própria cruz, pois ambos elementos podem remeter a importantes símbolos das sociedades daquela região. No que diz respeito à pedra, podia estar relacionada à esfera dos espíritos da terra e das águas, à dimensão *mbumba*, que liga o grupo ao seu território, para a qual se pede a fertilidade. Uma das maneiras dos espíritos dessa esfera se manifestar aos homens era por meio de um objeto do mundo natural de aparência não usual, como uma pedra ou um pedaço de madeira de forma estranha. Esses objetos eram tidos como *minkisi*, chamados de fetiches pelos portugueses, receptáculos do poder dessas entidades abstratas da natureza, desses espíritos. Anne Hilton acredita que o achado da pedra preta em forma de cruz estava diretamente relacionado à dimensão *mbumba*, que autenticou nessa esfera dos espíritos das águas e da terra as iniciações pelas quais os chefes acabavam de passar com o batismo[8].

Além da matéria do objeto, também sua forma foi destacada por aquele que o encontrou. O signo da cruz é conhecido dos povos habitantes das regiões do reino do Congo e de terras mais ao sul, o reino do *ngola*, que ficaram conhecidas como Angola desde há muito tempo. Principalmente a partir da divulgação do trabalho de Kimbwandande Kia Busenki Fu-Kiau, que sistematizou os fundamentos da maneira dos povos que chama de "kongos" entender o mundo e explicar os fenômenos naturais e sobrenaturais, e dos textos de Wyatt MacGaffey, antropólogo norte-americano que fez pesquisa entre os mesmos "bacongos" da atualidade, acredita-se que a cruz é para eles um importante signo de entendimento do mundo circundante, tanto o visível quanto o invisível[9]. Segundo esses autores, o desenho da cruz indica o ciclo básico da vida, pensado a partir dos quatro pontos percorridos pelo sol no seu movimento circular e contínuo: o nascimento, quando desponta no horizonte; a maturidade quando alcança o ponto mais alto no céu; a morte, quando se põe do outro lado do horizonte; e a existência no mundo dos mortos, quando está no polo oposto, iluminando o mundo invisível, do qual segue seu trajeto circular para começar novo ciclo.

---

8 Anne Hilton, *The Kingdom of Kongo*, Oxford, Osford Univeristy Press, 1985, p. 51.

9 A.Fu-Kiau Bunsenki-Lumanisa, *Le mukongo et le monde qui l'entourait*, traduction française par C. Zamega-Butukezanga; *Recherches et Synthèse no 1, Office National de la Recherche et de Dévelopment*, Kinshasa, 1969 e Kimbwandande Kia Busenki Fu-Kiau, *Tying the Spiritual Knot. African Cosmology of the Bântu-Kôngo. Principles of Life & Living*, Canada, Athelia Henrietta Press, 2001. Wyatt MacGaffey, *Religion and Society in Central África. The BaKongo of Lower Zaire*. Chicago, The University of Chicago Press, 1986 e *Kongo Political Culture. The conceptual challenge of the particular*. Bloomington, Indiana University Press, 2000.

A formulação de Fu-Kiau, um pensador bacongo contemporâneo, traduz para uma linguagem compreensível ao pensamento ocidental maneiras de entender o mundo que se ligam em muitos aspectos a formas de pensamento e a formulação de explicações que podem ser entrevistas já nos primeiros registros escritos de observadores estrangeiros, principalmente missionários católicos. Por esses diversos registros fica evidente que desde os primeiros contatos com os portugueses no final do século XV até os dias de hoje, é básica para os bacongo a divisão entre o mundo dos vivos e o mundo dos mortos, os primeiros vivendo acima da linha do horizonte, os últimos existindo abaixo da linha do horizonte, mundos estes separados pela água, conforme as imagens mais recorrentes. Acima da linha do horizonte estão os vivos, que são negros; abaixo da linha do horizonte estão os mortos, de cor branca, e uma multiplicidade de espíritos da natureza que povoam a esfera invisível do mundo. Essa organização está expressa no signo da cruz: o eixo horizontal da cruz liga o nascer ao pôr do sol, assim como o nascimento à morte dos homens, e o seu eixo vertical liga o ponto culminante do sol no mundo dos vivos e no mundo dos mortos (o zênite visível e o invisível), permitindo a conexão entre os dois níveis de existência. A ligação entre o mundo dos vivos e o mundo dos mortos, de onde vêm as regras de conduta e o auxílio para a solução dos problemas terrenos, como doenças, secas e o infortúnio de maneira geral, se dá por meio de ritos nos quais se evocam os espíritos e antepassados para que resolvam as questões que lhes são colocadas.

A cruz, no pensamento bacongo, remete à ideia da vida como um ciclo contínuo, semelhante ao movimento de rotação efetuado pelo sol, assim como à possibilidade de conexão entre os dois mundos, ideia expressa no que Fu-Kiau chama de cosmograma congo, no qual há uma cruz circundada por uma linha que liga suas quatro pontas umas às outras. Segundo esse pensador, o rito básico e mais simples a ser feito por todos aqueles que querem se tornar mensageiros do mundo dos mortos e condutores de seu povo ou clã, é fazer um discurso sobre uma cruz desenhada no chão. Com isso, são frisados os poderes de todo chefe de fazer a conexão entre o mundo dos vivos e o dos ancestrais e espíritos. Ao se colocar sobre a cruz, que representa o ciclo da vida humana e a divisão entre os vivos e os espíritos, o chefe afirma sua capacidade de fazer a conexão entre os dois mundos e assim conduzir de maneira adequada a comunidade que governa.

A importância da cruz entre povos da região de Angola também foi percebida por um autor que acha que sua introdução se deveu ao trabalho dos missionários católicos, a partir dos primeiros contatos com os portugueses. Alfred Hauenstein, entretanto, mesmo aceitando a influência cristã nos motivos decorativos que usam a cruz, pergunta-se se não houve também outras influências. Para fazer tal indagação evoca ritos divinatórios dos ovimbundo, nos quais o adivinho desenha uma cruz no dorso da mão, condição para que possa revelar os mistérios escondidos. Além desse rito, há outros, nos quais uma cruz é desenhada na água de uma cabaça, num espelho, na terra, sendo os instrumentos de adivinhação sobre ela depositados. Além de presentes nos ritos, a cruz aparece em tatuagens corporais, cestas e penteados[10]. Ligando essas explicações de cunho etnográfico às explicações que Fu-Kiau tornou conhecidas, vemos que a importância da cruz como símbolo de ligação entre o mundo dos vivos e o mundo dos espíritos ultrapassa as fronteiras dos bacongo, espalhando-se por áreas mais amplas da África central.

É sempre complicado projetar informações para tempos anteriores aos que elas foram coletadas, mas considerando a sistematização que Fu-Kiau faz do pensamento bacongo, podemos entender melhor a facilidade com que a cruz católica foi adotada e a importância que logo ocupou entre os objetos com poderes especiais, colocados em altares, reverenciados, usados como amuletos de proteção, como insígnias de poder, como portadores de boa sorte e de abundância. Uma vez que pedras e objetos cruciformes eram símbolos importantes para os centro-africanos, aquela cruz de pedra escura, bem polida e de formas equilibradas, encontrada logo depois do batismo do mani Congo e de seus principais colaboradores e parentes, chamou a atenção daquele que a recolheu, após ter nela reconhecido também a cruz que os padres usaram na cerimônia do batismo. Mas o olhar que nela se deteve estava treinado para interpretar os seus significados conforme as regras do pensamento do seu povo, que devia ver a cruz como um símbolo do ciclo da vida e da possibilidade de comunicação entre os diferentes mundos, dos vivos e dos mortos, e para a qual certas pedras eram veículos da ação de espíritos específicos, entidades abstratas que zelavam por determinados aspectos da natureza e por meio das quais se conseguiam alcançar certos objetivos, como a fertilidade e a harmonia. O certo é que a pedra em forma de cruz foi levada para um altar, assumindo para os portugueses o caráter de relíquia e testemunha de um milagre: o da conversão daqueles gentios ao cristianismo[11]. Já os sentidos que assumiu para os congoleses não ficou registrado em lugar nenhum, mas são fragmentos

---

10 Alfred Hauenstein, *Examen de motifs décoratifs chez les ovimbundu et tchokwe d'Angola*. Coimbra, Instituto de Antropologia, Universidade de Coimbra, 1988, p. 27-31.

11 A importância da cruz no catolicismo congolês e do episódio no qual a pedra cruciforme foi encontrada pode ser comprovada por um excerto da narrativa de Cavazzi ao falar da conversão do mani Congo em 1491: "Os novos cristãos quiseram, em sinal de gratidão, construir uma igreja dedicada a Jesus Cristo Crucificado, consagrando-se a si mesmos e a toda a cidade ao seu santo nome. Foi por isso, conforme os autores, que a cidade tomou em seguida, o nome de São Salvador.

deles que tentamos aqui resgatar. O que podemos afirmar é que esses sentidos certamente eram importantes, pois a cruz permaneceu no altar até muito tempo depois, como atesta uma narrativa anônima que António Brásio atribuiu ao padre jesuíta André Cordeiro. Escrita provavelmente antes de 1625 a *História do reino do Congo* tirou suas informações de outros textos[12] e nela lemos que a pedra preta cruciforme foi levada em procissão para a igreja consagrada a Jesus Cristo, "onde esteve muitos anos como coisa milagrosa". Por ocasião da invasão de Mbanza Congo, ou São Salvador, pelos jagas em 1568, quando as igrejas católicas então existentes na cidade foram destruídas, d. Álvaro I (1568-87), nome cristão do mani Congo Nimi Lukeni que então governava, não se esqueceu da pedra que o autor do texto anônimo chamou de santa relíquia, tendo-a levado junto com outras imagens e "cousas sagradas" para Pemba, uma das chamadas províncias do reino do Congo[13]. O padre Francisco de Gouveia, que viveu no Congo de 1571 a 1577, quando morreu, teria visto essa pedra em Pemba, por ocasião de sua passagem por lá.

O autor da *História do reino do Congo* conta que após a expulsão dos jagas daquele reino em 1573 (para a qual foi fundamental a ajuda de exércitos portugueses mandados por d. Sebastião especialmente para isso), a "cidade do Congo" tornou a se povoar, a igreja de São Salvador foi reedificada e a mencionada pedra se

---

No dia 3 de maio, em que a Igreja comemora a descoberta da Santíssima Cruz de Cristo, o Pe. João, prefeito dos ditos missionários, com a presença do rei e de inumerável multidão que ofereceu os seus presentes e os seus corações, benzeu a primeira pedra do edifício, que não obstante o pequeno número de artífices, a incapacidade dos naturais e a falta de muitas coisas necessárias, saiu muito bonito.

[...] Acabada felizmente a igreja, foi dedicada, como já disse, ao santo madeiro, tendo Nosso Senhor quase declarado a sua vontade pelo sinal de uma pedra que se achou naquele sítio e que representava uma cruz." João António Cavazzi de Montecúccollo, *Descrição Histórica dos Três Reinos do Congo, Matamba e Angola*. Tradução, notas e índice pelo Pe Graciano Maria de Leguzzano, Lisboa: *Junta de Investigação do Ultramar*, 1965, p. 237-8. (1ª edição de 1687; fim da redação: 1672).

12 No entender de António Brásio, no prefácio à *História do reino do Congo* (Ms. 8080 da Biblioteca nacional de Lisboa), Lisboa, Centro de Estudos Históricos Ultramarinos, 1969, p. 13, o manuscrito tira suas informações de Rui de Pina, Garcia de Resende, Pedro de Mariz e Damião de Góis. Segundo António Brásio, o autor do manuscrito anônimo, André Cordeiro, teria estado no Congo na década de 1620. Adrian Hastings, em *The church in África, 1450-1950*, Oxford, Oxford University Press, 2004 (1994), p. 91, atribui a autoria dessa história do Congo anônima a Mateus Cardoso, primeiro reitor do colégio dos jesuítas fundado em 1624 em São Salvador.

13 António Brásio, *op. cit.*, p. 68.

tornou a própria cruz, a qual eu tenho visto muitas vezes; está posta ao longo do altar mayor, à parte da Epístola, não com aquella decência e acatamento que fora necessário, o qual descuido se pode mais atribuir a nós outros sacerdotes, que não aos Moxicongos: não está na perfeição que esteve no princípio, o que devia causar haver-se de quebrar alguns pedaços della, e he tanto o descuido neste particular, que posso dizer, que servem muitos cônegos hoje na Sé, que não sabem que aquella he a cruz, de que aqui se tracta, e que milagrosamente foi achada[14].

Pela descrição a pedra cruciforme não tinha mais para os sacerdotes católicos o valor simbólico de antes, mas ainda era cuidada pelos moxicongos, nome dado ao grupo governante de Mbanza Congo, a capital, e de algumas das principais províncias do reino. O cuidado que os chefes congoleses tiveram para com a pedra é exemplo da importância que o catolicismo adquiriu para eles principalmente a partir do início do século XVI, com o governo de d. Afonso I, filho do primeiro mani Congo batizado: d. João I. Nominalmente adotado pelos grandes chefes e muitos de seus seguidores, tudo indica que de fato se criava uma nova versão das tradições locais, que incorporaram símbolos, ritos, nomes e ensinamentos do catolicismo, interpretando-os a partir de suas próprias concepções. O por que da conversão quase imediata do grupo dirigente do chamado reino do Congo ao catolicismo já foi matéria de muita reflexão e continua sendo um objeto de estudo de grande interesse tanto pelas suas possibilidades de interpretação como pela qualidade das fontes disponíveis. Dentre as muitas interpretações da conversão da elite governante do Congo ao catolicismo, merece destaque as que entendem que ele foi lido a partir da lógica tradicional das religiões locais, que são frequentemente renovadas por movimentos iniciados por líderes que propõem mudanças a partir das estruturas existentes[15]. Quem melhor formulou esta interpretação foi Wyatt MacGaffey[16], que aceita a explicação mais difundida de que os brancos portugueses foram tomados pelos congoleses como seres do além, que lhes ofereciam uma religião mais poderosa, inserindo-a na lógica dos movimentos religiosos centro-africanos. O catolicismo, oferecido por emissários brancos do mundo dos mortos, que

---

14 *Idem, ibidem.*

15 O artigo clássico que estabeleceu esse padrão dos movimentos religiosos centro-africanos, e que está na base da interpretação a seguir é "Religious mouvements in Central Africa: a theoretical study" de Willy Craemer, Jan Vansina e Renée C. Fox, Comparative Studies in *Society and History*, v.18, n.4, p.458-75, oct. 1976.

16 Wyatt MacGaffey, "The west in Congolese experience", *Africa & the West*, organizado por Philip D. Curtin, Madison, University of Wisconsin Press, 1972, p. 49-74.

chegaram pelo mar (a água que separa um mundo do outro), em enormes embarcações nunca antes vistas, foi adotado pelos congoleses como uma versão mais poderosa de suas crenças tradicionais, e os ritos e objetos de culto católicos substituíram alguns dos que existiam então.

Para MacGaffey a adoção do catolicismo pode ser vista dentro do padrão dos movimentos religiosos da África central, que utiliza ritos, crenças e símbolos preexistentes e recombina-os com os elementos recém-apresentados, conforme o descrito por Craemer, Vansina e Fox. Os movimentos são lançados por figuras carismáticas que sonham ou têm visões em estado de possessão. A pregação se espalha, sempre incorporando modificações aqui e ali, apresentando-se como meio de fortalecer as comunidades contra a adversidade. Os movimentos religiosos revigoram a vida social dos grupos, geralmente trazendo meios de lidar com situações novas. A iniciação envolve lances teatrais, com grande afluxo de gente, canto, dança, descarte de antigos amuletos, iniciação de novos líderes e perseguição de feiticeiros acusados de agir contra a comunidade. Os principais objetivos desses movimentos são o aumento da fertilidade, da riqueza e da invulnerabilidade contra os infortúnios de ordem variada. Os amuletos e objetos usados em cultos mágico-religiosos são peças centrais em todo movimento: protegem a comunidade, são postos em altares, a eles são dirigidos ritos e feitas oferendas.

Ao lermos a crônica de Rui de Pina sobre o batismo, entendido na narrativa como conversão, do mani Soyo, do mani Congo, e de alguns chefes ligados a eles, considerando esses aspectos dos movimentos religiosos da África central, veremos que muitos deles podem ser associados à narrativa sobre o evento. Houve grande afluxo de gente para celebrar o batismo dos chefes, feito em recinto devidamente preparado para a cerimônia cristã, à qual estavam presentes apenas os diretamente envolvidos. Cantos, danças e procissões tomaram as ruas de Mbanza Soyo e de Mbanza Congo, celebrando a nova religião. Logo após o batismo, o mani Soyo, que adotou o nome de d. Manuel, ouviu dos frades o que deveria fazer para ganhar a sua salvação, entre outras coisas que não adorassem mais os "ídolos" de suas terras, "dando-lhe pera isso boas e católicas razões, nas quais ele consentindo e crendo, mandou que logo fossem como foram per todolos ídolos da terra aos altares e oratórios em que os tinham e perante si e os dictos frades os fez todos queimar com grande rigor e vitopério"[17]. Nas palavras do narrador anônimo da *História do reino do Congo*, que traduz para o seu universo cultural o comportamento do mani Congo, "el rey mandou botar bandos que não se uzasse mais feiticerias, e que as cazas onde se uzavão se derrubassem"[18].

---

17 O cronista Rui de Pina e a "Relação do reino do Congo", p.143.

18 *História do reino do Congo*, p. 67.

A destruição dos antigos objetos mágico-religiosos era acompanhada da introdução de novos: imagens de santos, rosários e crucifixos. Como nos mostra José da Silva Horta, em uma inquirição feita entre 1596 e 1598 sobre "cousas tocantes ao santo ofício"[19], na qual o principal alvo eram os cristãos-novos que atuavam nos resgates do Congo e do Ndongo, é mencionado o comércio de crucifixos, imagens de santos e Nossa Senhora, rosários, bulas e ditas relíquias católicas, em feiras do interior do território, para lá levados na carga dos comerciantes cristãos-novos e dos escravos que a eles serviam. Por comercializarem esses objetos sagrados sem que fossem acompanhados de qualquer educação religiosa e para pagãos, esses cristãos-novos, em nada confiáveis no que diz respeito à ortodoxia católica, eram duramente repreendidos, quando não processados. Por essas informações percebemos que esses objetos eram trocados em feiras bem ao interior, em lugares não percorridos pelos missionários, chegando ainda mais longe do que estes e do que a adoção dos novos ritos. Assim, no contexto das mudanças na esfera do que chamamos religioso, ocorridas nos momentos inaugurais da adoção de elementos do catolicismo, objetos usados nos cultos tradicionais, chamados de *minkisi*, foram queimados e os ensinamentos e ritos cristãos foram levados de aldeia em aldeia, por padres e por congoleses convertidos. No rastro dessa nova pregação o batismo tornou-se um importante rito de passagem, assim como o casamento e o enterro católicos, e rosários, santos e crucifixos ocuparam o lugar dos antigos amuletos.

Outro elemento que está presente tanto no modelo proposto por Craemer, Vansina e Fox como nas narrativas sobre a conversão do reino do Congo ao catolicismo, é a presença de sinais do além, do contato dos líderes religiosos com espíritos e ancestrais que lhes orientam os atos e os discursos. No dia seguinte ao do batismo um chefe que talvez fosse o mani Vunda, principal sacerdote de Mbanza Congo, disse ter vivido coisas excepcionais durante a noite: foi ele que depois do contato com a mulher durante o sono achou uma pedra em forma de cruz, tomada como mensagem divina pelos padres católicos, que viram nesse acontecimento um sinal confirmador da conversão dos nativos. O papel do mani Congo e desse chefe nos atos da chamada conversão aponta para a íntima associação entre o poder constituído e a incorporação de ritos trazidos pelos estrangeiros portugueses. Desde os primeiros contatos o catolicismo foi uma religião adotada pelo mani Congo e por ele imposta, havendo logo uma evidente tensão entre as ordens emanadas dos principais chefes, do poder central, e as

---

19 José da Silva Horta, "Africanos e portugueses na documentação inquisitorial, de Luanda a Mbanza Kongo (1596-1598)", em *Actas do Seminário Encontros de povos e culturas em Angola*, Comissão Nacional para a Comemoração dos Descobrimentos Portugueses, 1997, p. 303.

disposições dos povos das aldeias, que prestavam obediência, dependiam e eram protegidos pelos chefes maiores. A presença de missionários nas aldeias, longe de Mbanza Soyo e de Mbanza Congo geralmente foi tensa, suportada devido ao apoio que lhes davam o mani Congo, sendo poucas as vezes que os chefes locais aceitaram de bom grado as mudanças exigidas pelos missionários. Depois do primeiro entusiasmo para serem batizadas, as pessoas viravam as costas para os missionários, que sempre que possível destruíam seus altares, queimavam seus amuletos, objetos de adivinhação, de cura, de manipulação das forças invisíveis. E também não eram poucas as vezes que eles tinham que fugir da população revoltada, que lhes surrava, tocava da aldeia e negava ajuda para guiar de volta à capital.

Já na capital, quando havia padres para rezar missas, elas podiam juntar milhares de pessoas, mas apenas se o mani Congo estivesse presente, pois com a adoção do cristianismo pelos chefes, as missas eram vistas como cultos aos seus ancestrais. Exemplo disso aparece na *História do reino do Congo*, onde é dito que à época de d. Afonso I foi construída uma igreja de invocação de Nossa Senhora, "junto às sepulturas dos reis gentios, chamadas *ambilas*, aonde elle [d. João I] está enterrado com sua mulher Dona Leonor, e el rey d. Affonso seu filho, e el rey d. Pedro seu neto, a qual igreja está hoje quase toda posta por terra, o que foi feito pelos Jagas"[20]. Para Anne Hilton, esse tipo de legitimação diferia daquela apontada no momento inicial da conversão, quando o encontro da pedra cruciforme indicou a conexão do novo culto com a dimensão *mbumba*, dos espíritos das águas e da terra. Quando d. Afonso associou o cristianismo ao culto dos túmulos reais e construiu uma igreja no lugar que estes ficavam, depois de cortar as árvores que marcavam simbolicamente a ocupação do território sob as quais os chefes eram enterrados, estendeu seu controle sobre a esfera dos ancestrais e assim diminuiu o poder dos chefes das antigas *kandas*, as linhagens sobre as quais se assentava a organização social.

À época em que d. Afonso I se tornou mani Congo, o poder devia ser legitimado em três esferas: a dos espíritos da natureza (os *bisimi* que habitavam as águas e os *nkita* que se ocultavam na terra), que garantiam o uso do território e a sua fertilidade e tinham nos sacerdotes *kitomi* seus veículos de ação; a dos ancestrais, os primeiros chefes que se instalaram naqueles territórios e fundaram as linhagens, e que atingiam dimensões míticas à medida que se distanciavam no tempo e que deviam ser reverenciados e apaziguados por meio de ritos realizados em seus túmulos pelos principais de cada linhagem; e a dos espíritos que se alojavam no ar, da dimensão *nkandi mpemba*, que se ligava ao mundo social e ao poder de destruição e de cura, que quando utilizado pelo chefe favorecia o bem-estar da comunidade e quando usado por indiví-

---

20 *História do reino do Congo*, p.76.

duos em busca de realizações particulares podia resultar em malefícios. Essa esfera de forças invisíveis era contatada por especialistas que no Congo eram chamados de *nganga*, e que operavam por meio de objetos ritualmente tratados, chamados *minkisi*, por meio dos quais procediam às adivinhações, às curas, aos julgamentos, às proteções e às várias outras ações que lhes eram solicitadas. A essa esfera Anne Hilton associa o comércio com os portugueses, que trazia benefícios econômicos e políticos para os chefes e se ligava aos aspectos sociais da vida humana.

Conforme a perspectiva de Anne Hilton, para estabelecer os ritos cristãos na capital, d. Afonso aproximou-os dos cultos aos ancestrais ao erigir a igreja sobre o cemitério – *mbila* – legitimando-se assim junto ao mundo dos mortos e antepassados, e aproximou-se da dimensão *nkadi mpemba*, referente ao social, ao queimar os *minkisi* abrigados no principal altar, que teriam propriedades protetoras próprias da esfera *nkadi mpemba*[21]. Para realizar tal destruição D. Afonso solicitou ajuda armada portuguesa, que não obteve, contando, no entanto, com o apoio de algumas das principais linhagens, governantes dos territórios mais importantes do reino, cujos representantes na capital lhe deram cobertura para realizar ato tão perigoso, que poderia atiçar a revolta da população. Essa queima de *minkisi*, tinha um significado especial por serem eles diretamente ligados ao governo das pessoas, ao poder que os chefes tinham de lhes tirar os direitos ou a vida. E mais uma vez, se quisermos evocar o modelo dos movimentos religiosos centro-africanos proposto por Fox, Craemer e Vansina, encontramos a eliminação de velhos objetos de culto, que são substituídos por novos. Os cultos desse tipo se relacionavam ao poder e à riqueza, e portanto às relações comerciais com os portugueses que então se consolidavam. Adotado pelos chefes como religião que fortalecia sua autoridade, o catolicismo congolês se constituiu de forma integrada às tradições locais de legitimação do poder, aos privilégios de determinadas linhagens, à importância dos ritos que permitiam a relação com a outra esfera da existência, entre os quais se destacavam os realizados nos túmulos dos antepassados, que ali recebiam oferendas.

Aceitando essa linha de interpretação, podemos dizer que depois de um momento inaugural em que os ritos cristãos introduzidos pelos portugueses foram legitimados na dimensão *mbumba*, dos espíritos territoriais e das águas, que regia as relações do homem com a natureza e a reprodução, sendo os *kitome* os responsáveis pelos seus ritos, sob o governo de d. Afonso ele foi legitimado na dimensão dos antepassados, dos chefes fundadores de linhagens e dos espíritos dos mortos, que eram cultuados em cerimônias dirigidas pelos principais de cada linhagem, e na dimensão *nkadi mpemba*, que operava na esfera das relações sociais e era atingida pela ação de

---

21 Anne Hilton, *The Kingdom of Kongo*, Oxford, Oxford University Press, 1985, p. 62-3.

nganga que operavam ritos diversos. Dessa forma, o catolicismo se legitimava a partir de todas as esferas do mundo invisível, intimamente conectado com a vida cotidiana e com o poder que alguns homens tinham sobre outros.

Ao adotar o catolicismo o mani Congo se aparelhou para lidar com as situações novas desencadeadas pela presença dos portugueses em terras sob seu domínio, mas também fortaleceu o seu poder frente a outras facções políticas, sendo a nova religião aceita como uma fonte suplementar de força espiritual. O controle do poder central era muito instável no reino do Congo, e a sucessão se dava por meio de uma combinação entre o lugar ocupado pelos candidatos nas linhagens principais e a eleição pelos principais chefes do reino, o que desencadeava uma série de conflitos cada vez que um novo mani Congo tinha que ser escolhido[22]. Depois das tradicionais lutas sucessórias d. Afonso I, que havia sido batizado junto com seu pai, d. João I, em 1491 quando era chefe de Nsundi, assumiu o governo do Congo de 1507 a 1542. Foi sob seu governo que o catolicismo congolês foi forjado. As fontes da época o descrevem como um católico fervoroso, profundo conhecedor da Bíblia, a cuja leitura dedicava muitas horas do dia. Foi também no seu governo que o comércio com os portugueses passou a ocupar um espaço importante na vida econômica do reino, negociando-se primeiro cobre e marfim e depois principalmente escravos. Apesar das instabilidades provocadas pela presença dos mercadores e missionários portugueses, a primeira metade do século XVI foi um momento de grande força do reino, enriquecido por essa nova parceria comercial.

A introdução do cristianismo no reino do Congo seguiu a diretriz da missão evangelizadora que predominava no século XVI para a qual a conversão justificava o domínio sobre os povos. Mas no caso do Congo a dita conversão não garantiu o controle do reino. Ao adotar o catolicismo, ou o que assim foi chamado, o mani Congo manteve o controle sobre a religião e portanto sobre as mais importantes esferas de legitimação do seu poder. Ao tornar-se o centro de irradiação de um novo movimento religioso, ficou mais forte diante dos seus subordinados, estabelecendo as normas a serem seguidas nas situações até então desconhecidas, que iam se disseminando com a proliferação de estrangeiros em terras congolesas. Se havia missionários em seu reino era porque o mani Congo assim o desejava, garantindo o seu sustento e a sua segurança, permitindo que fizessem a sua pregação[23]. Se os tinha bem próximos de si, entre os

---

22 John Thornton, que é um dos grandes estudiosos do reino do Congo tendo escrito sobre ele muitos artigos e alguns livros, discute esse tema em, *The Kingdom of Kongo, civil war and transition, 1641-1718*, Wisconsin: The University of Wisconsin Press, 1992.

23 Exemplar disso é um trecho de João António Cavazzi de Montecúccolo, *Descrição histórica dos três reinos do Congo, Matamba e Angola*, Lisboa, Junta de Investigação do Ultramar,

membros de sua corte, entre seus principais conselheiros, era porque assim garantia a relação estreita com a nova religião, que fortalecia sua conexão com o sobrenatural e consequentemente o seu poder.

Durante os séculos XVI e XVII, com intervalos maiores ou menores entre elas, existiram missões de diversas ordens católicas no Congo e em Angola, não só nas capitais – São Paulo de Luanda e São Salvador, ou mbanza Congo, e nas principais capitais de província – mas também nas aldeias do interior. Os jesuítas nas capitais e os capuchinhos no interior, foram os que tiveram atuação mais intensa e deixaram os registros mais ricos acerca das situações e pessoas com as quais entraram em contato. As relações entre os chefes locais e os missionários eram conflituosas e havia poucos sacerdotes nas missões. Mas mesmo assim o catolicismo congolês sobreviveu até o século XIX, ligado principalmente à legitimação do mani Congo, numa composição de elementos católicos e tradicionais, como era desde o século XVI. Ser cristão, membro da Ordem de Cristo e coroado em cerimônia pública por um sacerdote católico, eram ainda no século XIX importantes fatores de legitimação do chefe, cuja escolha seguia as normas tradicionais de descendência e eleição pelos conselheiros, passando pela aprovação do mani Vunda[24].

Esse catolicismo congolês que floresceu sob o reinado de d. Afonso se baseava na formação de uma elite educada pelos missionários em São Salvador e em Lisboa, de onde saíram padres nativos e catequistas, que pregavam nas aldeias. Assim se implantou uma forma africana de catolicismo relativamente aceita pelos missionários europeus que lá atuavam, pela Coroa portuguesa e por Roma, para quem o mani Congo era um rei cristão. Mas como vimos, a adoção do catolicismo não provocou uma mudança fundamental na religião: os novos ensinamentos eram interpretados a partir

---

1965, p. 374-8, (1ª edição de 1687), que diz, a respeito da distribuição de missionários capuchinhos pelas províncias do Congo: "O rei aprovou esta determinação com todo o peso da sua autoridade, entregando a cada missionário uma patente ou diploma régio, em que se declarava sustentador do ministério apostólico de cada um e mandava aos vassalos e a todos os oficiais que admitissem os missionários, os assistissem e ajudassem, obrigando os povos a ouvir a sua pregação. Declarava abertamente que era vontade sua que fosse semeada em todo o seu reino a religião católica, pela qual tantos missionários, e ultimamente os capuchinhos, tinham vindo da Europa. Portanto, os capuchinhos ficavam livres para penetrar em todas as regiões, para extirpar as idolatrias, os malefícios, as superstições e todos os abusos, com graves ameaças contra quem tivesse a ousadia de insultá-los ou de impedir-lhes o seu apostolado".

24 Ver Susan Herlin Broadhead, Beyond decline: the Kingdom of the Kongo in the eigthteenth and nineteenth-centuries, *International Journal of African Historical Studies 12*, p. 615-50, 1979.

das velhas tradições, e os novos ritos e objetos de culto eram chamados por nomes conhecidos. Missionários eram vistos como *ngangas* e os objetos que utilizavam eram tidos por *minkisi*. Como mostra José da Silva Horta no artigo mencionado, a informação contida em inquirições da Inquisição de que imagens de santos, rosários e crucifixos eram trocados nas feiras do interior do reino, chamadas de "resgates do sertão" pelos portugueses que lá comerciavam escravos, indica que esses objetos de culto católico passavam a ocupar lugares equivalentes aos dos *minkisi*.

Se as fontes inquisitoriais falam da grande quantidade de santos, crucifixos e medalhas levados pelos cristãos-novos para os resgates para serem comerciados com os pagãos (e isso era motivo de forte recriminação e eventualmente abertura de processos contra eles), a produção local de santos e crucifixos atesta além da sua ampla penetração a longevidade da sua existência. Até nós chegaram imagens de Santo Antonio (*Toni Malau*), Nossa Senhora (*Sundi Malau*) e do Cristo crucificado (*Nkangi kiditu*) feitas por artífices congoleses do passado mais ou menos remoto, em madeira e principalmente metal, sendo estas as que chegaram mais frequentemente até nossos dias, recolhidas por pesquisadores e constando das coleções de alguns museus. Segundo os especialistas, *malau* teria um significado próximo à nossa ideia de amuleto, objeto que traz sorte, protege, sendo *Toni* contração de Santo Antonio, muito popular no Congo e *Sundi* designaria a moça que ainda não havia se deitado com um homem. *Kiditu* seria corruptela de Cristo e *nkangi* remetia a algo amarrado[25].

Ao fazer uma aproximação entre objetos e situações de significados equivalentes, congoleses traduziram o catolicismo para o seu sistema cognitivo e missionários traduziram as tradições congolesas para o universo do conhecimento ocidental. A igreja era chamada de *mbila*, tal qual o túmulo dos ancestrais, o sagrado era chamado de *nkisi*, tal como os objetos mágico-religiosos tradicionais e os espíritos que por meio deles agiam no mundo palpável. Os missionários chamavam a si próprios de *nganga* e dos sacerdotes tradicionais diziam ser feiticeiros. De fato, concorriam com eles pela orientação espiritual das pessoas. O batismo era visto como uma forma de proteção contra a feitiçaria dos *kindoki*, que para satisfazer desejos individuais podiam prejudicar outras pessoas e a comunidade como um todo. A cruz, chamada de *kuluzu*, entre outras variações, o principal fetiche cristão, o *nkisi* do *nganga*, se tornou um poderoso amuleto protetor contra os malefícios. Na segunda metade do século XVII o reino estava cheio de cruzes de madeira e as pessoas saudavam-nas devotamente, ajoelhando-

---

25 Conforme Robert L. Wannyn, *L' Art du metal au Bas-Congo, Belgique*, Editions du Vieux Planquesaule Champles, 1961, p. 36.

se frente a elas²⁶. Havia cruzes nas entradas e praças principais das aldeias, nos altares dos espíritos locais, em cemitérios e em vários locais tradicionais de culto.

Desde o momento inicial da incorporação de ritos e símbolos do catolicismo pelos chefes locais, registrado no relato de Rui de Pina do final do século XV, até o século XIX, a cruz foi um símbolo fartamente utilizado, em situações diversas, visando diferentes objetivos, mas sempre associada à interconexão entre o mundo visível dos homens e o mundo invisível dos espíritos e ancestrais, e quase sempre ao exercício do poder por parte de chefes e sacerdotes. Tal disseminação do uso da cruz em regiões do antigo reino do Congo ou sob sua influência, se torna mais compreensível se lembrarmos do cosmograma banto, conforme a formulação de Fu-Kiau Lumanisa, enquanto representação do ciclo da existência na esfera do visível e do invisível e da comunicação entre essas duas esferas. A cruz em si mesma – *kuluzu* – e o cristo a ela amarrado – o *nkangi kiditu* – foram integrados ao vasto conjunto de objetos e compostos de substâncias utilizados em ritos de cura, de aplicação da justiça e de legitimação do poder dos chefes.

Já vimos como a pedra em forma de cruz encontrada ao dia seguinte do batismo de um dos grandes chefes do reino em 1491 foi conduzida solenemente ao altar da igreja católica que então se construiu, foi guardada pelos principais chefes enquanto São Salvador esteve desabitado depois da invasão dos jagas em 1568, e voltou ao altar quando a capital voltou a ser povoada e a igreja católica foi reconstruída. Também vimos como crucifixos eram comerciados nas feiras de resgate no final do século XVI, em áreas tão interiores quanto os mercados próximos ao lago Malebo, na região de Nsundi, onde os portugueses primeiro se instalaram, aliados de d. Afonso quando este era apenas chefe daquela província, e para onde foram mandados missionários já em 1491, com a recomendação de procurar o caminho para o reino do Preste João, na Etiópia. Isso indica que muitas pessoas usavam rosários e crucifixos mesmo em lugares onde não havia demanda pelo batismo, pois apesar do empenho inicial, era rara a presença de missionários em áreas do interior, principalmente antes das missões dos capuchinhos italianos e espanhóis, que se iniciaram em 1645.

Estes são a grande fonte de informações para o século XVII e mesmo o XVIII, apesar da intensidade da missão não ser mais a mesma de antes. Por eles sabemos que as cruzes eram frequentes nos caminhos e na entrada das aldeias, e que encimavam os bastões, um dos principais símbolos de autoridade em muitas regiões da África, carregados pelos mestres (*maestri*) e catequistas formados nos colégios de São Salvador e Luanda, e que tinham autorização para ouvir confissões. Por eles sabemos que o mani Congo e seus conselheiros assistiam à missa com cruzes desenhadas na

---

26   Anne Hilton, *The Kingdom of Kongo*, p. 102.

testa (checar – Kimpa Vita). Ainda por eles sabemos que no final do século XVIII era distinção extremamente almejada ser aceito na Ordem dos Cavaleiros de Cristo, título que o monarca português havia há muito, desde o início do século XVI, autorizado o mani Congo a distribuir a quem achasse que dele fosse merecedor, para isso enviando alguns hábitos da ordem, nos quais há uma grande cruz de malta. Mas na década de 1790, segundo o Frei Raimundo de Dicomano, o pertencimento à ordem servia apenas para aumentar o prestígio dos "fidalgos", que tinham então o "privilégio de poder meter muitas cruzes de pano de várias cores nos seus capotes, e nos seus panos de palha, com que ordinariamente se vestem"[27]. É bom lembrar ainda que desde a batalha na qual d. Afonso venceu seu irmão e ascendeu ao trono, os chefes iam à guerra carregando um estandarte com a cruz de malta, tal qual os exércitos portugueses. Em cada uma dessas situações, a despeito dos significados específicos que o símbolo da cruz pode ter, ela está diretamente associada ao exercício do poder, ao catolicismo enquanto religião dos chefes, que em parte legitimam sua posição a partir do controle sobre os ritos desse catolicismo congolês e sobre a proximidade com os missionários europeus.

Mas os objetos que nos interessam mais diretamente são os crucifixos de metal produzidos na região e chamados de *nkangi kiditu*. Uma pesquisa e coleta feita por Robert L. Wannyn entre 1931 e 1941 em áreas próximas a São Salvador, ou seja, na região central do antigo reino do Congo (Mpemba, Nsundi, Mpangu e Mbata), trouxe a público não apenas vários desses crucifixos congoleses como explicações a seu respeito coletadas junto às populações que então faziam uso deles. É interessante notar que grande parte dos objetos católicos africanos de metal (e todos os *nkangi kiditu* conhecidos são feitos de metal), quando coletados foram identificados por aqueles que os possuíam como objetos da era dos *mafulamengo*, o que foi interpretado como o tempo em que os flamengos, ou seja, os holandeses, atuaram mais intensamente na região, a partir da década de 1640 até o início do século seguinte, quando franceses e ingleses passam a disputar com eles o comércio na foz no rio Congo. São objetos, portanto, fabricados no que Wannyn chamou de período da primeira evangelização, datados do início do século XVI e XVII, havendo entretanto peças até do fim do XIX, quando as missões protestantes passaram a ser as mais presentes. O autor também ouviu de seus informantes, que aqueles crucifixos eram da era dos *nkangi*, associada à era dos *mafulamengo* e do comércio de escravos. Entre todas as peças localizadas, percebeu que apenas as de inspiração cristã eram de metal, havendo alguns crucifixos

---

27 António Brásio, *Informação do reino do Congo de Frei Raimundo de Dicomano*, Studia, n. 34, junho 1972, p. 27, Lisboa: Centro de Estudos Históricos Ultramarinos.

feitos em Portugal[28]. Foram os chefes que falaram para ele dos crucifixos e mostraram os que tinham em seu poder, chegando a presenteá-lo com alguma peça. Pareceu-lhe evidente que legitimavam o poder dos chefes e que tinham uma ligação com a esfera dos espíritos. Teve oportunidade de presenciar ritos nos quais os *nkangi* da investidura, tipos especiais de crucifixos que eram propriedade inalienável dos clãs, eram utilizados quando os tribunais se reuniam para deliberar, sob o comando do chefe. Disse que os chefes possuíam pequenos *nkangi* que penduravam no pescoço quando queriam manifestar sua autoridade. Que na cerimônia pública da investidura, o chefe recebia o *nkangi*, o cetro e a espada de honra. Essas eram algumas das insígnias dos chefes, que possuíam outras, como relíquias dos antepassados, conhecidas apenas dos maiores dignatários. Os *nkangi* também eram usados para curar doentes e para abençoar a população. Além dos existentes entre os haveres dos chefes ainda nas primeiras décadas do século XX, alguns foram retirados de túmulos, junto de espadas de honra, o que indica serem estes túmulos de chefes. Vistos como objetos mágico-religiosos associados a relíquias dos ancestrais, insígnias de poder e *minkisi*, esses crucifixos foram guardados entre os mais preciosos bens das linhagens ou enterrados junto com chefes que os possuíam.

Entre os *nkangi kiditu* confeccionados localmente, que apresentam elementos decorativos próprios da região e nos quais o Cristo tem lábios grossos e narinas largas, alguns distanciam-se mais dos modelos europeus, introduzindo novos elementos na composição do crucifixo. De inspiração evidentemente europeia, essas pequenas esculturas de metal, feitas pelos processos de cera perdida ou de duplo molde, têm elementos nitidamente africanos, como os traços fisionômicos e penteados das imagens, mas o que lhes é mais característico é a presença frequente de duas ou mais figuras, sentadas ou ajoelhadas nos braços da cruz. As tentativas de compreensão dessas figuras, como as explicações colhidas por Wannyn entre os próprios bacongos de que seriam apóstolos, São José, as almas do purgatório, os dois ladrões, o Pai e o Espírito Santo assitindo Jesus na hora da morte[29], não parecem convincentes e mostram como as interpretações adequadas ao sistema de pensamento banto podem não ter sobrevivido nem entre eles. Ou então como os informantes de Wannyn não se interessaram em introduzi-lo aos significados gestados a partir de sua própria cultura. Já aqui, mesmo que não consigamos decifrar os significados que esses seres ajoelhados, de mãos postas, ou representados apenas por cabeças, tinham para aqueles que os fizeram e usaram os *nkangi kiditu* em questão, podemos dizer que as duas, às vezes quatro, figu-

---

28 Robert L. Wannyn, *L'art ancien du metal au Bas-Congo*, Belgique, Editions du Vieux Planquesaule Champles, 1961.

29 *Idem*, p. 33.

ras pousadas nos braços da cruz diziam respeito a uma interpretação eminentemente banto do crucifixo cristão.

Se lembrarmos da importância que os gêmeos têm para essas culturas, sendo a encarnação de espíritos do gênero dos *bisimbi* (plural de *simbi*), e *bankita* (plural de *nkita*) – entidades da dimensão *mbumba* que habitam pedras, cursos d'água, árvores –, talvez possamos entender porque foi tão comum a representação dessas duas figuras a ladear o Cristo crucificado, associado à proteção[30]. A importância do lugar ocupado pelos gêmeos na vida social e no pensamento religioso dos bacongo talvez lance uma luz sobre um sentido eminentemente banto daquelas figuras.

Wyatt MacGaffey diz que por serem os cultos relacionados aos gêmeos restritos às mulheres e à esfera doméstica, geralmente não foram documentados pelos missionários, que deles não tiveram conhecimento. Pela mesma razão, não teriam sido tocados pelo sincretismo, estando ainda hoje muito próximos às crenças ancestrais[31]. Mesmo aceitando essa impermeabilidade às transformações decorrentes de novas relações e novas situações, podemos considerar que o culto aos gêmeos se infiltrou por entre símbolos e práticas do catolicismo congolês, sem que fosse notado por aqueles que não partilhavam seus significados com os bacongo. Entre estes, os gêmeos também representavam uma fonte de aflição, na medida que os *bisimbi* neles alojados podiam não só curar doenças e resolver problemas, mas provocar infortúnios, sendo preciso executar o culto adequado para que isso não acontecesse. Aos *bisimbi* também eram atribuídos poderes especiais no que diz respeito à confecção e utilização de amuletos, pois foram eles que os tornaram acessíveis aos homens. Tendo isso em vista proponho associar essas figuras sentadas nos braços da cruz a gêmeos, que remetem à esfera *mbumba*, aquela na qual, segundo Anne Hilton, o catolicismo foi primeiro legitimado, como expressaria o episódio do encontro da pedra em forma de cruz ao dia seguinte do batismo do mani Congo e seus principais conselheiros. Além disso, a cruz para os congoleses, além de ser emblema de poder, tinha a função de amuleto, trazendo boa sorte e curando doenças, capacidades atribuídas aos espíritos da natureza, ligados a *mbumba*.

Por outro lado, o símbolo da cruz se liga ao poder dos chefes, à possibilidade de comunicação entre o mundo dos vivos e o dos mortos, e dessa forma se insere na dimensão *nkadi mpemba*. Segundo Anne Hilton, ao queimar os *minkisi* alojados no principal altar da capital, símbolos que ligavam o mani congo aos governantes do

---

30 Em Joseph van Wing, *Études Bakongo. Sociologie – Religion et Magie*, Wyatt MacGaffey, *Religion and Society in Central Africa* e Anne Hilton, *The Kingdom of Kongo*, há definições de bisimbi.

31 Wyatt MacGaffey, *Religion and Society in Central Africa*, p. 85.

passado e às principais linhagens do reino, substituindo-os pelos símbolos do catolicismo, com destaque para a cruz, d. Afonso fortaleceu seu poder diante dos chefes das outras linhagens principais, fazendo o catolicismo ser a partir de então importante fator de legitimação do seu poder. O *nkangi kiditu* com os pares de seres que associamos aos *bisimi* pousados sobre os braços da cruz associariam numa única representação a dimensão *mbumba* dos espíritos da terra e da água e a dimensão *nkadi mpemba*, dos espíritos associados à morte, à cura e ao poder do chefe, capaz de usar as forças de destruição em benefício do bem-estar da comunidade. Assim sendo, naquele *nkisi* do catolicismo congolês, fabricado de forma abundante nos séculos XVI e XVII, podiam agir forças tanto de *nkadi mpemba* como de *mbumba*.

Testemunho da intensidade da penetração do catolicismo congolês, que se formou a partir principalmente da ação de d. Afonso, mas foi mantido com afinco pela maioria dos mani Congo até o século XIX, quando o reino era uma sombra do que havia sido nos séculos XVI e XVII, se aceitarmos a análise aqui proposta, que toma interpretações de Anne Hilton como base, os *nkangi kiditu* podem ser vistos como expressão de uma nova aproximação das esferas dos espíritos, que concentrava em uma única as dimensões *mbumba* e *nkadi mpemba*.

Traçando a trajetória da cruz no universo simbólico bacongo a partir do contato com o catolicismo, localizamos um jogo de troca de significados no qual a pedra cruciforme, provável morada de um *simbi*, foi tida pelos sacerdotes católicos como sinal divino da conversão dos chefes congoleses e posta num altar de uma igreja, e no qual os crucifixos lusitanos assumiram funções de amuletos próprios dos chefes congoleses que com eles ativavam suas capacidades de proteção da comunidade.

Pregando aqui e ali, com mais ou menos sucesso, as várias missões capuchinhas reforçavam a presença de objetos do culto católico, entre eles o crucifixo, em uma população que dele fazia uso variado. O empenho dos missionários em queimar os objetos usados nos cultos tradicionais que reverenciavam antepassados e permitiam a conexão com forças e espíritos da natureza era certamente atividade muito mal vista, mas a presença significativa de imagens de santos e crucifixos entre vários povos centro-africanos atesta que estes faziam uso desses símbolos cristãos, introduzidos por missionários e comerciantes que os negociavam em feiras afastadas da costa. Amuletos de proteção, símbolos de poder dos chefes, portadores de capacidades curativas, propiciadores de boa caça, os crucifixos foram fartamente usados e feitos localmente, com as marcas das estéticas e simbologias locais.

Considerando-se os significados da cruz para os centro-africanos, é compreensível a importância que o crucifixo teve entre os congoleses, atestada pela grande quantidade desses objetos encontrados entre eles, frequentemente associados a relíquias dos antepassados, talismãs e insígnias de poder dos chefes, que tinham como uma de suas principais funções a intermediação entre os dois mundos. Enquanto os missionários apreciavam ver a sua catequese frutificar e os *minkisi* serem substituídos por crucifixos, os nativos incorporavam o novo símbolo a partir de seus próprios códigos culturais, acreditando ter nele versões mais poderosas de seus antigos objetos mágico-religiosos. E isso valia tanto para o reino do Congo, onde ritos e símbolos católicos continuaram a ser usados como elementos de legitimação do poder e de proteção contra infortúnios, como para a região de Angola, onde a aceitação dos missionários estava intimamente ligada aos interesses comerciais dos chefes locais. Mas este é assunto para outro artigo.

Os usos da língua tupi nos séculos XVI e XVII[1]

Andrea Daher
Universidade Federal
do Rio de Janeiro

A INSCRIÇÃO DO TUPI EM RELATOS FRANCESES

A França fez duas tentativas de implantação colonial no Brasil, entre os séculos XVI e XVII. Da primeira experiência, em 1555, a França Antártica, resultou um dos mais importantes relatos sobre o Brasil do século XVI: a *Histoire d'un Voyage faict en la terre du Brésil*, do huguenote Jean de Léry, livro que teve um sucesso editorial notável a partir de sua primeira edição, em 1578[2]. O objetivo principal da publicação do relato foi, segundo Léry, o de desmentir "as mentiras e erros" contidos no livro do monge cordelier, também membro da expedição, André Thevet, autor de *Les Singularitez de la France Antarctique*, publicado em 1557-1558[3].

A retomada dos projetos de implantação francesa no Brasil teve de esperar ainda meio século, dessa vez, no Maranhão: a França Equinocial, seria, esta sim, um empreendimento imperativamente católico. Dessa segunda tentativa restaram várias publicações, dentre elas a *Histoire de la Mission des Pères Capucins en l'Isle de Maragnan...*, de 1614, relato completo da viagem ao Maranhão de seu autor, o padre Claude

---

1 Pesquisa realizada sob os auspícios do CNPq.
2 Jean de Léry, *Histoire d'un Voyage faict en la terre du Brésil...* A La Rochelle, Pour Antoine Chuppin. M.D.LXXVIII. (citações da segunda edição, Genebra, Antoine Chuppin, 1580).
3 André Thevet, *Les Singularitez de la France Antarctique...* A Anvers, Chez les heritiers de Maurice de la Porte, 1557-1558.

d'Abbeville[4]. Um ano depois, em 1615, o capuchinho Yves d'Evreux publicou a sua *Suitte de l'Histoire des choses mémorables advennues en Maragnan, és années 1613 & 1614...*, obra jamais conhecida pelo público da época, uma vez que os exemplares foram destruídos na própria oficina de impressão do editor, seguindo diretrizes político-diplomáticas então relacionadas ao abandono do projeto de implantação colonial no Brasil[5].

Se considerados esses relatos, as regiões habitadas pelos Tupinambá são, de maneira geral, aquelas acerca das quais existe o maior número de documentos em língua francesa. Habitantes das regiões costeiras, eram índios como esses que se encontravam no Rio de Janeiro no momento do episódio da França Antártica. Meio século mais tarde, eram ainda tribos tupinambá que coabitavam com os membros da França Equinocial no Maranhão.

Na realidade, a "ilha de Maranhão" e suas cercanias haviam sido povoadas tardiamente pelos Tupinambá, em grande parte originários das zonas do litoral situadas mais a leste. Quando, em 1612, os primeiros contatos com os capuchinhos foram estabelecidos, o padre Claude conta que os índios ainda se lembravam da chegada na região[6]. Depois de toda uma série de migrações que os levou a se estabelecerem no norte do Brasil, provavelmente entre 1560 e 1580, essas populações já tinham tido tempo de assimilar o que ensinaram os portugueses ou os franceses presentes na costa[7].

Assim, quando os capuchinhos chegaram ao Maranhão, *Tupã* já pôde ser tomado, sem controvérsia, pelo Deus cristão que serviu à naturalização da religião dos índios pelos missionários[8]. A língua de contato com os franceses também parece estar razoavelmente fixada, no mínimo desde as últimas décadas do século XVI, apesar da variedade linguística dos índios do Maranhão, assinalada inclusive na relação do jesuíta Luis Figueira que registra, em 1607, a tentativa abortada de penetração na região pelos missionários portugueses.

Era, portanto, através da própria língua do catecúmeno que a doutrina era ensinada pelos capuchinhos no Maranhão. Vários são os testemunhos do aprendizado

---

4 Claude D' Abbeville, *Histoire de la Mission des Pères Capucins en l'Isle de Maragnan...* A Paris, De l'Imprimerie de François Huby, M.DC.XIV.

5 Yves D'Evreux, *Suitte de l'Histoire des choses mémorables advennues en Maragnan, és années 1613 & 1614... Second Traité.* A Paris, De l'imprimerie de François Huby, ruë sainct Iacques à la Bible d'Or... M.DC.XV.

6 Claude D' Abbeville, *op. cit.*, p. 261.

7 Hélène Clastres. *La Terre sans Mal. Le prophétisme tupi-guarani.* Paris, Seuil, 1975, p. 19.

8 Andrea Daher, *O Brasil francês. As singularidades da França Equinocial (1612-1615)*, Rio de Janeiro, Civilização Brasileira, 2007.

da doutrina em tupi pelos índios no livro de Claude d'Abbeville, como o do menino, Acaiouy Miry, filho de um dos chefes indígenas do Maranhão, que "tinha tanto desejo de aprender que, com seu belo espírito (ou melhor, com a graça divina), [que] foi o primeiro a saber e aprender em pouco tempo a Oração Dominical, a Saudação Angélica, o Símbolo dos Apóstolos, os mandamentos de Deus e da Igreja e os Sete Sacramentos, tudo na sua língua indígena [...]".[9]

Porém, a forma narrativa mais constantemente assumida pela língua tupi nesses relatos franceses não é a da tradução da doutrina, mas a da transcrição de discursos – seja uma expressão pontual do próprio índio que fala, seja a *harangue*, discurso solene proferido diante de uma assembleia ou de um personagem importante. Através desse recurso, os missionários capuchinhos deram a palavra ao índio para que ele próprio enunciasse, em sua própria língua, o seu desejo de conversão.

A transcrição de falas de índios, na sua própria língua, inaugura-se com Jean de Léry. Desde a sua primeira edição, o seu relato contém no título a menção a "um colóquio em sua linguagem", que remete ao capítulo XX: "Colóquio da entrada ou chegada na terra do Brasil, entre as pessoas do país chamadas tupinambá e tupiniquins em língua selvagem e francês". Este colóquio, afirma Léry, "foi feito no tempo em que estive na América com a ajuda de um *truchement* [intérprete]: o qual, não apenas por ter vivido sete ou oito anos lá, entendia perfeitamente a linguagem das pessoas do país, mas também porque havia estudado até mesmo a língua grega, da qual [...] esta nação dos tupinambá tem alguns termos, ele podia melhor explicá-lo[10]".

Documentos desta natureza, mais frequentemente manuscritos, circulavam em meio às tripulações dos navios a caminho do Brasil. Serviam como uma espécie de guia, expondo gestos, termos e situações prováveis no momento do contato com os índios.

Além da tensão entre oralidade indígena e escrita ocidental, muito bem percebida por Michel de Certeau no relato de Léry, a questão teológica da convertibilidade

---

9 Claude D'Abbeville, *op. cit.*, p. 100v°: "[il] avoit un si grand desir d'apprendre, qu'avec son bel esprit (ou plutost de la grace divine) il fut le premier qui sceut, & apprit en moins de rien, l'Oraison Dominicale, la salutation Angelique, le Symbole des Apostres, & les commandements de Dieu, & de l'Eglise, avec les Sept Sacrements, le tout en sa langue Indienne".

10 Jean de Léry, *op. cit.*, p. 306-38: "[ce colloque] fut fait au temps que j'estois en l'Amérique à l'aide d'un truchement: lequel non seulement pour y avoir demeuré sept ou huit ans, entendoit parfaitement le langage des gens du pays, aussi parce qu'il avait bien estudié, mesme en la langue Grecque, de laquelle (ainsi que ceux qui l'entendent ont jà peu voir ci-dessus) cette nation des Tououpinambaoult a quelques mots, il le pouvoit mieux expliquer".

dos Tupinambá expressa nessas transcrições desempenha um papel fundamental na definição do lugar de enunciação e daquilo que é enunciado pelo índio.

Para o huguenote, os índios do Rio de Janeiro eram descendentes legítimos de Cam. A escolha da hipótese camita como resposta à questão da origem do índio foi exaltada por Léry, que no capítulo XVI de sua *Histoire d'un voyage*, dedicado à religião dos tupinambá, enuncia os fundamentos da teoria de sua origem maldita:

> [...] no que concerne à beatitude e à felicidade eterna [...] não obstante os sentimentos que disse terem os tupinambá: é um povo maldito e desamparado de Deus, se houver outro sob o céu [...], parece mais provável que tenham descendido de Cã. [...] pode ter acontecido (e digo-o sob correção) que os Maiores e ancestrais de nossos americanos, tendo sido rechaçados pelos filhos de Israel de algumas regiões do país de Canaã, tenham embarcado à mercê do mar e aportado nesta terra da América[11].

No interior do calvinismo mais doutrinário, a conjetura de Léry sobre a origem camita dos tupinambá compromete radicalmente a sua conversão. Frank Lestringant afirma que, somente a partir de 1580, a atitude anticolonialista que caracterizava o partido huguenote francês – que determina o pessimismo radical de Léry quanto às possibilidades de conversão dos tupinambá – mudaria radicalmente no sentido da possibilidade de constituição de uma política colonial, com fins comerciais e em nome do livre exercício da religião reformada[12].

Em *Histoire d'un voyage*, o relato do fracasso da França Antártica, em meio a um discurso francamente anti colonialista, vem ratificar assim o pessimismo dogmático de Jean de Léry, que vê os índios como " objeto de uma maldição particular que se adiciona à do pecado original, comum a todos os homens[13]".

---

11 *Idem*, p. 260-1: "[...] quant à ce qui concerne la beatitude & felicité eternelle [...] nonbstant les sentiments que i'ay dit, qu'ils [les Tupinamba] en ont: c'est vn peuple maudit & delaissé de Dieu, s'il y en a un autre sous le ciel [...], il semble qu'il y a plus d'apparence de conclure qu'ils soyent descendus de Cham [...]: il pourrait être aduenu (ce que ie di sous correction) que les Maieurs & ancestres de nos Ameriquains, ayans esté chassez par les enfans d'Israel de quelques contrees de ce pays de Chanaan, s'estan mis dans des vaisseaux à la merci de la mer, auroyent esté iettez & seroient abordez en ceste terre d'Amerique".

12 Frank Lestringant, *Le Huguenot et le Sauvage*. Paris, Aux Amateurs de Livres, 1990, p. 126-32.

13 Jean de Léry, *op. cit.*: "l'objet d'une malédiction particulière qui se surajoute à celle du péché originel commune à tous les hommes."

No mesmo movimento inaugurado por Léry, os capuchinhos Claude d'Abbeville e Yves d'Evreux dotaram o índio de fala, fazendo porém dessa capacidade enunciativa o pilar do projeto de conversão e de francização dos tupinambá[14]. Significa dizer que adaptaram lucidamente o seu apostolado à "realidade natural e humana" com que se defrontaram, apropriando-se dos códigos relacionais previamente estabelecidos, durante anos a fio de contatos.

Primeiramente, os missionários franceses do Maranhão foram tributários da atitude de autópsia da "realidade indígena" e de uma idealização do índio já presentes no relato de Léry, meio século antes. O sucesso editorial do livro de Léry – que teve cinco edições e mais seis reimpressões, entre 1578 e 1611, e circulou inclusive nos meios católicos, na França –, teria construído um horizonte de expectativa para o livro de Claude d'Abbeville, que se permitiu, inclusive, parafrasear o huguenote em várias passagens do seu relato.

Em segundo lugar, os missionários capuchinhos foram detentores de uma herança cultural de relações franco-tupi, estritamente relacionada ao projeto político e econômico aplicado pelos franceses no Brasil – baseado na aliança amigável entre "a nação francesa e a nação tupinambá", nos próprios termos de Claude d'Abbeville – que garantiu a eficácia das relações comerciais, particularmente o escambo de pau-brasil.

Em terceiro lugar, os capuchinhos foram também representantes das tendências da teologia missionária da época que pregava o uso exclusivo da persuasão gentil e, por extensão, da colonização não violenta. A apologia à conversão gentil introduziu também nos escritos dos missionários franceses uma lusofobia estratégica, também implicada no sistema político-econômico de alianças com os índios.

Do ponto de vista das estratégias textuais, a chamada conversão gentil se expressa, nos relatos dos missionários franceses, através uma tomada de consciência dos próprios índios, marcada pelo seu desejo de cristianização e de francização. O capuchinho Claude d'Abbeville se esmera, assim, em dar a palavra ao índio no seu relato para que ele enuncie, em longos discursos em tupi – todos na primeira pessoa –, a verdade da Revelação e para que a conversão se renove, a cada vez, aos olhos do leitor cristão francês.

Os três aspectos que sustentam, nos relatos franceses, a postura dos missionários diante dos índios – o caráter de autópsia da "realidade indígena", a herança cultural das relações amigáveis franco-tupi e a conversão gentil – são manifestos numa passagem notável do relato de Claude d'Abbeville que diz respeito aos costumes indígenas de furar o lábio, de arrancar a barba e de pintar o corpo. Depois de pregar no sentido de

---

14 Andrea Daher, *op. cit.*

"persuadir [os tupinambá] a deixar os seus modos de fazer", o padre Claude conclui o seguinte:

> É algo admirável que, falando-lhes assim gentilmente e amigavelmente, fazendo-os ver minuciosamente que aquilo com o que estavam acostumados não era bem, isso os fazia entrar em si mesmos [sic]. De tal forma que, atraídos pela gentileza e convencidos pela razão, reconheceram imediatamente a verdade e tiraram eles mesmos [sic] esta conclusão em sua língua *Aié catou, Toupan remimognen iémogan motar ypotar eum mé noroyco chuéne sese*. Dizeis a verdade, Deus fez isso posto que fora necessário, no entanto se ele não o quer em absoluto, não o faremos mais[15].

Em todo caso, este procedimento de dotar os índios de fala contrasta fortemente com a ausência de transcrição de enunciados proferidos pelos índios, nos escritos dos mais diferentes gêneros dos jesuítas portugueses.

Converter em tupi

A escolha da pregação nas línguas indígenas não foi, entretanto, um privilégio de frades menores capuchinhos, nem particularmente de missionários franceses: foi prática totalmente generalizada na América, para além das especificidades estratégicas das experiências coloniais, dos métodos de pregação e da produção textual.

A historiografia, de modo geral, para justificar a utilização das línguas indígenas na evangelização da América sustenta a alegação do pequeno número de missionários frente à grande quantidade de almas a serem convertidas[16]. Porém, a escolha da pregação nas línguas indígenas, ao longo de quase três séculos, não foi ditada somente pelas

---

15 Claude D'Abbeville, *op. cit.*, p. 314v°: "[...] C'est une chose admirable que leur parlant ainsi doucement et amiablement, leur faisant voir par le menu que ce qu'ils avoient accoustumé n'estoit pas bien, cela leur faisaient rentrer en eux mesmes [sic]. Tellement qu'attirez par la douceur et convaincus par la raison, ils reconneurent à l'instant la vérité & tirerent eux mesmes [sic] cette conclusion, nous disant en leur langage Aié catou, Toupan remimognen iémogan motar ypotar eum mé noroyco chuéne sese. Tu dis vray, Dieu eust faict cela s'il eust esté necessaire, puis donc qu'il ne le veut point, nous ne le ferons plus".

16 Como sustenta Alain Milhou. Les politiques de la langue à l'époque moderne, In: M.-C. Benassy-Berling, J.-P. Clément, A. Milhou (org.). *Langues et cultures en Amérique Espagnole coloniale*. Paris, Presses de la Sorbonne Nouvelle, 1993, p. 24.

necessidades da comunicação. Mesmo sendo o *topos* da "falta de operários" recorrente nos textos dos missionários, ele nunca introduziu o argumento da necessidade de se pregar em línguas indígenas. Não se trata unicamente de uma questão de pragmática das ordens missionárias, como costuma se pensar, e sim de exegese, portanto, de teologia-política.

O pressuposto apostólico da necessária pregação na língua do catecúmeno – que se encontra na base do processo geral de gramaticalização e dicionarização das línguas americanas e de consequente redução da diversidade linguística com a produção de "línguas gerais" – fundamenta-se na teologia-política escolástica – sobretudo na sua retomada, no século XVI, por teólogos ibéricos – e encontra eco nas diretrizes tridentinas e nas constituições das ordens religiosas. Mas esse esforço linguístico empreendido pelos missionários, de modo geral, não pode ser dissociado das consequências mais profundas da inscrição dessas línguas, sob diversas formas, em uma variada gama de gêneros textuais com fins catequéticos (catecismos, gramáticas, vocabulários, cartilhas e outros gêneros, da poesia épica ao auto).

Evidentemente, frente às línguas então encontradas no Peru, no México ou no Brasil por jesuítas, franciscanos e dominicanos, entre outras ordens, configuraram-se formas de aproximação assemelhadas, embora adaptadas ao estado ágrafo ou gráfico das línguas a serem reduzidas. A própria lógica editorial das obras dedicadas à catequese nas línguas gerais pode ser indicativa do estatuto atribuído às línguas manejadas, havendo um número muitíssimo superior de livros impressos em quechua ou nahuatl, por exemplo, frente às obras em tupi.

Nesse sentido, é não menos significativa a impossibilidade de se imprimirem livros no Brasil. A *Arte de gramática* de Anchieta viria ao prelo somente em 1595, em Lisboa, e, por razões provavelmente econômicas, no mesmo volume não se encontram os diálogos previstos para serem publicados na licença para a publicação[17]. Os diálogos de Anchieta só seriam publicados em 1618, no *Catecismo da Língua Brasílica* do Padre Antonio de Araújo, impresso, por sua vez, "às custas dos padres do Brasil[18]". A situação contrasta, por exemplo, com a da Nova Espanha, pois, entre 1539 e 1560, haviam sido publicadas cerca de 30 obras em línguas indígenas (catecismos, gramáticas, léxicos, vo-

---

17 José de Anchieta, *Artes de gramática da língua mais usada na costa do Brasil*. São Paulo, Loyola, 1990, p. 21.

18 Antonio de Araújo, *Catecismo na lingoa brasilica, no qual se contem a summa da doctrina christa*. Em Lisboa, por Pedro Crasbeeck, 1618.

cabulários e cartilhas, em sua grande maioria, impressos no México), segundo informa a compilação do Conde de la Viñaza[19].

Uma questão que sustenta, privilegiadamente, o pressuposto teológico-político da conversão nas línguas indígenas é o fato de que, para os missionários, o estado da língua, numa perspectiva escolástica, podia ser definidor da convertibilidade dos índios. Mais do que isso, o trabalho de produção de línguas gerais relaciona-se à própria condição de convertibilidade dos índios.

No Brasil, os portugueses encontraram, como aponta o padre Vieira, línguas "bárbaras e barbaríssimas de umas gentes onde nunca houve quem soubesse ler nem escrever", e cuja empreitada de "redução gramatical" parecia vertiginosa[20].

Os jesuítas concebiam a língua dos índios do Brasil como uma língua faltosa. O *topos* da falta de F, L e R – sinal da falta de fé, lei e rei na língua tupi, tão amplamente sustentado desde o século XVI – pode ser definido justamente como uma marca de ilegibilidade da língua e, mais ainda, de uma verdadeira carência.

Com efeito, a forma analógica de pensamento não reconhece o outro da diferença cultural, postulado pelos estudos de inspiração semiótica, como os todorovianos. A analogia faz com que a alteridade se torne um grau da semelhança (mais ou menos distante). É nesse sentido que o *topos* da falta de letras dos índios do Brasil significava uma efetiva carência. Como afirma João Adolfo Hansen: "Como natureza, o som é efeito da Causa primeira ; logo, é signo ou letra: depois de Babel, como o som se dispersou pelo mundo, perdeu a semelhança da Letra, mantendo-se a imagem distante, nele, da língua adâmica. A mesma imagem é ainda legível em algumas línguas – como em português – e, em outras, ilegível – como a língua do gentio[21]".

Os jesuítas seguiram as teses sustentadas pelos teólogos Francisco de Vittoria e Francisco Suárez e afirmadas no Concílio de Trento, segundo as quais "o índio não conhece a Revelação, mas não está excluído da lei natural; logo, é humano, ainda que num grau distantíssimo da boa humanidade católica", ainda nos termos de Hansen[22]. Do mesmo modo, a sua língua: ela é carente, esquecida, distante da boa proporção do Verbo divino, à qual foi preciso fornecer as categorias necessárias à equivalência às línguas vernáculas. Eis talvez por que, teologicamente, o índio não fala – e não pode

---

19 Conde de la Viñaza. *Bibliografia Española de Lenguas Indigenas de America*. Madrid, Est. Typ. Sucesores de Rivadeneyra, 1892.

20 Antônio Vieira, *Sermões*. São Paulo, Hedra, 2001, volume I, p. 429.

21 J. A. Hassen, Sem F, sem L, sem R: cronistas, jesuítas & índio no século XVI, in: E. A. Kossovitch (org.). *A conquista da América*. Campinas, Cedes/Papirus, 1993, Cadernos Cedes, n° 30, p. 53.

22 *Idem, ibidem.*

falar –, ele mesmo, na primeira pessoa, nos escritos dos jesuítas portugueses: sua língua é muda.

Decerto, era possível, na concepção dos jesuítas, reescrever ou rememorar na alma do índio as categorias necessárias para que a língua tupi participasse da língua originária junto a todas as línguas vernáculas espalhadas pelo mundo desde Babel[23]. É nesse sentido que Antônio de Araújo define a finalidade do seu *Catecismo na lingoa brasilica*, sugerindo que o uso gramaticalizado do tupi pelos missionários era a condição para a "redução do mao estado" em que então viviam os índios[24].

Além da relação entre a convertibilidade dos índios e a necessária redução de suas línguas para fins catequéticos, um segundo pressuposto teológico-político relaciona ideal missionário e dom das línguas.

O tema bíblico do Pentecostes aparece em muitas obras de missiologia, do século XVI ao XVIII. Ao aprender novas línguas, o missionário tornava-se herdeiro direto dos Apóstolos, recebendo o dom das línguas no dia do Pentecostes para anunciar a palavra de Cristo aos povos vítimas da diversidade linguística, desde o episódio de Babel.

Para São Paulo, o dom das línguas é um carisma do Espírito Santo, em virtude de que os favorecidos adquirem o poder sobrenatural de se exprimirem em línguas que lhes eram desconhecidas.

É significativa, sobretudo, a interpretação dos Atos dos Apóstolos, em que consta uma noção não muito diferente do dom das línguas de Paulo. A expressão *loqui variis linguis*[25] marca também um dom do Espírito Santo: os Apóstolos presentes com Cristo no Cenáculo falaram as línguas das diferentes nações então representadas em Jerusalém. Importante salientar que o objeto desta linguagem não era a pregação do Evangelho, mas o louvor a Deus, sob o impulso do Espírito Santo. Segundo os Atos dos Apóstolos, os auditores compreenderam em suas línguas o que foi dito pelos glossólalas. Assim, movidos pelo Espírito Santo, os Apóstolos e os discípulos falaram diversas línguas e, segundo os exegetas, dentre os judeus habitantes de Jerusalém, os árabes entenderam a língua árabe, os romanos a língua latina, os gregos a língua grega. Porém, não se sabe se os gregos entenderam o árabe, os árabes o latim etc.

As biografias espirituais – sobretudo aquelas elaboradas com vistas à constituição de processos de canonização – são importantes instrumentos para que seja avaliada, então, a dimensão do dom das línguas na perspectiva apostólica. A configuração de

---

23 Andrea Daher. *Ecrire la langue indigène. La grammaire tupi et les catéchismes bilingues au Brésil (XVIe siècle)*. Mélanges de l'Ecole Française de Rome, tomo 111, 1999, p. 231 50.

24 António de Araújo, *op. cit.*, p. 6-7.

25 Atos, II, 4.

diferentes casos de milagre, em pareceres, testemunhos e escritos apologéticos, remete claramente a essas figuras que resultam da interpretação do texto bíblico, no que se refere ao fenômeno da glossolalia. Este é o caso do parecer emitido pelo frei Francisco de San Joseph de Suessa, em 1615, pedindo a coleta de mais documentos para esclarecer certos pontos da vida e dos milagres do frei Francisco Solano, evangelizador do Peru e do Paraguai, para completar o seu dossiê com vistas à canonização:

> En cuanto al milagro de la conversion de los indios es necessario se declare por los testigos se esse B. Padre predicava en lingua india, porque hay alguno que dice que la aprendió en seis meses; y si predicó en aquella lengua consistirá el milagro en que los otros, que assistían al sermon, de dichas naciones y lenguas, lo entendieron, también como si hablara en las suyas. O si hablando en la española, lo entendian los índios. O que todos convengan en que lo entendían y oían hablar em su propria lengua, que siendo de diferentes los oyentes resultará el milagro evidente[26].

Uma vez que o ofício de converter almas "requer mais alto estado de perfeição que nenhum outro", uma das competências essenciais do evangelizador é, segundo Manoel da Nóbrega, o domínio da língua, fruto da graça de que todo missionário é dotado, além da fé que lhe permite confiar-se a Deus e desconfiar de si, e da virtude para fazer milagres[27].

Não é nada improvável que as políticas linguísticas das ordens missionárias na América, de modo geral, desde Roma, levassem em consideração os testemunhos do caráter apostólico – e sobretudo milagroso –, do domínio das línguas indígenas pelos missionários, assim como, no extremo oposto, as confissões daqueles que revelavam uma inaptidão para o aprendizado dessas línguas.

O TUPI, LÍNGUA NO IMPÉRIO PORTUGUÊS

Os dois pressupostos que fundamentam a conversão generalizada nas línguas indígenas – o da convertibilidade dos índios e o do dom das línguas com que o Es-

---

26 "Información hecha em España en la Provincia de Granada, del Santo Fr. Francisco de Solano, hecha por P. Fr. Luis Gerónimo de Oré.

27 Manoel da Nóbrega, Diálogo sobre a conversão do gentio, in: LEITE, Serafim Leite, *Cartas dos primeiros Jesuítas do Brasil*. São Paulo, Comissão do IV Centenário da cidade de São Paulo, 1954, vol. II, 1954, vol. II, p. 340.

pírito Santo ilumina a alma dos missionários – encontram-se impressos em várias passagens das Constituições e Regras da Companhia de Jesus e são compatíveis com os conteúdos também impressos nas atas dos Concílios provinciais, desde o final do século XVI. O III° Concílio Limense, de 1582, foi bastante conclusivo quanto à obrigatoriedade formal do aprendizado pelos padres das línguas indígenas e determinante na política de publicação de catecismos. As Congregações Provinciais de 1568 e 1575, no Brasil, já haviam ratificado a mesma posição, até que em 1583 chegou a ordem emitida pelo Padre Geral dos jesuítas, Claudio Acquaviva, de tornar obrigatório o aprendizado das línguas indígenas, o que, segundo Serafim Leite, era ordem endereçada, na realidade, ao México.[28]

É flagrante, no entanto, o descompasso dessas posições frente às da monarquia hispânica – particularmente durante a União Ibérica, e até o final do século XVII –, expressas em cédulas reais que determinavam a imposição do castelhano nas colônias frente ao temor de que as línguas indígenas não fossem os melhores veículos para a erradicação das idolatrias e a expressão das verdades da fé[29]. Esse descompasso torna-se ainda mais evidente se consideradas as teorias dos letrados espanhóis e portugueses que sustentaram o chamado "imperialismo linguístico".

A máxima "la lengua compañera del Imperio" veiculada na *Gramatica castellana* de Antonio Nebrija, de 1492, tem sido muito imediatamente tomada como chave da compreensão das teorias linguísticas na Península Ibérica da era moderna[30]. É certo que os termos de Nebrija fizeram parte das discussões dos letrados até o Século de Ouro, exaltando os méritos expressivos do castelhano e seu prestígio frente ao latim, assim como a legitimidade da sua imposição aos "povos conquistados". Porém, somente dois séculos mais tarde, em 1680, de fato, se deu a introdução compulsória, na América hispânica, do castelhano, assim como a do português, na colônia lusa, prevista no artigo 6 do *Diretório*, em 1758, como única língua e não apenas como língua oficial falada.

Eugênio Ascencio mostrou que o *topos* afortunado por Nebrija em 1492, "a lingua compañera del Imperio", derivava de Lorenzo Valla, tendo sido apropriado pelo

---

28   Serafim S.J. Leite, *Suma Histórica da Companhia de Jesus no Brasil (1549-1760)*. Lisboa, Junta de Investigações Ultramar, 1965.

29   R. Konwtzke, *Colección de documentos para la historia de la formación social de Hispanoamerica (1493-1810)*. Madrid, Consejo Superior de Investigaciones Cientificas, 1953.

30   Antonio de Nebrija [1492]. *Gramática castellana*. Madri, P. Galindo Romeo, y L. Ortiz Muñoz, 1946.

jurista aragonês Gonzalo Garcia de Santa Maria, antes de Nebrija[31]. De lugar-comum na coleção de *Elegantiae* de Valla passou ao significado da finalidade de unificação da corte na Aragão de Micer Gonzalo, até vir a preencher funções de integração nacional a partir do ponto de vista da Andaluzia de Nebrija.

A tópica foi ainda apropriada, menos de meio século depois, em Portugal, no mesmo registro discursivo de Nebrija, a gramática. Na *Gramática da linguagem portuguesa* de Fernão de Oliveira[32], publicada em 1536, a língua aparece como uma espécie de "produto natural da personalidade nacional" que deve ser "alijada dos riscos da cultura estrangeirada", nos termos de Eugênio Ascensio, e tornada instrumento político de coesão do império. Ainda no mesmo movimento, a *Gramática* e a *Cartinha* de João de Barros, publicadas em 1540, atribuem à língua portuguesa a tarefa providencial de difundir o cristianismo[33].

O TUPI, LÍNGUA DESTE UNIVERSO

Na França, desde as primeiras décadas do século XVII, deu-se a inscrição definitiva das línguas gerais – e as do México e as do Peru não podem, de modo algum, ser menosprezadas – num quadro universal de valores linguísticos vernáculos. Muito cedo, a circulação dos escritos de José de Acosta, de Lopes de Gómara, de André Thevet, de Jean de Léry – e, posteriormente, de Claude d'Abbeville – fez com que a língua tupi fosse incluída em obras gerais, tais como o tratado do magistrado Claude Duret, *Thrésor des langues de cest Univers contenant les origines, beautés, perfections, décadences, mutations, changements, conversions et ruines des langues*, publicado em 1613. No tratado, a língua *Indienne Occidentale* – que inclui, além do tupi, o quetchua e o nahuatl – aparece lado a lado com o latim, o hebreu, o grego, ou ainda, "a língua Indiana das terras novas, Indiana oriental, Africana e as línguas dos Animais e dos Pássaros".

O *Thrésor des langues*, editado por Pyranus de Candole após a morte de Duret, leva o privilégio real emitido por Luis XIII e abre-se sobre uma dedicatória a Maurício de Nassau, Princípe de Orange, tido por Candole como "um dentre os Príncipes Cristãos que podem dar [ao tratado de Duret] um seguríssimo salvo-conduto para fazê-lo

---

31 Eugenio Ascensio, "La lengua compañera del Império". Historia de una idea de Nebrija en España y Portugal. In: *Revista de Filologia Española*, 1960, XLIII, p. 399-413. Bernardo Pereira de Berredo. *Annaes Históricos do Estado Maranhão...*, Lisboa, Na officina de Francisco Luiz Ameno, M.DCC.XLIX.

32 Fernão de Oliveira, *Grammatica da lingoagem portuguesa...* Lisboa, Germão Galhardo, 1536.

33 João de Barros, *Gramática da Língua Portuguesa...* Lisboa, Luis Rodrigues, 1540.

ser recebido na sua utilidade, nas mais distantes nações da terra, para as quais foi concebido, principalmente, a fim de que pelos diferentes caracteres (dos quais está pleno) e pela inteligência de suas escritas, uma nação possa com mais facilidade comunicar com outra, no que diz respeito à sociedade humana e principalmente o tesouro do Santo Evangelho de nosso Senhor Jesus Cristo, nesses últimos séculos e extremidades dos tempos[34]".

As suas 1.030 páginas dedicam-se, como indica o título, à origem e decadência das línguas, partindo do hebreu. A obra de Duret encontra-se, evidentemente, fora de uma perspectiva imperial, por mais que mencione, em algumas passagens, a tese, veiculada na França através da obra de Jean Bodin, da "verdadeira marca de soberania de obrigar os súditos a mudar de língua[35]".

Duret busca, à exaustão, a diversidade linguística universal, construindo um quadro composto de 55 línguas, somadas às dos animais e dos pássaros. Baseado na "comum opinião dos modernos que estiveram nessas Índias Ocidentais"[36], transcreve longuíssimas passagens de Gómara, de Thevet e de Léry, cuja seleção favorece, por excelência, o comparatismo:

> Jean de Lery [no] capítulo 20 de sua história da América deduz que a diferença das línguas desses índios é a seguinte: que os *Toupinamboults, Toupinequin, Tovaiare, Tureminon &* Kario falam uma só e mesma língua ou pelo menos há pouca diferença entre eles nos modos de fazer enquanto que, diferentemente, os *Karaia* têm outro modo de fazer & de falar, os *Ouetaca* diferem em linguagem & também, de fato, diferem de uma parte e de outra [...] [37]

---

34 Claude Duret, *Thrésor des Langues de cest univers contenant les origines, beautés, perfections, décadences, mutations, changements, conversions et ruines des langues...* Coligny, Matthieu Berjon, 1613: "l'un d'entre les Princes Chrestiens qui luy peut donner un tres asseuré sauf conduict pour le faire bien recevoir en son utilité aux plus esloignees nations de la terre, pour qui il a esté dressé principalement: afin que par les differens caracteres (desquels il est remplis) & intelligence de leurs escritures, une nation puisse avec plus de facilité communiquer avec l'autre, en ce qui concerne la société humaine, & principalement le thresor du S. Evangile de nostre Seigneur IESUS-CHRIST en ces derniers siècles & extremité des temps".

35 *Idem*, p. 1016.

36 *Idem*, p. 945.

37 *Ibidem*: "Jean de Lery chap. 20 de son histoire de l'Amerique deduict que la difference des langues de ces Indiens est telle assavoir que les Toupinamboults, Toupinequin, Tovaiare,

Para Duret, o hebreu é a língua mais próxima da língua primeira e universal, por excelência, pois encerra a qualidade incomparável de ser "perfeitamente adequada ao pensamento". No oposto das línguas das Índias Ocidentais, afirma que "[*o hebreu*] pode se vangloriar de poder facilmente, propriamente e claramente expressar e explicar todas as descrições e concepções humanas e divinas".[38] Por ser simples, é a língua "menos copiosa e menos cheia de palavras, nomes, provérbios e verbos que outra língua que seja"[39], dotada, assim, da conveniência necessária entre as palavras e as coisas.

Outro aspecto importante das concepções sobre as línguas vernáculas presentes na França, nos séculos XVI e XVII, é a preeminência da escrita sobre a palavra[40] em função da constância da primeira em relação à segunda e pelo fato da escrita ser dedicada não ao ouvido, mas à visão, "o mais delicado e sutil de todos" os sentidos[41]. É justamente através da escrita que se pode, inclusive, desvendar uma harmonia secreta por detrás da diversidade linguística, o que sustentaria, do mesmo modo, a transcrição de discursos em línguas indígenas nos relatos franceses.

Nessas teorias, voltadas para a diversidade natural e autorizadas por Plínio, não está presente a hierarquização necessária ao um imperialismo linguístico. Nelas, "a universalidade da palavra de Deus precisa da diversidade das línguas humanas"[42], posto que o estudo de línguas vulgares era indispensável ao conhecimento das leis de diversificação das coisas criadas.[43] Segundo Jean Céard, "essa concepção da diversidade harmoniosa das línguas reconhece decididamente sua variedade ao invés de nela ver simples confusão e encontra na própria variedade a razão das mudanças; por essa via,

---

Tureminon & Kario, parlent une mesme langue, ou pour le moins y a peu de différence entre eux tant de façon de faire qu'autrement, les Karaia ont une autre maniere de faire & de parler, les Ouetaca different en langage & aussi en faict de l'une & l'autre partie...".

38 *Idem*, p. 39-40 : "[l' hébreu] se peut vanter de pouvoir aysément, proprement, facillement, et clairement exprimer et explicquer toutes les descriptions et conceptions humaines et divines".

39 *Idem*: "moins copieuse et moins remplie des mots, noms, dictions, et verbes que autre langue que ce soit...".

40 Jean Céard, De Babel à la Pentecôte. La transformation du mythe de la confusion des langues. In: *Bibliothèque d'Humanisme et Renaissance*, XLII (1980), p. 579.

41 Claude Duret, *op. cit.*, p. 32, 19 e 51.

42 Jean Céard, *op. cit.*, p. 587.

43 *Idem*, p. 583.

ela autoriza um estudo das línguas que registra a sua diversidade sem tentar reduzir ou proceder a uma classificação hierarquizada[44]".

Sem dúvida, o substancialismo dessas teorias é a base de um verdadeiro "conhecimento natural", voltado para a matéria da língua como mais uma busca do um no múltiplo, e resulta numa espécie de comparatismo empírico que Claude-Gilbert Dubois qualifica, um tanto anacronicamente, de "observações clínicas", "sincrônicas e globais" do fenômeno linguístico[45].

O substancialismo das teorias neoescolásticas – que fundamenta a gramaticalização e a dicionarização das línguas indígenas e a possibilidade de suprir a efetiva carência de categorias e, assim, garantir a conversão –, é precisamente o mesmo que sustenta esse comparatismo empírico, embora funcione em outro regime discursivo. Por mais que os usos generalizados das línguas indígenas na prática catequética pareçam abstrair as teorias do imperialismo linguístico que circulam na Península Ibérica, não há confronto entre o posicionamento das ordens missionárias e as concepções dos letrados ibéricos.

Em textos portugueses, as línguas indígenas aparecem ora como confusão (como em Gandavo[46]), ora como variedade que autoriza a necessária transformação, como é verificável na unidade teológico-retórico-política dos sermões de Vieira, definitivamente postulada por Alcir Pécora[47]. Em todo caso, as línguas indígenas haviam de ser necessariamente reduzidas para que se procedesse à sua classificação hierárquica, na ordem imperial.

Nas obras teóricas francesas, como o *Thrésor* de Claude Duret, o reconhecimento da diversidade linguística não tem a redução das línguas como condição necessária à hierarquização, o que faz com que a variedade apareça, ao fim e ao cabo, reabilitada[48].

---

44 Idem, p. 585.

45 Claude-Gilbert Dubois, *Mythe et langage au XVIe siècle*. Bordeaux, Ducros, 1970, p. 16.

46 Pero de Magalhães Gandavo, *Historia da provincia Sancta Cruz a que vulgarmente chamamos Brasil feita por Pero de Magalhães Gandavo, dirigida ao muitissimo sñor Dom Lionis Pereira gouernador que foy de Malaca & das mais partes do Sul da India* Impresso em Lisboa, na officina de Antonio Gonsaluez. Anno de 1576.

47 Alcir Pécora, *Teatro do sacramento. A unidade teológico-retórico-política dos sermões de Antonio Vieira*. São Paulo/Campinas, Edusp/ Editora da Unicamp, 1994.

48 Jean Céard, *op. cit.*, p. 585.

Convertibilidade e enunciação

Se, de fato, a conversão é categoria fundadora da Idade Moderna, como afirma Lewis Hanke[49], é ela que governa a lógica das representações nos textos que compõem tanto o *corpus* francês e quanto o *corpus* português sobre o Brasil, nas suas mais diferentes formas narrativas.

Nos relatos dos capuchinhos franceses Claude e Yves, os tupinambá se mostram providencialmente dotados de palavra para, de maneira voluntária, denunciar o poder do diabo sobre suas almas e o dos portugueses sobre seus corpos, como também enunciar seu desejo de conversão e de sujeição ao Reino dos Lírios.

Essa representação do tupinambá desejoso de conversão e apto ao afrancesamento inscreve-se num movimento, inaugurado nas últimas décadas do século XVI, que contribuiu para a construção, na França, de um mito: o mito do tupinambá convertível. Foi ele que preparou e, em alguns casos, prefigurou o mito da bondade original do selvagem[50].

Dócil e cordial, desde o final do século XVI, o tupinambá é provido tanto de língua (*langue*) quanto de fala (*parole*), até mesmo em tratados teóricos como *Thrésor des langues de cet Univers*:

> ... sustentaremos, segundo a opinião comum entre os modernos que estiveram nessas Índias Ocidentais, que no que diz respeito à língua desses índios ocidentais, em geral, ela é breve & obscura, mas bem mais fácil de se saber & compreender que a língua Arabesca, Turquesca ou outra do Levante: quanto à sua fala, ela é rude & de pouca graça em seu acento, a qual é reiterada com frequência, ao repetirem uma mesma coisa, se regozijando em tal rudeza & barbárie & tendo prazer em falar & mal formar a sua fala...[51]

---

49 Lewis Hanke, *La humanidad es una*. Mexico, Fondo de Cultura Económica, 1985.

50 Andrea Daher, art. cit.

51 Claude Duret, *op. cit.*, p. 945: "nous tiendrons selon la commune opinion des modernes qui ont esté en ces Indes Occidentales, que pour le regard de la langue d'iceux Indiens Occidentaux en general est est brievfe & obscure, mais bien plus aisée à sçavoir & comprendre que la langue Arabesque, ou Turquesque ou autre Levantines: Quant à leur parolle elle est rude, & de peu de Grace em son accent, laquelle ils reiterent souvent, repetants une mesme chose, se plaisants em telle rudesse & barbarie & prennant plaisir a parler, & à mal former leur parolle..."

Apoiado no jesuíta Piero Giovanni Maffei, autor de uma *Histoire des Indes* (traduzida em francês em 1604), Claude Duret afirma ainda ser a linguagem dos índios do Brasil "nem tão difícil de aprender". Esta afirmação sustenta-se, mais uma vez, de um ponto de vista pragmático, na inscrição massiva da língua tupi nos relatos franceses, nos quais se encontram asseguradas tanto a tradutibilidade do tupi quanto a convertibilidade do índio, tornando o Tupinambá, de direito e de fato, apto a ingressar na imensa galeria dos falantes deste universo.

Em escritos de jesuítas portugueses, a representação letrada do tupinambá não se aproxima do mito da sua convertibilidade apoiada na sua capacidade enunciativa. O esforço linguístico empreendido pelos missionários teve a finalidade expressa de integrar o índio na ordem do corpo místico do Império português, em que ocupou, legitimamente, o lugar mais baixo da escala hierárquica. Para tanto, coube ao missionário, no interior das normas escritas do catolicismo, produzir a consciência (ou a alma) do índio como memória da culpa, arrependimento dos pecados passados (a poligamia, o canibalismo, as práticas contra-natureza), inaugurando o seu presente contrito. Fez, assim, com que o índio participasse, como todos os homens, do pecado adâmico.

Em certo sentido, a discussão teórica que ocupou a Península abstraiu a importância do processo de gramaticalização e dicionarização das línguas americanas, direcionando-se, antes, para a das potencialidades linguísticas das línguas "nacionais", dentro de uma escala hierárquica que as aproximava – cada uma delas, mais ou menos – do latim, assegurando, desse modo, as suas posições na hierarquia dos valores vernáculos mais do que a universalidade original de todas as línguas.

Porém, essas posições foram condicionadas, em longo termo, pela circulação generalizada de inúmeras obras onde as línguas gerais encontravam-se inscritas. Para além dos dispositivos de produção de conhecimento, de presença do Estado monárquico português, de controle disciplinar (moral e político) de índios e colonos e de reforço do zelo missionário que deviam funcionar no âmbito colonial, a inscrição dessas línguas em impressos dos mais variados gêneros – que circularam fora do ambiente missionário, e não apenas na Península Ibérica – servia para legitimar, por fim, a ação espiritual católica e o fortalecimento temporal do Estado. Nesse retorno, o trabalho linguístico catequético não se incompatibilizava com a chamada "celebração imperial", deixando a via aberta para a primazia do português e do castelhano sobre "todas las linguagens presentes", como afirma João de Barros, no interior de uma hierarquia linguística então forjada e sustentada pelos letrados.

Nesse sentido, as modalidades de circulação e de apropriação de línguas gerais, foram determinadas também pela formação, em longo termo, de um corpo de especialistas que viria a ocupar importantes postos na hierarquia eclesiástica, não apenas em Portugal e Espanha, mas também na Itália, por exemplo.

O catecismo de Luís Gerônimo de Oré, *Manuale seu rituale*, publicado em 1607, em Nápoles, insere-se nesse movimento, pautado num programa normativo, visando instruir rigorosamente os missionários na tarefa catequética em diferentes línguas gerais. Apresenta, por vezes, numa só e mesma página, cinco línguas distintas: as línguas indígenas (quetchua, aymara, puquina, mochica, guarani e brasílica ou tupi) dividem o espaço com o espanhol (ou romance) e o latim. Em itálico, verdadeiras didascálias (nessas duas últimas línguas) indicam as atitudes convenientes às circunstâncias de conversão através dos sacramentos do batismo ou da extrema-unção, de mulheres, de homens, de crianças, de enfermos, etc.

O *Manuale* é um dos catecismos mais alinhados às preceptivas do III° Concílio Limense e do modelo tridentino do *catecismus ad parochus*. Nele, as línguas gerais estão sempre autorizadas, nomeadamente, pelo língua, o especialista. Ao final da exposição da doutrina em guarani, por exemplo, a autenticação do especialista aparece impressa em itálico: "Este traslado está conforme con el original", seguindo a assinatura do padre Luís Bolaños, conhecedor do guarani.

Certificados de autenticação também eram fornecidos por especialistas para obras manuscritas, de larga circulação no ambiente missioneiro. Este é o caso do certificado, fornecido em 1730, aos diálogos deixados de próprio punho pelo padre José de Anchieta, autenticados pelo seu correligionário Jacinto de Carvalho, também de próprio punho: "certifico pela noticia e intelligencia q tenho da lingua Brasilica por a ter usado vinte e oito anos nos Collegios e Missões da America, a tratando sempre com Indios peritos nestas línguas".[52]

A gramaticalização das línguas americanas – e aqui se deve alargar as conclusões às línguas ditas "exóticas", incluindo as orientais – correspondeu, como pensou Maria Leonor Carvalhão Buescu[53], ao segundo ato do movimento, iniciado pouco antes, na Europa, de construção gramatical das línguas vulgares. Decerto, era o latim a matriz universal da gramaticalização de todas elas. Mas a perspectiva que se cristaliza, hoje, nesta evidente observação, deixa de lado o fato de que este movimento terminou por servir, de um lado, às exigências teológico-políticas da colonização e, de outro, à reflexão letrada sobre a hierarquia linguística encabeçada pelas próprias línguas nacionais "emergentes".[54]

---

52 José de Anchieta, *Diálogo da fé*. São Paulo, Loyola, 1988, p. 104.

53 Maria Leonor Carvalhão Buescu, *O estudo das línguas exóticas no século XVI*. Lisboa, Instituto de Cultura e Língua Portuguesa, 1983.

54 Alain Milhou, art. cit., p. 15-40.

O imperialismo linguístico de João de Barros e Fernão de Oliveira, em Portugal – assim como o de Solárzano Pereira e Bernardo de Aldrete, na Espanha[55] –, acabou por não excluir efetivamente a possibilidade da redução gramatical e dos usos das línguas gerais na conversão de infiéis e idólatras. O descompasso entre essas concepções e a prática linguística nas missões, em todo o Império, foi, de certa forma, superado pela circulação de impressos onde as línguas exóticas são uma espécie de testemunho auditivo e ocular de uma diversidade providencialmente alçada por letras e por armas lusitanas.

---

55 Juan Solárzano y Pereira, *Política Indiana*. Madrid, Ediciones Atlas, 1972 [1639]; Bernardo José Aldrete, *Del origen de la lengua castellana o romance que oi se usa en España*. Roma, Carlo Vulliet, 1606.

Ares e azares da aventura ultramarina: matéria médica, saberes endógenos e transmissão nos circuitos do Atlântico luso-afro-americano

Maria Cristina Cortez Wissenbach
Universidade de São Paulo

Nos últimos tempos uma nova escala de observação historiográfica tem permitido repensar a expansão marítima e a formação dos territórios do ultramar, redimensionado de um lado, os circuitos que tomaram mercadorias, ideias e saberes e de outro, as dinâmicas de encontro entre sociedades europeias e não europeias em diferentes partes e continentes. Desde a percepção do oceano enquanto espaço histórico, introduzido pelos expoentes da Escola dos Annales, sobretudo Fernand Braudel, aos conceitos historiográficos que mobilizaram a ideia de fluxos e refluxos, de mundos em movimento,[1] até chegar ao conceito de mundialização ou da *primeira globalização* e ao de *connected histories*[2], o processo cultural subjacente aos encontros dos tempos modernos vem sendo pensado numa perspectiva mais dialógica e a partir da ideia de circulação e produção de saberes.

---

1 *Pierre Verger. Fluxo e refluxo do tráfico de escravos entre o Golfo do Benin e a Bahia de Todos os Santos dos séculos XVII a XIX*. Tradução de Tasso Gadzanis. Salvador, Ed. Currupio, 2002. Charles Boxer. *O império marítimo português (1415-1825)*. Tradução Anna Olga de Barros Barreto. São Paulo, Cia. das Letras, 2002. A. J. R. Russell Wood. *Um mundo em movimento: os portugueses na África, Ásia e América (1415-1808)*. Tradução Vanda Anastácio. Lisboa, Difel, 1998.

2 Serge Gruzinski. *Les quatre parties du monde. Histoire d'une mondalisation*. Paris, Les Éditions de La Martinière, 2004; Serge Gruzinski, *Les mondes mêlés de la Monarchie Catholique et autres 'connected histories'*, Annales HSS, janvier-février 2001, no 1, p. 85-117. Sanjay Subrahmannyam, Connected Histories: Notes towards a Reconfiguration of Early Modern Eurasia, in: *Modern Asian Studies*, vol. 31, Issue 3, The Eurasian Context of the Early Modern History of Mainland South East Asia, 1400-1800, 1997, p. 735-62.

Para a revisão historiográfica aludida, alguns enfoques foram relativamente deixados de lado. A nova escala exigiu um distanciamento de olhares exclusivamente nacionalistas e excessivamente eurocêntricos e uma aproximação progressiva aos conceitos de trocas culturais, apropriações e reapropriações, aportes de diferentes origens, na direção muitas vezes, e em última instância, de uma experiência coletiva historicamente configurada. Essa ótica vem ganhando força, por exemplo, quando são observadas as maneiras pelas quais os navegadores e comerciantes portugueses se posicionaram diante das estratégias e dos circuitos de mercadores africanos ou asiáticos, intrometendo-se em rotas e modalidades preexistentes, na África[3], mas principalmente no Índico, dominado pelas comunidades islamizadas da costa oriental africana e do subcontinente indiano[4]. Quando, diante da carência de produtos metropolitanos e urgidos por determinadas circunstâncias, investigaram e se valeram de sucedâneos informados pela farmacopeia indígena[5] – processo do qual, Garcia Orta (1501-1568), médico de Martim Afonso de Souza, estabelecido em Goa, seja talvez uma das expressões mais bem acabada, ao propor os meios e os métodos de sobrevivência dos portugueses nos trópicos[6]. Ou mesmo ainda quando justificaram e instrumentaliza-

---

3   Isabel de Castro Henriques, L'Atlantique de la Modernité: le part de l'Afrique. In: *Le Portugal et l'Atlantique*. Lisboa; Paris, Arquivos do Centro Cultural Calouste Gulbenkian, XLII, 2001; J. B. Ballong-Wen-Newuda. A instalação de fortalezas na costa africana. Os casos de Arguin e da Mina. Comércio e contatos culturais. In: L. Albuquerque (org.). *Portugal no mundo*, volume II. Lisboa, Publicações Alfa, s/d.

4   Luís Filipe F. R. Thomaz. Os portugueses e as rotas das especiarias. In, *De Ceuta a Timor*. Lisboa: Difel, 1994, p. 169-243; segundo o autor, no Índico, ao contrário do Atlântico, "era conhecida a existência de interesses comerciais já estabelecidos. Os portugueses não contavam pois com o vazio econômico e político de 'mares nunca dantes navegados', p. 212. Ressalta-se o exagero da ideia de vazio econômico e político, considerando notadamente o comércio caravaneiro e de cabotagem que envoviam os reinos do litoral atlântico da África.

5   Alfredo Margarido. *Plantas e conhecimento do mundo nos séculos XV e XVI*. Lisboa, Alfa, 1990. Isabel de Castro Henriques. *Plantes importée et économie de plantation dans le Golfe de Guinée (XV-XVII)*. Universidade Paris I, 1974.

6   Charles Boxer, *Two Pioneers of Tropical Medicine: Garcia d'Orta and Nicolau Monardes*. London, The Hispanic and Luso-Brazilian Councils, 1963. Garcia d'Orta. *Colóquios dos simples e drogas e cousas medicinais das Índias (1563)*. Edição organizada pelo Conde de Ficalho. Lisboa, Academia Real das Ciências, Imprensa Nacional, 1891. Sobre as concepções médicas e terapêuticas, em suas várias versões, na Índia do século XVI e entre elas a do cristão novo, o físico Garcia Orta, ver: Inês G. Zupanov. Drugs, *Health, Bodies and Soul in the Tropics: Medicinal Experiments in 16th Century Portuguese India*. The Indian Economic and Social History Review, 39, 1, 2002.

ram o comércio atlântico de escravos a partir de instituições e de usos e costumes das sociedades locais[7].

Além disso, essa mesma perspectiva ampliada e dinâmica condiciona uma outra maneira de perceber os agentes europeus que participaram da formação do mundo atlântico, determinando tanto a iniciativa coletiva — financeira, tecnológica e cartográfica — para os diversos empreendimentos ultramarinos, como a ideia de lastros, de conhecimentos pragmáticos que foram sendo transmitidos de uma geração a outra, entre diferentes nacionalidades e agentes que participaram do movimento de expansão e de formação das novas sociedades. Incluindo-se aqui o conhecimento acumulado pelo mundo árabe, expresso, entre outros, na destreza de seus pilotos na navegação por entre as monções.

No processo histórico visto dessa maneira, as fontes históricas têm sido necessariamente reavaliadas. Em particular a literatura de viagem que acompanhou o movimento de expansão e as diferentes fases de ocupação nas terras ultramarinas foi profundamente rediscutida, sem perder sua importância. Num seminário sobre as fontes europeias para a história da África pré-colonial, realizado em Berlim em 1987, os organizadores Beatrix Heintze e Adam Jones reafirmam a necessidade de uma crítica histórica apurada exatamente para que tais narrativas sejam avaliadas para além

---

[7] Catarina Madeira Santos. *Entre deux droits, les Lumières em Angola*. Annales. Histoire, Sciences Sociales, Paris, 4, 2005, p. 817-48. Roquinaldo Ferreira, "Ilhas crioulas": o significado plural da mestiçagem cultural na África Atlântica. Revista de História, São Paulo, nº. 155, 2007. *Revista de História, Dossiê África & América* (org. Maria Cristina C. Wissenbach), 155, 1º, 2006, p. 17-41. É importante atentar, de antemão, que esta perspectiva de interpretação distancia-se da preconizada pelo lusotropicalismo de Gilberto Freyre que enaltece, na mestiçagem e na adaptação aos trópicos, a plasticidade dos portugueses e sua capacidade de se fundirem, numa dimensão histórica, destituída de tensão e, sobretudo, relacionada a um possível caráter sublimado deste povo nas aventuras do ultramar. Como afirma, em contraposição, Ines Zupanov, analisando os missionários na Índia: "If Portuguese merchants, royal officials, and ecclesiastics adapted rapidly (if at all) to the difficult climate and learned how to deal with the overpowering cultures surrounding them in Asia, partly by adapting to and partly by fencing themselves off from them, it was because they had no choice and simply managed to control their weakness, rather than because of the plasticity and compositeness of their character". Ines G. Zupanov. *Missionary Tropics: the Catholic Frontier of Índia, 16th – 17th centuries*. Ann Harbor, University of Michigan, 2005, p. 19-20. Ver também: John Monteiro, Mestiçagem e mitografia no Brasil e na Índia Portuguesa. In: *Tupis, tapuais e historiadores – estudos de História Indígena e do Indigenismo*. Campinas, 2001. Tese de Livre-docência, Unicamp.

de seu caráter eurocêntrico e atingidas em suas inflexões e características próprias.[8] Reafirmam a necessidade de que tais autores sejam percebidos em sua heterogeneidade e determinadas, sobretudo, maneiras diferenciadas de se vincular aos negócios do ultramar. Também africanista, Isabel de Castro Henriques vai mais além e chama a atenção aos textos produzidos por autores que ela denomina como sendo os angolistas,[9] militares profundamente comprometidos com o poder e a administração portuguesa em Luanda, como o cronista setecentista das guerras angolanas, Antonio Cadornega; outros como o brasileiro Elias da Silva Corrêa, estabelecido em Angola no século XVIII; expedicionários como os pombeiros escravos da feira de Kassange, o mestiço Pedro João Batista e seu companheiro Anastácio Francisco, na viagem pioneira da costa à contra-costa, feita nos anos de 1840; finalmente, colonos estrangeiros instalados, nos finais do século XIX, de maneira enraizada nos sertões de Angola, como por exemplo, o húngaro Lázslo Magyar e o luso-brasileiro Rodrigues Graça.

Em outras palavras, na reavaliação metodológica, embora as narrativas continuem passíveis de crítica, tal como qualquer outro tipo de fonte, os "viajantes" começam a ganhar historicidade e contornos definidos, relacionados ora à época, ora aos contextos específicos que confluem em suas obras. São distintos em sua natureza e nas formas de se relacionarem com as sociedades locais, são diferentes as visões do missionário, do mercador e do soldado, flexionadas por seus intentos, pelo tempo de permanência e pelo envolvimento com as populações locais.

Conforme ainda os estudiosos desta produção, os relatos de viagem compreendidos entre os séculos XVI e XVIII, ligados à expansão e à dinâmica histórica do Atlântico nesta época, possuem características que lhes são próprias e que os distinguem dos que foram produzidos em outros períodos. Em decorrência do pragmatismo destas obras, do caráter essencialmente utilitarista, do plágio e da autoria coletiva formam, por assim dizer, conjuntos de informações que vão sendo apropriadas e transmitidas por gerações diferentes de viajantes. Para ilustrar essa ideia, simplificando, é possível afirmar que as crônicas portuguesas do século XV e XVI reaparecem nos textos de autores holandeses do século XVII e estes por sua vez, inspiram as narrativas inglesas e francesas do século XVIII. Evidenciando aquilo que Luis Felipe de Alencastro tão

---

8   Beatrix Heintze; Adam Jones. Introduction. In: *European Sources for Sub-Saharian Africa before 1900 – Uses and Abuses*. Número especial de Paideuma, 33, 1987. Numa perspectiva crítica similar sobre a fonte relatos de viagens: José da Silva Horta. *A representação do africano na literatura de viagens, do Senegal à Serra Leoa (1455-1508)*. Mare Liberum, 2, 1991, 209-338.

9   Isabel de Castro Henriques. Presenças Angolanas nos documentos escritos portugueses. In: *Os pilares da diferença: relações Portugal-África, séculos XV-XX*. Lisboa: Caleidoscópio, 2004, p. 61-89..

bem sintetiza, "cruzando os mares, missionários, militares, mercadores e funcionários régios trocavam informações sobre os ares e os azares da empreitada colonial no Atlântico Sul[10]".

Assim, tendo como pressuposto tais considerações, o intuito desta comunicação é discorrer sobre a temática geral dos encontros culturais e da transmissão e apontar aspectos do processo de trocas que acompanhou o movimento de estabelecimento dos europeus no ultramar, sobretudo nas áreas compreendidas no flanco atlântico da expansão. Tomando como referência algumas narrativas e especificamente questões relacionadas às doenças e à adaptação dos homens brancos aos climas tropicais, a ideia geral que gostaria de enfatizar é a de lastros, da formação de redes de propagação de conhecimentos que se tornaram marca do universo atlântico luso-afro-americano. E que implicaram, em diferentes níveis, o reconhecimento de competências.

***

A divulgação de informações relacionadas às viagens marítimas e às descobertas aparece já nos primórdios destes movimentos, como um dos principais intentos das grandes coleções de viagens editadas desde os meados do século XVI por editores italianos (entre outros, Gian Battiste Ramusio, 1559), ingleses (como Richard Hakluyt, 1587 e Samuel Purchas, 1625) e flamengos (De Bry, 1590 e van Linschoten, 1596)[11]. Reafirmando a ideia de que nem sempre os centros produtores de conhecimento eram os centros de difusão, grande parte dessas coleções envolveu a compilação de relatos feitos por pilotos ou agentes a serviço das coroas ibéricas, em suas viagens à América, ao Oriente e à África. Só para mencionar algumas, encontram-se aí reproduzidas as narrativas de Alvise de Cadamosto, Leão Africano, Cabeça de Vaca, Tomé Pires, Vasco da Gama, Vespuccio, Pigafetta, Fernão Cardim. Na suposição de algumas delas terem sido roubadas por corsários ingleses e franceses, segundo Numa Bloc, a iniciativa edi-

---

10 Luiz Felipe de Alencastro. *O trato dos viventes – formação do Brasil no Atlântico Sul*. São Paulo, Cia. das Letras, 2000, p. 259.

11 Tais coleções eram formadas por vários volumes nos quais estavam incluídos roteiros portugueses e espanhóis sobre a África, a Ásia e a América, mantidos até então em segredo. Para o século XVIII, menciona-se ainda a coleção de Thomas Astley, publicada em Londres entre os anos de 1745-1747, *A New General Collection of Voyages and Travels*. Referindo-se especificamente às obras de Linschoten e de Hakluyt, afirma Numa Broc seu caráter de obras militantes, espécie de bíblia para colonos e navegantes na época de expansão holandesa e inglesa. Numa Broc. *La geographie de la Renaissance (1420-1620)*. Paris, Les Éditions du C.T.H.S., 1986, p. 41.

torial dos séculos XVI e XVII, por meio de uma apropriação quase que indébita, retiraram-nas do esquecimento a que possivelmente estariam relegadas nos intentos das Coroas[12]. Os objetivos dos grandes editores eram claramente programáticos e pragmáticos: destinavam-se a atiçar a curiosidade e também a ganância de seus governos, levando-os às aventuras coloniais instruídas por tais roteiros. Buscavam, para tanto, a experiência, ou melhor dizendo, a competência ibérica desenvolvida já em quase um século da expansão.

No caso dos holandeses, Jean-Hugues Linschoten (ou Linschot) – o primeiro holandês a realizar a travessia entre Lisboa e Goa e permanecer vários anos nos domínios lusos – esta aproximação à experiência dos portugueses é física também pois prenuncia a ação voraz da Companhia das Índias Orientais e Ocidentais sobre os territórios lusos do ultramar. Além de colecionar roteiros de pilotos espanhóis e portugueses sobre a navegação das Índias (Duarte Lopes, Pierre Martyr, Oviedo e J. de Lery), realiza uma espécie de périplo pelos territórios portugueses do Índico e do Oriente, chegando à China e às Molucas, passando no retorno pela África e pelo Brasil[13]. Da mesma forma que outros holandeses vieram depois dele, relata em detalhes, nos finais do século XVI, a aprendizagem que retirou desta observação: descreve as cidades portuguesas, sobretudo Goa, o modo de vida dos portugueses aí estabelecidos (inclusive as doenças de que padeciam e as instituições hospitalares que os abrigavam), o relacionamento com os povos, e dedica longos trechos ao comércio das especiarias e sobretudo ao das drogas medicinais usadas por médicos, boticários e curandeiros nativos, em sua enorme variedade que vai dos produtos importados vindos da China e da Pérsia – o maná, o ruibarbo e a pedra de bezoar – às ervas utilizadas pelos tupinambás[14].

Uma vez que dependeu da mobilização de agentes, intermediários e informantes, essa apropriação de conhecimentos não se limita aos ricos territórios do Oriente; dirige-se também às costas da África Ocidental, atingindo personagens históricos relacionados a uma história menos formal da presença ibérica no ultramar. Ou melhor, menos institucional no sentido de que ainda não se encontram claramente implantadas as estruturas administrativas coloniais, do império no século XVI.

---

12 Numa Broc, *La geographie de la Renaissance (1420-1620)*, p. 45.

13 Jean Hugues Linschot. *Histoire de la Navigation de [...] hollandois: aux Indes Orientales contenant diverses descriptions des lieux jusques à present decouverts par les portuguais...* Amsterdam, Chez Evert Cloppenbourg, Marchand Libraire, 1638.

14 Jean Hugues Linschot, *Description de l'Amerique & des parties d'icelle ...* especialmente p. 43-52.

Desde esta época, foram as coletividades de populações mestiças, luso-africanas, as que forneceram as informações e o vínculo necessário às sociedades locais, em função dos laços, comerciais e de parentesco que mantém com estas por meio de uniões inter-raciais[15]. Originários dos chamados *lançados*, estabelecidos em diferentes pontos da costa da Alta Guiné, entre Casamansa e Serra Leoa, e também em determinadas áreas da Costa do Ouro, a princípio estes agrupamentos combinam a feição misógina da expansão com a utilidade dos excluídos do reino[16]. No caso da Senegâmbia e dos rios da Guiné, eram provenientes de degredados, de cabo-verdianos migrados em direção ao continente, ou de simples aventureiros, em grande parte judeus e cristãos novos perseguidos pela Inquisição e que estendiam suas relações aos portugueses exilados nos Países Baixos, bem como às comunidades sefarditas das Américas[17]. Vistos com desconfiança pelas autoridades metropolitanas, considerados à margem da lei, dos monopólios e dos contratos, logo se transformariam nos principais intermediários entre os mercadores atlânticos e as redes comerciais da região[18] graças ao domí-

---

[15] Sobre as populações mestiças da Guiné, no geral, ver: Philip Havik, Comerciantes e concubinas: sócios estratégicos no comércio atlântico na costa da Guiné. In: *A dimensão atlântica da África*. Anais da II Reunião Internacional de História de África (Rio de Janeiro, 1996). São Paulo, CEA/USP, SDG-Marinha; Capes, 1997, 161-179. Philip Havik. *Silences and Soundbytes. The gendered dynamics of trade and brokerage in pre-colonial Guinea Bissau region*. Münster, LIT Verlag, 2004. Jean Boulègue. *Les luso-africaines de Sénégambie, XVI – XIX siècles*. Lisboa, IICT/CRA, 1989. George Brooks, *Euroafricains in Western Africa: commerce, social status, gender and religious observance from the sixteenth to the eighteenth century*. Athens, Ohio University Press; James Currey, 2003.

[16] Charles Boxer. *Race Relations in the Portuguese Colonial Empire*. Oxford, 1963; Idem. *Mary and Misogyny: Women in Iberian Expansion Overseas, 1415-1815*. London, Duckworth, 1975.

[17] Antonio de Almeida Mendes. Le role de l'Inquisition en Guinée – vicissitudes des présences juivres sur la Petite Cote (XV-XVII siècles). In: F. Bettencourt; Philp Havik. *Inquisição em África*. Colóquio realizado no Centro Cultural Gulbenkian, Paris. Revista Lusófona de Ciência das Religiões, ano III, 5/6, p. 21-173. Afirma o autor a condição distinta e singular dos judeus estabelecidos na Petite Côte, na Senegâmbia: "organisés em communauté, ils s'appuyaient sur des liens forts avec les communautés sérades installées aux Pays-Bas ert dans les possessions américaines", p. 154. Sobre o assunto também: Peter Mark; José da Silva Horta. Two Early Seventeenth-Century Sephardic Communities on Senegal´s Petite Cote. *History in Africa*, 31, 2004, 231-256.

[18] O caráter marginal dos lançados é contestado pela historiografia mais atual. Entre outros: Maria João Soares. Para uma compreensão dos lançados nos rios da Guiné. Studia. Lisboa, 56-57, 2000, p. 147-222.

nio que mantinham do comércio da noz-de-cola, atividade sobre a qual a Coroa, posteriormente, guardaria segredo: "fruta como castanhas e que he o principal dinheiro porque se vende muyto e tem estes reis muita amizade com os Portugueses no trato", como diziam as crônicas da época.

Foram os luso-africanos (muitos deles referidos nominalmente) os informantes de André Almada, escritor cabo-verdiano dos finais do século XVI que possuía interesses mercantis direcionados a esta região e que seguia os passos destes intermediários quando inventariava as possibilidades econômicas da Alta Guiné[19]. Colocados lado a lado, a compreensão da figura de Almada e a dos *lançados* é esclarecedora. Ambos mestiços que apesar de não se distinguirem fisicamente dos habitantes da região, continuavam a se afirmarem portugueses: o primeiro, por sua origem cabo-verdiana e pela condição de mercador, os segundos por serem cristãos (ou cristãos-novos), por falarem a língua portuguesa junto a um dialeto crioulo, mas também pelo fato de pertencerem a clãs de mercadores que se dedicavam ao trato à longa distância[20], da mesma forma que seus parceiros africanos, os diulas, ou julas, comerciantes ambulantes e provenientes da diáspora mande. Esses últimos, chamados também de *bixirins*, eram os mesmos marabutos com os quais Almada e os demais cronistas da época mantinham frequente comunicação.

Os mesmos luso-africanos foram também hospedeiros e objeto da ação catequética dos jesuítas quando, nos finais do século XVI, estes missionários promoveram incursões pelo litoral da Guiné, com o intuito de reconduzir seus conterrâneos novamente ao grêmio da Igreja – expatriados entregues aos modos de vida local, segundo os mesmos jesuítas[21]. Mas foram também, e principalmente, seus aliados quando os padres avaliavam as possibilidades tanto da conversão das chefias africanas locais, quanto da tomada de posse definitiva de áreas em Serra Leoa, projeto pretendido em nome da Coroa Ibérica – áreas de terras altas que apresentavam ótimas condições

---

19 André Álvares de Almada. Tratado breve dos Rios de Guiné do Cabo Verde (1594). In: Antonio Brásio. *Monumenta Missionária Africana*, vol. 3, 329-378. José da Silva Horta. Evidence for a Luso-African Identity in "Portuguese" Accounts on Guinea of Cabo Verde (16th – 17th Centuries). *History in Africa*, 27, 2000, 99-130.

20 Peter Mark. The evolution of Portuguese Identity: Luso-Africains on the Upper Guinea Coast from 16th to 19th century. *Journal of African History*, 40, 1999, 173-91; Peter Mark. *Portuguese Stile and Luso-african Identity*. Bloomington, Indiana University Press, 2002.

21 Philip *Havik. Missionários e moradores na costa da Guiné: os padres da Companhia de Jesus e os tangomaos no princípio do século XVII*. Studia, CEHCA/IICT, 56/7, 2000, 223-62.

para o estabelecimento de engenhos, segundo a correspondência do padre Baltazar Barreira, no comando da expedição[22].

Neste processo de estabelecimento de cadeias de intermediários, e em decorrência, de redes de transmissão de informações e de conhecimentos, é necessário sublinhar a atuação da Companhia de Jesus, instituição essencial na ampliação dos saberes desta época e que agia por meio de um moderno sistema que tinha como base os colégios, ligados a Roma e, numa escala policêntrica, às missões espalhadas pelos vários continentes[23]. A historiografia vem deslindando as particularidades das ações jesuíticas nos diferentes pontos do Império, e entre eles, a disposição em manter relacionamentos distintos com as populações locais. No que tange as relações interculturais, a produção epistolar inaciana, inventário de usos e costumes, reaparece em seu sentido etnográfico, uma vez que os missionários buscaram construir a aparelhagem do encontro e da catequese, na forma do entendimento das línguas, na difusão da escrita, na descrição dos usos e dos costumes, postura que, por vezes, extrapola-se a uma imersão nas sociedades extraeuropeias[24].

****

Voltando às narrativas, desde os cronistas e navegadores portugueses do século XV, um dos traços característicos dos relatos de viagem que vimos tratando é a qualidade que apresentam em acompanhar historicamente o processo de estabelecimento dos europeus na região, bem como em informar as maneiras pelas quais se concretizava, em última instância, a inserção das sociedades da África subsaariana no mundo atlântico. Com isso, nas narrativas feitas por holandeses, franceses e ingleses, a referência à história pregressa e aos pioneiros portugueses é quase sempre obrigatória, considerando o simples fato de que a observação de sua experiência poderia indicar as formas de conduzir os negócios africanos. De um lado, as instruções em como negociar com os mercadores locais e fazer os tratados com as autoridades africanas; e

---

22 Pe. Balthazar Barreira. *Descrição da Costa da Guiné começando ao Cabo Verde até a Serra Leoa* (01-08-1606). In: Antonio Brásio, *Monumenta Missionária Africana*, vol IV, 2ª. Serie, 159-173.

23 Antonella Romano. Les colleges jesuitiques, lieux de sociabilité scientifique 1540/1640. *Bulletin de la Société de Histoire Moderne et Contemporaine*, 3-4, 1997, 6-20.

24 José Eisenberg. *As missões jesuíticas e o pensamento político moderno. Encontros culturais, aventuras teóricas.* São Paulo; Belo Horizonte, Humanitas; Ed. UFMG, 2000, 46-58; Ines G. Zupanov. *Missionary Tropics: the Catholic Frontier of Índia, 16th – 17th centuries*, introdução.

de outro, em como escolher as melhores peças escravas e como transportá-las, diminuindo ao máximo as perdas e riscos consideráveis da travessia.

Observações atentas às experiências dos portugueses na África presidiam as narrativas feitas nos séculos posteriores. Aparecem, sobretudo nas descrições de Jean Barbot que segue os caminhos dos cronistas holandeses, acrescentando-as às suas próprias vivências como capitão dos navios negreiros da Royal African Company[25]. Também seu sobrinho, numa viagem feita ao rio Congo e à Cabinda em 1700, informa-se sobre as particularidades de tais regiões a partir dos relatos portugueses, mesclando ou quase confundindo descrições geográficas com usos e costumes dos habitantes da região:

> Several Portuguese relations of voyage from Brazil to Congo and Angola, observe, that the people inhabiting the western African shores, from thirty degrees south latitude, to Cape Negro [...] are cannibals, and that there are many fine large harbors, formed by nature, and capable of receiving two or three thousand ships each of them. The Portuguese call those Africans *Papagentes*...[26]

Desta forma, mesmo que os portugueses tenham se tornado relativa e progressivamente ausentes no comércio em determinadas áreas do litoral da África, vencidos pela concorrência com os negociantes de outras nacionalidades, sua experiência e sua habilidade foram destacadas de forma recorrente na documentação. Em sua viagem a Serra Leoa, nos finais do século XVIII, o tenente inglês John Matthews refere-se a uma presença que, para ele, já se tornara residual:

> The Portuguese were the original discoverers of the whole coast of Africa, and most of the trading places still retain the name given them by the first adventurers; the also formed many considerable settlements, vestiges of which are still remaining not more remarkable for the durability

---

[25] No prefácio a uma nova edição de parte das obras de Jean Barbot, seus comentadores observam a inspiração de trechos de suas descrições retiradas das obras de Olfert Dapper e Nicolas Villault (em "As fontes de Barbot") P. E. H. Hair, Adam Jones e Robin Law. *Barbot on Guinea – The Writings of Jean Barbot on West Africa 1678-1712*. London, The Hakluyt Society, 1992, p. XIX.

[26] James Barbot e John Casseneuve, A Voyage to Congo-River... In: Jean Barbot. *A Description of the Coasts of the North and South-Guinea*. London, 1732.

of the materials with which they are constructed, than the excellence of the situations which no doubt were then, and still are, the best that could possibly be fixed upon for trade; but the only settlements they now have on the coast of Africa are Loanga St. Paul's and Bassou, [sic] and a small fort at Whydah; from the former, which is their principal settlement, they send a great number of slaves to the Brasils[27].

Além da presença física simbolizada pelas velhas fortalezas e pela presença de populações que se dizem portuguesas e professam a religião católica, os resíduos de que fala Matthew podem ser encontrados em outros detalhes dos relatos setecentistas: nas menções ao uso do português ou de um português corrompido como língua franca da costa[28]; nas palavras também portuguesas que diferentes grupos de africanos incorporaram na denominação de suas estruturas políticas – os *caboceiros* ou *cabeceiros* (segundo Archibald Dalzel, em 1793, um nome português atribuído ao *head man*, grande comerciante tributário do rei[29]) e os *alcaides*[30], na hierarquia de mando do reino do Daomé; as *palavres*, *palaver* ou simplesmente *palavras*, assembleias de chefias africanas na região da Alta Guiné[31]. E também, em muitos dos relatos, na presença recorrente dos termos *fetiche*, *fetichismo*, às vezes grafado como *fittish*[32], como categoria cognitiva referida aos deuses e à classificação das crenças e dos rituais das sociedades africanas.[33] Além é claro, da nomenclatura de rios, portos, cidades, cabos etc.

Sobretudo entre os séculos XVI e XVII, na perspectiva dos viajantes ingleses, franceses e holandeses, a competência dos portugueses relacionava-se também à busca de conselhos e métodos capazes de instruir a sobrevivência do homem branco no clima tropical. Da ideia geográfica vinda dos tempos clássicos, da inviabilidade de vida

---

27 John Matthews, *A Voyage to the River Sierra-Leone, on the Coast of Africa*. London, Printed for B. White and Son, 1788, p. 138.

28 Entre outros: Nicholas Villault. *Relation des Costes d'Afrique*, p. 53: profusão de línguas que falam os comerciantes africanos e luso-africanos; p. 109: todos falam um português corrompido.

29 Archibald Dalzel, *The History of Dahomy na Inland Kingdom of Africa*. London, Spilsbury & Son, 1793, p. V.

30 Villault: "alcaide" ou "alcair", p. 49; "fetiches", p. 257; Barbot, "crenças fetiches", p. 271.

31 Matthews, "palaver, or actions in their courts of law", p. 67.

32 Guillaume Smith, *Nouveau Voyage de Guinée, contenant une description exacte des coutumes....* Paris, Chez Durand & Pissot, 1751, p. 50 e 64.

33 Vários textos traduzem as divindades como fetiches. Entre eles, Villault, p. 257.

humana nas áreas tórridas³⁴. herdou-se a imagem da costa da África e em particular do Golfo da Guiné, como a "tumba do homem branco", associada à ideia dos ares corruptos dos trópicos e de sua ação sobre os humores hostis, de acordo com os postulados hipocráticos-galênicos³⁵. Crença difundida entre os europeus que se aventuravam nas viagens ultramarinas, acreditava-se que um clima malsão, vapores corrompidos, excesso de umidade, zonas ribeirinhas e pantanosas infestadas de insetos, pestilentas e mortíferas, produziam uma série de doenças e febres letais, além de propensões à luxúria, à ingestão de bebidas e a hábitos pouco salutares. Nessa somatória, provocavam, em última instância, altos índices de mortalidade entre a população branca, inviabilizando os estabelecimentos europeus na África³⁶. Segundo informações da época, no geral a mortalidade poderia atingir 60% dos brancos europeus, logo no primeiro ano de exposição ao clima³⁷. De acordo com Jean-Baptiste Labat, expressando as preocupações de André Brüe, diretor geral da Companhia do Senegal, nos seis primeiros anos do estabelecimento dos franceses nas margens do rio Gâmbia, haviam sido perdidos 57 entre os 180 que lá serviam³⁸. Foram também os ares pestilentos de São Tomé, segundo Olfert Dapper, retomado na versão de Jean Barbot, a causa das perdas incontáveis das tropas de ocupação comandadas pelo almirante holandês Johl, inviabilizando a manutenção do domínio sobre a ilha nas décadas de 1610 e 1640³⁹.

Viajando por São Tomé e por Angola, pelas costas da Senegâmbia, os autores dos séculos XVII e XVIII procuravam nas povoações portuguesas, indícios de possí-

---

34 Numa Broc, *La Geographie de la Renaissance (1420-1620)*, p. 74.

35 "Quinea fatal to europeans" é o título de um dos subcapítulos da obra de Jean Barbot, no qual discute a propriedade ou não desta assertiva: Jean Barbot, *A Description of the Coasts of the North and South-Guinea*, p. 194. Gabriel Dellon. *Nouvelle Relation d'un Voyage fait aux Indes Orientales contenant... Amsterdam: Chez Paul Marret*, Marchand Librairie, 1699, p. 285.

36 Numa obra dedicada a Colbert, o viajante francês Nicolas Villaut colocou-se contra esta assertiva, observando que foi a sua difusão que provocou o abandono dos empreendimentos comerciais franceses na costa africana, pioneiros, no seu dizer, e existentes desde o século XIV. Nicolas Villault, Sieur de Bellefond. *Relations des Costes d'Afrique, appellées Guinée...* Paris: Chez Denys Thierry, 1669.

37 Cf os organizadores da obra de John Barbot, *Barbot in Guinea – the writing of John Barbot on West Africa (1678-1712)*, p. 225.

38 Jean-Baptiste Labat. *Nouvelles Relations de l'Afrique Occidentale, contenant...* Paris, Chez Guillaume Cavelier, 1728, p. 333.

39 Dapper e as razões nosológicas do fracasso da WIC em se manter nas áreas atlânticas; também Jean Barbot, *A Description*, p. 409-10, referindo-se aos fluxos de sangue e as cólicas que mataram muitos holandeses que se apoderaram da ilha de São Tomé entre 1610 e 1641.

veis estratégias para garantir a sobrevivência europeia nestes climas. As avaliações de Jean Barbot – mercador de La Rochelle, huguenote refugiado em Londres após o decreto de Nantes de 1685 – concentram-se em São Tomé, ocupada desde o século XV e estrategicamente localizada sobre a Linha. Recupera a história da colonização da ilha por judeus portugueses que, diante da opção entre a conversão e o exílio, foram levados inicialmente às costas da Guiné e depois transferidos à ilha, em 1485, em razão dos ares pestilentos do continente. Ressalta também seus casamentos com mulheres africanas ("negras vindas de Angola") e à descendência mestiça como sendo a chave para se entender a maior resistência aos trópicos[40]. Também em Labat, possivelmente a partir das informações retiradas da leitura que fez de Dapper, encontra-se mais ou menos explicitada uma estratégia que poderíamos classificar como sendo a de uma aclimatação ou adaptação gradativa dos portugueses aos ares das regiões do Golfo: um tempo de permanência na costa da Mina, depois um período sob o clima de Luanda e por fim, o estabelecimento mais ou menos definitivo em São Tomé[41].

Além disso, e por onde passam, os textos destes viajantes descrevem e acompanham doenças e procedimentos terapêuticos, utilizando, na maior parte das vezes, e segundo seus comentaristas, informações de segunda mão. Parte significativa dos roteiros dos holandeses, escritos entre os finais do século XVI e os finais do século XVII, concentra-se no esforço de elencar e descrever as doenças ordinárias e pouco conhecidas pelos europeus que grassavam nos territórios ultramarinos, bem como as que atacavam indistintamente os homens do mar[42]. Da travessia, as referências mais comuns são feitas ao escorbuto: decorrente da má alimentação, de produtos e da água corrompidos e da tristeza – o banzo – que tomava conta indistintamente de marinheiros e de africanos transportados. Em terra, e sobretudo nas proximidades da Linha, proliferam febres (intermitentes e crônicas), disenterias e fluxos de sangue, doenças venéreas e uma série de males referidos como os do bicho: o bicho do pé, os vermes da Guiné e os "bitchos do cu", ou maculo, doença propriamente africana que, segundo os observadores da época, era característica do tráfico e por ele trazida às Américas.

Doenças do mar e da terra, africanas, mas também asiáticas, para as quais se busca terapêuticas particulares, raramente questionadas. O combate ao escorbuto de-

---

40   Jean Barbot, *A description...*, p. 404 e seguintes.

41   Jean-Baptiste Labat. *Voyage du Chevalier des Marchias au Guinée, isles voisines et a Cayenne...* Paris, Chez Pierre Prault, 1730, 3º volume, p. 16.

42   Sobretudo o escorbuto, doença que atacava indistintamente marujos, oficiais e escravos transportados. Entre outros relatos, o do médico Gabriel Dellon. *Nouvelle Relation d'un Voyage fait aux Indes Orientales contenannt...* Amsterdam, Chez Paul Marret, Marchand Librairie, 1699, p. 285.

pende de água fresca e de uma nutrição mais variada, de vegetais e frutas que tanto os franceses quanto os portugueses cultivam nos seus fortes em Uidah;[43] produtos que podem ser igualmente adquiridos nos centros de abastecimento dos negreiros, sobretudo em São Tomé e no Príncipe.[44] Os bichos ou os vermes da Guiné quando atacam os membros, devem ser retirados suavemente (*doucement*, como dizem [45]), sem que se rompam, pois do contrário podem provocar danos mais graves conforme ensinam os habitantes da terra. A erva indicada para o maculo, por sua vez, é conhecida por eles como erva do bicho e faz parte da composição de sacatrapos junto a folhas de tabaco, sumo de limão e pólvora; terapêutica que deve ser ministrada antes das viagens de retorno. Pois, repetidamente advertem, se são doenças desconhecidas dos físicos europeus, serão mais facilmente diagnosticadas por cirurgiões embarcadiços em decorrência de sua larga prática.

Os conhecimentos médicos, farmacológicos e terapêuticos espalham-se pelo Atlântico sob a forma de múltiplos suportes. Receituários e notícias sobre as doenças constituem matéria essencial das narrativas de viagem, uma vez que estas guardam um cariz eminentemente pragmático, como vimos. Mas se apresentam também na forma de obras médicas que circulavam pela colônia, compêndios de medicina prática e de medicina embarcadiça, instruções, avisos e manuais destinados àqueles que se aventuram nos empreendimentos ultramarinos e dos quais as receitas eram retiradas e copiadas.[46] Tal como observava nos finais do século XVIII, o naturalista Alexandre Rodrigues Ferreira, ao se referir aos práticos que atendiam as populações, as maneiras pelas quais se convertiam em profissionais e as receitas que iam sendo compiladas:

---

43 Paul Isert. *Voyages em Guinée...* Paris: Maradan, 1793, p. 149

44 Em suas narrativas, Jean Barbot assinala a fertilidade das ilhas de São Tomé e Príncipe e o cultivo, nas mesmas, de gêneros para o abastecimento dos navios: laranja, limões, cocos, cana de açúcar, arroz, mandioca e grãos europeus, capítulo XI, p. 399 e seguintes e sua condição como local de reabastecimento dos navios negreiros, sobretudo portugueses.

45 Nicolas Villault, p. 307. A mesma expressão (ou maneira de lidar com os vermes da Guiné) aparece em Olfert Dapper, *Description de l´Afrique ...* Amsterdam: Chez Wolfgang, Waesberge, Boom & van Someren, 1686, p. 294.

46 Entre outros: Luís Gomes Ferreira. *Erário Mineral em doze tratados (1735).* Junia Ferreira Furtado (org.). Belo Horizonte; Rio de Janeiro: Fundação João Pinheiro; Fundação Casa Oswaldo Cruz, 2002. Para esta reedição e tratando especificamente dos manuais de medicina prática e sua importância na colônia, o prefácio de minha autoria: Maria Cristina Cortez Wissenbach. Gomes Ferreira e os simplices da terra. Experiências sociais dos cirurgiões no Brasil colônia.

Vagam em suas mãos algumas receitas, que se tem tirado dos receituários de Ferreira, Mirandella, e Mouravá, com estas e com as que têm ajuntado e recebido de alguns cirurgiões, se caracterizam médicos, e como tais se encarregam de toda e qualquer enfermidade. Ainda a mais vasta e mais escolhida biblioteca cirúrgica que por aqui se tem espalhado, não compreende mais do que as obras dos citados Ferreira, Mirandella e Mouravá; as de Curvo, Santisse, Castellos Fortes, Madeiras de qualidade céltica, a Âncora Medicinal de Pedro de Alvellos, o Diálogo Cirúrgico, do Lima do Porto, Receituário Luzitano, e já hoje com muita raridade algum col. De Villares, Thesouro Appolineo, etc[47].

Os autores dos manuais mais conhecidos da literatura médica colonial são cirurgiões que, em suas longas estadias na América portuguesa, formulam suas instruções relativas às doenças singulares e apropriadas ao clima a um público carente de informações ou mesmo de atendimento médico. Grande parte dos receituários que circulam pelo Atlântico e pelo Índico – e que compõem talvez o resultado mais expressivo das trocas que vimos contemplado, vem de práticos, "gens sans étude, sans science & sans aucune lumiere de l'anatomie, qui n'ont pour tout connaissance, qu'un certain nombre de receptes que leurs pères leur on laissé par sucession...", como escrevia o médico Gabriel Dellon em suas observações sobre os *panditas*, médicos gentios das Índias[48]. No entanto, numa outra versão talvez menos depreciativa, a aproximação ao conhecimento etnobotânico nativo pode aparecer, nos primeiros tempos das relações interculturais entre europeus e não-europeus relacionadas à possibilidade de sobrevivência e permanência nos trópicos. Segundo Ines Zupanov, ao interpretar a obra quinhentista do cristão-novo Garcia Orta, impressa em Goa em 1563:

> In his optimistic and unabashedly secular view, the problem and the key to the solution lay in the body, that is, in adapting individual, male Portuguese bodies to the tryning weather and to the pernicious geographic of the Torrid Zone. The way to do that was by collecting information and constituting a body of ethnobotanical knowledge concerning local, Asian *material medica*. The ingestion of mostly tropical substances combined with selected indigenous medical practices tes-

---

47 Alexandre Rodrigues Ferreira. *Diário de viagem philosófica pela capitania de S. José do Rio Negro*. RIHGB, Rio de Janeiro, vol. LI, 1888.

48 Gabriel Dellon. *Nouvelle Relation d'un Voyage fait aux Indes Orientales contenannt...* Amsterdam, Chez Paul Marret, Marchand Librairie, 1699, p. 294.

ted and approved by Orta himself was to infuse longevity and virility into Portuguese corporeal constitution. For this crypto-Jew forced to wear many masks to fend off the suspicion of Judaizing, the body was endlessly adapted to the exterior environment, and no higher medical or scientific authority was to be trusted than the senses and the experience[...] Hence, without actually using the world, the method for surviving in the tropics, or anywhere else, was adaptation to local air, local plants, local customs, and local languages. This is, in fact, what the Portuguese has already been doing, in fits and starts partially and unself-consciously in Asia and in Brazil[49].

Como se pode perceber em vários dos receituários que circulavam na América portuguesa – como aqueles contidos no *Erário Mineral* de Luis Gomes Ferreira – esse conhecimento estruturado a partir da experiência e da observação e cuja origem é de difícil explicitação veiculava-se na colônia, e antes dela, nas rotas de comércio pelos homens envolvidos diretamente no tráfico e acabava por ser apropriado sobretudo pelos cirurgiões que acompanhavam algumas das viagens marítimas e se fixavam em diferentes pontos dos domínios europeus, bem como por administradores e mercadores especializados no comércio de escravos.

Assim por exemplo, no século XVIII, as indicações transcritas pelo padre Labat referentes ao tráfico haviam sido transmitidas a ele ora pelo Chevalier de Marchais, capitão de navios que realizavam a travessia entre diferentes portos africanos e as colônias francesas das Antilhas, ora por André Brüe, administrador dos fortes franceses do Senegal –lembrando, neste sentido, o detalhe relevante de que Labat nunca, de fato, colocou os pés na África: "J'ay vû l'Afrique, mais je n´y ay jamais

---

49 Inês Zupanov, *Missionary Tropics...* p. 10-1. Com relação a esta aproximação ou plasticidade, Zupanov ressalta que, logo após a publicação dos Colóquios, e no sentido de conter a "indigenização" dos portugueses na Índia e como um instrumento profilático, o Tribunal da Inquisição se implanta de maneira feroz em Goa (cerca de 16.100 processos), aumentando os níveis de intolerância religiosa e cultural; o próprio Garcia Orta acabaria por ser executado em 1580, não tanto por suas proposições médicas e flexibilidade diante dos médicos nativos, mas pela suspeita de suas crenças religiosas. No entanto, demonstra também que junto à Inquisição implantam-se medidas que interditam aos cristão-novos o exercício da medicina, na Índia portuguesa. Sobre o assunto, Curar o corpo, sarar a alma: a missão médica jesuítica na Índia do século XVI. Oriente (*Revista Quadrimensal da Fundação Oriente*), abril 2005. Disponível em: http://www.ineszupanov.com/publications/zupanov%20Oriente%202005.pdf. Acesso em agosto de 2008.

mis le pied⁵⁰". Nos finais do século XVIII, partes das instruções que Luis Antonio de Oliveira Mendes formula foram apreendidas de um conhecimento geral que ele observava tanto no "modo com que os escravos curam na África os carbúnculos, ou antrazes", como também na experiência que vinha dos proprietários de escravos: "porque os senhores têm para si, que esta enfermidade deve seguir o seu curso, saindo as Bexigas, enchendo e secando; e que se o escravo tiver de morrer, que assim virá a suceder; e se tiver de escapar, viverá"⁵¹. Ou ainda dos conselhos a respeito da doença banzo que lhe foram passados por um informante que o autor reputa inquestionável:

> Raimundo Jalama, sujeito de probidade, digno de toda crença, que conta oitenta anos de idade, e que por vezes navegara pela Ásia; homem muito pronto e experimentado em cálculos, e projectos mercantis; e por dez anos, na cidade de S. Paulo de Luanda fora administrador do Contrato, e das Companhias do Pará e Pernambuco: estava no exercício de comprar, e remeter ao Brasil, para sortimento das ditas Companhias, um grande número de escravos em todas as estações do ano. Ele me informou a respeito desta enfermidade, que no tempo de sua administração, em um dos lotes comprados tivera certa escrava, com uma filha de sete para oito anos...⁵²

Termos e nomes de doenças em quimbundo que acabaram por ser incorporados aos vocabulários médicos brasileiros, talvez na sua versão popular: calombo, caxumba, maculo e banzo, esta última, doença psicossomática provocada pelo tráfico e pela escravidão: "um ressentimento entranhado", no dizer de Jacques Raimundo⁵³.

---

50 Jean-Baptiste Labat. *Nouvelles Relations de l'Afrique Occidentale, contenant...* Paris, Chez Guillaume Cavelier, 1728, prefácio do volume 1.

51 Luis Antonio de Oliveira Mendes. *Memória a respeito dos escravos e tráfico da escravatura entre a costa d'África e o Brazil*, apresentada à Real Academia das Ciências de Lisboa (1793). Porto, Publicações Escorpião, 1977, p. 80-81.

52 Luis Antonio de Oliveira Mendes. Memória a respeito dos escravos e tráfico da escravatura... p. 61; em outro trecho o autor retoma a experiência (mais significativa talvez) do mesmo Jalama que, como Administrador do contrato de fornecimento de escravos, adota uma série de medidas no sentido de diminuir as altas taxas de mortalidade do tráfico; *idem* p. 71-73.

53 Jacques Raimundo. *O elemento afro-negro na língua portuguesa*. Rio de Janeiro, Renascença Editora, 1933.

Além dos manuais e dos receituários, um outro tipo de suporte ou forma a partir da qual o conhecimento endógeno é apropriado e difundido por entre as diversas partes dos vários continentes interligados pela expansão, são as "listas" dos produtos vegetais e minerais categorizados e muitas vezes classificados por suas virtudes medicinais. Verdadeiras farmacopeias, constituem inventários que resultam de longo processo de observação dos "usos e costumes nativos", um saber que passa a ser incorporado e compilado, por exemplo, nos relatórios de funcionários coloniais. Entre centenas deles, apresenta-se o rol que foi anotado possivelmente por José Francisco Viera, em 1830, administrador dos redutos portugueses em Moçambique, intitulada *Relação das cascas e raízes medicinais que se produz no Distrito de Camineng e que os pretos usam para diferentes curativos e plantas venenosas* [e junto a ela, uma] *Relação dos instrumentos rústicos de ferro e pau que os pretos sabem fazer...*

> A raiz de Mafunda pelada, tomada a huma colher é boa para a esquinência e untando-se toda a parte atingida [...] A raiz de Donga, para inflamações no peito [...] A raiz de pao de Cobra para inchações e Rizipella [pode ser também aplicada em clisteres] Mubango, para arpocas e febres; Mubaffo para a asma...[54]

Menções mais detalhadas aparecem também diretamente nos inventários realizados pelos viajantes naturalistas[55], ou indiretamente, como um dos itens referentes aos embargos dos navios negreiros realizados pelas autoridades inglesas que controlavam o tráfico nos inícios do século XIX. Entre os objetos apreendidos do cargueiro *Progresso*, de bandeira brasileira, proveniente de Moçambique e com cerca de 450 escravos a bordo, o reverendo Pascoe Grenfell Hill anotava um rol de produtos, uma espécie de farmacopeia negreira que misturava produtos da flora medicinal com composições metropolitanas:

> The following is a nearly perfect list of the medicines provided for the negroes, found on board of the Progresso when taken by the Cleopatra: linseed (8 tbs) [linhaça]; marsh-mallow roots (6) [alteia]; Pearl Barney (6) [cevadinha]; Camomile (6) [camomila]; Tamarind pulp (6) [polpa de tamarindo]; Basilicum (6) [basílica]; Epson Slats (16) [sais de Ep-

---

54 Arquivo do Instituto Histórico Geográfico Brasileiro (IHGB), Rio de Janeiro, Ordem DL 33,03, Coleção Vasconcellos Drumond.

55 Por exemplo, Auguste de Saint-Hilaire, *Plantes usuelles des bresiliens*. Paris, Grimbert Librairie, 1824.

som]; Gum Arabic (5) [goma arábica]; "Flor de Sabugueiro" (6) [*idem*]; Pommegranate rind (5) [casca de romã]; Mana (4) [*idem*]; Calumba (4) [*idem*]; Ekectuario Cathartico (4) [Catártico eleutário]; Cream of Tartar (2) [Crème de tártaro]; Senna Leaves (2) [Folhas de Sena]; Ointment of Cantharides (2) [Unguento de Cantáridas] etc[56].

Retomando as listas provenientes do saber popular, também se encontram anotações sobre tais produtos publicados nos inícios do século XIX na imprensa Rio de Janeiro[57].

Voltando à época colonial, de todas as formas mencionadas, mas sobretudo em seus receituários, no uso de produtos da terra e na assistência médica às populações coloniais, também os jesuítas fizeram seu papel. No que tange a matéria médica, talvez a expressão máxima do diálogo entre tradições terapêuticas de diferentes procedências e a incorporação de produtos medicinais originários dos diferentes pontos do império português seja a *Coleção das Receitas Várias*, famacopeia da Companhia no Brasil que condensa a experiência dos inacianos adquirida no trato de colonos, das populações nativas e dos escravos[58]. De autoria desconhecida, alguns estudiosos consideram-na obra de feitura coletiva, outros, de um exímio irmão responsável pelo sucesso da botica do Rio de Janeiro. Constitui, de fato, um grande compêndio no qual se encontram reunidas receitas desenvolvidas nos vários colégios – Goa, Rio de Janeiro, Bahia, Luanda, Macau, Maranhão etc. –, acrescidas das que foram retiradas de reconhecidos fármacos portugueses e das transportadas por cirurgiões vinculados diretamente ao comércio de escravos. Encontrava-se também aí revelada uma das receitas secretas mais prestigiadas do Novo e do Velho Mundo, a Triaga Brasílica, complexa composição na qual se encontravam alguns artigos da flora medicinal brasileira – a ipecacuanha, o jaborandi, a caroba, a caapeba etc. – indicada para diferentes tipos de males: mordeduras de cobras, dores internas, lombrigas e humores corruptos, achaques da cabeça, pestes e doenças endêmicas, bexigas e sarampão, paralisias, epilepsias, apoplexias e melancolia.

---

56 Pascoe Grenfell Hill, *Fifty Days in Board a Slave-Vessel in the Mozambique Channel in April and May, 1843*. London, John Murray, 1844, p. 94; versão portuguesa em Grenfell Hill, *Cinquenta dias a bordo de um navio negreiro*. Tradução Marisa Morrey. Rio de Janeiro, José Olympio, 2006.

57 Por exemplo, José Luiz de Godoy Torres. *Matéria médica: mapa das plantas do Brasil, suas virtudes e lugares em que florescem extraídos de ofícios de vários médicos e cirurgiões*. O Patriota, 4, agosto de 1814.

58 Fragmentos da farmacopeia jesuítica encontram-se transcritas em: Serafim Leite. *Artes e ofícios dos jesuítas no Brasil (1549-1760)*. Lisboa; Rio de Janeiro, Brotéria, 1953, p. 84-97.

O cauim e o pão da terra: a criação de um *horizonte comestível* na América portuguesa

Rubens Leonardo Panegassi
Universidade de São Paulo

Esta comunicação é uma síntese parcial de minha investigação de mestrado *Estudo sobre a reelaboração do caráter simbólico dos alimentos na América portuguesa*, sob orientação da Profª Laura de Mello e Souza. Este estudo, financiado pela Fapesp, eu o conduzo como pesquisador da Cátedra Jaime Cortesão e integrante do projeto temático *Dimensões do Império Português: investigação sobre as estruturas e dinâmicas do Antigo Sistema Colonial*.

Sob o eixo da problemática do Império Português, a questão da alimentação ganha relevo se considerada no interior da dinâmica dos processos culturais acionados na situação dos contatos que resultaram da construção dos Impérios da Época Moderna. Encarada numa perspectiva cultural, sua importância advém do papel basilar desempenhado no reordenamento e na equalização das diferenças que se seguiram à presença do europeu em terras americanas, por ser, a alimentação, um dos traços mais característicos e marcantes das sociedades.

No relacionamento entre o homem e a alimentação, a importância de suas primeiras experiências alimentares deixam traços que tendem a perdurar mesmo diante de mudanças profundas no ambiente social. A este repertório alimentar primordial, que em certa medida estabelece restrições alimentares, o historiador Felipe Fernández-Armesto em seu livro *Comida: uma história* chamou de *horizonte comestível*.

O verbete "Alimentação", escrito para o volume 16 (Homo-Domesticação/Cultura material) da *Enciclopédia Einaudi*, comparando estas primeiras experiências alimentares às primeiras experiências linguísticas, sugere que é possível falar em "alimentação materna", tal como se fala em "língua materna". Há também um outro importante aspecto ligado à utilização dos alimentos, pois, se no âmbito dos ritos da vida cotidiana, cada sociedade constrói uma continuidade e uma permanência próprias, o consumo de determinados gêneros pode ser caracterizado como um verdadeiro culto às origens.

É nessa esfera da ritualidade que se estrutura a vida cotidiana, bem como os modos de vida peculiares dos diferentes grupos sociais. Abrigo, indumentária, tecnologia, alimentação e a própria relação do homem com seu meio são as cinco dimensões que, de acordo com Fernand Braudel, compõem a vida material. Morar, comer e vestir, bem como os outros procedimentos destinados a superar as condições do meio são comportamentos que se tornam mais evidentes na perspectiva de um observador estrangeiro, pois apontam necessariamente para os diferentes ritos que estruturam a vida cotidiana. Portanto, é no interior desse universo, no qual o homem constitui coletivamente seus hábitos, que se notam as diferenças e, nesse sentido, a alimentação, se por um lado, constrói identidades, por outro, constrói também as diferenças.

E, se a alimentação estabelece identidades sociais, é porque desempenha um papel de grande importância no interior das sociedades. Para se ter uma ideia do prestígio que alguns gêneros podem adquirir, é possível atentar ao fato de que muitas vezes, os alimentos de base podem ser considerados sagrados, tal como acontece no mundo cristão.

Proveniente da civilização mediterrânica, a religião cristã tomou para si, como símbolos elementares nos rituais que lhe servem de fundamento, produtos intrínsecos à base material dessa civilização, tais como o pão de trigo, o vinho e o óleo de oliva. Dentro desse contexto, o pão foi considerado o alimento por excelência para a cristandade.

O papel que um alimento como o trigo desempenha no cristianismo possui origens muito remotas. Fernand Braudel aponta duas "revoluções" que definiriam o destino alimentar das sociedades humanas. A primeira foi ao fim da era Paleolítica, com o surgimento da caça organizada. A segunda revolução deu-se com o advento dos cereais cultivados, que permitiu o fornecimento de alimentos a um maior número de pessoas.

O cultivo desses cereais constituiu-se a partir de um longo processo de seleção e domesticação de algumas espécies, que pela importância que adquiriram, podem ser consideradas como "plantas de civilização". Entre estas plantas estariam o trigo, o arroz e o milho, plantas que foram a base alimentar de grandes civilizações, tal como a europeia no caso do trigo, a chinesa no caso do arroz e a americana, no caso do milho. Entretanto, essa noção de civilização exclui alimentos de grande importância para as sociedades que o autor classifica como "primitivas", estes alimentos seriam o sorgo, no caso da África e a mandioca, na América.

No livro *Comida e sociedade: uma história da alimentação*, Henrique Soares Carneiro observa que há também outras "plantas de civilização", ainda que estas constituam um tipo especial de alimentação. Tais plantas seriam a vinha entre os gregos, o cacau entre os astecas, a coca entre os índios andinos e o chá entre os chineses. Nesse sentido, tendo em vista a possibilidade de considerar outras modalidades de "plantas de civilização" e, com isso, extrapolando a noção braudeliana de civilização, mesmo entre as sociedades chamadas "primitivas" é possível encontrar também suas "plantas de civilização". Seria o caso da mandioca entre os tupinambás que habitavam o litoral Atlântico da América do Sul.

Mesmo sem perder de vista que este fundamento histórico e cultural dos hábitos alimentares, em última instância, estabelece os critérios que definem serem certos alimentos comestíveis e outros não, existem forças capazes de penetrar nessas barreiras culturais. Uma destas forças é, sem sombra de dúvidas, a fome.

A carência de alimentos talvez seja a situação que mais diretamente predisponha os indivíduos a aceitarem comidas que, em outras situações, seriam rejeitadas por serem consideradas demasiadamente estranhas ao repertório alimentar usual. No livro *Histoire de l'alimentation végétale depuis la préhistoire jusqu'à nos jours*, o botânico A. Maurizio aponta para o fato de que, diante de situações de fome e escassez de alimentos, inúmeros vegetais que foram historicamente excluídos do repertório alimentar, são reabilitados.

Por sua vez, Piero Camporesi, ao longo de seu livro *O pão selvagem* demonstra que nos períodos de escassez, constantes na sociedade europeia anterior à era industrial, inúmeros eram os casos de populações de camponeses que recorriam à utilização de ervas e rebentos como alimento. Estes famintos, em sua "marcha" aos campos à procura de ervas e raízes comestíveis, eram socorridos por uma ampla gama de brotos de plantas ingeridos antes mesmo de darem origem às flores e aos frutos. Camporesi cita inúmeros destes vegetais, tais como brotos de flor-de-lis, de nigela, bardana, clematite e hera, que eram comidos juntamente com folhas de videira pela necessidade de atenuar a fome.

Há, contudo, uma segunda força que pode penetrar nestes limites estabelecidos pela cultura, são as intensificações dos contatos entre os diferentes grupos culturais. O encurtamento das distâncias entre diferentes grupos culturais pode expandir os "*horizontes comestíveis*" ao passo que contribuem para a diminuição da sensação de estranhamento em relação aos repertórios característicos de outras sociedades.

A descoberta e a colonização da América a partir do fim do século XVI tiveram como uma de suas mais relevantes características, a efetivação do contato entre a civilização europeia cristã com outras civilizações que até aquele momento eram absolutamente desconhecidas. Como decorrência destes contatos e da colonização, a migração e a circulação humana no âmbito dos Impérios que se constituíam estimularam a transmissão e a reinvenção de inúmeros aspectos culturais, entre eles, os hábitos alimentares.

Enfim, o que vale reter é que a própria constituição dos Impérios europeus nos primórdios da Época Moderna e toda sua dinâmica e circulação de amplos contingentes com a finalidade de colonizar as novas regiões, foi um importante vetor para significativas mudanças no âmbito da alimentação.

No caso do Império Português, a questão da alimentação também é relevante se considerada no interior da dinâmica destes processos de trocas e reelaborações culturais acionados na situação dos contatos. Uma perspectiva privilegiada para apreender este movimento foi consequência da contínua tentativa do europeu reconstituir, no Novo Mundo, seus tradicionais meios de vida. A esse respeito, no livro *Raízes do Brasil*, Sérgio Buarque de Holanda sugere que, na falta de pão de trigo, os portugueses "aprendiam a comer o da terra".

Assim como Sérgio Buarque de Holanda, outros estudiosos apontaram para o mesmo fato. Em *Casa-Grande e Senzala*, Gilberto Freyre afirma que a farinha de mandioca foi adotada pelos colonos "em lugar do pão de trigo". E, por sua vez, Luis da Camara Cascudo, ao tratar da farinha de mandioca em sua *História da Alimentação no Brasil*, sugere ter sido ela o "pão da terra em sua legitimidade funcional". Sem dúvidas, a farinha de mandioca foi o principal gênero utilizado em substituição à farinha de trigo na América portuguesa.

Contudo, se as preferências alimentares são determinadas por códigos culturais, diante da exigência de uma escolha alimentar frente a um repertório de gêneros bastante distintos daqueles tradicionais e conhecidos, a eleição ou a recusa deste ou daquele gênero encontra-se profundamente vinculada à identidade cultural dos sujeitos envolvidos neste ato.

Identidade que, por sua vez, está ligada não somente ao tipo de alimento consumido, mas também com o próprio ato de comer. É preciso notar que a comensalidade é uma prática carregada de simbolismos, que traduzem sistemas de relações sociais. Portanto, os códigos culturais acionados neste processo de escolha, distinguem não apenas o que se deve comer, mas também como e com quem se deve comer, visto que, a hierarquia dos valores alimentares corresponde à hierarquia dos grupos sociais e, dentro desta perspectiva, comer junto, ou comer a mesma comida de um outro grupo, pode significar o estabelecimento de laços de afinidade e reconhecimento recíproco entre os grupos envolvidos na relação.

Com isso, sem perder de vista o papel destes códigos culturais, a tentativa de compreender o processo pelo qual se constituiu um repertório alimentar comum na América portuguesa, tendo como gênero de base a farinha de mandioca, compreendida como o pão da terra, vale observar a dinâmica deste processo a partir dos registros da época. Afinal, como bem apontou Ronald Raminelli em seu texto *Da etiqueta canibal: beber antes de comer*, desde o início da colonização, a utilização da mandioca foi tema debatido entre missionários, cronistas e viajantes, pois ao mesmo tempo em que alimentava os cristãos, a mandioca também conduzia os tupis ao estado de embriaguez, à guerra e ao canibalismo.

A percepção jesuíta da experiência dos tupis com a embriaguez foi registrada em diversos momentos nas correspondências trocadas pela ordem. A esse respeito, o excerto retirado da carta do Irmão Pero Correia, destinada ao Padre João Nunes Barreto traz informações relevantes;

> Comiençan los convidados todos a bevir um día a la tarde y beven toda la noche, y em amanecendo sale el que le há de matar com uma espada de palo [...] com ella arremete al que está atado y le da tanto en la cabeça, hasta que la quebre y despúes se va hechar [...] Luego tornan a proseguir en el bever hasta acabar los vinos, otros toman los muertos y chamúscanlos como puercos y guizan aquella carne y cómmenla.

Esta bebida consumida durante toda tarde, até a noite, era chamada cauim. O cauim era uma bebida fermentada, produzida a partir da mistura de um caldo extraído tanto da raiz da mandioca, quanto do de outras frutas, com a saliva de índias jovens. Este cauim era bebido sempre antes da morte de um cativo de guerra.

Na perspectiva dos jesuítas, estas bebedeiras eram compreendidas como a incorporação efetiva da maldade, pois uma vez embriagados, os índios levavam a efeito seus brutais ritos de canibalismo. Com isso, o abandono das bebedeiras assumia o caráter de conversão, tal como sugere o próprio Irmão José de Anchieta em carta ao Padre Inácio de Loyola;

> Estes nossos catecúmenos, de que nos ocupamos, parecem apartar-se um pouco dos seus antigos costumes, e já raras vezes se ouvem os gritos desentoados que costumam fazer nas bebedeiras. Este é o seu maior mal, donde lhes vêm todos os outros. De facto, quando estão mais bêbados, renova-se a memória dos males passados, e começando a vangloriar-se deles logo ardem no desejo de matar inimigos e na fome de carne huma-

> na. Mas agora, como diminui um pouco a paixão desenfreada das bebidas, diminuem também necessàriamente as outras nefandas ignomínias; e alguns são-nos tão obedientes que não se atrevem a beber sem nossa licença, e só com grande moderação se a compararmos com a antiga loucura

A embriaguez foi uma prática especialmente combatida pelo cristianismo. O ascetismo presente na *Regra de São Bento* é digno de nota neste sentido. Escrita por Bento de Núrsia no século VI e estendida a toda a Europa com a reforma gregoriana, esta regra orientou grande parte das comunidades da Cristandade Católica. Entre as prescrições da *Regra*, é possível apontar a recompensa especial de Deus àqueles que tiverem força para tolerar a abstinência do vinho. Mesmo em situações onde o lugar, o trabalho ou o rigor do verão exigir a bebida, recomenda-se evitar beber até a saciedade ou embriaguez.

Se as bebedeiras eram o maior mal dos tupinambás e a mandioca era o alimento de base destes festins diabólicos, não há dúvidas de que o consumo deste tubérculo adquiria uma conotação simbólica negativa perante os jesuítas. Pois, uma vez que o consumo de alimentos remete à instituição de laços identitários e de solidariedade, a adoção desta raiz como alimento de base não pode deixar de associar-se à instauração de laços de afinidade e identidade com o próprio mal. E, portanto, ao passo que a hierarquia dos valores alimentares corresponde à hierarquia dos grupos sociais, a adoção do alimento de base de um povo bárbaro e canibal significaria a degradação de um cristão.

Entretanto, como foi apontado anteriormente, a própria constituição dos Impérios europeus ao início da Época Moderna foi um importante vetor para significativas mudanças no âmbito da alimentação, e a chave de compreensão deste fenômeno encontra-se justamente na contribuição do cristianismo para a expansão destes impérios. Se, na perspectiva do ascetismo cristão, a cauinagem era um mal a ser combatido, é porque existia a possibilidade de conversão.

Anthony Pagden sugere que, historicamente, a constituição dos Impérios apoiou-se mais na reunião e unificação de diferentes regiões do que propriamente na submissão unilateral dessas regiões. E no caso dos Impérios modernos foi justamente a vocação ecumênica do cristianismo que carregou consigo a viabilidade deste processo de unificação.

Portanto, ao passo que o cristianismo teve um papel fundamental neste processo, é necessário pressupor que esse fenômeno só foi possível à medida que a religião cristã soube potencializar sua capacidade de inclusão da diversidade cultural por meio de uma necessária aptidão em compartilhar alguns códigos universalizadores.

Nesse sentido, o trecho retirado de uma carta datada de 15 de abril de 1549, escrita pelo Padre Manuel da Nóbrega e destinada ao Padre Simão Rodrigues é bastante reveladora;

> Tambem me contou pessoa fidedigna que as raízes de cá se faz ho pão, que S. Thomé as deu, porque cá nom tinhão pão nenhum. E isto se sabe da fama que anda daqui perto humas pisadas figuradas em huma rocha, que todos dizem serem suas. Como tevermos mais vagar, avemo-las de ir ver

O pão a que se refere o Padre Manuel da Nóbrega também pode ser encontrado nas cartas jesuítas sob a denominação de "pão da terra", tal como faz o Irmão José de Anchieta em carta ao Padre Diego Laynes referindo-se a esterilidade de mantimentos em São Vicente;

> [...] fué tanta la esterilidad de los mantenimientos que ni por mucho trabajo, que em esso se puso, pudo aver provisión bastante de la harina y pan de la tierra [...]

Ao passo que o pão de trigo foi considerado o alimento por excelência na cristandade católica, a vocação universalista do cristianismo deveria aproximar a diversidade cultural à medida que o processo de conquista e colonização trazia consigo a mensagem cristã como sistema unificador dos impérios modernos. Nesse sentido, a assimilação da diversidade cultural pelo universo cristão era essencial. Contudo, este processo exigia a eleição de aparatos simbólicos e culturais que pudessem guiar concretamente a constituição da diversidade em sua esfera moral, pois a conversão se efetiva fundamentalmente nesta esfera.

Nesse âmbito, ao passo que as escolhas alimentares estão sujeitas a códigos culturais, a observação deste fenômeno pode ser compreendida como uma operação de convergência de significados a partir da produção de "códigos compartilhados" (tal como sugere Paula Montero) na dinâmica das relações interculturais intrínsecas aos impérios. Estes códigos, quando compreendidos como uma apropriação fragmentária da cultura do outro, interessada e a partir dos códigos daquele que dela se apropria permite a compreensão do fenômeno do pão da terra, como um produto histórico e cultural, resultado da própria expansão do cristianismo.

Em síntese, se as escolhas alimentares, ao se constituírem como um sistema de valores a partir das primeiras experiências no âmbito da alimentação, permitem a construção de referenciais identitários que tendem a perdurar mesmo diante de profundas mudanças no ambiente social e cultural, então, diante de uma situação que exige, necessariamente, uma escolha alimentar sem prejuízo dos referenciais identitários, como foi o caso dos Impérios modernos, juntamente com o cristianismo em sua vocação universalista, esta escolha foi conduzida pela eleição de um universal concreto que possibilitou, simultaneamente, a inclusão, a objetivação e a avaliação das diferenças. Este foi o caso do "pão da terra", designação que atribui à diversidade cultural o alimento cristão por excelência. Pois, como observou o jesuíta José de Acosta, ao tratar do pão das Índias em sua *Historia Natural y Moral de las Indias*; "Y porque las plantas fueron criadas principalmente para mantenimiento del hombre, y el principal de que se sustenta es el pan, será bien decir qué pan hay en Indias, y qué cosa usan en lugar de pan".

"Bebida dos deuses": técnicas de fabricação e utilidades do chocolate no império português (séculos XVI-XIX)

Leila Mezan Algranti
Universidade Estadual de Campinas

Introdução

O chocolate foi um dos alimentos que participou do amplo intercâmbio de produtos e práticas alimentares que resultou do encontro dos europeus com os povos do Novo Mundo na época Moderna. Produzido a partir da combinação do cacau (fruto tropical) diluído em água com especiarias de diferentes origens, sua confecção e consumo podem ser considerados exemplos típicos de como as práticas culturais se difundiram, mas também se transformaram a partir de formas distintas de apropriação.

Os maias e os astecas utilizavam o cacau para a fabricação de uma bebida amarga muito apreciada, à qual atribuíam qualidades nutritivas, curativas e estimulantes, bem como significados sociais e religiosos. Os espanhóis adaptaram a bebida ao seu paladar, adicionando-lhe açúcar, pimenta e canela; aprimoraram a técnica de fabricação e a exportaram para a Metrópole de onde esta se espalhou pelas cortes europeias. Contudo, apesar das diferenças presentes nas novas formas de consumo e produção, o chocolate manteve durante os séculos XVII e XVIII muitos dos atributos que os indígenas americanos lhe conferiam.

A divulgação desses conhecimentos e saberes se deu por meio de uma integração entre transmissão oral e textual, como ocorreu em outros domínios da cultura, mas de forma particularmente intensa na alimentação, já que as receitas de culinária são resultado de experiências múltiplas (individuais ou coletivas) registradas, na

---

1 A pesquisa para a elaboração deste trabalho contou com o apoio do CNPq e do Faepex (Unicamp).

maior parte das vezes, após muito tempo de práticas transmitidas oralmente. Nesse sentido, as informações sobre a difusão do consumo do chocolate no império português devem ser buscadas não apenas nos livros antigos de cozinha – os quais só despontaram de forma mais sistemática no século XIX – mas nos tratados de saúde e dietética e, especialmente, nas crônicas de viagens e fontes correlatas, pois como destacou Jean François Revel, "as mais verídicas informações sobre a cozinha do passado com frequência se encontram em livros que não são de cozinha²".

Neste estudo, comentaremos mais detidamente três tipos de documentos diferentes sobre as utilidades e a arte de fazer o chocolate na época moderna, a fim de destacar o papel que a escrita assumiu na divulgação desse saber indígena na Europa e na América portuguesa: 1) crônicas da conquista espanhola na América; 2) tratados de saúde e dietética; 3) livros de culinária.

Os Cronistas espanhóis e o *CACAHUATL*[3]

Nos estudos de história da alimentação sobre a época moderna, o chocolate vincula-se, primeiramente, ao segmento das bebidas e há poucas referências sobre outras formas de confecção desse alimento. Assim como o vinho e a aguardente, o chocolate era considerado uma bebida estimulante e exploraram-se os significados econômicos, políticos e simbólicos de seu consumo. Mas independentemente da abordagem, os

---

2   Jean François Revel, *Um banquete de Palavras: uma história da sensibilidade gastronômica*, São Paulo, Companhia das Letras, 1996, p.14-5.

3   A palavra cacahuatl (cacau) significa árvore de tronco liso; a palavra xocólatl provém da língua náhuatl e significa "água amarga". De acordo com a lenda, os nativos da América Central conheciam o cacau há muito tempo, o qual era produzido por uma árvore que crescia nas selvas de Yucatán e Guatemala. O cacahuatl era alimento sagrado e, segundo a lenda asteca, Quetzalcoátl o roubou de seus irmão e o levou a Tula, plantando-o e pedindo a Tláloc que o nutrisse com sua chuva e a Xochiquetzal que o embelezasse com suas flores. Seria um presente para que os homens se deleitassem com as propriedades de vitalidade e sabedoria do cacau. Cf. Louise Cote, Louis Tardivel e Denis Vaugeois, *La Generosidad indígena – Dones de las América al Mundo*, Madri, Fondo de Cultura Econômica, 2005, p. 60-1. De acordo com Jesús Moreno, o vocábulo chocolate teria a ver mais com a raiz de origem maia "chachau haa" ou chocol ha (água quente). Os maias consumiam essa bebida quente e não fria. Cf. Jesus Moreno Gómez, "El cacao en el V Centenario de su descubrimiento y su inserción (chocolate) en la dieta colonial y del Viejo Mundo", In: Antonio Gutiérrez Escudero e Maria Luisa Laviana Cuetos (org) *Estudios Sobre América, siglos XVI-XIX – La asociación española de Americanistas en su vigésimo aniversario*, Sevilla, 2005, p .954.

autores foram unânimes em apontar a origem americana dessa bebida, tomando por base as descrições dos cronistas espanhóis da Nova Espanha.

De fato, a conquista da América estimulou uma manifestação cultural importante: a produção de crônicas redigidas pelos próprios protagonistas do empreendimento, tais como soldados, clérigos e homens de ciência. Foram, portanto, as vivências informativas, formas de relatar constantes – não instantâneas – nas quais se registrou o visto e o vivido[4]. Os autores dessas crônicas e relatos, como destacou Mario Hernandez Sanches Barba, "mais do que a transmissão da notícia eles apreciavam a ação mesma, a realidade vivida"[5]. Nota-se assim nos relatos um forte empenho em torno da verdade, bem como a crença na produção de um conhecimento do real, por meio de sínteses dos empreendimentos políticos e militares, dos aspectos religiosos e culturais dos povos nativos e, fundamentalmente, um interesse muito grande em descrever a natureza americana, e até mesmo em classificá-la[6].

As observações mais detalhadas sobre o cacau e a fabricação do chocolate concentram-se, geralmente, na parte dos relatos referentes à natureza americana. Entre os cronistas que trataram da natureza da Nova Espanha destacou-se Gonçalo Fernandez de Oviedo (1478-1557), autor do *Sumario de la Natural História de las Índias* e da *História General y Natural de las Índias*, da qual extraímos o primeiro tipo de documento sobre o chocolate a ser comentado.

Cronologicamente Oviedo foi um dos primeiros cronistas da América, tendo desembarcado em terras americanas em 1514 e permanecido até 1520. A partir de então, sua vida foi um constante ir e vir entre a Espanha e a América Central, onde ocupou, como funcionário da Coroa, vários cargos administrativos. Ele participou, portanto, de um momento significativo da conquista espanhola no Novo Mundo, já que entre 1492 e 1522 se construiu um certo conhecimento da geografia e da navegação do Atlântico, o qual se ampliou entre 1519 e 1555, na expansão continental do México e do Peru[7]. Oviedo era contemporâneo de Bernal Diaz Del Castillo (1492/3-1584), que também chegou às Índias Ocidentais em 1514. Este, ao contrário de Oviedo, teria sido um ho-

---

4 Cf.Mario Hernandez Sanches Barba, *Introdução às Cartas de Relación de Hernan Cortez*, Madri, Dastin, 1985, p.7.

5 Idem.

6 De acordo com Hector Bruit, "O valor das crônicas indianas é muito significativo, revelando um profundo espírito renascentista. A descrição minuciosa da vegetação, dos animais e insetos, do relevo, dos rios, do clima, aparecem em todas as crônicas". "Apresentação Geral das Crônicas", In: Leandro Karnal (org.) Cronistas da América, Ideias – *Revista do Instituto de Filosofia e Ciências Humanas*, Campinas, Unicamp, ano 11 (1), 2004, p.16.

7 Cf. Mario Hernandez Sanches Barba, *op. cit.*, p. 6-7.

mem de pouca instrução, mas em sua *Historia Verdadera de la conquista de la Nueva España* nos legou um emocionante e detalhado relato dos feitos de armas dos espanhóis, uma vez que, após percorrer Cuba e Yucatã, acompanhou Hernán Cortez como soldado e cronista oficial na conquista da Nova Espanha. Ao olhar atento de Bernal Diaz, não escapou a constatação e alguns dos significados do hábito de Montezuma e seus caciques consumirem o chocolate[8].

A História Natural, particularmente a Botânica, era considerada a especialidade de Gonçalo Hernandez de Oviedo em cuja narrativa, "brilhava sua curiosidade"[9]. *A História General y Natural de las Índias*, publicada em 1535, alcançou rapidamente grande êxito, tendo sido traduzida para vários idiomas (latim, francês, italiano, alemão, grego, turco)[10], o que talvez explique a presença de observações semelhantes às suas, em tratados referentes ao cacau, publicados posteriormente na França, como se verá adiante. Por todos esses motivos, a obra de Oviedo foi preferida neste estudo à de outros cronistas que também deram grande importância à História Natural, como por exemplo, o relato do padre José de Acosta (1540-1600) *História Natural y Moral de las Índias* (1590), igualmente traduzida de imediato para outros idiomas e que também abordou a cultura do cacau na parte referente à natureza da Nova Espanha[11]. Apesar da importância de Acosta para o conhecimento do mundo natural americano da época, sua obra foi publicada posteriormente àquela de Oviedo, o que nos levou a utilizá-la como fonte complementar neste estudo. Contudo, é bem provável que as

---

8 Referindo-se à mesa de Montezuma e ao seu encontro com Cortez, Bernal Diaz comenta a riqueza do cerimonial que transcorria nas refeições do grande chefe, sempre com recato e pouco barulho. "Traziam-lhe frutas de todos os tipos que havia,...Traziam em um tipo de taça de ouro fino uma certa bebida feita do mesmo cacau; diziam que era para ter acesso a mulheres e então não olhávamos para isso; vi era que traziam em cinquenta jarros grandes, feito de bom cacau, com sua espuma, e dele bebia, e as mulheres lhe serviam a beber com grande recato... E depois que o grande Montezuma havia comido, comiam todos de sua guarda e outros muitos serviçais de casa, e me parece que apareciam mil pratos daqueles manjares que disse que havia , pois vi jarros de cacau com sua espuma, como entre os mexicanos se fazem, mais de dois mil e fruta infinita." Cf. Bernal Diaz Del Castillo, *Historia Verdadera de la conquista de Nueva España*, Prólogo Carlos Pereyra, Editorial Espasa, 1997, p. 216.

9 Cf. Manuel Ballesteros Gaibrois, *Introdução ao Sumário de la Natural historia de las Índias*, Madri, Dastin, 2002, p. 41.

10 *Idem*, p. 35.

11 Cf. Flávia Preto de Godoy Oliveira, *A Fauna e a Flora na Obra História Natural y Moral de las Índias*, Monografia de fim de curso, Campinas, 2006.

considerações de Acosta sobre o cacau também tenham sido lidas e incorporadas aos tratados técnicos e de dietética dos séculos XVII e XVIII. Mas antes de comentarmos tais documentos, cabe informar sobre as observações de Oviedo, referentes ao cacau e à bebida que deste se extraía.

Escrevendo da ilha de Espãnola, Gonzalo Fernandez de Oviedo iniciou seus comentários sobre o cacau da mesma forma que outros cronistas das Índias, observando que em algumas partes do Novo Mundo as sementes da fruta serviam como moeda de troca, para em seguida ater-se à descrição física da árvore do cacaueiro e de seu fruto, informando que o cacau ou *cacaguate* não era "destas ilhas, mas da terra firme: há destas árvores na Nova Espanha e na província da Nicarágua e em outras partes"[12]. Com o termo *cacaguate* designava-se, segundo o cronista, o "fruto, a bebida e o azeite" do cacau.

Na narrativa de Oviedo, portanto, o aspecto físico da planta e do fruto, assim como o proveito que os índios retiravam de ambos mesclavam-se o tempo todo. A árvore, a madeira e as folhas foram descritas como de cor laranja; o fruto do tamanho de um punho, em parte verde e também vermelho, era maciço por dentro como uma noz, com uma membrana que continha umas vinte ou trinta amêndoas. Quando a fruta amadurecia a membrana secava e as amêndoas se soltavam sendo retiradas[13]. Diz o cronista que eram essas sementes que tanto agradavam aos nativos, "que as guardam e lhes têm grande estimação, como os cristãos e outras gentes têm pelo ouro e a moeda, pois com elas compram todas as outras coisas"[14]. Como conclusão arrematou: é dessas sementes que os senhores principais fazem *certa bebida* que eles têm em muito, e não a

---

12 Gonçalo Hernandez de Oviedo, História General y Natural de las Índias, In: *Early Modern Spain index of eletronics texts*, Parte 1, Livro 8, capítulo XXX. "Del árbol llamado cacao e algunos lê llamam cacaguate, e su fructa e bebraje e aceite."

13 *Idem*.

14 Na província da Nicarágua, um coelho, segundo Oviedo, valia dez amêndoas; um escravo cem e assim por diante. Cf Gonçalo Hernandez de Oviedo, *op. cit*. O uso das sementes do cacau como moeda foi observado por Cortez e outros cronistas: Referindo-se a uma estância concedida por Montezuma ao monarca espanhol, na região mais rica em ouro, Cortez informa-o que Montezuma colocara tanto empenho no empreendimento que em apenas dois meses estavam semeados setenta "fanegas" de milho, dez de feijão e 2 mil pés de cacau, "que é uma fruta como a amêndoa, que eles vendem moída e que possuem tanta que é usada como moeda da terra, com ela se comprando todas as coisas necessárias no mercado e em outras partes". Cf. *A Conquista do México*, Hernán Cortez, trad., segunda carta enviada a Sua Sacra majestade do imperador Nosso Senhor pelo capitão geral da Nova Espanha, chamado Hernán Cortez, Porto Alegre, L&PM editores, 1986, p. 43.

usam senão os poderosos e os que podem fazê-lo". Afinal, como bem expressou outro cronista, Pedro Mártir de Angleria, tratava-se de uma bebida suave e útil, porque aos possuidores os livrava da peste da avareza, porque não se pode enterrá-la ou guardá-la por muito tempo"[15], ou então, como observou o próprio Oviedo: "usar as sementes para confeccionar a bebida era o mesmo que empobrecer e comer a moeda"[16].

Após ter descrito em detalhes a forma como se cultivavam os cacaueiros – protegidos sob a copa de árvores fortes e frondosas para não ficarem expostos ao sol, bem como sobre os cuidados que demandavam nas podas e os períodos da colheita – Oviedo tratou dos produtos fabricados a partir do cacau e de suas utilidades e propriedades. Os produtos mencionados foram um tipo de bebida – a qual não é denominada ainda de chocolate – e a gordura ou o azeite do cacau.

Com relação à bebida, o cronista ofereceu uma descrição detalhada de dois tipos de procedimentos para a sua fabricação, explicando igualmente a forma de se extrair o azeite e seus usos na alimentação e em práticas curativas. Esses aspectos são fundamentais para compreendermos a importância do relato de Oviedo e de outros cronistas da América na divulgação dos conhecimentos relativos ao cacau, uma vez que nos textos produzidos nos séculos subsequentes, quer em termos dos tratados de caráter científico ou mesmo nos textos técnicos como os livros de culinária, esses serão apresentados. Trata-se, portanto, de um conjunto de informações técnicas que nos faz lembrar as preocupações do passado com as condições necessárias ao acondicionamento dos produtos, a busca por novos alimentos e a luta incessante dos camponeses, atacadistas e dos consumidores, como enfatizou Luce Giard, contra o calor, a umidade e os insetos para manter os gêneros estocados[17]. Instruir sobre a forma adequada de produzir o alimento e melhor extrair seus benefícios era a preocupação primeira dessas narrativas e foi reforçada continuamente nos séculos seguintes.

Os temas relativos ao cacau tratados por Oviedo, assim como em textos de datas posteriores, podem ser agrupados em três tipos: 1) informações sobre a fabricação da pasta do chocolate a partir da qual se preparava a bebida; 2) as propriedades do chocolate, isto é seus benefícios e malefícios tendo por base as concepções médicas da época em relação aos humores do corpo; 3) as formas de consumo, as quais compreendiam as ocasiões em que se poderia ou não tomar o chocolate, bem como os equipamentos utilizados no seu serviço. A narrativa de Oviedo trazia ainda outro aspecto,

---

15 Pedro Martyr de Angleria, *Décadas Del Nuevo Mundo*, Madri, Polifemo,1989, p. 325-6, *Apud*, Flávia Preto de Godoy Oliveira, *op. cit.*, p. 94.

16 Cf. Gonçalo Hernandez de Oviedo, *op. cit.*

17 Luce Giard , "Cozinhar" in: Michel Certeau, Luce Giard e Pierre Mayol, *A Invenção do Cotidano – Morar, cozinhar*, Petrópolis, Vozes, 1997, vol. 2, p. 235.

que foi menos abordado em outros cronistas e dizia respeito à manteiga do cacau utilizada pelos nativos para cozinhar vários tipos de guisados, mas também como um poderoso unguento cicatrizante[18]. Este óleo, segundo o cronista, era uma "santa coisa para muitos males e chagas"[19].

De fato a descrição do cronista espanhol sobre a preparação do chocolate, foi bastante abrangente, uma vez que esclarecia sobre as duas formas de consumi-lo, isto é, frio ou quente. A primeira etapa do processamento era semelhante em ambas e envolvia o tratamento dado às sementes que precisavam estar bem secas para serem torradas e moídas várias vezes em uma pedra de moer. Gonçalo Fernandez informou ainda, que depois de bem moídas, adicionava-se um pouco de água, batia-se bem até se obter uma pasta espessa, a qual se guardava na forma de uma bola. Para fazer a bebida fria, bastava diluir um pouco dessa pasta em água e mexer bem. Em seguida, colocava-se o copo no qual se ia beber a uma distância grande do recipiente em que se encontrava a bebida, e se fazia jorrar o conteúdo de uma altura suficiente a fim de se obter bastante espuma[20]. Esta constituía parte importante na fabricação da bebida e seria enfatizada nos tratados posteriores.

Para saborear o "chocolate" quente, Oviedo informou que se deveria colocar o cacau moído muitas vezes em uma panela, acrescentar água e levar ao fogo. Com uma cana fina batia-se de forma compassada, nem forte nem leve, para que derretesse e não queimasse ou grudasse na panela. O fogo devia ser brando de forma a dar espessura ao cozimento que deveria durar uma hora e meia, ao qual se ia juntando água aos poucos. Uma vez pronta essa mistura e já não tão quente, se colocava umas colheradas em uma espécie de jarra com água e logo se percebia que o azeite se desprendia, o qual uma índia recolhia com uma palma e com as mãos. Esse azeite era um licor "precioso" que depois esfriava e endurecia. Segundo Oviedo, "quando os principais tomavam desse cacau cozido, faziam-no muito lentamente e apenas davam poucos goles para não parecerem pouco comedidos"[21]. Os índios tinham também o hábito de lambuzar com cacau os lábios e as faces, tanto com este azeite quanto com a pasta do chocolate, e saíam assim pelas ruas lambendo-o aos poucos. Acreditavam que quando tomavam

---

18 *Idem*.

19 *Idem*.

20 *Ibidem*. Para os maias e astecas, segundo Mcfadden e France, a espuma era a parte principal e mais deliciosa da bebida, sendo que os astecas teriam inventado um dispositivo que os espanhóis chamavam de molinillo, um bastão de madeira para misturar e bater o chocolate. Cf. Christine Mcfadden e Christine France, *A Maior Enciclopédia do Chocolate*, trad. Edelba, s/d, p.14-5.

21 Gonçalo Hernandez de Oviedo, *op. cit.*

a bebida ou a pasta no café da manhã estavam protegidos contra picadas de cobras venenosas. Ou seja, o chocolate funcionaria como antídoto.

Com o cacau moído e cozido com um pouco de água fazia-se também "excelente azeite para cozinhar e guisar e para muitas outras coisas". Assim, como bom "naturalista", Oviedo se ateve nessa parte de seu livro a descrever o beneficiamento do cacau e suas qualidades nutritivas e palatáveis, sem deixar de acentuar seu poder de cura que, em alguns casos, continha um caráter mágico (mordida de cobra).

A Escrita e a divulgação da técnica e do consumo do chocolate na Europa

A aceitação dos produtos alimentícios americanos na Europa vinculou-se a fatores múltiplos ligados a questões de ordem econômica, como o incentivo ao comércio de produtos das colônias, ou o caráter exótico e raro de certos gêneros que estimulavam o luxo e as hierarquias sociais. Mas também a questões de ordem ambiental e de conservação das espécies transportadas, e a aspectos relativos à maior ou menor permanência das estruturas alimentares europeias. Como observou Flandrin, "algumas espécies foram adotadas muito mais rapidamente do que outras; mais rapidamente em certas regiões do que em outras[22]". Contudo, segundo o mesmo historiador, o que se constata na época moderna é uma tendência ou inclinação para o consumo de produtos alimentícios não disponíveis no continente europeu, haja vista que a conquista do Novo Mundo foi resultado do interesse em se controlar a rota das especiarias orientais e seus locais de produção[23].

Quanto à aceitação do chocolate não faltam hoje datas e informações variadas sobre os primeiros carregamentos de cacau da América para a Europa, bem como sobre os responsáveis por sua introdução na Espanha no século XVI e em outros países no início dos Seiscentos[24]. Talvez não seja tão importante determinar se foram os

---

22 Jean-Louis Flandrin, "os Tempos modernos." In: Flandrin e Montanari (org.), *História da Alimentação*, São Paulo, Estação Liberdade, 1998, p. 542.

23 *Idem*.

24 Alguns autores atribuem a Colombo o primeiro contato dos espanhóis com as sementes do cacau, quando em sua quarta viagem, próximo à Honduras, o almirante teria inspecionado uma canoa comercial de índios maias a caminho da Nova Espanha, transportando cereais, vinho e, segundo o depoimento de seu filho Hernando Colón,[...] "muitas amêndoas que usam por moeda na Nova Esapnha". Cf. Jesus Moreno Gómez, "El cacao em el V centenário de su descubrimiento y su inserción (chocolate) en la dieta colonial y del Viejo Mundo", In: Antonio Gutiérrez Escudero e Maria Luisa Laviana Cuetos (coord.), *Estúdios*

comerciantes espanhóis ou judeus exilados que, no início do século XVII, romperam o segredo e o monopólio espanhóis sobre o cacau e o chocolate, levando-os para a Itália, ou se foi por meio de Ana de Áustria, esposa de Luiz XIII, que o chocolate chegou à França[25]. Todas essas informações, porém, são indicativas da adesão europeia à nova bebida e sua consequente expansão. Mas cabe lembrar que essa foi primeiramente aceita pelos espanhóis das Índias Ocidentais, onde tanto os monges, quanto as mulheres da elite *criolla* tornaram-se grandes apreciadores da bebida, apropriando-se do costume indígena e transformando-o, em algumas situações[26]. O constante movimento de indivíduos da Espanha para a América e vice-versa, ao longo do período colonial foi, portanto, inegavelmente um fator decisivo na divulgação dos saberes sobre o chocolate, pois nas colônias os espanhóis aderiam ao seu consumo e procuravam reproduzi-lo e mantê-lo quando retornavam à Europa.

Há, porém, um componente fundamental na difusão do consumo do chocolate ligado à arte de fazê-lo. Vimos por meio do texto de Oviedo, todo o cuidado que foi posto na descrição das várias etapas da confecção do chocolate, nos utensílios necessários, nos gestos envolvidos. A descrição desse modo de fazer difundiu-se na Europa por meio de uma linguagem que era também escrita, a qual estava presente nas receitas de chocolate que circularam em diferentes tipos de publicações durante três sécu-

---

sobre América siglos XVI-XX, La Asociación Española de Americanistas en su vigésimo aniversario, Sevilha, 2005, p. 945. Outros autores consideram que Cortez é o responsável pelo envio do primeiro carregamento de cacau para a Espanha, em 1519, do qual a quinta parte corresponderia ao rei. Considera-se também como a primeira evidência documental do aparecimento da bebida na Europa, quando os dominicanos, em 1544, levaram à presença de Felipe II uma delegação de nobres maias e estes ofertaram ao monarca, entre os vários presentes, recipientes com chocolate batido, cf. Isabel Arenas Frutos, *Historia del chocolate*, exemplar mimeo.

25 Cf. Mort Rosenblun, *Chocolate uma saga agridoce preta e branca*, trad., Rio de Janeiro, Rocco, 2005, p. 23. Comenta-se que o florentino Francesco Antonio Carletti teria introduzido o chocolate na Itália em 1606, quando do retorno de uma viagem às Antilhas. Por volta de 1720, a reputação do chocolate consumido nos cafés de Florença e Veneza tinha ultrapassado suas fronteiras. Ver sobre o assunto: Annie Perrier-Robert, *Le Chocolat*, Paris, Éditions du Chêne, 1998, p.18.

26 Sobre o consumo "criollo" do chocolate ver: Martha Few, "Chocolate, sex and disorderly women in late-seventeenth and early-eighteenth-century Guatemala", In: *Ethnohistory*, vol. 52, n° 4, Fall 2005, p. 674-87; Sobre a questão da aculturação de uma prática indígena pela elite criolla ver: Marcy Norton, "Tasting Empire: chocolate and the european internalization of Mesoamerican Aesthetics", *The American Historical Review*, vol. 111, junho 2006, p. 660-91.

los, como os tratados de dietética, de medicina e de culinária[27]. Vejamos uma dessas obras mais de perto.

Le Bon usage du the du caffé et du chocolat pour la preservation & pour la guerison des maladies foi uma obra escrita por Nicolas Blegny (1652-1722) médico de Luis XIV, publicada em Lyon em 1687 que trazia uma dedicatória aos senhores doutores em medicina das "faculdades provinciais e estrangeiras praticantes na corte e em Paris"[28]. O tratado apresentava uma argumentação científica e concedeu dez capítulos ao chocolate. Nesses o autor se expandiu em discussões que abordavam desde a origem do produto e a forma como os americanos o consumiam, até a sua composição, técnicas de produção dos europeus, propriedades da bebida e conservação.

Sobre a composição física de seus ingredientes, Blegny descreveu não apenas o cacau, que segundo ele constituía a parte essencial do chocolate, mas também do açúcar "que os espanhóis introduziram na fórmula para lhe dar corpo", assim como de vários aromáticos (baunilha, pimenta), a fim de definir se o chocolate era um alimento quente ou frio[29]. Tantos componentes distintos acabaram por levá-lo à conclusão de que o chocolate era um alimento quente devido à gordura, mas também frio porque suas folhas possuíam algumas substâncias frias. O mais importante "para se fazer um bom chocolate saudável e agradável [...] era suprimir o seu excesso de gordura", a fim de se evitar indigestão[30].

---

[27] Entre os séculos XVI e XVII surgiram várias publicações na Europa sobre a história, o uso e especialmente os benefícios do chocolate para a saúde. *O Codex Badianus* (1552), um manuscrito asteca, menciona que a flor do cacau era usada para reduzir a fadiga. *O Florentine Codex* (1590), uma edição em espanhol e em nahuatl, da *História Universal de las cosas de Nueva España* de Frei Bernardino da Sahagún, menciona que o cacau era uma das prescrições usadas para reduzir a febre. Também era usado para a falta de ar e fraquezas do coração. O cacau foi associado ainda, ao tratamento de doenças do rim, do estômago e dos intestinos. Em casos de falta de apetite recomendava-se a ingestão de uma mistura de sementes de cacau, milho e outras frutas. Ver também sobre o assunto: Francisco Hernandez *História de las Plantas de la Nueva España* (1577).

[28] Cf. Nicolas Blegny, Lyon, Thomas Amaulry, 1687. Blegny teve uma carreira rápida e ascendente quando se tornou médico da rainha e posteriormente do próprio monarca francês. É tido como o fundador do primeiro jornal de medicina (*Nouvelles découvertes sur toutes les parties de la médicine* – (1679). Preso em 1697, sob a acusação de charlatão, morreu no esquecimento.

[29] Cf. Nicolas Blegny, *op. cit*. p. 215-7.

[30] *Idem*, p. 223.

Com relação à técnica de fabricação do chocolate, o tratado fornecia duas fórmulas: uma mexicana e outra "europeia". A receita mexicana continha cacau torrado e moído, amêndoas e nozes indianas, além de milho e especiarias que formavam uma pasta. Blegny assegurou que a receita "americana" lhe foi confiada por um comerciante que "viajou pelas diversas partes do continente americano". Mas, segundo ele, os espanhóis compuseram seu chocolate apenas com cacau, açúcar e um pouco de pimenta-do-reino e, apesar dos poucos ingredientes, sugeriu que o chocolate deveria ser confeccionado por duas pessoas, por ser um processo longo. "Assim enquanto uma (pessoa) se ocupasse da preparação do cacau a outra pulverizaria os perfumes e aromas[31]."

O processo apresentado assemelhava-se às descrições presentes na crônica de Oviedo: era preciso torrar o cacau, retirar a pele, e moer as sementes. Depois o cacau moído deveria ir ao fogo brando para liquidificar a gordura, adicionando-se água até que formasse uma pasta[32]. Conclui-se a partir das descrições de Blegny que as diferenças entre as duas receitas (mexicana e europeia) vinculavam-se aos *produtos* adicionados na composição da pasta de cacau e não exatamente aos procedimentos técnicos. Conforme observou Piero Camporesi, a cozinha é a arte da combinação e da criação[33]. De fato, entre a publicação do texto de Oviedo e o de Blegny passaram-se 152 anos, e nesse ínterim muitos outros textos sobre o chocolate circularam na Europa. Alguns foram produzidos a partir de observações dos costumes indígenas ou *criollos*, os quais variavam de uma região à outra, sendo que havia muitas maneiras de consumir a bebida; outros eram traduções de obras publicadas em diferentes países, como o *Traitez Nouveaux et curieux du café, du thé et du chocolat*, de Philippe Silvestre Dufour (1622-1687)[34] editado em 1685, em Lyon. O que parece provável era a existência de uma receita de base – como definida por Jack Goody para outros alimentos – que foi sendo modificada ao longo do tempo de acordo com a disponibilidade de produtos nas despensas e nos mercados locais[35]. Poderíamos também acrescentar que as mudanças nas receitas ocorreram em função do gosto e dos repertórios culinários de seus consumidores. Afinal, assim como o chá e o café, o chocolate era uma bebida

---

31 *Ibidem* p. 229-30.

32 Cf. Nicolas Blegny, *op. cit.* p. 244.

33 Cf. Piero Camporesi, Introduzione e note ao livro de Pellegrino Artusi. La Sicenza in *Cucina e l'Arte di mangiar bene,* (1891), Torino, Einaudi, 1995, p. Xxxviii.

34 Cf. Philippe Sylvestre Dufour, Lyon, 1685.

35 Cf. Jack Goody, "Receita, prescrição, experimentação" in: *Domesticação do Pensamento Selvagem*, Lisboa, Editorial Presença, 1988, p. 157.

considerada nova na época e, desde sua introdução na Europa o consumo dessas bebidas foi associado ao açúcar.

Mas se em termos da técnica de confecção da pasta do chocolate observa-se uma certa permanência (isto é, a base a partir da qual era elaborada a bebida), o mesmo não aconteceu com o modo e ocasiões de consumi-lo. Nota-se na circulação dos textos escritos, entre os séculos XVI e XVIII, diferentes formas de preparação da bebida e o estabelecimento de um ritual provido de novos utensílios, novas normas de consumo, além de debates de caráter científico sobre os efeitos de sua ingestão. O livro de Dufour, por exemplo, mencionava que a forma mais comum de fazer a bebida era esquentar a água, enchendo a metade de um recipiente com ela e dissolvendo um ou dois tabletes da pasta de chocolate, até que a água ficasse bem espessa; depois deveria se bater bem com o *molinet* até se obter bastante espuma. Por fim, completava-se com água quente e adicionava-se açúcar[36]. O autor observou que havia outra maneira de fazer o chocolate, principalmente em São Domingos, a qual consistia em colocar o chocolate na água e deixar ferver até que adquirisse espuma, colocando-se depois açúcar de acordo com a quantidade de chocolate[37]. Uma terceira forma de confeccionar a bebida seria tomar o chocolate frio e temperado ao gosto de cada um[38], o que Blegny abominava, insistindo que deveria ser tomado quente para não causar mal-estar ao estômago. Tanto Dufour quanto Blegny enfatizaram a necessidade de se produzir espuma, algo já observado na receita registrada por Oviedo.

Se na França do final do século XVII circulavam textos sobre a forma de confeccionar o chocolate, na Inglaterra o movimento editorial indica um interesse anterior pela divulgação da bebida, como se nota pela publicação na década de 1660 e 1670 de duas obras sobre o cacau: *The Indian Néctar or a discourse concerning chocolate* (1662), uma monografia sobre os usos do chocolate e suas qualidades, escrita por Henry Stubbe (1631-1676) e o livro de William Hughes, *Discourse of the Cacao-Nut-Tree, and the Use of Its Fruit: With All the Ways of Making of Chocolate* (1672)[39]. Segundo Stubbe,

---

36 Philippe Sylvestre Dufour, *op. cit.*, p.364. Segundo Jesús Moreno Gómez, o molinet, termo francês, ou molinillo, em espanhol, um artefato criado para produzir a espuma do chocolate é uma invenção espanhola. Cf. op. cit, p. 954.

37 *Idem*, p. 365.

38 *Ibidem*, p. 367.

39 Henry Stubbe, acadêmico e escritor inglês, tornou-se médico e exerceu medicina em Bath. Visitou as Índias Ocidentais (Jamaica), onde provavelmente aprimorou seus conhecimentos sobre o chocolate O livro de William Hughes, *The American Physitian or a treatise of roots, plants, trees, shrubs, fruit, erbs growing in the English Plantations in América...*, Londres, William Crook, 1672, é um dos primeiros textos em inglês que trata da horticultura

o cacau era altamente nutritivo, não engordava e prolongava a vida. William Hughes, por sua vez, argumentou em sua narrativa sobre o cacau que somente após a chegada dos espanhóis ao Novo Mundo, outros ingredientes foram adicionados a ele, já que os nativos usavam apenas o cacau puro para a fabricação do chocolate. Concordava, porém, que o cacau era muito nutritivo e que ajudava a manter a saúde. Esses e outros textos, publicados entre os séculos XVII e XVII, revelam um amplo conjunto de apropriações por parte dos europeus na forma de consumo da nova bebida[40].

Uma primeira apropriação foi o caráter de bebida de elite que o chocolate já possuía entre os indígenas. Se na América consumir chocolate era o mesmo que consumir moedas, na Europa, o caráter exótico e raro do cacau, devido às dificuldades de transporte (período das frotas) e de conservação do chocolate (apenas dois anos), associou-o aos produtos de luxo.

Os atributos curativos e os benefícios do chocolate em termos nutritivos e estimulantes também foram divulgados e assimilados rapidamente no Velho Continente, o que propiciou, além do estudo de suas propriedades, um estímulo ao consumo. Se as qualidades curativas do chocolate não eram mais as mesmas atribuídas pelos americanos, por outro lado o chocolate não perdeu esse seu importante significado. Ao contrário, sua utilidade para a saúde foi ampliada e divulgada. Assim, recomendava-se o consumo de chocolate ao despertar, nas merendas, à noite antes de dormir, enfim, a toda hora.

Quanto aos significados religiosos e sua presença em rituais americanos, não havia espaço, é claro, para o consumo da bebida nesse contexto na Europa católica[41]. O chocolate, porém, acabou também por se associar ao universo religioso europeu, uma

---

na América, logo após o estabelecimento de Jamaica. Foi escrito nas Índias Ocidentais e continha um anexo sobre o chocolate e suas propriedades curativas. Muito pouco se sabe sobre sua vida.

40 Assim como no século XVII, observa-se um conjunto de publicações sobre os usos do chocolate no século XVIII. Entre essas: D. de Quélus. *Histoire naturelle du cacao, et du sucre: divisée en deux traitez*, Amsterdam, Henri Strik, 1720. Pierre Toussaint Navier. *Observations sur le cacao et sur le chocolat: où l'on examine les avantages & les inconviénients qui peuvent résulter de l'usage de ces substances*, Paris, Chez P.Fr. Didot Jeune, 1772 ; Giovanni Battista Felici. *Parere intorno all' uso della cioccolata*. Florença, Giuseppe Manni, 1728.

41 As elites maias e astecas bebiam o chocolate em cerimônias festivas (casamentos, rituais de adoração aos deuses e sacrifícios). A própria lenda da origem do chocolate refere-se a uma bebida dos deuses oferecida aos humanos. Em 1753, Carl Lineu batizou oficialmente o cacaueiro de Theobroma Cação, o cacao que pode ser traduzido como "alimento dos deuses", confirmando de certa forma a lenda indígena.

vez que gerou uma grande polêmica no interior da Igreja católica em função de seu uso no jejum. A questão em causa era se o chocolate quebrava ou não o jejum, ou seja, se era uma alimento ou uma bebida. Decidido o embate com mais pontos favoráveis para seu caráter de bebida – o que garantia seu uso no jejum – o consumo alastrou-se nos mosteiros masculinos e femininos da América e da Península Ibérica[42].

Outra forma de apropriação relativa à bebida diz respeito à forma de consumi-la e ao uso de utensílios específicos. Em grande parte da mesoamérica oferecia-se chocolate aos convidados e visitantes especiais. O termo náhuatl para se referir ao recipiente no qual se servia a espumosa bebida era *xicalli*, que foi "criollizado" em *jícara* e em português, xícara[43]. Montezuma e seus caciques utilizavam taças de ouro para tomar o chocolate. Entende-se pelos relatos dos cronistas que havia um conjunto de artefatos presente no ritual do consumo do chocolate. Uma vez mantido seu caráter de alimento das elites entre os espanhóis da América e da Europa, o chocolate passou a participar dos cerimoniais alimentares europeus, nos quais vários novos equipamentos e utensílios também foram solicitados à mesa. Desenvolveu-se assim todo um aparato material para o serviço do chocolate, que abrangia desde instrumentos de ferro e madeira para confeccioná-lo (como o *molinillo* ou *molinet* para mexer e produzir espuma), a bules especiais (chocolateiras) e xícaras com seus pires para servi-lo. Essa louçaria e peças de serviço ganharam sofisticação nas grandes casas da nobreza europeia expressa nos "conjuntos para chocolate", à semelhança dos *tea sets*. Tratava-se do desenvolvimento de um universo de bens materiais associado às práticas ligadas ao chocolate, difundidas de tal forma entre os séculos XVII e XVIII, que talvez possamos falar em uma "cultura europeia do chocolate" composta por modos de preparo, rituais de consumo e artefatos específicos compartilhados pelos membros das elites. Um conjunto de práticas, portanto, que se distanciou das suas origens americanas, por

---

42　A polêmica envolveu jesuítas e dominicanos. Os primeiros defendiam o chocolate, enquanto os últimos afirmavam que rompia o jejum. O primeiro a tratar do tema foi Juan Cárdenas (1562/3-1609) que emigrou para a Nova Espanha e lá estudou medicina. É o autor da obra, *Problemas y secretos maravillosos de las Indias*, México, 1591, a qual contém ampla discussão sobre o chocolate e introduz a bebida no discurso médico da época que deu origem a toda uma literatura médica sobre o assunto. Para Cárdenas quem tomasse chocolate não jejuava devido a suas qualidades nutritivas. Ver sobre o assunto: Marcy Norton, *op. cit.*, p.25-8 e Juseus Moreno Gómez, *op. cit.*, p. 956-7.

43　Cf. Jesus Moreno Gómez, *op. cit.* p. 955. Sobre as xícaras especiais para o chocolate ver também: Patrícia Lousada, *O Grande Livro do Chocolate*, Lisboa, Livros e Livros, 1997, p. 7.

meio de apropriações e mutações, das quais a escrita participou ativamente, conforme apontado[44].

De forma um tanto inevitável nesse processo de transmissão escrita do conhecimento sobre o chocolate, as receitas da bebida foram transportadas para os livros de culinária da época, tornando evidente sua absorção na dieta das elites, uma vez que estes repertórios de receitas eram produzidos por afamados cozinheiros a serviço da nobreza. Tais publicações desempenharam um papel importante na difusão da técnica e consumo do chocolate, no sentido que sua consulta poderia ser compartilhada por indivíduos de outros segmentos sociais.

O movimento de edição de livros de cozinha desenvolveu-se, lentamente, nos seiscentos na França e na Inglaterra, e atingiu Portugal no final do século XVII. Até então as receitas circulavam oralmente ou por meio de cadernos manuscritos, dos quais dispomos de alguns poucos exemplares para Portugal, como o caderno de doces e cozinhados da Irmã Leocádia do Convento das Clarissas de Lisboa (1729)[45]. Os registros de receitas de chocolate nesses repertórios culinários portugueses são breves mas, aliados a outros documentos igualmente curtos e dispersos, indicam que Portugal não só absorveu o hábito do consumo de chocolate, como participou do movimento de divulgação de sua técnica e saber.

Entre os livros de cozinha portugueses do período selecionamos o terceiro e último exemplo de documentos escritos sobre a prática da fabricação e do consumo do chocolate na época moderna.

---

44 Referindo-se ao modo de preparo, ampla difusão na França e às qualidades do chocolate, Brillat-Savarin relembra o comentário que lhe fora feito pela superiora do Convento da Visitação, em Belley, muitos anos antes de escrever seu livro: "Senhor, [...] quando quiser tomar um bom chocolate, prepare-o, já na véspera, numa jarra de louça e deixe-o ali. O repouso da noite o concentra e lhe dá um aveludado que o torna bem melhor. O Bom Deus não pode se ofender com esse pequeno refinamento, pois ele próprio é a completa excelência". Cf. Jean-Anthelme Brillat-Svarin (1775-1826), *A Fisiologia do gosto* (1825), trad., São Paulo, Companhia das Letras, 2004, p.117.

45 Cf. Biblioteca Nacional de Lisboa, códice 10763, *Livro das Receitas de Doces e Cosinhados vários deste Convento de Santa Clara de Évora, Sóror Maria Leocádia do Monte do Carmo, Abadessa*. Santa Clara de Évora 26 de outubro de 1729. Ver também a publicação fac-símile com introdução e notas de Manuel Silva Lopes, in: *Curiosidades & Velharias*, série Especial 1, Lisboa, Barca Nova, 1988.

O CHOCOLATE EM PORTUGAL E NA AMÉRICA PORTUGUESA:
FORMAS DE CONSUMO

O primeiro livro de receitas de cozinha português, *Arte de Cozinha*, do cozinheiro de D. Pedro II, Domingos Rodrigues, foi publicado em 1680 e despertou grande interesse, como indicam as sucessivas edições ocorridas ao longo dos séculos XVIII e XIX[46]. Domingos Rodrigues ofereceu apenas uma receita de chocolate na seção destinada aos doces, mas esta foi, sugestivamente, alocada após uma receita de florada (água de flor), indicativo talvez de que poderia ser usado na confecção de uma bebida, ou até como complemento da outra receita. A descrição do modo de preparo restringiu-se à pasta do chocolate, sem informar sua utilidade, sinal de que os leitores – provavelmente experientes cozinheiros sabiam como usá-la, podendo ser dispensadas maiores explicações. Esse procedimento permite pensar que o consumo do chocolate havia se enraizado na culinária portuguesa há algum tempo, muito provavelmente introduzido a partir dos contatos estreitos com a corte espanhola entre os séculos XVI e XVII, e estimulado posteriormente pelo comércio dos produtos coloniais.

A receita presente no livro de Domingos Rodrigues instruía sobre a necessidade de se torrar o cacau, descascá-lo e "pisá-lo muito bem". Posteriormente misturava-se o cacau a "três arráteis de açúcar de pedra e três onças de canela fina peneirada". De acordo com o cozinheiro real, logo que estivesse tudo isso muito bem misturado, devia-se ir "moendo numa pedra segunda e terceira vez" e quando estivesse "em massa", adicionava-se "oito baunilhas pisadas e peneiradas e fazendo-se bolos na forma que quiserem"[47].

É interessante observar que a pasta de chocolate proposta continha componentes das Índias ocidentais (baunilha, açúcar e cacau) e do oriente (pimenta e canela). Ou seja, era semelhante àquela utilizada em outros países da Europa na época. Também não continha nem milho, nem *chilli*, produtos presentes em algumas das muitas receitas "americanas" transmitidas por meio da escrita pelos cronistas espanhóis das Índias e por alguns dos tratados europeus. Sabemos que os livros de cozinha se inspiravam em um modelo anterior, às vezes datado de alguns séculos, como advertiu Bruno Laurioux[48]. Assim, não é possível descartar a hipótese de que Domingos Rodrigues tenha se ins-

---

46 Domingos Rodrigues, *Arte de Cozinha*, Lisboa, Imprensa Nacional – Casa da Moeda, 1987.(1680).

47 Cf. Domingos Rodrigues, *op. cit.*, p. 162.

48 Bruno Laurioux "Cozinhas Medievais séculos XIV e XV", in: Jean-Louis Flandrin e Massimo Montanari (org.), *História da Alimentação*, trad., São Paulo, Estação Liberdade, 1998, p. 450.

pirado em algum tipo de publicação estrangeira ou nacional (não necessariamente de culinária) que, como vimos, circulava na Europa há dois séculos.

Cem anos após a primeira edição do tratado de Domingos Rodrigues foi editado o segundo livro português de culinária, *O Cozinheiro Moderno ou Nova Arte de Cozinha* (1780)[49]. Seu autor, um cozinheiro francês radicado em Portugal, Lucas Rigaud, apresentou na parte referente às conservas, os procedimentos para se fazer uma conserva de chocolate: "sem a adição da baunilha e com o açúcar em ponto de cabelo"[50]. Da mesma forma como seu antecessor, o cozinheiro francês não forneceu detalhes sobre o que fazer com o produto. Porém, após três séculos de divulgação escrita da técnica de fabricação do chocolate, desponta nesse tratado de culinária, evidências de um novo uso do chocolate: Lucas Rigaud, na parte referente aos cremes apresentou uma receita intitulada "*cremas de baunilha, de chocolate e de café*". Ou seja, não se tratava de uma bebida, mas de um *doce* confeccionado à base de chocolate, leite, oito gemas e duas claras de ovos. Os ingredientes passavam por um processo de cozimento até obterem uma consistência de creme[51]. Para além das inferências que essa receita permite fazer sobre os usos do chocolate na alimentação dos portugueses ao longo de um século fica evidente que ambos os livros de culinária não apresentaram receitas da *bebida chocolate*. O mesmo é válido para os cadernos manuscritos de cozinha do século XVIII que chegaram até nós[52].

---

49 Lucas Rigaud, *Cozinheiro Moderno ou Nova Arte de Cozinha, Sintra*, Colares Editora, 1999. (1780).

50 Cf. Lucas Rigaud, op. cit., p. 299.

51 Idem, p. 235. Na Arte Nova e Curiosa para Conserveiros confeiteiros e copeiros, de autor anônimo, e considerado o primeiro livro desse gênero publicado em Portugal (1788), há uma receita de "calda de chocolate para nevar", um dos últimos registros da obra. Novamente, sua posição no receituário sugere ser um complemento ou uma opção para uma receita de sorvete. Nessa utiliza-se um "pau de chocolate" para se obter uma "água de chocolate", a qual "se lança na sorveteira". Sintra, Colares Editora, 2004, p. 92.

52 No Caderno de Receitas da abadessa do convento de Santa Clara em Évora, datado de 1729, não há receitas da bebida, nem de doces à base de chocolate. Essas expressam a doçaria conventual portuguesa dos séculos XVII e XVIII cujas iguarias eram geralmente confeccionadas com ovos e açúcar. Cf. Leila Mezan Algranti, "Doces de ovos, doces de freiras: a doçaria dos conventos portugueses no Livro de Receitas da irmã Maria Leocádia do Monte do Carmo" (1729), in: *Cadernos Pagu*, nm. 17-8, *Desafios da Equidade*, Campinas, 2002, p. 397-408. O manuscrito fradesco, datado de 1743, e posteriormente compilado por Antonio Macedo Mengo, tampouco apresenta receitas da bebida chocolate. Cf. *Copa e Cozinha*, Coleção O Livro Prático, nº 4, Porto, Celir, 1977.

Entre o livro de Domingos Rodrigues e o de Lucas Rigaud, porém, foi editada no Reino, uma obra intitulada *Âncora Medicinal para conservar a vida com saúde (1721)* do Dr. Francisco da Fonseca Henríquez, médico de d. João V. Organizado em cinco seções, das quais três referiam-se à alimentação, o livro pretendia tratar de "coisa muito necessária" (alimentação) para aqueles que não eram médicos[53]. Na seção destinada às bebidas (águas, vinhos e bebidas alimentares e medicamentosas), havia um capítulo dedicado exclusivamente ao chocolate, no qual se apresentava sua composição (cacau, açúcar e canela), mas especialmente os benefícios medicinais da bebida. Segundo o médico português, "o chocolate é a melhor bebida de quantas inventaram os castelhanos. É que quente e seco, ainda que não falte quem diga que é temperado, sem excesso de calor, nem de frio. O que é certo é que ele se compõe de baunilhas, de canela e açúcar, que são quentes, e de cacau e água que são frios. Pela diferença com que se prepara resulta que seja mais ou menos quente"[54].

De acordo com o autor, os benefícios da bebida seriam múltiplos: "conforta o estômago, nutre muito, dissipa os flatos, anima os espíritos, dá vigor à massa do sangue e as partes da geração, cura as cólicas, é remédio de ingestões e das febres, cura as vertigens" e muitas outras doenças enumeradas com detalhes[55].

As observações do Dr. Francisco da Fonseca Henríquez reforçaram, assim, uma característica presente nos tratados europeus referentes ao chocolate e redigidos na época moderna, isto é, a ênfase no caráter medicinal da bebida. Isso sugere que a transmissão escrita do saber sobre o chocolate na Europa (tanto técnico quanto de seus usos) conquistou uma dimensão que a vinculava ao conhecimento científico e ao saber erudito, o que talvez ajude a compreender sua diminuta presença nos livros portugueses de cozinha. Essa, porém, foi apenas uma das vertentes do circuito de comunicação sobre o saber do chocolate, já que os textos de cronistas e viajantes na Europa e na América continuaram circulando, assim como um conjunto de imagens (pinturas de cenas domésticas, utensílios), além da comunicação oral. Ou seja, havia uma integração de linguagens e imagens participando da divulgação sobre o consumo do chocolate em Portugal, assim como em outros países da Europa.

***

---

53 Francisco da Fonseca Henríquez, *Âncora Medicinal par conservar a vida com saúde*, Cotia, Ateliê Editorial, 2004, p. 26 (1721).

54 *Idem*, p. 249.

55 *Ibidem*, p. 250.

Com relação à América portuguesa, as evidências da transmissão escrita sobre o chocolate se apresentaram em documentos de teor diferente. A ausência da imprensa no Brasil, contudo, não significa que os textos que circulavam na Europa não poderiam ter atingido essa parte dos domínios portugueses. Contudo, ao se buscar informações sobre o consumo da bebida fabricada com chocolate na América portuguesa nota-se, primeiramente, sua ausência nos relatos dos cronistas portugueses do século XVI. A literatura de viagens do século XIX tampouco noticiou seu consumo entre a população, embora fossem numerosas as referências sobre o hábito de tomar chá. No tratado de Guilherme Piso, médico da corte de Nassau, no Brasil holandês entre 1638-1644, também não havia informações sobre o cacau e seus benefícios para a saúde[56]. Quanto aos livros de culinária, a primeira obra do gênero publicada no Brasil, o *Cozinheiro Imperial* (de autor anônimo) data somente de 1840 e reproduziu as receitas apresentadas nos dois receituários portugueses já comentados: o de Domingos Rodrigues e o de Lucas Rigaud[57].

Mas na correspondência do Conselho Ultramarino, nas gazetas manuscritas que circulavam em Portugal no século XVIII e nos inventários pós-morte dos inconfidentes mineiros e dos moradores de Belém das primeiras décadas do século XIX há indícios não só da produção e exportação de cacau para a Metrópole, como de seu consumo local.

As notícias que temos sobre o comércio de cacau e do chocolate entre Portugal e sua colônia americana remetem à década de 1670, a ponto de uma provisão régia de 1679, sobre o estanco de bebidas comercializadas entre Portugal e Pernambuco, dirigir-se explicitamente aos "contratadores de aguardente, *chocolate* e mais bebidas"[58]. Porém, a data do inicio do cultivo do cacau na América portuguesa é controvertida. Segundo Serafim Leite, os portugueses teriam reconhecido o cacau bravo na selva amazônica ao iniciarem o povoamento dessa região, no século XVII. Mas o mesmo autor informou que, em 1565, o vice-rei d. Vasco Mascarenhas teria solicitado ao capitão-mor do Pará sementes para serem plantadas na Bahia. Também do Pará em 1674,

---

56 Guilherme Piso (Willem Pies), *História Naturalis Brasiliae (História Natural do Brasil Ilustrada) pelos auspícios e benefício do ilustríssimo J. Mauricio, Conde de Nassau, governador supremo dessa Província e mar, na qual se descrevem não só as plantas e os animais, mas também as doenças e costumes dos indígenas*, Amsterdam, 1648, trad., Edição comemorativa do 1º cinquentenário do Museu Paulista, 1948, Cia. Editora Nacional.

57 *O Cozinheiro Imperial*, por R.C.M, chefe de cozinha, adaptação de Vera Sandroni, São Paulo, Círculo do Livro, 1996, (1840).

58 Cf. Andrade Silva, "Leis portuguesas" : www.iuslusitaniae.fcsh.unl.pt

teriam sido levadas sementes para o Maranhão pelo padre João Filipe Bettendorff[59]. Tais registros sugerem que os portugueses, a partir da ampla aceitação do chocolate na Europa estariam fazendo experiências de plantio em seus domínios tropicais, tendo em vista os lucros que poderiam ser atingidos.

Em 1673, a troca de correspondências entre João Peixoto Viegas, residente na Bahia, o marquês de Marialva e o Conselho Ultramarino, explicitava os benefícios que, segundo o colono, poderiam advir para a Coroa "introduzir no distrito da Bahia e suas fazendas o fruto do cacau". Viegas explicou ao Marquês que estava tentando semear cacau e que encontrava problemas com as sementes importadas de "Olanda", assim como daquelas originadas dos Açores e do Maranhão, sinal de que estavam sendo cultivadas nessas regiões do império português. A carta parece ter sido enviada ao Conselho Ultramarino devido às mercês que Viegas solicitava à Coroa para levar adiante "este serviço", já que dizia ter notícias de mercês feitas ao governador do Maranhão, Pedro Sezar, "por introduzir naquele estado alguns frutos"[...] .O argumento utilizado para receber os benefícios régios eram as despesas iniciais que o negócio demandaria. O parecer do Conselho foi bastante interessante por revelar os interesses e alianças políticos-econômicas entre os colonos e a Coroa, já que aconselhava o príncipe regente d. Pedro a ordenar ao marquês de Marialva que escrevesse a José Viegas para que tratasse da cultura do cacau pelos meios que lhe fossem convenientes e que o negócio florescendo, Sua Alteza teria "particular atenção em lhe fazer a mercê que houver por seu serviço"[60].

Algumas dessas experiências devem ter tido sucesso, uma vez que sessenta anos mais tarde as gazetas manuscritas que circulavam em Portugal noticiavam a chegada de navios do Maranhão com carregamentos de cacau e chocolate. O diário do conde de Ericeira de 5 de dezembro de 1730, por exemplo, informou sobre a chegada de um navio dessa localidade com 28 mil arrobas de cacau e outros gêneros[61]. As notícias se

---

59 Cf. Serafim Leite, *Breve História da Companhia de Jesus no Brasil* (1549-1760), Braga, Livraria A.I, s/d., p.179.

60 Consulta do Conselho Ultramarino acerca da planta do cacau e minas do distrito da Bahia, Lisboa, 20 de setembro de 1673; documentação digitalizada, Projeto Resgate, caixa 22, doc.2561. Agradeço a Luciana Gandelman a indicação desse documento.

61 João Luís Lisboa, Tiago C.P. dos Reis Miranda e Fernanda Olival, *Gazetas Manuscritas da Biblioteca de Pública de Évora (1729-1731)*, Lisboa, Edições Colibri / CIDEHUS. EU/ CHC-UNL, vol. 1, p. 89.

sucederam, apontando para um comércio crescente, pois em uma única embarcação chegaram a Lisboa em 1732, 45 mil arrobas de cacau[62].

É provável, portanto, que parte do cacau consumido em Portugal durante o século XVIII fosse originário das suas conquistas americanas. Mas algumas notícias esparsas dão conta também de que, além de cultivar o cacau, os colonos do Maranhão já dominavam nessa época a técnica de fabricação do chocolate. No códice Costa Mattoso, por exemplo, uma memória sobre a província do Grão-Pará referiu-se à carga de cinco navios que saíram em 1749 do Maranhão e Grão-Pará com destino a Portugal, contendo 148 arrobas e 19 arratéis de cacau e *duas arrobas de chocolate*[63]. Ou seja, Portugal recebia de sua colônia americana as matérias-primas para a confecção da bebida (cacau e açúcar), mas também a pasta do chocolate já pronta. Ao que tudo indica, os colonos exportavam mas também produziam o chocolate para consumo interno.

Uma evidência interessante do consumo de chocolate na América portuguesa é a presença de chocolateiras nos inventários coloniais a partir do final do século XVIII. Nos Autos da Devassa da Inconfidência essas apareceram listadas nos inventários de Cláudio Manuel da Costa, do Cônego Luis Vieira da Silva e de Tomás Antônio Gonzaga[64]. No início do século XIX, na região produtora do Pará, seu consumo parece estar já bem divulgado, a ponto de num total de 20 inventários entre 1803 e 1830, oito possuírem chocolateiras entre os bens arrolados. Os montantes líquidos desses inventários são variados, assim como o valor atribuído às chocolateiras, mas permitem perceber que o hábito do consumo do choco-

---

62 Cf. João Luís Lisboa, Tiago C.P. dos Reis Miranda e Fernanda Olival, *op. cit.*, vol. 2 (1732-1734), p. 173. Pode-se avaliar os lucros desse comércio pela estimativa feita pela Gazeta de 1733, a qual informa que um carregamento de 27 mil arrobas de cacau deveria gerar 800 mil cruzados. Cf. Gazetas manuscritas, *op. cit.*, vol. 2, p. 305. O mesmo se observa a partir da notícia deste diário produzida em 1731: um navio mercante aportara no Maranhão, quando o governador estava no Pará, roubando 5 mil arrobas de "cacau cultivado" *op. cit.*, vol. 1, p. 177.

63 "Relação do cabedal e efeitos de que consta a carga dos 39 navios mercantes de que se compõe a frota de Pernambuco, comboiados pela nau de guerra Nossa Senhora da Lampadosa. Lisboa, oficina de Pedro Ferreira, 1749". Esse documento integra o núcleo de documentos do Códice Costa Matoso, *Coleção das notícias dos primeiros descobrimentos das minas na América que fez o doutor Caetano Costa Matoso sendo ouvidor-geral das do Ouro Preto, de que tomou posse em fevereiro de 1749 e vários papéis*, vol. 1, Coordenação geral Luciano Figueiredo e Maria Verônica Campos, Coleção Mineiriana, Belo Horizonte, Fundação João Pinheiro, 1999, p. 914.

64 *Autos da Devassa da Inconfidência Mineira (1789-1791)*, Rio de Janeiro, Ministério da Educação, 1936-1937, vol. 5, p. 269; vol. 1, p. 440 e vol. 5, p. 309, respectivamente.

late permeava na época diferentes segmentos sociais. No inventário do Capitão Amandio José de Oliveira Pantoja, um opulento agricultor, com um montante líquido de riqueza dos mais altos encontrados (70:751$886) foram arroladas quatro chocolateiras de cobre, cujo valor variou de 1$000 a $350 réis, de acordo com seu estado de conservação. Já no inventário do sitiante Alexandre Furtado, o qual possuía lavouras de café e cacau e um montante líquido de 5:895$776 réis havia "uma chocolateira grande de cobre, usada no valor de $320" e uma outra "pequena de cobre, velha" estimada em $240 reis[65].

Esses registros, contudo, não permitem avaliar as formas de transmissão do saber sobre o chocolate na América portuguesa. Talvez a técnica da confecção do chocolate, assim como as instruções escritas do cultivo do cacau tenham sido transmitidas por meio de imigrantes dos Açores e de outras conquistas portuguesas, como sugere a correspondência do Conselho Ultramarino citada.

O constante movimento de indivíduos e produtos entre a colônia e a metrópole, assim como as relações com os espanhóis são dados importantes a serem levados em conta na transmissão escrita e oral desse conhecimento. O que é possível considerar até o momento é que o costume de se fazer e consumir o chocolate na América portuguesa difundiu-se por intermédio dos interesses econômicos dos colonos e da metrópole em explorarem as condições naturais, no norte e nordeste do Brasil, favoráveis à produção do cacau. Por outro lado, o consumo da bebida parece mais difundido nas zonas produtoras (como Belém) ou ligado às elites de outras capitanias, como se observou pela presença de chocolateiras nos inventários dos inconfidentes e de abastados comerciantes de São Paulo. Porém, não há garantias de que o artefato fosse usado para a preparação do chocolate. É provável que fosse usado como qualquer outro bule. Para o século XVIII, os registros localizados até o momento foram poucos e esparsos. No século XIX, a América portuguesa tornou-se importante produtora de cacau, especialmente no sul da Bahia, mas a relevância e os significados do consumo do chocolate na dieta dos colonos ainda não são claros.

---

65 Cf. Arquivo Público do Estado do Pará. Fundo Judiciário. Autos de inventário do juízo de órfãos da capital: ano 1826, n. 2 e 1, respectivamente. Note-se que no inventário de Helena Maria dos Santos, datado de 1809, havia uma chocolateira à qual foi atribuído o valor de 1$200 réis. (documento n.°, juízo dos órfãos de Ourém, 1809).

Considerações Finais

Com base em três tipos de documentos escritos distintos foi possível perceber que as primitivas receitas indígenas de chocolate foram divulgadas na Península Ibérica por meio dos escritos dos cronistas das Índias Ocidentais. Posteriormente foram reproduzidas e comentadas por médicos e cientistas europeus que discutiram os atributos da bebida, as formas de confeccioná-la e consumi-la. Entre os séculos XVII e XVIII, as receitas passaram a fazer parte dos livros de culinária portugueses. Tais receitas atravessaram novamente o Atlântico e foram utilizadas pelos colonos da América portuguesa. Observando-se, porém, sua evolução nos escritos analisados, nota-se certa permanência na técnica de fabricação do chocolate, isto é, na forma como o cacau era processado para ser utilizado na confecção da bebida. Esta, por sua vez, como outros tipos de alimentos, sofreu transformações ao longo de três séculos: primeiramente, quanto à forma de preparação e combinação de seus componentes, recebendo aromáticos e produtos diferentes (*chilli*, baunilha e milho ou canela e pimenta). Em segundo lugar, nas formas de consumo (ocasiões, significados simbólicos e bens materiais). Mas apesar das apropriações e transformações, muitos dos atributos originais do chocolate foram mantidos, tais como: seu valor nutritivo e medicinal, sua associação com rituais religiosos e de cortesia, bem como a utilização de um conjunto de artefatos específicos destinados à fabricação e consumo.

Esses textos, portanto, podem ser consideradas fontes para o estudo das práticas alimentares europeias e americanas após a conquista da América. Permitem refletir sobre as apropriações e transformações de saberes culinários na época moderna, resultantes de encontros culturais entre povos distintos.

Mas esses textos são também objetos culturais (produções culturais) e elementos constitutivos do circuito de comunicação que se estabeleceu entre o Novo e o Velho Mundo e apresentam relações entre si. Por meio da reprodução impressa ou manuscrita, por exemplo, as receitas atravessaram fronteiras, viajaram milhares de quilômetros, levando consigo seus conteúdos, os quais foram lidos e apreendidos de diferentes formas. O processo de transmissão do saber sobre o chocolate foi resultado, assim, de muitas combinações da leitura desses textos, mas também de informações orais, visuais e experiências individuais múltiplas. As receitas constituem, portanto, parte da memória sobre o conhecimento do chocolate e adquiriram usos diversos, já que não se esgotaram em uma única e exclusiva forma de leitura, recriando por sua vez, novos saberes, novos usos e novos objetos para o seu consumo.

Somente em meados do século XIX, a técnica de fabricação do chocolate passou por uma mudança significativa. Em 1842 o inglês John Cadbury fabricou pela primeira vez o chocolate sólido para comer e, mais adiante, Joseph Frey criou a manteiga de cacau, assim como o primeiro chocolate em barra que levava licor. Essas formas de processamento do chocolate só foram possíveis quando os europeus conseguiram separar a gordura do cacau, mas durante quase quatro séculos as técnicas indígenas prevaleceram no costume europeu de beber o chocolate, uma bebida ou "alimento dos deuses", de acordo com o nome científico atribuído por Lineu ao cacaueiro, no século XVIII: a *Theobroma cação*.

Sobre reis, livros e cozinheiros: notas para uma pequena história dos tratados de cozinha em português

Joana Monteleone
Universidade de São Paulo

> No meio dos graves problemas sociais cuja solução buscam os espíritos investigadores no nosso século, a publicação de um manual de confeitaria só pode parecer vulgar a espíritos vulgares; na realidade, é um fenômeno eminentemente significativo. Digamos todo o nosso pensamento: é uma restauração, é a restauração do nosso princípio social.
>
> Machado de Assis, *Crônicas*[1]

Sempre se pode começar a falar dos livros de receitas descrevendo seu conteúdo. Mas vou, desta vez, começar contando como os principais tratados de culinária escritos em português e editados ao longo de quatro séculos (de meados do século XV a meados do século XIX) podem nos ajudar a fazer outro tipo de relações. Mais do que descrever livros e receitas, gostaria de tentar analisar como as edições se relacionavam com o período em que foram publicadas. Desta forma, pode-se perceber a maneira como as descrições das receitas e dos rituais à mesa guardavam estreita relação com a política e a economia de determinados países em determinados períodos.

Se a história dos livros é uma disciplina relativamente nova das ciências humanas, a história dos livros de cozinha ainda está, em grande parte, quase toda por se fazer. "Os livros de cozinha também possuem uma história que envolve sua produção e recepção que cabe recuperar, pois esses tratados – ou pelo menos as compilações de receitas culinárias – não esperaram a invenção da imprensa, uma vez que há registros de manuscritos em diferentes países da Europa desde o início do século XIV, talvez

---

[1] Machado de Assis, Crônicas. In: Gilberto Freire, *Açúcar*, São Paulo, Companhia das Letras, 1997, p. 55.

desde o fim do século XIII"², escreveu Leila Mezan Algranti nas Atas do congresso do açúcar na Madeira.

É por isso que talvez se possa pegar emprestado alguns conceitos usados de forma mais geral para pensar, pelo menos inicialmente, os escritos culinários. "Ao identificar os livros que passavam pelas mãos de uma sociedade inteira, ao descobrir (pelo menos até certo ponto) em que medida os leitores conseguiam compreendê-los, podemos estudar a literatura como parte de um sistema cultural geral", escreve Robert Darnton, em Os *best sellers proibidos*³. Desta forma, o conhecimento do que se lia e como se lia no passado nos permite adquirir uma visão mais ampla da sociedade e da história da cultura em geral.

Pensar nos livros de cozinha nos faz conhecer o que se comia nas cortes da Europa, o que se sonhava ser a comida dos reis ou mesmo as diferentes sociabilidades envolvidas nos rituais à mesa. "Nos estudos sobre a história da alimentação eles assumem papel de destaque, já que revelam não apenas certos hábitos alimentares, mas também as técnicas culinárias, os produtos e instrumentos utilizados e fundamentalmente, as inovações e mudanças no gosto", destacou Leila Mezan Algranti⁴.

Ainda assim, como afirmei anteriormente, os livros de receitas também podem nos permitir tecer relações políticas ou econômicas das edições com o período em que foram publicadas. Por isso, quando a burguesia começa a aparecer como classe social com alguma influência, na França do final do século XVII, sai publicado *O cozinheiro royal e burguês* (*Le cuisiner royal e bourgeois*), de Massialot. E, cerca de 50 anos mais tarde, em 1746, o *Cozinheira burguesa*, (*La cuisinière bourgeoise*), de Menon. É o também o caso de um exemplo ainda mais impressionante das relações entre a cozinha e os acontecimentos políticos. No meio do turbilhão que foram os anos da Revolução Francesa, em 1795 (o terceiro ano da I República), sai editado em Paris a *Cozinheira republicana* (*La cuisinière republicaine*, de Manuel de la Friandise)⁵.

---

2   Ver o artigo de Leila Mezan Algranti, "Os livros de receitas e a transmissão da arte luso-brasileira de fazer doces (séculos XVII e XIX)", dentro das atas do III seminário internacional sobre a história do açúcar, *O açúcar e o quotidiano*, 2004.

3   Robert Darnton, *Os best-sellers proibidos*, São Paulo, Companhia das Letras, 1998, p. 13.

4   *Idem*, p. 127.

5   Para uma análise detalhada dos livros de cozinha na França ver o artigo de Philip e Mary Hyman, "Os livros de cozinha na França entre os séculos XV e XIX", no livro de Jean-Louis Flandrin e Massino Montanari, *História da Alimentação*, São Paulo, Estação Liberdade, 1998, p. 637.

Na França, de 1486 até 1799, foram editados quase 50 livros ou tratados de cozinha[6]. É o maior volume de livros e edições sobre o assunto na Europa e faz com que o país se torne um parâmetro para se entender o mercado editorial desses volumes. Verdade, porém, que a França era um dos maiores mercados de livros em geral da Europa, e não apenas de tratados de cozinha. Editava-se de tudo – e em várias tiragens, algumas até mesmo clandestinas[7]. Entre os favoritos do público volumes como a pornografia filosófica de *Teresa, a filósofa*[8] ou as fofocas da corte nas *Anedotas sobre a Condessa du Barry*. Mas, mesmo não sendo únicos, os livros de cozinha conheceram o sucesso editorial na França. Ao longo do período, as tiragens e reedições foram frequentes e circularam por toda Europa.

Sobre reis, livros e cozinheiros em Portugal

O mercado editorial de livros de cozinha em Portugal era, neste momento, consideravelmente menor. O primeiro manuscrito que trata do assunto em português é o *Livro de cozinha da infanta d. Maria*, escrito no século XVI[9], entre as décadas de 1540 e 1560, até hoje guardado na Biblioteca Nacional de Nápoles. O manuscrito consta de quatro cadernos de receita que têm uma história interessante. Com seu casamento com Alexandre Farnésio (1545-1592), III Duque de Parma, Piacenza e Guastalla, em 1565, d. Maria (1538- 1577), filha do infante d. Duarte e neta de d. Manuel I (1469-1521), levou na bagagem os quatro manuscritos com as receitas que costumava comer em sua terra natal.

Os manuscritos ficaram adormecidos na Biblioteca de Nápoles até que foram descritos pela primeira vez por Alfonso Miola em 1895. Em 1909, o professor de italiano Achille Pellizzari se debruçou mais detidamente sobre eles, descrevendo-os em seu *Studi di filologia moderna*[10]. No mesmo período, outro estudioso, o filólogo português José Leite de Vasconcelos, utilizou alguns trechos para dar aulas de filologia portuguesa

---

6   Jean-Louis Flandrin e Massino Montanari, *História da Alimentação*, São Paulo, Estação Liberdade, 1998, p. 637.

7   Robert Darnton, *Os best-sellers proibidos*, São Paulo, Companhia das Letras, 1998, p. 13.

8   *Teresa, a filósofa* (Porto Alegre, LP&M, p.199) foi escrito provavelmente por Jean-Baptiste de Boyer, o marquês d'Argens em 1748. Trata-se das desventuras de uma jovem moça na França iluminista, seus aprendizados tanto eruditos – e anticlericais – como sexuais.

9   *Livro de cozinha da infanta d. Maria*, Imprensa Nacional-Casa da Moeda, 1987.

10 Prefácio de Giacinto Manuppella ao *Livro de cozinha da infanta d. Maria*, Imprensa Nacional-Casa da Moeda, 1987, p. XII.

na Biblioteca Nacional de Lisboa. O manuscrito ainda permaneceria inédito até 1963 quando saiu uma edição brasileira patrocinada pelo Instituto Nacional do Livro e pelo Ministério da Educação. No ano seguinte, nos Estados Unidos editou-se novamente o livro. Portugal ainda teve de esperar até 1967 para que uma edição estudada Giacinto Manupella e Salvador Dias Arnaut revelasse por completo as receitas de d. Maria[11].

O primeiro dos quatro manuscritos é o "caderno dos manjares de carnes", em que se encontram receitas de pastéis, de perdizes, de galinhas ou de boldroegas (almôndegas, que podem ser feitas de carne de porco ou carneiro picada com gengibre, cravo, açafrão e pimenta, manteiga, ovos e farinha[12]). No segundo manuscrito, o "caderno dos manjares de ovos", com receitas como a de ovos mexidos[13], ovos de laço[14] ou de pastéis de marmelo[15]. No terceiro, o "caderno dos manjares de leite", com o manjar branco[16] ou a tigelada de leite[17]. No último, o "caderno das cousas de conservas", com perada[18], fartes[19], pão de ló[20], doce de abóbora[21].

Muitas vezes, as receitas do livro de d. Maria foram consideradas medievais – com a mistura de especiarias, o acentuado gosto agridoce e a mistura indistinta entre doces e salgados. Mas nas receitas do manuscrito é possível perceber o advento da época moderna, o tempo em que d. Maria viveu. Com uma leitura mais atenta, descobre-se nas receitas as influências dos descobrimentos – como na receita do "vinho de açúcar que se bebe no Brasil, que é muito são e para o fígado é maravilhoso", uma mistura fermentada de água e açúcar – ou mesmo da presença árabe como na galinha mourisca[22], que leva com salsa, hortelã, limão e canela.

---

11 *Livro de cozinha da Infanta d. Maria*, I edição integral, por Giacinto Manupella e Salvador Dias Arnaut, Acta Universitatis Conimbrigensis, 1967, p. 144.

12 *Livro de cozinha da infanta d. Maria*, Imprensa Nacional-Casa da Moeda, 1987, p. 49.

13 *Idem*, p. 57.

14 *Idem*, p. 59.

15 *Idem*, p. 61.

16 *Idem*, p. 67.

17 *Idem*, p. 71.

18 *Idem*, p. 123.

19 *Idem*, p. 131.

20 *Idem*, p. 139.

21 *Idem*, p. 105.

22 Os cozinheiros de d. Maria deviam ser ótimos, pois a receita funciona até hoje consistindo em um ensopado de galinha feito com salsa, hortelã, limão e canela (*Livro de cozinha da infanta d. Maria*, Imprensa Nacional-Casa da Moeda, 1987, p. 13).

O tempo de Portugal e seus temperos

O mais conhecido, e considerado o primeiro tratado de cozinha publicado em Portugal, é o de Domingos Rodrigues, *A arte da cozinha*, que saiu em 1680. Domingos Rodrigues dizia ter 29 anos de fogão e uma infinidade de banquetes devorados pelos convivas da mesa real portuguesa quando publicou este pequeno volume dedicado às artes da cozinha. "Todas as coisas que ensino experimentei por minha própria mão e as mais delas inventei por minha habilidade"[23], escreveu no prólogo. O cozinheiro real teria começado a exercer o ofício cedo, ainda sob o reinado de d. João IV, o primeiro soberano da dinastia dos Bragança. Alcançou a graça de sua majestade d. Pedro II, "o pacífico"[24], trabalhando duro e "com asseio e limpeza"[25] para tornar-se chefe de cozinha.

A história de *Arte de cozinha* é curiosa. Conhecido como o primeiro livro de cozinha de Portugal, o volume escrito por Domingos Rodrigues teve três edições durante seus 82 anos de vida[26], a primeira em 1680, a segunda em 1683 e finalmente em 1698. Outras viriam ao longo do século XVIII, em 1732, em 1741, em 1758, 1765 e 1794. Um verdadeiro sucesso editorial num país em que, no período, publicar um livro não era fácil ou tão comum.

Domingos Rodrigues nasceu no Bispado de Lamego em 1637 e morreu em Lisboa, a 20 de dezembro de 1719, durante o reinado de d. João V. O zeloso oficial de cozinha sabia de seu pioneirismo editorial e escreveu:

> E posto que em Portugal havia grande falta desta Arte (a culinária), não foi só ela a que me incitou tomar por minha conta sair à luz com este limitado fruto do meu desvelo, porque o engenho de muitos supria toda a falta, mas os repetidos rogos de muitos amigos, e de alguns senhores que me obrigaram a condescender com o seu desejo, foram a causa principal desta minha resolução[27].

O livro, além de ter sido um sucesso editorial da época, traz inovações importantes para a história da gastronomia em Portugal. Para começar é um dos primei-

---

23 Domingos Rodrigues, *Arte de cozinha,* Lisboa, Imprensa Nacional/ Casa da Moeda, p. 40.
24 Pedro II teria recebido este apelido por ter resolvido os intermináveis conflitos com a Espanha que se arrastavam desde os tempos da união ibérica.
25 Domingos Rodrigues, *Arte de cozinha*, Lisboa, Imprensa Nacional/ Casa da Moeda, p. 40
26 *Idem*, p. 14.
27 *Idem*, p. 39.

ros tratados a denominar o que se fazia na cozinha de "arte", alçando-a ao nível da pintura, da escultura ou da música. Rodrigues começa seu volume com diferentes tipos de sopa. Ao longo das receitas aparecem carne (em pequena quantidade), peixes, mariscos, ovos, galinhas e frangões, javalis, pombos e perdizes que são cozidos, assados, fritos, embrulhados em massas para tortas, embebidos em molhos de toda sorte ou utilizados em receitas variadas.

Por estar fazendo um livro de receitas para a corte portuguesa, Rodrigues não precisa economizar em especiarias: cravo, canela, noz-moscada, coentro seco, açúcar, açafrão são citadas em abundância. Neste período, em que o comércio e as viagens entre os continentes haviam se tornado mais fáceis, não era problema para um fidalgo encontrar qualquer uma das especiarias citadas por Rodrigues. Segundo Salvador Dias Arnaut: "Para a corte não existia problema econômico, e a maciça intervenção régia no comércio de especiarias, mesmo antes da primeira circum-navegação da África explica o resto[28]".

Ainda assim, Domingos Rodrigues prefere usar a canela. Ela aparece em diferentes pratos, salgados e doces indistintamente. É responsável por acentuar um sabor marcante do período, o agridoce. "É comum ver surgir o termo [agridoce] para caracterizar o sabor final de um prato; por vezes não se diz como é obtido esse resultado; mas em algumas receitas especifica-se sua composição: sumo de limão e açúcar, vinagre e mel ou açúcar, marmelos, maçã verde"[29].

Mas Domingos Rodrigues é apenas um cozinheiro de uma época de ouro na cozinha portuguesa. "Os desejos de comer e a luxúria, o estado de convulsão social e miséria, a consciência linear do efêmero fazem do seiscentismo português uma época controversa em que se tornam frequentes as pragmáticas sanções, os autos de fé, os naufrágios, a peste, o teatro e a poesia licenciosa e burlesca, os escritos místicos, a literatura mordaz, a predisposição para o gozo, o artifício e o aparato que atinge necessariamente o ato público e privado de comer", escreve Paulino Mota em *Mesa, doces e amores no século XVII português*[30]. Desta forma a culinária conventual ou palaciana torna-se apenas uma das formas de expressão desse período, em que predomina, de modo voluptuoso, a singularidade e o excesso.

---

28 Para uma análise melhor do período anterior ver *Livro de cozinha da Infanta d. Maria*, 1ª edição integral, por Giacinto Manupella e Salvador Dias Arnaut, Acta Universitatis Conimbrigensis, 1967, p. 144.

29 Prefácio à *Arte de cozinha*, de Domingos Rodrigues (Lisboa, Imprensa Nacional/ Casa da Moeda, p. 27).

30 Paulino Mota em *Mesa, doces e amores no século XVII português*, Sintra, Colares, s/d, p. 16.

A *Arte de cozinha* foi publicado durante um período muito particular na história da gastronomia. Na França, reinava Luís XIV (1651-1715)[31]. E foi ao longo do século XVII – século também como conhecido como o das grandes fomes da Europa, mas esta é outra história[32] – que a "civilização" aristocrática se impôs. E brilhou com maior vigor. Quando ser "civilizado" passou a pressupor o conhecimento do francês; ou mesmo quando o país do Rei Sol tentou exportar para o resto da Europa não apenas modas passageiras de como se vestir ou se comportar na corte, mas também o que comer e como comer[33]. Até então a França ainda não era unanimidade em matéria de artes da cozinha. Com o grande exército – e uma marinha ultramoderna – montados por Luis XIV, a invasão cultural francesa vinha atrás dos navios e batalhões que investiam contra os Países Baixos (1667), a Áustria (entre 1672-1678) e a Espanha (entre 1701 e 1714).

Luís XIV foi um rei glutão. Um *gourmand* que gostava de comer muito, mas não era tão refinado à mesa como seu sucessor nos anos da regência, de 1715 a 1723, Filipe de Órleans, este sim um *gourmet*. Sobre Luis XIV, um cortesão (Palatine) escreveu: "Eu vi o rei várias vezes comer quatro pratos diferentes de sopa, um faisão inteiro, uma perdiz, um prato de salada, um carneiro cortado em seu próprio suco com alho, dois bons pedaços de presunto, um prato cheio de doces e geleias"[34]. Além do poderio militar, em muito aumentado durante seu governo, com as festas, os cerimoniais e o castelo de Versalhes, Luís XIV acabou por se tornar o grande mecenas da Nova Cozinha Europeia[35], que pregava contra os excessos de especiarias.

Revoluções e receitas

Nas mãos de mercadores, pajens, princesas ou cozinheiros livros, receitas e ingredientes faziam viagens e cruzavam fronteiras. Assim, enquanto na França se utilizavam

---

31 A regência de Ana de Áustria foi de 1643 a 1651, quando Luis XIV assume definitivamente o trono.

32 Massimo Montanari, *A fome e a abundância*, Bauru, Edusc, 199.

33 Norbert Elias, *O processo civilizador*, Rio de Janeiro, Jorge Zahar, 1994, vol. 1, p. 67.

34 Tradução minha do texto La glutonnerie de Louis XIV, in: *Histoire de la cuisine française*, de Henriette Parienté e Geneviève de Ternant, Paris, Éditions de la Martière, 1994, p. 169.

35 Ao tirar a nobreza da antiga arte da guerra e profissionalizar a guerra, Luis XIV teve de dar novas atribuições a uma classe guerreira por princípio. As cerimônias ao redor do rei eram mais do que encenações do Rei Sol, elas davam sentido ao projeto político de concentração do poder de Luis XIV. Ver Nobert Elias, *O Processo Civilizador* (Rio de Janeiro, Jorge Zahar, 1994, caps. 2 e 3).

cada vez menos especiarias desde o começo do século XVIII, em Portugal o hábito do seu uso exagerado, consequência de sua importância no comércio, continuava. Mas a corte de d. João V, como as outras casas reais da Europa, acabou acertando o passo com as cozinhas francesas. D. João V (1707-1750) contratou como cozinheiro-chefe um francês, Vincent de La Chapelle, autor de *Le Cuisiner Moderne*, editado em cinco volumes na Inglaterra em 1733 e em francês em 1742[36].

Vicent de La Chapelle foi um "cozinheiro viajante". Trabalhou como *chef de cuisine* do Conde Chesterfield, vice-rei da Irlanda por dois anos, entre 1732 e 1734; em seguida apareceu nas cozinhas do príncipe de Orange em 1740, até que d. João V o chamou para trabalhar na corte portuguesa.

"La Chapelle influenciou bastante os hábitos das grandes casas senhoriais e trouxe com ele algumas normas que haveriam de persistir nos usos e contrariavam a forma habitual de cozinhar, entre eles um maior cuidado com a quantidade e variedade de especiarias e uma maior restrição no uso de açúcar em mistura com os salgados"[37]. Contudo foi um outro francês quem deixou registrada a mudança da cozinha portuguesa no século XVIII. Lucas Rigaud chegou à corte portuguesa a mando de d. Maria I, vindo de trabalhos em diversas casas reais da Europa. E, em 1780, ele publicou *O cozinheiro moderno ou a nova arte de cozinha*.

A França havia se tornado uma referência indiscutível em matéria de cozinha e pregava, havia mais de um século, uma sensível transformação de sensibilidade e de gosto, uma volta aos sabores "naturais" do alimento, à diminuição de temperos e condimentos. Por um lado, as técnicas de preservação dos alimentos haviam melhorado muito e já não se precisava de condimentos para disfarçar os eventuais estragos causados pela má conservação. Por outro, as especiarias haviam se tornado lugar comum nas cozinhas e a nobreza necessitava de novos elementos de distinção social. Era, por incrível que pareça, uma cozinha de corte inspirada na dos camponeses.

Alfredo Saramago, no prefácio à nova edição do livro de Rigaud, diz que

> O abandono do excesso de especiarias exóticas, que foi claramente uma marca de distinção social até o século XVII, quase põe em lugar honrado as práticas culinárias burguesas. O que parecia ser burguês e popular nos séculos XV e XVI tornou-se aristocrático no século XVIII, embora a procura de distinção social fosse mais feroz neste período, a distanciação entre as classes sociais fazia-se através dos paladares e das práticas ali-

---

36 Prefácio de Alfredo Saramago ao livro de Lucas Rigaud (*Nova Arte de Cozinha ou O cozinheiro moderno*, Lisboa, Colares, 1999, p. 11).

37 *Idem*, p. 11.

mentares. Assim, os critérios de distinção mudaram: não são só a riqueza ou magnificência do dono da casa que são postos em realce, mas também o seu "bom gosto" e o conhecimento de moda[38].

Já para o historiador italiano Piero Camporesi, em *Hedonismo e Exotismo*, o século XVII e XVIII foi emblemático para culinária:

> O século XVIII enfrenta constantemente o século XVII e mesmo para o estilo culinário (como para o literário) abre-se um denso período de reflexão, um processo crítico de revisão e distanciamento do passado. A "querela dos antigos e dos modernos" passa do escritório para a mesa. O espírito da Arcádia, vindo do *boudoir* das damas "lânguidas", insinua-se nas mesas dos senhores "elegantíssimos e delicados", das mulheres "afetadíssimas e deliciosas"[39].

Assim, Lucas Rigaud teria passado como apenas mais um da longa lista de cozinheiros importados da corte portuguesa se não fosse sua ideia de escrever um livro se contrapondo ao de Domingos Rodrigues. Foi justamente essa mudança de sensibilidade à mesa – e, claro, a vontade de fazer autopropaganda – que fez com que Rigaud começasse seu livro atacando a obra de Rodrigues. "O que obrigou a dar à luz a esta obra foi ver um pequeno livro que corre com o título *A Arte de Cozinha*, escrito no idioma português; o qual é tão defeituoso, que sem lhe notar os erros, e impropriedades em particular, se deve rejeitar inteiramente como inútil e incompatível com os ajustados ditames da mesma arte"[40], diz ele no prefácio.

Conhecedor das modas europeias, tendo passado pela cortes de Paris, Londres, Turim, Nápoles e Madri, Lucas Rigaud começou sua cruzada pela nova cozinha abolindo as especiarias (assim como fez Vincent de La Chapelle). Nada de gengibre, cominhos, cardamomos, anis ou açafrão. Os alimentos deveriam ter seu gosto "natural". Em substituição a esses condimentos, uma variedade de ervas de quintal: manjericão, alecrim, cebolinhas, funchos, coentro seco, trufas brancas. E, como bom francês, nada de azeite; a manteiga aparece em cerca de 60% das receitas do *Cozinheiro moderno*.

---

38 Alfredo Saramago, prefácio ao livro *Cozinheiro Moderno*, de Lucas Rigaud, Lisboa, Colares, s/d, p. 12.

39 Piero Camporesi, *Hedonismo e Exotismo*, São Paulo, Unesp, 1995, p. 45.

40 Lucas Rigaud, *Cozinheiro Moderno*, Lisboa, Colares, 1999, p. 19.

As receitas que atravessaram o Atlântico

Tanto as receitas de Domingos Rodrigues como as de Lucas Rigaud atravessaram o Atlântico e aportaram no Brasil por meio de outro tratado de receita, O *Cozinheiro Imperial*, escrito por R. C. M. e editado no Rio de Janeiro em 1840. Jean-François Revel, em seu livro *Um Banquete de palavras*[41], nos mostra como as receitas foram sendo copiadas de um livro para outro, principalmente durante a explosão de edições de livros de cozinha no século XVII. La Chapelle, no seu monumental *Cuisiner moderne*, copia sem escrúpulos receitas de outro inovador da cozinha, La Varenne, autor do *Le cuisiner français* (1651). Por isso, tanto Domingos Rodrigues como Lucas Rigaud têm suas receitas parcialmente – ou mesmo literalmente – transcritas no *Cozinheiro Imperial*.

Mesmo sendo o primeiro livro de cozinha publicado no Brasil, *O cozinheiro imperial* não inaugura, nem reflete, uma cozinha nacional. Antes, ele traduz os desejos da corte carioca, que gostaria de ver-se espelhada em seus pares europeus e quer, antes de ser *nacional*, ser *imperial*. Para a novíssima corte brasileira era preciso comer como os nobres, de preferência, franceses. Por isso, R.C.M. escreve nas *Observações a primeira edição*:

> As nações mais adiantadas em indústria e civilização cultivam assiduamente esta nobre ciência e fazem aparecer os seus misteres em numerosas publicações, que formam o Manual dos Artistas da cozinha. Ao Brasil faltava um tratado especial da arte culinária; contando apenas com uma ou duas compilações publicadas em Portugal muito tempo atrás, e que não satisfazem os desejos pela falta de variedade de pratos, explicações necessárias e números de receitas, muito atrasadas em relação ao estado atual da ciência, tal necessidade já era sentida por todos. É tempo, portanto, de satisfazê-la[42].

O autor do *Cozinheiro Imperial* sabia que estava escrevendo um livro de caráter muito mais "didático" do que "prático"[43]. Por isso colocou no final um dicionário em que

---

41 Jean-François Revel, *Um banquete de palavras*, São Paulo, Companhia das Letras, 1996, p. 62.

42 R.C.M., *O cozinheiro imperial*, São Paulo, Círculo do livro/ Nova cultural, 1996, p. 11.

43 Eu tenho uma edição feita em 1996 pelo Círculo do Livro e pela Nova Cultural. O conteúdo do livro foi baseado numa edição de 1843, mas a pesquisadora Vera Sandroni atualizou as receitas, substituindo as medidas da época por medidas atuais (gramas ao invés de punhados, pedaços, xícaras, colheres). Eu tive a oportunidade de cotejar a edição atual com

explica termos e ingredientes que não faziam parte do cotidiano brasileiro, como "alcaparra", que, segundo R.C.M., quer dizer "botões da flor de um arbusto espinhoso usado na cozinha, preparados em conserva com vinagre"[44], ou sálvia, "erva aromática"[45].

Muitas das receitas do *Cozinheiro imperial* nos mostram que, no Brasil, em meados do século XIX, era impossível se fazer uma cozinha de corte sem a influência francesa. As receitas mais importantes e complicadas, as melhores comidas para serem servidas em banquetes e recepções, as iguarias e técnicas eram todas francesas. Mas, claro, não fora sempre assim. Até o século XVII, as cozinhas regionais se sobrepunham aos ensinamentos franceses. Desta forma, as receitas caseiras da infanta Maria I foram parar em Nápoles no século XVI; assim como Portugal de Pedro II e seu cozinheiro, Domingos Rodrigues, se tornaram uma referência importante para viajantes e amantes da cozinha no século XVII.

Mas em algum momento no século XVII as coisas começaram a mudar. A França de Luis XIV havia montado um poderoso exército. Segundo Piero Camporesi o país "exportava canhões e ideias; graças às suas baionetas, onde penetrava a *Armée* chegavam livros e cozinheiros, *philosophes* e *chefs de cuisine*"[46].

Nos títulos dos livros de cozinha franceses sempre o orgulho nacional se impunha claramente. Assim, ainda no século XVII, saem *Le cuisiner françois* (*O cozinheiro francês*, 1651), de La Varrenne, *Le patissier françois* (*O doceiro francês*, 1653), o *Le confiturier françois* (*O confeiteiro francês*, 1660). E mesmo na Itália, a cozinha para ser digna de menção tinha de ter sua pitada francesa, por isso a edição de um livro em Turim em 1776, *O mestre-cuca aperfeiçoado em Paris* (*Il cuoco piemontese perfezionato a Parig,*).

"Os (livros) mais conhecidos na Itália exibem não apenas a arte de bem cozinhar, mas também o artista a serviço do rei, o serviço nacional-culinário, o matador-espadachim que enfia em espetos faisões e perdizes, o manipulador-inventor (após a revolução e a tomada de poder da manteiga) de felizes combinações de novos molhos,

---

uma do mesmo ano que está na Biblioteca da PUC – SP. Mesmo sendo bastante semelhantes, para um pesquisador da história da alimentação a edição atual deixa muito a desejar. Termos de época são substituídos por grafias e palavras atuais, são inseridas separações de páginas em partes que na edição original não existem (como entre os caldos medicinais e o resto dos caldos) e algumas receitas chegam a ser modificadas no como caso do "bif-tec", que originalmente fritava a batata na manteiga e não no óleo.

44 R.C.M., *op.cit.*, p. 195.
45 *Idem, ibidem*, p. 201.
46 Piero Camporesi, *Hedonismo e Exotismo*, São Paulo, Unesp. 1995, p. 39.

de novas "munições de bocas"⁴⁷. A partir do século XVII era preciso fazer parte da *L'école parfaite des officiers de bouche*, para citarmos apenas um título emblemático de um tratado francês editado em 1662.

Neste período, as palavras, nos tratados de cozinha passam a refletir metáforas de guerra – e em francês! Os cozinheiros são "generais" ou "intendentes" do rei comandando "batalhões" e bocas de fogão. La Varenne, autor do *O cozinheiro francês* de 1651 (*Le cuisiner françois*) se auto intitulava "Senhor Varenne, escudeiro de cozinha do senhor Marquês de Uxelles". "Escudeiro de cozinha! E não um cozinheiro qualquer ligado à escravidão dos fornos, à tradição corporativa dos mestres anônimos de fornos nobres, escudeiro orgulhoso para o qual as guerras culinárias contra cervos e javalis representavam uma agradável alternativa às campanhas militares, aos altaneiros senhores de guerra da mais forte e belicosa *armeé* da Europa"⁴⁸. As guerras passaram a serem ganhas também pela diplomacia. E foi um cozinhiero célebre, Carême, o cozinheiro de Charles-Maurice de Talleyrand, que dizia que "a arte culinária servia de escolta para a diplomacia europeia"⁴⁹.

Os primeiros pratos dos banquetes passam a ser chamadas de "entrées de guerre" (mais tarde somente "entrées"), como os primeiros homens no exército ocupando os campos de batalha. Um deslize num banquete equivalia a perder a guerra, como sugere a lenda a respeito de Vâtel, cozinheiro do castelo de Chantilly em meados do século XVII, que teria visto frustrada sua entrega de peixe fresco, se matado e entrado para a história da gastronomia⁵⁰.

Contudo, o poderio militar francês do período não explica tudo em termos de cozinha. Ao lado da *armeé* no século XVII, e das ideias iluministas e revolucionárias do século XVIII, os franceses conseguiram estabelecer técnicas que, ao incorporarem ingredientes e jeitos de fazer de outras regiões, se tornaram universais. E é assim até hoje, em Paris, o cuscuz marroquino se tornou um prato nacional. Estudar os livros de cozinha é recuperar parte dessa história. Afinal, as palavras, como os livros, guardam associações que perdem seu sentido original com o tempo. Em português, ainda hoje, "bateria" significa tanto "conjunto de canhões do mesmo calibre", quanto um "certo número de bocas de fogão"; é também e simplesmente o coletivo de "panelas"⁵¹.

---

47 *Idem, Ibidem*.

48 Piero Camporesi, *Hedonismo e Exotismo*, São Paulo, Unesp. 1995, p. 38.

49 Para um estudo mais aprofundado sobre Carême ver sua biografia (*Carême*, Rio de Janeiro, Jorge Zahar, 2005).

50 Diz a lenda, e o filme que saiu há alguns anos, que o príncipe Conde, dono de Chantilly, ambicionava conquistar as graças de Luis XIV e comandar uma operação militar contra os holandeses para isso chamou seu cozinheiro e ordenou um banquete esplendido de duração de três dias.

51 *Dicionário Houaiss da Língua Portuguesa*, Rio de Janeiro, Objetiva, 2001, p. 416.

Parte IV

Usos da escrita e formas de contestação política

O percurso das *Trovas* de Bandarra: circulação letrada de um profeta iletrado[1]

Luís Filipe Silvério Lima
Universidade Federal
de São Paulo

A proposta desse texto é discutir o percurso das *Trovas* de Bandarra, tendo como eixo o séc. XVII, quando o corpo principal das *Trovas* foi estabelecido, com 159 estrofes distribuídas por uma "dedicatória", três "sonhos" e uma "resposta". Foi no séc. XVII que as *Trovas* foram impressas pela primeira vez, parcialmente, na *Paraphrase et concordância de algvas prophecias de Bandarra*[2] feita por d. João de Castro em 1603 e, supostamente completas, na edição de Nantes, em 1644[3] (e depois só novamente a partir do séc. XIX). Foi também ao longo dos seiscentos que os "sonhos" de Bandarra encontraram seus primeiros comentadores, no que foi entendido como a criação de um "sebastianismo letrado"[4] e, depois, dentro dos esforços de legitimação da dinastia dos Bragança. Nessa produção, os letrados sebastianistas e brigantinos (ou mesmo seus opositores) preocuparam-se em definir o texto mais próximo das *Trovas* (e que se adequasse melhor a seus propósitos) ao mesmo tempo em que marcaram o es-

---

1 Esse texto foi escrito e apresentado graças ao auxílio da Capes, por meio de um projeto desenvolvido com uma bolsa ProDoc, no Programa de Pós-Graduação em História da UFPR.

2 J. Castro. *Paraphrase et concordancia de algvas propheçias de Bandarra, çapateiro de Trancoso*, por Dom Ioam de Castro. (Fac-símile da edição de 1603) Porto, Lopes da Silva, 1942.

3 *Trovas de Bandarra Apurada e impressas, por ordem de hum grande Senhor de Portugal. Offereçidas aos verdadeiros Portugueses, devotos do Encuberto.* (Reprodução fac-similada da edição de Nantes, por Guillermo de Munier, 1644). Lisboa, Inapa, 1989.

4 J. Hermann. *No reino do desejado*. São Paulo, Companhia das Letras, 1998, p. 219.

tatuto de iletrado de Bandarra e a necessidade da interpretação das suas profecias, seguindo os padrões teológicos da exegese bíblica.

A descrição geral desse percurso não apresenta substanciamente novidades e já foi traçado, com maior ou menor detalhes, entre outros, por J. Lúcio de Azevedo, José Van Den Besselaar, Aníbal Pinto de Castro e Jacqueline Hermann[5]. Cabe, porém, redesenhá-lo acrescentando alguns elementos, coordenando outros, e, sobretudo, tendo em vista a construção da estrutura das *Trovas* (consolidada em meados do séc. XVII) e a circulação entre produção oral e letrada, caminho apontado por Hermann.

As informações mais antigas que temos das *Trovas* bem como as poucas que temos sobre seu autor, o sapateiro Bandarra, estão no processo da Inquisição de 1541 contra o sapateiro e umas suas trovas[6]. As trovas foram compostas entre as décadas de 1520 e 1530 por esse sapateiro da vila de Trancoso, não se sabe ao certo se cristão-velho ou novo, e que, em viagem à Lisboa, divulgara e interpretara suas trovas. Escritas por ele em um caderno, foram produzidas por conta do seu veio em fazer trovas e de suas interpretações da leitura da Bíblia (em linguagem). Segundo ele afirmou aos inquisidores, tudo em homenagem ao rei, d. João III.

No processo de 1541, há alguns poucos versos das *Trovas*[7] e de coplas atribuídas ao espanhol Pedro Frias, ligadas ao mito de um rei Encoberto e acerca da vitória dos cristãos sobre os turcos, sobre as quais teriam pedido a interpretação de Bandarra. Além disso, pelo processo podemos ver que Bandarra fez circular suas *Trovas* em suas andanças, com sucesso, nas partes do Reino – e, em especial, entre os cristãos-novos de Lisboa e os da sua vila, que estavam à espera do Messias[8]. Por conta disso e por ser

---

5   J.L. Azevedo. *A evolução do sebastianismo*. Lisboa, Presença, 1984; J.V.D. Basselaar. *Sebastianismo –uma história sumária*. Lisboa, ICLP, 1987; J.V.D. Basselaar. *Antônio Vieira. Profecia e polêmica*. Rio de Janeiro, EdUerj, 2002; A.P. Castro. "Introdução". In: *Trovas de Bandarra*, op. cit.; J. Hermann. *No reino do desejado*, op. cit.

6   O processo da Inquisição de Lisboa, depositado na Torre do Tombo (IAN/TT, Inq. Lisboa, proc. n. 7197, pasta 8), está transcrito em: *Processo de Gonçalo Annes Bandarra*. (transcr. de Arnaldo da Soledade) Trancoso, Câmara Municipal de Trancoso, 1996.

7   Nos fol. 1v-2, aparece a seguinte estrofe, que corresponde à 78 da edição de Nantes de 1644: "Um grande leão se erguerá/ e dará grande bramido,/ seu brado será ouvido./ A todos assombrará/correrá e morderá/ e dará grande bramido,/ seu brado será ouvido,/A todos assombrará,/ correrá e morderá./ E fará mui grandes danos,/ grandes Reys dos Arianos/ A todos subjugará". Essa é a única estrofe inteira transcrita no processo.

8   Cf. M.J.F. Tavares. *O Messianismo Judaico em Portugal* (1ª metade do século XVI). Luso-Brazilian Review, vol. 28, nº 1, (Summer, 1991), p. 141-51.

amigo de novidades, foi proibido de ter outros livros além da Bíblia e do *Flos Sanctorum* e de escrever, proferir ou interpretar suas trovas.

Apesar dessa condenação inicial em 1541, as *Trovas* continuaram a circular manuscritas, a contar da necessidade em 1581 de colocá-las no *Catalogo dos livros que se prohibem n'estes reynos e senhorios de Portugal*, coordenado pelo Frei Bartolomeu Ferreira – o mesmo que fora censor dos Lusíadas. A hipótese mais aventada para essa inclusão no oitavo índex do Reino era pelo sucesso que tinha, não só entre os cristãos-novos, mas também entre os que se opunham à aclamação de Filipe II como rei de Portugal ou estavam à espera da volta do Encoberto, identificado em d. Sebastião. Um exemplo está num caderno escrito entre 1579 e 1582, possivelmente em Guimarães, no qual aparecia um testemunho das "Trouas que fez Gº. Añes ho Bandarra çapateiro de remendão natural de Trancoso. A modo de prophetia e avera 32 anos que morreo"[9].

Contendo somente 39 estrofes, sem a divisão por "sonhos" (ou mesmo menção às *Trovas* como sonhos), teriam sido transladadas em 1579, sob o impacto de Alcácer-Quibir. Com as Cortes de Tomar, em 1581, foram feitos alguns aditamentos e acrescentou-se uma nota falando da luta de d. Antônio, Prior do Catro (tratado como "elRej dom Antonio"), contra Felipe II, mencionado como "Rej de Castella". No restante do caderno de 13 folhas, uma compilação de profecias de Santo Isidoro de Sevilha, um memorial dos eventos após o desaparecimento de d. Sebastião na África, um manifesto de um "discreto" contra a união das coroas – sinais que indicam ser o compilador do manuscrito favorável à causa de d. Antônio ou, pelo menos, contrário aos Áustrias. Das 39 estrofes, somente quatro não são encontradas entre as 159 da edição impressa de 1644, e três dessas são os versos de Pedro Frias que estão no processo de Bandarra e que teriam pedido para o sapateiro interpretar[10].

Além de circularem manuscritas, eram adaptadas e apropriadas, às vezes sem referência ao sapateiro de Trancoso. Nos cadernos do Inquisidor, foi narrado o caso, em 1582, de dois cristãos-novos da Guarda, o médico Antonio Vaz e seu irmão Luiz, que cantavam trovas que chamavam "sonhos" anunciando a espera do Messias[11]. Os

---

9   Transcritas por João de Meira em: "Subsídios para a Historia Vimaranense". *Revista de Guimarães*, 24 (2), Abr-Jun 1907, p. 68-78. Meira coteja as estrofes com algumas edições impressas do séc. XIX das Trovas e com as citadas por Vieira na carta "Esperanças de Portugal".

10 "36. Em campo venezeaños/ Se daraõ huma batalha/ emtre moros e cristiaños/ Soaraõ arnez e malha/ 37. Morreea em a batalha muyta da gente christaõ/ e sem cõto da paguaõ/ E naa no temeis por falha/ 38 Seraa em ho mez de octubro,/ que a escriptura naõ erra;/ avera victoria da guerra/ hum Rej que eu não descubro." Essas estrofes correspondem aos versos de Pedro Frias no processo de Bandarra, que estão no fol. 5v.

11 IAN/TT, Inquisição de Lisboa, Caderno do Inquisidor, Livro n. 197, f. 233-237.

seus versos eram adaptação de umas estrofes depois assumidas como de Bandarra que não estavam nem no processo nem no manuscrito de Guimarães. Ao fim dos versos similares aos de Bandarra, os "sonhos" dos dois irmãos eram finalizados falando da chegada da salvação do povo judeu e da chegada à "terra do prometimento". A contar pelas notas do Inquisidor, não se percebeu que esses versos eram semelhantes aos de Bandarra, ainda que os irmãos habitassem tão próximo da cidade de Bandarra, Trancoso. Talvez porque não houvesse ainda um corpo definido das *Trovas*[12]. Ou se estivesse mais preocupado com o aspecto judaizante das coplas; aspecto que deu início a um processo contra o médico e o seu irmão. Sobretudo, a preocupação do Santo Ofício era com o fluxo de coplas que pudessem suscitar perturbações na comunidade cristã-nova à espera do seus messias em momento delicado do reino português, no qual muitos também esperavam a volta de d, Sebastião[13].

Os manuscritos das *Trovas*, entretanto, não circularam só em Portugal, nem só entre cristãos-novos, sebastianistas ou partidários de d. Antônio. Em 1588, o arcediago de Segóvia, Juan de Horozco y Covarrubias, citou as *Trovas* como exemplo de apropriação por profetas falsos de profecias verdadeiras, no caso de Bandarra dos vaticínios atribuídos a Isidoro de Sevilha sobre o Encoberto. A citação de Covarrubias apareceu no capítulo 14 do seu *Tratado de la verdadera y falsa prophecia*[14], e era uma passagem na qual "un çapatero en Portugal que foy tenido por propheta", por ter lido as profecias de Isidoro de Sevilha, previra que os reinos de Portugal e Castela se juntariam nos versos: "Vejo vejo do Rey vejo, vejo o estoy soñando simiente do Rey Fernãdo fazer vn forte despejo, e seguir gran desejo./ a dexar a ca sua viña,/ e dezierta casa a miña./ en que agora acame sejo"[15]. Essa variante da estrofe de Bandarra (a décima sétima da edição de Nantes, que abre o "sonho primeiro"), bem como a sua leitura por Covarrubias foram tema de debate nas polêmicas sobre a legitimação profética da dinastia brigantina, com a *Restauração de Portugal Prodigiosa* (1643), e depois com o pe. Antonio Vieira[16].

---

12 Poderíamos inclusive perguntar se de fato originalmente os versos circulavam como sendo de Bandarra, ou se foram depois apropriados pelos bandarristas e inseridos nas Trovas.

13 Sobre isso ver: D.R. Curto "Ó Bastião, Bastião". In: CENTENO, Y. K (ed). Portugal: *Mitos Revisitados*, Lisboa, Salamandra, 1993, p. 139-76.

14 J. Horozco y Covarrubias. *Tratado de la verdadera e falsa prophecia*. Segovia, of. De Juan de La Costa, 1588, cap. XIIII.

15 *Idem*, p. 38-9 (à margem).

16 Sobre isso ver artigo meu: L.F.S. Lima. "'Vejo, agora que estou sonhando': o problema do sonho e da visão em comentários seiscentistas às Trovas de Bandarra". *Cultura: revista de História e Teoria das Ideias*, (Lisboa) v. XXI, 2006, p. 205-31.

Em 1603, as *Trovas* saíram, pela primeira vez, impressas e comentadas na *Paraphrase et concordancia,* de d. João de Castro[17]. É também o primeiro testemunho mais completo que temos das Trovas. Segundo seu compilador e comentador, seria o mais próximo das *Trovas* originais proferidas pelo Bandarra. Baseando-se em diversas cópias, buscou o que considerava a mais verdadeira para afastar os erros que se propagavam por cópias más e defeituosas[18]. Dizia proferidas porque, para d. João de Castro, Bandarra não as escrevera pois era analfabeto, rústico e idiota, tendo sido as *Trovas* iluminação do Espírito Santo. Esse fato seria uma das razões que comprovariam serem profecias verdadeiras e permitirem uma interpretação de seus versos para mostrar o futuro de Portugal. Eram 87 estrofes, apresentadas uma a uma, sem divisão por partes ou "sonhos" (com exceção de um "prólogo"), seguidas de comentários que faziam uma exegese de seu significado e revelavam que o Encoberto era d. Sebastião e que o último império do mundo seria Portugal.

D. João de Castro fizera parte dos últimos anos da corte itinerante do Prior do Crato. Após a morte de d. Antonio havia se exilado em Paris, com um grupo de portugueses que acreditavam ter encontrado em Veneza o verdadeiro d. Sebastião e que tiraria os espanhóis do trono português e levaria Portugal à Quinta Monarquia[19]. Foi no exílio em Paris que se dedicou a escrever 22 volumes de obras (a maior parte manuscrita e inédita até hoje) dedicados exclusivamente a esses temas. Esses volumes hoje estão na Biblioteca Nacional de Lisboa, mas é possível refazer o percurso dela até pelo menos meados do XVIII quando pertenciam ao irmão de Barbosa Machado, d. José Barbosa, clérigo regular, cronista da Casa de Bragança e censor da Academia Real de História, onde foram examinados e comentados em sessões da Academia[20].

Impressão mais completa e que, de certa maneira, tornou-se a definitiva, foi aquela feita em Nantes em 1644, patrocinada pelo Conde de Vidigueira, dom Vasco Luís da Gama, então embaixador extraordinário de d. João IV na França, instituído para pedir apoio à coroa francesa na guerra de Restauração contra a Espanha. Edição definitiva, porque foi a partir dela que se fizeram muitas das cópias manuscritas nos

---

17 J. Castro. *Paraphrase et concordancia de algvas propheçias de Bandarra, çapateiro de Trancoso*, op. cit.

18 Para Sampaio Bruno (que editou o fac-símile em 1901), a Paráfrase era uma versão fidedigna do que teriam sido as cópias existentes das Trovas (depois adulteradas pelos joanistas). Sampaio Bruno fizera uma edição fac-similar a partir de um exemplar que lhe caíra em mãos no Porto. Considerava-o (e ainda o é) um texto raríssimo. (O Encoberto, [1904] Porto, Lello & Irmãos, 1983, p. 155ss.)

19 Sobre isso, ver: Y.M. Bercé. *O rei oculto*. Bauru, Edusc, 2003, cap. 1.

20 D.B. Machado. *Bibliotheca lusitana*, Lisboa, CNCDP, s/d, verbete "D. João de Castro".

séc. XVII e XVIII (que são as que temos) e mesmo depois as edições impressas, que voltaram a ser publicados no séc. XIX. Completa não só pelo maior número de estrofes, mas também porque seguiu uma ordem e apresentou o texto de modo corrido, sem a interpolação e quebras dos comentários. Além disso, foi quando apareceu a divisão em três "sonhos".

De certo modo, tornar-se referência e padrão das *Trovas* era a intenção do compilador e talvez de quem tenha patrocinado a impressão, pois, como a autor da *Paraphrase*, também queriam acabar com a circulação de manuscritos corrompidos, e "ficar só o graõ, e deitar fora do tabulleiro o joyo, e a eruilhaca"[21]. Não diferiam muito, as estrofes da *Paraphrase* de d. João de Castro das da edição de Nantes, mas algumas diferenças, como mostraram Lúcio de Azevedo e Aníbal Pinto de Castro, são importantes porque reforçam ou não a interpretação favorável à d. Sebastião ou d. João IV. O caso mais famoso é do Foão e do João, que na estrofe 88 de Nantes aparece:

Saya, Saya, esse Infante
Bem andante,
O seu nome he Dom IOAM.

Vaticínio que seria uma das seis razões para que o rei Encoberto fosse d. João IV, segundo o autor do prólogo "Aos verdadeiros portugueses, devotos do Encoberto", que abre a edição de Nantes. Segundo Besselaar, o prólogo teria sido escrito pelo dominicano Manuel Homem[22], que estava na França em 1644, acompanhando, como confessor, o Marquês de Cascais, enviado numa embaixada para saudar o recém-entronado Luís XIV. Fr. Manuel Homem era autor de *Ressurreição de Portugal, morte fatal de Castela*, e outros textos (manuscritos e impressos) que defendiam a causa restauracionista e dos quais alguns (incluso o *Ressurreição de Portugal*) tinham sido impressos pelo mesmo impressor das *Trovas* em Nantes, Guillermo de Mounier[23].

Aníbal Pinto de Castro comparou, uma a uma, as estrofes da *Paráfrase* com a de Nantes. Há essa e outras pequenas variações, mas das 87 estrofes comentadas por d. João de Castro, somente duas não apareceram na edição de 1644[24]. A diferença entre as duas impressões estava, sobretudo, na disposição e organização das estrofes. Além disso, quase todo o "sonho terceiro" da edição de Nantes não existe na *Paraphrase*.

---

21 *Trovas de Bandarra*, op. cit., p. 64.

22 Besselar, *Sebastianismo*, op. cit., p. 91.

23 Para uma lista das obras de Manuel Homem, ver o *Diccionario Bibliographico Portuguez*, Lisboa, CNCDP, s/d, [CD-ROM].

24 A.P. Castro. "Introdução", op. cit., p. 15-8.

Como d. João de Castro, o compilador de Nantes assumiu que Bandarra era analfabeto, o que inclusive reforçaria a justificativa da profusão de cópias tomadas a partir do contar das trovas pelo seu profeta – argumento utilizado por Castro e Vieira para legitimar a veracidade das profecias do sapateiro. O interessante é que da edição de Nantes (bem como da *Paráfrase*) poucos exemplares sobraram (em Portugal, ao que parece, só na Biblioteca de Coimbra) – o que contrasta com a quantidade de cópias manuscritas que sobreviveram nos arquivos.

Se a edição de 1603 foi feita contra os monarcas que estavam em Portugal, a de Nantes foi pensada como forma de apoio ao rei d. João IV, o Restaurador. Bandarra, inclusive, ganhou um estatuto quase santo, ao ser colocado em altares de Igrejas para agradecer à Restauração e o fim da Monarquia Dual[25]. Mesmo assim, as *Trovas* não foram impressas em Portugal, mas na França, ainda que em vários textos aprovados pelo Santo Ofício houvesse menções, referências, transcrições de excertos e mesmo interpretações das *Trovas*, como o *Restauração de Portugal Prodigiosa* (algo lembrado por Antonio Vieira, ao ser processado pelo Santo Ofício). O que indica que mesmo sendo aclamado como profeta da Restauração, havia certo receio (ou uma proibição latente) em se mandar imprimir suas *Trovas* no reino português.

Mesmo esse *status* não durou muito, pois em 1665 foi publicado pelo Santo Ofício um edital impresso que proibia expressamente as *Trovas* porque da sua publicação e leitura poderiam "resultar grandíssima perturbação no espiritual, & temporal"[26]. Nessa mesma época, sob a coroa de d. Afonso VI e depois a regência de d. Pedro, Vieira era processado, em grande parte, pelas suas interpretações das *Trovas* e suas ideias sobre o Quinto Império, que seria encabeçado pelos Bragança. A peça inicial do processo foi a carta "Esperanças de Portugal", escrita em 1659 no estado do Grão-Pará e Maranhão, que afirmava a ressurreição do recém-falecido d. João IV a partir da leitura das *Trovas* de Bandarra[27]. Vieira se baseara na carta, a ver por variantes das *Trovas* nas suas citações, provavelmente em uma versão manuscrita feita a partir da edição de Nantes, enquanto que, durante o processo, tanto em suas respostas aos inquisidores quanto nos textos de defesa que redigiu, só tinha a memória. Vale notar que no pro-

---

25 Cf. J.F. Marques. *A parenética portuguesa e a Restauração*. Porto, INIC, 1989.

26 Edital Impresso do Conselho geral do Santo Officio em que prohibe a lição das obras do Bandarra, dada em Lisboa em 1665. folha gr. Colado no Códice 459, da Série Vermelha, da Academia de Ciências de Lisboa.

27 A. Vieira. "Esperanças de Portugal" (edição comentada por Besselaar). In: J.V.D. Basselaar. *Antônio Vieira. Profecia e polêmica. op. cit.*

cesso contra Vieira, reforçava-se que, além de suspeito de judaísmo, Bandarra, por ser idiota, homem sem letras, não poderia interpretar as Sagradas Escrituras[28].

Não deixa de ser interessante notar que a proibição das *Trovas* pelo Santo Ofício se deu dois anos após iniciarem o interrogatório de Vieira, fundamentado em um primeiro momento nas suas interpretações dos "sonhos" de Bandarra. Ou seja, poderíamos até supor a título de hipótese que para dar sustentação aos argumentos da acusação e enfraquecer os do réu, figura de relevância e de autoridade, ajudaria deslegitimar um de seus pilares fundamentais. Mas não só por isso. Somado à peça acusatória, em torno das interpretações de Vieira sobre as *Trovas*, circularam textos manuscritos polemizando a sua leitura e defendendo que o Encoberto ainda seria d. Sebastião[29]. Polêmicas que podem ter catalisado a proibição do Santo Ofício, pois perturbadoras da paz essencial para o bem comum e para o ordenamento espiritual, em um momento que as Guerras de Restauração apontavam para seu termo e havia um problema de legitimidade do rei entronado.

Na primeira metade do séc. XVIII, às questões em torno dos três "sonhos" juntaram-se outras suscitadas por novos corpos de profecias atribuídas ao Bandarra. Em 1720, surge o chamado segundo corpo das *Trovas*, que, segundo Besselaar[30], foi escrito contra a construção de Mafra e do aumento das taxas por decorrência disso. Não teve muita repercussão ao que parece e mesmo não há muitas cópias manuscritas dele – ao contrário dos baseados na edição de Nantes e no que foi chamado de terceiro corpo.

O terceiro corpo surgiu em 1729, como está declarado na maior parte dos testemunhos e em uma edição de 23 de agosto de 1729 das *Gazetas Manuscritas* de Évora[31]. O terceiro corpo era composto por mais seis sonhos com em torno de umas 30 estrofes. Teria sido encontrado numa parede oca da igreja de Trancoso e ditado pelo sapateiro para o pároco da igreja que recebera ordem ainda de escondê-la dentro da parede da igreja para ser descoberta no futuro. Mais uma vez, Bandarra era descrito como analfabeto, mas aqui ele elegera um escrivão, que não só copiava, mas também autorizava suas *Trovas*, por ser letrado e eclesiástico. Assim que chegou a notícia da "descoberta", o Santo Ofício teria mandado apreender as novas trovas. Mas isso não

---

28 Cf. *Os autos do processo de Vieira na Inquisição* (org. Adma Fadul Muhana). São Paulo, Unesp, 1995.

29 Sobre essas polêmicas ver: J.V.D. Besselaar. *Antônio Vieira. Profecia e polêmica, op. cit.*

30 J.V.D. Besselaar, *op. cit.*

31 J.L. Lisboa; T.C.P.R. Miranda; F. Olival (ed.); *Gazetas manuscritas da Biblioteca Pública de Évora*, vol. I, 1729-1731. Lisboa, Edições Colibri, 2002, p. 48. Agradeço a indicação de Tiago dos Reis Miranda.

adiantou. O terceiro corpo, a contar pelas inúmeras cópias[32], teve uma ampla circulação. Inclusive, em alguns testemunhos, se copiava a edição de Nantes e depois o 3º. corpo, uns dizendo que o Encoberto era ainda d. Sebastião outros apostando em d. João V.

Talvez por essa ampla circulação na primeira metade do séc. XVIII, em 14 de junho de 1768, já sob Pombal, a Real Mesa Censória proibiu as *Trovas*, atribuindo sua autoria a Vieira e aos jesuítas, e junto a outros textos de caráter profético e messiânico[33]. Com o processo contra Bandarra, a inclusão no Catálogo de livros proibidos, o edital de 1665, seria a quarta censura às Trovas (sem contar a ordem para recolher o terceiro corpo), que continuava a circular manuscrita.

Mesmo após isso, o interesse pelas *Trovas* teve um renascimento no início do séc. XIX, com as invasões napoleônicas. Em 1809, aparece a segunda edição completa

---

32 Só para citar algumas: "Trovas que dictou Gonçalo Annes Bandarra no anno/ de 1527 pa. 1528 e foram achadas no anno de 1729 a/ 6 de agosto na parede da Igreja de S. Pedro da Va. de/ Tranquozo querendose reformar a mesma Igreja por / ameacar Roina". 4p., sem numeração, Academia de Ciências de Lisboa, Manuscritos da Série Azul, Códice 1116; "Copia das trouas q se acharaõ na parede da Igreja S. Pedro da Vla. De Trancoso, qdo. se demolio p a. se reedificar em o mes de Agosto de 1729. as quaes trovas saõ d Goncale Annes Bandarra da Va. de Trancozo natural, como constou de huã certidaõ jurada p. con ellas se achou gassada (?) Jto. P e. Gabriel Joaõ, em que declara ser vezinho do dto. Goncale Annes Bandarra, e de seu mandado escrever as das. Trouas pa. Efeyto de se meterem na parede da Sa. Iga. de S. Pedro; pelo conhecer so mente de verdo.; e poderião ter misterio qto. tempo adiante como se uera da certidaõ que uai adiante escrtia no fim das trouas" Biblioteca Nacional de Lisboa (BNL), Reservados – Códice 127 - Microfilme F. 5519, ff. 33-40; "Andaua-se demolindo a parede da Capella Mor de S. Pedro..." BNL – Reservados – Códice 127 – Microfilme F. 5519, ff. 47-54; "Sonho 1. ..." BNL – Reservados – Códice 127 – Microfilme F. 5519, ff. 41-6; "Trovas de Gonçalo Annes sonhadas desde o anno de 1527 athe o de 1528. Escritas pelo Pe. Gabriel Joaõ desta Villa de Trancoso" BNL – Reservados – Códice 127 – Microfilme F. 5519, ff. 153-54; "Declaraçaõ dos sonhos de Goncalo Annes de Bandarra compostos por elle mesmo, e estendidos pelo Padre Gabriel Joaõ" BNL – Reservados – Códice 402 – Microfilme F. 5528 f. 100-7; "Trovas do Bandarra. Apuradas, e impressas por ordem de hum grande Senhor de Portugal. Offerecidas aos verdadeiros Portuguezes, devotos do Encuberto. Em Nantes Por Guilherme de Mornier Impressor de Anno de MDCXXXX" IEB/Arquivo Col. Lam., 153.1.

33 "Excertos de documento de 1768 que censura os livros Balatus Ovium, Vox Turturis, Carta Apologética, Vida do Sapateiro Santo Simão Gomes." No site *Projeto Memória da Leitura*. URL: http://www.unicamp.br/iel/memoria/crono/acervo/tx29.html (visitado em 10/12/2006).

das Trovas, em Londres (possivelmente na mesma imprensa do *Correio Braziliense*), apesar de constar no texto que teria sido impressa em Barcelona. Essa edição reimprimiu o texto da edição de Nantes, com todas as suas partes e copiando até mesmo o título de 1644[34], e incluiu o segundo e terceiro corpos, tornando-se a base para as edições subsequentes (com ou sem o terceiro corpo), inclusive as impressas hoje[35]. Vale dizer, que pelo mesmo período, além das edições das Trovas, foram impressos vários manuscritos sebastianistas dos séc. XVII e XVIII.

Isso, *grosso modo*, faz um panorama das diferentes aparições das *Trovas*. Com isso em mente, podemos nos centrar em algumas questões que surgem desse percurso em especial ao longo do século XVII, mais precisamente, desde de finais do séc. XVI até inícios do séc. XVIII, quando apareceram os corpos mais constituídos e completos das *Trovas* e ganharam seus comentários e leituras principais.

Interessa aqui pontuar alguns aspectos daquilo que Jacqueline Hermann chamou de "Sebastianismo letrado", que começaria com d. João de Castro. Seria a apropriação pelos letrados de algo que seria "popular", do "vulgo" – a espera da volta de d. Sebastião e a leitura dessa volta nas *Trovas*. Obviamente, a ver pela circulação que as *Trovas* tiveram nas décadas de 1530 e 1540, se confiarmos no processo do Santo Ofício, as *Trovas* não eram algo que somente aparecia em círculos iletrados, talvez até pelo contrário. O mesmo indica a citação de Horozco y Covarrubias de Bandarra como aproveitador de outras profecias (depois polemizada, seis décadas mais tarde, no *Restauração de Portugal Prodigiosa*). O que é digno de nota é que na construção do corpo das *Trovas*, empreendido pelos letrados seiscentistas, reforça-se esse movimento, afirmando que pretendiam fixar o texto das *Trovas* que circulavam de modo desconexo e deturpado.

Essa construção se dá principalmente na figura de Bandarra como analfabeto (ainda que, a ver pelo processo, lesse e escrevesse, inclusive as próprias *Trovas*). Na descrição seiscentista, Bandarra era um oficial rústico que fora iluminado pelo Espírito Santo com a capacidade de interpretar as palavras proféticas da Bíblia e com a revelação do futuro de Portugal. O fato de ser rústico e analfabeto reforçava a necessidade da intervenção divina, pois ele não poderia chegar àquelas conclusões por si só.

---

34 *Trovas de Bandarra, natural da Villa de Trancoso, apuradas e impressas por ordem de um grande senhor de Portugal, offerecidas aos verdadeiros Portugueses devotos do Encuberto. Nova edição a que se ajuntão mais algumas nunca até ao presente impressas*. Barcelona [sic], s/ed., M.DCCCIX.

35 G.A. Bandarra. *Profecias de Bandarra*. 5ª ed., Lisboa, Vega, 1996 (Col. Janus). Para um levantamento das outra edições dos séc. XIX e XX, ver: J.V.D. Besselaar. *Antônio Vieira – profecia e polêmica*, op. cit., cap. "Trovas de Bandarra".

Nesse sentido, a estrutura em "sonhos" reforçaria esse argumento, pois o sonho seria suspensão da vigília, dos sentidos e das potências da alma, como a razão e o discernimento – características de um discreto, mas ausentes num simples e rústicos. Assim, o sonho se autorizava como meio de visualização de imagens para um iletrado. Sendo o sonho considerado um dos meios proféticos usados por Deus, a visão dormindo se justificava.

Outra face dessa moeda era desautorizá-lo como profeta exatamente por ser rústico e ainda suspeito de judaísmo, pois o Divino não escolheria pessoas de baixa qualidade e, portanto, muito imaginativas e com pouco discernimento, para revelar o futuro. E, do mesmo modo, o sonho era algo do qual se deveria desconfiar, exatamente pela ausência dos sentidos e potências da alma, adormecidos com o corpo e reféns da imaginação livre e não controlada. Acreditar em sonhos era característica de um espírito rústico e dado a devaneios.

De qualquer maneira, os comentaristas, compiladores e copistas do séc. XVII entendiam que o percurso das *Trovas* se dera da fala oral do sapateiro para uma audiência vasta que impressionara a todos (grandes e pequenos, cristãos-novos e velhos, eclesiásticos e leigos, rústicos e letrados) e que esses, marcados com aquela palavra (outro sinal de sua propriedade divina), começaram a copiar e divulgar. E nessa divulgação, feita por letras como por palavra oral, por "Voz", como diria Zumthor[36], houve novas cópias e deturpações. A função desses compiladores seiscentistas, portanto, era chegar ao texto mais próximo da suposta performance oral de Bandarra, comparando e cotejando as diferentes cópias.

Esse processo se era suficiente para os letrados do séc. XVII, não o foi para aqueles que "encontraram" o terceiro corpo de *Trovas* nas paredes da igreja em Trancoso. As novas *Trovas* se autorizavam não pelo Espírito Santo ou pela divulgação que tiveram no corpo do reino, mas pela afirmação de que foram transcritas diretamente por um homem de letras e autorizado por um homem de fé, ambos na figura do pároco. Mais ainda, nos versos desse novo corpo das *Trovas*, se ironiza a palavra falada e até a própria figura de Bandarra e seu ofício, a sapataria[37]. Há um efeito irônico dado no fato de um rústico, de um baixo, de um oficial idiota tratar de assuntos graves e sérios, como o destino do Reino e da Cristandade, e ao mesmo tempo em que ameniza esse descompasso, a presença de um escriba que o autoriza dá maior peso a essa ironia.

Pode-se pensar essa mudança à luz do percurso de fixação do texto das *Trovas*. Até d. João de Castro ou até a edição de 1644 (que estabeleceu o corpo central e inicial das *Trovas*), a apropriação dos versos em outras trovas e sua variação entre os

---

36 P. Zumthor. *A letra e a voz*, São Paulo, Companhia da Letras, 1993, cf. J. Hermann, *op.cit.*

37 Sobre isso, ver as estrofes 4 e 7 do terceiro corpo.

testemunhos escritos era maior e mais livre. A partir de 1644, a seguir Aníbal Pinto de Castro, esse circuito teria sido invertido. As cópias manuscritas se faziam a partir da edição de Nantes – e os comentários sobre as *Trovas* também. A dúvida é saber qual o impacto disso na vertente oral de transmissão das *Trovas*, a Voz.

De qualquer modo, opera-se um caminho de duas mãos opostas: inicialmente circulou oralmente e em cópias manuscritas que variavam muito e eram apropriadas e refeitas por diferentes vozes, e se supunha (ou se sabia) Bandarra como pessoa letrada; depois, fixou-se o texto das *Trovas* e se fundamentou a validade ou não das *Trovas* no fato de Bandarra ter sido iletrado, idiota, rústico.

Supõe-se que a impressão das *Trovas* definiu sua forma e composição. Fica a dúvida de saber qual foi a circulação desses impressos. Em especial, porque restam pouquíssimos, quase nenhum exemplar, seja da *Paráfrase* seja da edição de Nantes. Obviamente, a censura do Santo Ofício em 1665 e um século depois a da Real Mesa Censória ajudam a explicar a pouca presença desses textos. O fato de terem sido impressos fora de Portugal, na França para uma audiência portuguesa ou leitora de português, também. Sem contar o Terremoto. Mas seria interessante buscar saber qual foi a circulação desses exemplares.

Apesar das proibições e do local da impressão, é inegável que há uma quantidade grande de cópias manuscritas das *Trovas* (mesmo fora de Portugal), inclusive e especialmente no século XVIII, que chegaram até nós. Seria importante tentar rastreá-las e contabilizá-las. Por fim, essas questões preliminares levantadas aqui indicam a necessidade de se estudar e comparar com mais afinco as diferentes versões das *Trovas*, assumindo inclusive que uma boa parte do texto que temos e sobre o qual estudamos é na verdade um texto organizado no século XVII em circunstâncias e com objetivos muito específicos, seja da União Ibérica seja da Restauração. Isso também aponta que é preciso tentar sanar uma ausência que prejudica os estudos sobre os messianismos ibéricos e o sebastianismo: não há uma edição comentada ou crítica das *Trovas* de Bandarra, de nenhum de seus três corpos (o baseado nas cópias quinhentistas e fixado no séc. XVII ou os dois que surgiram nas primeiras décadas do séc. XVIII). Há, portanto, muito trabalho a ser feito.

Leituras de um vassalo rebelde: o Portugal Restaurado e o imaginário político do levante emboaba[1]

Adriana Romeiro
Universidade Federal de Minas Gerais

Entre 1708 e 1709, os sertões mineiros foram sacudidos por uma sucessão de acontecimentos que a historiografia convencionou designar, a partir do século XIX, de Guerra dos Emboabas, substituindo assim a expressão "levante emboaba" empregada predominantemente pelos contemporâneos e cronistas do século XVIII. Visto a partir de uma perspectiva histórica, o conflito entre paulistas e não-paulistas – os chamados emboabas – deitava suas raízes ainda na fase inicial dos descobrimentos, quando a clivagem entre descobridores e forasteiros veio à luz, estruturando e organizando o universo das relações sociais no alvorecer das Minas Gerais. O levante culminaria na aclamação de Manuel Nunes Viana para o cargo de governador das Minas, inaugurando o governo emboaba, cuja duração, bastante breve, mal ultrapassaria os dez meses.

A historiografia que se debruçou sobre o tema, principalmente na primeira metade do século XX, voltou-se para a reconstrução do evento, a partir do conjunto de fontes então disponível, inserindo-o no rol das chamadas revoltas nativistas, as quais, prenunciando a nação independente de 1822, assinalariam o surgimento do ódio ao reinol, identificado à Metrópole, considerada, por sua vez, agente de opressão e exploração econômica. Aprisionado nessa perspectiva teórica, o levante emboaba

---

[1] Este artigo é o resultado de uma pesquisa mais ampla sobre o levante emboaba, recém-concluída no curso de Pós-Doutorado realizado junto ao Departamento de História da Universidade de São Paulo. Meus agradecimentos ao CNPq, que financiou a pesquisa, primeiramente através de Bolsa de Produtividade em Pesquisa, e depois com uma bolsa de Pós-Doutorado; e à Fapemig, que me concedeu recursos para realizar a pesquisa em arquivos portugueses.

permaneceu até muito recentemente uma crônica mais ou menos documentada dos acontecimentos, dominada pelo debate ideológico sobre o caráter nativista dos seus protagonistas: se para alguns autores eram os paulistas os campeões da causa nacional, para outros, eram os emboabas os seus verdadeiros arautos.

O certo é que a problemática do imaginário político, isto é, o repertório de concepções e práticas, não suscitou, nessas obras, uma reflexão mais alentada, e mesmo a atuação dos principais atores históricos – a exemplo do governador ilegítimo Manuel Nunes Viana – não foi capaz de estimular uma investigação mais sistemática sobre a natureza dos valores políticos dos quais eram porta-vozes.

É pois precisamente o universo do imaginário político que interessa aqui abordar, a partir das obras que influenciaram decisivamente na formulação do discurso de legitimação do movimento, graças ao qual o partido emboaba logrou cristalizar uma certa interpretação de sua ação histórica, que seria dominante em todo o século XVIII. Se a documentação existente cala-se sobre o papel dos livros no desenrolar do conflito entre paulistas e emboabas, sabe-se, no entanto, por fontes indiretas, que a principal liderança, Manuel Nunes Viana, estava longe de ser um homem inculto e grosseirão, como pretendeu uma certa historiografia de orientação pró-paulista, apresentando-o como um fazendeiro ignorante metido nos confins dos sertões.

Homem pobre, de origens humildes, das quais se envergonharia por toda a vida, nascido em Viana do Castelo na década de 1660, Nunes Viana conheceu a fortuna e a fama na Bahia, participando ativamente dos rendosos negócios da pecuária. Rapidamente, tornou-se a figura política mais destacada do cenário mineiro dos primeiros anos do século XVIII, constituindo uma liderança que, nas décadas seguintes, desafiaria a autoridade de funcionários régios e governadores. Letrado num mundo de analfabetos, ele se valia dos raros livros que possuía para legitimar as suas práticas políticas de potentado sertanejo. A única e preciosa referência sobre o seu universo de leituras é de autoria de seu arqui-inimigo, o Conde de Assumar, cujo governo foi marcado pelo esforço inglório para submeter os poderosos do sertão. Referindo-se ao modo peculiar com que o potentado administrava justiça aos seguidores, o Conde faz o seguinte comentário: "o que não é, nem pode ser zelo da justiça, pois não lhe toca o conhecimento dos casos, e menos pertencem às execuções da pena, que lhe não pode aconselhar o seu Portugal Restaurado, Guerras Civis de Granada, e Mística Ciudad de Dios, que são os autores de onde tira alguns vocábulos mais estranhos e menos usados, com os quais se acredita de discreto entre os vaqueiros do rio; e em que, como no Para todos, de Montalvão, acha quanto lhe é necessário, por eles sentencia, por eles condena, por eles absolve, e por eles cura até das sezões do rio"[2]. As obras a que se refere o governador são respectivamente: *História de Portugal Restaurado, do Conde da Ericeira*; *Guerra de Granada hecha por El Rei de España don Philippe II contra los moriscos daquel reino, seus rebeldes*, de don Diego Hurtado de Mendoza e Luís Tribaldos de Toledo[3], e *Mistica Ciudad de Dios* de Soror Maria de Jesus de Agreda[4], todas elas publicadas ao longo do século XVII e de grande circulação à época. A primeira, de caráter histórico, relata as façanhas militares de Filipe II contra os mouros, numa narrativa marcada pelo tom épico, escrita num contexto de forte oposição entre cristãos e infiéis. É interessante especular sobre as similitudes existentes entre o levante emboaba e as lutas contra os mouros de Granada: temas como restauração[5], a identificação dos adversários como inimigos da fé e a legitimidade de uma guerra empreendida nestas circunstâncias bem podiam se prestar ao propósito do partido emboaba, que também imputou aos paulistas os vícios característicos das gentes que viviam fora da cristandade.

A obra de Soror Maria de Jesus de Ágreda filia-se à literatura mística espanhola do século XVII, caracterizada por uma espiritualidade ascética, da qual brotariam autores da estirpe de Teresa de Ávila e João da Cruz. Muito popular em seu tempo, publicada primeiramente na Espanha, a Mistica Ciudad de Dios, e mais tarde censurada pela Inquisição de Roma, é sobretudo uma monumental biografia da Virgem, tendo

---

2   Discurso histórico e político sobre a sublevação que nas Minas houve no ano de 1720. Estudo crítico, estabelecimento do texto e notas: Laura de Mello e Souza. Belo Horizonte, Fundação João Pinheiro, 1994. p. 91.

3   *Guerra de Granada hecha por El Rei de Espanã don Philippe II contra los moriscos de aquel reino, sus rebeldes por don Diego Hurtado de Mendoza; publicada por Luis Tribaldos de Toledo*. Lisboa, Giraldo de la Vinã, 1627.

4   Soror Maria de Jesus Ágreda. *Mystica Ciudad de Dios Milagro de su Ominipotencia y abismo de la Gracia*. Lisboa, Miguel Manescal, 1684.

5   Hurtado de Mendoza emprega o verbo "restaurar" para se referir à pacificação de Granada: "sosegada esta rebelión también por concierto, diéronse los Reyes Católicos a restaurar y mejorar a Granada en religión, gobierno y edificios: establecieron el cabildo, baptizaron los moros, trujeron la Cancillería, y dende a algunos años vino la Inquisición. Gobernábase la ciudad y reino, como entre pobladores y compañeros, con una forma de justicia arbitraria, unidos los pensamientos, las resoluciones encaminadas en común al bien público: esto se acabó con la vida de los viejos." *Guerra de Granada hecha por El Rei de Espanã don Philippe II contra los moriscos de aquel reino, sus rebeldes por don Diego Hurtado de Mendoza; publicada por Luis Tribaldos de Toledo*. Lisboa, Giraldo de la Vinã, 1627.

como principal foco os mistérios da Imaculada. Um dos aspectos mais interessantes da trajetória de Soror Maria de Jesus de Ágreda, diretamente relacionado com a perseguição que lhe moveu o Santo Ofício, dizia respeito ao dom da ubiquidade. Dizia-se que ela fora vista pelo franciscano frei Alonso de Benavides a pregar aos índios xumanas no México. A religiosa confessaria depois que o dom, concedido por Deus, era uma forma de realizar o seu sonho de ser missionária. Em suas palavras: "exteriormente, tampoco puedo percibir cómo iba, o si era llevada, porque como estaba con las suspensiones o éxtasis, no era; aunque alguna vez me parece que veía el mundo, en unas partes ser de noche y en otras de día, en unas serenidad y en otras llover, y el mar y su hermosura; pero todo pudo ser mostrándomelo el Señor; y cómo su luz e inteligencia es tan fecunda, presta y clara, pudo mostrármelo, y conocerlo todo claro. En una ocasión me parece, di a aquellos indios unos rosarios; yo los tenía conmigo y se los repartí, y los rosarios no los vi más. El modo a que yo más me arrimo que más cierto me parece, fue aparecerse un ángel allí en mi figura, y predicarlos, y catequizarlos, y mostrarme acá a mí el Señor lo que pasaba para el efecto de la oración, porque el verme a mí allá los indios fue cierto"[6].

A obra com que Assumar compara as práticas de Nunes Viana é a comédia intitulada *Para todos exemplos morales humanos y divinos: en que se tratan diversas ciencias materiais y faculdades: repartidas em los siete dias de la semana*, escrita pelo espanhol Juan Perez de Montalvan e reeditada muitas vezes ao longo do século XVII[7]. Dividida nos sete dias da semana, o livro constitui uma verdadeira miscelânea, reunindo comédias, passagens bíblicas, tratados filosóficos, fábulas mitológicas, textos astrológicos e autos sacramentais, além de trazer referências a mais de trezentos escritores. Como no *Decameron* de Boccaccio, os personagens se encontram numa quinta nos arredores de Manzanares para discorrer sobre temas eruditos, finalizando cada sessão com a leitura de uma comédia ou novela. Criticado pelos contemporâneos pela "falta de decência", o livro conheceu uma série de reimpressões depois de sua publicação em 1632. É sem dúvida o seu caráter de miscelânea que o Conde de Assumar tinha em mente ao compará-lo com os métodos de leitura do chefe emboaba: como o *Para todos*, as obras do Conde da Ericeira, de Soror Maria de Jesus de Ágreda e de Dom Diego Hurtado de Mendoza eram consideradas por ele como o repositório de toda a

---

6   Soror Maria de Jesus Ágreda. *Mystica Ciudad de Dios Milagro de su Ominipotencia y abismo de la Gracia*. Lisboa, Miguel Manescal, 1684.

7   *Para todos exemplos morales humanos y divinos: en que se tratan diversas ciencias materiais y faculdades: repartidas em los siete dias de la semana*. 5a. edição. Madrid, Imprenta del Reyno, 1685.

informação necessária ao exercício de poder nos sertões. Nada havia que não pudesse ser consultado nessas obras.

Mas Nunes Viana estava bem longe de ser um leitor convencional. Os usos que fazia dos livros ultrapassavam em muito a dimensão da palavra escrita, para se avizinharam dos métodos da magia divinatória: assim, diante de uma dissensão entre os seus partidários, por exemplo, ele abria aleatoriamente uma página, para extrair dela uma resposta ou sentença; ou, ainda, invocando certas passagens, procedia a rituais de cura, repetindo um acervo de práticas populares de extração europeia, reivindicando para si os dons taumatúrgicos dos monarcas europeus[8].

Dos livros que possuía, é, sem dúvida, *História de Portugal Restaurado*, aquele que viria a desempenhar o papel mais importante na formulação de um discurso de justificação e legitimação do levante emboaba. Escrita por d. Luiz de Menezes, o terceiro conde da Ericeira, a obra veio à luz em 1697, no bojo da vasta literatura política que floresceu à roda da Restauração de 1640. Uma das ideias centrais do *Portugal Restaurado* dizia respeito à origem popular do poder régio, fazendo eco às teorias corporativas de poder formuladas pela Segunda Escolástica. Para Ericeira, as cortes de Lamego, celebradas em 1145, haviam estabelecido que as normas de sucessão "instituíam Príncipes para a República e não República para os Príncipes, porque a sucessão dos Reis só devia atender à sua conservação e liberdade"[9]. Nos casos de sucessão, o que estava em jogo era portanto "a conservação e liberdade" do Reino, e por essa razão, cabiam às cortes o direito de decidir a sucessão real. Nas entrelinhas, Ericeira defendia portanto a tese de que o povo, reunido em Cortes, tinha o direito de escolher o seu rei, amparado nas formulações das Cortes de Lamego, onde supostamente teriam sido estabelecidos o pacto e as normas de sujeição ao governante. A rebelião contra Felipe IV justificava-se pela forma com que tratara o problema tributário: sem "chamar Cortes, acrescentou os tributos em Portugal, com tal excesso, que vieram a ser intoleráveis", configurando assim uma situação de "tirania". Ora, nas Cortes de Lamego havia sido deliberado que "os Três Estados do reino não seriam obrigados a estar pela concórdia, e poderiam livremente negar-lhes sujeição, vassalagem e obediência, sem por este respeito incorrerem em crime de lesa-majestade, nem outro mau caso". A obra fazia eco também às formulações sobre o direito dos povos de reassumir a liberdade, presente no documento *Assento feito em cortes pelos três Estados...*, elaborado nas cortes de 1641 com o objetivo de lançar os princípios da legitimação da Restauração. De acordo com o texto,

---

8 Marc Bloch. *Les rois thaumaturges: étude sur le caractère surnaturel attribué a la puissance royale particulièrement en France et en Angleterre*. Paris, Armand Colin, 1961.

9 Conde Ericeira [D. Luís de Menezes]. *História de Portugal restaurado*. Livraria Civilização Editora, 1945. v. 1, p. 37.

"portanto, conforme as regras do direito natural, e humano, ainda que para os Reinos transferissem nos Reis todo o seu poder, e Império, para os governarem, foi debaixo de uma tácita condição, de os regerem, e mandarem, com justiça sem tirania. E tanto que no modo de governar usarem delas, podem os povos privá-los dos Reinos, em sua legítima, e natural defensão"[10].

Os temas da origem popular do poder régio e do direito dos povos à luta contra a tirania encontravam-se disseminados em grande parte dos escritos políticos que circularam na Península Ibérica ao longo do século XVII, sobretudo no contexto da Restauração, quando forneceram o fundamento político-religioso para a deposição de Filipe IV e a aclamação de d. João IV. De acordo com as teorias corporativas do poder da Segunda Escolástica, o Estado tem a sua origem num pacto social, cujo último objetivo consiste na realização do bem comum, cuja natureza está em consonância com os fins eternos do homem. Cabe portanto ao Estado garantir o bem comum, e caso não o faça, dando lugar à tirania e à opressão, é legítimo que o povo lhe oponha resistência, chegando mesmo a depor os soberanos que rejeitassem os interesses do papado. Segundo Luiz Carlos Villalta, "deste modo, em última instância, o Estado teria como fim o bem comum, tornando-se ilegítimo se o esquecesse, violando o direito natural e, com isto, o divino. Nestes casos, nas situações em que existisse tirania, São Tomás admitia o direito do "povo", da comunidade, de resistir ativamente, mas não o tiranicídio. São Tomás, com tais ideias, abriu espaço para que se legitimasse a deposição de governos que afrontassem os interesses do papado"[11]. Ora, o direito dos povos de rebelar-se contra um soberano tirano, defendido pelos teóricos tomistas, a exemplo do jurista Azpicuelta Navarro, deitava raízes na afirmação de que o poder pertence ao povo, que o transmite ao governante, continuando a existir – abrindo portanto a possibilidade de o poder retomá-lo em determinados contextos nos quais o direito natural e divino fosse seriamente ameaçado, sobretudo pela tirania e heresia, como o defendiam Suárez, Soto, Azpilcueta Navarro, Bellarmino, João Azor, Mariana e Molina. Na *Justa aclamação do Sereníssimo Rei d. João IV*, publicada em 1644, Francisco Velasco de Gouveia propõe mesmo que o direito

---

10 *Assento feito em cortes pelos três estados dos reinos de Portugal, da aclamação, restituição e juramento dos mesmos reinos, ao [...] senhor rei Dom João o quarto deste nome*. Lisboa, Paulo Craesbeeck, 1641. Citado por Rodrigo Bentes Monteiro. *O rei no espelho: a monarquia portuguesa e a colonização da América, 1640-1720*. São Paulo: Hucitec/Fapesp, 2002, p. 87.

11 Luís Reis Torgal. *Ideologia política e teoria do Estado na Restauração*. Coimbra, Biblioteca Geral da Universidade, 1981, v. 2, p. 6-8.

de resistência à tirania não se limita à forma passiva, mas também à forma ativa, abrindo a possibilidade de uma deposição[12].

Ao partido emboaba não foi difícil formular as linhas-mestras da fundamentação política do levante nos termos de uma restauração, cujo principal modelo era, sem dúvida, a Restauração de 1640. Afinal, tal tópica constituía, muito significativamente, o centro das teorias políticas gestadas no Portugal restaurado, que legitimavam a resistência popular contra o soberano tirano e injusto. O historiador Luciano Figueredo foi um dos autores que chamou atenção para a influência da ideologia da Restauração de 1640 nos motins e revoltas que se alastraram pelo Império português a partir da segunda metade do século XVII: tal qual um ricochete, disseminou as teorias sobre a origem popular do poder régio e a legitimidade do levante contra maus representantes do rei[13]. Leitor da *História de Portugal Restaurado,* Nunes Viana sorveu aí as teses políticas com que legitimaria o levante dos forasteiros e que se prestariam depois a uma apropriação sediciosa no contexto da Inconfidência mineira. Os estudos de Luiz Carlos Villalta revelam as afinidades existentes entre as ideias dos inconfidentes e aquelas defendidas pelos teólogos da Segunda Escolástica, às quais se juntaria as obras de Vieira e do Conde da Ericeira. Nas suas palavras, este "legado luso-brasileiro, mediado pelos livros e pelas leituras, imbricou-se nas falas dos Inconfidentes, amalgamando-se com as Luzes e relacionando-se com as notícias da Independência dos Estados Unidos da América".[14]

Para reeditar nas Minas a luta dos portugueses contra Filipe IV, tomando-lhes de empréstimo as formulações que legitimavam a aclamação de d. João IV, apresentando-a como uma reação justa, o discurso político dos emboabas estruturou-se em torno da oposição fundamental entre liberdade e tirania. Era necessário então atualizar o *topos* dos homens do Planalto como indivíduos infensos e contrários aos valores políticos e à fidelidade à Coroa portuguesa, caracterizando-os como tiranos e bárbaros, mergu-

---

12 Rodrigo Bentes Monteiro. *O rei no espelho: a monarquia portuguesa e a colonização da América (1640-1720),* p. 90.

13 O melhor estudo sobre a disseminação das teorias políticas da Restauração no Império português é Luciano R. A. Figueiredo. O Império em apuros: notas para o estudo das alterações ultramarina e das práticas políticas no Império colonial português, séculos XVII e XVIII. In: Júnia Ferreira Furtado (org.). *Diálogos oceânicos. Minas Gerais e as novas abordagens para uma história do Império ultramarino português.* Belo Horizonte, Editora da UFMG, 2001.

14 Luiz Carlos Villalta. *Reformismo Ilustrado, censura e práticas de Leitura: usos do livro na América Portuguesa.* Tese de doutorado apresentada à FFLCH da Universidade de São Paulo, São Paulo, 1999, p. 463.

lhados nos vícios derivados do abuso de poder, como a opressão e a vontade de potência. E os emboabas o fizeram ao estabelecer uma clivagem fundamental: a que opunha de um lado, os poderosos, sinônimo de paulistas, e do outro, os pobres ou emboabas, vítimas da opressão que os igualava aos escravos. Tratava-se de reconhecer que esses homens, valendo-se dos postos e cargos locais mais importantes, haviam constituído verdadeiros pólos de poder privado à volta do poder que emanava do rei, do qual deveriam ser os mais fiéis representantes. O discurso emboaba comprazeu-se em tecer o jogo das oposições entre os pobres e os poderosos, pintando um cenário sombrio em que as relações políticas caracterizavam-se pela usurpação e por toda sorte de excessos e abusos[15]. É assim que, em 1709, Bento do Amaral Coutinho descreve a situação dos emboabas, "oprimidos da sem razão, insolências que sempre experimentaram nos Paulistas, e moradores de Serra Acima; ora despojados, e roubados nas estradas, e arraiais das suas fazendas, e ora deixando as vidas miseravelmente nas mãos de seus escravos, e finalmente sempre espancados e esbofeteados deles"[16]. É, aliás, interessante notar como, no discurso emboaba, a pobreza assume uma acepção original: menos que a falta de recursos, ela designa a condição do oprimido, daquele que é vítima do poder despótico dos mandatários locais. Tantos eram os desmandos praticados contra os forasteiros que "não pode haver papel que seja bastante para escrever os insultos destes homens, e só poderão cabalmente ser testemunhas desta verdade tantas vidas inocentes quantos são os clamores destes pobres vassalos". Instrumentalizando a *legenda negra*, os emboabas atribuíam o governo tirânico dos paulistas à falta "do temor de Deus como do conhecimento de seu próprio rei e senhor, e tão faltos de obediência, como sobrados dos régulos seguindo cada um deles os ditames de sua vontade e as direções de seu gosto"[17]. As narrativas de orientação pró-emboaba reunidas no *Códice Costa Matoso* prodigalizam-se nas descrições dos insultos e insolências que os paulistas infligiam cotidianamente aos forasteiros, sublinhando o ódio que os separavam. Segundo um contemporâneo, "e por não ofender muito os ouvidos dos bons com o malefício dos maus, fique como no esquecimento a relação das mortes que se faziam, que para se cometerem não era necessário qualquer emboaba cair – bastava tropeçar

---

15 Este aspecto também foi explorado por Francisco E. Andrade. *A invenção das Minas Gerais: empresas, descobrimentos e entradas nos sertões do ouro (1680-1822)*. Tese de doutorado apresentada ao Departamento de História da Universidade de São Paulo, 2002, p. 257.

16 Arquivo Histórico Ultramarino (AHU), Rio de Janeiro, CA 3149, Carta de Bento do Amaral Coutinho para o Governador do Rio de Janeiro, no qual se lhe relata o levantamento que se dera em Minas contra os naturais da vila de S. Paulo e da Serra. Arraial do Ouro Preto, 16 jan. 1709.

17 AHU, Rio de Janeiro, CA 3149, *Idem*.

–, fazendo tanto apreço da vida de um emboaba como à de um cachorro de que nasceu o dito vulgar: ouvindo-se qualquer tiro, lá morreu cachorro ou emboaba"[18].

A alusão ao faraó do Egito, feita primeiramente por Bento do Amaral Coutinho, transformava o conflito na luta em prol da liberdade, levada a cabo pelos forasteiros tiranizados, os quais "querendo só todos, e cada um deles, restituir-se à liberdade com que Deus, El-rei, e as leis que os privilegiaram por brancos e livres da escravidão a que a insolência destes tiranos os tinha reduzido"[19]. No regime político instituído pelos paulistas, as leis de Sua Majestade e de Deus haviam sido transgredidas em nome dos interesses dos poderosos, responsáveis pela implantação de um regime político semelhante à escravidão. Em seu *Vocabulário Português e Latino*, Raphael Bluteau define a tirania como "império, ou domínio ilegítimo, usurpado, ou cruel e violento"[20]. Se os restauradores de 1640 haviam identificado a tirania à usurpação, no caso dos emboabas, a palavra traduzia a violência desmedida que se praticava então nas Minas. Escrevendo pouco depois, o padre Manoel da Fonseca apontaria como a origem da opressão encetada pelos paulistas a justiça aplicada por eles, os quais, "prendendo em um círculo, que com um bastão faziam ao redor do delinquente, impondo-lhe logo pena de morte, se saísse dele, sem satisfazer à parte, que o acusava". Segundo o autor, eram os paulistas os principais responsáveis por tal estado de coisas, "porque como viviam abastados de índios, que tinham trazido do sertão, e de grande número de escravos, que com o ouro tinham comprado, se fizeram notavelmente poderosos, chegando alguns a tanta soberania, que falando com os forasteiros os tratavam por vós, como se fossem escravos"[21].

Tirânico e injusto, contrário aos desígnios de Portugal – aos quais se opunha, sob a forma de antagonismo aos filhos do Reino –, o governo dos paulistas não reconhecia o poder da Coroa, transgredia as normas políticas do Antigo Regime e dava lugar aos desmandos dos potentados. Daí a legitimidade da rebelião; uma tentativa dos emboabas de "verem-se livres do cativeiro em que se viam (qual outro povo do Faraó no Egito)", pondo fim à "insolência destes tiranos". Tratava-se em suma de

---

18 *História do distrito do Rio das Mortes, sua descrição, descobrimento das suas minas, casos nele acontecidos entre paulistas e emboabas e ereção das suas vilas. Códice Costa Matoso*, Belo Horizonte, Fundação João Pinheiro, 1999. Coordenação-geral de Luciano Raposo de Almeida Figueredo e Maria Verônica Campos, p. 231.

19 AHU, Rio de Janeiro, CA 3149, *idem*.

20 Raphael Bluteau. *Vocabulario português e latino*. Lisboa, Oficina de Paschoal da Silva, 1712, v.8, p. 339.

21 Manoel da Fonseca. *Vida do venerável padre Belchior de Pontes da Companhia de Jesus da Província do Brasil*. São Paulo, Melhoramentos, s.d., p. 205.

restituir os homens à liberdade, restaurar o poder da Coroa e instalar a ordem onde reinava o caos. Não é à toa que Manuel Nunes Viana entraria para a memória local como o grande restaurador das Minas. Visto desta perspectiva, o levante emboaba transformava-se assim tanto na restauração do poder da Coroa sobre a região mineradora, uma forma de restituir o poder régio ameaçado pelas insolências e excessos dos paulistas, quanto na restituição dos vassalos à liberdade, ameaçada pela tirania dos que detinham o poder local.

As conexões com a Restauração de 1640 iam muito além: se ela configurava um conflito entre diferentes nacionalidades, isto é, a luta dos portugueses contra um soberano espanhol, também o levante emboaba expressava a sublevação dos verdadeiros portugueses contra uma gente que não se reputava portuguesa. Daí a importância de se destacar o caráter antilusitano da alcunha emboaba, subvertendo por completo a acepção originalmente dada pelos paulistas. Se para estes, emboaba designava o não-paulista, isto é, o forasteiro, o discurso emboaba transformou-a na expressão do ódio ao português – para escândalo do Conselho Ultramarino, às voltas com um conflito entre portugueses e paulistas, que ameaçava espraiar-se por todo o sertão, colocando o domínio português na América em perigo. O espectro da Rochela do Planalto, a imagem de uma terra fora do controle da Coroa, governada de forma independente por banidos e foragidos da justiça, tão presente no imaginário político dos séculos XVI ao XVIII, forneceu as linhas-mestras da tese emboaba, segundo a qual os paulistas haviam implantado nas Minas um reduto separado do Império, um verdadeiro bastião a desafiar o poder de El-rei, como um inimigo estrangeiro em terras de Portugal. Coube a frei Francisco de Meneses, em seu memorial apresentado ao rei, em Lisboa, transformar o conflito numa luta aberta dos paulistas contra os filhos de Portugal. Conquanto o termo "emboaba" estivesse longe de assumir aquele caráter antilusitano atribuído aos paulistas, que expressariam através dele o desprezo ao português, no desenrolar dos acontecimentos, os grupos sociais envolvidos se encarregaram de incrustar nele diferentes acepções, de acordo com os interesses em jogo. Desde 1708, quando principiam os registros do conflito, já está posta a clivagem que seria fundamental para o rumo dos acontecimentos[22]. Quando o Borba Gato se dirige ao governador para relatar as alterações, ele não emprega a palavra emboaba e se refere a Viana e seu grupo como "os homens que entraram pela estrada proibida da Bahia" ou "baienses", contrapondo-os aos paulistas, os que primeiro chegaram às Minas e abriram os caminhos aos de-

---

22 Adriana Romeiro. *Um visionário na corte de d. João V: revolta e milenarismo nas Minas Gerais*. Belo Horizonte, Editora da UFMG, 2001, p. 196-7.

mais. Assim, para o Borba, os adversários eram todos os que não tiveram participação efetiva no processo de descobrimento, fossem eles baianos ou portugueses[23].

Decisiva seria portanto a versão dada por frei Francisco de Meneses em Lisboa, na condição de "procurador dos moradores das Minas do nascente, e poente, e do Rio das Velhas". Nela, os participantes do levante dividem-se entre os paulistas, insubordinados e defraudadores da justiça, e os portugueses de nascimento, vassalos obedientes e zelosos, e o frei ousa mesmo tecer considerações sobre "alguns meios para melhor utilidade do serviço de V. Majestade e do benefício comum, e conservação das mesmas Minas". Tão bem-sucedida revelou-se a estratégia do frei trino que El-rei não só concedeu o indulto geral, mas também sugeriu ao governador Albuquerque que "se lhe use deste mesmo Religioso como lhe parecer aproveitando-se das notícias, que ele aponta para o bom regímen das minas, e de todas as mais, que ele lhe participar podem ser importantes para este efeito"[24].

É também revelador o fato de que o Conselho Ultramarino – influenciado pelo discurso emboaba – tendeu paulatinamente para a avaliação dos tumultos como expressão do antagonismo entre paulistas e os "homens do Reino", vindo a radicalizar tal oposição por conta das intervenções do conselheiro Antônio Rodrigues da Costa – cuja conduta viria a se caracterizar pela atitude antipática às alegações dos naturais da terra, retomada mais tarde por ocasião da Guerra dos Mascates. Diante do espectro dos vassalos coloniais em rebelião contra os portugueses e da dissolução do Império português, o conselheiro alargou a definição de paulistas como "todos os naturais da Serra Acima", para incorporar a ela o imaginário negativo que lhes era imputado desde o século XVII, apresentando-os como homens acostumados à "exorbitância, e pouco temor da impunidade com que cometem cada dia mortes e violências atrocíssimas", em contraste com os "homens do Reino", "costumados a viver debaixo do jugo das Leis, e magistrados". Arrematou um de seus pareceres com a recomendação ao governador para que "entendendo que não pode conseguir a algum dos dous partidos de Paulistas, ou Reinóis se acoste antes a estes que aqueles..."[25]

---

23 AHU, Rio de Janeiro, C.A., cx. 15, doc. 3214. *Carta de Borba Gato ao governador d. Fernando M. Mascarenhas de Lencastre.* Minas do Rio das Velhas, 29 nov. 1708.

24 AHU, Minas Gerais, cx. 1, doc. 17. Consulta do Conselho Ultramarino sobre o papel enviado por frei Francisco de Menezes, como procurador dos moradores das Minas Gerais, do nascente e poente rio das Velhas, onde expõe a causa que tiveram para pegarem em armas contra os paulistas.

25 AHU, Rio de Janeiro, CA, doc. 3209. Lisboa, 03 ago. 1709. Consulta do Conselho Ultramarino sobre os conflitos que havia nas Minas entre os Paulistas e os naturais do Reino, na qual

À semelhança da Restauração portuguesa, o levante emboaba culminou também na aclamação de Manuel Nunes Viana, perpetuado nas narrativas coevas como "o primeiro reparador da liberdade". Não obstante as dúvidas sobre o processo de aclamação – para alguns ele teria sido aclamado pelos povos, enquanto que, para outros, teria sido eleito apenas pelos homens principais do lugar –, o certo é que a aclamação bem rapidamente se tornara uma prática disseminada em todo o Império, a ponto de o Conde de Óbidos, deposto do cargo de governador em Goa, contar ao rei que estavam os súditos goeses "muito contentes do estilo por que lhe chamam aclamação, e dão por razão que em Portugal fizeram o mesmo; o povo de Inglaterra, e eles têm cá os exemplos mais à porta, porque é costume dos mouros, e em Macau, e Ceilão o tem feito [outras] vezes"[26]. Entre 1641 e 1688, mais de uma dezena de governadores foram depostos e outros tantos aclamados na América, Ásia e África. Na América Portuguesa, um dos casos mais célebres é sem dúvida a aclamação de Amador Bueno na vila de São Paulo que, apesar de envolta em fumos de lenda, era tida pelos paulistas, desde fins do século XVII, como um evento verídico e irrefutável.

Aclamação popular ou eleição, o certo é que se repetia, em pleno sertão mineiro, a estratégia política empregada pela dinastia dos Bragança contra o domínio filipino[27]. O tempo se encarregaria de dar ao episódio uma aura quase mítica: já nos fins do século XIX, Diogo de Vasconcelos colheria uma tradição oral segundo a qual Nunes Viana fora sagrado com toda a pompa na igreja do arraial da Cachoeira, tendo sido investido da espada e das insígnias do governo, fato que, segundo o historiador mineiro, dava aos princípios das Minas "o prisma dos impérios romanescos".[28]

Não foi apenas a tópica do direito das gentes à resistência contra a tirania que influenciou os revoltosos emboabas. Havia ainda na obra do Conde da Ericeira toda

---

se indicam as instruções que se deveriam enviar ao Governador do Rio de Janeiro para os evitar em toda a prudência e suavidade.

26 Luciano R. A. Figueiredo. O Império em apuros: notas para o estudo das alterações ultramarina e das práticas políticas no Império colonial português, séculos XVII e XVIII. In: Júnia Ferreira Furtado (org.). *Diálogos oceânicos. Minas Gerais e as novas abordagens para uma história do Império ultramarino português*. Belo Horizonte: Editora da UFMG, 2001, p. 216.

27 É preciso destacar que, ao contrário do que por vezes se afirma, o cargo a que fora eleito Nunes Viana era o de governador – aliás, a única acepção existente em Bluteau – e o comprova a série de nomeações que tem lugar imediatamente após a sua eleição. Menos do que uma deposição, o que ocorreu foi a criação de um novo cargo, pois até então não havia governador especialmente nomeado para a região mineradora.

28 Diogo de Vasconcelos. *História antiga das Minas Gerais. Prefácio de Francisco Iglésias*. Introdução de Basílio de Magalhães. 4a. edição. Belo Horizonte, Itatiaia, 1974. v. 2, p. 52-3.

uma arte de se fazer levante, inspirada nos acontecimentos que tiveram lugar em Portugal em primeiro de dezembro de 1640. Nas palavras do autor, os conspiradores "assentaram por conclusão que sábado, primeiro de Dezembro, com o menor rumor que fosse possível, se achassem todos juntos no Paço, repartidos em vários postos, e que, tanto que o relógio desse nove horas, saíssem das carroças ao mesmo tempo; que uns ganhassem o corpo da guarda, onde estava uma companhia de infantaria castelhana, outros subissem à sala dos Tudescos a deter a guarda de archeiros alemães, que assistia nela; outros apelidassem, pelas janelas do Paço, liberdade, e aclamassem o Duque de Bragança, Rei de Portugal; outros entrassem a matar o Secretário de Estado, Miguel de Vasconcelos, diligência, que julgavam importantíssima assim por atalhar as ordens, que a sua resolução podia distribuir, como para incitar o povo com aquele merecido castigo, e persuadi-lo ao empenho da Nobreza, para que não duvidasse de a seguir [...]: Disparou-lhe [em Miguel de Vasconcelos] d. António Telo uma pistola; sentindo-se ferido, saiu à casa, onde recebeu outras feridas mortais de que caiu. Porém, ainda vivo o lançaram ao terreiro por uma das janelas. Aguardava-o quantidade de gente que havia concorrido, daquela que sem atenção busca o rumor. Ao mesmo tempo que caiu o miserável corpo moribundo, se empregou nele toda aquela desconcertada ira, sem perdoar a algum excesso, e ficou em um instante desprezo comum o mesmo que havia sido respeito universal; e parecendo a todos uma só vida naquele cadáver a sua ira, como se estivera capaz de sentimento"[29]. Como observa Luiz Carlos Villalta, nessa passagem, o Conde da Ericeira fornece uma fórmula para os levantados: a morte de uma autoridade é usada como instrumento para incitar o povo a participar do movimento, ao mesmo tempo que é também um castigo por sua colaboração com o domínio espanhol[30]. No caso do levante emboaba, ainda que os poderosos locais não tivessem sido mortos, apenas destituídos dos cargos e funções, é certo que logo no início do movimento uma ala mais radical defendeu fervorosamente a execução sumária dos "paulistas principais" e a expulsão dos demais. Repudiada pelos religiosos e padres que integravam o partido emboaba, a proposta foi vencida pela ponderação de que o massacre abalaria a legitimidade dos levantados, tornando-os suspeitos aos olhos da Coroa.

Defendida pelos amotinados, a tese da restauração emboaba seria incorporada gradualmente pelo Conselho Ultramarino, não obstante as considerações do governador d. Fernando de Lencastre sobre o sentido estratégico da supremacia política dos

---

29 Conde da Ericeira [D. Luís de Menezes]. *História de Portugal restaurado*, v. l, p. 118-21.

30 Luiz Carlos Villalta. *Reformismo Ilustrado, censura e práticas de Leitura: usos do livro na América Portuguesa*. Tese de doutorado apresentada à FFLCH da Universidade de São Paulo, São Paulo, 1999 p. 505.

paulistas, os mais aptos aos novos descobrimentos. Aliás, foi ele o primeiro a chamar a atenção para a gravidade do levante emboaba, observando que a aclamação de Nunes Viana caracterizara crime de lesa-majestade, que, segundo as Ordenações do Reino, não merecia outra punição senão a pena capital. Na verdade, a natureza antilusitana do conflito e a tese da restauração ofuscaram o sentido mais profundo do episódio, emprestando-lhe uma nova feição. Também a tese da Restauração foi endossada pelos ministros do rei. A deposição das autoridades locais pelo partido emboaba soou legítima a Antônio Rodrigues da Costa porque visava a sua "necessária defensão", por ser permitida "a todo o homem pelo direito natural, e maiormente em parte onde não há magistrados, que coíbam a força do agressor, e deem proteção à inocência"[31]. Como os emboabas, recorria o conselheiro às teorias políticas que legitimavam a deposição de reis e autoridades, cuja conduta era caracterizada pelo despotismo e tirania, fazendo ecoar – à semelhança da versão emboaba – as formulações políticas que vicejaram no bojo da Restauração de 1640.

Bem-sucedido em seus veementes protestos de fidelidade incondicional à Coroa e em seus esforços para conferir legitimidade ao governo de Nunes Viana, o partido emboaba soube explorar com argúcia a linguagem política do Antigo Regime, articulando um discurso político em que temas como aclamação e restauração afinavam-se com as recentes teorias que emanavam do Reino, ainda no rastro da Restauração de 1640. Foi no campo das representações políticas – e não no campo de batalha – que o levante emboaba encontrou o seu desfecho. Ao deslocar o conflito para o campo ideológico, os emboabas selaram a própria vitória, exibindo uma capacidade incomum para manejar os valores e concepções políticos então em voga, que, presidindo as relações entre o príncipe e os vassalos, privilegiavam o conceito de fidelidade.

Se a imagem do levante emboaba como uma restauração das Minas entraria definitivamente para o imaginário político das Minas, a imagem de restaurador seria, doravante, a bandeira com que Manuel Nunes Viana fustigaria seus inimigos e adversários. Em 1719, as testemunhas arroladas na devassa do Motim de Catas Altas, revelariam que o velho chefe emboaba gabava-se pelas ruas do arraial de ser o verdadeiro e único restaurador das Minas, aquele que havia restituído à Coroa o poder e as terras tomadas pelos paulistas. Bento de Barros de Araújo, morador no arraial de Catas Altas, que vivia de suas lavouras, forneceu um depoimento precioso ao juiz Antônio de Faria Pimentel. Segundo ele, "sabia por ouvir dizer geralmente de ser público que o dito Mestre-de-campo Manuel Nunes Vianna falava largamente por donde andava e

---

31 AHU, Rio de Janeiro, C.A. 3212-3218. Consulta do Conselho Ultramarino sobre o levantamento ocorrido nas Minas, por causa das rixas travadas entre os Paulistas e os naturais do Reino, que ali se tinham estabelecido. Lisboa, 12 ago. 1709.

depois de vir a este distrito que havia gasto muito com o levantamento que houvera para restaurar estas minas, e por cuja causa lhe pertenciam estas terras por ele ser o restaurador delas, e que ouvira dizer que este dissera ao próprio senhor general que olhasse [que] fosse ainda desejado nestas minas e lhe dando a entender que haveria ainda algum levante de povos"[32].

Aferrando-se à imagem de restaurador, Nunes Viana iria amargar o ressentimento e a mágoa por não ter sido reconhecido pela Coroa como autor da restauração das Minas, empreendida à custa de sua própria fazenda. Sonhava com uma nova restauração, da qual seria novamente o herói, e, valendo-se de uma metáfora genial, vaticinava que "os moradores das minas haviam de ser como o burro carregado que, com a sobrecarga, recalcitra e dá com ela no chão, que viria tempo que os moradores não poderiam com a canga e o haviam de ir aos currais buscá-lo para vir acomodar"[33].

O fascínio pelos livros jamais abandonaria o velho potentado. Ao final da vida, cansado e alquebrado, uma outra obra iria transformá-lo no mecenas generoso, contribuindo para que alcançasse, finalmente, a remuneração pelos serviços prestados à Coroa, dos quais o mais importante era, sem dúvida, a luta contra os paulistas nas Minas. Em 19 de julho de 1725, ao embarcar em Salvador com destino a Lisboa, ele levava debaixo do braço os originais daquela que bem pode ser considerada uma das obras brasileiras mais importantes do século XVIII. Tratava-se do *Compêndio narrativo do peregrino da América: em que se tratam vários discursos espirituais, e morais, com muitas advertências, e documentos contra os abusos, que se acham introduzidos, pela malícia diabólica, no Estado do Brasil,* de autoria de Nuno Marques Pereira. Pouco se sabe sobre seu autor. Diogo Barbosa Machado, em sua *Biblioteca Lusitana*, afirma que ele era "natural da vila de Cairu, distante quatorze léguas da cidade da Bahia de todos os Santos, capital da América Portuguesa, e instruído na lição da História Sagrada, e profana"[34]. Segundo Pedro Calmon, ele deixou, em 1704, a vila de Camamu, para se defender na Bahia de certas acusações que lhe eram feitas. O juiz comissário de Camamu, Belchior Gonçalves Barbosa encaminhou a d. Rodrigo da Costa a sua denúncia: "Em carta de 7 de outubro passado, me dá V. M. conta, de se ausentarem dessa vila, para esta cidade, Nuno Marques Pereira, o tabelião Antônio Duarte e Antônio Álvares, por várias culpas que haviam

---

32 Instituto Arquivos Nacionais, Torre do Tombo (IANTT), Casa da Fronteira, Arquivo particular no. 121, Devassa de Catas Altas, fl. 8v.

33 *Idem*, fl. 32-32v.

34 Diogo Barbosa Machado. *Bibliotheca Lusitana: historica, critica e cronologia*. Coimbra, Atlântida, M.CM. LXVI, Tomo III, p. 505.

cometido; e que se vinham valer do meu auxílio e poderiam com alguma informação menos verdadeira ocultarem as suas maldades..."³⁵.

Sob o patrocínio do chefe emboaba, a obra foi publicada em Lisboa, no ano de 1728, na Oficina de Manoel Fernandes da Costa. Na súplica dirigida a Nunes Viana, Marques Pereira alude às suas ações heroicas contra os paulistas, retomando e consolidando, mais uma vez, o discurso emboaba: "por seu esforçado e destemido valor fez sujeitar, e ceder toda a rebeldia dos valentes paulistas do sertão do Brasil, a que reconhecessem a obediência e sujeição, que devem ter ao nosso Grande Monarca Rei de Portugal, quando nas Minas do Ouro de São Paulo houve aquele notável motim, ou levante contra os filhos de Portugal, havendo-se V. Senhoria com tão destemido valor, e prudência, que a todos os rebeldes venceu, e convenceu a fogo e a ferro, até que os fez sujeitar por força ao jugo e obediência, que devem ter à Real Coroa de Portugal: devendo-se todo este bom sucesso ao grande valor e prudência de V. Senhoria, ação por certo digníssima de todo o louvor, e de ser premiada com mui remunerantes cargos honrosos"³⁶.

Recheada com alusões à descoberta do ouro na região das Minas Gerais, descrita como "a Babilônia, cidade do pecado, lugar de corrupção da alma humana", e a episódios verídicos ocorridos em Pernambuco e na Bahia, a obra volta-se para o tema da salvação da alma, filiando-se à tradição moralista alegórica, e denuncia os vícios e pecados de seu tempo – especialmente contra a "geral ruína da feitiçaria e calundus" – dominado por homens "flatulentos e tediosos de ouvirem a palavra de Deus", que preferem as "palavras ociosas, equívocas, fábulas e comédias"³⁷. O pano de fundo da obra repousa sobre o tema da *aura sacris fames*, desencadeada pela descoberta do ouro, e, fiel à literatura de *exempla*, o Peregrino ensina os seus leitores a compreender os preceitos cristãos, através da longa viagem que empreende e os casos de conversão que descreve³⁸.

Ainda que seja possível encontrar no Peregrino da América um eco distante do discurso emboaba – como a ideia de um estado de natureza, entendido como ausência de governo, ou a tese sobre a superioridade do caminho da Bahia sobre os outros –, o livro estava longe de exprimir as convicções morais e religiosas de seu mecenas. E nem

---

35 Nuno Marques Pereira. *Compêndio narrativo do Peregrino da América*. 6a. edição. Rio de Janeiro, Academia Brasileira, 1939, 2v., v. 1, p. XVI. O documento foi citado por Rodolfo Garcia, que dá a seguinte referência: Ms. da Biblioteca Nacional, Códice Cartas expedidas pelos gov. ger. D. Rodrigo etc., fl. 38.

36 Pereira, v. 1, p. 11-2.

37 Nuno Marques Pereira. *Compêndio narrativo do Peregrino da América*, v. 1, p. 6.

38 Um excelente estudo sobre a obra encontra-se em Patrícia Albano Maia. *O Peregrino da América e suas imagens sobre os novíssimos do homem*. Dissertação de mestrado apresentada ao Departamento de História da FFLCH da Universidade de São Paulo. São Paulo, 1996, p. 3.

era esta a sua intenção. Hábil manipulador dos livros, Nunes Viana sabia utilizá-los em seu favor, extraindo deles uma dimensão simbólica imprevisível: se os livros de natureza místico-religiosa alimentaram a sua imagem de curandeiro e magistrado em meio às lonjuras do sertão; se o *Portugal Restaurado* forneceu-lhe os pilares da justificação política do levante emboaba; o *Peregrino da América* visava acima de tudo redimi-lo publicamente dos seus excessos, consolidando definitivamente a imagem do restaurador das Minas. A exaltação de seus feitos contra os paulistas adquiria na palavra escrita, impressa em livro, um novo estatuto de verdade, que os inúmeros memoriais e petições escritos ao rei jamais conseguiram alcançar. É pois muito significativo que o patrocínio da obra tenha coincidido com a sua viagem a Portugal, cuja missão era precisamente pedir a remuneração dos serviços prestados na luta contra os paulistas. Ademais, convinha ofuscar a imagem de rústico e grosseirão, saído dos confins da América, para apresentá-lo em Lisboa como mecenas culto, habituado à fruição das letras.

Ao fim e ao cabo, no ano de 1726, Nunes Viana obteria o foro de cavaleiro da Ordem de Cristo. O alvará de concessão da mercê aludia em termos heroicos à sua participação no levante emboaba: "levantando-se nelas uma perigosa guerra com os paulistas o obrigaram a aceitar o governo delas comando do exército que se formou contra aqueles Povos e pelo castigo das armas os reduzir a obediência das minhas Leis e ordens, gastando nas Campanhas uma larga fazenda"[39]. Consagrava-se finalmente a versão emboaba segundo a qual o levante fora também uma restauração, empreendida por vassalos fiéis, à custa de seu sangue, vidas e fazendas.

Por muito tempo ainda, o tema da restauração impregnaria indelevelmente o imaginário político das Minas, incorporando-se à tradição de contestação política que vicejou exuberante por todo o século XVIII. A ideia de que os povos tinham o direito de levantar-se contra um governo considerado injusto e tirânico, como defendiam as teorias políticas da Segunda Escolástica, inflamaria os motins e rebeliões, assumindo aí um caráter sedicioso, por vezes perigosamente radical. Se nos anos de 1708 e 1709 os levantados valeram-se da tática da submissão incondicional ao rei, para restaurar as Minas das mãos dos paulistas, com a saída desses da cena política, o partido emboaba encontraria na Coroa um novo concorrente na defesa de seus interesses. Dessa vez, já não cabia mais a imagem de campeões da causa portuguesa nas Minas. Era preciso restaurar as Minas das mãos da própria Coroa[40].

---

39 IANTT, *Chancelaria da Ordem de Cristo*, livro 182, fl. 320-1v.
40 *Autos de Devassa da Inconfidência Mineira*, v. 5, p. 117. Citado por Villalta, p. 498.

A *Gazeta de Pernambuco*: algumas questões sobre a circulação de notícias no fim do século XVIII[1]

Vera Lucia Amaral Ferlini[2]
Universidade de São Paulo

O novo mundo criado pelos descobrimentos abriu mercados, paisagens e culturas, estimulando trocas, criando domínios, atiçando curiosidades: monarquias, comerciantes e aventureiros lançaram-se a esses espaços. A ampliação de espaços, negócios, possessões exigia informações. A partir do século XVI, cartas, relatórios, diários, letras de câmbio cruzaram oceanos e continentes.

As Gazetas Manuscritas têm sua origem estritamente ligada ao Mundo Moderno. Os interesses governamentais e comerciais exigiram, a partir do século XIV, a ampliação das informações. Surgiram, então, as cartas-de-notícias, das quais resta ponderável acervo: nos arquivos de Dresdem, nos de Lucca, na Biblioteca Ambrosiana e, principalmente, a coleção dos banqueiros Fugger, de Augsburgo, parte no Vaticano e parte em Viena[3].

Este tipo de jornalismo remunerado e particular era elaborado pelos agentes correspondentes estrangeiros aos comerciantes[4].

---

1 Uma primeira versão deste texto foi apresentada em *Uma Gazeta Manuscrita no Brasil Colonial*. Anais do Museu Paulista.São Paulo, 33:163 - 167, 1984

2 Professora Titular de História Ibérica da Faculdade de Filosofia, Letras e Ciências Humanas da Universidade de São Paulo. Presidente da Comissão Gestora da Cátedra Jaime Cortesão USP/Instituto Camões.

3 Cf. Carlos Rizzini. *O jornalismo antes da tipografia*, São Paulo: Nacional, 1968, p.81.

4 "...à medida que os Holandeses não apenas organizam o comércio das Índias Orientais, mas também descrevem as coisas estranhas que lá encontram; à medida que os Ingleses não só fazem flutuar o seu pavilhão sobre todos os mares, mas também publicam a mais

Ora, "o correspondente noticiarista de um príncipe ou de um mercador que primeiro tirou cópia de sua epístola ou relação e a vendeu a terceiro, inaugurou a gazeta manuscrita de assinaturas"[5]. Tal periódico aparece na Itália a partir do século XV, como as *foglid'avisi* e as *notizie escritte*. Já no século XVI, os venezianos publicam panfletos com o nome de *Gazzeta* – talvez denominação da moeda, porque eram vendidos nas ruas. Tais periódicos não passavam ainda de sumários enviados pelo Senado a embaixadores e remetidos também a outras personalidades, copiados e distribuídos. Daí, tal gênero se disseminou para a França, Alemanha, Holanda. Mesmo em Lima conhece-se o *Diário de Lima*, redigido por Juan Antonio Suardo, de 1629 a 1639.

Mas a curiosidade não tinha apenas um sentido comercial e oficial. Há na Europa um surto de curiosidade, como bem nos diz Hazard: "... pessoas que não arredam do lugar natal, que não conhecerão os grandes lagos da América, nem os Jardins de Malabar, nem os pagodes chineses, lerão boralho o que os outros contaram"[6].

O traço mais característico de tais noticiosos foi a clandestinidade. Desde 1551 estavam os periódicos manuscritos proibidos por Henrique II na França. No século XVIII nota policial de Bourbon regulamentava as gazetas: "Os particulares que quiserem fornecer *nouvelles* ao público trarão dois exemplares ao chefe de policia, que, depois de ler e cortar o que julgar conveniente, devolverá ao interessado um dos exemplares, guardando o outro para confrontá-lo com as cópias distribuídas ao público"[7].

Como circulavam tais gazetas? Em geral, eram remetidas a assinantes e, embora custassem caras, as pessoas de certa proeminência não deixavam de receber uma *feuille de nouvelle, foglia amano, zeitung* ou *news letters*. E quem não as podia comprar, lia-as nos botequins por empréstimo. Podiam ser também vendidas nas ruas.

Em Portugal, todavia, tal gênero não se desenvolveu tão cedo[8]. Na época dos descobrimentos, as cartas informativas jaziam nas gavetas dos destinatários, sem ventilar-se ao público seu conteúdo. A culpa disto pode atribuir-se ao Santo Ofício, à

---

copiosa literatura de viagens que há no mundo; à medida que Colbert propõe à atividade dos Franceses as ricas Colônias e as longínquas feitorias e que chegam descrições, feitas à ordem do Rei. O Rei mal sabia que destas mesmas descrições nasceriam ideias capazes de abalar as noções mais caras à sua crença e as mais necessárias à manutenção da sua autoridade". (Paul Hazard, *Crise da consciência europeia*. Trad. Port., Lisboa: Cosmos, 1948, p.19).

5   Carlos Rizzini, *op. cit.*, p. 84.
6   Paul Hazard, Paul, *op. cit.*, p. 19.
7   Citado por Carlos Rizzini, *op. cit.*, p. 92.
8   Sobre as *Gazetas* em Portugal, consulte-se Tiago C. P. dos Reis Miranda, Gazetas manuscritas da Biblioteca Pública de Évora: notícias de história. In: João Luis Lisboa, Tiago C.P.

zelosa política de segredo de Portugal e à religião. O ensino, entregue ao monopólio da Companhia de Jesus, afastou Portugal do humanismo europeu e do largo movimento de divulgação que varria o continente.

Apenas no século XVIII vimos surgir a *Gazeta em forma de carta*, de José Soares da Silva, e o *Folheto de Lisboa,* do Pe. Luís Montez Matoso.

Tais folhetins portugueses, e mesmo os estrangeiros, devem ter circulado na Colônia.

O conteúdo dos periódicos manuscritos portugueses, que certamente mais se aproximam do documento em questão, representa precioso apoio para podermos configurar a natureza da *Gazeta de Pernambuco*.

Eram irreverentes e novidadeiros, expondo com detalhes acontecimentos pitorescos, especialmente da cúpula administrativa. Assim, como na *Gazeta em forma de carta*: "S.M. dizem que está melhorado da sua queixa. A Sra. Rainha o fica da sua erisipela"[9].

Quanto à periodicidade, podemos assinalar que o *Folheto de Lisboa* saía aos sábados, com 8 a 18 páginas, e durou de janeiro de 1740 a dezembro de 1743. Já a *Gazeta em forma de carta* não tinha periodicidade, dando-nos mais a impressão de uma compilação anual.

1. EM BUSCA DA CARACTERIZAÇÃO DA *GAZETA DE PERNAMBUCO*

O documento em questão, do acervo da Biblioteca Nacional, consta de 15 páginas manuscritas, em caligrafia homogênea, típica da época[10]. É encabeçado pelo título *Gazeta de Pernambuco* e transcreve, em relato diário, dados da vida administrativa da Capitania de Pernambuco entre outubro de 1790 e maio de 1971. É composta de três partes. Uma primeira abrange:

---

dos Reis Miranda e Fernanda Olival, *Gazetas manuscritas da Biblioteca Pública de Évora, vol.1 (1729-1731)*, Lisboa, Colibri / CIDEHUS / CHC, 2002. 2 vols.

9   Idem, ibidem, p. 99.

10   A comparação com outros documentos da época confirma ser caligrafia e ortografia do final do século XVIII. Aqui nos cabe agradecer à Profa. Dra. Célia Freire D´Aquino Fonseca, do Rio de Janeiro, que examinou o manuscrito, opinando pela sua autenticidade.

Ano	mês	dia
1790	outubro	13
1790	outubro	30
1790	dezembro	29
1791	janeiro	10
1791	janeiro	8
1791	janeiro	12
1791	janeiro	13
1791	janeiro	19
1791	fevereiro	4
1791	fevereiro	19

Em seguida, na mesma página em que finda o relato de 19 de fevereiro de 1791, aparece o subtítulo *Suplemento a Gazeta de Pernambuco*, abrangendo:

Ano	mês	dia
1791	março	22
1791	abril	4
1791	abril	10

Finalmente, um último subtítulo, *Segundo Suplemento a Gazeta de Pernambuco*, contém:

Ano	mês	dia
1791	maio	11
1791	maio	12
1791	maio	17
1791	maio	21

2. O conteúdo do documento

A ênfase da *Gazeta de Pernambuco* é posta nos problemas da administração local, acentuando a corrupção e os desmandos ali observados, sobrelevando a figura do Capitão-Geral como principal protagonista dos acontecimentos.

Um rápido levantamento nos mostra o conteúdo do manuscrito:

Assunto	nº de linhas
Arrematação do contrato da pólvora	32
Arrematação das marchantarias das carnes frescas	117
Provimento de cargos	44
Novos tributos	27
Desmandos e arbitrariedades do General	88
Incidentes	25
Arrematação do corte do pau-brasil	7

Governava a Capitania, nessa época, D. Thomaz José de Mello, Cavalheiro da Sagrada Religião de Malta, Coronel da Armada Real e 35º Governador de Pernambuco, que tomara posse a 13 de dezembro de 1787. Foi um capitão-General ativo e obrou muitos melhoramentos. Entretanto, aos colonos, se lhes apresentou sua administração como um jugo de ferro[11].

Consta que D. Thomaz foi muito protegido pela Corte nos primeiros anos de seu governo. Pela Carta Régia, de 18 de janeiro de 1790, e Provisão de 11 de fevereiro do mesmo ano, aumentou-se-lhe o soldo para quatro contos de réis anuais. Seus atos foram quase todos aprovados pelo Ministério Português. Tal aprovação, naturalmente, o induziu a fazer diversos melhoramentos materiais na Capitania.

Muitos outros melhoramentos receberia Pernambuco se terrível seca não o houvesse assolado entre 1791 e 1793.

O despotismo de tal governante, entretanto, implicou em queixas repetidas levadas a D. Maria I e a soberana, em 1798, o mandou retirar para Lisboa, entregando a administração dessa Capitania a um triunvirato composto por D.José Joaquim de Azeredo Coutinho, Bispo de Pernambuco, pelo Chefe de Esquadra Intendente da Marinha, Pedro Sheverin e pelo Desembargador Ouvidor Geral, Antonio Luiz Pereira da Cunha.

O principal ponto de atrito entre coloniais e Coroa era, ao findar o século XVIII, o problema tributário. Na medida em que declinavam as Rendas Reais sob o impacto

---

11 Um bom relato sobre o período nos é fornecido por José Bernardo Fernandes Gama. *Memórias históricas da Província de Pernambuco*, Recife: Typographia de M.F.de Faria, 1846, t. IV, p. 350-371.

do contrabando inglês e do esgotamento das minas, mais fechava o cerco da fiscalização Metropolitana[12].

A *Gazeta de Pernambuco* mostra-nos como os coloniais burlavam o fisco e usufruíam das arrematações, sob o beneplácito do Capitão-General D. Thomaz.

A substituição do D. Thomaz em 1798 e a posse do triunvirato, encabeçado por Azeredo Coutinho, implicou no arrocho da administração. Essa retomada do rigor tributário em muito deve ter influído para a Inconfidência dos Suassunas[13].

O autor relata os procedimentos usuais, na época, para a arrematação dos contratos da pólvora, das marchantarias das carnes frescas e do corte do pau-brasil.

Outro ponto importante do texto é a questão do provimento dos cargos eletivos da municipalidade. Outrossim, é-nos permitido captar a dinâmica do funcionamento das instituições e das atribuições dos funcionários.

3. As características da redação e do redator

Já assinalamos, anteriormente, tratar-se de caligrafia homogênea e da época. Ao mesmo tempo, ressalta o caráter fluido da linguagem do autor.

---

12 O cerne das manifestações emancipacionistas sempre foi o conflito entre os interesses da Metrópole e dos coloniais. É interessante assinalar que na Inconfidência Mineira, de 1789, tudo girava acerca da retomada do rigor fiscal por Barbacena. A esse propósito, é interessante citar que nas instruções por ele recebidas, em 1788, sobreleva o problema da arrecadação. Assim:
§4 "... a capitania de Minas (...) é uma colônia portuguesa vantajosamente situada (...); o nosso descuido, porém, e negligência e relaxação e abusos que nela deixamos, não só introduzir, mas radicar, nos tem privado (...) de quase todas (riquezas)..."
No § 80 lemos: "... mas porque aqueles povos resistem quanto podem a tudo que é, ou pode ser, útil ao patrimônio régio (...) porque todo o seu sistema consiste em se reservarem, quando podem, os meios e modos de fraudar a fazenda...". (Martinho de Mello e. Castro "Instrução para o Visconde de Barbacena". *Anuário do Museu da Inconfidência*, 2:116-154. Ouro Preto, 1953).

13 A Inconfidência dos Suassunas é um elo a mais na cadeia da conspiração nacional contra o domínio colonial. Os componentes da malograda conspiração, os irmãos Paula Cavalcante, tem como estopim a negação de se pagar o empréstimo que seria pedido aos coloniais para o pagamento de despesas de guerra contra a Espanha. É interessante notar que a Gazeta de Pernambuco coloca o Suassuna como protagonista de várias arrematações fraudulentas. Ora, o governo de Azeredo Coutinho voltou-se contra tal pratica, o que restringiu os privilégios do grupo.

Não se limita a narrar. São frequentes os comentários e as ironias. Em alguns pontos é extremamente sutil. Por exemplo, consta que D. Thomaz amasiara-se com a esposa do Ouvidor e o texto, ao relatar ter ela dado à luz, insinua, levemente, ser o governador o pai e que isto seria largamente comentado:

Maio 21

> aos três quartos para as três horas da madrugada pariu felizmente a mulher do Ouvidor fêmea. Teremos este grande batizado, de que será padrinho o Ilmo. Sr., cuja procuração já cá se acha. Amanheceu neste dia 21 um único edital em letra redonda, porém com a infelicidade que quase ninguém o gozou, pois que antes das 6 horas da manhã, certo Escrivão, sabendo ou vendo, o arrancou e com muita cautela".

A adjetivação critica e impiedosa do relato dos desmandos administrativos são coroados pelos comentários favoráveis à Administração Metropolitana, principalmente à Rainha. Isto parece-nos configurar o autor como estreitamente ligado a Portugal. Assim:

> ... a ordem da mesma Senhora, cujo espírito era unicamente beneficiar os povos, mesmo com a diminuição das Suas Rendas Reais no contrato do subsídio.
> Se eu tivera nisto voto, na presença de Sua Majestade...
> ...administrando o Contrato do Subsídio pela Real Fazenda, dentro de um ano contaria Sua Majestade o aumento do Subsídio das carnes, gozando o povo da utilidade e benefício de Sua Majestade, com abundancia do gênero (4 de fevereiro de 1791).

Um dos pontos essenciais que caracterizada as Gazetas Manuscritas era sua irreverência[14]. Já mais acima citamos o episódio do parto da "Sra. Ouvidora". EM outro trecho, o autor irreverentemente acentua o relacionamento íntimo entre essa senhora e D. Thomaz, a propósito de um início de incêndio na casa dela. Relata-nos que, ao chegar o General, a esposa do Ouvidor lhe dissera:

---

14 "Prudentes ante as instituições, apesar de insubmissos à censura tríplice do Reino, mostraram-se os gazeteiros arrojados na divulgação de ocorrências, enredos, boatos, escândalos e murmurações". (Carlos Rizzini, *op. cit.*, p. 96).

... venha Vossa Excelência para me fazer apagar o fogo de baixo e de cima (12 de maio de 1791).

Quando caracterizamos as Gazetas Manuscritas, especialmente no caso do *Folheto de Lisboa*, ficou claro que a periodicidade era um traço desse tipo de noticiário[15]. Entretanto, a *Gazeta de Pernambuco* se nos apresenta um relato contínuo, em frente e verso do papel, abrangendo 8 meses, entremeados pelos subtítulos *Suplemento a Gazeta de Pernambuco* e *Segundo Suplemento a Gazeta de Pernambuco*.

Fica uma dúvida. O manuscrito que nos chegou às mãos era o original distribuído na época ou se tratava de cópia tirada por algum leitor, englobando três periódicos?

Uma resposta poderia haver. Tratar-se-ia no caso de uma Gazeta-em-forma-de-carta, como a do literato José Soares da Silva, que era mais uma compilação anual de notícias veiculadas entre 1791 a 1716[16].

Em todo caso, a continuidade das notícias é certa, tanto que o documento finaliza com a afirmação: "Do resultado irá notícia".

Devemos, por enquanto, contentar-nos com conjecturas sobre o documento. Nosso interesse é que, divulgado, estimule as pesquisas para a descoberta de outros de igual gênero e seu estudo melhor nos permita a caracterização da veiculação de notícias no Período Colonial.

4. Versão atualizada[17*]

Na versão atualizada empreendemos a separação das palavras aglutinadas e a grafia atualizada dos vocábulos. Pontuamos também o texto, de acordo com o sentido das orações, mantendo, quando corretas, as pontuações originais. A concordância verbal e nominal, bem como a sintaxe e regência originais foram mantidas, buscando-se assim modernizar a ortografia, mas não a linguagem da época.

---

15 O *Folheto de Lisboa* saía aos sábados, com 8 a 18 páginas. Durou de janeiro de 1740 a dezembro de 1743, sendo continuado até fins de 1745 pelo Mercúrio de Lisboa. As Bibliotecas de Évora e Lisboa possuem coleções do Folheto, coligidas sob o título de Ano Noticioso e Histórico (*Idem, Ibidem*, p. 97).

16 *Idem, ibidem*, p. 99.

17 * As notas citadas encontram-se no final desta versão atualizada.

O texto oferece uma série de problemas de entendimentos: abreviaturas, vocábulos, termos jurídicos e administrativos, topônimos. Encetamos uma pesquisa e apresentamos, ao final, glossário para melhor elucidação do texto.

GAZETA DE PERNAMBUCO

Outubro 13 de 1790

Neste dia, a Câmara de Olinda fez rematar o denominado Contrato da pólvora a Luís de Castro Costa, e ao sócio, o Cirurgião-Mor do Regimento do Recife José Fonseca da Silva, sem que se soubesse o dia da mesma arrematação, havendo lançadores que por ignorarem e tudo se fazer ocultamente, se não achavam em Olinda, havendo a Lei de 28 de janeiro de 1788 que abule tal privilégio exclusivo da venda da pólvora[18]. Neste monopólio é interessado o Doutor Ouvidor Domingos José Fideles[19] e João Ignácio, criados do novo General[20].

Outubro 30 de 1790

Neste dia procedeu a Câmara do Recife na escandalosa rematação do denominado Contrato da pólvora aos mesmos acima, com a mesma formalidade, sem Editais, e havendo lançador a vista, que era António José Pires, o Doutor Juiz Vereador António José de Gusmão[21] só por si fez a dita rematação, de porta fechada, sem pregão.

---

18 As *Ordenações Filipinas* previam que se arrematasse o Contrato da venda da pólvora no dia da fixação dos Editais, por tratar-se de problema de segurança. Os abusos de tal procedimento levaram, entretanto, que D. Maria I o abolisse por Lei de 28 de janeiro de 1788 (Coleção das Leis de D. José I e D. Maria I, tomo IV).

19 Domingos José Fideles era secretário do Capitão-General D. Thomaz José de Mello (ou Mordomo). Era um privilegiado, que raras vezes não conseguia o que queria e que ainda se prestava a vinganças. Valia-se de sua ascendência para conseguir benefícios, violando as leis, prendendo, carregando de ferros e degredando, sem processo, os- cidadãos que lhe caíssem na indignação (Cf. José Bernardo Fernandes Gama, *Memórias históricas da província de Pernambuco*, Recife, Typographia de M.F. de Tare, 1846, t. IV, p. 369).

20 Os Governadores das Províncias Ultramarinas e do Algarve tinham patente de Capitães-jenerais. Trata-se aqui de D. Thomaz José de Mello, sucessor de José César de Menezes, a partir de 13 de dezembro de 1787, o 35º Governador de Pernambuco.

21 Os homens bons reuniam-se em Assembleia Magna para as eleições, elegendo seus delegados para estarem juntos dos juizes ordinários, os vereadores. Na legislação portuguesa tal prática remonta à Carta Régia de 12 de junho de 1391, que determinava que cada Conselho tivesse permanentemente uma lista de pessoas idóneas/para o desempenho dos diversos

Neste momento, entrando o Procurador da Câmara António de Barros Branco[22], a quem fez saber o tal Pires que se achava para lançar, o não quiseram ouvir. Irritado o Procurador, de tal procedimento, saiu pela porta afora sem querer assistir e nem assinar. E entrando o Pires para a casa da Câmara, por temer que tudo se faria ocultamente e dizendo: "Eu venho e quero lançar neste Contrato" - o Doutor Gusmão - enfurecido, o desatendeu, lançando-o pela porta fora, ameaçando-o com prisão, fê-lo retirar, fechou-lhe a porta, e dentro, com os outros, se fez o termo de arrematação, em que assinou somente o Gusmão e o Doutor Mariz, que chegou depois, sem mais outro Vereador, nem Procurador, tudo por inspirações do braço grande que nos governa, que impôs tudo mais acima. E mandados requerimentos que sobre isto houveram, vai conta a Sua Majestade.

Dezembro 29

Neste dia feriado foram juntas todas as Câmaras por ordem do Doutor Corregedor[23], cada uma em sua casa, sem saberem para o que. E nas casas apareceu o Mestre de Campo[24] Francisco Xavier Cavalcante por si, e seus Procuradores, para a ele se rematar o novo contrato das marchantarias das carnes frescas, o que tudo se conseguiu

---

cargos administrativos. Esta prática foi mantida em todas as compilações legislativas até o fim do Período Colonial (Joel Serrão, *Dicionário da História de Portugal*).

22 Advogados da edilidade. A eles vinham ter as queixas e reclamações populares. Devia verificar o estado das casas, fontes, pontes, requerendo à Câmara os reparos necessários. Nos Conselhos Brasileiros sua atividade se alargou. Seu cargo passou a constituir-se em pela de valor acentuadamente político (Edmundo Zenha, *O município no Brasil*, São Paulo, Progresso Editorial, 1948, p. 69). Era cargo de eleição popular que tinha ainda atribuição de fiscalizar as multas, que, não cobradas em tempo oportuno pelo rendeiro ou arrematante, passavam a pertencer ao Conselho (Max Fleiuss, *História administrativa do Brasil*, 2 ed., São Paulo, Melhoramentos, 1925, p. 46).

23 Como a organização das justiças ia estendendo-se mais uniformemente, deixou-se aos alcaides o governo militar, enquanto aos corregedores se confiaram os assuntos de justiça e de administração civil, como delegados do Rei, mas sujeitos à hierarquia judicial. Com as Ordenações Filipinas mantiveram-se os juízes-ordinários e os vereadores, com os procuradores do conselho e dos mesteres, deliberando sob a presidência do juiz-de-jora. Os magistrados agentes do poder central (os corregedores das comarcas) só atuariam como elementos fiscalizadores e corretores, deixando toda a iniciativa aos oficiais do conselho (Joel Serrão, *Dicionário da História de Portugal*).

24 Assim eram chamados os chefes das tropas auxiliares, até 1796, quando passam a chamar-se regimentos, estas, e coronéis de milícias, aqueles (*Idem, ibidem*).

antes de findos os dias dos Editais, menos na Câmara do Recife, que representou ao Doutor Ouvidor[25], por carta, que não estavam findos o termo dos Editais, além do que a Junta[26] não ordenou às Câmaras arrematarem e sim aceitassem os lanços, de que dariam conta à mesma Junta, para esta a vista da lei ordenar o que lhe parecesse. Mereceu esta carta a política de tornar aberta à Câmara, sem resposta mais que vocal que fizessem o que entendessem. O resultado disto foi que, tendo saído no dia 4 de dezembro eleito Procurador de Barrete[27] Antonio de Barros Branco, por escusa de Francisco Machado Gago que o era de Pelouro[28], em virtude do que se lhe havia passado sua carta de usança[29].

---

25 Era o ouvidor, depois do capitão e do governador da capitania, a grande figura de autoridade. Ao lado de sua função judiciária, que era predominante, exercia também função administrativa, de certo v modo equivalente, junto ao capitão, às de seu secretário de Estado: Competia ao capitão nomear o ouvidor, de conformidade com a lei (Waldemar Martins Ferreira, *História do dirieito brasileiro*, São Paulo, Freitas Bastos, 1951, t. l, p. 101).

26 Entre as Reformas Pombalinas cumpre assinalar a criação das Juntas da Real Fazenda, instituídas por Carta de Lei de 10 de abril de 1769, para administrar a fazenda pública em cada colónia (Marcelo Caetano, As reformas pombalinas e post-pombalinas respeitantes ao Ultramar. In: A. Baião et alii (org.), *História da Expansão Portuguesa no Mundo*, Lisboa, Ática, 1940, t. II, p. 256).

27 Na vaga dos oficiais do Pelouro elegiam-se, sem as formalidades usuais, seus substitutos legais, os de Barrete: "E se pesso que em algum pelouro sair, for falecida ou absente, de maneira que não espere vir tão cedo ou foi impedido de impedimento prolongado, juntar-se-ão os Oficiais da Câmara com os homens bons ... escolherão quem sirva o ofício, no lugar do morto, absente ou impedido" (Ordenações Filipinas, livro I, título 67, § 8. In: *Código Filipino ou Ordenações e Leis do Reino de Portugal,* copiladas por Cândido Mendes de Almeida, Rio de Janeiro, Instituto Philomático, 1870).

28 Tanto os Juízes ordinários, como os vereadores, procurador, tesoureiro e escrivão, eram eleitos por três anos pelo sistema indireto instituído nas Ordenações Filipinas, livro I, título 67, pelas oitavas do Natal, no último ano de seus mandatos. Assim sufragados eleitoralmente, eram chamados de pelouro, pelo fato de que cada nome recenseado era escrito num papel, o qual era encerrado em pequena bola de cera (pelouro). No dia aprazado para a renovação dos cargos municipais abriarse a arca, tiravam-se os pelouros de cada cargo e os lançavam num saco, do qual um garoto-àe sete anos retirava à sorte aquele que ia servir no ano seguinte.

29 Carta de usança ou carta para usarem, era o título de confirmação das eleições (*Ordenações Filipinas,* livro I, tit. 67, § 8).

Dia 1.º de janeiro de 1791

Neste dia em que se havia de dar posse às novas Câmaras, foi anunciado o eleito Procurador do Recife, o Doutor Barros, pelo escrivão da Correição[30] a ordem do Doutor Corregedor para que entregasse a carta de usança, o que fielmente executou-se, e que não fosse à Câmara tomar posse, porquanto se achava impedido para isso, tanto por ter acabado de servir, e não ter ainda dado contas de seu recebimento, como porque tinha ele Corregedor ordem em si, de Sua Majestade, para informar de sua conduta e capacidade[31]. Esta mesma embaixada foi levada à Câmara pelo dito Escrivão, que de tudo se fez assente e termo nos livros da Câmara. Nesse Passo foi chamado Manuel Duarte Palheiros que já servira de Procurador para encher o dito lugar, no qual ficou provido com nomeação da Câmara interinamente, enquanto se provia outro de Barrete na forma de Ordenação e Lei.

Janeiro 8

Neste dia mandou a Câmara afixar Editais para a nova Eleição de Procurador.

Janeiro 12

Dia em que juntos os Repúblicos para a eleição do novo Procurador foi esta suspensa por despacho do Doutor Ouvidor, a requerimer de Ignácio de Faria e Andrade, por ter na eleição pretérita tido votos com o expulso Antonio de Barros Branco, e que visto ter decaído posse, a ele pertencia o lugar como representação de Morgado ou postos que têm imediatos, quando as eleições expiram logo que se dão por feitas.

Janeiro 13

Neste dia recebeu a Câmara carta da Junta da Real Fazenda, e que informado o Ilustríssimo e Excelentíssimo Presidente do mal que praticara nas rematações das marchantarias das carnes, fizessem fixar novos Editais com o prazo de 15 dias para

---

30 As funções e a jurisdição dos almotacéis eram basicamente fiscais, mas de larga abrangência. Eles acompanhavam os vereadores de correição, presidiam a uma corte fiscal (juízo de almotaçaria) para examinar e condenar os infratores dos editais municipais relativos ao comércio e atividade de mercado e faziam constantes inspeções das licenças. Auxiliados por um escrivão, os almotacéis garantiam que as ruas fossem reparadas, os arbustos arrancados e o lixo eliminado da cidade (AJ.R. Russel Wood, *O governo local na América Portuguesa*: um estudo de divergência cultural, *Revista de História*, 60(109):25-80. São Paulo, janeiro/março, 1977).

31 Quando os Procuradores concluíam seu ofício, davam conta perante o Escrivão de como deixavam os negócios do Conselho (Max Fleiuss, *op. cit.*, p. 46).

neles darem os seus lance e preferir o que por menor preço oferecesse, por ver os açougues sem falência de carne fresca.

Janeiro 19

Neste dia apareceu em Câmara, onde se achava o Juiz Vereador José Ignácio Álvares Ferreira e o interino Procurador Manoel Duar Palheiros, Ignácio de Faria e Andrade e nela apresentou uma carta de usança do Corregedor para servir o lugar do Procurador, para o qual nem tivera eleição da Câmara, nem carta do serviço que por tal o reconhecessem, com a qual é que requerendo ao Corregedor lhe deva dar a carta, de usança, pedindo que lhe dessem posse, ao que se lhe responde que, além de não estar solenemente feito ali, se não achava Câmara completa para lhe conferir a tal posse. Retirando-se, voltou logo ao senado dizendo que o Doutor Corregedor ordenava que dissessem por escrito a causa de se lhe não dar posse, ao que se respondeu que a mesma razão de não ter Câmara completa, pela mesma se não escrevia a devida. Retirando-se, veio o Meirinho Geral[32] à Câmara e da parte do Ouvidor, que José Ignácio quando saísse da Câmara lhe falasse. Indo lhe fez as mesmas perguntas e ele respondeu o mesmo já dito, e finalmente lhe disse o Ouvidor que fosse fazer sua obrigação, e veja que não sou o Alvarenga.

Já nesse mesmo tempo tinha dado o lanço de 560, 6 meses e 720, os outros 6 meses, Bento José da Costa e para seus fiadores Domingos Afonso Ferreira, José Joaquim Jorge e João do Rego Falcão, e por esta causa foi a prorrogação de mais 15 dias, enquanto o Doutor Ouvidor tomou sobre si procurar cada um dos interessados e convencer a admissão e pertenção do mesmo, e que não lançassem menor preço. O que assim pactuado é o Suassuna[33], por diferentes nomes, o Contratador e Caixa de tal negociação e monopólio. Que tudo soube urdir e a todos embaraçar que lançassem o Doutor Ouvidor andando de porta em porta como interessado e enviado por quem tudo quer e nos manda. E eis aqui o benefício que esperávamos, resultado em um

---

32 "Meirinho era palavra correntia cuja ressonância ainda de todo não se esvaiu, porque se designava o oficial de justiça que citava, intimava, penhorava e cumpria ordens provindas de juízes, corregedores, ouvidores, provedores e demais autoridades judiciárias" (António Vanguergue Cabral, *Prática judicial,* ed. de António Simões Ferreira (Coimbra, 1730), apêndice, p. 74, citado por Waldemar M. Ferreira, *op. cit.*, p. 124).

33 O nome Suassuna (um pássaro do Nordeste) era dado a um grande engenho próximo a Recife. Só temos notícia de que, em 1801, pertencia a Francisco de Paula Cavalcanti Albuquerque. Entretanto, a Gazeta de Pernambuco refere-se ao mestre-de-campo Francisco Xavier Cavalcante, como o Suassuna, o grande valido.

grande malefício, pelas mãos dos homens cegos de ambição. Fato mais escandaloso e público nunca se viu neste país ultimamente.

Fevereiro 4

Neste dia em que finalizou os termos dos Editais apareceu o mesmo Bento José da Costa em Câmara e tornou a oferecer o referido preço já por ele dado, sem oposição de pessoa alguma. E na Cidade de Olinda José Joaquim Jorge foi o lançador e Domingos Afonso, seu fiador. E fiquemos com 10 palmos de nariz e não sejam asnos.

Em Igaraçú[34] rematou Ignácio de Faria e Andrade. Em Serinhaém[35] o mesmo Ignácio de Faria e deste modo deram a mágica por feita. Finalmente, indo os lances à Junta da Coroa, o Doutor Manoel de Araújo Cavalcante não deu seu voto, que se rematasse sem dar conta a Sua Majestade, mostrando que na sua opinião não estava satisfeita a ordem da mesma Senhora, cujo espírito era unicamente beneficiar os povos, mesmo com a diminuição das Suas Rrendas Reais no contrato do subsídio.

Se eu tivera nisto voto, na presença de Sua Majestade ou de algum dos Senhores Ministros, eu dissera que a melhora do povo neste horrível monopólio não consiste mais do que abolir a condição, primeiramente do Contrato de Subsídio que faculta matar gados quem vende ficando, quando assim pratica, incluído na classe dos marchantes, em tudo sujeitos ao que são aqueles, sem preferência de comprar ou outros alguns privilégios, que o mais que eles gozam nasce das proteções e indulgências concedidas pelos senhores Generais. Esta condição, pela nova criação do Contrato das Marohantarias fica abolida, e esta só era bastante para evitar excesso tão formidável contra o povo. Tirada a permissão de matar gados ao Contratador dos Subsídios, ficando livre ao criador e marchante prover os açougues pelas mesmas taxas, animados no tempo da falta com o acréscimo de 80 por arroba, administrado o Contrato de Subsídio pela Real Fazenda, dentro de um ano contaria Sua Majestade o aumento do Subsídio das carnes, gozando o povo da utilidade e benefício de Sua Majestade, com abundância do gênero.

Tudo que pelo contrário se dispuser, é fazer gemer o povo com um gravame de mais de 130.000$000, ficando nas mesmas circunstâncias de comer carne quando

---

34 Termo, Município, Freguesia e Vila, situada em terreno elevado à margem do rio Santa Cruz, a cinco léguas de Recife. Fundada por Duarte Coelho, 1.º Donatário de Pernambuco (Manoel da Costa Honorato, *Dicionário topográphico, estatísiico e histórico da Província de Pernambuco*, Recife, Imprensa Universal, 1863).

35 Termo, Município, Freguesia e Vila, situada sobre a margem do rio do mesmo nome, a 16 léguas a sudoeste do Recife. Fundada por Duarte de Albuquerque Coelho, 4.º Donatário de Pernambuco, a 1.º de julho de 1627 (*Idem, ibidem*).

houver abundância e fizer conta ao Contratador dar. A obrigação é um fantasma, porque jamais esta negociação passa de monopólio de Pafácios, ministros, sejam quais forem, pois ainda se não deu em descoberta melhor para em um ano enriquecer-se. Finalmente, onde o não há El-Rei o perde, esta será a resposta, na falta e no furto do peso dos açougues. E se podia estabelecer outro Contrato que bem poderia dar os seus sessenta ou mais mil cruzados, quem tivera à felicidade de fazer que esta pura verdade subisse ao Trono e que Sua Majestade, cheia de piedade, lançasse a sua vista./sobre este desgraçado povo, fazendo abolir tal Contrato, tomando a sua administração pela Sua Real Fazenda ou deixando livre aos criadores e marchantes o fornecimento dos açougues, ficando pela Fazenda Real o Contrato dos Subsídios das carnes, que a 22 de março há de rematar o Suassuna, para fazer o feáho de um outro, ganhando um horror de cabedal e matar-nos[36].

Fevereiro 19

Neste dia foi o celebérrimo adjunto da Câmara Nobreza e Povo, com presidência do Doutor Ouvidor e Juiz de Fora[37], para o novo tributo que intenta o Senhor General estabelecer, de 30% em cada uma arroba de algodão, a título de patrimónios de Lázaros e Casa dos Expostos[38]. Por todas as Câmaras[39] se fez o referido adjunto e

---

36 Volta a referir-se ao Suassuna como grande privilegiado das arrematações.

37 A presença dos vereadores não era julgada suficiente e ao poder central convinha mais, à isenção dos julgamentos, um juiz enviado de fora para que, nas suas decisões, não fosse movido por compadrio de influências familiares. Entretanto, o motivo real de sua presença era o de ensejar a El-Rei chamar para si o poder jurisdicional (Waldemar M. Ferreira, *op. cit.*, p. 106).

38 D. Thomaz José de Mello construiu em Recife uma nova Casa dos Expostos, começada em 1789 e aumentada em 1795. É de sua administração, a construção do Lazareto em Santo Amaro. Tais .obras foram financiadas pelo produto de certas multas, bem como pela venda de patentes honoríficas. Uma das preocupações do General era aumentar as rendas municipais e, a esse propósito, vem a ideia de cobrar 30 réis por arroba .de algodão como Património de Lázaros e Casa dos Expostos (José Bernardo Fernandes Gama, *op. cit.*, p. 363-365).

39 "Nas cidades e vilas que não eram sede do Governo ou Capitania Geral, então o Senado da Câmara constituía a autoridade estável, única providência constante através da mudança dos Capitães-mores ou dos outros agentes subalternos da Coroa. Vemos as Câmaras organizar a defesa militar das povoações, cobrar tributos não permitidos, fazer alianças políticas entre si, representando o papel de pequenos Estados. Nos domínios ultramarinos, como de resto no Reino, as Câmaras estavam longe de ser órgãos democráticos. A desig-

felizmente conseguiram o consentimento como oferecimento, pois em nenhuma das Câmaras votaram os fabricantes deste género.

Na Câmara do Recife, porém, opuseram os comerciantes e o Doutor João de Deus Pires Ferreira, em nome de todos, fez uma fala digna de seus talentos, mostrando as consequências dos donativos, a pouca precisão deles. Isto porém não fez ceder a desordenada paixão que nesta oposição causaram os negociantes. Com desprezo foram tratados, em separado, se lhes tomaram os votos que lhe foram entregues, e continuaram com a sua Assembleia, a que chamaram oferecimento das Câmaras, Nobreza e Povo. Nasceu disto ódios, inimizades do Senhor General e Ouvidor contra os que não convieram unir, de ordens que adiante se dirão.

A Praça, já pela Carolina, mandou a primeira via representando a Sua Majestade a razão de sua dúvida e continuará nas outras. Deus lhe ponha a virtude e nos queira livrar de tanto flagelo que sementou António Xavier e tem reproduzido no presente Ministro, com aumento considerável.

No Saibu vai o grande José Monteiro, uns dizem que mandado retirar pelo Senhor Seabra e ele diz que para tomar que lá o esperem e façam ver este grande ladrão.

Para ao depois, continuarão

O Barão de Massamedis parte para Lisboa neste mês de março. Faleceu Manoel Ferreira Viana de uma grandiosa paixão que juntamente tomou, em consequência de uma repreensão pública que o nosso Exmo. General lhe deu por ter o Trapiche impazado com algumas caixas de açúcar. E indo o dito a dar sua desculpa, o não quis ouvir, dizendo-lhe lhe havia de meter a bengala pela boca abaixo, injuriando-o afrontosamente, quando é próprio estarem os Trapiches sempre impazados logo que labora a safra. De que resultou o dito ir para casa e quando foram 3 horas da madrugada deu a alma ao Criador. Vindo-se agora a descobrir ser ideia a fim de desgostar o dito defunto para que largando o referido e dar como deu ao seu afilhado, vendo-se agora por, a concurso de carga, o mesmo mais impazado que nunca; não obstante ir lá várias vezes o dito, agora não diz nada.

SUPLEMENTO A GAZETA DE PERNAMBUCO

Março 22

Neste dia rematou Francisco Xavier Cavalcante o Contrato do Subsídio das carnes com 500% sobre o ferro, que é sobre o preço que o trazia, sem que aparecesse

nação de seus vereadores era condicionada por prévia seleção dos elegíveis da Coroa e, de fato, o governo municipal pertencia, por via de regra, a uma oligarquia (Marcelo Caetano, *op. cit.*, p. 259).

pessoa alguma que se lhe opusesse, havendo muitos que o pretendessem, porque o General espalhou a notícia que o Suassuna lançava até 130 mil cruzados, preço que só a ele faria conta, e que ele não desistia e por preço algum o largava. À vista disso e da indignação em que ficaram os lançadores, ninguém lá foi. E o Doutor Ouvidor, por outra parte, fez ver que só o Contrato do Subsídio o devera trazer quem trouxesse o das matanças,. pois que este podia arruinar aquele. Sem prejuízo seu, estas vozes e o temor de faltarem as proteções do Senhor General no Subsídio das carnes do sertão, que é a grande vantagem deste contrato, esmoreceram os pretendentes e levou a vitória o grande valido, em prejuízo da Fazenda Real, pois valendo o Contrato dos Subsídios 34.000 Rs quando há 6 meses. Certos no ano de falta de matanças, quanto poderia subir, havendo a obrigação de se matar redondamente todo ano.

Abril 4

Embarcou no Polifeno para Lisboa o Senhor Barão de Massamedís e deu a vela a 5 do mesmo. Testemunha ocular, bem cheio e informado vai das mágicas e absurdos que viu, ninguém melhor do que ele pode informar o Ministério do que passamos. Leva em sua companhia uma moça que trouxe da Uma. D. Joaquina, Ouvidora de Pernambuco[40], que desesperada a boa rapariga, fugiu da maldita e valeu-se do Senhor Barão, em cuja companhia vai e lá dirá o que viu e sabe desta heroína e seu companheiro.

Abril 10

Nesta Dominga de Lázaro[41] se encarceraram os míseros enfermos deste mal no novo hospital, aonde mais brevemente perecerão às mãos da necessidade e desumanidade. Cuja ação se fez com sublevação, mandando-se na noite antecedente, pelas Tropas Auxiliares que se fizeram juntar, de noite, de capote e espada, invadir as casas de suas residências com a relação delas, dos doentes e seus nomes. E os que se pegaram foram conduzidos ao lugar de seu degredo até que de manhã, com a chegada do Senhor General, Bispo, toda a grandeza da terra, médicos e cirurgiões, se fizesse um exame dos que estavam perfeitamente contaminados para ficarem, e os que não estavam confirmados se retiraram, com espera de tempo para dentro dele se apresentarem e examinarem- se, estarem livres ou merecerem ficarem na mesma habitação. Esta

---

40 Consta que o Senhor General se amancebara publicamente e pela Galeto tratava-se de Dona Joaquina, esposa do Ouvidor.

41 5.º Domingo da Quaresma em que se lê, durante a Santa Missa, o Evangelho segundo São João 11, 1-45.

notícia se corrompeu tantos dias antes, que deu tempo a não aparecerem a terça parte dos que havia, que o mais fugiram. Os prudentes ajuízam que assim se premeditou para que houvessem menos para entrar no hospital, por evitar maior despesa.

Fincaram-se os arcos da ponte e o resto de madeira assim fica sobre ela. Continua a calçada de pedra para igualar com a outra metade desta ratoeira. Temem todos os perigos, pois que arruinadas as estivas se não pode ver o estado dela debaixo da calçada e de alguma vez se abrirá um alçapão que engula aos que nela passarem.

Fica a partir no Saibu o Senhor José Monteiro para Lisboa ainda que para tornar, deixando esta terra multo saudosa. Fica em seu lugar o Senhor João Batista, que eu não conheço, Ministro Deputado e assistente dos Despachos, que dizem não ter menos merecimento que seu antecessor e já obra bastante milagres. O Senhor Monteiro não fez a fortuna que esperava, nem o povo dizia, pois só se retira de sua parte com 20 mil cruzados. Se tornar, do que Deus nos livre, poderá aumentar mais com este pequeno fundo. Já Pernambuco chora António Xavier, ainda que o reconheceu pelo primeiro Mestre e que ele tudo se deve, pensem agora em que estado estamos e o que sofremos as levadas, despotismos, e vinda de despachos, sentenças, não se fala. Ninguém se entende e se Deus se não lembrar de nós, morreremos doidos. O melhor que temos é Juiz de Fora, que ainda não perdeu a honra e o temor de Deus.

A 23 de março faleceu João Pedro de Moraes, contador do Erário.

A 14 de abril faleceu o Médico João Francisco de Sousa. Faleceu a viúva do Viana. Foi seu testamenteiro e herdeiro da 3.a D. Jorge. E porque os herdeiros não queriam fosse ele o inventariante, foram chamados a casa do Ouvidor, à voz do Senhor General e ameaçados que o que contendesse com o Coronel; para este tinha o Senhor General prisões, ferros, Caluta, Angola, Caconda[42]. Os chamados para isso foi o Doutor João Coelho de Sousa, Manoel Corrêa de Araújo e Joaquim Pereira Viana. À vista destes procedimentos o Juiz de Fora se deu por suspeito, não quis fazer o inventário. O Ouvidor pensou na asneira, botou-se de fora. Não se faz o inventário porque não há Ministros. O Juiz de Fora ficou mal visto do General. José Coelho, queixando-se ao General do absurdo do Ouvidor, foi asperamente repreendido e logo excomungado para não por pés em Palácio. Negou-lhe o passaporte para ir a Corte queixar-se. D. Jorge de posse dos bens. Viva quem vence. Morra tudo doido. Não chove. Grande fome nos ameaça. Ficamos em preces por chuva. Tem havido muitas doenças e mortandade. Seja Deus louvado que mais lhe merecemos[43].

---

42 Como assinala Fernandes Gama, era D. Thomaz dotado de um génio arbitrário e seus meios governativos cifravam-se no terror. Aqui vemos a ameaça de prisão, ferro e degredo.

43 De 1791 a 1793 assolou Pernambuco uma grande seca, morrendo no sertão milhares de pessoas.

SEGUNDO SUPLEMENTO A GAZETA DE PERNAMBUCO

Maio 11

Por não confessar António Joaquim, homem branco, natural do Porto, quanto queria o Doutor Ouvidor, nas perguntas extra-judiciais que lhe fez, mandou-o levar à Cadeia, por dois ventenários e pelo seu Escrivão da Correção, que na grade da Cadeia o açoitasse com bacalhau até confessar. Vendo o Escrivão semelhante absurdo, ficou parado e enternecido, até que lhe representou tal coisa nunca se praticara. Reformou a primeira ordem a instâncias do Escrivão e mandou fizesse este cumprir o determinado, levando o réu a açoitar no quarto do carcereiro. Indo o dito Escrivão, consternado, fazer a referida exação, o carcereiro repugnou semelhante procedimento e trataram com o Escrivão demorar a exação, espaçando uma hora. Fez ir o Escrivão ao mesmo Ministro dizer que o carcereiro impugnava a exação, por não haver costume nem lei, nem exemplo, de açoitar homem branco, ainda forros, a bacalhau. À vista disso, o mandou meter no segredo. Este caso se divulgou logo e fez um escândalo geral a esta terra e ao mesmo General.

Maio 12

Pelas três horas e meia da madrugada se sentiu estar ardendo o fogão da casa do Ouvidor. Tocou-se rebate, muito toque de/sinos. Na forma do costume foi o Senhor General. E a Senhora Òuvidóra estando no mês de parir não se assustou, nem perigou. Antes recebeu ao General com uma bernardíce: "Venha V.Exa. para me fazer apagar o fogo de baixo e de cima". Finalmente, tudo não passou d'o fogão, sem prejuízo seu e só com detrimento do hospital, pelo estrago que se fez para vedar que o fogo incendiasse para diante. Com o sucesso mais se amotinou o povo, atribuindo a castigo do que no dia antecedente havia ele projetado, de sorte que foi geral o sentimento de não fazer estrago o fogo. Tanto vexado se tem visto o nosso Ouvidor de tal asneira, que para a corroborar, se resolveu a ir pessoal a audiência no dia 17.

17 de maio

E na audiência, dispostas as figuras que nela haviam de falar, perguntou o Doutor Ouvidor de público, se algum deles, por escrito ou por ordem sua se havia açoitado algum preso, homem branco ou pessoa forra. Ao que responderam todos que não. E ó perjuro do Escrivão da Correção foi chamado ao carcereiro e perguntado do mesmo modo. E foi o que melhor respondeu que não, pois a ordem não foi dirigida a ele. E disto mandou lavrar termo nos protocolos das Audiências e .uma cópia a levou ao Sr.

General para provar a sua inocência neste caso. Nesta mesma Audiência se ia apresentar o réu do fato com sua Carta de Seguro[44]. Houve toda a cautela cfo Escrivão da Correção que embaraçou para não entrar. Deu por apresentado, até que o impôs para não assistir a Audiência. De tarde, tomando o réu a audiência do Juiz apresentar a Sua Carta de Seguro, os letrados se alegraram & gritaram: "Ecce Orno". E perguntado disse a verdade do caso,.as_promessas que havia cumprido por ter se livrado de semelhante injúria e que não aparecera de manhã pelo não querer deixar entrar o Escrivão Público[45].

Para a relação da Bahia se expede agora um agravo dos autos chamados de Castela[46], provenientes de uma levada ou ação verbal que praticou o Doutor Ouvidor, cujo agravo o instruiu otimamente o Doutor o Padre Bernardo. E não havendo quem respondesse, sustentado de direito, por insinuação do Ministro o mandou para o Doutor Antunes, que se valesse das Leis e Costumes de Castela. Assim fez o Antunes. E nesse bordão se pegou o Ministro dizendo: "Não agravo ao agravante, porquanto em Castela, reino vizinho ao nosso se praticava assim"[47].

Maio 21

Aos três quartos para as três horas da madrugada pariu felizmente a mulher do Ouvidor fêmea. Teremos este grande batizado, de quem será padrinho o Ilmo. Sr. cuja procuração de cá se acha. Amanheceu neste dia 21 um único edital em letra redonda, porém com a infelicidade que quase ninguém o gozou, pois que antes das 6 horas da manhã certo Escrivão, sabendo ou vendo, o arrancou e com muita cauteía.

Continuarei

---

44 Não encontramos referências sobre o que era Carta de Seguro. Pelo contexto, dá-nos a impressão de espécie de habeas-corpus.

45 Escrivão Público ou Escrivão de Correição tinha também a seu cargo, como secretário, a guarda e. escrituração do livro da Câmara. Tinha uma das chaves da arca do Conselho e como escrivão judicial funcionava nas causas de jurisdição do mesmo Conselho (Max Fleiuss, *op. cit.*, p. 47).

46 A fornia e funções desse tribunal assemelhavam-se às da Casa de Suplicação de Lisboa e, para suprir o regimento, nos casos não previstos, devia ser invocado o daquele tribunal português. Eram dez os membros da Relação. Foi criada por Lei de 7 de março de 1609. Em 13 de outubro de 1751 criou-se a Relação do Rio de Janeiro (Marcos Carneiro de Mendonça, Raízes da formação administrativa do Brasil, Rio de Janeiro, Conselho Federal de Cultura, 1972, p. 371-375).

47 Toda a jurisprudência era baseada na Legislação Filipina e influía nas decisões a forma como era praticada a lei em Castela.

A 10 de junho se há de rematar o corte do pau-brasil por estanco e contratados a benefício da Casa Grande, para que nela haja mais este , ramo de negócio. E me persuado que em nome do Suássuna será feita a arrematação, bem me entende[48]. Do resultado irá notícia. No Saimbu espere Vossa Mercê o Ouvidor da Loje, o limo. José Monteiro.

Anexo I
Principais abreviaturas

Alz – Alvez ou Alvarez
And^e - Andrade
anteced^e - antecedente
Ant^o - Antonio
Assit^e - Assistente
Cav^{te} - Cavalcante
Cid^e - Cidade
Comp^a - Companhia
Corr^a - Correa
Corr^{am} - Correição (correçam)
d^a - dita
d^o - dito
Dir^{to} - Direito
D^{or} - Doutor
Erdo^s - Herdeiros
Exmo – Excelentíssimo
Fazd^a - Fazenda
Ferr^a - Ferreira
Fran^{co} - Francisco
Illmo – Ilustríssimo
Joaq^m - Joaquim
Joaq^{na} - Joaquina
L^a - Lisboa

---

48 O corte do pau-brasil nessa época ainda se fazia com alguma intensidade no Nordeste. Lembremo-nos ser a época da Revolução Industrial Inglesa. Esta arrematação também deveria ser conseguida pelo Suassuna e reforça-se aqui a vinculação do engenho do mesmo nome, pelo aparecimento do termo "Casa Grande".

M^{el} - Manoel
M^{ma} - mesma
M^{mas} - mesmas
M^{mo} - mesmo
M^{es} - meses
M^{e} - Mestre
Min^{o} - Ministro
Montr^{o} - Monteiro
Mt^{a} - muita
Mt^{o} - muito
Obrig^{am} – obrigação
Ouv^{or} - Ouvidor
Ouv^{a} - Ouvidoria
P^{a} - para
P^{e} - Padre
Porq - porque
Prim^{a} - primeira
Pro^{cor} - Procurador
Pub^{co} – Público
Q^{do} - quando
q' ou q^{e} - que
q^{m} - quem
R^{e} - Recife
Sem^{e} - semelhante
Snr - Senhor
Snr^{a} - Senhora
Snr^{es} - Senhores
Sz^{a} - Souza
S. Mag^{e} – Sua Magestade
Trap^{e} - Trapiche
Testamentr^{o} - testamento
Test^{a} - testemunha
V.Exª - Vossa Excelência
X^{er} - Xavier
...d^{e} - ...dade
...m^{te} - ...mente
...m^{to} - ...mento

Anexo II
Glossário de vocábulos da época

(R.B.) - BLUTEAU, Raphael - *Dicionário,* Coimbra, Real Colégio das Artes da Cia. de Jesus, 1713.
(G.E.P.B.) - Grande Enciclopédia Portuguesa e Brasileira.
(J.S.) - SERRÃO, Joel (org.) - *Dicionário da História de Portugal.*
(MS.) - SILVA, António de Morais - *Grande Dicionário da Língua Portuguesa,* 10.a ed., Lisboa, Confluência, 1950.
(Viterbo) - VITERBO, Frei Joaquim da Santa Rosa de - *Elucidário das palavras, termos e frases,* ed. crítica por Mário Fuíza. Porto, Civilização, 1966, 2 v., Porto - Iniciativas Editoriais, s/d.

adjunto - sócio e companheiro de alguém em uma empresa ou negócio (R.B.).
audiências - ação de estar ouvindo alguém; audiência é também o lugar onde as partes vão requerer de sua justiça em certos dias de cada semana; chama-se audiência por ouvirem os ministros as partes (R.B.).
bernardice - (de bernardo) dito, modo, costume próprio do frade bernardo; coisa disparatada; asneira; tolice (M.S.).
bocal - por boca; vocal; oral (R.B.).
casa grande - a que é opulenta; sede-de_engenho (M.S.).
contender - disputar; altercar; litigar (M.S.).
corromper - (notícia) divulgar de boca em boca (R.B.).
comerciantes - o que pratica o comércio; mercador; negociante; traficante (M.S.)
embaixada – mensagem, comissão que se dá a alguém para ir dizer a outro alguma coisa.
Estivas - é palavra italiana ou deriva-se do francês estive; é o contrapeso da carga do navio, que se dá a cada lado dele para o ter em equilíbrio; suportes, estacas de pontes (R.B.).
Expostos - lugar exposto à vista de todos; corpos lançados fora do campo; crianças postas na Roda; órfãos abandonados (R.B.).
Fabricantes - produtores (R.B.).
Falência - falta por ignorância ou por engano (R.B.).

Hospital - lugar público em que se curam doentes pobres (R.B.).

Impazado - deriva-se do italiano *impaccio*, que quer dizer embaraço, impedimento; sem recorrer à língua italiana poderia derivar do português *empacho*, que tem também analogia com o italiano; sobrecarregado (R.B.).

Labora - (a safra) despacha a safra no porto (R.B.).

Lázaros - chamam-se lázaros e lazeirentos aos leprosos, porque o pobre Lázaro estava cheio de chagas (R.B.).

letrados - advogado; título díadp aos juristas porque das suas letras todos fiam os seus pleitos (R.B.).

levada - representação (R.B.); o mesmo que leva de presos (Viterbo).

mágicas - magia; feito que não se explica naturalmente (M.S.).

marchantaría - tributos sobre a carne (M.S.).

marchantes - mercador de gado para o açougue (R.B.).

morgado - (representação de) conforme os bens de morgado; bens vinculados de sorte a não se poderem alienar, nem dividir, o successor justamente os possuía na mesma forma e ordem (R.B.).

ministros - aqueles que têm qualquer ofício na República (R.B.).

palácio - paço (R.B.).

praça - lugar público; jurisdição (M.S.).

previdência - ou providência.

repúblicos - zeloso do bem da República; amigos do bem público; vereadores; oficiais (R.B.).

subsídio - auxílio-ajuda (R.B.).

trapiche - armazém de mercadorias exportadas ou para exportar (G.E.P.B.); entreposto no qual os açúcares esperam o embarque (J.S.).

ventenários - o mesmo que vintenário ou vintaneiro; indivíduo que pertence a uma vintena (grupo de 20 militares); mancebos capazes de pegar em armas (G.E.P.B.).

Cultura escribal e o movimento sedicioso de 1798: A *Pecia*

Marcello Moreira
Universidade Estadual
do Sudoeste da Bahia

No conjunto de estudos publicados ao longo das últimas décadas sobre o movimento sedicioso que agitou a Cidade da Bahia na década de 90 do século XVIII, conquanto se tenha discutido, com ampla divergência no que respeita às interpretações propostas, à significação política da sedição e sua composição humana, deixou-se de lado, no entanto, a análise pormenorizada de práticas culturais importantes para o entendimento da produção e do fluxo de informação na maior cidade colonial da América portuguesa de então. Mesmo Kátia Mattoso[1], que se interessou mais de uma vez pelo estudo dos escritos franceses que circularam na Cidade da Bahia em fins do século XVIII e, também, dos pasquins que foram dispersos no dia 12 de agosto de 1798 em inúmeros logradouros e edifícios públicos, não se deteve no escrutínio das práticas produtoras do manuscrito de caráter sedicioso em uma cultura eminentemente escribal como era aquela da Salvador de fins dos Setecentos.

Pode-se asseverar que os estudos cronologicamente antecedentes aos trabalhos mais recentes de Kátia Mattoso, de Istvan Jancsó, de Affonso Ruy e de Luís Henrique Dias Tavares partilham com estes últimos o desconsiderar o papel da cultura da manuscritura em âmbito colonial e como é determinante para o entendimento do circuito de informação próprio da América portuguesa de antanho[2].

---

1 Kátia de Q Mattoso. *Presença francesa no movimento democrático baiano de 1798.* Salvador, Itapuã, 1969; *Bahia 1798, os panfletos revolucionários.* Proposta de uma nova leitura. In: Osvaldo Coggiola (org.), *A Revolução Francesa e seu impacto na América Latina.* São Paulo, Edusp; Brasília, Nova Stella/CNPq, 1990.

2 Dentre os numerosos estudos que poderiam ser aqui citados, há, por exemplo: F. B. de Barros. *Os confederados do Partido da Liberdade (subsídios para a história da Conjuração*

O estudo das práticas produtoras do manuscrito na Cidade da Bahia é de fundamental importância para a compreensão dos mecanismos de que se valeram os homens engajados no movimento sedicioso de 1798 para promover o fluxo de informação que visava a pôr em cheque as representações legítimas do mundo social que objetivavam por seu turno naturalizar as estruturas sociais do Antigo Regime[3]. Dentre as práticas produtoras do manuscrito vigentes na Cidade da Bahia de fins do século XVIII, é sobretudo necessário estudar aquelas empregadas pelos sediciosos para a promoção da difusão dos escritos contestatórios da ordem social, representados mormente pelos escritos políticos franceses importados ilegalmente e traduzidos entre nós. As etapas de importação e tradução dos escritos franceses de caráter sedicioso necessariamente antecipavam a posterior partilha social desses mesmos textos que se dava, sobretudo, por meio de sua leitura em voz alta diante de um público composto de neófitos, sendo muitos deles iletrados[4].

Cabe ressaltar que, embora os textos sediciosos de origem francesa fossem traduzidos e partilhados mormente por meio da oralidade, eram também copiados para que à sua publicação entre os letrados se desse a maior amplitude possível; além do que, um maior número de cópias em circulação implicava a possibilidade de um maior número de ouvintes espacialmente dispersos terem contato com os mesmos escritos.

Como o declarou István Jancsó, em um dos seus artigos sobre o 98 baiano, não cabe dúvida de que tanto os textos franceses traduzidos e lidos em público quanto os poemas sediciosos compostos em português constituíam "eficaz material de propa-

---

Bahiana de 1798-99). Bahia, Imprensa Oficial do Estado, 1922; V. Corrêa. "A conspiração dos Búzios". In: *Revista do Instituto Histórico e Geográfico da Bahia*, Salvador, Gráfica da Escola A. Artífices, 58, 1932; F. Matos. *A comunicação social na Revolução dos Alfaiates* (*Estudos Baianos*, nº 9). Salvador, UFBa, 1974.

3   No que diz respeito às representações do mundo social e às classificações por elas propostas, concebemo-las aqui como formas sociais e, por conseguinte, históricas que estabelecem uma construção da realidade fundada em uma ordem gnoseológica: "o sentido imediato do mundo (e, em particular, do mundo social) supõe aquilo a que Durkheim chama o conformismo lógico, quer dizer, 'uma concepção homogênea do tempo, do espaço, do número, da causa, que torna possível a concordância entre as inteligências'". Pierre Bourdieu, *O poder simbólico*. Rio de Janeiro, Bertrand Brasil, 1998, p. 9-10.

4   István Jancsó. A sedução da liberdade: cotidiano e contestação política no final do século XVIII. In: Laura de Mello e Souza (org.), *História da vida privada no Brasil. Cotidiano e vida privada na América portuguesa*. São Paulo, Companhia das Letras, 1998, p. 387-437; _____, A hipótese de auxílio francês ou a cor dos gatos. In: Júnia Ferreira Furtado (org.), *Diálogos oceânicos. Minas Gerais e novas abordagens para uma história do Império Ultramarino Português*. Belo Horizonte, Editora UFMG/Humanitas, 2001, p. 361-387.

ganda e educação política"⁵; no entanto, cremos não terem sido discutidas em profundidade, como já o asseveramos acima, não só as práticas produtoras e reprodutoras do manuscrito sedicioso na América portuguesa, como também não o foi a questão das precedências e das regras de sociabilidade definidas por clivagens de caráter estamental e escravista que se fizeram presentes quando da produção do conjunto dos papéis de francesia.

Expliquemo-nos.

Como se sabe, havia tipos distintos de papéis de francesia circulando na Cidade da Bahia quando da abertura da devassa ao movimento sedicioso de 1798. No primeiro grupo de textos, pode-se elencar os escritos franceses importados e traduzidos entre nós de que há registro, nos autos da devassa, do *Orador dos Estados Gerais – Ano de 1789*, e do *Discurso de Boissy d'Anglas*. A eficácia desses escritos franceses como material de propaganda e de educação política dependia necessariamente da participação de seu conteúdo àqueles que não tinham condições de lê-los na língua original. Uma partilha social desigual de bens culturais e de conteúdos políticos por eles transmitidos funda, pois, as sociabilidades políticas na Bahia de 1798, já que cabia à minoria de homens letrados que sabia francês, dentre os integrantes da sedição, e que tinham acesso ao material bibliográfico vindo ilegalmente da Europa, dar a público parte do que lhes vinha às mãos.

Conquanto Kátia Mattoso tenha dado à prensa os originais franceses do *Orador dos Estados Gerais – Ano de 1789* e do *Discurso de Boissy d'Anglas,* assim como a tradução desses mesmos escritos contida nos autos da devassa de 1798 depositados no Arquivo Público do Estado da Bahia, não se deteve no exame da tradução setecentista dos referidos escritos, a fim de averiguar como se deu sua apropriação na América portuguesa por parte de aqueles que os leram e os traduziram, isto é, que constituíram seu sentido a partir de uma leitura primeira a servir para posteriores apropriações. A cadeia de recepções, no caso dos textos sediciosos franceses traduzidos na Cidade da Bahia de fins do século XVIII, instaura-se a partir de uma tradução que é leitura e constituição de sentido de um texto primeiro, um *urtext*, conhecido apenas de uns poucos membros das elites locais aptos a apreciá-lo e que, portanto, enquanto *opus* deve ter tido pouca ou nenhuma importância na educação política dos membros da sedição. Em outro artigo que ora escrevemos sobre o movimento sedicioso de 1798, visamos ao estudo crítico-comparativo dos textos originais e de suas traduções setecentistas produzidas na Cidade da Bahia com o objetivo de verificar critérios que operacionalizaram o traduzir.

---

5   István Jancsó. *op. cit.*, 2001, p. 378.

A mediação dos tradutores/leitores dos textos franceses implica não apenas clivagem social no que respeita ao acesso às fontes textuais francesas que dão suporte conceitual à sedição e à crítica das representações que se querem legítimas do mundo social, nos Setecentos, mas também a ruptura de um democratismo que aparentemente subjaz ao movimento de 98, pois é ineludível o caráter de subordinação que marca os procedimentos de vulgarização da informação de cunho político entre homens de condição social muito desigual.

Nos Autos da Devassa, quando do interrogatório de José de Freitas Sacoto, ocorrido no dia 18 de outubro de 1798 – um dos muitos exemplos que poderiam ser utilizados como documentação para a proposta por nós aqui aventada –, o interrogado afirmou perante o desembargador Francisco Sabino Álvares da Costa Pinto que, antes de se estabelecer definitivamente na Cidade da Bahia, vinha a ela de vez em quando e, em algumas ocasiões em que nela esteve, sucedeu falar com Luís Pires, homem acusado de participar ativamente da planeada sedição. Nesses encontros, Luís Pires dizia possuir um livro que lhe fora dado pelo tenente Hermógenes de Aguilar Pantoja, traduzido pelo próprio tenente e pelo padre Francisco Agostinho Gomes, "o qual tratava de dezabuzar os rapazes religiosos, para adquirirem numero de gente sufficiente para huma revolução"[6].

Sabe-se que o padre José Agostinho Gomes pertencia a uma das famílias mais ricas da Colônia, importava livros ingleses e franceses da Europa e possuía uma das maiores bibliotecas particulares do final do período colonial. Não lhe seria difícil, portanto, traduzir livros franceses para o português, auxiliado, segundo declaração de José de Freitas Sacoto, pelo tenente Hermógenes de Aguilar Pantoja. O tenente Pantoja, apesar de declarar ao desembargador de agravos da Relação conhecer o francês apenas o necessário para ler uns poucos escritos que lhe interessassem, pareceu ter menoscabado o conhecimento que de fato tinha da língua francesa, a fim de eximir-se da culpa que lhe haveriam de imputar, caso se confirmasse sua proficiência no francês.

Embora não se explicite, no depoimento de Luís de Freitas Sacoto, o título da obra que o padre José Agostinho Gomes e o tenente Hermógenes de Aguilar Pantoja traduziram para o português, assevera-se que a tradução do escrito fora dada a Luís Pires e que se encontrava em um caderno manuscrito, sucedâneo do livro impresso em um meio cultural destituído das benesses da imprensa. A falta de menção ao título do escrito traduzido se deve provavelmente ao desconhecimento que dele tinha o depoente, pois não se exime de declarar os nomes dos homens que o verteram do francês

---

6 *Autos da devassa da Conspiração dos Alfaiates*. Salvador, Arquivo Público do Estado da Bahia, 1998, v. II, p. 753.

para o português, assim como o daquele que se incumbia de difundir o seu conteúdo, com o fim de "dezabuzar os rapazes religiosos".

Ao responder à pergunta que lhe fizera o desembargador dos agravos a respeito do título e da "configuração" do "livro" que Luís Pires dizia possuir, caso já o tivesse visto, José de Freitas Sacoto lhe disse que:

> elle declarante o vio algumas vezes em poder do dito Luis Pires, e se compunha de cadernos em quarto, que periodicamente passavão...das mãos dos sitos traductores para o dito Luis Pires, que pela ordem os hia ajuntando, e os lia na prezença delle declarante, e dos mais, que ali concorrião, concebida a sua materia em forma de dialogo, em que hum dos actores, tinha o nome de Eugenio, e o que lhe respondia era huã fantasma[7].

A declaração de José de Freitas Sacoto nos subministra informações importantes sobre práticas de produção do escrito, mais especificamente sobre a produção do livro manuscrito sedicioso na Cidade da Bahia de fins do século XVIII e que vêm complementar aquelas que obtivemos com a análise de outros autos apensos à devassa da sedição de 1798[8].

Contrariamente ao labor dos "homens que vivem de escrever" e que, após serem comissionados para a produção de um dado escrito, só o entregavam ao comitente depois de o concluírem, vemos que os letrados não profissionais podiam desincumbir-se da tarefa de produzir livros manuscritos e, embora nada obste que eles os finalizassem, antes de darem-nos a público, de colocarem-nos em circulação, apercebemo-nos de que podia ser usual "publicar" o livro manuscrito conforme suas partes fossem finalizadas.

É sobre a prática de pôr em circulação os cadernos que ficam prontos com a finalidade de acelerar o processo de reprodução de cópias que trataremos a seguir de forma detida.

O padre Francisco Agostinho Gomes e o tenente Hermógenes de Aguilar Pantoja entregavam os trechos traduzidos a Luís Pires, conforme ficavam prontos; não esperavam pela conclusão da tradução para dar a público de uma única vez o trabalho que então realizavam. Para os homens engajados no movimento sedicioso, era suma-

---

7   Idem, ibidem, p. 753.
8   Marcello Moreira. "Litterae Occident: apontamentos bibliográficos sobre documentos relativos à Conjuração dos Alfaiates". In: *Politeia, vitória da conquista*, v. 1, nº 1, 2001, p. 161-78; "Litterae Adsunt: cultura escribal e os profissionais produtores do manuscrito sedicioso na Bahia do século XVIII (1798)". In: *Politeia, vitória da conquista*, v. 4, nº 1, 2004, p. 105-33.

mente vantajoso "publicar" as seções já traduzidas, sem aguardar a completa tradução do original ou matriz, já que a partilha social do escrito por meio da leitura em voz alta que Luís Pires realizava diante dos que concorriam à sua casa possibilitava uma maior difusão dos conteúdos doutrinários das obras traduzidas.

Embora se afirme que Luís Pires recebia as seções traduzidas da obra, assevera-se também que as reunia conforme lhe chegavam às mãos: "pela ordem os hia ajuntando". A entrega em partes da obra que ia sendo traduzida pelo padre Francisco Agostinho Gomes e pelo tenente Hermógenes de Aguilar Pantoja a Luís Pires não implicava que não se visasse à obtenção de uma tradução integral do original e que essa tradução integral viesse a constituir um livro manuscrito passível de posterior reprodução, após sua conclusão – conquanto nada se oponha a que os fragmentos já traduzidos fossem por seu turno copiados por outrem.

A prática de traduzir livros impressos ou cópias manuscritas dos mesmos, a fim de constituir, a partir deles, livros manuscritos, na Colônia, era tão corriqueira que o desembargador de agravos da Relação, ao perguntar a José de Freitas Sacoto se já vira o livro que Luís Pires lia para "dezabuzar os rapazes religiosos", emprega a palavra "livro" e não uma outra qualquer para designar o artefato bibliográfico que sabia Luís Pires possuía. Da mesma forma, José de Freitas Sacoto, ao discorrer sobre as reuniões que tinha com Luís Pires, durante as quais este último lhe lia a tradução do escrito sedicioso que o padre Francisco Agostinho Gomes e o tenente Hermógenes de Aguilar Pantoja produziram, usa sempre a palavra "livro" para caracterizar o artefato bibliográfico que hoje denominamos manuscrito. Fica patente que "livro" e "manuscrito" podem não ser entidades discretas, em fins do século XVIII, como hoje se nos assemelham.

Francisco Sabino Álvares da Costa Pinto, após ouvir o que o depoente tinha a declarar sobre o livro que Luís Pires lia durante os encontros que entretinha com outros revoltosos, inquiriu-o sobre "o systema deste livro, visto que elle declarante o ouvio ler algumas vezes"[9]. José de Freitas Sacoto respondeu-lhe e:

> "Dice, que era hum systema de dezabuzo contra a Religião, e contra o Estado, que constituia o homem nascido do acazo, e dependente so da ley do seo arbitrio, e que buscava as couzas, que lhe erão necessarias, segundo o toque da sua sensação; e que se havia hum Deos, ou era moldado ao coração dos homens, visto que os dezejos de huns, erão contrarios aos

---

9 *Autos da devassa da Conspiração dos Alfaiates*. Salvador, Arquivo Público do Estado da Bahia, 1998, v. II, p. 753.

dos outros, ou não fazia apreço das suas supplicas, e que enfim negava a subordinação aos Soberanos[10]".

Quando o desembargador de agravos pergunta a José de Freitas Sacoto "especificamente sobre as pessoas, que costumavão assistir, e assitirão effetivamente a leitura deste livro", o depoente respondeu-lhe e:

> "Dice, que hum dos principais era o Tenente Hermógenes de Aguilar Pantoja, por ser o que o traduzia, juntamente com o Padre Francisco Agostinho Gomes, em caza deste depois seo irmão Pedro Leão, *hum pardo* escuro, que trabalhava de ourives na tenda de Pedro Alexandrino ao canto de João de Freitas, Manoel Joaquim branco com botica as portas do Carmo, o qual conservava alguns dos sitos cadernos, e outras obras de igual natureza, sobre liberdade e revolução, Nicolau de Andrade alem de outros, de que se não lembra agora *constando-lhe mais* que Domingos Pedro, e Gonçalo Gonçalves aquelle bordador, e este alfaiate ambos pardos, e da communicação de Luis Pires, tambem tiverão em seo poder, hum dos cadernos do dito livro, porque em hum dos dias do mês de Agosto, dice a elle declarante o mesmo Luis Pires, que vinha da caza dos sobreditos de haver delles hum dos taes cadernos, que faltava na sua colleção, e parava na mão dos sobreditos, dado por diversa pessoa"[11].

No estrato acima transcrito, deparamo-nos com uma informação que nos permite supor a realização de cópias da tradução realizada antes que esta última viesse a ser concluída. José de Freitas Sacoto declara que Manoel Joaquim "conservava alguns dos ditos cadernos", declaração que pode significar que os tinha temporariamente consigo, sob empréstimo, mas que teria de devolvê-los posteriormente a Luís Pires, ou que detinha uma cópia de alguns cadernos contendo partes da tradução, mas não todas as partes já traduzidas, como está a indicar o qualificativo "alguns", com seu sentido indeterminado, porém restritivo; supomos que os cadernos de posse de Manoel Joaquim de fato lhe pertencessem, pois, além dos cadernos em que se continha a tradução que Francisco Agostinho Gomes e Hermógenes de Aguilar Pantoja levavam a termo, Manoel Joaquim possuía igualmente "outras obras de igual natureza", manus-

---

10   *Idem, ibidem*, p. 753.
11   *Idem, ibidem*, p. 754.

critas, ao que tudo indica, caso levemos em conta o meio por que tradicionalmente eram disseminados os escritos de caráter sedicioso na Cidade da Bahia.

Segundo José de Freitas Sacoto, Domingos Pedro e Gonçalo Gonçalves "tambem tiverão em seo poder, hum dos cadernos do dito livro". O caderno que Domingos Pedro e Gonçalo Gonçalves tiveram em seu poder era estranho a Luís Pires, pois este se viu obrigado a tomar-lhes emprestado o dito caderno a fim de copiá-lo: "dice a elle declarante o mesmo Luís Pires, que vinha da caza dos sobreditos de haver delles hum dos taes cadernos, que faltava na sua colleção". Conjectura-se que Luís Pires haveria de copiar o conteúdo do caderno de Domingos Pedro e de Gonçalo Gonçalves, a não ser que suponhamos a possibilidade de que dessem a Luís Pires o caderno que faltava em sua coleção, a fim de completá-la.

O mais interessante, contudo, no que tange à informação de que dois homens envolvidos com o movimento sedicioso detivessem um caderno que continha parte da tradução que ainda não chegara às mãos de Luís Pires, é o fato de que, em declaração anterior, José de Freitas Sacoto dissera que Francisco Agostinho Gomes e Hermógenes de Aguilar Pantoja davam, assim que as concluíam, as seções da obra já traduzidas para Luís Pires. Se Luís Pires recebia antes das demais pessoas as partes já traduzidas da obra sediciosa, como puderam outros membros do movimento de 98 receber antes de Luís Pires parte da tradução que Francisco Agostinho Gomes e Hermógenes de Aguilar Pantoja realizavam? José de Freitas Sacoto afirmou que Luís Pires lhe dissera ter o caderno de Domingos Pedro e de Gonçalo Gonçalves lhes caído em mãos por intermédio de "diversa pessoa", o que significa simplesmente que nem um dos dois tradutores lhes deu a parte da tradução que possuíam e que faltava em sua "coleção". Se nem o padre Francisco Agostinho Gomes nem o tenente Hermógenes de Aguilar Pantoja deram parte da tradução realizada a Domingos Pedro e a Gonçalo Gonçalves, isso quer dizer que uma outra pessoa ligada à sedição obteve o trecho traduzido e o passou aos antes mencionados participantes, antes que os tradutores o encaminhassem a Luís Pires.

A publicação de partes da tradução não deveria estar a cargo exclusivamente de Luís Pires e não sabemos, na atual etapa das pesquisas que vimos realizando, se é provável concluir, a partir da leitura do fragmento acima extratado, que vários participantes da sedição obtivessem cópias de partes da tradução e tentassem formar, assim como Luís Pires, suas próprias coleções, conquanto este pareça ser o caso de Domingos Pedro e de Gonçalo Gonçalves.

É preciso consignar que José de Freitas Sacoto, ao declarar o que Luís Pires lhe dissera sobre a motivação de sua ida à casa de Domingos Pedro e Gonçalo Gonçalves, afirmou ter Luís Pires lá ido para "haver delles hum dos taes cadernos, que faltava na sua colleção". O que significa, especificamente, "coleção", no contexto do auto ora analisado?

Luís Pires desejava possuir toda a tradução da obra que então se realizava e no afã de angariar uma parte que ainda não possuía, dirigiu-se à casa de Domingos Pedro e de Gonçalo Gonçalves. Sabemos que Luís Pires reunia os cadernos, conforme os obtinha, ordenando-os: "pela ordem os hia ajuntando". "Colecionar", no contexto do auto, significa reunir o que se encontra disseminado e não organizado, pois a coleção de Luís Pires visa não somente a reunir as partes da tradução já publicadas, mas também organizá-las, pô-las em ordem. A coleção que se organiza pode dizer respeito às partes de um livro que é paulatinamente traduzido e cujas partes precisam ser reunidas e ordenadas para vir a formar um outro livro completo, inteiro, como pode também referir-se à compilação de poesias atribuídas a um único autor e à sua posterior organização no interior de códices poéticos[12].

Como se pode depreender da análise dos excertos já extratados, os cadernos circulavam como elementos bibliográfico-textuais constituintes de uma obra, ou livro, que membros do movimento sedicioso de 1798 desejavam ter completo. A divisão da obra em cadernos objetivava permitir que fosse reproduzida com maior rapidez, pois, contrariamente à prática de copiar ou de fazer copiar a partir de um volume constituído de todas as suas partes, o que implica o poder um único indivíduo copiá-lo do início ao fim a cada vez, o pôr em circulação cadernos permite que várias pessoas copiem a obra ao mesmo tempo, tantas quantas forem o número de cadernos circulando.

Luís Pires, assim como outros membros da Sedição de 1798, davam-se ao trabalho de reunir os cadernos conforme eram postos em circulação, organizavam-nos, na medida em que podiam receber em mãos cadernos que, do ponto de vista da disposição interna do códice, eram posteriores a outros a que não tiveram acesso, o que implicaria a necessidade de localizá-los e reproduzi-los, com o fito de preencher as lacunas existentes na "obra" que se desejava integral, e, por fim, pode-se dizer que o mecanismo de copiar um caderno enquanto outros cadernos são copiados por outros sediciosos aumenta a velocidade de reprodução dos papéis de francesia, pois se a obra está dividida em, por exemplo, vinte cadernos, vinte diferentes copistas podem copiá-los ao mesmo tempo, fazendo-os posteriormente circular entre o conjunto de copistas. É preciso pensar que novas cópias de um caderno são elas próprias cadernos avulsos, conquanto partes integrantes de uma obra, e que podem ser postas em circulação in-

---

12 Marcello Moreira. *Critica textualis in caelum revocata?* Prolegômenos para uma edição crítica do corpus poético colonial seiscentista e setecentista atribuído a Gregório de Matos e Guerra. São Paulo, FFLCH/USP, 2001, mimeo.

crementando o número total de cópias de um mesmo fragmento em um mesmo lugar e simultaneamente disponíveis.

A técnica não é nova, não é invenção dos sediciosos baianos de 1798, pois, pelo nome de *pecia*, é conhecida dos livreiros parisienses que se dedicavam a produzir cópias baratas de textos dos professores da Universidade de Paris durante os séculos medievais.

Do destino das almas dos Índios

Evergton Sales Souza
Universidade Federal da Bahia

A missionação na América esteve intimamente ligada à cristianização das populações autóctones. As preocupações de alguns religiosos, entretanto, extrapolavam o cotidiano da evangelização. Uma questão que suscitou interesse foi a do destino das inúmeras gerações de gentis mortos antes de terem a oportunidade de conhecer a religião do Cristo. Este artigo pretende, justamente, analisar duas visões antagônicas, produzidas em épocas diferentes, acerca de problemas relativos à salvação dos ameríndios. A primeira é a do jesuíta Simão de Vasconcellos, explicitada nas *Noticias curiozas e necessarias das cousas do Brasil* (1663 e 1668), que, a partir de sua experiência missionária no Brasil, oferece uma visão mais otimista acerca das possibilidades de salvação dos ancestrais daqueles a quem evangeliza. A segunda é a do padre António Pereira de Figueiredo, um dos maiores intelectuais portugueses da segunda metade do século XVIII, que faz uma duríssima censura às posições defendidas pelo pe. Simão de Vasconcellos acerca da redenção dos índios.

Este artigo procura analisar uma questão relacionada ao universo da teologia moderna. Mais especificamente, um tema ligado à economia da salvação que suscitou o debate, importantíssimo na época moderna, entre duas maneiras de conceber a religião e o homem. De um lado, uma visão mais otimista a respeito das possibilidades do homem, da liberdade humana e da misericórdia divina. Do outro, a defesa contundente de princípios agostinianos solidamente ancorados na Escritura e na Tradição, entendidas como os pilares inabaláveis da verdadeira fé cristã. Duas maneiras de pensar

---

1 Professor Adjunto do Departamento de História da Universidade Federal da Bahia (UFBa).

a relação entre Deus e o homem que, embora aparentemente incompatíveis, estavam igualmente vinculadas ao tridentinismo. Com efeito, ao não estabelecer uma doutrina precisa acerca da matéria da graça e de sua concordância com o livre-arbítrio, a Igreja tridentina deixou aberto o caminho para a defesa de diferentes posições sobre o assunto. Mais ainda, tornou possível o surgimento de novas vertentes interpretativas acerca da conciliação entre a graça e o livre-arbítrio. Por esta razão, é certo afirmar que, não obstante constituírem um par antitético, molinismo e jansenismo são duas correntes de pensamento filiadas ao mesmo processo de Reforma católica. E, de algum modo, essas diferenças na maneira de conceber a graça, o livre arbítrio, a misericórdia de Deus são verdadeiras chaves para a compreensão do profundo fosso que separa as concepções do texto seiscentista do padre Simão de Vasconcellos da censura feita a ele, um século depois, pelo padre Antônio Pereira de Figueiredo.

Um documento inédito e extremamente interessante, a censura da Real Mesa Censória[2] às *Noticias curiozas e necessarias das cousas do Brasil*[3], do pe. Simão de Vasconcellos, da Companhia de Jesus, é o que nos permite esboçar uma comparação entre duas atitudes distintas a respeito da possibilidade de salvação das almas dos índios. Mas antes de passar à descrição e análise desse documento, é preciso apresentar melhor o autor seiscentista, bem como o seu censor setecentista.

Simão de Vasconcellos

Simão de Vasconcellos nasceu em 1596, na cidade do Porto. Ainda jovem veio para o Brasil, onde entrou, em 1615, na Companhia de Jesus. Pouco sabemos sobre seus estudos. Segundo Serafim Leite, teria obtido o grau de Mestre em Artes. Sabe-se ainda que ensinou Humanidades e Teologia especulativa e moral no Colégio dos Jesuítas da Bahia. Os cargos que ocupou em sua ordem, mostram que foi um destacado membro dela. Em 1643, foi vice-reitor do colégio da Companhia de Jesus na Bahia. Três anos depois ocupava o cargo de reitor do colégio do Rio de Janeiro. Entre 1655 e 1658 foi provincial da sua ordem, tendo lançado, em 1657, a primeira pedra da construção da Igreja dos Jesuítas, atual catedral de Salvador[4]. Também enquanto provincial,

---

2 Instituição criada em 1768, por d. José, para centralizar o controle e censura dos livros no Império Português.

3 Simão de Vasconcellos, *Noticias curiozas e necessarias das cousas do Brasil*. Lisboa, na officina de João da Costa, anno 1668.

4 Os dados biográficos foram obtidos em Barbosa Machado, *Bibliotheca Lusitana...*, vol. 3, p. 724 e Serafim Leite, *História da Companhia de Jesus no Brasil*. Tomo VII – Séculos XVII-XVIII, Assuntos Gerais. Instituto Nacional do Livro, Rio de Janeiro, 1949, p. 26-8.

teria promovido as missões de Jacobina e de Rio de Contas. Este envolvimento com as missões, aliás, é um traço que deve ser levado em consideração ao buscar-se compreender alguns aspectos de seu pensamento, ainda mais no caso presente, em que nossa atenção está voltada para um problema teológico, por ele abordado, intimamente vinculado às questões suscitadas pela missionação fora do continente europeu.

Antes de escrever sua *Chronica da Companhia de Jesus do Estado do Brasil*[5], Simão de Vasconcellos já havia publicado *A vida do venerável P. João de Almeida da Companhia de Jesus da Província do Brasil*[6] e a *Continuação das maravilhas que Deos he servido obrar no Estado do Brasil por intercessão do venerável P. João de Almeida da Companhia de Jesus da Província do Brasil*[7]. As *Notícias curiozas,* publicadas em 1668 (Lisboa, na oficina de João da Costa) e objeto da censura da RMC em 1770, já haviam sido publicadas, em 1663, juntamente com a mencionada *Chronica* sob o título de *Algvas noticias antecedentes curiosas, & necessarias das cousas daquelle Estado*. À época, a obra suscitou elogios de censores da ordem, bem como dos qualificadores do Santo Ofício. O qualificador fr. Duarte da Conceição, da Ordem Franciscana da Penitência, por exemplo, não viu na obra coisa alguma que atentasse contra a fé católica, "muitas sy de sua exaltação, propagação, & augmento; nenhuma contra os bons costumes, antes muitos documentos importantíssimos pera os introduzir, & desterrar os barbaros, agrestes, e inhumanos daquella gentilidade; & assi a julgo por digna de sair a luz pera maior gloria de Deos, honra, & credito deste nosso Reyno"[8]. O outro qualificador do Santo Ofício, o cisterciense fr. Francisco Brandão, viu na obra do jesuíta "tão deleitosa, proveitosa, e saã doutrina que ainda os menos affectos à Religião Christã, & Fé Romana, se encolherão convencidos, os mais escrupulosos Historicos & Geografos

---

5 Chronica da Companhia de JESV do Estado do Brasil e do que obrarão sevs filhos nesta parte do novo mundo. Tomo Primeiro da entrada da Companhia de JESV nas partes do Brasil. Dos fundamentos que nellas lançárão, & continuarão seus Religiosos em quanto alli trabalhou o Padre Manoel da Nobrega Fundador, & primeiro Prouincial desta Prouincia, com sua vida, & morte digna de memoria: e Algvãs noticias antecedentes curiosas, & necessarias das cousas daquelle Estado, pello Padre Simão de Vasconcellos da mesma Companhia. Natural da Cidade do Porto, Lente que foi da sagrada Theologia, & Prouincial no dito Estado. Lisboa, Na Officina de Henrique Valente de Oliueira Impressor del Rey N. S. Anno MDCLXIII.

6 Lisboa, *Na Officina crasbeeckiana*, 1658.

7 Lisboa, *Domingos Carneiro*, 1662.

8 Cf. "Licenças do Santo Officio", in: Simão de Vasconcellos, *Chronica...*, página não numerada. Sobre fr. Duarte da Conceição ver notícia biobibliográfica em Barbosa Machado, *Bibliotheca Lusitana*, vol. 1, p. 729-30.

se publicarão allumiados"⁹. Contudo, o aplauso e a aprovação à obra não foram unânimes. Como é sabido, o então padre visitador da Companhia no Brasil, Jacinto Magistris, informou ao Geral que, nalguns parágrafos daquelas *Notícias* que antecediam a *Chronica*, Simão de Vasconcellos sustentava argumentos favoráveis à ideia de que o paraíso terreal encontrava-se no Brasil. Isto fez com que o Geral revisse a aprovação dada anteriormente e mandasse riscar os parágrafos que discorriam sobre o assunto. Como a obra já se achava impressa, a maneira encontrada para suprimir os parágrafos 105 a 111 foi a de dar um remate no parágrafo 104, em que apenas apresentava alguns elementos sobre o problema e suprimir as páginas restantes do livro II das *Notícias*. Embora Simão de Vasconcellos ainda tenha conseguido o parecer favorável de vários teólogos de Lisboa, Coimbra e Évora, prevaleceu a decisão de suprimir os tais parágrafos, razão pela qual todos os exemplares conhecidos da primeira edição da *Chronica* saltam da página 178 para a 185¹⁰.

Mas não foi a questão da localização do paraíso terreal que mereceu a maior censura de Antônio Pereira de Figueiredo. Não conhecemos, aliás, nenhuma crítica ou censura seiscentista à obra de Simão de Vasconcellos que incida sobre o tema da possibilidade da salvação dos índios antes de tomarem conhecimento da fé cristã. A censura da Real Mesa Censória contrasta com o profundo silêncio anterior sobre a matéria, apontando para a necessidade de investigar o problema em termos de uma mudança de paradigmas teológico e moral. Dedicar algumas linhas ao exame da biografia do autor da censura setecentista será útil para uma melhor compreensão do que chamamos de mudança de paradigma teológico no mundo português.

---

9   Cf. "Licenças do Santo Officio". In: Simão de Vasconcellos, *Chronica...*, página não numerada. Sobre fr. Francisco Brandão, doutor em Teologia, ver notícia biobibliográfica em Barbosa Machado, *Bibliotheca Lusitana*, vol. 2, p. 122-4.

10 Sobre o assunto, ver notadamente, Serafim Leite, O Tratado do «Paraíso na América» e o ufanismo brasileiro, in: *Novas Páginas de História do Brasil*, vol. VII, Academia Portuguesa de História, Lisboa, 1962, 379-382, Sérgio Buarque de Holanda, *Visão do paraíso*. Os motivos edênicos no descobrimento e colonização do Brasil, Rio de Janeiro, José Olympio Editora, 1959. A partir da terceira edição, publicada em 1977, foi anexado o texto dos parágrafos censurados da obra de Simão de Vasconcellos, que conhecemos graças ao fato de um dos pareceres favoráveis à sua publicação ter anexado, em manuscrito, o texto completo dos mesmos. Ver também Zulmira C. Santos, "Em busca do paraíso perdido: a Cronica da Companhia de Jesu no Estado do Brasil de Simão de Vasconcellos SJ". In: *Quando os Frades faziam História*. De Marcos de Lisboa a Simão de Vasconcellos, Porto, CIUHE, 2001, p. 145-78 e Luis A. de Oliveira Ramos, "Introdução", in: Simão de Vasconcelos, *Notícias curiosas e necessárias das cousas do Brasil*, Lisboa, CNCDP, 2001, p. 9-36 (agradeço ao colega Marcos Almeida a gentileza de ter-me enviado este texto).

Antônio Pereira de Figueiredo

Homem de origem humilde, Pereira de Figueiredo nasceu em Mação, distrito de Santarém, em 1725. Em 1736, ingressou no colégio ducal de Vila Viçosa, que havia sido entregue aos jesuítas naquele mesmo ano. Saiu do colégio em 1742 e, no ano seguinte, entrou no noviciado dos Cônegos Regrantes de Santo Agostinho, do mosteiro de Santa Cruz de Coimbra, tendo sido dispensado do estatuto de nobreza por conta de suas qualidades de músico e organista. Entretanto, em razão das dificuldades que encontrara ali para prosseguir seus estudos, deixaria o mosteiro poucos meses depois. Em 1744 ingressou na Congregação do Oratório, na Casa do Espírito Santo de Lisboa. Na Congregação do Oratório realizou seus estudos de Filosofia e Teologia.

Músico, teólogo e latinista, Pereira de Figueiredo despontou nos anos 1760 como um dos maiores intelectuais portugueses do seu século. Foi através de seus grandes conhecimentos da língua latina que, inicialmente, ganhou projeção. Seu *Novo Methodo da Grammatica Latina*, publicado em 1752, que suscitou a reação indignada do jesuítas por conta do longo prólogo que criticava a *Arte Latina* do padre Manuel Álvares, teve grande aceitação e foi uma das duas gramáticas recomendadas no Alvará régio de julho de 1759, que tratava da reforma do ensino em Portugal. Na década de 1760, foi sobretudo no campo teológico e eclesiológico que produziu trabalhos importantes, alcançando público além das fronteiras de Portugal. Uma de suas principais obras, a *Tentativa Teológica*, publicada em 1766, foi traduzida nos anos seguintes em latim, italiano, inglês e francês. É também de Pereira de Figueiredo a primeira tradução católica da Bíblia em português, com notas explicativas de clara tendência agostiniana, que, noutro estudo, procuramos mostrar o quanto compartilhava da sensibilidade religiosa daqueles que foram comumente acusados de jansenismo[11].

Fiel servidor da corte de d. José I e, particularmente, do ministro Sebastião José de Carvalho e Mello, Pereira de Figueiredo foi nomeado Deputado ordinário da Real Mesa Censória desde a criação do tribunal em 1768. Foi ele o autor da censura, datada de 14 de maio de 1770, às *Notícias curiosas* de Simão de Vasconcellos. Embora também esteja assinada pelos deputados fr. Francisco de Xavier de Sant'Anna e pelo Frei

---

11 Para maiores informações sobre a vida e a obra de Antônio Pereira de Figueiredo ver Cândido dos Santos, Padre António Pereira de Figueiredo. *Erudição e polémica na segunda metade do século XVIII*. Lisboa, Roma editora, 2005 e Everton Sales Souza, *Jansénisme et réforme de l'Église dans l'Empire portugais, 1640-1790*, Paris, Centre Culturel Calouste Gulbenkian, 2004, p. 391-450. Nestes dois trabalhos são referidos os mais substanciais estudos publicados a respeito de Antônio Pereira de Figueiredo.

Manuel da Ressurreição[12], sabemos ser a censura da lavra do Padre Antônio Pereira de Figueiredo, sendo o manuscrito de sua própria mão. As três assinaturas se devem à observação do regimento do tribunal, que exigia que a obra submetida à censura fosse examinada por uma junta formada por três censores. Normalmente, um deles era o relator e os outros dois conformavam-se com o parecer e assinavam-no, sendo bastante raro o surgimento de divergências entre os deputados. Quando isto ocorria, havia necessidade de serem redigidos três diferentes pareceres que seriam examinados pelo pleno da mesa[13]. Mas este não foi o caso da obra do jesuíta seiscentista, pois os dois outros censores corroboraram o parecer de Antônio Pereira de Figueiredo.

Antônio Pereira de Figueiredo, censor de Simão de Vasconcellos

Em suas *Notícias curiosas e necessárias das cousas do Brasil*, o padre Simão de Vasconcellos levanta uma questão intrigante acerca da salvação dos índios: em sua gentilidade, podiam e podem se salvar alguns deles ou todos estão perdidos? A questão em si já é reveladora de uma atitude bem menos restritiva no tocante à matéria da salvação. Afinal, a questão sequer seria aventada caso fosse seguido o rigor estabelecido, por exemplo, pelo 4º Concílio de Latrão (1215) ao reafirmar o *Salus extra Ecclesiam non est* de Cipriano de Cartago[14]. Mas é preciso lembrar que o magistério romano desde o século XVI – num movimento seguramente influenciado pelas descobertas de novos povos que ignoravam invencivelmente a "Revelação" – dava mostras de pretender relativizar o princípio de Cipriano, que foi consideravelmente endurecido nas formulações de Fulgêncio e que havia sido incorporado à tradição da Igreja medieval. Exemplo desse distanciamento que Roma aos poucos vai tomando da tradição medieval são as condenações que recaem sobre proposições como a de Baius:

---

12 O franciscano Manoel da Ressurreição, em 1771, foi sagrado bispo da diocese de São Paulo.

13 Sobre a Real Mesa Censória ver, notadamente, Maria Teresa Esteves Payan Martins, *A censura literária em Portugal nos séculos XVII e XVIII*. Lisboa, Fundação Calouste Gulbenkian e Fundação para a Ciência e a Tecnologia, 2005 e Evergton Sales Souza, *Jansénisme et réforme...*, p. 311-89.

14 Cf. Denzinger, *Enchiridion symbolorum definitionum et declarationum de rebus fidei et morum. Quod emendavit, auxit, in linguam germanicam transtulit et adiuvante Helmuto Hoping edidit Peter Hünermann*, editio XXXVII, Paris, Cerf, 1996, 802. Sobre a ideia do "salus extra ecclesiam non est", ver, entre outros, o verbete redigido por Yves Congar, "Hors de l'Église, pas de salut". In: *Catholicisme, hier, aujourd-hui, demain*, Paris, Letouzey et Ané, t. 5, 1963, col. 948-56.

"A infidelidade puramente negativa, entre aqueles a quem o Cristo não foi pregado, é um pecado"[15]. Num período posterior àquele em que o jesuíta Simão de Vasconcellos escrevera sua obra, o magistério romano indicaria de modo mais incisivo sua intenção de distanciar-se de uma noção demasiado estreita do *Salus extra ecclesiam...*, ao condenar, em 1690, dentre outras proposições rigoristas, esta: "Os pagãos, os judeus, os heréticos e outros semelhantes, não recebem qualquer influência de Jesus Cristo; e pode-se concluir justamente que a vontade encontra-se neles nua e desarmada, sem qualquer graça suficiente"[16], que retomava de muito perto o texto de Fulgêncio utilizado, em 1442, no decreto aos jacobitas[17].

Ao indagar sobre a possibilidade de salvação dos índios em sua gentilidade, o autor português, portanto, não levantava uma questão que estivesse verdadeiramente em descompasso com as preocupações da Igreja e da sociedade do seu tempo. Convém agora investigar o que ele apresenta como solução para o problema. Nesse sentido, depositando enorme esperança na misericórdia divina, Simão de Vasconcellos antecipa algo de sua resposta à questão ao afirmar que

> dura cousa parece aquella voz commua, de que toda esta inmensa vastidão de almas de hum mundo inteiro, & por espaço de tantos seculos de cinco mil, seis mil, & sete mil annos depois de sua criação, até a vinda dos Prégadores Evangelicos, houvesse de perderse toda[18].

---

15 Esta é uma das proposições condenadas na bula Ex omnibus afflictionibus, promulgado por Pio V em 1567. Cf. Denzinger, *Enchiridion symbolorum...*, 1968. Por infidelidade negativa entende-se aquela em que o sujeito não conhece, nem tem como conhecer a "verdadeira religião", ignorando-a invencivelmente. É a este tipo de infidelidade que o padre Simão de Vasconcellos se reporta em sua obra.

16 Cf. Denzinger, *Enchiridion symbolorum...*, 2305.

17 Cf. Denzinger, *Enchiridion symbolorum...*, 1351, que diz: "Ela [a Igreja] crê firmemente, professa e prega que 'nenhum daqueles que se encontram fora da Igreja católica, não somente pagãos' mas também judeus ou heréticos e cismáticos não podem participar da vida eterna, mas irão para o 'fogo eterno preparado pelo diabo e seus anjos...'". A semelhança entre este texto e a proposição condenada por Alexandre VIII foi devidamente assinalada por Yves Congar, "Hors de l'Église, pas de salut", in: *Catholicisme, hier, aujourd-hui, demain*, Paris, Letouzey et Ané, t. 5, 1963, col. 950.

18 Cf . Simão de Vasconcellos, *Chronica...*, p. 129, § 41. Utilizamos a primeira edição das Notícias curiozas, publicada sob a forma de dois livros que antecedem à referida Chronica, datada de 1663.

Pereira de Figueiredo, após considerar a questão colocada pelo jesuíta como parecendo ímpia e escandalosa, na medida em que contrariava várias passagens da Escritura, investe contra a opinião argumentando:

> parece ao Pe. Vasconcellos cousa dura a voz commua, de que se houvessem de perder todos os que ou antes ou depois da vinda de Christo viverão sepultados nas trevas da infidelidade. Mas esta voz commua, que o Pe. Vasconcellos tem por dura, quem duvida que he a voz das Escrituras, e a voz da verdadeira Theologia? As quais nos ensinão, que sem Fé sobrenatural do verdadeiro Deos, todos se perdem: Sine Fide impossibile est placere Deo: A vedentem ad Deum oportet credere quia est &c. E que depois que no mundo se introduzio a idolatria, só na Judea, Povo escolhido de Deos, era conhecido e adorado o verdadeiro Deos, jazendo entre tanto nas trevas da infidelidade todas as mais Naçoens[19].

A conclusão do censor é clara: não se pode afirmar, nem sequer presumir, que os gentios da América possam salvar-se em sua gentilidade. Mais ainda, já deixa antever sua posição quanto ao postulado de Simão de Vasconcellos, ao apontar que a dureza contra a qual se alça o jesuíta não é outra coisa senão o que ensina as Escrituras e a "verdadeira Theologia".

Simão de Vasconcellos funda sua opinião no princípio da ignorância invencível. Os ameríndios viviam, segundo ele, nas trevas do gentilismo e com ignorância invencível da fé divina, o que resulta na ausência de pecado de infidelidade pelo qual pudessem ser condenados. Citando a autoridade de São Tomás de Aquino, o jesuíta esclarece que, ao não terem qualquer conhecimento da fé, não saberem nada sobre a revelação e, no caso de alguns deles, nem mesmo saberem o que ou quem é Deus, "mal podião peccar contra o preceito da fé, que não sabião". Após lembrar uma passagem da Epístola de São Paulo aos Romanos (c. 10, v. 14): "Como crerão sem terem ouvido falar? E como ouvirão falar, se não houver quem pregue?", escreve algumas linhas carregadas de sensibilidade em defesa das almas dos ameríndios:

> O pobre do Tapuya metido em suas brenhas, a quem nunca veio ao pensamento obrigação da Fê, com que rezão se lhe imputaría a peccado a falta della? E o mesmo se ha de dizer dos que viuerão, & viuem ainda hoje depois da prêgação do Apostolo S. Thomê, ou outros Prègadores, na

---

19 Cf. ANTT/RMC, cx. 6, doc. 46.

America; se não ouuiraõ a tal prégaçaõ, ou lhes não foi sufficientemente proposta[20].

Indiferente à sensibilidade do autor quanto à situação do "pobre tapuya", o censor do século XVIII afirma ser insustentável o argumento do jesuíta, pois uma coisa é dizer que os índios não pecam quando ignoram invencivelmente os mistérios sobrenaturais que jamais lhes forão anunciados, outra coisa é salvarem-se ou poderem se salvar sem a fé desses mistérios. O primeiro caso é um ponto de vista comum entre os teólogos, já o segundo, sentencia Pereira de Figueiredo, é uma heresia clara. Na sequência do texto, diz que

> em quanto hum Autor não mostrar com fundamentos solidos, que os Indios no meio da sua gentilidade tiverão baptismo, e tiverão fé sobrenatural dos principaes misterios da Ley da Graça; hé huma blasfemia prezumir, e maior ainda affirmar (como affirma o Pe. Vasconcellos) que destes Indios se salvarão alguns. Porq' pª. elles todos se perderem, bastavalhes o peccado original não remittido. E pª. alguns se salvarem, era indispensavel que tivessem aquella fé sobrenatural, de que o Pe. Vasconcellos confessa que de tempos immemoriaes não havia vestigio entre os Indios da America[21].

Pereira de Figueiredo refuta ainda, em sua censura, outros quatro princípios ou doutrinas errôneas sustentados pelo padre Simão de Vasconcellos. Todos se reportam à passagem do texto do jesuíta subintitulada "Os que tem ignorancia de Deos pelos peccados que commetem naõ merecem penna do Inferno, senão temporal", na qual são expostos alguns argumentos sobre os quais se funda a crença de Vasconcellos na possibilidade da salvação das almas dos indígenas que morreram na ignorância da fé cristã. No parágrafo lê-se:

> Donde se dissermos, que alguns destes por algum tempo tiuerão ignorancia de Deos ; seus homicidios, adulterios, furtos, & semelhantes obras, ainda q' contra o lume da rezão natural, & materialmente sejão más ; não são cõtudo peccados mortaes Theologicos q' chamão os DD. nem por elles merecem o inferno senaõ outra pena temporal ; porq' como naõ

---

20 Cf. Simão de Vasconcellos, *Chronica...*, p. 129, § 42.
21 Cf. ANTT/RMC, cx. 6, doc. 46.

conhecem a Deos, naõ cõmettem contra elle injuria, na qual cõsiste o ser infinita a culpa do peccado, & merecedora de pena eterna. Antes os que entre elles tiuessem ignorancia semelhante inuencível de alguns dos principios moraes (o que naõ repugna, ao menos em algumas materias, não taõ conhecidas, como na simples fornicaçaõ, vingança, & semelhantes, segundo os Doutores) naõ peccariaõ, nem ainda phisica, & materialmente ; porque entaõ nem offendiaõ o ditame da rezaõ. Digo mais, que todos aquelles que nesta sua gentilidade viuessem segundo a justa ley da rezaõ, & ditame do bom & honesto, poderiaõ alcançar de Deos graça, & salvarse ; segundo aquelle principio dos Theologos : *Facienti quod in se est Deus non denegat gratiam* [22]. E acrescento, que tenho pera mim, que aquelle principio poderá ter effeito tâmbem nos que peccáraõ no discurso de sua vida, se no fim della tiuerem efficaz arrependimento, & lhes pezar devéras de hauer offendido aquelle que conhece por Deos, ou o mesmo lume da rezão : porq' fazem o que em si he ; & pòdese crer da grandeza da misericordia do Senhor (que quer que todos os homens se saluem) lhes conceda a estes pobres assi arrependidos, o mesmo auxilio da graça, que no primeiro caso, pera que se saluem : & he conforme à boa rezão, & os Doutores que cito á margem".[23]

Pereira de Figueiredo identifica na afirmação do jesuíta de que os homicídios, adultérios, furtos e semelhantes ações cometidas por aqueles que ignoram a existência de Deus não são pecados mortais, nem seus autores são merecedores do inferno, pois como não conhecem a Deus não cometem injúria contra ele, uma filiação direta com a "péssima e diabólica doutrina do chamado pecado filosófico". É necessário dizer que o censor não se equivocava ao estabelecer a filiação da doutrina defendida por Simão de Vasconcellos àquela do pecado filosófico. Para além do fato de um dos doutores citados pelo autor, o Cardeal Juan de Lugo, ter sido um precursor dessa doutrina[24], o próprio texto do jesuíta não deixa margem a qualquer dúvida sobre sua semelhança com a definição de pecado filosófico que seria objeto da condenação do papa Alexandre

---

22 Em nota ao lado lê-se: Suar. de fide d. 12. sect. 2. n. 14.

23 Cf . Simão de Vasconcellos, *Chronica...*, p. 131-2, § 44. Na nota à margem lê-se: Suar. de fide d. 12. sect. 2. n. 14. Delugo de fide disp. 19. sect. I. n. 20. Este último trata-se de Juan de Lugo, jesuíta espanhol, nascido em 1583, nomeado cardeal em 1643 e falecido em Roma, em 1660. A obra à qual Vasconcellos se refere tem por título *Disputationes scholasticæ et morales de virtute fidei divinæ*.

24 Sobre o assunto ver DTC, t. 12.1, 1933, col. 264-6. (o verbete foi escrito por Th. Deman, col. 255-75.)

VIII, por meio do decreto da Congregação do Santo Ofício, publicado em 1690[25]. A proposição condenada define o pecado filosófico como um ato humano que destoa da natureza humana e da boa razão; por mais grave que seja, este pecado é, naquele que não conhece Deus ou que não pensa atualmente em Deus, um pecado grave, mas não é uma ofensa a Deus nem um pecado mortal que faz perder a amizade de Deus[26].

O terceiro erro referido pelo censor é um desdobramento daquele apontado anteriormente, pois trata-se do argumento de que os que tivessem ignorância invencível de alguns princípios morais não pecariam física e materialmente. A este respeito escreve Pereira de Figueiredo:

> Este he o grande Principio, ou Mysterio Capital da Moral Jesuitica. Admittir ignorancia invencivel até dos Principios mais obvios da Racionalidade e humanidade; (como são os que dictão que he mào furtar, matar, adulterar, mentir, calumniar) e estabelecer esta ignorancia, ou como elles lhe chamão, esta consciencia erronea, como Regra segurissima da moralid^e. de todas as nossa acçoens, e como medida certa de todo o merito ou demerito. Daqui tirou o Pe. Arriaga aquella sua Proposição, que se lê no Tratado De Actibus Humanus, Disp. XXII. Seção IV e que senão pode ouvir sem horror: Potest odium Dei per modus objecti voliti esse meritorium vitæ æternæ. Daqui tirou o Pe. Casnedi a outra igualm^{te}. blasfema doutrina, que se acha no Segundo Tomo da sua crisis Theologica impressa em Lxa. no anno de 1711. que a muitos predestinados poderá dizer Christo no ultimo dia: Vinde bemditos de meo Pay a gozar do Reyno que vos está aparelhado; porque blasfemastes, matastes, furtastes, adulte-

---

[25] A proposição condenada evoca uma tese que havia sido defendida publicamente no colégio jesuíta de Dijon, pelo P. F. Musnier, em junho de 1686. Quem denunciou ao grande público a proposição foi Antoine Arnauld que, em 1689, publicou Nouvelle hérésie dans la morale dénoncée au pape et aux évêques, aux princes et aux magistrats. A condenação romana buscou estancar a polêmica gerada em torno da questão. Sobre o pecado filosófico ver também H. Beylard, "Le Péché philosophique", *Nouvelle Revue Théologique*, LXII, 1935, 591-616; 623-98.

[26] Eis o texto condenado em sua íntegra. "O pecado filosófico ou moral é um ato humano que destoa da natureza humana e da boa razão; o pecado teológico por sua vez é uma livre transgressão da Lei divina. Por mais grave que seja, o pecado filosófico é, naquele que não conhece Deus ou que não pensa atualmente em Deus, um pecado grave, mas não é uma ofensa a Deus nem um pecado mortal que faz perder a amizade de Deus, e não merece a pena eterna". Proposição condenada como escandalosa, temerária, ofensiva aos ouvidos pios, errônea. Cf. Denzinger, *Enchiridion symbolorum...*, 2291-2.

> rastes, &c. Crendo invencivelm.^te que estaveis obrigados a fazel-lo. Daqui finalm.^te brotou toda aquella horrenda e escandalosa serie de Regicidios, sediçoens, e calumnias de que a Comp.^a denominada de Jesus se acha hoje convencida por toda a Europa [27].

O texto do censor traz-nos a lembrança das mordazes críticas de Pascal aos jesuítas, que, em suas *Cartas Provinciais*, ao tratar dos pecados de ignorância, exclama: "Eu vejo, sem comparação, mais pessoas justificadas por esta ignorância e esquecimento de Deus do que pela graça e pelos sacramentos"[28]. À força de querer interpretar a "direção de intenção" dos atos humanos, alguns casuístas terminaram por relativizar de forma demasiado radical a natureza do pecado, esvaziando o conteúdo do fato pecaminoso. Assim, até mesmo o homicídio não constituiria um pecado em si, mas tudo dependeria das circunstâncias e motivações do ato, bem como da consciência daquele que o praticou – e mesmo, ou sobretudo, da consciência do casuísta que examina o caso[29]. Mas como se faz a ligação entre a moral e a política que se verifica no trecho acima citado? É preciso, inicialmente, dizer que a passagem de um campo a outro não é tão arbitrária quanto se poderia acreditar numa leitura rápida e menos atenta ao contexto histórico no qual se insere a censura de Pereira de Figueiredo. Atente-se que justamente em obras de Teologia moral foram formulados e defendidos alguns pontos de vista com graves implicações políticas. O jesuíta Herman Buzembaum – autor proscrito em Portugal pela Real Mesa Censória –, em sua *Medulla Theologiae moralis*, defendia claramente o regicídio. Em sua *Teologia Moral* (1748), Mazzota, também jesuíta, defende que "um homem injustamente atacado em sua honra e em seus bens pode matar o pai, a mãe e mesmo o príncipe"[30]. Na segunda metade do século XVIII, devido aos atentados ocorridos na corte de Lisboa, contra d. José, e na de Paris, contra Luís XV, a discussão de temas como o regicídio e o tiranicídio havia passado de um plano meramente teórico, a outro mais conectado com a política real e com graves consequências práticas, dentre as quais se encontra, notadamente, a perseguição sofrida pelos jesuítas na Europa que culminou com a extinção da ordem no pontificado de Clemente XIV.

---

27 Cf. ANTT/RMC, cx. 6, doc. 46. Os sublinhados são do manuscrito original.
28 Cf. Blaise Pascal, *Les provinciales* [ed. de Louis Cognet], Paris, Garnier, 1965, p. 58.
29 Para uma discussão aprofundada sobre o assunto ver Pierre Cariou, *Pascal et la casuistique*, Paris, PUF, 1993.
30 Cf. Bernard Plongeron, *Théologie et politique au siècle des lumières (1770-1820)*, Genebra, Droz, 1973, p. 88-89.

O quarto erro referido pela censura está relacionado à passagem do §44 em que o Padre Vasconcellos escreve: "Digo mais, que todos aquelles que nesta sua gentilidade vivessem segundo a justa ley da Rezão, e dictame do bom e honesto, poderião alcansar de Deos graça, e salvarse, segundo aquelle Principio dos Theologos: "*Facienti quod in se est, Deus non denegat gratiam*". Em seu comentário Pereira de Figueiredo afirma:

> Este principio entendido das obras feitas unicam.^te *viribus naturæ* como certam.^te o entende o Pe. Vasconcellos com a sua Escola Media; he na sua substancia ou no seo fundo hum mero Pelagianismo; e como Pelagianismo o censurarão nos fins do Seculo XVI os Theologos de Lovaina como consta das Actas desta controversia, que traz Argentré no Pr°. Tomo da sua Collecção intitulada *Collectio judiciorum de novis erroribus, &c*[31]. Porque segundo este Principio, todo o merito da salvação está unicam.^te no bom uzo natural do livre arbitrio do homem: e o livre arbitrio com as suas obras naturaes, he o que discerne o predestinado do que o não he, o justo do injusto. Quando S. Paulo clama em contrario: *Si autem gratia, iam non ex operibus alioquin gratia non est gratia*[32]. E outra vez: *O homo, quis te discernit? quid autem habes quod non accepisti si autem accepisti, quid gloriaris, quasi non acceperis*[33]?

Note-se que o censor menciona, não sem desprezo, a "Escola Média" – modo pelo qual se refere não só à ciência média, mas ao sistema defendido pelo jesuíta Luis de Molina em sua *Concordia liberum arbitrio cum gratia donis* (Lisboa, 1588) – e aponta a filiação do padre Vasconcellos a essa escola. Ao acusar o texto do jesuíta de pelagianismo, ele retoma em boa medida o discurso de vários setores antimolinistas que, desde fins do século XVI, jamais deixaram de denunciar as semelhanças entre o sistema de Molina e a heresia dos pelagianos e semipelagianos, mas que, antes do século XVIII,

---

31 Trata-se de Charles Du Plessis d'Argentré, *Collectio judiciorum de novis erroribus, qui ab initio duodecim saeculi post Incarnationem Verbi usque ad annum 1735 in Ecclesia proscripti sunt et notati: Censoria etiam judicia insignium Academiarum, inter alias Parisiensis et Oxoniensis, tum Lovaniensis et Duacensis in Belgio, aliorumque Collegiorum Theologiae apud Germanos, Italos, Hispanos, Polonos, Hungaros, Lotharos, etc. cum Notis Observantionibus, et variis Monumentis ad res Theologicas pertinentibus*, 3 vol., Lutetiae Parisiorum, apud A. Cailleau, 1724-1728-1736.

32 *Epístola de São Paulo aos Romanos*, c. 11, v. 6.

33 *Epístola de São Paulo aos Coríntios*, c. 4, v. 7.

não parece ter gozado de maior simpatia no mundo português. Mas é particularmente interessante lembrar que a censura data de maio de 1770, quando havia pouco mais, pouco menos de dois meses da publicação de várias cartas pastorais dos bispos do reino exaltando o falecido para Clemente XIV. Algumas dessas pastorais apresentavam um discurso bastante duro a respeito da ciência média e do probabilismo, chamando a atenção dos redatores do periódico jansenista francês *Nouvelles ecclésiastiques*, que, anos depois, publicariam resenhas elogiosas àquelas cartas. É o caso, por exemplo, da pastoral do bispo de Leiria, d. fr. Miguel de Bulhões e Sousa, na qual, diziam os redatores, era assinalada a íntima ligação entre as verdades da Graça e as da Moral, como mostra o trecho abaixo, traduzido para o francês:

> Les partisans des opinions relâchées, dit-il, ont eux mêmes compris, qu'ils ne pouvoient attaquer les regles des mœurs, sans détruire auparavant les dogmes de la Grace; & la justesse de cette remarque est bien évidente, lorsqu'on considere la promptitude avec laquelle ils ont répandu dans le monde leurs erreurs sur la Grace, afin de servir de prélude à toute cette Morale dépravée, qui a causé de si grands préjudices à la tranquillité des Eglises & des Royaumes. *Et comme c'est en palliant sous des paroles orthodoxes les subtilités impies des Sémipélagiens, qu'ils ont fabriqué le système diabolique de la Science moyenne;* c'est aussi en usant du même stratagême, qu'ils ont substitué à la Morale de J.C. une autre Morale toute charnelle, qui n'est digne que de l'Ecole d'Epicure, & qui seroit horreur à des bons Stoïciens[34].

A conjuntura portuguesa pós-expulsão dos jesuítas era extremamente adversa aos probabilistas e aos defensores da ciência média. Dificilmente, em tais circunstân-

---

34 "Os partidários das opiniões relaxadas, diz, compreenderam eles mesmos que não podiam atacar as regras dos costumes sem destruir anteriormente os dogmas da graça; e a exatidão desta observação é evidente quando se considera a prontidão com a qual eles espalharam no mundo seus erros sobre a graça a fim de servir de prelúdio a toda esta moral depravada, que tem causado tão grandes prejuízos à tranquilidade das Igrejas e dos reinos. E como foi encobrindo sob o véu de palavras ortodoxas as sutilidades ímpias dos semipelagianos que eles fabricaram o sistema diabólico da Ciência Média; foi também usando do mesmo estratagema que eles substituíram à Moral de Jesus Cristo uma outra Moral totalmente carnal, que seria digna somente da Escola de Epicuro, mas que horrorizaria a bons estoicos". Cf. *Nouvelles ecclésiastiques ou Mémoire pour servir à l'histoire de la Constitution Unigenitus*, du 13 Mars 1785, p. 42. O sublinhado é nosso.

cias, um antimolinista e rigorista como Pereira de Figueiredo, deixaria de reprovar como pelagiana a ideia sustentada por Simão de Vasconcellos, que parece, aos olhos de um agostiniano, conceder demasiado poder ao livre arbítrio do homem em detrimento da graça divina.

O último erro imputado ao jesuíta recai sobre a parte do mesmo §44 em que se lê: "E acrescento, que tenho p.ª mim, que aquelle Principio poderá ter effeito tambem nos que peccarão no discurso da sua vida; se no fim della tiverem arrependim.to e lhes pezar de veras de haver offendido aquelle que conhece por Deos, ou o mesmo lume da Rezão: porque fazem o que em si he, &c"[35]. Para Pereira de Figueiredo trata-se, mais uma vez, de um pressuposto pelagiano, na medida em que supõe "claramente, que a penitencia dos peccados por motivo natural, e feita só *viribus naturæ*, (qual podia ser a penitencia de hum Cicero ou de hum Aristoteles) pode ser meritoria da graça, e da vida eterna. O que expressam.te se acha condenado pelo Concilio de Trento, e por muitos Summos Pontifices"[36]. Muito provavelmente, ao se reportar à condenação tridentina o censor se referia ao primeiro cânon sobre a justificação (Sessão VI), que afirma: "Se alguém diz que o homem pode ser justificado diante de Deus por suas obras – que estas sejam realizadas pelas forças da natureza humana ou pelo ensinamento da Lei – sem a graça divina vinda de Jesus Cristo: que seja anátema". De fato, o texto do padre Vasconcellos admitia essa interpretação e não há motivo para ver na posição do censor um modo de proceder arbitrário. O que há em Pereira de Figueiredo, bem como na maioria daqueles que de algum modo dirigem a reforma da Igreja no mundo português, é uma clara rejeição de qualquer princípio que favoreça a visão de um caminho mais largo para a salvação. Trata-se, na verdade, de um sistema que enfatiza o *multi autem sunt vocati pauci vero electi* de São Matheus (c. 22, v. 14), relacionando-o com o pecado original, cuja gravidade é suficiente para explicar a existência de uma massa de perdição. Neste "sistema do pecado", como o denominou Jean Delumeau[37], não há lugar para comiseração relativamente aos índios que ignoraram por tanto tempo, e de maneira invencível, a "verdadeira religião". Talvez seja útil lembrar o que dizia certo catecismo publicado em Portugal em 1765 e que conheceu várias reimpressões nos anos seguintes: "A vontade geral de salvar a todos os homens, que he syncera em Deos, não impede que haja nelle huma vontade particular de castigar os culpados.

---

35 Cf. ANTT/RMC, cx. 6, doc. 46.

36 *Idem*. Sublinhado no original.

37 Ver Jean Delumeau, *Le péché et la peur. La culpabilisation en Occident (XIIIe-XVIIIe siècles)*, Paris, Fayard, 1983, notadamente, p. 315-38.

Ora todos os homens são culpados por sua origem, e tem merecido a condemnação eterna; Deos pois quando os castiga não lhes dá senão o que merecem"[38].

A conclusão do parecer de Pereira de Figueiredo, como era de se esperar, não podia ser mais contundente. Diz:

> Por tudo concluo que este Livro do Pe. Vasconcellos deve ser não simplesmente prohibido, mas supprimido por hum Edital publico, juntam.te com a Crisis Theologica do Pe. Casnedi. Porque estas duas obras não servem senão de deslustrar esta Corte, aonde ambas se imprimirão; e de infamar todo este Reyno, aonde ellas por tanto tempo correrão com applauzo. Este he o meo parecer[39].

À GUISA DE CONCLUSÃO

O que explicaria tal transformação na percepção do certo e do errado em matéria religiosa? O que explica que uma obra obtenha todas as licenças necessárias para ser impressa, incluindo aí as licenças do ordinário e do Santo Ofício, e, um século depois, seja objeto de uma censura tão dura, na qual se imputa a algumas passagens, inclusive, a nota de heresia? Quais as implicações dessa transformação? São questões que merecem reflexão.

Primeiramente, é necessário abandonar explicações simplistas que nos levem à percepção de que estamos diante de mais um episódio da perseguição pombalina aos jesuítas. Não se trata de negar a forte marca antijesuítica do período e que está presente na própria censura, mas de ultrapassar este nível e perceber que está em jogo a construção de um novo paradigma hegemônico na teologia lusitana. Um dos ele-

---

38 Cf. Instrucções geraes em fórma de catecismo, nas quaes se explicão em compendio pela Sagrada Escritura, e Tradição a Historia, e os Dogmas da Religião, a Moral Christã, os Sacramentos, as Orações, as Ceremonias, e os Usos da Igreja. Impressas por ordem do Senhor Carlos Joaquim Colbert, Bispo de Montpellier, Para uso dos antigos, e novos Catholicos da sua Diecese, e de todos aquelles, que estão encarregados da sua instrucção, Com dous catecismos abbreviados para o exercicio dos meninos. Traduzidas na lingua Portugueza por mandado do Senhor Arcebispo de Evora Dom João, para uso dos Fieis do seu Arcebispado, Lisboa, Na Officina de Miguel Manescal da Costa, Impressor do Santo Officio, 1765, 4 vol. in 8°. Usei a edição do bispado de Coimbra, Lisboa, Na Regia Officina Typografica, 1770, a citação está no t. III, nas p. 11-2. Sobre a sorte do Catecismo de Montpellier em Portugal ver Evergton Sales Souza, *Jansénisme et réforme de l'Église...*, p. 241-67.

39 Idem.

mentos que salta aos olhos na leitura que Pereira de Figueiredo faz da obra de Simão de Vasconcellos é sua rejeição a toda e qualquer flexibilização teológica para tentar pensar o caso das populações americanas que não conheciam, nem tinham como conhecer, a fé cristã. A questão não pode ser vista apenas sob a ótica do confronto entre o missionário – conhecedor da realidade americana e, portanto, mais propenso a pensar soluções práticas para os problemas relacionados à missionação – e o erudito teólogo que jamais se confrontou à lide missionária e à sua constante necessidade de flexibilização/tradução/adaptação, mantendo-se, por isso, impermeável ao desejo de encontrar uma via de salvação para aquela massa humana. Ela é, antes, uma espécie de reprodução dos ecos de um debate que, talvez devido à hegemonia das correntes não rigoristas, não teve lugar na Igreja portuguesa do século XVII. Noutras partes da Europa a situação foi bem diferente. O debate se desenvolveu plenamente na França do mesmo período, ao longo da controvérsia entre jansenistas e jesuítas. Aliás, alguns dos problemas apontados por Pereira de Figueiredo coincidem com aqueles tratados por Blaise Pascal na quarta carta escrita a um provincial. É o caso, por exemplo, do princípio, denunciado por Pascal, de que uma ação não pode ser imputada como pecado, se Deus não nos dá, antes de a cometermos, o conhecimento do mal que nela reside e uma inspiração que nos excite a evitá-la. Esta opinião, embora jamais tenha sido compartilhada por um grande número de teólogos, encontra eco nas palavras do padre Simão de Vasconcellos. Na verdade, ao admitir a possibilidade da salvação entre os índios que ignoravam invencivelmente a fé cristã e, mesmo, alguns dos mais elementares princípios morais, o jesuíta parece ir além dela.

O texto publicado em 1668, numa edição separada da *Crônica*, não provocou escândalo, embora tenha sofrido censuras e críticas de alguns jesuítas, a exemplo das formuladas pelo padre Antônio Vieira[40] e das que levaram à já referida censura dos parágrafos relativos ao paraíso terreal. Ao que parece, a obra também não conheceu maior sucesso, pois, após 1668, não foi reimpressa nos séculos XVII e XVIII. Contudo, não se deve esquecer que alguns dos princípios sustentados pelo jesuíta viriam a ser objeto de condenação pontifical somente alguns anos após a redação do texto. É o caso da censura à doutrina do pecado filosófico, publicada em decreto do Santo Ofício romano de 1690. O certo, entretanto, é que em 1770, as tendências teológicas predominantes em Portugal eram outras. Mais do que um paradigma antijesuítico, sobre o qual insistiu uma historiografia demasiado simplificadora e profundamente marcada pela contribuição dos jesuítas e de seus apologistas, a hierarquia eclesiástica lusitana construiu a pouco e pouco, não sem ajuda do próprio governo civil, um novo modelo de Igreja – do ponto de vista teológico e eclesiológico – no qual correntes de

---

40 Sobre o assunto ver Luis A. de Oliveira Ramos, "Introdução"..., p. 14 e passim.

pensamento rigoristas exerceram grande influência. É a predominância do rigorismo teológico e moral que explica a reação escandalizada frente aos princípios molinistas e probabilistas sustentados por Simão de Vasconcellos e sua pronta condenação por Antônio Pereira de Figueiredo.

Na outra margem, os índios e suas almas inconstantes permaneceram, evidentemente, distantes e indiferentes a respeito das sutilidades teológicas seiscentistas e setecentistas. E assim, subordinadas às oscilações teológicas do ocidente católico pós-tridentino, as almas dos índios não cristianizados, ao menos algumas delas, viram-se transportadas do céu ao inferno. O futuro, entretanto, guardaria outras reviravoltas sobre o seu destino.

Libertinagens e livros libertinos no mundo luso-brasileiro (1740-1802)

Luiz Carlos Villalta
Universidade Federal
de Minas Gerais[1]

Em Portugal e suas possessões americanas, malgrado as proibições da censura e a ação da Inquisição, na segunda metade do século XVIII, assistiu-se a uma inquietude no campo das ideias políticas, morais e religiosas. Livros então julgados libertinos, dentre eles alguns de prosa ficcional, muitos deles claramente vinculados ao pensamento das Luzes, circularam e foram lidos por leitores de diferentes condições sociais. Ao mesmo tempo, proposições heréticas ou subversivas do ponto de vista político foram apresentadas por várias pessoas, dos dois lados do Atlântico, sendo exemplos, de um lado, o padre d. André de Morais Sarmento, no Reino, de fins século XVIII aos inícios do XIX e, de outro lado, Isidoro José Pereira da Costa, lacaio da Ópera da Bahia, entre 1740 e 1761.

A proposta deste ensaio é, primeiramente, compreender qual era o sentido então dado aos termos libertinos e libertinagens e, em seguida, analisar diferentes situações em que os mesmos foram aplicados em Portugal e no Brasil, sobretudo a partir da documentação inquisitorial. Em terceiro lugar, quer-se avaliar, nas situações examinadas e de modo superficial, a relação entre as ideias libertinas e os livros.

---

1 Bolsista de Produtividade do CNPq. Agradeço à Capes e à FAPEMIG, cujo apoio financeiro permitiu-me realizar, respectivamente, em janeiro e fevereiro e, depois, em novembro de 2005, pesquisas em Lisboa.

Libertinos e libertinagens: os significados dos termos

Segundo o *Dicionário da Língua Portuguesa*, composto pelo padre d. Rafael Bluteau, reformado e acrescentado por Antônio de Morais Silva[2], "libertino" é "o que sacudiu o jugo da Revelação, e presume que a razão só pode guiar com certeza no que respeita a Deus, a vida futura", e "libertinagem", "o vício de ser libertino, incrédulo, mal morigerado". Nessa acepção, corrente no século XVIII, libertino é todo livre-pensador influenciado pelas novas ideias dos filósofos e enciclopedistas, que por suas leituras, ações e omissões, punha em xeque alguns dogmas cristãos, assumindo abertamente o deísmo ou o ateísmo, ou ridicularizando o ritual e a hierarquia eclesiástica[3]. Esta parece ter sido, por exemplo, a conotação do uso do termo por Antônio de Morais Silva, nos idos de 1779, em relação a si mesmo, dizendo-se – segundo depoimento de Antônio da Silva Lisboa, estudante do segundo ano do curso jurídico em Coimbra, em 1781 – "Pay dos Libertinos", conforme consta do processo inquisitorial de que foi vítima por proferir proposições deístas e críticas ao cristianismo, à Inquisição e à Igreja católica[4].

O termo libertino, porém, utilizado em linguagem comum e em disputas teológicas, antes e depois do século XVIII, possuía três acepções, não necessariamente excludentes entre si, seja na realidade, seja na visão dos críticos do libertinismo: primeiro, depravado; em segundo lugar, diletante mundano e incrédulo, e, por fim, filósofo-cético. Em muitos casos, na realidade da libertinagem, esses três significados encontravam-se interligados, estando a licenciosidade sexual associada à incredulidade e ao ceticismo; em outros, tal associação era postulada pelos adversários para denegrir os libertinos[5]. Embora se possa dizer que, de fato, o termo libertino não tinha um significado restritamente associado à liberalidade em relação ao sexo, essa associação era de uso corrente, ainda que não se aplicasse a todos os libertinos. Em 1798, Joaquim Antonio Pereira, habilitando ao sacerdócio do Bispado de Mariana, foi acusado de "libertinismo" por ter se envolvido com uma meretriz pública, por sua "incontinência

---

2 Antônio de Morais Silva. *Dicionário da Língua Portuguesa*. Lisboa, Officina de Simão Thaddeo Ferreira, 1789, tomo 2, p. 21.

3 Luiz Mott. *A Inquisição no Maranhão*. São Luiz, Edufma, 1995, p. 21.

4 Instituto dos Arquivos Nacionais da Torre do Tombo (doravante, IANTT), *Inquisição de Lisboa*, Processo 2015, p. 29v.

5 Leszek Kochakowicz. "Libertino". In: *Enciclopédia Einaudi: Mythos/logos; Sagrado/Profano*. Trad. José de Carvalho. Lisboa, Imprensa Nacional/ Casa da Moeda, 1987, p. 326-7.

escandalosa" e por ter raptado uma rapariga⁶. No Sumário⁷ da Inquisição de Lisboa, feito de 1782 a 1785, contra Miguel Aires Maldonado, residente na Fazenda do Cabuçu, freguesia de São Gonçalo do Itaboraí, Rio de Janeiro, pela defesa de proposições heréticas, consta o depoimento de sua cunhada Catarina Isabel Maria, cujas palavras sobre o acusado apontam para a associação entre libertinagem e liberalidade sexual: "[...] he homem de vida estragada libertinico [sic] e insestuozo porcoanto elle vive amancebado com hua cunhada sua Irmãa della testemunha e que em outra ocazião fora elle ter a cama com outra sua Irmãa chamada Dona Antonia Ignacia e puchando-lhe a mão para cometer com ella o pecado da mollicia [= masturbação]"⁸.

Em Portugal, próximo ao último quartel do século XVIII, o termo assumiu uma conotação também política. Isto é o que se vê, por exemplo, no Edital da Real Mesa Censória (tribunal criado em 1768 pelo rei d. José I para controlar a censura literária) datado de 11 de outubro de 1773, que proibiu a *Histoire Philosophique et Politique des Établissements et du commerce des européens dans les deux Indes*, do padre Raynal. Segundo o citado Edital:

> [...] homens extraordinários, que ainda nas obras mais indiferentes das ciências naturais, e da filologia, por sua natureza inocentes, espalham como por sistema o mortífero veneno de suas libertinagens, não perdendo ocasião de preparar capciosos laços aos espíritos fracos, e à mocidade inadvertida; para os apartar da crença verdadeiramente cristã e ortodoxa, e fazê-los sectários da errônea, ímpia e reprovada filosofia: passando mais adiante o sobredito anônimo autor a se insinuar escandaloso monarchomaco⁹.

---

6 Arquivo Episcopal da Arquidiocese de Mariana. *Processo de habilitação De Genere, vitae et moribus*, nº 391/06.

7 Série de depoimentos e investigações conduzidas por comissários da Inquisição que podiam ou não resultar na abertura de processos.

8 Iantt, *Inquisição de Lisboa*, Sumário 2815, 1782-1785, s.p. Sobre o Inferno, dizia que Deus não tinha inferno para castigar os maus, cuja pena era apenas "damni", e que os bem-aventurados não gozavam ver Deus; segundo outro depoimento, teria dito que não veriam Deus os condenados e que à Virgem Maria isto também sucederia, por ser Deus mais puro. Sobre o pecado contra o sexto mandamento, afirmava que o sexo entre solteiros não era pecado e também entre compadres, tendo eles assim se tornado quando solteiros. Por fim, sobre a confissão dizia que só era boa a da hora da morte.

9 Iantt, *Real Mesa Censória*, Edital de 17 de outubro de 1773, Caixa 1.

A condenação da obra, como se vê, foi feita em defesa da fé, das prerrogativas e direitos da monarquia. Raynal, ademais, continuava o Edital, revelava-se "monarcômaco"[10] ao "atacar as Leis mais Santas", "desacreditar as Nações mais polidas", "denegrir os Ministerios mais illuminados" e "infamar os establecimentos mais prudentes, e interessantes", elementos que correspondem, pode-se depreender, respectivamente, a Portugal, à Inquisição e ao colonialismo. O universo semântico coberto pela palavra libertino, no Edital de 11 de outubro de 1773, enfim, tem um sentido claramente político. Abordarei, em seguida, alguns exemplos históricos que correspondem aos significados dos termos "libertinos" e "libertinagens".

Libertinos e libertinagens:
personagens, textos e enredos
Um teólogo "sádico" e "voyeur" na virada do século XVIII para o XIX

Um primeiro exemplo é o que aparece na denúncia feita à Inquisição contra o frei Ricardo de Santa Coleta Coelho, dos Menores observantes da Província dos Algarves, morador no Convento de S. Francisco de Xabregas de Lisboa, aos 3 de junho de 1802, por dona Mariana Rita Caetana de Souza Vargas, secular recolhida no Convento de Marvila, também na capital portuguesa[11]. A denunciante assim se expressou:

> Em muitos anos que me confessei a este Padre, nunca ele me ensinou doutrina que não fosse pura e sã, como a tem e crê e ensina a Santa Madre Igreja. Sempre me confessou no confessionário da Igreja, fora as suas palavras e ações dignas de um ministro do Evangelho. Nesses últimos tempos, muitas vezes me confessei a ele, em uma das grades do Convento destinadas para usos civis, onde por uma vez de tarde me mandou expor à sua vista as partes interiores. E duvido se nessa ocasião me confessou. Muitas vezes metendo a mão por entre os ferros da grade, chegava com os dedos a minha boca para os beijar. E por uma vez tocou com eles em

---

10 Sobre os monarcômacos, veja: Jürgen Habermas. *Mudança estrutural da esfera pública*. Rio de Janeiro, Tempo Brasileiro, 1984, p. 69-70.

11 Analisei este processo inquisitorial de forma mais meticulosa em: Tereza Filósofa e o frei censor: notas sobre a circulação cultural e as práticas de leitura em Portugal (1748-1802). In: Eduardo França Paiva (org.), *Brasil-Portugal: sociedades, culturas e formas de governo no mundo português (século XVI-XVIII)*. 1 ed., São Paulo, Annablume, 2006, p. 123-48.

um dos meus peitos, isto sendo de manhã, me confessava de tarde na mesma grade. Nesta mesma grade havia expressões amorosas e torpes, vistas desonestas, e obscenas; mandando-me por seis, ou nove vezes, despir toda nua e, metendo pela grade uma cana, com ela me magoava as partes genitais, que distavam sempre, me pisava os peitos e mais partes interiores, tudo com o pretexto de castigar os meus crimes; sendo isto de manhã, me confessava de tarde. Estas desordens tiveram fim em Dezembro de 1799. Deste tempo para diante sucedeu somente o seguinte. Na mesma grade havia de manhã expressões amorosas e torpes, vistas desonestas de peitos, pernas e suas vizinhanças, de até seis vezes. E me confessava de tarde neste mesmo Lugar. Havia correspondência de cartas amorosas, obscenas, e torpes: na mesma grade me pedia beijos e abraços de manhã, e aqui mesmo me confessava de tarde. Por uma vez somente, o vi descomposto da cintura para cima, na mesma grade, fazendo ele ao mesmo tempo expressões amorosas e lascivas: da mesma sorte vestiu ele na grade roupa minha por duas vezes: sendo tudo isto de manhã, ele me confessava de tarde na mesma grade. Chegou com os dedos à minha boca, o que sendo de manhã, me confessava de tarde neste mesmo lugar. Tudo acabou em dezembro de 1801 ou em janeiro de 1802[12].

Se na denúncia feita por d. Mariana Rita o termo libertino não aparece, algo próximo pode ser visto na apresentação feita mais de dois anos antes, aos 20 de março de 1800, pelo próprio frei Santa Coleta. Ele se apresentou por escrito à Inquisição de Lisboa, confessando "liberdades sensuais" cometidas com várias pessoas, de sexos diferentes. Santa Coleta não era um frade qualquer, mas um censor do tribunal eclesiástico (ao que tudo indica, de Lisboa) e jubilado em Teologia, tendo estudado e ensinado nos preparatórios "desta Sciencia, no Colégio de Coimbra e nos Conventos de Estremoz, Évora, Cascais e Xabregas", além de haver residido nos colégios de Alcoxeta, Messejana e outros[13]. Nessa sua apresentação, rogou à Inquisição "a misericórdia e piedade q merec[ia] a fraqueza humana", "perdão do escândalo" que causaria "a narração de tantas iniquidades"[14]. Declarou que, no convento da Encarnação, em Lisboa, com sua confessante d. Tereza Inácia de Lancastre, freira, teve várias "liberdades sensuais", sem, contudo, que elas se dessem no confessionário, tais como: "o pôr-lhe as

---

12 IANTT, *Inquisição de Lisboa,* Processo No. 5856 (1800-1802), Frei Ricardo de Santa Coleta Coelho, p. 5-5v.

13 *Ibidem,* p. 15-15v.

14 *Ibidem,* p. 2.

mãos na cara, fazer-lhe expressões amorosas, dar-lhe bofetadas e açoitá-la com cilício imediatamente na carne das partes posteriores". Duvidava, porém, tê-la confessado nessas ocasiões, reconhecendo apenas que as liberdades ocorriam muitas vezes antes e depois do sacramento da penitência; no oratório onde a confessara, uma certa vez, não só a açoitara na carne mas também lhe puxara "pelos cabelos das partes anteriores, sem as ver, sucedendo depois dar-lhe abraços, e fazer expressões de amor". Escreveu-lhe cartas com "expressões afetuosas, e amorosas, até que vendo o perigo em que estava", abandonou-a. Também com outra sua confessante, durante anos, d. Antônia de Noronha, viúva de Antônio Laignez, tivera "algumas confianças, indignas do Ministério sagrado, ainda que nunca dentro da confissão. Sucedeu algumas vezes açoitá-la com cilício por cima da camisa", tendo-a logo imediatamente confessado e açoitado após a confissão, não tendo exata certeza disso. "Por algumas vezes, sem haver confissão", deu-lhe "ósculos na testa", pegou em suas mãos, apalpou os joelhos, fez expressões afetuosas, deu-lhe "bofetadas, beliscões, e palmatoadas. Uma vez em sua casa mesmo, estando [...] deitado na cama", mandou-a "deitar vestida em cima da mesma cama, sem haver mais nada". No convento de Sacavem, ao confessar uma religiosa, Sóror Anna Luduvina, "em o confessionário propriamente deputado para as confissões, no qual nada se vê", mandou-a esfregar "a *pectem* [sic] com um cilício, e logo" a confessou, mantendo com "esta Freira comunicação lasciva por cartas, que eram todas Luxuriosas e torpes. Por três, até quatro vezes no ano [...] ia confessá-la". Por muito tempo, confessou a "um moço, de 14 até 20 anos, chamado Domingos José Alves da Costa, morador por de trás do convento de Santos". Algumas vezes o açoitou na cela, crendo que nunca antes ou depois da confissão; "da mesma sorte algumas vezes lhe dava abraço, e ósculos na boca, de sorte que sentindo ele [frei Santa Coleta] alguma alteração não continuava"[...].[15]

A Inquisição nenhuma providência tomou em relação à confissão-apresentação de Santa Coleta. Em 15 de maio de 1802, ele se apresentou de novo ao tribunal com uma confissão escrita, dividida em dois "capítulos": primeiro, acrescentando elementos esquecidos em sua confissão anterior, referentes à d. Mariana Rita Caetana de Souza e Vargas e, depois, narrando novos sucessos ocorridos no intervalo entre as duas apresentações. Na grade do Convento de Marvila, em Lisboa, teve com d. Mariana Rita "expressões amorosas, e torpes, vistas [sic] desonestas de peitos, pernas e joelhos para cima por quatro até seis vezes, sendo tudo de manhã", confessando-a "de tarde na mesma grade. Nesta mesma grade lhe pedia beijos, e abraços de manhã, e a confessava de tarde. Por uma vez somente", o padre se descompôs "da cintura para cima diante dela na grade, fazendo ao mesmo tempo expressões amorosas, e provocativas. Por

---

15 *Ibidem*, p. 2.

duas vezes met[eu-lhe] os dedos da mão por entre a grade na boca". Se esses fatos sucediam pela manhã, à tarde a confessava. Pedia novamente "perdão do escândalo" que causaria aos Inquisidores a "narração horrorosa de tantas enormidades, e a clemência". A Inquisição nada fizera até a data da segunda apresentação, tendo só depois dessa, ao que parece, encaminhado o caso ao promotor para as providências cabíveis. Então, o promotor determinou que se fizessem judiciais as duas apresentações, com o que os Inquisidores, aos 3 de julho de 1802, determinaram que o denunciado comparecesse ao tribunal.

A estrutura da denúncia feita por d. Mariana Rita, assim como o seu conteúdo, o vocabulário e as formas empregadas, assemelha-se muito às apresentações do Frei Santa Coleta. O frei e a denunciante parecem ter se ajustado sobre o teor do que, respectivamente, apresentariam e delatariam. Nada disso passou desapercebido pelo promotor da Inquisição, o qual assinalou: "A denúncia a fl. 5 igualmente parece ditada pelo mesmo apresentado, e de acordo entre ele e a denunciante, com o fim de fraudar a justiça"[16]. O padre, além disso, evitou, no que é secundado pela denunciante, caracterizar seus delitos como típica solicitação, negando que os convites para torpezas tivessem ocorrido no confessionário e/ou durante a confissão[17]. Para tanto, apelou frequentemente para a falta de lembrança. Nos interrogatórios, frei Santa Coleta esforçou-se por dar mostras de arrependimento, atribuiu suas faltas à fragilidade humana e, ao mesmo tempo, evitou que sua conduta pudesse ser caracterizada como herética, como falta de religião católica. Defendeu também a sua reputação pública e pessoal, adquirida por seus estudos literários. Disse, então, aos 5 de julho de 1802, quando de seu primeiro interrogatório:

> por misericórdia Divina conhecia muito bem os seus erros e precipícios, e todos estava sumamente arrependido. E confiando na Divina Graça esperava não tornar a cair em semelhantes erros, e voluntariamente se sujeitava aos castigos e penas por eles merecidos, e só humildemente pedia, podendo ser, fossem estes de maneira que se não ofendesse o crédito da sua Religião e o pessoal, que na mesma, e publico havia adquirido

---

16 *Ibidem*, p. 19.

17 No entanto, para a Inquisição, eram solicitação os atos desonestos ocorridos "no acto da Confissão Sacramental, antes, ou depois delle immediatamente, ou com occasião, ou pretexto de ouvir de Confissão, ainda que a dita Confissão se não siga, ou fóra da Confissão no confessionario, ou lugar deputado para ouvir de Confissão, ou outro qualquer escolhido para este effeito, fingindo que ouvem da Confissão" – IANTT, *Inquisição de Lisboa*, Maço 52, Edital (ou Carta monitória) de 26 de fevereiro de 1791.

pelos seus estudos literários na certeza que no seu delito teve mais parte a fragilidade e miséria humana, do que falta da Santa Religião Católica Romana, que professa, e que sempre tem conservado, e há de conservar ficara no fundo do seu coração[18].

Outro aspecto a ser lembrado é a similitude entre o conteúdo das apresentações do frei Coleta e o dos livros libertinos de prosa de ficção que então circulavam. Tome-se, por exemplo, *Tereza Filósofa*, romance editado originalmente em 1748 e que teve cerca de quinze edições até 1785, tornando-se um clássico da literatura proibida, não escapando da interdição por parte da censura portuguesa, determinada em 1758[19]. As situações narradas em *Tereza Filósofa* que envolviam padres, confrontadas com o caso do frei Santa Coleta, revelam claras similitudes. Com efeito, nas confissões-apresentações de Coleta, as experiências sexuais combinam *voyeurismo* e sadismo (de sua parte) e masoquismo (da parte da mulher), articulados com um conflito entre, de um lado, a expressão e satisfação dos desejos e, de outro, as demonstrações de arrependimento (de sua parte, falso, ao que parece) e a aplicação de disciplinas (na confessante), incutindo na penitente uma consciência de culpa. *Tereza Filósofa* traz situações de *voyeurismo*, de padres que desrespeitam o voto de castidade e/ou que usam de coisas sagradas para tirar vantagens sexuais e, ainda, de violência física contra as mulheres, de aplicação de disciplinas; desvincula sexo de procriação. O frei Santa Coleta usava da oportunidade da confissão para saciar os desejos e experimentar prazeres, apelava para o mesmo sacramento da penitência para justificar seus atos, aliviar a culpa e adquirir e dar o perdão. Com todas as mulheres e com o único parceiro, ademais, o padre disse não consumar o ato sexual (e ele podia estar mentindo), nunca os penetrando, por qualquer forma, ou sendo penetrado (no caso do rapaz). Buscava realizar seus desejos e usufruir dos prazeres sem levá-los a extremos, sem penetrar as mulheres (nem o rapaz), parando nos preliminares e desvinculando o sexo da procriação e do casamento. A partir desses elementos, suponho que evitava prejudicar a felicidade pública, ferir a reputação das mulheres, em tudo isso se aproximando, em sua conduta, dos ensinamentos morais vistos no romance *Tereza Filósofa*. Era, portanto, do ponto de vista sexual, um licencioso. Mas essa licenciosidade que emanava de sua conduta traduzir-se-ia no exercício de uma liberdade de pensamento?

---

18 IANTT, *Inquisição de Lisboa*, Processo No. 5856 (1800-1802), Frei Ricardo de Santa Coleta Coelho, p. 10v.

19 Robert Darnton, *Boêmia literária e revolução*, op. cit., p. 76 e Maria Teresa Esteves Payan Martins. *A Censura Literária em Portugal nos séculos XVII e XVIII*. Lisboa, Universidade Nova de Lisboa, 2001 [Tese de doutoramento], p. 201.

No segundo interrogatório, o frei de Santa Coleta apresentou dados sobre sua situação profissional e, por conseguinte, de mestre, de censor e de leitor, que permitem conjecturar sobre sua postura intelectual[20]. Santa Coleta, na verdade, procurou cercar-se de elementos que atenuassem a gravidade de seus delitos. Para tanto, primeiramente, afirmou que em todos os locais onde viveu, nos contatos que teve com as pessoas, nunca aprendeu nada contra a religião católica. Em segundo lugar, explicou que se meteu em disputas literárias e, nessas circunstâncias, usou "argumentos heréticos". Em seguida, Santa Coleta esclareceu que esse recurso teve apenas o intuito de comprovar a "verdade dos mistérios" e, ao mesmo tempo, testar o "talento e ciência dos professores" – e, aqui, vê-se a importância da comunicação oral, essencial para a demonstração do talento e da ciência; vê-se, igualmente, que os homens de "talento e ciência" tinham que ter trânsito pelas heresias, até mesmo para reiterar a ortodoxia. Disso se pressupõe que haveria, no seu entender, leitores para os quais as proibições e interdições não valeriam, estando os mesmos a serviço da conservação da "verdade" estabelecida. Por fim, Santa Coleta confirmou ter conhecimento de livros proibidos, explicando, porém, que isso era seu dever de ofício, uma vez que ele era censor. Nas entrelinhas da apresentação do frei, pelas disputas em que se envolveu, pelas argumentações que sugeriu ter organizado, pelos pronunciamentos que realizou e pelos livros que leu, vislumbra-se uma desenvoltura intelectual que não se coaduna com uma postura de passiva submissão à autoridade da Igreja e da religião revelada: as informações disponíveis não permitem dizer que ele chegou a formular um discurso contestatório, mas tão somente que exercitou seu pensamento diante de outrem, no mínimo, bem próximo dos limites aceitos, manobrando-os no sentido de não configurar um confronto com a ordem estabelecida.

Os inquisidores, porém, estavam atentos às manobras do apresentado, seja sobre a conexão entre práticas libidinosas e livros (e, por conseguinte, a defesa de proposições heréticas), seja sobre sua tentativa e da denunciante de negar a ocorrência do pecado da solicitação. Por isso, não deram trégua ao frade libertino. Em todos os interrogatórios, os inquisidores atacaram dois aspectos essenciais: primeiro, a consciência da gravidade do delito, uma vez que o padre tinha instrução literária para sabê-lo e que, assim, suas atitudes sinalizavam uma falta de crença no sacramento da confissão e, em segundo lugar, o conhecimento das penas, que não o fez confessar logo nem evitar os erros, mas reincidir neles e demorar a apresentar-se. O padre, por sua vez, insistiu que a fragilidade humana o levou aos erros, tudo isso, ao que parece, para descaracterizar o conteúdo herético deles, tanto que, depois de dizê-lo, pediu aos inquisidores que

---

20 Iantt, *Inquisição de Lisboa*, Processo No. 5856 (1800-1802), Frei Ricardo de Santa Coleta Coelho, p. 15-15v.

moderassem nas penas que lhe seriam aplicadas. Ele quis ocultar qualquer origem intelectual (seja auferida pela leitura, seja resultado de uma elaboração mental própria, ou ainda, de ambas as formas) para as culpas, o que certamente o tornaria mais vulnerável. Apelou, por fim, para o espírito cristão dos inquisidores, no sentido de fazê-los agir com misericórdia. Teólogo, o padre dominava a argumentação necessária para a sua defesa (era um libertino fundamentado na Sagrada Teologia!)[21].

Os inquisidores demonstraram estar atentos. O promotor captou as manobras do réu, bem como percebeu a falta de sinceridade de sua confissão e a combinação que havia entre ele e a denunciante. Não solicitou, contudo, a realização de inquirições nos locais em que o réu viveu e onde praticou atos similares. Com a sentença condenando-o à abjuração de leve (isto é, a expressão do arrependimento, de repulsa à heresia, feita por um acusado com suspeita leve[22]) e penas espirituais, publicada em setembro de 1802, a Inquisição encerrou o caso: aos seus olhos, o frei de Santa Coleta fizera uma confissão incompleta, ocultando as intenções de seus atos, do que se presumiria não ter respeito para com os sacramentos, particularmente o da penitência, tal como muitos hereges, usando-o para solicitar penitentes para atos libidinosos, culpas essas agravadas pelos modos como cevava suas paixões e os meios escusos com que o fazia, tornando-se suspeito, de leve, de molinosismo[23].

UM CRAVADOR E LACAIO DE ÓPERA EM MEADOS DO SÉCULO XVIII:
A HISTÓRIA SAGRADA E A VIDA RELIGIOSA VISTAS COMO OBRAS DE FICÇÃO

Isidoro José Pereira da Costa, tido como cristão-novo, lacaio da Ópera da Bahia, lisboeta, oficial de cravador, alferes das tropas auxiliares, entre 1750 e 1761, é outro exemplo de libertino, mas de naipe diferente do de Santa Coleta. Ele levava a sua liberdade de pensamento até a formulação de proposições, colocando-se contra os clérigos e a fé católica. Ele foi denunciado à Inquisição de Lisboa por José de Souza

---

21 *Ibidem*, p. 16v-18.

22 Adelina Sarrión Mora. *Sexualidad y Confesión: La Solicitación ante el Tribunal del Santo Oficio (siglos XVI-XIX)*. Madrid, Alianza Editorial, 1994, p. 359.

23 Segundo Miguel de Molinos, jesuíta espanhol do século XVII, o demônio podia atuar violentamente sobre os corpos, levando almas perfeitas a cometer pecados, inclusive carnais, sem que esses pudessem ser considerados como tais, pois seriam contra a vontade das pessoas que os praticavam. Por isso, segundo Molinos, não se devia oferecer resistência a estas tentações da carne, suscitadas por tentação demoníaca, mas sim resignar-se (*Ibidem*, p. 208-9).

do Nascimento e Domingos da Piedade, moradores na mesma cidade da Bahia, ambos pardos, um deles chamado anteriormente de cachorro e mulato por Isidoro. Alvo de um sumário (isto é, uma investigação) da Inquisição, Isidoro criou mil artifícios para impedir que outra testemunha fosse interrogada e morreu, sem receber os sacramentos (levando sua libertinagem até a morte), antes que os interrogatórios fossem concluídos[24].

Isidoro vivia de fazer ópera de bonecos. Lia livros, alguns deles "com muitas noticias". Usava passagens da Bíblia para criticar as posições da Igreja e questionava os livros espirituais. Odiava os jesuítas e os franciscanos, responsabilizando-os pelas "metafísicas"; interferia perniciosamente na instrução religiosa de uma menina e defendia Manoel Lopes, um padre que fora queimado pelo Santo Ofício, assim como a um "author das [sic] opera em Lysboa natural do Rio de Janeiro", por ele venerado e que tivera igual destino, dizendo que o mesmo se equivocara ao se instalar na capital portuguesa, ao pé da Inquisição (ao que parece, tratava-se Antônio José da Silva, o judeu, dramaturgo luso-brasileiro queimado anos antes pelo Santo Ofício)[25]. Foi acusado de proferir várias proposições heréticas, questionando a existência do Inferno, do Purgatório, da imortalidade da alma, da vida após a morte, do pecado: o Inferno estava neste mundo, onde recebíamos os ganhos e as perdas; "o Inferno, e Purgatorio era a Cadeia em que hé Carcereiro Antonio da Costa, incluidos pretos, e as mais molestias, e trabalhos que elles dão a seus senhores"; a alma expiraria com a vida; e o homem seria como os seres irracionais e "e q tanto q moriamos q acabavamos tudo"[26]. Ele defendia a fornicação, dizendo que a mesma "era couza natural, mais por q era perciza pª aum^{to}. da geração, e q ja a mesma natureza em principio se t[inh]$^{a.}$ preparad.o pª. hisso"; chegava mesmo a aprovar relações de cunho incestuoso (relações com irmãs e sobrinhas)[27], opinião compartilhada por alguns acusados de libertinagem junto à Inquisição. Sobre os clérigos, sua vida social e a história sagrada, a canonização dos santos e a Inquisição, dizia:

> Que pª. não haver vivo, q se lembrasse dos q tinha feito aquelle, a q^m. querião chamar santo, costumavão os cabeças, e apoyadores, chamados Sumos Pontifices dar sò o titulo de santificado m^{tos}. a^s. depois da sua morte: e q tudo era historia, e composição assim como se representava

---

24 Iantt, *Inquisição de Lisboa*, Caderno do Promotor No. 126, p. 434-50v.

25 *Ibidem*, p. 442.

26 *Ibidem*, p. 435-435v, 439v e 441.

27 *Ibidem*, p. 438.

em huã comedia, o q bem claramente se via nas operas delle delat[ad]o, em q^{do}. se queria mostrar, e dizer, tudo se mostrava e dizia sem p^a. isso ser n^{so}. mais q idearlhe a boa arrumação, e aparencia.

Que tinha odio aos sacerdotes, clerigos, e frades, p^{ar}. m$^{te.}$ aos da Comp^a., e Barbadinhos: que dezejava poder tirarlhe os habitos, fazellos soldados ou trabalhos cõ huã alabanca na pedreira delle delato; q cõ hú azorrague na mão os faria andar em hú tropel; porq erão vadios, velhacos e ladroes, q roubavão, enganavão a todo o mundo.

Que tanto os Frades, como todo o mais Ecclesiatico era historia, e mentira; modo de vida, e maxima, q seguião p^a. viverem sem flagello, m^{to}. a seu gosto, sem pençôes, nem molestias, excogitada p^{los}. seus primeiros progenitores; fornicando m^{to}. a seu salvo as irmans, sobr^{as}., comadres, e a qualq^r. m^{er}, tomando logo confessadas a este fim, não o tendo por peccado; pois passando as noytes cõ as amigas hião ao outro dia celebrar sem negarem huns aos outros absolvição.

Que os Ecclesiasticos p^a. enganarem aos tollos fazião Missões, e o mais, q se via, sendo certo q contra o q. elles pregavão, tinha elle delato m^{to}. q dizer, mas q o não fazia por temor dos castigos, q vira dar em L^{xa}. a alguns, que abominavão aquellas suas velhacadas.

Que tudo mais q se dizia a respeito da Religião era mentira; mas q como assim convinha p^a. a boa vida dos Ecclesiasticos, por isso elles se tinhão preparados de tanta fortificação, como erão os Castelos, e o modo de punir p^{lo}. chamado S^{to}. Officio, Tribunal, de q elle delato tinha grande ciencia, por haver entrado nelle, e visto as cazinhas, e varas cousas q por lá havia, por ter amizade cõ certa pessoa, q nelle tinha occupação[28].

O denunciado, como se vê, concebia a vida social dos clérigos e a religião como um teatro, um teatro humano, protagonizado e simulado pelos homens, expulsando do terreno, com isso, a presença do divino. Contra os padres, o Papa, os santos, cujos feitos e ações teriam sido contados muitos anos depois, além disso, aplicava as ideias de "estória e compozição", de representação similar à vista no teatro, de modo específico na "comedia", o que se evidenciava nas "óperas" dele, nas quais tudo o que se exibia e se dizia era o necessário para a arte da "boa arumação e comedia, e aparência, e q tudo mais q se dizia era mentira". E essa mentira serviria aos interesses materiais e profanos dos clérigos. Os padres, ademais, marcavam-se pela hipocrisia, fornicando, principalmente com as penitentes, excetuando apenas as mulheres que eram parentas espirituais, de sangue ou por afinidade. A ideia de teatro expressa sobre a atuação do clero e

---

28 *Ibidem*, p. 435v-6.

sobre a história sagrada, portanto, implicava a preservação das aparências, mas também uma efabulação, uma arte, que remetia, de um lado, aos interesses dos clérigos e às noções de falsidade, hipocrisia, empulhação e ilusão, como também, por outro lado, a uma analogia com as obras de ficção, explicitamente a comédia. A ação dos clérigos, a história sagrada (construção humana) e a ficção, friso, não tinham para ele fronteiras rígidas. Isso tudo tem relação com a ideia de civilidade típica do Antigo Regime, que cindia o parecer e o ser, glorificando as aparências e valorizando a representação[29]; aponta, além disso, para análises críticas próprias do pensamento das Luzes sobre os clérigos, a história sagrada e a vida social. Ademais, inegavelmente remete para outra questão: a arte imita a vida e a vida imita a arte, no caso a ópera e a comédia; história e ficção misturam-se. A libertinagem de Isidoro, materializada em ideias e atos, ao que parece, convergia com os livros, em relação aos quais desempenhava o papel de leitor inventivo e crítico. As proposições de Isidoro, enfim, sugerem a existência de um território comum entre as apropriações feitas de textos e/ou ideias pelos leitores e o conteúdo de narrativas de prosa de ficção coevas, pois várias delas fazem críticas ao caráter teatral da sociedade de então e às suas práticas de representação, de que são exemplos os romances *Cartas Persas* (1721), de Montesquieu e *Relações Perigosas* (1782), de Choderlos Laclos. Parece mesmo ter existido uma circulação fluente de objetos e formas culturais, constituindo uma coletiva que ultrapassava as fronteiras sociais e da qual as elites se separaram apenas lentamente[30].

---

29 Chartier explica que a noção de representação "não era estranha às sociedades de Antigo Regime", onde, pelo contrário, ocupava um lugar central, significando, por um lado, "a representação como dando a ver uma coisa ausente, o que supõe uma distinção radical entre aquilo que representa e aquilo que é representado; por outro, a representação como exibição de uma presença, como apresentação pública de algo ou alguém" (Roger Chartier. A história cultural entre práticas e representações. Lisboa, Difel; Rio de Janeiro, Bertrand, 1990, p. 20). Além disso, é preciso considerar que "a distinção fundamental entre representação e representado, entre signo e significado, é pervertida pelas formas de teatralização da vida social do Antigo Regime. Todas elas têm em vista fazer com que a identidade do ser não seja outra coisa senão a aparência de representação, isto é, que a coisa não exista senão ser no signo que a exibe" (*Ibidem*, p. 21, negritos meus).

30 A ideia de uma cultura coletiva é apresentada por Roger Chartier. *A ordem dos livros*: leitores, autores e bibliotecas na Europa entre os séculos XIV e XVIII. Brasília, UnB, 1994, p. 15. Sobre as fronteiras e interações da cultura da elite e da cultura popular, veja também: Thomas Munck. *The Enlightenment: a comparative social history, 1721-1794*. London, Arnold; New York, Oxford University Press, 2000, p. 22-6.

Admiradores de Voltaire (e de outros ilustrados), contra a religião católica

Conduta e ideias libertinas foram imputadas, em 1779, a Manoel Felix de Negreiros, morador na casa do Marquês de Marialva, em Vila Flor, Trás-os-Montes, Portugal[31]. O pároco Manoel Correa da Fonseca acusou-o de duvidar do mistério da transubstanciação (a hóstia e o vinho da Eucaristia transubstanciam-se no corpo e no sangue de Cristo, respectivamente) e da existência do Inferno, além de comer carne publicamente na quaresma e diminuir o poder de Cristo, dizendo que o mesmo viera ao mundo para converter os homens e que conseguira fazê-lo apenas com poucas nações. Logo, a materialidade das coisas (da hóstia e do vinho), o conhecimento da história profana e, talvez, a intangibilidade e implausibilidade do Inferno levavam o hóspede do marquês de Marialva a questionar asserções da Bíblia e da Igreja sobre a eucaristia, o Inferno e a natureza divina de Jesus Cristo. Manoel Felix estimava as doutrinas e máximas de "Vulter [sic], e com especialidade o Dicionario Filozofico"[32]. É possível reconhecer nas proposições atribuídas a Manoel Felix uma maneira de pensar convergente com a de Voltaire e daquilo que se vê no romance *Cândido ou o otimismo*, desse grande filósofo francês. No romance, o personagem Cândido põe em xeque o otimismo do mestre Pangloss e vários dos valores do mundo europeu, por via da observação e da vivência dos fatos e da realidade, inclusive mostrando povos que não tinham a menor ideia de Jesus. Manoel Felix, por sua vez, parecia proceder de forma similar: da existência de várias nações que desconheciam Cristo, deduzia que este não era divino[33].

No percurso do Rio de Janeiro à Coimbra, passando por Lisboa, em alguma data entre 1779 e 1796, conviveram outras duas personagens que vivenciaram situações de libertinagem: João José da Veiga, estudante do terceiro ano do Curso de Leis, na Universidade de Coimbra, denunciante, e João Mendes Sanches, reinol, o denunciado, objeto, em 1789, de um sumário e que vivia ora na América, ora em Portugal.

Ambos se conheceram no Rio de Janeiro, casualmente. João Mendes Sanches, então, convidou João José para passear e:

---

31 Iantt, *Inquisição de Lisboa*, Caderno do Promotor Nº 130 (1778-1790), p. 5. Outras denúncias contra ele foram feitas por: João Correa Xavier, em 23/01/1779; Clemente José da Cunha, em 16/10/1779; e Francisco Antônio de Mesquita, em 23/11/1779.

32 *Ibidem, loc. cit.*

33 Voltaire. *Cândido ou o otimismo*. Lisboa, Publicações Europa-América, s/d.

no decurso do passeio lhe perguntou = se acazo o denunciante se lembrava do lugar das Eneidas em que Virgilio descreve a entrada do cavalo em Troia, e respondendolhe o denunciante, q'estava certo do dito lugar, continuou o sobred°. João Mendes a fazer huá comparação da entrada do cavalo em Troia com a Procissão dos Passos. Continuando o passeio propos o m^mo. João Mendes âo Denunciante = q como podiamos comprehender o Misterio da Trindade? pois q' ser hum, e trez ao m^mo. tempo são coisas repugnantes; assegurando âo Denunciante q' hera huã felicidade o ter logo desde moço q^m. lhe abrisse os olhos q'elle devia a seus Mestres; chegando final^mte. ao passeio publico, q' ha na m^ma. Cid^e. tirou da algibeira hum livro e disse âo Denunciante = Exaqui [sic] a Religião dos Sabios, e aqui vera hum discurso de hum Rei, de um sabio, de hum Politico, e soldado, e abrindo o livro leu hum pedaço de hum tratado contra a Religião Christaã, e disse âo Denunciante, q' fosse lendo emq^to. elle passeava; vio então o denunciante q' era hum volume das obras de Federico Rei da Prussia no qual com picantes mais ridiculos argumentos atacava a verdade da Religião Christaã, e mostrava, q' se devia seguir a Religião n^al., cuja insuficiencia tem sido já refutada[34].

Além do desacato de Mendes Sanches à Procissão dos Passos – feito mediante uma comparação com a passagem da *Eneida* e, por conseguinte, com a equiparação do Senhor dos Passos ao Cavalo de Troia, este a partir do qual os gregos promoveram a destruição da lendária cidade da Ásia Menor, analogia essa com a qual ele conferiu à presença de Jesus um caráter negativo –, outros elementos chamam a atenção na denúncia apresentada à Inquisição. A crítica ao mistério da Santíssima Trindade faz lembrar uma passagem de *Cartas Persas*, romance de Montesquieu publicado em 1721, onde tal dogma é tratado como incompreensível pelo fato de implicar que três são um e vice-versa. A presença das *Obras*, de Frederico II, rei da Prússia, famoso déspota esclarecido, protetor de pensadores ilustrados, remete a outros hereges pegos pela Inquisição, que também a tinham como fonte de inspiração. Por fim, a defesa da religião natural, do deísmo, é posição comum a de outros denunciados. Inusitado, sem igual, é o ambiente de leitura e de discussão literária: o Passeio Público do Rio de Janeiro, local em que Sanches deixou com João José o exemplar do livro do soberano prussiano.

Detalhe importante – e que não deve ficar desapercebido – é o modo como Sanches explicou sua dúvida relativa ao dogma da Santíssima Trindade. Para isso, segundo ele, fora decisivo o ensinamento de seus "Mestres". Esses poderiam ser tanto

---

34   Iantt, *Inquisição de Coimbra*, Caderno do Promotor nº 119 (1779-1796), Livro 411, p. 109 e *Inquisição de Lisboa*, Processo 10551 (1789).

seus professores como também alguns pensadores renomados, categoria em que se inseriria Montesquieu, autor de *Cartas Persas*[35]. Retomemos a denúncia, observando a insistência de Sanches em fazer João José ler a obra de Frederico II (sempre recusada), suas críticas à eucaristia, sua classificação das procissões como "mascaradas", suas evasivas diante das investidas desconfiadas de João José durante a viagem entre o Rio de Janeiro e Lisboa, e seu recuo final:

> Por varias vezez vio o Denunciante âo m^{mo}. João Mendes ora com este, ora com outros volumes da m^{ma}. obra, e os deu âo Denunciante p^a. os Ler, o q'nunca executei: Enfim pareceme também, q'o ouvi meter a Ridiculo o Santissimo Sacarmento do Altar dizendo, q' era hum Deos q' se comia, e...., ultima^{me}. o denunciante conheceu nelle desejos de ser Franc Maçou seu [sic] Pedreiro Livre [ou seja, maçon]; alguãs vezes, seg^{do} me parece lhe ouvi chamar às Procissoes gran mascarada. Passando o d^o. João Mendes com o Denunciante a este Reino, no decu[r]so da viagem com elle travou conversa sobre a Religião p^a. lhe conhecer qual era o seu pensar a este respeito pois q'sempre q^{do}. fallava era intercortada^{mte}., e dando outras interpretações âo q'dizia, conversando pois o Denunciante com o d^o. João Mendes elle disse q'cria em todos os Dogmas da Religião Christaã, mas q'gostava de ler algus Livros, e q'q^{do}. elle proferia alguã coisa contra ella era referindo o parecer, ou o q tinha visto nos m^{mos}. Livros[36].

Todo o relato faz pensar que Sanches passou a desconfiar de João José, desistindo de convencê-lo e que os "Mestres" aos quais aludira relacionavam-se à maçonaria. Sanches, diante de João José, inicialmente, parecia querer torná-lo um pedreiro-livre. A denúncia leva-me a levantar a hipótese de que Frederico II, Voltaire e Montesquieu, autores recorrentes nas fontes inquisitoriais da segunda metade do século XVIII e, além deles, Rousseau, constituiriam uma espécie de biblioteca maçônica, que traria os ensinamentos fundamentais a serem seguidos pelos irmãos. Romances integraram essa biblioteca maçônica: as *Cartas Persas*, de Montesquieu, as *Cartas Judaicas* (1738), do Marquês D'Argens, *Cândido* (1759) de Voltaire, *Júlia ou a Nova Heloísa* (1761), de Rousseau, e outros livros de prosa de ficção de Voltaire. Com efeito, após informar que a obra de Frederico que se encontrava em mãos de Sanches pertenceria ao Provisor da Moeda da Cidade do Rio de Janeiro, João José contou que aquele levara do Rio de Janeiro para "L^{xa}. os Romances de Volter [sic], Pucelle d'Orleans e as Cartas de Heluize

---

35 Montesquieu. *Cartas Persas*. Belo Horizonte, Itatiaia, 1960.

36 *Ibidem, loc. cit.*

a Abillard", do que se pode entender que o denunciado entrara no Reino com livros de prosa de ficção de Voltaire, dentre eles *Cândido ou o otimismo*, com seu poema *La Pucelle d'Orleans* e, ainda, com a obra *Cartas de Heloïse a Abelardo*.

Contrários à religião, defensores da França revolucionária: D. André de Morais Sarmento e outros maçons

Se Mendes Sanches demonstrou ser um libertino confrontando-se com a religião cristã, desacatando-a e, ainda, desenvolvendo uma ação que soava à propaganda e ao recrutamento para a maçonaria, houve uma personagem que foi mais além: trata-se de d. André de Moraes Sarmento, natural de Quintela de Vinhais, Bispado de Bragança, Cônego Regular de Santo Agostinho, professor de Teologia Moral, com amplo histórico de envolvimento com a maçonaria. Antes de tratar de sua ação revolucionária em Portugal, em sua "pátria" (Vinhais), cumpre traçar uma breve história da maçonaria em Portugal e no Brasil, dos inícios até o fim do século XVIII.

A maçonaria é uma "sociedade de pensamento, convívio fraterno e filantropia, de caráter internacional, restrita ao sexo masculino, mais discreta do que secreta, fundada na Inglaterra em 1717, tomando por modelo as agremiações medievais de pedreiros"[37]. Distinguia-se das outras sociedades de pensamento surgidas no século XVIII por difundir um corpo doutrinário que misturava influências diversas "como os Mistérios da Antiguidade Pagã, o Pitagorismo, a Cabala, o Hermetismo, etc., transmitidos aos membros por ritos iniciáticos, símbolos e instruções"[38]. Não se pode, contudo, falar da maçonaria abstraindo-a de sua trajetória histórica e das mudanças por que passou ao longo do tempo e do espaço. Na passagem do século XVIII para o século XIX, ela foi uma até a explosão liberal e outra, no período revolucionário e pós-revolucionário. Assumiu formas diferentes na Inglaterra, na Alemanha, na França e a Europa meridional[39] ou, ainda, no espaço colonial. Na segunda metade do século XVIII, o misticismo, o ocultismo, o deísmo, o filosofismo e o liberalismo infiltraram-

---

[37] Ricardo Mário Gonçalves. "Maçonaria", in Maria Beatriz Nizza da Silva. *Dicionário da História da Colonização Portuguesa no Brasil*. Lisboa, Verbo, 1994, p. 505 e DIAS, Graça e J. S. da Silva. *Os primórdios da Maçonaria em Portugal*. Lisboa: Instituto Nacional de Investigação Científica, 1980, vol. 1, tomo1, p. 8.

[38] Ricardo Mário Gonçalves, *loc. cit.*

[39] Graça Dias e J. S. da Silva, *loc. cit.* e p. 149.

se nas lojas maçônicas e conquistaram a hegemonia[40]. No continente europeu (e não tanto na Inglaterra, ao que parece), os maçons voltaram-se contra o papalismo, a religiosidade oficial, o dogmatismo filosófico e teológico, o "monarquismo absolutista ou, no mínimo, de algumas das suas dominantes"[41].

A maçonaria fez-se presente em Portugal desde fins da terceira década do século XVIII, dando-se seus inícios em 1727, ano em que William Dugood, católico inglês, fundou em Lisboa uma primeira oficina, a qual parece ter vegetado até 1735, quando foi inscrita e reconhecida pela Grande Loja, de Londres[42]. Inicialmente com o número 135, depois alterado para 120, essa loja era formada quase exclusivamente por protestantes, com predominância de ingleses e escoceses[43]. Entre 1733 e 1735, surgiu uma outra loja, irlandesa, provavelmente antes do reconhecimento da loja inglesa. George Gordon esteve por trás de sua fundação, tendo a mesma recebido o nome de *Casa Real dos Pedreiros Livres da Lusitânia*[44]. Agrupando cerca de 24 membros, essa loja era irlandesa e católica, nela predominando, do ponto de vista profissional, os homens de negócio (7), aos quais se seguiam os marítimos (4), os sacerdotes (3) e os oficiais do Exército (3), os médicos (2), os professores de dança (2) e, por fim, um matemático (o próprio Gordon) e uma pessoa com profissão desconhecida[45]. Há notícia de existência de duas lojas maçônicas em Portugal em 1733, uma frequentada por católicos e outra por protestantes, tendo as mesmas sido espionadas pela Inquisição, que passou à repressão em 1738[46]. Há quem considere que, desde cerca de 1740, havia nas lojas portuguesas a presença de várias pessoas nascidas no Brasil.

A maçonaria agiu como foco de veiculação de ideias do Iluminismo e Liberalismo, tendo reunido elementos de diferentes estratos das elites, passando por cima das diferenças: donos de manufaturas, homens de ciência e intelectuais locais[47]. No século XVIII, agiu no sentido de combater as dominâncias então estabelecidas[48]. A Igreja

---

40 *Ibidem*, vol. 1, tomo 1, p. 7.

41 *Ibidem*, vol. 1, tomo 1, p. 8.

42 A. H. de Oliveira Marques. *História da Maçonaria em Portugal*. Lisboa, Editorial Presença, 1980, vol. 1, p. 24.

43 *Ibidem*, vol. 1, p. 25.

44 *Ibidem*, vol. 1, p. 26.

45 *Ibidem*, vol. 1, p. 26.

46 Paul Naudon. *A Franco-Maçonaria: a história, a doutrina, os ritos, as obediências*. 2 ed. Lisboa: Publicações Europa-América, 2000, p. 134.

47 Dorinda Outram. *The Enlightenment*, Cambridge, Cambridge University Press, 1995, p. 25.

48 Graça Dias e J. S. da Silva, *op. cit.*, vol. 1, tomo 1, p. 3.

católica perseguiu a maçonaria por razões religiosas e temporais. A maçonaria representava um contrapoder oculto e incontrolável, ao mesmo tempo em que afrontava objetivos da política italiana do papado – um favorito na sucessão da cadeira grão-ducal, na Toscana, era um príncipe afamado por ser pedreiro-livre. A Igreja proibiu-a em 1738, 1751 e 1821, realçando nesses momentos "a incompatibilidade da obediência católica com a obediência maçônica"[49]. Cinco motivos foram apresentados pela Bula *In eminenti apostolatus specula*, de 1738, contra a maçonaria: "a prática de Estados não italianos; a promiscuidade de religiões e de seitas que no seu grêmio se verifica; a inviolabilidade do segredo que envolve as suas atividades; as perversões que brotam dela e o perigo que constituem para a segurança dos estados e a salvação das almas; outras razões, enfim, que o papa [Clemente XII] acha dever calar"[50]. Em 1751, na Bula *Providas Romanorum Pontificum*, não se mencionaram as razões ocultas, acentuando-se a suspeita ideológico-política, as repercussões do convívio de diferentes religiões e seitas, e a rigidez do segredo e do juramento[51]. Supõe-se que as razões ocultas que também levaram à condenação da maçonaria em 1738 seriam proposições que sustentavam "a venialidade dos pecados ocultos, a licitude da fornicação sacerdotal e da fornicação simples, a superioridade da (boa) fama à pudicícia, e a regulação do comportamento humano pelo cânone da mortalidade da alma", proposições essas que foram admitidas como maçônicas pela Inquisição portuguesa, ao que parece ainda em 1743. Como afirma Oliveira Marques, as bulas papais não foram capazes de destruir a maçonaria, a qual encarnava o espírito das Luzes, advogando "o convívio íntimo de homens de todas as crenças, de todas as classes, de todas as etnias e de todas as opiniões"[52].

Nos países latinos, pela perseguição que sofreu da Igreja Católica a partir de 1738, a maçonaria assumiu uma feição secreta anticlerical. Em Portugal, com a bula de 1738, certamente a loja irlandesa encerrou suas atividades, em virtude de sua obediência ao papa, o mesmo não se podendo dizer acerca da loja protestante. Em 1741, o francês Jean Coustos criou uma loja em Lisboa. Esta loja era composta por 75% de franceses, seguidos por ingleses, holandeses, italianos e, quem sabe, portugueses[53]. Do ponto de vista profissional, nela preponderavam os homens de negócio (incluindo ourives, lapidários e contratadores de diamantes), seguidos por dois alfaiates, um banqueiro e um marítimo. Quatro membros não tinham profissão conhecida. Havia

---

49 *Ibidem*, vol. 1, tomo 1, p. 17-8.
50 *Ibidem*, vol. 1, tomo 1, p. 20-1.
51 *Ibidem*, vol. 1, tomo 1, p. 22.
52 A. H. de Oliveira Marques, *op. cit.*, vol. 1, p. 32.
53 *Ibidem*, vol. 1, p. 33-4.

um predomínio de católicos e o ritual seguido era o francês⁵⁴. A loja foi reprimida pela Inquisição.

Com a ascensão de d. José I e seu poderoso ministro Sebastião José de Carvalho e Melo, em 1750, não se permitiu que a Inquisição reprimisse os maçons, certamente porque o novo governo ansiava por impedir a ingerência de outro poder em assuntos temporais e, talvez, pela possível filiação de Pombal à maçonaria⁵⁵. Na verdade, a fama da maçonaria correu solta, e muitos portugueses filiaram-se à mesma no estrangeiro, dentre eles, as importantes figuras de diplomatas, nobres, comerciantes, tais como Antônio da Araújo Azevedo (futuro Conde da Barca), Alexandre de Gusmão, d. Rodrigo de Souza Coutinho (futuro Conde de Linhares), d. Alexandre de Souza Holstein, o Duque de Lafões, o Abade Correia da Serra, Antônio Nunes Ribeiro Sanches, dentre outros, não havendo, contudo, provas sobre isso, mas apenas uma tradição maçônica⁵⁶. Também pertenceu aos quadros da maçonaria o estrategista militar Conde de Lippe, que reestruturou o exército português e viveu em Portugal entre 1762 e 1764 e, depois, entre 1767-8⁵⁷. As tropas, influenciadas por isso ou não, tiveram muitos adeptos da maçonaria. O próprio d. André de Morais Sarmento, como mostrarei adiante, procurou atrair militares.

Nas décadas de 1760 e 1770, ao que parece, várias lojas maçônicas se instalaram em Portugal. Em Lisboa, funcionava uma loja desde 1763; segundo a tradição maçônica, na década seguinte, também existiram lojas em Valença (e vários militares, de fato, no final do século XVIII, foram denunciados e/ou processados pela Inquisição por serem pedreiros-livres, tendo passagem ou se fixado nessa localidade) e em Coimbra, na qual deve ter exercido papel importante José Anastácio da Cunha, professor da universidade entre 1773 e 1778⁵⁸. Na cidade do Mondego, o público provável era o estudantil e, nos idos de 1778-9, houve a perseguição a estudantes, alguns deles depois figuras célebres no mundo luso-brasileiro, como Antônio de Morais Silva e Francisco de Melo Franco⁵⁹. D. Rodrigo de Souza Coutinho provavelmente participou da loja

---

54 *Ibidem*, vol. 1, p. 34.

55 *Ibidem*, vol. 1, p. 38-9.

56 *Ibidem*, vol. 1, p. 40.

57 *Ibidem*, vol. 1, p. 41.

58 *Ibidem*, vol. 1, p. 41-3. Na praça militar de Valença do Minho, de fato, sob o signo da tolerância religiosa, reuniram-se "maçons, protestantes, deístas e católicos, nacionais e estrangeiros" (Ana Cristina Araújo. *A Cultura das Luzes em Portugal: temas e problemas*. Lisboa, Livros Horizonte, 2003, p. 93).

59 Iantt, *Inquisição de Lisboa*, Cadernos do Promotor nº 130 (1750-1790), Livro 319, p. 65-78 e Processo nº 2015.

coimbrã. Lojas também se instalaram, na década de 1760, em Elvas, Olivença e Almeida, assim como no Portugal insular: no Funchal e na Madeira⁶⁰.

A década de 1760 foi um marco, pois nela se deu a emergência do que Oliveira Marques qualifica como novos maçons. Primeiramente, alterou-se o perfil social dos pedreiros-livres, a partir de então não mais gente de pouco peso social, das camadas médias baixas, mas jovens militares, com propósitos transformadores. Em segundo lugar, as questões enfocadas passaram a ser de cunho religioso e filosófico, havendo um questionamento da Igreja, mas não da monarquia. A maçonaria passou a ser associada à "libertinagem" e, de fato, malgrado a existência de maçons ortodoxos em matérias morais e religiosas, a maçonaria pautava-se então pela "tolerância de ligações extramatrimoniais, recusa ao jejum e à abstinência, convívio com hereges e com estrangeiros 'diferentes', leitura de livros 'proibidos', aceitação de uma nova ciência, de uma nova filosofia e de uma nova moral – ou, pelo menos, discussão em seu torno"⁶¹.

Na Madeira, onde era governante João Antônio de Sá Pereira, um sobrinho do Marquês de Pombal, contudo, a maçonaria foi acusada de envolver-se em matéria política e entrou em atrito com o governador, que ordenou a prisão de maçons nos idos de 1771, no que contou com alguma cumplicidade do poderoso tio, que titubeou sobre a melhor maneira de proceder. A repressão à maçonaria carreou para o governador apoios do bispo d. Gaspar Afonso da Costa Brandão, que veio a suspeitar da filiação maçônica de Pombal, denunciando-o como tal à Inquisição de Lisboa, em 1778, junto com outras pessoas⁶². A tolerância pombalina em relação à maçonaria, contudo, pode encontrar melhor indício no Regulamento da Inquisição de 16 de agosto de 1774, confirmado por Alvará régio de 1º de setembro do mesmo ano, no qual se omitia qualquer referência à instituição e aos maçons, com o que se desautorizavam as bulas pontifícias de 1738 e 1751⁶³.

A ascensão de dona Maria I, em 1777, representou uma menor tolerância à maçonaria, que passou a ser vítima de perseguições, que tiveram como primeiros alvos os militares da Praça de Valença, no Minho, ainda em 1777, estendendo as prisões à Coimbra, onde foi encarcerado, por exemplo, o lente José Anastácio da Cunha, já citado, ex-militar daquela praça. A maçonaria passou a ser associada à heresia, sendo

---

60 A. H. de Oliveira Marques, *op. cit.*, vol. 1, p. 43-5.

61 *Ibidem*, vol. 1, p. 44.

62 *Ibidem*, vol. 1, p. 46-7. O Bispo do Funchal denunciou as seguintes pessoas, aos 3 de novembro de 1778: Francisco Maria, Francisco Julião Ferz, Sebastião José de Carvalho (Marquês de Pombal) e Diogo Ornelas Frazão Figueroa – IANTT, *Inquisição de Lisboa*, Cadernos do Promotor Nº 129 (1765-1775) - Livro 318, p. 476.

63 A. H. de Oliveira Marques, *op. cit.*, vol. 1, p. 49.

a perseguição às lojas disseminada por Portugal, restando em funcionamento duas ou três delas[64]. Desse período são as manifestações já citadas protagonizadas por Antônio de Morais Silva e outros coimbrãos, denunciados à Inquisição por obra de Francisco Cândido Chaves, também estudante, a quem Morais Silva e outros amigos acolheram quando enfrentava dificuldades. Em 17 de maio de 1779, ele compareceu à Inquisição de Coimbra, denunciando seus companheiros, principalmente Antônio de Morais, como defensores de proposições heréticas e dos filósofos Ilustrados. O delator retornou ao tribunal com novas denúncias, por mais duas vezes. Alguns dos delatados foram presos e penitenciados; Morais Silva logrou fugir para Londres, de onde retornou apenas em 1785[65]. Supõe-se que a maçonaria tenha sido protegida pelo príncipe herdeiro, d. José, mas, com seu falecimento em 1788, todo vestígio de proteção desapareceu[66]. Ao final da década, com a entrada em funcionamento da Academia Real de Ciências, em 1780, a maçonaria ganhou um abrigo institucional: a Academia tornou-se uma organização paramaçônica, sendo vários de seus membros maçons, como o duque de Lafões, o abade Correia da Serra, o cientista e professor Domingos Vandelli e provavelmente o secretário da instituição, o Visconde de Barbacena, que em 1788 assumiria o governo da Capitania de Minas Gerais. Em 1778, d. André de Morais Sarmento criou uma Loja Maçônica em Lisboa (a sexta), extinta aproximadamente em 1792[67]. Essa Loja, então composta por militares, clérigos, profissionais liberais, artífices, proprietários, funcionários públicos, fazia reuniões com certa frequência, tendo ficado registrado um discurso que nela fez seu fundador, peça esta que foi parar nos arquivos inquisitoriais[68]. Em seu discurso, d. André se pronunciou contra os vícios e em defesa das virtudes inspiradas na Razão e na Humanidade, do socorro aos Irmãos, ao mesmo tempo em que reafirmava "'huma particular obediência, e fidelidade ao Rei, à Pátria segundo o legítimo Poder, e Governo'"; tomava a igualdade como princípio

---

64 *Ibidem*, vol. 1, p. 53-5.

65 Antônio Baião. *Episódios dramáticos da Inquisição portuguesa*. 3 ed. Lisboa, Seara Nova, 1973, vol. 2, p. 113-26 e Iantt, *Inquisição de Lisboa*, Processo nº 2015.

66 A. H. de Oliveira Marques, *op. cit.*, vol. 1, p. 53.

67 *Ibidem*, vol. 1, p. 132. A política do segredo, contudo, não era, então, exclusiva da maçonaria. Outras associações também a seguiam à época do Iluminismo. "A luz da razão que se esconde para se proteger, desvela-se passo a passo" (Jürgen Habermas, *op. cit.*, p. 51). A igualdade de status (no sentido de que a autoridade do argumento firmava-se contra a hierarquia social), ademais, explica o mesmo autor, era um dos princípios básicos das comunidades de comensais, salões, cafés e associações do século XVIII, que então davam origem a uma esfera pública de poder (*Ibidem*, p. 51).

68 A. H. de Oliveira Marques, *op. cit.*, vol. 1, p. 54-6.

que regia a maçonaria e proscrevia das discussões matérias relativas à religião e ao Estado – igualdade e proscrição também foram consagradas, ressalte-se, nos estatutos secretos da Sociedade Literária do Rio de Janeiro, assim como o segredo[69] – e censurava o ateísmo[70].

Com a Revolução Francesa, a repressão tornou-se mais aguda, em razão do próprio temor de que o incêndio revolucionário se espalhasse, sobretudo no começo dos anos 1790. Mesmo assim, a maçonaria se expandiu até o Arquipélago de Cabo Verde e na Madeira. Em Lisboa, em 1794, o Intendente de Polícia Pina Manique, depois de prender dois franceses donos de uma casa de pasto no Rato – um deles fora criado de Antonio Darbot e o outro, cozinheiro do embaixador da Rússia – e apreender os papéis sediciosos lá encontrados, fez um diagnóstico da situação e manifestou temores em relação ao futuro, devido à ação dos jacobinos. Usou os seguintes termos:

> [...] na aprehensão, que se fez dos papeis destes dois Francezes, lhes forão achadas as estampas mais obscenas em actos pecaminozos, figurando Relligiozos em acçoens Torpes com mulheres, e alguns outros papeis manuscriptos, que combinando com outros, que havia tempo tinha em meo poder, me faz lembrar que o Plano talvez seria arrastar ali gentes libertinas, que fossem faceis abraçarem os principios Revolocionarios, e lembrando neste lugar, [...] na Caza de pasto Italiana da Rua Fermoza, que em hum, e outros Sitios está o grande numero de Fabricantes [(isto é, neste caso, operários)...] hé natural que que tenhão deseminado outras semilhantes cazas, aonde arrastrem [sic] mais gentes aos seos fins, e talvez que não só se tenhão contentado de empreverter [sic], e arrastar, o baixo Povo, mas tenhão ganhado outros para igualmente deseminarem em outras qualidades de gentes aquelles principios Revolucionarios, e incendiários[71].

Pina Manique, portanto, suspeitava que havia um plano dos revolucionários jacobinos, que passava por conquistar os libertinos para a sua causa (aqui, tomando "libertinos" não na acepção usada neste ensaio, mas nos termos do próprio Intendente, ou seja, como pessoas dadas à devassidão e/ou de baixa extração social): essas pessoas, o "baixo povo" como diz Manique, seriam as presas fáceis dos revolucionários.

---

69 *Autos de devassa: prisão dos letrados do Rio de Janeiro (1794)*. Niterói, Arquivo Público do Estado do Rio de Janeiro, Rio de Janeiro, Uerj, 1994, p. 132-40.

70 A. H. de Oliveira Marques, *op. cit.*, vol. 1, p. 57.

71 Iantt, *Intendência Geral de Polícia*, Livro 4, p. 164-5.

Manique, contudo, estimava que pessoas de "melhor qualidade" pudessem ter sido enredadas pelos revolucionários.

Todo o processo que Manique descreveu como em curso em Portugal, ademais, apresenta coincidências com as linhas apresentadas por Robert Darnton para o que sucedera na França anos antes. Segundo o renomado historiador norte-americano, longe de serem escritos dos grandes pensadores, foram os denominados "livros filosóficos" (que somavam filosofia e libidinagem) que se fizeram mais presentes na França às vésperas da Revolução: tratava-se de textos que punham em xeque membros da nobreza, do clero e, até mesmo, os próprios monarcas, na sua vida privada[72]. Além disso, a boemia literária tinha por cenários cafés, bares, salões e restaurantes, ambientes esses em que foram cativados adeptos. O mesmo autor ressalta o lugar das formas orais de manifestação cultural (mexericos, boatos, piadas, canções), assim como de escritos de diferente natureza (cartas, pasquins, folhetos, jornais), na constituição de uma esfera pública de poder[73].

As similitudes entre as análises de Manique e Darnton, feitas em épocas distintas e tendo por alvo países igualmente diferentes, começam, primeiramente, nos ambientes constitutivos da esfera pública de poder, as duas casas de pasto, a dos italianos e a que se localizava no Rato, além das outras hospedagens que os revolucionários pudessem ter criado e estabelecido. Na verdade, como assinala Ana Cristina Araújo[74] e como registram os documentos da Intendência Geral de Polícia, além das casas de pasto, outros ambientes se constituíram como espaços de leituras e debates (literários,

---

72 Sobre isso, dentre os muitos trabalhos do autor, veja, sobretudo: Robert Darnton. Os livros provocam revoluções? In: Os best-sellers proibidos da França Revolucionária. São Paulo, Companhia das Letras, 1998, p. 317-51. Uma crítica precisa a esta interpretação vê-se em: Roger Chartier. *Les origines culturelles de la Révolution française*. [3 ed.]. Paris: Éditions du Seuil, 2008.

73 *Ibidem*, p. 14. A respeito da esfera pública de poder, as Luzes e a crise do Antigo Regime, veja: Jürgen Habermas, *op. cit.*; Thomas Munck. *The Enlightenment: a comparative social history, 1721-1794*. London, Arnold; New York, Oxford University Press, 2000, p. 15-7; Jamens Van Horn Melton. *The Rise of the Public in Enlightenment Europe*. 3 ed. Cambridge, Cambrige University Press, 2006; Melissa Calaresu. *Coffe, culture and construction: reconstructing the public sphere in late eighteenth-century Naples*. In: Andrea Gatti; Paola Zanardi. *Filosofia, Scienza, Storia: Il dialogo fra Italia e Gran Bretagna*. Pádua, 2005, p.135-76; Lúcia Maria Bastos Pereira das Neves. *Corcundas e constitucionais: a cultura política da Independência (1820-1822)*. Rio de Janeiro, Faperj/ Editora Revan, 2003; e Idem, *A guerra das penas: os impressos políticos e a independência do Brasil*. Tempo, Rio de Janeiro (8), p. 41-65, dez. 1999.

74 Ana Cristina Araújo, *op. cit.*, p. 92-102.

religiosos e políticos), em Lisboa e no Porto, que envolviam o teatro, os cafés, os botequins, as sociedades literárias e os salões; no caso de Coimbra, a própria Universidade; sem contar as praças militares, como Valença do Minho, já citada. Em segundo lugar, o tipo de impresso e manuscrito de que se valeram os criados franceses em sua casa de pasto no Rato, que eram estampas obscenas de clérigos, em ações libidinosas com mulheres, além de manuscritos (e não tratados filosóficos).

Atemorizado, associando via de regra os jacobinos à maçonaria e lendo os acontecimentos em Portugal a partir do que sucedera na França, antes e no decorrer da Revolução[75], Pina Manique colocou a Intendência Geral de Polícia no encalço dos maçons e estimulou a repressão inquisitorial aos mesmos. D. André de Morais Sarmento foi aprisionado em 1792, assim como o negociante Francisco da Silva Freire – iniciado em 1791 na loja maçônica de d. André –, preso no mesmo ano na Cadeia do Limoeiro e transferido em 1792 para os cárceres do Santo Ofício, ano em que abjurou de leve[76]. Ao que parece, Silva Freire continuou a frequentar reuniões maçônicas, motivo pelo qual d. Maria I ordenou que fosse desterrado para a Índia em 1799. A caminho do seu destino, passou pelo Rio de Janeiro, onde foi interceptado pelo Vice-Rei Conde de Resende[77].

No Edital da Inquisição de 1792, incluíram-se itens referentes aos maçons e, ainda, sobre a compra, venda, posse ou leitura de "'livros ou escritos que claramente contenham qualquer dos sobreditos erros'" maçônicos[78]. A repercussão do edital (em termos das denúncias que suscitou) variou conforme o lugar, e lojas continuaram a existir em diferentes localidades do Portugal continental e insular. A partir de 1799,

---

75 Dirigindo-se ao Marquês Mordomo-mór, ministro do Príncipe Regente d. João, ele rememorava: "em Pariz, e em toda a França, sinco annos antes do anno de 89, pelas Tavernas, pelos Cafés, pelas Praças, e pelas Assembleas a liberdade, e indecencia, com que se falava nos Misterios mais Sagrados da Relligião Catholica Romana, e na Sagrada Pessoa do Infeliz Rey, e da Rainha, e lendo as Memorias do Delfim, Pay deste Infeliz Rey, do Memorial que aprezentou a seo Pay Luiz 15 já no anno de 1755, que foi estampado em 1777, digo a Va. Exça. que julgo ser necessario, e indespensavel que S. Magde. hája de mandar tomar alguas medidas, para que de huma vez se tire pela Raiz este mal, que está contaminando o todo, e insensivelmente" em Portugal (Iantt, *Intendência Geral de Polícia*, Livro 4, p. 234-234v).

76 Graça Dias e J. S. da Silva, *op. cit.*, vol. 1, tomo 1, p. 290-94 e Alexandre Mansur Barata. *Maçonaria, Sociabilidade Ilustrada e Independência (Brasil, 1790-1822)*. Campinas, Instituto de Filosofia e Ciências Humanas da Unicamp, 2002 [Tese de doutorado], p. 73. Esta loja foi criada em 1778 (A. H. de Oliveira Marques, *op. cit.*, vol. 1, p. 132).

77 Alexandre Mansur Barata, *op. cit.*, p. 74.

78 A. H. de Oliveira Marques, *op. cit.*, vol. 1, p. 62.

a maçonaria portuguesa foi deixada em relativa paz. Em janeiro de 1802, líderes maçônicos como Hipólito José da Costa e José Joaquim Monteiro de Carvalho encontraram-se com d. Rodrigo de Souza Coutinho, Secretário de Estado, o qual prometeu aos primeiros cessar a perseguição, tendo para tanto obtido a posterior anuência do Príncipe Regente. Foi nesse momento que, em Vinhais, atuou d. André de Morais Sarmento[79]. No Brasil, malgrado a existência de proibição de qualquer tipo de associação voluntária antes da chegada da família real, em 1808[80], a primeira loja maçônica estabeleceu-se, ao que parece, em 1797: a "Cavaleiro da Luz", fundada na Bahia, a que se seguiu a criação de várias lojas no Rio e na Bahia, reprimidas em 1806, pelo Conde dos Arcos[81]. Há hipóteses de que a Inconfidência Mineira de 1788-9 tenha sido "um movimento ligado à maçonaria"[82] e de que o mesmo tenha se dado com a Inconfidência Baiana (1793-1798)[83].

---

79 *Ibidem*, vol. 1, p. 76-9.

80 Lúcia Maria Bastos Pereira das Neves. *Corcundas e constitucionais*, op. cit., p. 34.

81 Ricardo Mário Gonçalves, *op. cit.*, p. 506.

82 Paulo Gomes Leite. *A Maçonaria, o Iluminismo e a Inconfidência Mineira*. Revista Minas Gerais. Belo Horizonte, (33), 18-23, jan. 1991.

83 O Padre Leonardo Correa da Silva, em 1814, em uma memória encaminhada ao Príncipe Regente, insinuou que as Inconfidências Mineira e Baiana tiveram dedo da maçonaria. Tal clérigo fora capelão e secretário particular de d. José Tomás de Menezes, governador do Maranhão e Piauí, entre 1809 e 1811, filho de d. Rodrigo José de Menezes, ex-governador de Minas Gerais, onde, aliás, José Tomás nasceu (sobre o mesmo, veja o último capítulo do livro: Laura de Mello e Souza. *O sol e a sombra: política e administração na América Portuguesa do século XVIII*. São Paulo, Companhia das Letras, 2006). O padre Leonardo associava a eclosão de revoluções à inércia dos governantes e encadeava os movimentos supracitados sucedidos na América às revoltas ocorridas no Reino contra os invasores franceses que culminaram na instalação da oclocracia, o "governo da multidão, da plebe", no Minho e no Porto, por volta de 1810-11 – sobre este assunto veja: Lúcia Maria Bastos Pereira das Neves. *As representações napoleônicas em Portugal: imaginário e política (c. 1808-1810)*. Rio de Janeiro, Uerj, 2007 [Tese de Professor Titular], p. 205-10. O padre afirmava que o governo fora inerte diante das atividades de alguns homens revoltosos, ao mesmo tempo em que punira algumas autoridades – a saber, "os Governadores imparciaes, desinteressados, e justiceiros, que não consentem a perversidade de taes operações, e doutrinas" – porque era composto ou ludibriado pela maçonaria, que classificava as autoridades citadas como "huns déspostas [sic], huns estupidos, e huns tyrannos". Segundo ele, a Inconfidência Baiana tivera origem entre jovens afortunados, que em festas e banquetes acalentaram o sonho quimérico de imitar os franceses instalando uma república democrática na Bahia, gente esta autora do movimento, mas jamais punida, posto que contara

Retornando à figura de d. André, cabe dizer que em 1792 ele caiu nas garras da Inquisição, sendo por ela degredado para Quintela de Vinhais, no norte de Portugal. Isso, contudo, não o fez resignar-se ao silêncio. Nos idos de 1798-9, já ex-cônego, no seu desterro, meteu-se em várias conversas, reuniões e iniciativas claramente vinculadas à maçonaria e nas quais se expressam, de um lado, um fervor revolucionário e, de outro, uma visão crítica a respeito da religião e da Igreja católica. Sua atuação estendeu-se por várias localidades do bispado de Bragança, conforme reconhece Oliveira Marques:

> A propaganda maçônica não se limitava a Lisboa, embora fosse este o seu grande centro. Por todo o país, até os confins de Trás-os-Montes, chegava a penetração dos pedreiros-livres, alguns desenvolvendo uma ação notável. Era o que sucedia com o velho maçom d. André de Morais Sarmento, penitenciado pela Inquisição com residência fixa na terra de sua naturalidade (Vinhais), cuja atividade de propaganda e recrutamento nos finais do século se exercia nas regiões de Algoso (Vimioso), Miranda do Douro e, claro está, Vinhais, preocupando as autoridades eclesiásticas[84].

Aos 30 de março de 1799, o cônego Antônio José da Rocha, em Bragança, denunciou-o ao padre André Manoel de Meirelles, Deão e Vigário geral do bispado, comissário do Santo Ofício. Na denúncia, o padre Antônio explicava que, diante do estudante Francisco José Diniz e do frei José Aires de Valdefrades, o professor régio de Retórica Manoel Ferreira de Silva Sarmento contou que, em 1797, d. André lera uma carta que dizia que o Papa, nela denominado "o velho das sete montanhas", havia de ser "deposto e ultrajado". Não a tendo entendido, por muito "bem falada mas tão ale-

---

com protetores (Biblioteca Nacional do Rio de Janeiro (BN). Padre Leonardo Correia Silva. *Requerimentos*. BN: C. 359.7, doc. 3, s.p.). Esses últimos, isto sim, reprimiram os "serventes", as pessoas de condição "desgraçada", aliciadas por aquela mesma rapaziada. Segundo a perspectiva do padre Leonardo, as origens sociais dos Inconfidentes Baianos iriam do topo à base da hierarquia social, envolvendo, ao mesmo tempo, jovens afortunados e serviçais e/ou escravos. Esse entendimento converge com as interpretações historiográficas sobre o movimento baiano que se recusam a confiná-lo às camadas intermediárias e que têm em István Jancsó a sua mais elevada expressão. Veja-se, do autor, sobretudo: István Jancsó. *Na Bahia, contra o império: história do ensaio de sedição de 1798*. São Paulo, Hucitec, Salvador, UFBA, 1996 e *Idem*, Bahia, 1798: a hipótese de auxílio francês ou a cor dos gatos. In: Júnia Ferreira Furtado (org.). *Diálogos oceânicos: Minas Gerais e as novas abordagens para uma história do Império Ultramarino Português*. Belo Horizonte, UFMG, 2001, p. 361-87.

84 A. H. de Oliveira Marques, *op. cit.*, p. 78.

górica", o professor manifestou sua incompreensão, dizendo-lhe "está bem falada mas eu não a entendo" e, então, d. André lhe explicou quem era o "velho das sete montanhas". O professor, ao relatar o sucedido às pessoas supracitadas, explicou que, em Vinhais, "he[ra] tido o dito D. Andre por hum libertino Atheista ou Matrialista [sic]" e que este falava "a favor dos Francezes intimidando os Portugezes [sic]". O estudante Diniz, na ocasião, acrescentou que sabia que a carta tinha o fim de alistar alguém para a maçonaria, como lhe tinha dito o padre Francisco Vaz[85]. No dia 6 de abril, o comissário André Meireles enviou a denúncia à Inquisição de Coimbra, informando-a que o cônego Rocha era de "toda a confiança"[86]. O comissário encaminhou também ao Santo Ofício uma carta de Joana Inácia, sem data, por ele considerada testemunha idônea, em que essa relata que o denunciado lhe dissera "que era tola a pessoa que descobria o segredo de sua conciencia a hum omem [sic] com ele q p^a. q [sic] o perdoar nam era persiso senam pedir a D^s. perdam q por iso os heReiges [sic] o nam [palavra indecifrável] nas Leis de Ds."[87]. Os documentos encaminhados pelo comissário, portanto, indicavam que d. André de Morais Sarmento era maçom, lia oralmente uma correspondência que prognosticava maus acontecimentos para o Sumo Pontífice, censurava os que se confessavam, defendia uma relação direta entre os fiéis e Deus e, ainda, absolvia os hereges por não confiarem nas Leis de Deus. Tratava-se, portanto, de um caso de desacato e heresia.

D. André, além disso, contestava a ordem política monárquica, conectado à França revolucionária, difundindo ideias e procurando arrebanhar seguidores. Segundo correspondência do diácono Antônio José Fernandes de Moura, encaminhada ao comissário da Inquisição em Bragança e por ele repassada aos juízes do mesmo tribunal em Coimbra, datada de 23 de outubro de 1798, d. André convidou-o para que visse um papel, levando-o à casa do tenente-geral, onde, a portas fechadas, fez o mesmo padre "vêr huma Dissertação feita em favor da República Franceza"[88], seguindo-se uma disputa sobre o conteúdo desta entre o diácono e d. André. Leitura e disputa evidenciam que o primeiro agia em defesa do governo republicano revolucionário francês, tomava como falsos os princípios da Escritura Sagrada, considerava que elementos da doutrina católica eram "imposturas" – defendidas pelos monarcas porque os ajudavam a "conterem os povos na obediência" – e, por fim, refutava as preocupa-

---

85 Iantt, *Inquisição de Coimbra*, Cadernos do Promotor No. 125, Livro 417 (1798-1802), p. 92.

86 *Ibidem*, p. 91.

87 *Ibidem*, p. 93.

88 *Ibidem*, p. 94.

ções com a criação, com a morte e, até mesmo, com os remorsos, os quais não seriam uma prova da verdade da religião[89].

O Comissário do Santo Ofício, quase um mês antes, aos 30 de setembro de 1798, mandara ao tribunal uma correspondência em que relatava uma denúncia mais grave que lhe fizera Manoel Bernardo de Araújo, clerigo *in minoribus*[90]. Essa denúncia, embora tivesse como alvo inicial "Manoel Caetano Lopes formado na Universi^de. de Coimbra" naquele mesmo ano, morador em Bragança, por seus erros contra a religião católica, na verdade, atingia os estudantes da universidade em geral e a d. André de Morais Sarmento, de quem o denunciante anexava cartas. O estudante Manoel Caetano, segundo a denúncia, comparara a ação de Judite, ao matar Holofernes (para o que ela foi à tenda das tropas inimigas), com a Guerra do Russilhão, entre portugueses e franceses, dizendo que "que hum cadette do Regimento do Porto fora buscar a carteira do seu Coronel Jozé Narcico ao campo dos Inimigos Franceses". O estudante, ao tratar de vários casos da Bíblia, os ridicularizava e os tomava por apócrifos, tendo chegado a censurar a providência divina por classificar como pecado a possível violação de uma mulher virgem, que trabalhasse para seu sustento, por um homem. O mesmo estudante acrescentava que "D^s. agora era Frances", concluindo o denunciante de tudo isso que era com esse tipo de conversação que passavam o "o seu tempo os que novamente vem formados da Universi^de."[91].

Toda essa situação mostra que as ideias da Revolução Francesa disseminavam-se em Portugal, associando-se a uma dessacralização do mundo, ao questionamento dos ensinamentos da religião católica. Sobre as cartas de d. André, concluía o comissário que elas lhe faziam "temer hua grande Ruina nesta Provincia maquinada pelas suas doutrinas". Segundo o mesmo, a pregação revolucionária feita por d. André envolvia também o uso de dois "cartazes" e visitas de casa em casa, em Miranda, para conversar com as pessoas, "convocando-as para a rebelião", no que contara com a ajuda do Juiz de Fora, do estudante José Manoel Freire de Santilhão e do Dr. José Manoel Freire, três homens esses que seriam emissários dos franceses. Tais homens "alistavão os que querião seguir a tal convenção" francesa. Por fim, o comissário informava que "Tudo o que he de Religião he p^a. elles Historia de meninos, e contos de velhas, principalmente a paixão de Nosso Senhor JESUS Christo"[92]; que d. André, para livrar-se de ser denunciado, agravara num sermão o pecado de "murmuração" e, inversamente, "fa-

---

89 *Ibidem*, p. 94.
90 *Ibidem*, p. 95-6.
91 *Ibidem*, p. 95v-96.
92 *Ibidem*, p. 95v-96.

cilitava todos os mais peccados nominalmente o da incontinência"[93]. No seu parecer, enfim, d. André era "homem defeso" e cabia por-lhe "remedio antes que a torrente inund[ass]e tudo", motivo pelo qual rogava aos inquisidores que "atalha[ss]em esta vibora antes que acab[ass]e de espalhar o seu veneno"[94]. Portanto, a ação de d. André tinha um caráter político e revolucionário, articulando-se com proposições heréticas: não se resumia a pronunciamentos e práticas isoladas, comportando a participação de figuras de projeção e o alistamento de adeptos em Miranda. Os delitos de d. André, enfim, pode-se concluir, ultrapassavam a jurisdição do Santo Ofício, inserindo-se na órbita da justiça secular.

O fato de muitas destas práticas escaparem à órbita de atuação do Santo Ofício era percebido, em setembro de 1798, por outro denunciante, o padre Domingos Pires Pereira, que afirmava o seguinte, em relação às práticas de d. André: "Ahinda que algumas destas couzas não sejão cazos de denuncia ao S^{to}. officio comtudo juntos a sua pouca edificação fazem crivel algum erro de sustancia Dogma"[95]. O mesmo padre relatou que, em reunião ocorrida no Paço de Vinhais, com mais quinze eclesiásticos e outros seculares, em agosto do mesmo ano, d. André havia dito que "q a religião he huma livre crença, e p^a ella não deve haver coação, nem a Igreja tem poder p^a. castigar com penas temporais senão por beneficio dos Principes, elle o não teve a maior parte dos seculos passados", pondo em cheque, portanto, os poderes papais, defendendo a liberdade de crença e associando a religião aos poderes temporais. Um dos presentes levantou a suspeita de que d. André tivesse correspondências secretas com os franceses, além de estar certo de que ele falava sobre os mesmos com satisfação[96]. Assim, o público-alvo dos discursos de d. André envolvia seus colegas de ofício e membros da alta hierarquia eclesiástica e leiga, face aos quais não se intimidava. De Soure, no mesmo mês, com base no ouvir dizer, o padre João Inácio Pereira informava à Inquisição que d. André era "libre no falar e os seus discursos nunca se encaminhã[va[o à sobordinação, sogeição que os sub^{dos}. devem ter aos seus superiores, antes quazi sempre declinão p^a. a outra p^{te}; o povo miudo, simples, ignorante ouveo de boma [sic] vont^e., escuta-o como hum oraculo". Essa denúncia, por um lado, reafirma o caráter subversivo da ação de d. André e, por outro, mostra que ela tinha os efeitos por ele esperados, na medida em que merecia boa recepção entre o povo miúdo, que o tinha

---

93 *Ibidem*, p. 96.

94 *Ibidem*, p. 96.

95 *Ibidem*, p. 97-97v.

96 *Ibidem*, p. 96-97.

por oráculo⁹⁷. De Rebordãos, Francisco Xavier Gomes de Sepúlveda, já em janeiro de 1799, delatava que o mesmo d. André que lá estivera "lendo Moral", dissera para não crer na religião católica, "que tudo erão petas [isto é, mentiras]; e que a Escritura Sagrada não continha senão contradições"⁹⁸, denúncia esta que reforça o caráter herético das lições do mesmo clérigo.

Ainda em outubro de 1798, a Inquisição de Coimbra ordenou que se investigassem os fatos, passando, ao comissário Antônio Bernardo Gonçalves Azeredo, de Vinhais, ordem para realizar diligências e uma lista de perguntas a serem feitas aos depoentes⁹⁹. Em janeiro e fevereiro de 1799, várias testemunhas foram ouvidas: primeiramente, no lugar de Soure¹⁰⁰, o padre Domingos Pereira, abade de São Tomé do lugar de Ferroso; o abade João Inácio Pereira, ex-reitor de São Martinho de Soure, abade de Santa Marinha; o padre Manoel Álvares, natural e morador na Vila de Pais; padre Domingos Pires, cura de Igreja de Nossa Senhora da Natividade do lugar de Parada, bispado de Bragança; o padre Alexandre Manoel de Moraes, o padre Antonio Gonçalves, cura de Santa Marinha, em Vinhais; José Antônio Rodrigues, oficial de carpinteiro, também de Vinhais; José Manoel Fernandes, mestre carpinteiro, morador no lugar de Soure, termo de Bragança e, depois, no lugar de Santarra¹⁰¹, o frei João da Expectação, religioso descalço da ordem de Santo Agostinho; e, por fim, na Vila de Vinhais¹⁰², o padre Jose Álvares da Silva, cura da Igreja de Nossa Senhora da Expectação do lugar de Fornos e, ainda, Sebastião de Moraes Sarmento, tenente da Infantaria miliciana. Desse total de onze testemunhas, seis delas confirmaram as denúncias, em parte ou no todo, com base no "ouvir dizer", isto é, na murmuração, típica de uma sociedade marcada pela oralidade, como a luso-brasileira; quatro testemunhas ouviram o próprio denunciado a fazer pronunciamentos contra a fé; e uma delas, José Manoel Fernandes, fez acusações contra outra pessoa: José Manoel Carneiro. Todos os testemunhos foram considerados dignos de crédito pelos padres envolvidos na diligência. Dos quatro últimos depoentes, o padre Domingos Pereira confirmou as denúncias, pelo ouvir dizer e por ter presenciado um sermão de d. André¹⁰³; o carpinteiro José Antônio Rodrigues, por ouvi-lo afirmar "que não havia impedimento para abusar carnalmente de

---

97 *Ibidem*, p. 96v.

98 *Ibidem*, p. 100.

99 *Ibidem*, p. 101-103.

100 *Ibidem*, p. 106-114.

101 *Ibidem*, p. 114-5.

102 *Ibidem*, p. 116-8.

103 *Ibidem*, p. 104.

mulheres casadas, aprovando o sistema da França"[104]. Já o frei João da Expectação, citado por várias testemunhas como alguém que tinha visto os acontecimentos, relatou ter ouvido o denunciado dizer, em um banquete na casa de um abade, na presença de outras pessoas, "= La vai á Saude de quem tem hum pe no oriente e outro no ocidente, va a saude de quem quer e não pode", após terem discorrido sobre o que faziam "os generais Franceses e seu Systema"; na casa do Reitor do Paço de Vinhais, ouviu o mesmo d. André afirmar "que o estado actual da França a respeito da Religião não hião longe da verdade pois a Religião he de hua Crença Livre, e a Igreja não tem couação [sic] algua alem da que lhe dão os Príncipes"[105]. O Padre Jose Álvares da Silva, por sua vez, narrou apenas ter ouvido uma conversa sobre o dar-se sacramentos aos pecadores públicos[106]. Por ouvir dizer, os depoentes acrescentaram, um a um, detalhes sobre as proposições heréticas e sobre as ideias políticas de d. André que não apareceram nas denúncias. Ele teria feito a defesa da fornicação simples (que seria lícita, aos seus olhos, estando livre às mulheres corruptas tratar-se desonestamente com os homens) e do matrimônio como ficção, "praticando" tais ideias com pessoas de "diverso sexo"[107]. Pronunciara-se em defesa da fornicação com mulheres casadas[108]; e afirmara que as tábuas da lei de Cristo "forão feitas por Moyses recolhido em hua casa e que o Corpo humano era movido pelo Sangue, sem que nele se desse alma alguma", que seria "injusto o Castigo do Pecado original nos filhos de Adão duvidando juntamente da existencia do Inferno e porque modo fosse la introduzido o fogo"[109]. Logo, d. André fazia uma leitura bastante inventiva da Bíblia e das verdades da Igreja: duvidava da intercessão divina em alguns feitos; censurava-a em outros, questionava a existência do Inferno (proposição recorrente nos documentos inquisitoriais) e, ainda, da alma.

Na avaliação do comissário Antonio Bernardo Gonçalves Alvarado, datada de 23 de fevereiro de 1799, d. André e José Manoel Carneiro, pessoa denunciada por um dos depoentes, seriam "dous corpos, e huma alma"; ambos falavam:

> em todo o genero de Liberdade, lasciva soltura, ameaçando aos homens casados, que não tardará liberdade para cazar das suas mulheres sem andar com juramentos: [....] são incontinentes e não observão o preceito

---

104 *Ibidem*, p. 111v.

105 *Ibidem*, p. 114-114v.

106 *Ibidem*, p. 116v.

107 *Ibidem*, p. 1007-109.

108 *Ibidem*, p. 111v.

109 *Ibidem*, p. 110.

da Santa Igreja; comem carne nos dias prohibidos, dizendo, que lhes fica mais comoda a despeza: dando nestas partes hum escandalo vergonhozo, pello que trato, que ambos tem vivendo dito [sic] Joze Manoel Carneiro escandalozamente amamcebado com huma Irmãa do Referido D. André, e de quem prezentemente tem huma filha, ou filho, que estes dias se ha de batizar convocando elle mesmo os padrinhos, para a função e outras couzas ao intento, e diz, que a simples fornicação, não he pecado [...] D. Andre he pobrissimo por tudo sendo homem de letras, he constante que não Reza o oficio divino, nem se confessa [...;] sim de q algumas vezes [faz] missa por uzar da esmola della, [...] sempre vive no escandalo [...] metido em danças e mascaras por tantos modos prohibidos: [...] como homem de letras, e diz que o oficio de clerigo lhe vale pouco, que quer fazer huma morte e deixar o estado[110].

Aos 10 de fevereiro de 1799, em Bragança, a comissão da Inquisição de Coimbra foi apresentada ao Comissário Caetano Jose Saraiva, mandando que o padre André Manoel Meireles, também comissário, e Antonio José Fernandes de Moura, interrogassem oito testemunhas, anexando um interrogatório, datado de 28 de novembro de 1798, dentro do qual, de relevante, perguntava-se se alguém: a) dissera que o respeito aos preceitos do Decálogo era menos necessário do que ao da murmuração, "facilitando[-se com isso] a transgressão dos ditos preceitos especialmente a do Sexto [mandamento, isto é, não fornicarás]"; b) "mostrasse adezão ao Systema Frances particularmente pelo que toca a Religião, que afirmasse que as Sagradas Escripturas, e Sacramentos forão, eram huma pura e simples invenção dos Principes para someterem os homens na obediencia, e sugeição"; e c) se aprovava a seita dos pedreiros-livres ou outra proscrita pela Igreja católica[111].

A primeira pessoa ouvida foi o padre Antonio José Fernandes, clérigo secular (não há data, nem menção a lugar, sendo-se certo que se tratava de Bragança). Ele, depondo por ver "tratar" e "dar muitas vezes", por manter por várias vezes conversações com o denunciado, teceu considerações sobre as práticas pedagógicas de d. André, como mestre de Teologia Moral do bispado de Bragança, além de mostrar meios pelos quais textos proibidos circulavam, explicando que à leitura oral, seguia-se a cópia dos mesmos. Disse que d. André "ensinava huã couza publicamente comtudo em tom de graça deixava cahir algumas propoziçoens heréticas", tendo o depoente confirmado depois que as mesmas eram errôneas e heréticas. Segundo o depoente, d. André proferia

---

110 *Ibidem*, p. 118v-119v.

111 *Ibidem*, p. 120-22.

em classe várias proposições heréticas, tendentes à libertinagem, como, por exemplo, ao tratar do "sacramento da penitencia, dizer que senão querião que lhe soubessem as cauzas, que faltemlhes, annos, que as não confeçassem, mas isto depois de ter explicado seriamente as doutrinas, como determina a Igreja"[112]. Logo, deduz-se que, após ensinar em conformidade com os dogmas, doutrinas e preceitos da Igreja Católica, d. André, por meio de brincadeiras, se desdizia, afastando-se da ortodoxia.

Confirmou, ainda, que d. André acreditava que "no Christo por Cristo não hera pecado a simples fornicação, nem outro qualquer pecado, exceto aquele que he contra o Direito do homem, por nele se lhe fazer injuria, como o adulterio"[113]. Entendia também que ele era seguidor do "Systema dos Franceses principalmente no que toca a Religião afirmando pela falcidade nas Sagradas Escripturas, e contradiçoens; que os sacramentos foram, e herão huá pura e simples invenção dos Principes para conterem os homens na obediencia, e sujeição"[114]. Acrescentou que d. André quis fazê-lo seu seguidor, mantendo com ele conversa para tanto em seu quarto, em fins do verão. Nessa ocasião, convidou-o para ler um papel sedicioso, o qual se dirigia aos concidadãos e "tractava por tiranico o governo monarchico; dava Esperança a elles concidadãos que algum tempo se verião livres deste cativeiro; o que já não podião fazer porque os tiranos monarcas tinhão os cutellos afiados; Recomendando muito silencio para se não virem victimas da ira dos taes tiranos, cujo papel servia do volume de hum sermão"[115]. D. André perguntou-lhe se o queria copiar e, após a leitura, veio com "argumentos", do que o depoente deduziu que o mesmo queria atraí-lo para o seu "partido". Sublinhou o depoente que d. André era tão sábio que tinha a capacidade de "defender qualquer doutrina asim falça como verdadeira". Concluindo, revelou que o denunciado disse que, caso a Inquisição o pegasse, "elle se defenderia" e, por fim, que havia rumor popular de que fosse maçom[116].

O segundo depoente, o padre Manoel Doutel de Figueira do Sarmento, capelão fidalgo da Casa de Sua Majestade, cônego da Santa Sé de Bragança[117], confirmou, pelo ouvir dizer, que em 1798 d. André exasperou-se em pregação contra "o vicio da murmuração", ao mesmo tempo em que parecia facilitar "os mais pecados", pois dizia "que elle Revolvendo as paginas sagradas tinha achado que Deos tinha perdoado a todo ge-

---

112 *Ibidem*, p. 123v-124.

113 *Ibidem*, p. 123.

114 *Ibidem*, p. 123v.

115 *Ibidem*, p. 123.

116 *Ibidem*, p. 124.

117 *Ibidem*, p. 125-26.

nero de pecador, como incestuozo, adultero, e todos os mais menos o murmurador"[118]. Informou também que d. André "lhe dissera que dentro em dois mezes havia de ser plantada nesta cidade a arvore da liberdade, e outras couzas mais a este respeito"[119]. O depoente também denunciou o Juiz de Fora da Cidade de Miranda, José da Mota, o qual, segundo lhe contara o dr. Inácio Teodósio Rodrigues Santa Marta, "afetava liberdade tanto a respeito da Religião como do governo, dizendo que a paixão de Christo hera hua estoria de velhos [...] e que o governo republicano era milhor que a Monarchia"[120]. Ainda em Miranda, segundo o padre Clemente José Gonçalves, o bacharel José Manoel Freire seguia as mesmas doutrinas, oferecendo-lhe livros para prová-las, livros esses que lhe poderia vender se os quisesse[121]. O padre Xisto Xaviera Rodrigues, cônego na Santa Sé, em Bragança, com base nas conversações que mantivera com o acusado (e não por ouvir dizer), disse que d. André era adepto do sistema francês e opositor ao governo monárquico, julgava-o pedreiro-livre e censurava seu modo de trajar (andava "vestido de cabeleireiro") e de se comportar (comia carne em dia de quaresma). Pelo ouvir dizer, declarava que d. André persuadia gente rústica em sua aldeia e na vizinhança. E, a respeito dos cartazes que tinham aparecido em 1798 em Bragança, contou que "patrocinavão a liberdade, e igoaldade" e que incitavam a "Rebelião contra os Principes", sendo a autoria dos mesmos atribuída pelo "povo, e ainda algumas pessoas sençatas" a d. André, o qual "estava nesta Cidade escondido muitos dias e somente sahia de noute em trajo totalmente contra a sua profição"[122]. Convergindo com o depoimento anterior, apontava os nomes dos aliados de d. André em Miranda: o juiz de fora José da Mota e o bacharel José Freire[123].

O padre João Inácio Pereira, abade de Santa Marinha do lugar de Barroso, e o padre Manoel Antonio de Azevedo, cura do lugar de Malhados[124], outros depoentes, não trouxeram novidades, depondo por ouvir dizer. O mesmo não se deu com o padre Inácio de Miranda Monteiro, cônego pároco da Santa Sé de Bragança[125]. Ele contou que ouviu críticas a d. André, por ter ele, como sacerdote, professor então de Teologia Moral, dar "mao exemplo", sendo "instrutor dos Militares em hua Tra-

---

118 *Ibidem*, p. 125.
119 *Ibidem*, p. 125.
120 *Ibidem*, p. 125-125v.
121 *Ibidem*, p. 125v.
122 *Ibidem*, p. 126.
123 *Ibidem*, p. 126v.
124 *Ibidem*, p. 130-130v.
125 *Ibidem*, p. 128-30.

gedia chamada – o Mafoma"[126], representada em Bragança e cujos ensaios tinham ocorrido no período da quaresma, em 1798. O mesmo depoente acrescentou que a viúva Maria Bernarda contara-lhe que d. André "tinha dito que em breve tempo se cantaria nesta cidade as cantigas da Liberdade para o que os Franceses se andavão dispondo"[127], revelou que ouvira do Cônego Manoel Doutel um relato sobre cartas que convidavam para o "sequito do sistema da liberdade frances", bem como de uma ocasião em que d. André "disera que em ponto da morte, e paixão de Christo hera hua estoria boa para contar as velhas"[128]. Domingos Pires Pereira, abade de São Tomé de Barroso, por ouvir e por estar presente, reiterou as denúncias sobre os pronunciamentos de d. André referentes à autoridade da Igreja, aos franceses, à sua simpatia pela "liberdade francesa" e à sua destreza em mostrar argumentos contra a Igreja, como dizer que "os Parochos não podião negar os sacramentos ao pecador por mais publico que seja, enquanto a publicidade nao estiver probada em Juízo"[129]. Declarou suspeitar que ele fosse pedreiro-livre.

O dr. Vicente Nunes Cardozo, morador na cidade de Braga, por ter contato direto, informou ao comissário que o dr. José Manoel Ferraz, residente em Miranda, era seguidor da Convenção Francesa, "tratando muito seus escritos, e os de seus aderentes, Regozijandose com as suas victorias", sem, contudo, fazer pronunciamentos contra a religião, o mesmo não podendo dizer sobre d. André, de quem escutou um sermão que lhe provocou escândalo[130]. O dr. João Ferreira de Castro Figueiredo, morador em Bragança, ouvira de um lavrador que "ou se devia matar a dom Andre de Moraes Sarmento [...] ou de o seguindo as suas doutrinas não se devia obedecer a ninguém"[131]. Também por ouvir dizer, sabia que o mesmo solicitara a viúva Joana Celeste, tendo tratos ilícitos com ela por muitas vezes e, "nos mesmos dias em que os tinha tido a mandava comungar e as confiçoens que fazia no confeccionario herão conversaçoens indignas, impuras, e indecentes".

---

126 *Mafoma ou Fanatismo*, tragédia de Voltaire (veja: Biblioteca Nacional de Lisboa, Seção de Reservados, COD 1388/2). Essa tragédia foi traduzida pelo já citado José Anastácio da Cunha, lente em Coimbra, e publicada apenas em 1785, sob o título de *Maomé*, "sem a declaração de tradutor e sem o título disjuntivo original: o *Fanatismo*, ou *Maomé, o Profeta*" (Ana Cristina Araújo, *op. cit.*, p. 93). Foi encenada num dos quartéis em Lisboa (*Ibidem*, p. 96), o que demonstra que a iniciativa de Sarmento não foi algo de todo singular.

127 Iantt, *Inquisição de Coimbra*, Cadernos do Promotor No. 125, Livro 417 (1798-1802), p. 129.

128 *Ibidem*, p. 129.

129 *Ibidem*, p. 131v.

130 *Ibidem*, p. 133v-134.

131 *Ibidem*, p. 134.

Isso tudo havia sido contado pela própria Joana. Aqui, vê-se, portanto, uma acusação nova: além de herege e antimonárquico, seguidor da França revolucionária, d. André seria um padre fornicador e solicitante. Por fim, acrescentava algo muito importante: "deante de hum Cadete da Infantaria chamado Vicente Joze Gouveia Vasconcellos", d. André dissera "= Antes de tres meses ou por estes tres meses, se ha de clamar a liberdade em Portugal [...]"[132]. D. André, enfim, era um arauto da revolução em terras lusitanas.

O comissário André Meireles, em seu parecer, datado de 28 de fevereiro de 1799, reiterou as acusações que pesavam contra d. André, aduzindo, porém, algo que não aparece nos depoimentos: a penetração do acusado entre os militares. O denunciado "he[ra] confessor geral" de seus amigos e companheiros e "daquelles Militares, que seguem a sua propria conducta de tal sorte que no anno passado na quaresma de 1798, he publica voz e fama, que se juntarão estes para lhe fazerem hum vestido em paga de sua caridade"[133]. Munido dessas informações, o promotor do Santo Oficio solicitou que se interrogassem judicialmente Joana Inácia, casada, com José da Silva, moradora em Bragança; Manoel Ferreira de Sá Sarmento, professor régio de Retórica; os padres Francisco Vaz e Bernardo José de Almeida; João Ferreira, promotor da justiça eclesiástica; e Vicente Jose de Gouvea, cadete de Infantaria, que teriam ouvido proposições de Moraes Sarmento. A Inquisição aprovou o pedido aos 30 de julho de 1799[134]. Manoel Ferreira de Sarmento, sargento-mor de Bragança, confirmou a história da carta do velho das sete montanhas, negando, porém, que d. André tivesse lhe dito tratar-se do Papa, o que ele, depoente, veio a deduzir quando da invasão da Itália. Reafirmou também a simpatia do denunciado pelo sistema francês, bem como a suspeita de ser maçom, fundamentada nos gestos e palavras que o mesmo dirigiu a Manoel Caetano Lopes Ribeiro, das quais ouvira "dizer se servião os pedreiros-livres para se conhecerem entre si"[135]. D. Joana Inácia, por sua vez, contou em seu depoimento que teve várias conversações com d. André, as quais não lhe pareceram "muito conformes a noça Religião", tendo ouvido dele uma negação sobre a necessidade da confissão[136] – o que é uma heresia. Ela não esmiuçou, porém, se nas conversações houve solicitação e se pecara contra o sexto mandamento com d. André. O padre Francisco José

---

132 *Ibidem*, p. 135v.

133 *Ibidem*, p. 137.

134 *Ibidem*, p. 138-138v.

135 *Ibidem*, p. 144.

136 *Ibidem*, p. 144-145v.

Vas Penedo, morador da Vila do Algozo, contou que d. André convidara José Manuel Machado, escrivão corregedor de Miranda, para ser maçom. Acrescentou que Bernardo José Rodrigues, professor de Gramática na Vila de Algozo, primo de José Manuel Freire, também era "murmurado de ser da mesma confraria"[137]. Vicente José de Gouveia Vasconcellos Sarmento, cadete do segundo regimento de Infantaria de Bragança, disse que ouvira coisas sobre José Manuel Freire e sobre d. André, a quem conhecia bem, tomando-o por libertino, escandaloso, pedreiro-livre e sequaz do governo dos franceses, comunicando-se com os mesmos, alegrando-se com seus sucessos e entristecendo-se com os seus reveses. Vicente mantivera diálogos com d. André. Num deles, ouvira do mesmo: "quer você ser iscravo [sic] de hum ou de muitos ao que elle testemunha Respondeo quero mais ser escravo de hum que de muitos como estão os franceses". Noutro, d. André lhe dissera: "eu sei aonde esta hua armada de Francezes que se vem lançar sobre nos, e onde estão varios istrumentos [sic] para fazer huma muzica em ação de graças para quando soceder a esta nação da liberdade em Portugal, o nosso Principe esta chorando no Paso esperando qualquer dia que o venhão açoutar"[138]. Sonho ou realidade, portanto, d. André esperava uma invasão francesa, sinônimo para ele de liberdade, ao mesmo tempo em que zombava do príncipe regente d. João, qualificando-o como chorão e acomodado. O dr. João Ferreira de Castro, promotor do juízo eclesiástico em Braga, embora se pronunciasse desfavoravelmente sobre d. André, centrou fogo contra o padre Manoel Fernandes Fontes, de Vinhais, acusando-o de solicitar a madre Maria Rosa, do Convento de Santa Clara, tratando, no confessionário, "amorozamente, e ilicitamente com ella"[139]. Já o padre Bernardo José de Almeida, da mesma Vila de Vinhais, disse que d. André convidara d. Maria de Moraes, mulher viúva, para "pecar carnalmente"[140].

O Comissário André Manoel Meireles, em parecer de 27 de dezembro de 1799, reiterou as informações dos depoentes, salientando a má conduta e a sapiência de d. André e acrescentando que o mesmo trazia um livro no qual alistava os nomes dos que queriam seguir a seita dos maçons. Salientou, ademais, que os depoentes eram pessoas dignas e de crédito. Em face disso, o promotor solicitou à Mesa da Inquisição a realização de diligências de crédito das testemunhas dos sumários referentes a d. André. As testemunhas inquiridas, conforme as anotações à margem, deram crédito aos depoentes dos outros sumários, salvo um ou outro

---

137 *Ibidem*, p. 146v.

138 *Ibidem*, p. 148.

139 *Ibidem*, p. 149v.

140 *Ibidem*, p. 151-152v.

(por desconhecerem-nos), a partir do que o mesmo comissário Antônio Bernardo Gonçalves de Azevedo, já aos 22 de março de 1800, veio a reiterar o crédito dos mesmos e acrescentar uma informação mais picante sobre a conduta de d. André: "o procedimento de sensualidade he e tem sido escandalozissimo, athe com suas Irmãas e hum proprio sobrinho"[141].

O Promotor da Inquisição de Coimbra, em face de tudo isso, aos 30 de maio de 1801, solicitou à Mesa a prisão de d. André de Morais Sarmento. Além de fazer uma síntese de suas proposições heréticas e de suas práticas, o promotor, ao comentá-las, informou que o clérigo libertino de Vinhais já havia sido punido pela Inquisição por ser maçom e fez uma avaliação sobre as acusações que pesavam contra ele, pelas "quaes se mostra o estrago, e ruina, q. o Delato tem feito naquele País, semeando principios desorganizadores de todos os Estabelecim.^{tos} Sociaes"[142]. Surpreendentemente, porém, a Mesa emitiu a seguinte decisão, aos 02 de Junho de 1801: "E pareceo a todos os votos q. a prova, que consta dos d.^{os} Sumarios, não era sufficiente p.^{a} se proceder a prizão contra o Delato: Q. se reporte, e espere mais prova"[143].

Em 1798, na região de Bragança, enfim, o pedreiro-livre d. André de Morais Sarmento, acusado de estar envolvido no crime de solicitação e em outros delitos sensuais, defendia os franceses, admirava a França revolucionária, da qual possivelmente era um agente, e mostrava-se sedicioso e herege. Defendia a fornicação simples, associava a religião à necessidade dos príncipes terem a obediência dos vassalos, o que o fazia ser contrário à imposição de qualquer fé, e zombava do príncipe regente d. João. Opunha-se à monarquia absolutista e manifestava-se a favor da República. Dava mostras de ter penetração social e de desenvolver uma ação sediciosa que ecoava, em parte, os temores manifestados por Pina Manique ao prender dois franceses donos de uma hospedagem no Rato, em Lisboa, em 1794: mantinha contato com os rústicos, que o tomavam como sábio, e a tropa, com a qual chegara a ensaiar *Mafoma ou Fanatismo*, tragédia de Voltaire, traduzida pelo maçom José Anastácio da Cunha; fazia propaganda revolucionária, com afixação de cartazes, leitura oral, circulação de manuscritos e visitas de casa em casa; por fim, parecia estar metido numa conjura, sonhando com uma invasão francesa e anunciando que, em futuro próximo, "havia de ser plantada" em Bragança "a árvore da liberdade"[144]. Em

---

141 *Ibidem*, p. 171v.

142 *Ibidem*, p. 179v.

143 *Ibidem*, p. 180.

144 Anos antes, em 1794, estrangeiros, especialmente franceses, numa Casa de Pasto, na rua Formosa, em Lisboa – perto de uma fábrica de chapéus, onde havia cem trabalhadores, frequentadores da mesma casa e que para ali certamente levariam também outros traba-

suas ações, era apoiado por José da Mota, juiz de fora da Cidade de Miranda, pelo bacharel José Manoel Freire e por Bernardo Jose Rodrigues, professor de gramática na Vila de Algozo, primo do último. D. André, em sua pessoa e em sua trajetória, materializava a transformação dos significados das palavras "libertino" e "libertinagens": fazia da razão o único critério para formular seus pensamentos, não se curvando a qualquer autoridade, nem da Igreja, nem da religião, nem do príncipe; um tanto licencioso, era também monarcômaco e, mais do que isso, um agente revolucionário. Em seu percurso d. André igualmente manifestou a transformação por que passou a maçonaria em fins do século XVIII, assinalada no romance *O Album de hum Moumetano, viajando em Portugal*, de R. C. M. Torres, publicado em 1826, conforme as palavras, um tanto fantasmagóricas e hiberbólicas, de um de seus personagens, um velho português:

> sabei que a Maçonaria foi na sua origem hum dos estabelecimentos mais úteis, e talvez a mais bella producçaõ do espírito humano. Era huma congregaçaõ de homens illustrados e beneficos, que, á similhança dos antigos filosofos, tinha por objetivo doutrinar os homens, polillos, firmallos na virtude, e sobre tudo guiallos á beneficencia. [...] Mas, por huma negra fatalidade, inseparavel de todas as cousas dos homens, este respeitavel estabelecimento veio a degenerar, e hoje deve ser considerado como uma peste politica e social. Os seus chefes, em vez de empregarem as grandes forças, que a ordem adquirio com o andar dos tempos, aos fins magestosos que deixo referidos, dirigiraõ-se para o complemento de seus interesses particulares; inventaraõ a trêta da escravidaõ do homem, gemendo debaixo da tyrannia do Throno e do Altar; e, para irem coherentes com o espirito do instituto, dixeraõ aos alumnos da sociedade que o fim da sua reuniaõ era para destruir este captiveiro, e restituir ao homem seus primitivos direitos. Ora eis-aqui deslumbrado por estas ideias especiosas e brilhantes hum numero incalculavel de revolucionarios e pertubadores do socego publico, ligados por mil vinculos occultos e fortissimos, todos interessados e

---

lhadores, de outras fábricas – entoaram cantigas francesas revolucionárias, vertidas para o português, posicionando-se contra os reis e, ainda, falando em liberdade. Como se daria anos depois em Quintela de Vinhais, em Bragança, em Lisboa também se falava na Árvore da Liberdade: dizia-se que ela melhor ocuparia o lugar da estátua equestre de el-rei d. José I, na Praça do Comércio. Nessa ocasião, porém, não se aventou uma invasão francesa (IANTT, *Intendência Geral de Polícia*, Livro 4, p. 163). Mas em outras oportunidades, nos mesmos ambientes e com público similar, isso se deu.

dispostos a derrubar ao primeiro ensejo fundações respeitaveis, e que desde huma longa serie de seculos, fazem a estabilidade e segurança dos imperios![145]

---

145 R. C. M. Torres. *O Album de hum Moumetano. Apud* João Paulo Martins. *Romances e política ilustrada em Portugal* (artigo no prelo, datiloscrito, p. 18).

A *Gazeta do Rio de Janeiro* e o impacto na circulação de ideias no Império luso-brasileiro (1808-1821)

Juliana Gesuelli Meirelles
Universidade Estadual
de Campinas

Com a transferência da Corte Portuguesa para o Brasil, em meados de 1808, a monarquia portuguesa vivia uma situação inusitada e sem antecedentes, do ponto de vista da reorganização do poder político. De acordo com a historiadora Maria Odila Silva Dias, por ser o Rio de Janeiro a nova sede do Estado e todas as decisões partirem agora da Colônia americana para todo o Império, houve uma clara inversão de papéis, no *locus* do antigo *status* de Metrópole e Colônia[1].

É a partir dessa importante mudança histórica que o Brasil via florescer a sua primeira tipografia. Uma absoluta novidade para a Colônia portuguesa que, por mais de trezentos anos, fora privada de um contato mais amplo com a palavra impressa, fosse através da livre circulação de livros, fosse pela leitura de periódicos estrangeiros que tivessem uma linha editorial crítica ao governo português. Já a partir de 1808, com a chegada de d. João VI no Brasil e a implantação da *Impressão Régia*, o país teve a possibilidade de adentrar em um universo já conhecido desde o século XVI no Velho Mundo e na América Espanhola, que foi a circulação da palavra impressa.

Para além da produção de livros, a *Impressão Régia* foi responsável por fazer circular a *Gazeta do Rio de Janeiro*, o primeiro jornal institucional vigente em nossas terras. Produzido e editado por homens de estrita confiança do rei, a *Gazeta* manteve sob suas páginas um discurso que, por mais que expressasse uma visão oficial de mundo, também refletia toda uma gama de interesses coletivos, contribuindo para o

---

1   Maria Odila Silva Dias, "A Interiorização da Metrópole (1808-1853)", in: Carlos Guilherme Mota, *1822: Dimensões*, São Paulo, Ed. Perspectiva, 1972.

enraizamento de novas práticas de leitura assim como para o debate de questões políticas no universo público.

O decreto de 13 de maio de 1808, que oficializava a criação da primeira tipografia brasileira, circunscrevia que "os prelos que se acham nessa capital, eram os destinatários para a Secretaria de Estados dos Negócios Estrangeiros e da Guerra", ministério que se tornava responsável pela censura, produção e edição das notícias que, a partir de então, circulariam pela cidade. Esclarecia também que a *Impressão Régia* seria o local "onde se imprimam exclusivamente toda a legislação e papéis diplomáticos, que emanarem de qualquer repartição do meu real serviço; e se possam imprimir todas, e quaisquer outras obras". Por fim, anunciava que a administração do Ministério dos Negócios Estrangeiros e de Guerra cabia à D. Rodrigo de Sousa Coutinho, influente ministro e conselheiro de Estado de D. João VI, ressaltando que sua atuação "procurará dar emprego da oficina a maior extensão, e lhe dará todas as instruções e ordens necessárias e participará a esse respeito a todas as estações que mais convier ao meu real serviço²".

O documento não colocava a introdução da imprensa no Brasil como um fato extraordinário, mas antes como uma atividade administrativa necessária para o estabelecimento da Coroa deste lado do Atlântico. Ao analisar o fato pela ótica real, Borba de Moraes observou que "tudo se passou como se tratasse de dar novas funções a uma repartição existente. [...] Na verdade era o que acontecia. A administração não fora interrompida com a mudança da Corte para o Brasil. Continuou a funcionar sem interrupção com as mesmas praxes e rotinas".³

O primeiro exemplar da *Gazeta do Rio de Janeiro* foi publicado em 10 de setembro de 1808 e o jornal seguia a dimensão padrão das folhas estrangeiras (19 x 13,5cm) com formato in-quarto, características que já apontam para algumas semelhanças com o estilo e estrutura da *Gazeta de Lisboa*, folha oficial portuguesa originada em 1715. O jornal estava estruturado em duas partes: *seção noticiosa* e de *avisos*. Na seção noticiosa, a folha circunscrevia a fala do redator, incluía artigos escolhidos de diversos jornais europeus, apresentava cartas de militares e políticos de relevância no período, inseria informações burocráticas – como o balancete financeiro da Casa de

---

2   Decreto de 13 de maio de 1808 in: *Relação dos Despachos Publicados na Corte pelo expediente A Secretaria de Estado de Negócios Estrangeiros e da Guerra no Faustíssimo Dia dos Annos de S. A . R. O Príncipe Regente –N. S. Apud Maria Fachada Levy Cardoso, A Gazeta do Rio de Janeiro: subsídios para a história da cidade (1808-1821)*, Dissertação de mestrado defendida pela Universidade Federal do Rio de Janeiro(UFRJ), 1988, p.71.

3   Rubens Borba de Moraes, *Livros e Bibliotecas no Brasil colonial*, São Paulo, Livros Técnicos e Científicos, 1979, p.100.

Misericórdia do Rio de Janeiro – e também noticiava o cotidiano da realeza: das graças do monarca para seus súditos civis e militares como, por exemplo, a distribuição de títulos de nobreza às diversas festividades do calendário real, como os aniversários do príncipe regente e as peças de teatro. A prestação de serviços também era o foco do jornal e estava destinada à seção de *avisos*. Neles incluíam-se as publicações que se relacionavam ao universo cultural e comercial da cidade: informações marítimas, saídas de correio, vendas de livros e periódicos, mapas, vendas de escravos e imóveis, leilões, aulas particulares etc. eram constantes e delineavam a relação existente entre a imprensa e a sociedade joanina no Rio de Janeiro, no início do século XIX[4]. Com particularidades e lógicas distintas, a conexão entre esses espaços marcava a unidade da folha, pois ao integrarem-se, confeccionavam o caráter geral das notícias da primeira *gazeta* brasileira.

Este amplo processo de comunicação foi marcado por uma complexa rede de relações existentes entre as características do trabalho do redator (a triagem das diferentes fontes e notícias a serem publicadas e o enfoque particularizado ao comentá-las) e sua íntima ligação com os interesses políticos da realeza portuguesa. Nessa intrincada teia estava circunscrita a atividade censória, o contato dos editores com os correspondentes ingleses (e consequentemente a importância da *periodicidade*), as delimitações das notícias consideradas de *confiabilidade* e a própria concepção de *Gazeta* durante o governo de d. João VI no Brasil. Todos esses aspectos apareciam pelas páginas do periódico e estavam circunscritos a esses dois setores.

Uma importante ressalva: o conceito de notícia no início do século XIX era compreendida pelos luso-brasileiros como "Informação, conhecimento: notícia ao *público*" além de abarcar o mundo da "erudição, [da] leitura"[5] e, na altura, reproduzia a estrutura da *Gazeta*. Desde o nascimento da *Gazeta de Lisboa,* no século, XVIII as "notícias reuniam-se sob um título de publicação, com o registro de datas agrupadas

---

4   Para análise mais aprofundada dessas relações ver Tereza Maria Rolo Fachada Levy Cardoso, *A Gazeta do Rio de Janeiro: subsídios para uma história da cidade (1808-1821)*. Dissertação de Mestrado, UFRJ, RJ, 1988 (mimeo.), Maria Beatriz Nizza da Silva, *A Primeira Gazeta da Bahia: Idade d'Ouro do Brasil*, Editora Cultrix, São Paulo,1978. Lúcia Mª. Bastos P. das Neves, "Comércio de livros e censura de ideias: a atividade dos livreiros franceses no Brasil e a vigilância da Mesa do Desembargo do Paço (1795-1822)" in: *Ler História* 23, 1892, p. 61-78. Maria Beatriz Nizza da Silva, *Cultura e sociedade no Rio de Janeiro (1808-1821)*, Cia. Nacional, São Paulo, 1978.

5   Antonio de Moraes Silva, *Diccionário de Língua Portuguesa Recopilado*, Tipographia Lacerdina, 1813, p. 348, v. 2 (grifo original).

em secções e seguindo uma determinada periodicidade"[6], aspecto que encontramos presente também na imprensa nascente no Brasil e que aponta para as particularidades no modo de produzir a palavra impressa no universo luso-brasileiro.

Desse modo, saltam-nos aos olhos questões fundamentais sobre a *natureza* do trabalho do redator como profissional da imprensa. Vinculado à arena pública, qualquer escolha editorial que fizesse estava fadada a ser alvo de comentários e reflexões dos leitores do periódico. Nesse sentido, era essencial saber dirigir e focar o olhar para as fontes estrangeiras que circulariam pela cidade, uma vez que o periódico constituía monopólio senão da Coroa, dos oficiais da Secretaria de Estado dos Negócios Estrangeiros e da Guerra. O privilégio exclusivo da *Impressão Régia* pelos oficiais do monarca já era uma das bases estruturais da imprensa oficial portuguesa desde 1752[7].

Ler, resumir, traduzir, escolher as informações de interesses vindas das folhas europeias e inseri-las na forma de notícias no jornal era a atividade profissional do redator. Além disso, o gazeteiro era encarregado de receber e selecionar anúncios assim como era responsável por informar a entrada e saídas de navios da cidade. Portanto, as *escolhas editoriais* e a circunscrição do conceito de *veracidade* estavam fortemente conectadas às questões políticas do Império Português e, particularmente, associadas à sensibilidade dos editores do periódico, sobretudo o redator quando colocava sua pena e energia a favor da realeza.

A Primeira junta diretora foi composta por três homens ilustrados de estrita confiança de d. João VI. José Bernardes de Castro, além de diretor da *Impressão Régia* durante o período joanino, foi deputado das mesas de inspeção do Rio de Janeiro e da Bahia e colaborador d'*O Patriota;* primeira revista literária fundada no Rio de Janeiro por Manoel Ferreira de Araújo Guimarães, em 1813[8]. Marianno José Pereira da

---

6 João Luis Lisboa, "Gazetas feitas à mão", in: João Luís Miranda, Tiago C. P. dos Reis e Fernanda Olival, *Gazetas Manuscritas da Biblioteca Pública de Évora*, vol. 1 (1729-1731), Edições Colibri, Lisboa, 2002, p. 17.

7 Em Portugal, a partir de 1752, com a morte de Montarroio, a posse da Gazeta de Lisboa passou, também por privilégio real, para os oficiais da Secretaria de Estado dos Negócios Estrangeiros e da Guerra, cuja redação era de responsabilidade de Pedro Antonio Correa Garção, famoso membro da Arcádia. Quanto a Gazeta do Rio de Janeiro, o periódico já nascia como propriedade desses oficiais. Essa tradição foi mantida no Brasil, no início do século XIX com a Gazeta do Rio de Janeiro, uma vez que já chegava deste lado do Atlântico como periódico pertencente aos oficiais da Secretaria de Estado de Estado dos Negócios Estrangeiros e da Guerra.

8 *Dicionário Bibliographico Portuguez: estudos de Innocencio Francisco da Silva*, v. 4, Imprensa nacional, Lisboa, 1860, p. 272.

Fonseca, bacharel formado em matemática e filosofia pela Universidade de Coimbra, serviu na Junta do Comércio, foi administrador tesoureiro da fabrica de pólvora, e censor régio e José da Silva Lisboa, futuro visconde de Cairu, era bacharel em direito canônico e filosófico. Especialista em retórica exerceu a cadeira de Filosofia Racional e Moral da Bahia por mais de vinte anos. Entre 1808 e 1821, foi professor de economia política, deputado da Junta do Comércio, desembargador da Relação da Bahia e também censor régio[9].

Nota-se que os primeiros administradores exerciam cargos públicos e tinham, antes de tudo, uma função fiscalizadora. De acordo com Leila Algranti "o cargo público no estado absolutista dignificava os indivíduos, e sempre foi uma forma de conquista de *status*, de prestígio e até de título de nobreza por parte daqueles que o ocupavam". Algranti ressalta ainda que esses funcionários tinham perspectivas "de atrair a estima do rei, além de recompensas generosas pelos bons serviços prestados".[10] Em uma relação explícita com o público leitor, o redator já noticiava, no primeiro número da folha, a ordem que caracterizaria o periódico dali por diante: preço, periodicidade, local de venda, sistema de assinaturas. Todas essas informações sintetizadas na página quatro do jornal evidenciavam tanto a estrutura do periódico quanto a *intencionalidade* de seus proprietários, de consolidá-lo como o veículo de comunicação na cidade:

> Faz-se saber ao Público: Que a Gazeta do Rio de Janeiro deverá sair todos os Sábados, pela manhã: Que se vende nesta Corte na em casa de Paulo Martin, Filho, Mercador de Livros, no fim da Rua da Quitanda a preço de 80. r.s: Que as Pessoas , que quiserem ser Assinantes , deverão dar aos Seus nome, e moradas, na Sobredita Casa pagando logo os primeiros Seis meses a 1: 900 r.s; e lhes Serão remetidas as folhas a Suas Casas no sábado pela manhã: Que na mesma Gazeta se porão quaisquer anúncios , que se queiram fazer ; devendo enviar na 4ª feira no fim da tarde na Impressão Régia
> N.B. Esta Gazeta, ainda que pertença por privilégio aos Oficiais da Secretaria de Estado de Estado dos Negócios Estrangeiros e da Guerra, não é com tudo Oficial; e o Governo somente responde por aqueles papéis, que nela mandar imprimir em Seu nome.

---

9 Para maiores detalhes sobre a vida de Lisboa no período tanto quanto sua atuação como censor régio ver Algranti, Livros de Devoção, Atos de Censura..., *op. cit.*, especialmente cap. 4 e 5.

10 *Idem*, p. 225-6.

Neste primeiro aviso, o letrado fez questão de esclarecer a quem pertencia o periódico, isto é, denominar os "proprietários". Para além dessa declaração, importava aos diretores da *Gazeta* fazer a publicidade da folha, explicitando que o objetivo de atingir a "imparcialidade" na política de inserção de documentos a serem publicados estava mais vinculado a uma ideia vigente de neutralidade, no sentido de não mencionar um viés opinativo das notícias, do que simplesmente desvincular as relações com o poder político real. Na época, não fazia sentido haver uma corte sem uma *Gazeta*, já que esta cumpria um importante papel na instituição monárquica: era, antes de tudo, um instrumento de afirmação da realeza. Já quando comparada ao modelo até então presente na *Gazeta de Lisboa* – que evidenciava um estilo seco e estritamente informativo, em que vigorava um tipo específico de notícias (como as questões diplomáticas e as movimentações da corte) – a *Gazeta do Rio de Janeiro* apresentava uma importante peculiaridade: desde o início os comentários do redator realçavam um viés opinativo, o que marcava a contradição com o tradicional modelo de *Gazeta* oficial portuguesa.

O discurso de imparcialidade dos diretores, contudo, dissociou-se da prática cotidiana do periódico: pelas páginas noticiosas da folha, a pena do redator direcionava-se quase que exclusivamente para as notícias da vida monárquica e da Corte: os diversos festejos públicos[11], aniversários reais, falecimentos de nobres cortesãos portugueses que aqui estavam, a chegada de militares e políticos ingleses, visitas de artistas europeus entre tantas outras notícias davam o tom da *Gazeta*. A morte da rainha d. Maria I, por exemplo, em março de 1816, foi extensamente noticiada na *Gazeta do Rio de Janeiro*. Em 23 de março, três dias após o falecimento, a folha publicava um editorial que congratulava a nação com a augusta soberana. O redator, ao falar pelo povo português, realçava a ufania de "havermos sido governados por uma mãe carinhosa, que procurava desvelada a prosperidade de seus filhos, e que teve a prudência de consegui-la em um reinado prudente e dilatado".[12] No exemplar de 27 de março descrevia as honras fúnebres feitas à rainha fidelíssima e, um mês depois, em 27 de abril, a *Gazeta* publicava notícia relativa à missa solene feita em sua memória e homenagem.

Ao sintetizar o ponto de vista de uma *Gazeta* oficial portuguesa, na primeira metade do século XVIII, o historiador João Luis Lisboa enfatiza: "uma *Gazeta* não descreveria manifestações de insubordinação, ou sinais de tensão social dirigida contra as

---

11 Para uma análise aprofundada do significado dos festejos na Corte Joanina, ver Emilio Carlos Rodrigues Lopes, *Festas Públicas, Memória e representação: um estudo sobre manifestações políticas na Corte do Rio de Janeiro:1808-1822*, Humanitas, São Paulo, 2004 (especialmente cap.1).

12 GRJ, 23/03/1816, N°24.

autoridades portuguesas em geral, e contra membros da família real em particular"[13], outro aspecto que também assemelhava as características discursivas da *Gazeta do Rio de Janeiro* à *Gazeta de Lisboa*. Diferentemente das exaltações sociais, os protestos e resistências populares eram silenciados pela folha. A *Gazeta do Rio de Janeiro* jamais noticiava a indiferença e as ausências dos súditos nas festividades, ou mesmo as quebras de luminárias como a ocorrida em Portugal durante as comemorações pela aclamação de d. João VI, em 1818[14]. Os fatos que ameaçavam a estabilidade do Império Português e/ou não retratassem a imagem idílica que a monarquia desejava veicular não eram divulgados pela *Gazeta do Rio de Janeiro* e compuseram, ao longo do tempo, uma omissão fundamental no leque informativo do periódico e só perpassavam as páginas do jornal, quando as consequências políticas já se faziam presentes para além dos domínios limitados pela realeza.

Desde a primeira edição, a identidade do redator foi omitida nas matérias publicadas na *Gazeta do Rio de Janeiro,* aspecto mantido até o último exemplar, em 29 de dezembro de 1821. Não assinar o nome nos comentários editoriais[15] cotidianos foi uma prática do jornal, independente de quem fosse o jornalista. Importante ressaltar que entre os anos de 1808 e 1821 a *Gazeta do Rio de Janeiro* teve três redatores: de 1808 a 1812 esteve à frente da redação o Frei Tibúrcio José da Rocha; de 1812 a agosto de 1821, foi Manuel Ferreira de Araújo Guimarães e, com sua demissão assumia Francisco Vieira Goulart, que ficou até o final de 1821. Tal característica da folha, no entanto, não sinalizava somente para os limites estritamente informativos demarcados nas páginas da *Gazeta*. Ao contrário disso, ao serem impressas no setor noticioso na seção intitulada "Rio de Janeiro"**,** as falas do redator apareciam *antes* dos artigos que escolhia publicar e eram eminentemente *opinativas*. Vejamos um típico exemplo do período, em 6/02/1813, n. 11.

RIO DE JANEIRO 6 DE FEVEREIRO

PELO (SIC) transporte *Inglês,* chegado a este porto com 50 dias, recebemos muito agradáveis notícias da *Rússia*. Não sendo possível inserir neste Nº o que referem as *Gazetas*, nos contentamos em anunciar que *Bonaparte*

---

13 Lisboa "Gazetas feitas à mão ...", *op. cit.*, p.17.

14 *Idem*, p. 53.

15 Expressão utilizada por Darnton em *O grande massacre de gatos...*, *op.cit.*, p. 212, ao abordar o trabalho narrativo de D' Heremy, inspetor da polícia de Paris, no século XVIII.

foi batido em toda a parte, e com o resto da cavalaria fugiu para *Smolensk*, onde se achava. Esta interessantíssima notícia não pode deixar de animar as esperanças; e por isso ainda em falta de mais circunstanciada relação, nos apressamos a congratular-nos com os nossos Leitores.

Peça fixa durante todo o período, *Rio de Janeiro* foi de extrema importância para que pudéssemos compreender a lógica discursiva do jornal e sua particular concepção de imprensa. Esta seção era uma parte privilegiada da folha: nela as nuanças dos dizeres do redator apontavam para as delimitações das atividades jornalísticas o que circunscrevia o encaminhamento do trabalho de edição das notícias. Além disso, era nesse espaço que o redator fazia seus comentários sobre os numerosos fatos políticos (ocorridos na Europa e/ou no Brasil), bem como sobre os assuntos cotidianos da cidade. Um importante exemplo são as guerras napoleônicas que, entre os anos de 1808 e 1815 além de constituírem as principais notícias políticas da folha, ainda nos ajudam a circunscrever a concepção de *veracidade* do periódico. Os diretores da *Gazeta* durante todo o período delimitaram os limites e fronteiras do *diálogo* do jornal na relação com as fontes impressas que aportavam no Brasil que, na prática, se constituíram de maneira *diferenciada*, particularmente quando eram publicadas folhas de natureza francesa e inglesa, entre os anos do conflito. Enquanto o olhar da *Gazeta* para os jornais franceses de Napoleão era de ataque e repúdio, para os periódicos ingleses trilhava-se o caminho inverso: muito apreciados, os impressos britânicos eram considerados fontes de grande estima, valorização e credibilidade. Vejamos um típico exemplo do jornal de dezembro de 1813.

> Nas últimas *Gazetas* havemos *entretido* os nossos leitores com lisonjeiras, e verídicas notícias, extraídas dos periódicos mais acreditados da *Europa*, agora, para fazer o contraste, daremos alguns extratos dos jornais de *França* bem próprios para mais e mais nos convencermos do pouco, ou nenhum crédito que merecem as notícias que nos vem por tão má parte. Como é possível faltar a verdade com tanto descaramento? Persuadir-se-ão por ventura aqueles noveleiros, que ainda podem adormentar a *Europa* com fantásticos e pomposos contos? Felizmente para ela, já lá vai o lamentável tempo de prestígios![16]

Esse posicionamento parcial deu-se por duas razões: a primeira refere-se ao fato de a Monarquia Portuguesa estar imersa em uma questão geopolítica de suma impor-

---

16 GRJ, 08/12/1813, Nº 98.

tância – a guerra peninsular –, período que teve profundo impacto na história de Portugal. De acordo com o historiador francês Jean Tulard, um dos maiores especialistas do período napoleônico, houve uma intensa propaganda inglesa contra Napoleão durante a guerra peninsular. Para o especialista, o regime parlamentar e a liberdade de imprensa vigente no país foram as principais razões do sucesso dessa empreitada, cujos ecos tiveram ressonância na Europa a partir de Portugal: "Através de Portugal, a propaganda inglesa penetra no Continente. Ela favoreceu o levantamento do povo português contra o ocupante francês."[17] A segunda está estritamente vinculada ao discurso da imprensa portuguesa na época que por se conceber como uma poderosa arma de combate contra o invasor francês, debateu exaustivamente essas questões de modo a melhor visualizar e contribuir nos rumos do Império Português. Nesse sentido, é compreensível o discurso da *Gazeta*, uma vez que a folha também circulava no Reino, o que evidencia o quanto o periódico participava da discussão política interatlântica. Demonstrava também que mesmo ausente de Portugal, D. João VI dialogava com seus súditos de além mar, mostrando-lhes que o combate contra o inimigo era uma batalha comum, incessante, e estava sendo delineada a partir das duas margens do Atlântico; em uma específica percepção do contexto histórico vivido tanto de sua parte enquanto monarca e chefe supremo do Estado quanto pelos seus ministros, cujas "*visões de mundo* e os *limites de suas consciências* acerca do momento final do Antigo Regime e [também] dos elos entre os projetos de Império luso-brasileiro e Império brasílico"[18] eram claramente expostos e defendidos pelas páginas do jornal. Segundo Oliveira Lima, D. João VI "presidiu [o governo] com muito mais intervenção pessoal do que se poderia à primeira vista esperar do seu temperamento apático, plena responsabilidade das decisões tomadas e perfeita consciência da trajetória percorrida",[19]

---

17 Jean Tulard, *L'Anti Napoleón*, Paris, 1965, p. 41.

18 Ana Rosa Silva, *op.cit.*, p. 19. Sobe a ideia de contexto histórico minha inspiração teórica está vinculada ao historiador inglês Quentin Skinner. Como historiador do pensamento político e da história intelectual, Skinner ressalta a importância de compreendermos "as ideias em contexto", isto é, articulando contexto e intertextualidade. Ao referir-se á leitura de textos de época, como documento histórico, o intelectual faz uma importante reflexão: "(...)há muitas coisas importantes sobre os textos que precisam ser estudadas, além dos próprios textos se se quer efetivamente compreendê-los; caso contrário não seria possível compreender quais haviam sido suas motivações, a que eles se referiam e se estavam, por exemplo, satirizando, repudiando, ridicularizando ou aceitando outras ideias e argumentações." Quentin Skinner. In Maria Lúcia Garcia Pallares-Burke, , *As muitas faces da história*, Editora Unesp, São Paulo, São Paulo, 2000, p. 315.

19 Oliveira Lima, *op.cit.*, p. 341.

comentário que mais uma vez reitera a nossa percepção de que a folha possuía ideais e estratégias políticas detalhadamente circunscritas.

Como já dissemos anteriormente, Napoleão Bonaparte foi personagem capital da *Gazeta do Rio de Janeiro*, entre 1808 e 1815. Nesses anos, o periódico fez cotidianamente "críticas contundentes a Bonaparte e aos princípios franceses", o que fortalecia a constituição de uma "linha editorial explicitamente anti-napoleônica: seja transcrevendo as notícias dos jornais europeus que "divulgavam as derrotas francesas ou a opinião do público do além-mar contra os desvarios do imperador"[20] seja desqualificando o conteúdo informativo das folhas francesas, ou mesmo anunciando a publicação de livros e folhetos contra Napoleão, o que Maria Beatriz Nizsa da Silva denominou de "ciclo napoleônico",[21] o fato é que a *Gazeta* contribuía para a formação de uma imagem mitificada de Bonaparte como a encarnação do Anti-Cristo ao mesmo tempo em que usava sua força para desenhar a figura de D. João como redentor do Novo Mundo. Vejamos:

> *Rio de Janeiro 7 de Janeiro*
> Publicamos em nosso Número precedente um extrato da fala de *Bonaparte* ao Corpo Legislativo cheia de afirmações falsas com que pretende ganhar partido, e continuar a iludir a *França*, e a *Europa*, a fim de agora pormos a par de um veneno tão sutil, para lhe servir de

---

20 Neves, *As Representações Napoleônicas ...*, op.cit., p.74. Segundo a autora, a partir de 1808 houve uma constante preocupação em prender franceses ou suspeitos de francesia. Para tanto, a entrada de franceses no Rio de Janeiro era sistematicamente controlada pelo intendente da polícia, Paulo Fernandes Viana. (p. 74).

21 "O auge de tais publicações foi atingido entre os anos de 1808 e 1809, mas o interesse prolongou-se em até 1815, e a lista das obras anunciadas pelos livreiros do Rio de Janeiro permite a compreensão do fenômeno que poderemos denominar 'ciclo napoleônico'. Muitos desses folhetos são diretamente contra Napoleão, outros contra os seus mais célebres generais, outros finalmente, contra os franceses em geral." Cultura e Sociedade..., op.cit., p. 215. Neste capítulo intitulado "Ciclo Napoleônico" (p. 215-224), a historiadora fez um minucioso estudo sobre a entrada e circulação dos folhetos napoleônicos no Brasil, através de um sistemático levantamento dos principais títulos produzidos e impressos pela Impressão Régia. Para além dessa circunscrição das obras, Nizza da Silva também analisou as características e ressonâncias desses papéis na sociedade fluminense, comentando o conteúdo de alguns folhetos da época.

antídoto, a interpretação verdadeira de seu dizer, fundando-nos na experiência dos fatos.²²

Rio de Janeiro 22 de Julho
Apresentamos ao Público os dois boletins, publicados pelo inimigo da independência da *Europa,* e do Mundo todo, e sentimos grandemente não estarmos inteirados desses acontecimentos senão pelos seus papéis em que de certo há demasia exageração (...) Uma prova da má fé de *Napoleão,* que evidencia ser ele mui capaz de forjar patranhas aos centos para medentar (sic) os povos, que não presenciam os fatos tem os nossos Leitores o 2° Boletim (...)²³

Esses enfoques opinativos exemplificam bem a composição do discurso anti-napoleônico da *Gazeta* ao longo dos anos em que o imperador francês dominou militarmente a Europa. A questão do tipo de ascensão militar no período foi uma das principais controvérsias entre os representantes do Antigo Regime e a figura e poderio de Napoleão. Como analisa a historiadora Raquel Stoiani, a ascendência napoleônica pode ser compreendida "e justificada levando-se em conta o embate social pelo mérito (fruto dos tempos revolucionários), tão bem exemplificada pela própria ascensão de Napoleão, e a sobrevivência do respeito à procedência pelo nascimento (típica do Antigo Regime) que dominava a Europa pós-revolucionária."²⁴ Ao estudar as posturas dos ministros de Estado de D. João VI em relação à política externa, a pesquisadora Ana Rosa C. da Silva salientou que suas perspectivas eram sempre "formuladas sob uma *apreensão global do Império,* interessadas na *projeção soberana da Monarquia absolutista*"²⁵, também quando direcionavam as questões militares que perpassavam a defesa do território nacional.²⁶

---

22 GRJ, 7/01/1809, N° 34.

23 GRJ, 22/07/1809, N° 90.

24 Raquel Stoiani, *Da Espada à Águia: construção simbólica do Poder e Legitimação Política de Napoleão Bonaparte*, Dissertação de Mestrado, USP, 2002, p. 18.

25 Ana Rosa Silva, *op.cit.*, p. 199. (grifo original).

26 "Portugal não é senão um vasto campo de operações cujos interesses se deveriam subordinar a imperativos mais vastos; para Bernardim Freire de Andrada, chefe de um exército nacional, o primeiro objetivo é a defesa do país, das suas cidades e dos seus habitantes, passando a luta contra os franceses por essa defesa, necessariamente" Valentim Alexandre, *op.cit.*, p. 184. Para maiores detalhes sobre a organização e defesa militar de Portugal ver p. 167-260.

Considerando que as notícias eram fabricadas por homens do rei e que estava ocorrendo, na visão de Silva, a "conformação de perspectivas transatlânticas *diferenciadas* sobre o processo [político e econômico] em curso"[27], compreendemos que a *Gazeta do Rio de Janeiro* ao formular essa imagem de Bonaparte a concebia como um poderoso instrumento político do poder real, que buscava manter a já então distante aliança entre o regente e seus súditos portugueses. A partir dessa perspectiva, podemos compreender uma inusitada reflexão de Frei Tibúrcio que, em meio a inúmeras notícias de guerra, publicava os melhoramentos ocorridos no interior do Brasil, em 13 de dezembro de 1809, ressaltando a diligência e o cuidado do monarca em promover a civilização no Novo Mundo. Tal ação circunscrevia uma outra vertente do perfil do governo de D. João que circularia no Brasil e em Portugal.

> Sendo o fim da Sociedade dos Homens suprir sua fraqueza individual, e promover de mãos dadas a mútua felicidade, quaisquer meios conducentes a tão importante objeto são indubitavelmente preciosos, e dignos de um acertado governo. Essa insigne verdade conhece mui a fundo S. A. R. o Príncipe Regente (...) As provas desta asserção fazem-se mais que evidentes nos sábios arbítrios adotados neste Novo Mundo para melhoramento, e perfeição de tão vasto continente como o do Brasil. Por vezes em nosso Periódico temos sido afortunados órgãos de publicação destas incontestáveis verdades, que todos vêem, sentem, e admiram, e agora aproveitamos esta nova ocasião para os confirmar mais e mais, participando aos nossos Leitores as seguintes Notícias do Interior.[28]

Para além da delimitação de uma representação mitificada da figura individual de D. João VI, em múltiplos aspectos, e da circunscrição de uma tenebrosa caricatura de Bonaparte, por diversas vezes a folha opinou sobre a estrutura e concepção das notícias veiculadas nos jornais franceses. Acompanhemos o que dizia Manuel Ferreira de Araújo Guimarães, então redator da *Gazeta,* em 16 de junho de 1813:

> [...] nos pareceu acertado *entreter* hoje a atenção dos nossos Leitores com o quadro, que o Monitor apresenta da situação das tropas *Francesas.* Não custará muito a perceber a impostura que faz o caráter daquele servil periódico, combinando as mesmas ações, que já descrevemos, segundo

---

27 *Idem*, p. 224. (grifo nosso).
28 GRJ, 13/12/1809, N° 131.

relações oficiais, notando a manha com que se saltam as desairosas, calam-se as tomadas das praças, e se impõe aos crédulos com um aparato militar superior (...) Consta-nos, sem dúvida da saída das suas tropas, que o Monitor confessa, mas a sua substituição é talvez uma invenção *francesa*. Nós suspendemos as nossas reflexões, convencidos de que o Leitor as fará para si mesmo, como cumpre.[29]

Note-se que o periodista se apropriou do verbo *entreter* para qualificar o teor das informações filtradas pela ótica francesa. Importante ressaltarmos que a ideia de entretenimento na época abrangia uma ampla série de sentidos. "O que entretém diverte", podendo estar estritamente associado à "conversação" e /ou "leitura." A atividade também podia ser concebida como "o artifício com que entretemos alguém, metendo tempo em meio, delongando, pairando, com alguém."[30] Ao entreter os interlocutores, o periódico tinha também o objetivo de "deter alguém [fazendo-o] esperar com promessas; demorar com esperanças, com boas palavras" para que a consideração dos fatos fosse delineada através das emoções, uma vez que, ao focar a atenção nesse determinado sentido, os leitores seriam *crentes* nas profecias que eram veiculadas. Entretenimento abarcava também o campo das atividades militares, podendo ser compreendido como uma meta específica de estratégias de guerra: entretendo "tropas ou um exército" era possível "deter o ímpeto dos inimigos" e se fazer vitorioso senão na realidade dos fatos militares, pelo menos no plano ideológico.[31]

Quando entretido, portanto, o leitor estaria convencido da veracidade e validade das interpretações e informações, uma vez que para além de uma leitura "emocional" tinha-se "demonstrado" – no sentido de uma prova documental – a existência dos fatos relatados. Ser "noveleiro" também tinha um sentido muito peculiar: era aquele que

---

29 GRJ, 16/06/1813, Nº 48. Godechot faz uma minuciosa análise sobre a censura em França, ressaltando o papel do Monitor: "Em el dominio intelectual aumentó la opresión. El decreto del 3 de agosto de 1810 decidió que no habrá mas que umas que um periódico "político" por cada departamento. Se le imponia la obligación de reproducir los artículos publicados en el oficial Moniteur. El decreto del 4 de fevrero de 1811 dejó em Paris sôo cuatro periódicos: Le Moniteur, Le Journal de Paris, Le Journal de l'Empire y la Gazzete de France. Los escritores fueron sometidos a uma censura cada vez mais enojosa", *op,cit.*, p. 132.

30 Antonio de Moraes Silva, *Diccionário de Língua Portuguesa Recopilado*, Tipographia Lacerdina, 1813. Verbetes: Entretenimento, Entreter e Entretido, p. 717, v. 1.

31 *Idem*.

escrevia novelas[32] que contava patranhas, era o amigo da novidade, do embusteiro"[33], ou seja, o contador de fábulas, que apreciava a inverdade e fazia da trapaça profissão. É sob essa gama de sentidos e interpretações que o redator da *Gazeta do Rio de Janeiro* enxergava os profissionais da imprensa francesa durante os anos das guerras napoleônicas: como homens que tentavam persuadir a Europa com *estórias* mirabolantes, jamais *informações*; razão esta que legitimava a fala ideológica do redator da *Gazeta do Rio de Janeiro* já que tinha profunda consciência da importância de suas ações ao tentar desconstruir o discurso francês, utilizando sua palavra como arma de guerra.

O oposto acontecia com a recepção dos impressos ingleses. Tradicional aliada de Portugal, a Inglaterra manteve importantes laços com a monarquia portuguesa, sobretudo durante o conflito militar travado com Napoleão Bonaparte (1807-1814). Evidente também no campo da troca de informações, esta aliança transpareceu nas páginas da folha: jornais como *Courier, The Times, The Morning Chronicle,* eram sempre citados na *Gazeta* e exaltados como periódicos de grande credibilidade. Ainda que obscura, a atuação dos correspondentes ingleses foi prática corrente no período, já que estavam interessados em oferecer seus diversos jornais para serem lidos pelos portugueses radicados na América. Mas as folhas inglesas, apesar do alto grau de confiabilidade que se pretendia passar para os leitores da *Gazeta,* também foram alvo de questionamento por parte de seus editores.

Em 19 de novembro de 1808 o redator publicava uma "cópia" do jornal inglês *The Times* na qual advertia o leitor para as "injúrias" ditas pelo jornalista britânico sobre a Convenção de Sintra[34], ressaltando que, para publicá-lo, tinha feito uma seleção das notícias. Nessa crítica, frei Tibúrcio exaltava as utilidades públicas da censura jor-

---

32 Novella, s.f. Conto fabuloso de successos entre os homens, para se dar instrucção moral: patranha, coisa fabulada, inventada." Antonio de Moraes Silva, *Diccionário de Língua Portuguesa Recopilado*, Tipographia Lacerdina, 1813, p. 349, v. 2.

33 *Idem.*

34 Assinada em 30 de agosto de 1808, a Convenção de Sintra foi um acordo de guerra que, ao expulsar o exército francês de Portugal, estipulava, entre outros artigos, a "entrega de todas as praças e fortes no Reino de Portugal ao exército britânico (Art.1) excluindo desse modo os portugueses das decisões políticas e militares a ser decidida em meio à guerra. A convenção provocou contestação generalizada dos portugueses que pediam maior contemplação e respeito com a sua alteza e o governo que a representava. Para maiores detalhes sobre o acordo ver Ana Cristina de Araújo, "As invasões francesas e a afirmação das ideias liberais" in: José Mattoso, *História de Portugal: o liberalismo, vol. 5*, Editora Estampa, Lisboa, 1994, p.17-44.

nalística, uma vez que, para o periódico, a liberdade de imprensa causava "pequenos inconvenientes"³⁵, como era o caso ao qual se referia. Vejamos:

> Temos relatado as expressões de diferentes papéis públicos Ingleses para darmos ideia do que neles se contém sobre a convenção de *Cintra*; nós porém nos absteremos entretanto de dar o nosso parecer sobre essa matéria por nos faltarem os fundamentos necessários para dela julgarmos cabalmente: não fomos testemunhas de vista do estado das cousas antes, e depois da batalha, nem ouvimos todas as razões que os Generais Ingleses tem a dar para a justificação de sua conduta. A justiça dos Tribunais Britânicos é bem conhecida; e esperamos pelo resultado do Conselho de Guerra, que, segundo dizem as notícias, a Nação está para fazer aos seus Generais, se com tudo o merecerem; suspendamos até então o nosso raciocínio, lembrando-nos a este respeito de uma das principais máximas da Constituição de *Inglaterra*: "Ninguém é culpado, senão depois de se provar que o é"³⁶.

Rico em detalhes, o discurso acima sinaliza tanto para aspectos sobre a concepção da imprensa nascente no Rio de Janeiro quanto para o tratamento dado às notícias que chegavam à redação via comunicação marítima. Autenticar os fatos pela divulgação de documentos públicos foi uma prática comum no periódico. Contudo, por mais que o intuito fosse o de confirmar a veracidade das notícias, a iniciativa não produzia um efeito de total confiabilidade. Conforme já foi mencionado, era feita uma primeira triagem dos artigos que interessavam. Dessa escolha os editores/redator do jornal faziam a tradução para o português para, só então, publicá-los. Ao atentarmos para essa atividade, nota-se quão complexo era o processo de edição jornalística já naquela época, além de saltar aos olhos um importante aspecto referente à *natureza* das informações que circulavam na cidade: o limite entre o fato *real* e o que poderia ser *forjado* pelos editores, tradutores e redator³⁷. Vejamos:

---

35   GRJ, 19/11/1808, Nº 20.

36   *Idem*.

37   No caso específico da Convenção de Sintra, Valentim Alexandre destaca que as "em meados de novembro não havia ainda [no Rio de Janeiro] comunicação oficial do ajuste de paz feito na antiga metrópole: tudo o que se sabia era por notícias particulares ou pelos jornais de Londres – fato que só por si marcava bem o grau de marginalização a que o governo britânico votara o do Rio, nas decisões sobre Portugal". Valentim Alexandre, *op. cit.*, p. 187.

Eis acabadas as notícias ultimamente vindas de Londres, que oferecemos aos nossos respeitáveis Leitores com a maior prontidão possível. Já depois de estar na impressão a precedente série de traduções dos jornais estrangeiros recebemos as *Gazetas* de Lisboa até 16 de setembro. As notícias que encerram, como não são de grande importância, nós as iremos dando segundo a ordem cronológica[38].

Nesse informe, o redator expôs algumas das etapas que davam feição às notícias da *Gazeta do Rio de Janeiro*: de um lado, o fato de as informações de periódicos ingleses ter se esgotado; de outro, o processo de tradução e a chegada de novas folhas. Para além da descrição, notamos que frei Tibúrcio se dirigia aos leitores de maneira "zelosa", aproveitando o espaço para ressaltar a presteza e eficiência com que realizava seu ofício.

Como pudemos notar, a prédica jornalística da *Gazeta do Rio de Janeiro* utilizava-se de muitos recursos da oratória e da eloquência política para "dialogar" com seus leitores. De acordo com a historiadora Maria Beatriz Nizza da Silva, a retórica era ainda no século XIX uma prática discursiva muito utilizada no Rio de Janeiro no período joanino. Nesse sentido, elementos como a descrição, a interrogação, o ornato da linguagem, a personificação e a comparação constituíam aspectos importantes dessa técnica no discurso do jornal, cujo objetivo era sustentar a estrutura argumentativa em prol do convencimento.

A circulação de informações entre Brasil e Europa foi uma atividade constante entre os anos de 1808 e 1821, sendo um dos grandes focos de preocupação da Monarquia Portuguesa. Da mesma forma que no Brasil aportavam paquetes contendo jornais e documentos europeus, é mister destacarmos que *Gazeta do Rio de Janeiro* também chegava aos portos lusitanos, circulava no país e fazia parte do rol de jornais considerados de interesse para os gazeteiros portugueses e a sociedade em geral.

O *Diário Lisbonense,* folha que circulou no Reino entre 1809 e 1813 manteve um constante interesse nas informações vindas do Brasil, especialmente aquelas referentes à ação da Monarquia na Corte. Esse jornal português fez diversas inserções

---

38 GRJ, 23/11/1811, Nº 94. A publicação em ordem cronológica foi um dos pilares da concepção de imprensa do período. Apenas quando os fatos políticos eram "extremamente" relevantes era justificável a quebra dessa importante regra. Vejamos um típico exemplo: "Ansiosos de comunicarmos ao Público os grandes acontecimentos em França, saltamos algumas notícias importantes as quais cumpre agora transcrever, ainda que sejam em datas anteriores as já anunciadas. As circunstâncias que iremos expondo darão mais realce aos gloriosos resultados que fizeram objeto de nossos votos". GRJ, 29/06/1814.

das notícias difundidas no Brasil, utilizando a *Gazeta do Rio de Janeiro* como fonte de informação e realizando um explícito processo de edição do jornal brasileiro, durante todo o período em que circulou no Reino. Em agosto de 1810 comunicava o casamento das altezas reais, a princesa Maria Theresa com o Infante d. Pedro Carlos de Bourbon e Bragança ocorrido no Rio de Janeiro:

> O seguinte artigo é extraído da Gazeta do Rio de Janeiro, e que nos pareceu a propósito transcrever, por conter a relação da solenidade com que se celebrou naquela Corte o casamento de Suas Altezas[39].

O foco das notícias não se limitava aos festejos e às datas comemorativas do calendário real. Ao final de 1810, o jornal publicava "Cartas Régias" e "Decretos" de d. João VI[40], em uma clara referência aos desígnios políticos do monarca, cujo intuito era informar o público leitor sobre a estruturação político-administrativa da Monarquia em terras americanas.

Dois outros periódicos, ambos confeccionados pela *Impressão Régia*, o *Correio da Tarde* (1809) e o *Correio de Lisboa* (1812), assim como os demais que circulavam sob a licença real, como a própria *Gazeta de Lisboa* e a *Minerva Lusitana* (jornal saído da imprensa da Universidade de Coimbra por ordem do governo que circulou em Coimbra entre 1808 e 1811) também utilizaram a *Gazeta do Rio de Janeiro* como fonte de informação das notícias veiculadas no Brasil. No caso da *Minerva Lusitana*, em particular, o acesso às informações que chegavam da Corte em Coimbra dava-se de maneira deveras diferenciada das veiculadas em Lisboa. Geralmente, as publicações eram extraídas de *Gazetas* inglesas, o que evidencia a existência de uma importante rede de correspondentes entre Portugal e Inglaterra nesse circuito interatlântico de trocas de informações impressas (como cartas, documentos oficiais e, principalmente, periódicos) e suscita a forte hipótese de que a *Gazeta do Rio de Janeiro* também circulava senão em toda a Inglaterra, pelo menos em Londres[41]. Ao comentar a posição do *Correio Braziliense* em uma controvérsia político-militar das fronteiras continentais do Brasil, Carlos Rizzini cita que o periódico ficou três meses "limitando-se a publicar papéis oficiais e extratos da *Gazeta do Rio de Janeiro*" fato que também sinaliza para a

---

39 Diário Lisbonense, 4/08/1810, n. 174.
40 Diário Lisbonense, 9/11/1810, n. 254.
41 Carlos Rizzini, *Hipólito da Costa e o Correio Braziliense*, Cia. Editora Nacional, São Paulo, 1957, p. 134.

possível circulação da folha brasileira em território inglês, uma vez que o *Correio* era produzido em Londres.

Para além das questões de ordem econômica, social e cultural, o conhecimento dos fatos d'além-mar com a chegada dos paquetes também sinalizavam, em ambos os lados do Atlântico, para novos delineamentos do diálogo político entre a monarquia e seus súditos, tanto quanto a formação de uma nova faceta do Império Português no período joanino que agora decidia seu destino das terras americanas. Dessa maneira, ser português exilado na América e também na Europa, especificamente no período joanino, produzia consigo fortes conotações: da vivência na Corte e a representação de si próprios, ambos afastados de sua realidade e ameaçados por uma cidade na qual eles agora viviam subjugava-os a uma nostalgia pela fidelidade a Portugal. Da experiência da guerra e da permanência em Portugal, os súditos também cultivavam um sentimento de orfandade e abandono por parte do rei, o que produzia uma visão mitificada do regente, sob a constante expectativa de seu regresso.

É também sob esses novos ângulos da realidade política e social da vida luso-brasileira que devemos compreender a produção de discurso dos diretores da *Gazeta do Rio de Janeiro*, que visava contribuir para a relação dos vassalos com as suas raízes e também com o Rei. Assim como os redatores dos periódicos portugueses, a primeira folha jornalística brasileira também utilizou sua pena para dialogar com as múltiplas questões políticas do Velho Mundo.

O fato primordial a ser ressaltado é que a Coroa Portuguesa sob o governo joanino concebeu a imprensa como parte fundamental de sua ação política e cultural e, consequentemente, em um âmbito mais amplo, como âncora de sustentação do Império Português em ambos os lados do Atlântico. Nesse sentido, a fala do redator também demonstrava um viés hierarquizado nas escolhas e enfoques temáticos publicados na *Gazeta,* cuja conexão estava fortemente associada aos anseios, angústias e esperanças dos luso-brasileiros que viviam no Rio e também no Reino.

Para além de todas as questões políticas que envolviam a produção das notícias na *Gazeta do Rio de Janeiro,* além da circulação e recepção das informações no espaço urbano, o jornal foi um ícone fundamental para a história da imprensa no Brasil. Mesmo que durante todo o período joanino o discurso jornalístico da folha representasse os interesses da Coroa portuguesa, a *Gazeta* também foi responsável por veicular valores jornalísticos hoje presentes na grande imprensa.

Há pouco menos de duzentos anos a folha do rei já se preocupava com periodicidade, sistema de assinaturas, vendas avulsas e espaço para anúncios. Falava em neutralidade, isenção jornalística, imparcialidade e diferentes versões dos fatos. Os comentários do redator circunscreviam o valor da opinião e do diálogo com o leitor que, paulatinamente, conquistava um espaço importante nas páginas do jornal.

Na prática jornalística, a história da *Gazeta do Rio de Janeiro* evidencia muitos aspectos da vida fluminense no tempo de d. João VI no Brasil: os conflitos de poder e interesses políticos, as peculiaridades de cada um dos espaços que compunham a estrutura da folha, as tensões dentro da redação e os valores socioculturais vigentes na sociedade de corte constituíram-se discursos que as seções jornalísticas da *Gazeta* nos permitiram visualizar. Todos esses aspectos redesenharam os códigos de sociabilidade no Rio de Janeiro da época joanina, nas esferas pública e privada do amplo tecido social que se compõe a memória coletiva. A *Gazeta do Rio de Janeiro* foi um periódico que, mesmo sendo um produto típico do Antigo Regime Português que expressava uma visão política oficial do poder, foi um jornal que evidenciou em suas páginas toda a complexidade intrínseca à produção, circulação e recepção da palavra impressa no Brasil, no alvorecer do século XIX.

A memória do Império no Brasil e a construção do Império na África: Continuidades e rupturas

Ana Lúcia Lana Nemi
Universidade Federal de São Paulo

O século XIX é normalmente apontado como o século da desorientação na Península Ibérica, aquele momento no qual Portugal e Espanha teriam que construir o edifício de um Novo Regime sob os escombros das ondas revolucionárias e dos impérios que se perdiam e, ainda, frente ao enorme poderio econômico e político que as nações vizinhas haviam construído ao longo da primeira época moderna. Esse é o século de consecução da política imperialista que, se ganhou contornos institucionais com as Conferências de Berlim entre 1884 e 1885[1], vinha já se formatando por meio de uma ação política que articulava nacionalismo, cientificismo e desenvolvimento industrial e tecnológico especialmente na Inglaterra, na França e na Alemanha, embora este último país tenha definido seus conteúdos e práticas imperialistas com maior clareza após a unificação em 1871. No âmbito da pesquisa em curso destaquei as disputas entre Portugal e a Inglaterra pelas terras do Moçambique, nas quais era forte o poder africano do líder Gungunhana[2]. Tal recorte permite abordar oposições caras à historiografia que trabalha com a construção da memória dos impérios ibéricos: a existência de povos sem História e povos com História, de povos modernos e povos arcaicos ou "atrasados".

---

1 Hannah Arendt. *Os totalitarismos*. São Paulo, Cia. das Letras, 1989.

2 A escritura desse pequeno texto deve muito às sugestões das professoras de História da África, Marina de Mello e Souza e Maria Cristina Wissenbach, que ouviram com atenção e carinho a primeira apresentação e me indicaram leituras que ajudaram a compreender melhor o Moçambique e as relações de Eça de Queiroz com o continente africano. Os resultados, claro está, são apenas caminhos meus...

Imperialismo, nação e História no século XIX europeu

As expedições científicas da primeira metade do século XIX formaram um corpo de especialistas, funcionários e militares que reconfiguraram a concepção civilizatória de cruzada cristã que caracterizou boa parte da ação colonizadora da primeira modernidade. Desenvolveu-se um trabalho de conhecimento, de levantamento de dados acerca da vida das diferentes populações não europeias e ditas "arcaicas", assim como de mapeamento geográfico e social das áreas desconhecidas que, especialmente a partir da segunda metade do século XIX, ganhou forte influxo social-darwinista. As pesquisas sobre homens, riquezas e costumes, além de ampliar as possibilidades de exploração econômica disponíveis entre as nações de capitalismo mais avançado sobre os tais povos arcaicos, indicavam, também, novos conteúdos para o nacionalismo no âmbito da Europa ocidental[3]. Após 1870 os movimentos nacionalistas europeus tendiam a subsumir as diferenças sociais de classe em um único todo orgânico e a apontar a decadência como única possibilidade diante da urgente expansão nacional. A divulgada ideia de pertencimento natural a uma comunidade de língua, sangue e espírito trazia consigo, também, a noção de um dever comum a ser cumprido, tanto no que dizia respeito aos ditos povos arcaicos quanto em relação às nações vizinhas que também pretendiam a expansão à decadência.

A conjuntura das unificações italiana e alemã em 1871 contribuiu para avivar sentimentos de patriotismo que se manifestavam em muitos espaços da vida pública. A organização de escolas públicas, serviço militar, justiça e polícia para manutenção da ordem, indicavam uma ação dos poderes públicos no sentido de uniformizar modos de vida e tomar providências frente à ação política das "multidões". A História teve, nesse contexto, importância fundamental na elaboração de uma narrativa da vivência coletiva que legitimasse aquela noção de pertencimento natural e indicasse os caminhos do fortalecimento nacional. Ernest Renan, em texto clássico de 1882[4], afirmava a nação como vontade coletiva de realização a partir de uma cultura partilhada cujo fundamento encontrava-se na História. Há aqui um forte argumento acerca da singularidade nacional que estaria no oposto das teses universalizantes que, em meio às revoluções, diziam serem todos os homens livres e iguais em direitos. No mesmo

---

3   Ernest Gelner, *Nacionalismo e democracia*. Brasília, Editora Unb, 1981. Eric Hobsbawm, *A questão nacional – nações e nacionalismo desde 1870*. Lisboa, Terramar, 1998. Cecília Azevedo, "Identidades compartilhadas: a identidade nacional em questão", In: M. Abreu e R. Sohiet, *Ensino de História – conceitos, temáticas e metodologia*. Rio de Janeiro, Casa da Palavra, 2003. Benedict Anderson. *Nação e consciência nacional*. São Paulo, Ática, 1989.

4   Ernest Renan, *Qu'est-ce qu' une nation?*. Inglaterra, Pocket, 1992.

sentido, o partido político saído das tertúlias e das barricadas, aos poucos incorporava muitos adeptos e ganhava estilo de organização diferenciado: alguns passariam a conduzir muitos deixando os velhos debates para traz e anunciando o "movimento" que viria a caracterizar o século XX e que, segundo Richard Sennett, indicaria o "declínio do homem público"[5].

Mas os ecos da república de caráter universal ainda pautavam a ação de socialistas e anarquistas, uma dissonância que incomodava aos mais nacionalistas, especialmente aqueles para quem era preciso ordem interna para efetivar a expansão externa. Diagnósticos de higienistas e humanistas, no entanto, deixavam evidente a questão social que precisava ser enfrentada: a nação não seria sadia com "hordas irracionais de insatisfeitos". Era preciso reformar a vida social e política para garantir a propriedade privada e a ordem dentro da nação, tal era a intenção das elites econômicas e políticas europeias quando confrontadas com os movimentos sociais. Assim, a extensão gradual do voto e do direito de associação e a melhoria das condições de saúde e alimentação[6] aumentaram a expectativa de vida de muitos europeus, embora os salários permanecessem baixos e parte dos problemas sociais fosse resolvida com a forte imigração de áreas mais pobres como o norte de Portugal, o sul da Itália e o da Alemanha, além do deslocamento de mão de obra para as novas áreas coloniais. A imigração oferecia boa solução para o problema denominado pelos ingleses de "resíduo" e pelos franceses de "multidões" em cena.

É nesse contexto finissecular de reordenamento social e político, numa Europa que fora convulsionada pelos movimentos revolucionários de 1830, 1848 e 1870, que a Alemanha bismarckiana pretendeu arbitrar a paz armada europeia ao mesmo tempo em que investia pesadamente num processo de industrialização que incluía medidas de legislação comercial, obras públicas, armamento e fortalecimento da moeda federal. Ações de política econômica que, no mais das vezes e quando os níveis internos de acumulação permitiam, também pautavam a ação das elites políticas e econômicas das outras nações europeias.

Desenvolvimento industrial e tecnológico aliado aos efeitos da crise de 1873 reforçaram a tese de que a força da nação estava na sua capacidade de expansão. Alemanha, França e Inglaterra reinventaram o protecionismo para garantir os fluxos dos seus produtos e o abastecimento interno com os produtos vindos de suas áreas co-

---

5   Richard Sennett, *O declínio do homem público—As tiranias da intimidade*. São Paulo, Cia. das Letras, 1988.

6   Conforme afirmava Jules Ferry diante da fundação da Terceira República francesa e após a experiência da Comuna de Paris, a Primeira República teria dado terra aos franceses, a Segunda teria oferecido o sufrágio e a Terceira, o saber.

loniais e de influência. Dessa forma, a economia capitalista, submetida à lei da concentração caminhava para dar mais um passo no sentido da unificação do mercado mundial. Os efeitos da revolução tecnológica aceleraram os processos de produção e as possibilidades de comunicação e comércio entre áreas distantes. Os novos empreendimentos exigiam investimentos de vulto e os bancos tornaram-se os grandes aliados de Estados e empresas. A cartelização tornou-se evidente assim como uma intensificação na exploração de recursos de áreas coloniais que passaram a receber equipamentos, novas populações habitantes além de capital excedente. As Companhias privadas, entre as quais destacaram-se as alemãs e britânicas, tiveram papel relevante: eram empresas que abriam caminho para a nação imperialista gozando de privilégios junto ao seu Estado de origem. Elas podam organizar a exploração por meio de plantações e mineração e por meio do recrutamento da mão de obra autóctone, formavam e controlavam entrepostos comerciais e organizavam o investimento e a construção de grandes obras. Os conflitos seriam inevitáveis. Ao Estado-nação cabia evitar que a concorrência internacional prejudicasse as energias nacionais e aqui se delineavam duas de suas precípuas tarefas: legitimar vias de escoamento conquistadas pelas companhias de comércio privadas para a produção que aumentava cada vez mais, e aumentar aquilo que os discursos oficiais denominavam de áreas de influência humanitária e civilizatória. E é nessa lógica dita civilizatória que a noção de raça foi definitivamente incorporada aos nacionalismos do século XIX: ela legitimava narrativas de História pátria que apontavam tanto a superioridade da raça, em nações em franco desenvolvimento imperialista como tipifica a ação de Cecil Rhodes no centro-sul do continente africano, quanto a decadência, em nações que se viam atropeladas pelo furacão imperialista como tipifica o discurso de Antero de Quental[7] sobre a decadência dos povos peninsulares em 1871. As diferenças raciais, nessa lógica, explicariam os processos civilizatórios vencedores e aqueles falhados.

Nas Conferências de Berlim, das quais participaram 14 Estados, os debates concentraram-se exatamente nos conteúdos de legitimação das conquistas na África: a liberdade de navegação nos rios africanos, determinação que facilitaria

---

7 Antero de Quental, *Causas da decadência dos povos peninsulares*, Lisboa, Ulmeiro, 1987. Em suas palavras: "Logo na época romana aparecem os caracteres essenciais da raça peninsular: espírito de independência local, e originalidade do génio inventivo. [...] Foi uma onda que, levantada aqui, cresceu até ir rebentar nas praias do Novo mundo. [...] Nunca povo algum absorveu tantos tesouros, ficando ao mesmo tampo tão pobre! [...] Portugueses e Espanhóis, que destinos demos às prodigiosas riquezas extorquidas aos povos estrangeiros? Respondam a nossa indústria perdida, o comércio arruinado, a população diminuída, a agricultura decadente [...]." (p. 14, 19, 24 e 56).

o acesso a áreas ainda livres de influência europeia, garantiria a ocupação efetiva dos territórios. Tal debate indica que a comunidade internacional já não reconhecia aquilo que os portugueses consideravam seus "direitos históricos", o principal critério para França, Inglaterra e Alemanha era o da "ocupação efetiva" e neste os fatores que se observavam eram as influências militar, comercial e cultural ao contrário da antiguidade da presença nas áreas em litígio. Portugal foi, assim, apanhado no turbilhão da expansão imperialista, no momento mesmo em que discutia a viabilidade de um novo Brasil na África como caminho para a regeneração nacional[8]. A memória do que fora o Império no Brasil, marcada pelo controle da circulação de produtos coloniais no mercado mundial e pelo uso de moeda metropolitana nas transações comerciais, seria argumento central na execução das novas políticas que o Império português formataria para enfrentar-se com as nações imperialistas[9].

Portugal e as possibilidades do Império na África

As províncias ultramarinas, como eram chamadas as áreas africanas nas quais Portugal mantinha feitorias e uma fraca ocupação militar e comercial, eram onerosas para a fazenda pública. Os capitais disponíveis para investimento público e privado eram escassos. Além disso, o vetor religioso, fundamental no processo de ocupação africana no século XIX, encontrava-se enfraquecido em Portugal em função do forte componente anticlerical das rebeliões liberais. Diante dessas dificuldades internas,

---

8   Na abertura do seu Portugal Contemporâneo, em 1894, indagava-se Oliveira Martins: "Por outro lado também, já hoje a África Ocidental, com seu rápido desenvolvimento econômico, entra por muito na ponderação da balança portuguesa. Se não fossem as exportações africanas, já agora estas linhas, que vou traçando com amargura, seriam talvez o eco da anarquia desaçaimada. Salvar-nos-á, no século XIX, Angola, como nos salvou o Brasil no século XVIII? Caber-nos-á a fortuna a tempo de prevenirmos o esfacelamento da fome? Virá antes que nos assaltem complicações graves de ordem externa?" Cf. Oliveira Martins, *Portugal Contemporâneo*, Porto, Lello & Irmão Editores, 1981, vol I, p. 14.

9   Não cabe, no escopo desse texto, aprofundar os significados e conteúdos que o termo "Império" pode guardar. Esclareço, no entanto, que o termo Império aqui se refere ao conjunto formado por um centro que formula políticas de exploração econômica para áreas de controle direto ou influência indireta, mesmo quando tais políticas implicam em negociações e transformações recíprocas entre centro e periferias. Imperialismo, por sua vez, é usado conforme sugestão dos estudos de Hannah Arendt e reporta-se à política econômica desenvolvida ao longo do século XIX quando os novos Impérios tinham seus núcleos centrais nos Estados-nação que, então, formavam-se, fortaleciam-se e expandiam-se.

Portugal buscava um caminho diplomático na Europa e, ao mesmo tempo, negociava com os povos africanos para garantir a soberania efetiva sobre as áreas que considerava historicamente pertencentes ao ultramar português. As disputas entre as grandes potências, assim como o interesse de algumas lideranças africanas em manter o domínio sobre suas populações, poderia indicar um caminho para a permanência portuguesa no continente africano. Foi assim em 1886 quando, após as Conferências de Berlim, uma Convenção Luso-franco-alemã deu origem ao "Mapa cor-de-rosa" que unia Angola e Moçambique tornando fronteiras oficiais o caminho da Expedição que Serpa Pinto realizara entre 1877 e 1879. A Alemanha unia-se, assim, a Portugal com a intenção clara de evitar o avanço inglês sobre o referido território.

Fundador de uma Companhia de Comércio na década de 80 do século XIX, o inglês Cecil Rhodes recebera uma carta de privilégio real para ocupar e governar parte das áreas entre Angola e Moçambique que viriam a ser as duas Rodésias e pretendia, dessa forma, neutralizar as influências alemã e portuguesa na África do centro para o sul. Sua ação política, militar e comercial na região facilitaria a execução do projeto inglês de construir uma grande área de soberania inglesa na África unindo o Cairo ao Cabo.

No caminho desenhado por Serpa Pinto, e seguido por outras expedições lusas ao longo dos anos 80, os conflitos com as populações autóctones e com outras potências europeias interessadas nas áreas, especialmente a Inglaterra, eram grandes. Os portugueses entraram em confronto direto com populações locais que os ingleses consideravam suas aliadas e esse fato deu margem para que a Inglaterra remetesse a Portugal o *ultimatum* inglês de 1890:

> O Governo de Sua Majestade Britânica não pode dar como satisfatórias ou suficientes as seguranças dadas pelo Governo Português... O que o Governo de Sua Majestade deseja e em que mais insiste é no seguinte: que se enviem ao Governador de Moçambique instruções telegráficas imediatas para que todas e quaisquer forças militares portuguesas no Chire e no País dos Macalolos e Machonas se retirem. O Governo de Sua majestade entende que sem isto todas as seguranças dadas pelo Governo Português são ilusórias.
> Mr. Petre ver-se-á obrigado á vista das suas instruções a deixar imediatamente Lisboa com todos os membros de sua legação se uma resposta satisfatória à precedente intimação não for por ele recebida esta tarde; e

o navio de Sua Majestade Enchantress está em Vigo esperando as suas ordens. (Legação britânica, 11 de Janeiro de 1890)[10]

Segundo Valentim Alexandre[11], o *ultimatum* inglês acirrou um movimento nacionalista radical que já vinha se manifestando desde as ações de Andrade Corvo como ministro do ultramar quase duas décadas antes. A interpretação deste ministro para as possibilidades de um novo Brasil na África era frontalmente oposta aos conteúdos do nacionalismo capitaneado pelo nascente e crescente movimento republicano português. A maior preocupação de Andrade Corvo era manter os vínculos com a Inglaterra diante da evidente expansão do poderio alemão após as guerras de 1870. Conforme afirmava em 1870:

> As tradições da nossa política e os importantes e valiosos interesses que nos unem à Inglaterra são poderosas razões para que não deixemos afrouxar os vínculos de aliança que nos unem àquela grande potência. [...] Continua a guerra. Os exércitos alemães preparam-se para arrasar Paris, ou para entregar aos horrores da fome a sua imensa população. [...] Da guerra que destruiu um império, sairá armado, forte, vitorioso outro império. As forças da Europa sofreram uma enorme deslocação. O que até hoje se considerava, ou antes, se chamava equilíbrio, desapareceu. Passado o grande cataclismo, a Europa tomará uma nova forma: mas, se não se apoiar sobre princípios justos, sobre um verdadeiro direito internacional, será o novo equilíbrio tão instável e tão efêmero, como todos os que o precederam. Ao formar-se, o império alemão levantará a grave e perigosa questão das raças. A doutrina traduzir-se-á em fato: e daí poderá vir ao mundo civilizado uma profunda transformação[12].

A ascensão do Império alemão e o seu evidente avanço sobre a África após as guerras de unificação colocavam para Portugal a urgente questão da redefinição dos caminhos do colonialismo português. Andrade Corvo sabia da insuficiência dos ca-

---

10 Citado por Nuno Severiano Teixeira, *O Ultimatum inglês – Política externa e política interna no Portugal de 1890*. Lisboa, Alfa, 1990, p. 60-1.

11 Valentim Alexandre, *Velho Brasil, novas Áfricas – Portugal e o Império (1808-1975)*. Porto, Afrontamento, 2000.

12 João de Andrade Corvo, *Perigos – Portugal na Europa e no mundo*. Porto: Fronteiras do Caos, 2005, p. 217, 219 e 220.

pitais disponíveis em Portugal, mesmo com o fim do tráfico que, em tese, liberaria capitais e energias para outras atividades. Era preciso abrir rotas de comércio no interior das áreas coloniais africanas e reconverter atividades escravistas em atividades produtivas e, para isso, eram necessários capitais e gentes. Os capitais mostravam-se insuficientes e as gentes de Portugal preferiam imigrar para o Brasil à África. Por conta dessas insuficiências que, como ministro do ultramar, Andrade Corvo buscou acordos com a Inglaterra. Sua ideia central era uma política de abertura do império ao exterior associando Portugal às demais nações da Europa na tarefa de "civilizar" a África. Para isso, no seu entender, e de acordo com as ideias liberais e iluministas das quais proclamava-se herdeiro, urgia diminuir barreiras alfandegárias protecionistas que impediam o acesso ao mercado colonial e recorrer aos capitais estrangeiros que poderiam fomentar a produção. Daqui os três pontos articuladores do seu projeto para as províncias do ultramar: expansionismo moderado por meio de uma aliança com as populações indígenas que colocasse termo às formas de opressão como o tráfico de escravos, a escravidão e qualquer outra forma de trabalho compulsório; a busca de uma vida democrática moderna nas áreas coloniais aproveitando-se as instituições locais tradicionais; e, por fim, a construção de ferrovias como elementos de catalisação de atividades produtivas a serem implementadas por meio de "expedições de obras públicas". O ministro inverteu, assim, a lógica imperialista das últimas décadas do século XIX que sugeria o protecionismo dos mercados internos e dos mercados coloniais de acordo com os interesses nacionais.

A ação política de Andrade Corvo efetivou o fim do trabalho servil no ultramar a partir de 1875 e deu início às negociações do Tratado de Lourenço Marques a partir de 1879. Com esse Tratado o ministro pretendia dar início à construção de uma ferrovia entre o porto de Lourenço Marques, na costa sul do Índico africano, e o Transvaal, território da República Bôer, mediante concessão à Inglaterra de vantagens de ordem mercantil e militar. As tropas poderiam combater com maior sucesso os grupos zulus irredentos e as facilidades mercantis garantiriam os acordos econômicos entre Portugal e a Inglaterra na exploração dos recursos coloniais. O tratado, porém, nunca foi ratificado pelas cortes portuguesas que o acusavam de disponibilizar recursos portugueses do ultramar para a Inglaterra. A charge de Rafael Bordalo Pinheiro publicada em *O António Maria* de seis de março de 1881[13] bem indica os ânimos

---

13 A charge encontra-se digitalizada no Museu Bordalo Pinheiro de Lisboa, Portugal. O António Maria foi um semanário editado por Bordalo juntamente com Ramalho Ortigão após a volta do caricaturista do Brasil. O semanário teve duas épocas: 1879-1885 e 1891-1898. Com José do Patrocínio, vale lembrar, na corte brasílica, Bordalo editou um semanário antiescravista entre os anos de 1878 e 1879.

portugueses frente ao projeto de Andrade Corvo para as províncias do ultramar: o ministro é retratado como um corvo e o tratado como uma forca na qual se imolam os portugueses...

A reação à proposta do Tratado de Lourenço Marques, evidente em vários setores sociais e não apenas entre as elites políticas diretamente envolvidas no debate trazido às cortes, trazia consigo forte ressentimento face ao que se escrevia sobre Portugal na imprensa estrangeira da Europa e do centro-sul da África[14]. As Companhias de Comércio europeias que atuavam na região, fossem inglesas, alemãs ou bôeres, destacavam com frequência o protecionismo tradicional de Portugal na administração das colônias, sua leniência com o tráfico de escravos mesmo após o fim do trabalho servil por lei, além da sua incapacidade para assegurar o desenvolvimento do comércio e da colonização da África. "Os jornais do Cabo e a imprensa inglesa, que era invariavelmente apresentada para consumo interno como manipulada por Cecil Rhodes, chegavam a escrever que Portugal era uma vergonha para a raça branca, incapaz de se impor perante os poderes africanos, donde se concluía que os seus territórios tinham de ser administrados por quem soubesse o que fazia"[15]. Frente às ameaças estrangeiras sobre as áreas africanas consideradas historicamente

---

14 António José Telo, *Lourenço Marques na política externa portuguesa*. Cosmos, Lisboa, 1992.

15 António José Telo, *Moçambique 1895 – A campanha de todos os heróis*. Lisboa, Tribuna, 2004, p. 4.

pertencentes a Portugal, a corrente nacionalista que movimentava a opinião pública de Lisboa e do Porto contra a aprovação do tratado de Lourenço Marques fundamentava sua defesa da legitimidade das pretensões portuguesas na África no próprio liberalismo que se desenvolveu na Península Ibérica: é um liberalismo que implicava mutuamente Tradição e modernidade, mesmo quando, na voz dos intelectuais da chamada geração de 1870 como Antero de Quental, defendia uma República social alinhada com os interesses dos trabalhadores. O termo revolução tinha, neste sentido, e desde o vintismo – e mesmo na reação espanhola a Napoleão ou na República que a Espanha fundou em 1870, se quisermos estender o argumento – um conteúdo de resgate do passado que acabou por sacralizar a memória do Império[16] no debate das elites intelectuais ibéricas e das populações urbanas que acompanharam as discussões e atenderam aos apelos nacionalistas.

Essa noção de que há uma "sacralização" do Império na memória e no imaginário urbano e das elites intelectuais e políticas provoca forte debate historiográfico sobre os sentidos do Império colonial português na África do século XIX. R. J. Hammond[17] estabeleceu um padrão de interpretação que filiava o colonialismo português não a razões econômicas, mas a um comportamento nostálgico e sentimental que viveria de lembranças do passado, como se fora um colonialismo de prestígio, um imperialismo basicamente político e ideológico. Clarence-Smith[18], por sua vez, privilegia a análise econômica e advoga que a força motriz do Terceiro Império português foi a procura de mercados, que o autor denomina de "novo mercantilismo", impulsionado por uma classe média a procura de fortuna no ultramar e por capitalistas em busca de negócios rentáveis.

Estudando registros de entrada de produtos coloniais em Portugal e sua reexportação, como a urzela, o marfim e a cera, Pedro Lains[19] afirma que as colônias constituíam-se em argumento do liberalismo para a regeneração nacional porque poderiam promover o desenvolvimento português. Foi neste sentido que, segundo o autor, a diplomacia portuguesa negociou com a Inglaterra o fim do tráfico de escravos em troca da soberania portuguesa em determinados territórios. No mesmo sentido, Portugal negociava o livre acesso inglês aos territórios coloniais portugueses usando a

---

16　Valentim Alexandre, "A política colonial em finais do Oitocentos: Portugal e a sacralização do império", In: *Velho Brasil Novas Áfricas – Portugal e o Império (1808-1975)*. Porto: Afrontamento, 2000, p. 147-62.

17　R. J. Hammond, *Portugal and África, 1815-1910 – A study inuneconomic imperialism*. Stanford (Ca), Stanford University Press, 1966.

18　Gervase Clarence-Smith, *O III Império português (1825-1975)*. Lisboa, Teorema, 1985.

19　Pedro Lains, *Os progressos do atraso*. Lisboa, ICS, 2003.

disputa entre a Inglaterra, a Alemanha e as Repúblicas Bôeres para conseguir o reconhecimento europeu oficial aos seus territórios.

O fato é que, do ponto de vista econômico, e nisto autores como Valentim Alexandre, Pedro Lains e João Pedro Marques[20] parecem concordar, a abolição do tráfico de escravos, resultado de fortes negociações externas e internas de Andrade Corvo enquanto ministro do Ultramar, impôs sérios problemas a Portugal. O país não dispunha de mercados para novos produtos vindos da África que pudessem substituir a exploração do tráfico nas áreas coloniais. Também não dispunha de capitais e tecnologia – os barcos ingleses a vapor cobriam com maior agilidade todo o território colonial – que pudessem ser investidos em atividades produtivas que substituíssem o tráfico[21]. Por isso o comércio legítimo não pôde ser alternativa factível aos ganhos com o infame comércio, e o comércio colonial, pelo menos até as pautas de 1892, ocupava parte reduzida do comércio externo português. Aos olhos dos intelectuais coevos que buscavam construir narrativas históricas de Portugal, no entanto, o império africano era uma missão histórica como fora o Brasil. Diante da inequívoca presença do império na memória e no imaginário das populações urbanas e das elites intelectuais e políticas e, também, de uma secular sensação de que a Inglaterra espoliava Portugal enquanto se mantinha como aliada, a reação ao *ultimatum* não poderia ser de pouca monta. Os periódicos e os discursos das tribunas parlamentares e universitárias "insistiam na oposição entre um passado glorioso a recordar e um presente decadente a corrigir e mais uma vez a palavra suprema era regeneração: a nação haveria de ressurgir pela retificação de sua vida política, intelectual e moral, no momento mesmo em que chegava ao extremo da desagregação e da humilhação"[22]. Os testemunhos de Basílio Teles e Eça de Queiroz são elucidativos do clima que envolveu a reação popular ao *ultimatum* inglês:

> Foi assim, pois, em plena quietude pública e marasmo partidário, que abriu o ano de 1890, o nosso *année terrible*. No decurso de agosto precedente tinha se dado enfim a colisão inevitável, e prevista, entre Portugal e a Inglaterra em territórios que o primeiro reivindicava desde muito, baseando-se no seu direito histórico e na sua influência secular, e a segunda reclamava para si, apelando para a doutrina recente da ocupação

---

20 João Pedro Marques, *Os sons do silêncio: o Portugal do oitocentos e a Abolição do tráfico de escravos*. Lisboa, ICS, 1999.

21 Pedro Lains, *Os progressos...* p. 219.

22 Maria Aparecida Rezende Mota, *Brasil e Portugal – Imagens de nação na Geração de 70 do século XIX*. Tese de Doutorado, Rio de Janeiro, IFCS/UFRJ, 1998, p. 278.

efectiva. [...] Usando dos aludidos títulos da novíssima jurisprudência de Berlim, a Inglaterra declara que os macalolos estão sob seu protetorado; [...] À tempestade que se formara e crescia imprevistamente para os lados de Lisboa respondiam, naturalmente, o terror e a confusão no Paço das Necessidades. [...] O *Finis Monarchiae* parecia ter chegado, enfim, depois de duzentos e cinquenta dolorosos anos de beatérios, devassidões, [...] em que se resumia a história do governo dos Braganças"[23].

"[...] de todo um povo que acorda, se levanta, e ainda trôpego do seu extenso sono, afirma claramente que pensa e afirma fortemente o que quer. [...] A forte, sólida e tenaz unanimidade, porém, com que a nação inteira, que tão pobre é, acode a abrir a sua bolsa para um alto objectivo nacional, prova que este movimento, tendo raízes na razão e na consciência do país, não somente na sua imaginação móbil, constitui uma força duradoura e viva que convém dirigir para onde ela possa fecundar e criar. E indicar a sua direcção é concorrer para a sua fecundidade – porque decerto aqueles que tão ardentemente querem preparar a defesa exterior, não se mostrarão menos prontos a trabalhar na ordem interior. De pouco serviria ter muralhas novas por fora e só velhas ruínas por dentro. A peito doente nada vale couraça de bronze[24].

No primeiro texto, Basílio Teles, expoente do movimento republicano português, informa em detalhe a movimentação pública de reação ao *ultimatum* até a tentativa fracassada de proclamação da República em 31 de janeiro de 1891, último grande respiro da reação popular ao *ultimatum* inglês. No trecho em destaque o autor opõe a experiência da imposição inglesa à presença histórica de Portugal na África. Eça, no segundo texto, em artigo escrito para o *Distrito de Évora* logo na segunda semana seguinte à publicação do *ultimatum*, aponta o descompasso entre pretender arrumar o ultramar resistindo à pressão inglesa, e manter a desorganização interna portuguesa... Para Basílio Teles 1890 é problema político e cultural que exigia, de um lado, o fim da monarquia como condição da regeneração nacional, e, de outro lado, a garantia da manutenção dos direitos históricos de Portugal cujo fundamento era, neste sentido, cultural e não econômico. Eça, no entanto, sugere algum desajuste na reação ao Ultimatum em relação às possibilidades reais das colônias no que tange à regeneração nacional, "não era um patriota se por tal se entender alguém que tem uma visão imperial de Portugal", mas

---

23 Basílio Teles. *Do Ultimatum ao 31 de janeiro – Esboço de história política*. Lisboa, Portugália Editora, 1968, p. 85 e 87.

24 Eça de Queiroz, "O Ultimatum", In: *Obras III*. Lisboa: Edição Livros do Brasil, 1978, p. 321- 38.

era-o se pensarmos no seu comprometimento com os problemas sociais, ele "não tinha saudades da última nau que partira, não esperava por auroras ansiosas. Como o burguês que dizia ser, preocupava-o o atraso da pátria"[25]. O Império é, para o primeiro, memória e solução, mas para o segundo, é apenas memória...

Mas o que cabe ajuizar, no âmbito desse texto, são os resultados efetivos da política inglesa expressa no *ultimatum* de 1890 em relação aos interesses portugueses no ultramar. As negociações entre os dois governos levaram à assinatura do tratado de 11 de Junho de 1891 segundo o qual Portugal abandonava qualquer pretensão de construir um império que fosse de costa a contracosta, conforme havia projetado com o mapa cor-de-rosa, unindo Angola a Moçambique. Ficaram-lhe, porém, vastíssimos territórios em muitos dos quais nunca exercera qualquer soberania e quase todos por ocupar. A reação negativa junto à sociedade civil que se havia manifestado nas ruas quando do *ultimatum* foi grande, mas o governo encontrava-se em um caminho para o qual não haveria volta: era preciso criar mecanismos de controle efetivo sobre as áreas que restaram sob pena de perdê-las mais à frente. Assim, em 1892, o governo elaborou uma nova Pauta Aduaneira colonial que pretendia estreitar as relações entre Portugal e as Províncias do Ultramar[26]. A nova pauta estabelecia que as receitas em divisas estrangeiras decorrentes das exportações das colônias seriam retidas na metrópole enquanto Portugal faria os pagamentos em moeda nacional, regra que garantiu uma balança comercial favorável a Portugal em relação às colônias. Além disso, a canalização da produção colonial para alfândegas sob administração portuguesa nos territórios do ultramar também permitiu aumentar a arrecadação local e garantir a fixação de recursos para que a governação local tivesse meios para intensificar o controle das populações locais. O principal problema era o controle do trabalho, a mão de obra que alimentaria as plantações e pagaria impostos, por isso em 1899, após as "Campanhas de pacificação", seria implantado um novo Código Laboral que reeditaria formas de trabalho compulsório às expensas das intenções de Andrade Corvo quando editou a abolição do trabalho escravo em 1875.

As "Campanhas de pacificação" no Moçambique

O período que se seguiu à nova pauta aduaneira foi marcado pelas chamadas "Campanhas de pacificação" nas áreas de soberania portuguesa e foram, na verdade,

---

25 Maria Filomena Mônica, *Eça – O regresso impossível*. Lisboa, ICS, 2001, p. 84-5.

26 O termo "Províncias do Ultramar" já aparecia nas fontes militares e políticas do período aqui estudado, seu uso mais corrente, no entanto, será obra do Estado Novo salazarista.

campanhas de conquista de áreas nas quais o controle de Portugal não era efetivo. A campanha contra o Reino de Gaza do rei Gungunhana, localizado em território dito moçambicano à época, entre 1894 e 1895, foi o ponto culminante da "gesta imperial africana" segundo os conteúdos da História oficial que eram, no entanto, partilhados por expressivos setores da sociedade, destacando-se aqui os republicanos que, na esteira do *ultimatum*, conforme apontei acima, haviam tentado a fundação da república em Portugal em janeiro de 1891.

Desde os anos 60 do século XIX Portugal, por meio de seus governadores do ultramar, limitados em sua presença ao litoral, negociavam com os reis locais a soberania portuguesa nas áreas do Moçambique. Nas Terras da Coroa espalhavam-se povos "regulados" que pagavam impostos à coroa e forneciam mão de obra ou guerreiros quando necessário. Nas terras próximas encontravam-se outros poderes africanos que não agiam como "régulos" da coroa. Gungunhana era um desses líderes e comandava uma das mais importantes sociedades guerreiras do centro-sul africano, localizados seus domínios ao norte de Lourenço Marques: os vátuas, conforme os designavam os portugueses[27]. A expansão europeia dos anos 80 colocou esse povo liderado por Gungunhana entre portugueses, bôeres, alemães e ingleses. O poder vátua era um grande trunfo para o domínio da zona do Moçambique já que não se aceitava na Europa os direitos históricos que Portugal afirmava ter. A rebelião de parte dos régulos nas Terras da Coroa em 1894 foi o pretexto tanto para Portugal garantir militarmente a ocupação das áreas que considerava historicamente suas, quanto para a contestação da soberania portuguesa pelos vátuas e pelas nações europeias interessadas em substituir Portugal na região em litígio.

A rebelião repercutiu fortemente na imprensa internacional, principalmente nos jornais do Cabo e da Rodésia, como exemplo da incompetência portuguesa para a administração colonial e como prova cabal da necessidade de entregar Moçambique a quem não envergonhasse a raça branca[28]. O conflito permite observar temporalidades e interesses sobrepostos e que se imbricavam nas disputas pelo Moçambique: Gungunhana sabia negociar com os poderes europeus de maneira a garantir a sua soberania sobre os domínios vátuas, por isso, também, mantinha relações com povos regulados da terras da coroa portuguesa que a ele se submetiam em troca de proteção contra even-

---

27 O termo vátua, segundo o sentido pejorativo que lhe conferiu a "bibliografia portuguesa de formação colonialista", remete para "africano selvagem". Cf.: Gabriela Aparecida dos Santos, *Reino de Gaza: o desafio português de ocupação do Sul de Moçambique (1821-1897)*. Relatório apresentado ao Programa de Pós-graduação em História Social da FFLCH para exame de qualificação em Mestrado, São Paulo, 2006, p. 142.

28 R. J. Hammond, *Portugal and África...*

tuais excessos da coroa; os ingleses também se aproximavam dos regulados insatisfeitos nas Terras da Coroa portuguesa e prometiam-lhes proteção frente aos avanços portugueses; a finalização da estrada de ferro que ligava Lourenço Marques ao Transvaal Bôer indicava novos conflitos já que a Alemanha, com a intenção de enfraquecer a Inglaterra, pretendia apoiar os interesses bôeres sobre a área; a coroa portuguesa, incentivada pelo Comissário Régio António Ennes[29], nomeado para enfrentar o levante, avaliava a rebelião não como problema, mas como oportunidade para expandir a soberania portuguesa no Moçambique; os povos regulados também se movimentavam entre Gungunhana e as outras nações europeias em busca de melhores acordos de trabalho e pagamento de impostos. Assim, o colonialismo português reformulava-se em meio à memória do que fora o império no Brasil, as demandas dos povos africanos e europeus e às muitas leituras de mundo expressas nesse processo.

Com os recursos disponíveis após a aplicação das Pautas Aduaneiras de 1892, Portugal pôde organizar uma campanha vitoriosa contra os régulos rebelados das Terras da Coroa e preparar o seu avanço sobre os domínios vátuas de Gungunhana. Desse preparo fez parte o aparelhamento dos portos nas Terras da Coroa, para garantir a ocupação e o abastecimento, e a melhoria dos transportes terrestres e fluviais. O início da campanha contra Gungunhana fez-se por meio de negociações nas quais exigia-se do líder africano que parasse de negociar com os vizinhos bôeres e com os ingleses de Cecil Rhodes. Esses últimos mantinham, por meio de sua poderosa Companhia inglesa de Comércio, atividades mercantis na área vátua que incluíam a disponibilização de mão de obra africana. Ao mesmo tempo, a governação portuguesa do Moçambique organizava expedições cujo objetivo oficial era perseguir régulos rebeldes que haviam se refugiado nas terras vátuas, na verdade já estava em curso a campanha de pacificação que visava acabar com o poder africano de Gungunhana nas terras do Moçambique.

Nas negociações que mantinha com os representantes da coroa portuguesa antes do início dos conflitos abertos, Gungunhana afirmava que aceitava a vassalagem dos régulos rebeldes fugidos em seu território porque, caso contrário, eles a ofereceriam aos ingleses. Sua argumentação indica claramente dois registros: de um lado, ele poderia também oferecer vassalagem à Inglaterra e, de outro lado, o oferecimento e a aceitação de vassalagem parecem ser conteúdos de legitimidade da realeza africana que, nesse contexto, aparecem sob o signo de resistência frente aos avanços europeus. Gungunhana era seguramente, e ao contrário do que fazia conhecer ao público as his-

---

29 António Ennes, *A guerra em África em 1895*. Lisboa, Edições Gama, 1945. Para um estudo mais pormenorizado da história de Moçambique ver Malyn Newitt. *História de Moçambique*, Mira-Sintra, Publicações Europa-América, 1997.

tórias contadas pelas fontes militares oficiais, um dos líderes africanos que conhecia os sentidos da exploração europeia e suas lutas intestinas. Por isso procurava negociar a sobrevivência do seu reino e da soberania do seu poder usando essa realidade em seu favor. Dentro do seu império, no entanto, vassalos seus também compreendiam essa realidade e também negociavam com os europeus e outros povos africanos, fato que o enfraquecia ou fortalecia dependendo da correlação de forças entre os grupos envolvidos[30]. Na campanha portuguesa de 1895 Gungunhana perdeu muitos vassalos atraídos pela governação portuguesa e isso, sem dúvida, facilitou a ação militar que atacava as cidades ribeirinhas com lanchas canhoneiras e, em seguida, desembarcava para queimar moradias e plantações, as defesas vátuas foram se desfazendo ao longo do conflito. Em 28 de dezembro Gungunhana se rendeu em Chaimite. Em Gaza foi criado um distrito militar e Gungunhana foi entregue em Lourenço Marques ao governador interino Joaquim Lança. Exposto em uma gaiola junto com as esposas e os filhos em frente à sede do governo, Gungunhana foi levado depois a Lisboa com sete esposas e um filho, onde desfilou em praça pública depois de colocado em um carroça em meio à multidão[31].

Os resultados da campanha do Moçambique entre 1894 e 1895 mobilizaram o imaginário popular e erudito da nação atormentada desde o *ultimatum* de 1890. Divulgou-se a ideia, em parte verdadeira, de que a existência das fronteiras do Moçambique moderno era resultado da referida campanha assim como de que a efetivação do III Império português teria sua origem na mesma época[32]. A caricatura de Bordalo Pinheiro, de novo, indica os conteúdos do debate que se travava em Portugal diante dos acontecimentos no Moçambique:

---

[30] Esse é um texto que busca contar a história da campanha contra o reino de Gungunhana do ponto de vista das possibilidades do imperialismo português no século XIX. Assim, um estudo mais cuidadoso das formas de resistência dos povos africanos, especialmente no que tange ao fenômeno do banditismo social que, após a derrota de Gungunhana cresceu no centro-sul da África, mereceria um outro texto e outras fontes com as quais não tenho trabalhado no âmbito dessa investigação. Essas fontes apontariam a sobrevivência de experiências tradicionais que informavam as maneiras dos povos africanos de enfrentar os processos de conquista.

[31] Joaquim A. Mouzinho de Albuquerque, *A Prisão de Gungunhana – Relatório apresentado ao Conselheiro Correia e Lança*. Lourenço Marques, 1896, Arquivo Histórico Militar.

[32] Valentim Alexandre, "A política colonial em finais de oitocentos".

Ilustração de Rafael Bordalo Pinheiro.

Também publicada em *O António Maria*, em 6 de fevereiro de 1896, a imagem demonstra o quanto aos portugueses a Campanha havia significado uma redenção diante da visão negativa que se tinha de Portugal como povo colonizador e civilizador na Europa. Antes da campanha do Moçambique Portugal era pequeno em relação aos poderes europeus representados pela Alemanha, França e Inglaterra, após a campanha Portugal é grande e carrega Gungunhana ofuscado na arma. No Museu Bordalo Pinheiro[33] em Lisboa é possível encontrar as "Garrafas Gungunhana" saídas da Faiança que Bordalo fundou em Caldas da Rainha. Há o modelo "Gungunhana antes", cabeça

---

33 Talvez caiba aqui uma pequena observação sobre Rafael Bordalo Pinheiro (1846-1905). Entre 1876 e 1879 Bordalo residiu no Rio de Janeiro para onde se mudou, até onde pude documentar, atendendo a um convite do periódico O Mosquito e, sem dúvida, atendendo a um atrativo que a visão do Brasil exercia sobre os intelectuais portugueses do grupo de 1870 com o qual Bordalo esteve desde o periódico A Berlinda. Na corte brasílica editou, junto com José do Patrocínio, o periódico O Besouro e participou dos debates em torno da questão abolicionista e da seca de 1878-79. Estranha convivência para um caricaturista, considerado por muitos como o precursor da "banda desenhada", que, nas imagens aqui destacadas, considerava a importância da ação colonialista portuguesa... Mas esse é um vetor dessa pesquisa que ainda está em andamento.

levantada e manifestando riso, com um cajado em uma mão e uma garrafa de vinho na outra mão; e o modelo "Gungunhana depois", cabeça abaixada, corpo corcovado e acorrentado. Em ambos os modelos a rolha da garrafa é formada pelo barrete de Gungunhana. A caricatura e as garrafas descritas expressam bem o sentimento da nação que pretendia participar do concerto imperialista europeu, mas via-se em condições econômicas adversas em função do seu evidente atraso. Como ajuizara Andrade Corvo, havia que ter gentes e capitais disponíveis, e não apenas intenções colonizadoras...

Quanto à campanha do Moçambique, não há dúvida de que a violência acabou por homogeneizar temporalidades e visões de mundo distintas em um processo dialético que envolveu desenraizamento, leituras, construções e reconstruções de narrativas, além de processos de integração possíveis ou impossíveis. Mesmo entre os povos ditos colonizadores e civilizadores as visões de mundo não eram as mesmas, os lugares a partir dos quais se projetavam os Impérios também não eram os mesmos e compunham experiências sociais bastante diferenciadas. Talvez a literatura possa mostrar o caminho para inventariar diferenças.

Eça de Queiroz e Joseph Conrad: os Impérios entre o Ocidente e o não-Ocidente

Eça de Queiroz, escritor e diplomata foi um autor comprometido com a geração de 70 do século XIX portuguesa, a noção de "decadência" marcou a sua produção literária assim como a sua vivência intelectual e diplomática. Os problemas ideológicos e econômicos ganharam tintas mais fortes nos seus textos à medida que crescia o imperialismo de nações como a Inglaterra, a França e a Alemanha. *A ilustre casa de Ramires* é um clássico escrito nos três últimos anos do século XIX e publicado em 1900. O personagem central, Gonçalo Mendes Ramires, é um nobre arruinado a quem resta sua Torre e que vive em situação econômica bastante precária. Grande parte dos personagens do livro são proprietários que vivem dos rendimentos das suas terras e que necessitam que as mesmas sejam administradas por outrem. Ao mesmo tempo em que se dedica a contar a história da sua família, que se mistura com os "grandes feitos portugueses", Gonçalo aproxima-se da política propondo-se deputado com a dupla intenção de sobreviver, de um lado, e de lançar um chamado à nação, de outro, para que voltasse suas energias para a portentosa África, local a partir do qual se poderia edificar um Portugal maior. O personagem segue para o ultramar, onde permanece por quatro anos sem resultados expressivos em seus investimentos econômicos e políticos, e, quando retorna, encontra Portugal exatamente como deixara, tanto quanto ele voltava sem alterar seus ânimos e sua percepção de Portugal... Eça parece saber do interesse econômico que o império despertava, mas acima de tudo ele compreendia as dificuldades para a efetivação desse interesse em investimentos lucrativos. Assim, restavam a sobrevivência do ideal e alguma possibilidade de exploração econômica com base nas novas regras colocadas pelas Pautas Aduaneiras de 1892, mas era bem menos do que sonhavam portugueses como o Gonçalo e do que desejavam as elites intelectuais preocupadas em superar o evidente atraso de Portugal no concerto imperialista das nações europeias. Conforme afirma Eça no final do livro, Gonçalo é um emblema do Portugal contemporâneo entre esperança e melancolia:

> Talvez se riam. Mas eu sustento a semelhança. Aquele todo de Gonçalo, a franqueza, a doçura, a bondade, a imensa bondade, que notou o Sr. Padre Soeiro... Os fogachos e entusiasmos que acabam logo em fumo, e juntamente muita persistência, muito aferro quando se fila à sua ideia... A generosidade, o desleixo, a constante trapalhada nos negócios, e sentimentos de muita honra, uns escrúpulos, quase pueris, não é verdade?... A imaginação que o leva sempre a enxergar até a mentira, e ao mesmo tempo um espírito prático, sempre atento à realidade útil. A viveza, a facilidade em compreender, em apanhar.... A esperança constante nalgum milagre, no velho milagre de Ourique, que sanará todas as dificuldades... A vaidade, o gosto de se arrebicar, de luzir, e uma simplicidade tão grande, que dá na rua o braço a um mendigo... Um fundo de melancolia, apesar de tão paltrador, tão sociável. A desconfiança terrível de si mesmo, que o acobarda, o encolhe, até que um dia se decide, e aparece um herói, que tudo arrasa... Até aquela antiguidade de raça, aqui pegada à sua velha Torre, há mil anos... Até agora aquele arranque para a África ... Assim todo completo, com o bem, com o mal, sabem vocês quem ele me lembra? – Quem? – Portugal[34].

Nascido polonês, Joseph Conrad naturalizou-se britânico e viajou pelo império inglês como funcionário da marinha comercial, foi nessa condição que chegou ao Congo em 1890. Entre 1898 e 1899 escreveu *O coração das trevas,* texto que veio a público em 1900 e que foi inspirado naquela experiência. O narrador Marlow, parecendo indagar o tempo todo sobre a veracidade do próprio texto narrado, conta suas histórias e experiências em busca de Kurtz, o misterioso personagem que se embrenhara na floresta e parecia subverter a lógica da dominação branca e europeia na África. Marlow, indivíduo subsumido nas entranhas do império, quer agir ali como pedem as

---

34 Eça de Queiroz, *A ilustre casa de Ramires*. São Paulo, Martin Claret, 2002, p. 284-5.

leis gerais do processo imperialista. Mas das páginas do texto saltam elementos que tensionam o discurso iluminista e civilizatório, que estaria no centro daquele processo, e permitem divisar o reconhecimento da possível autonomia das trevas. É uma narrativa que pressupõe o contato com o "outro" em uma via de mão dupla na qual os contatos entre os colonizadores e os "outros" implicam em transformações recíprocas, mas o narrador destaca a transfiguração do colonizador porque esta permite entrever a resistência no coração da treva.

> [...] cada entreposto deveria ser como um farol na rota do progresso, um centro de comércio, é claro, mas igualmente um difusor de humanismo, de progresso, de educação [...].
> Subir o rio era como remontar aos primórdios do mundo, quando a vegetação exuberava sobre a terra e as árvores gigantes eram reais. Uma torrente deserta, um imenso silêncio, [...]
> Penetrávamos, cada vez mais profundamente, no coração da treva. Reinava ali uma imensa calma. [...] Éramos errantes num mundo pré-histórico, um mundo com o aspecto de um planeta desconhecido. Podíamos nos imaginar como os primeiros homens a tomar posse de uma herança amaldiçoada que somente ao custo de profunda angústia e extrema fadiga poderia ser subjugada[35].

O mesmo entreposto que deveria *"ser como um farol na rota do progresso"* perde eficiência em outros momentos da narrativa e, na ruptura da eficiência, contam-se muitas histórias que apontam humanidades e civilidades imbricadas e transfiguradas. É uma experiência de estranhamento total que o Gonçalo de Eça não pode viver na África e nem com a própria cultura portuguesa da qual se distanciou para voltar com as mesmas tristezas e entusiasmos e encontrar as mesmas intenções...

A experiência imperialista portuguesa na África não permitia o estranhamento total, e, por conseguinte a transfiguração dos personagens, não apenas por conta dos séculos de presença portuguesa no coração da treva, mas porque para Eça, Portugal também não era inteiramente europeu. Ora buscando um *aggiornamento* com a Europa considerada avançada – nos termos do imperialismo, da industrialização, da educação pública e da modernização dentro de preceitos considerados por ele modelares na vivência inglesa e francesa --, ora aproximando-se do discurso do seu amigo Oliveira Martins que advogava a singularidade da experiência portuguesa na primeira e na segunda modernidade, Eça, por meio do seu personagem Gonçalo

---

35 Joseph Conrad, *O coração das trevas*. SãoPaulo, Global, 1984.

Mendes Ramires, refletia sobre as possibilidades do Portugal contemporâneo e os resultados não se lhe afiguravam interessantes posto que a nação parecia caminhar a passos muito lentos...

Eça, Conrad, Andrade Corvo, Gungunhana, Bordalo, em suas narrativas ou em suas vivências, indicam, no âmbito desse texto, redes de histórias interdependentes que permitem desfazer as fronteiras criadas pelo imaginário do ocidente em seu momento de expansão imperialista: as fronteiras entre os povos sem história e os povos com história, as fronteiras entre povos modernos e povos arcaicos. Os povos sem história deveriam ser apresentados a processos civilizatórios por nações europeias efetivamente capazes de cumprir tal tarefa, segundo o discurso oficial das nações imperialistas. Tais processos, no entanto, implicavam em releituras recíprocas e reconstrução de narrativas e visões de mundo. Portugal, decadente e atrasado, no entender dos conquistadores e exploradores como Cecil Rhodes e de acordo com a imprensa holandesa do sul da África, não era uma dessas nações. Não estariam corroborando Cecil Rhodes os historiadores que afirmam a existência de um projeto arcaico no Portugal e no Brasil do século XIX? Nessa linha de raciocínio, o arcaísmo português inviabilizaria os processos de modernização e indicaria os caminhos do atraso. Não seria mais interessante pensar essas redes de histórias interdependentes no âmbito de uma modernidade que se dissemina e que constrói singularidades que, muitas vezes, utilizam-se de conteúdos ditos arcaicos? Senão vejamos. Portugal conheceu, durante os governos da Regeneração do século XIX, uma expansão lenta da produção industrial e agrícola ao mesmo tempo em que associava essa produção aos interesses ingleses de exportação de manufaturas. No mesmo sentido, a escravidão do século XIX no Brasil não significou a possibilidade de inserção do Brasil no contexto da expansão do capitalismo? A modernidade, assim como os processos de modernização que ela engendra nos muitos lugares singulares que vão sendo incorporados pelo avanço do capitalismo, possuem muitas dimensões, na maior parte delas existem diferentes histórias e temporalidades sobrepostas que indicam muitas faces e sentidos plurais. Deslindar os tempos sobrepostos em busca das possibilidades derrotadas e das violências que se cometeram contra os povos ditos arcaicos parece ser bem mais interessante do que supor arcaísmo em projetos de inserção na modernidade capitalista que, no limite, também provocaram transfigurações do arcaico em moderno e dos projetos de modernização em reconfigurações do arcaico.

Este livro foi impresso na Gráfica Prol Primavera de 2009.

Impressão e Acabamento